Carte et sites touristiques

Les microrégions du guide :
(voir la carte à l'intérieur de la couverture ci-contre)

Lorraine

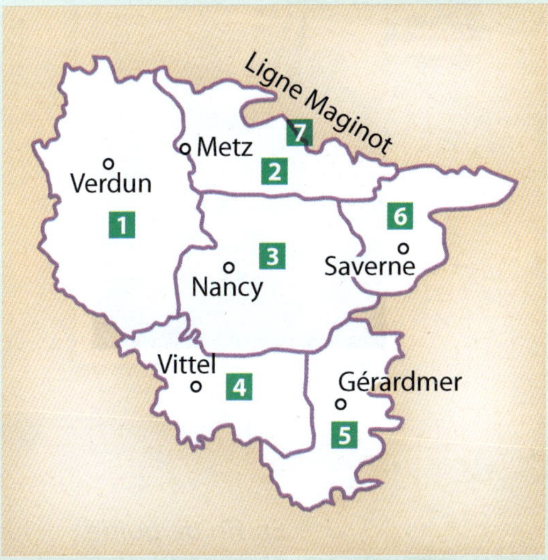

Le Guide Vert, mode d'emploi :
un guide en 3 parties

Organiser son voyage :

- Avant de partir.
- À faire sur place de A à Z.
- Des activités pour tous.
- Un agenda des événements.

Comprendre la destination

- La destination aujourd'hui.
- Histoire.
- Art et culture.
- Gastronomie.
- Nature...

Découvrir la destination :

- Notre sélection de sites.
- Des circuits conseillés.
- Des cartes.
- Notre sélection d'adresses pour tous les budgets.

En fin de guide :
l'explication des symboles et la table des cartes et plans

Le Guide Vert : découvrir la destination

[1] [2] [3] [4]

Un chapitre = une zone géographique

[1] Une carte de présentation de la région.

[2] Le sommaire de la région traitée.

[3] La description des sites.

[5] [6]

Pour chaque chapitre

[4] La description des circuits conseillés.

[5] Nos adresses classées par catégories de prix.

[6] Des pages thématiques pour en savoir plus.

Retrouvez-nous sur : ***Voyage.ViaMichelin.fr***

Sommaire

1/ ORGANISER SON VOYAGE

VENIR DANS LA RÉGION

AVANT DE PARTIR

SUR PLACE DE A À Z

EN FAMILLE

MÉMO

2/ COMPRENDRE LA LORRAINE

TRADITIONS ET ART DE VIVRE

HISTOIRE

PAYSAGES ET NATURE

ART ET CULTURE

3/ DÉCOUVRIR LA LORRAINE

1 ARGONNE ET CÔTES DE MEUSE

2 METZ ET LA LORRAINE INDUSTRIELLE

3 NANCY ET LE PLATEAU LORRAIN

4 ÉPINAL ET LA VÔGE

5 VOSGES DU SUD

6 RÉGION DE SAVERNE ET VOSGES DU NORD

7 LIGNE MAGINOT

ESCAPADE AU LUXEMBOURG

1/ ORGANISER SON VOYAGE

M. Barraud/Ojo Images/Photononstop

Applications recommandées

Venir en Lorraine

Par la route

GRANDS AXES

L'autoroute de l'Est **A 4** dessert Verdun, Metz, Sarreguemines et Saverne ; l'autoroute **A 31** Luxembourg-Dijon dessert Thionville, Metz, Pont-à-Mousson, Nancy, Toul, Vittel et les Vosges et poursuit par l'**A 6** vers Lyon.

Informations : ✆ 0 892 681 077 - www.autoroutes.fr

Péages :
Paris-Metz : 24 €
Paris-Saint-Avold : 28,30 €
Paris-Sarreguemines : 29,80 €
Paris-Saverne : 33,20 €
Nancy-Strasbourg : 3,30 €

Pensez au **covoiturage** !
www.123envoiture.com
www.covoiturage.fr

LES CARTES MICHELIN

Carte de France n° 721
Carte Région 516 (Alsace, Lorraine)

DISTANCES	Bar-le-Duc	Épinal	Luxembourg	Metz	Nancy	Verdun
Bar-le-Duc	-	152	169	97	84	56
Caen	489	630	610	571	547	499
Dijon	208	195	326	267	213	275
Épinal	152	-	189	131	72	167
Lille	315	492	309	367	420	324
Limoges	531	623	721	670	641	610
Luxembourg	169	189	-	63	116	120
Lyon	486	385	516	457	403	464
Marseille	709	696	827	768	714	776
Metz	97	131	63	-	57	81
Mulhouse	254	106	306	322	174	272
Nancy	84	72	116	57	-	95
Nantes	627	737	745	709	681	634
Paris	251	396	372	333	309	361
Strasbourg	247	150	219	163	154	237
Toulouse	816	864	978	936	882	896
Verdun	56	167	120	81	95	-

Cartes Départements 307 (Meurthe-et-Moselle, Meuse, Moselle), **314** (Haute-Saône, Vosges) et **315** (Bas-Rhin, Haut-Rhin, Territoire de Belfort)
Pour votre escapade au Luxembourg : Carte National 717 (Grand-Duché de Luxembourg).
En ligne : **www.ViaMichelin.fr**

En train

Informations et réservations
✆ 36 35 (0,34 €/mn) - www.voyages-sncf.com.

TGV EST-EUROPÉEN

Le **TGV Est-européen** relie Paris à la gare Meuse-TGV Voie sacrée en 1h, Bar-le-Duc (1h40), Metz (1h27), Nancy (1h30).
De la **gare Lorraine-TGV**, située entre Metz et Nancy, liaison directe avec Bordeaux, Nantes, Rennes, Lille et Francfort. Une navette permet de rejoindre facilement Metz et Nancy.
De la **gare Meuse-TGV**, entre Bar-le-Duc et Verdun, liaison directe avec Bordeaux, l'aéroport Roissy-Charles-de-Gaulle et Le Havre.

TGV MÉDITERRANÉE

Liaison directe quotidienne entre Nice et Metz. Il existe aussi des trains de nuit directs.

TRAINS VAUBAN

3 à 4 fois par jour, liaison Bruxelles-Bâle (voire Zurich), via Luxembourg (3h) et Metz (4h).
www.voyages-sncf.com
www.b-europe.com
www.sncb-europe.com

LES TRAINS EXPRESS RÉGIONAUX

Les **TER** sillonnent toute la région au départ des villes principales. Nancy-Metz-Luxembourg, comptez env. 1h40.
Metz-Verdun, comptez 1h20.
Metz-Nancy, comptez env. 35mn.
www.ter-sncf.com

En avion

LES COMPAGNIES AÉRIENNES

Air France – Liaisons directes journalières entre l'aéroport de Metz-Nancy-Lorraine et Paris ainsi que les principales villes de province.
Liaisons quotidiennes Paris-Luxembourg.
Renseignements : ✆ 3654 - www.airfrance.fr.
Twin Jet – Au départ des aéroports de Metz-Nancy-Lorraine, vols pour Toulouse et Marseille.
Renseignements : ✆ 0 892 707 737 - www.twinjet.fr.
Luxair – ✆ (352) 2456 4242 - www.luxair.lu. La compagnie luxembourgeoise dessert depuis la capitale les aéroports français de Paris (1h) et Nice (1h35).

LES AÉROPORTS DE LA RÉGION

Aéroport de Metz-Nancy-Lorraine – Rte de Vigny - 57420 Goin - ✆ 03 87 56 70 00 - www.metz-nancy-lorraine.aeroport.fr
Les navettes Métrolor assurent la liaison avec les gares SNCF de Metz (30mn) et de Nancy (40mn) - renseignements : ✆ 03 87 78 67 09 - 4,60 € (aller simple) et 8,20 € (AR).
Aéroport de Luxembourg – ✆ (352) 24 64 0 - www.lux-airport.lu.
L'aéroport de Luxembourg-Findel est à 6 km à l'est de Luxembourg-ville. Comptez en taxi 35 € pour rejoindre le centre. Le bus 16 vous dépose en 10mn dans la ville haute (arrêt « Royal ») ou à la gare. La ligne 9 dessert aussi en 15mn la ville haute (arrêt « Hamilius ») et la gare.

Avant de partir

Météo

Services téléphoniques de Météo France – ✆ 32 50.
Accès aux prévisions du département – ✆ 0 899 71 02 suivi du numéro du département (0,34 €/mn).
En ligne : **www.meteo.fr**
Le climat lorrain est continental : hiver long et rude, été souvent très chaud. Les précipitations sont nombreuses : pluies d'orage en été, neiges abondantes en hiver.

Adresses utiles

COMITÉS RÉGIONAUX DE TOURISME

Lorraine – Abbaye des Prémontrés - BP 97 - 54704 Pont-à-Mousson Cedex - ✆ 03 83 80 01 80 - www.tourisme-lorraine.fr.
Alsace – 20A r. Berthe-Molly - 68005 Colmar - ✆ 03 89 24 73 50 - www.tourisme-alsace.com.

COMITÉS DÉPARTEMENTAUX DE TOURISME

Meurthe-et-Moselle – 14 r. Majorelle - 54000 Nancy - ✆ 03 83 94 51 90 - www.tourisme-meurtheetmoselle.fr.
Meuse – Hôtel du département - 33 r. des Grangettes - 55000 Bar-le-Duc - ✆ 03 29 45 78 40 - www.tourisme-meuse.com.
Moselle – 2-4 r. du Pont-Moreau - 57003 Metz - ✆ 03 87 21 53 90 - www.moselle-tourisme.com.
Bas-Rhin – Agence de développement touristique du Bas-Rhin - 4 r. Bartisch - 67100 Strasbourg - ✆ 03 88 15 45 88 - www.tourisme67.com.
Haut-Rhin – Agence de développement touristique de Haute-Alsace - 1 r. Schlumberger - 68000 Colmar - ✆ 03 89 20 10 68 - www.haute-alsacetourisme.com.
Vosges – Av. du Gén.-de-Gaulle - BP 80018 - 88001 Épinal Cedex - ✆ 03 29 82 45 03 - www.tourismevosges.fr.

MAISON DE PAYS

Espace Vosges – Maison du tourisme - aire de Lorraine-Sandaucourt-la-Trelle - A 31 - 88170 Sandaucourt - ✆ 03 29 94 66 60.

OFFICES DE TOURISME

Vous trouverez les adresses des offices de tourisme dans les rubriques « S'informer » en début de chapitre dans la partie « Découvrir la Lorraine ».
En ligne : www.tourisme.fr

QUELQUES SITES INTERNET

www.massif-des-vosges.com
www.lorrainedecoeur.com
www.mylorraine.fr

TOURISME DES PERSONNES HANDICAPÉES

Le symbole ♿ signale les sites accessibles aux personnes à **mobilité réduite**.
Accessibilité des sites touristiques Consultez les sites labellisés **Tourisme et Handicap** sur www.franceguide.com/voyageurs, rubrique « Voyageurs », puis « Tourisme et Handicap ».
Association Tourisme et Handicaps – 43 r. Marx-Dormoy - 75018 Paris - ✆ 01 44 11 10 41 - www.tourisme-handicaps.org.

Association des paralysés de France – www.apf.asso.fr.
Accessibilité des transports
Train – Un guide gratuit *Mobilité réduite* est disponible dans les gares et boutiques SNCF.
SNCF Accès Plus – ✆ 0 890 640 650 (0,11 €/mn, 7h-22h) ou ✆ 3665 + « accès plus » (0,34 € puis 0,11 €/mn). Service gratuit facilitant le voyage des personnes handicapées, disponible sur réservation 48h avant le départ dans 350 gares de France. En ligne : www.accessibilite.sncf.fr.
Avion – Air France propose aux personnes handicapées le service d'**assistance Saphir**, avec un numéro spécial : ✆ 0 820 012 424. Voir aussi sur www.airfrance.fr.

Se loger

Retrouvez notre sélection d'hébergements dans « Nos adresses à… » situées en fin de description des principaux sites de la partie « Découvrir la Lorraine ». Les prix que nous indiquons correspondent au tarif minimal et maximal d'une chambre double.

NOTRE SÉLECTION

Hôtel ou chambre d'hôte, à vous de choisir. Les établissements sont classés par catégories de prix : Premier prix, Budget moyen, Pour se faire plaisir et Une folie *(voir tableau page suivante)*.
À consulter aussi :
Le Guide Michelin France et le **Guide Camping Michelin France**.

LES BONS PLANS

Services de réservation

Fédération nationale des services de réservation Loisirs-Accueil – www.loisirs-accueil.fr.
Fédération nationale Clévacances France – 54 bd de l'Embouchure – BP 52166 - 31022 Toulouse Cedex - ✆ 05 61 13 55 66 - www.clevacances.com.

Locations de maison

www.abritel.fr ; www.1000gites.com ; www.homelidays.com ; www.a-gites.com ; www.pour-les-vacances.com ; www.bertrandvacances.com ; www.fr.lastminute.com ; www.terres-de-vacances.com

Hébergement rural

Fédération des stations vertes de vacances et villages de neige – BP 71698 - 21016 Dijon Cedex - ✆ 03 80 54 10 50 - www.stationverte.com.
La Lorraine compte 22 de ces destinations de vacances familiales reconnues pour la qualité de leurs structures d'accueil et d'hébergement.
Bienvenue à la ferme – Le guide *Bienvenue à la ferme*, édité par l'Assemblée permanente des chambres d'agriculture (service Agriculture et Tourisme - 9 av. George-V - 75008 Paris - ✆ 01 53 57 11 50), est en vente en librairie ou sur **www.bienvenue-a-la-ferme.com**. Il existe aussi une édition spécifique pour le département des **Vosges**, disponible gratuitement à la chambre d'agriculture des Vosges

NOS CATÉGORIES DE PRIX				
	Hébergement		Restauration	
	Province	Grandes villes	Province	Grandes villes
Premier prix	jusqu'à 45 €	jusqu'à 65 €	jusqu'à 14 €	jusqu'à 16 €
Budget moyen	de 45 € à 65 €	de 65 € à 100 €	de 14 € à 25 €	de 16 € à 30 €
Pour se faire plaisir	de 65 € à 100 €	de 100 € à 160 €	de 25 € à 40 €	de 30 € à 50 €
Une folie	plus de 100 €	plus de 160 €	plus de 40 €	plus de 50 €

(Relais agriculture et tourisme - 17 r. André-Vitu - La Colombière - BP 598 - 88026 Épinal Cedex - ✆ 03 29 29 23 55 - www.vosges.chambagri.fr) ou sur www.bienvenue-a-la-ferme.com/lorraine.

Maison des gîtes de France et du tourisme vert – 59 r. St-Lazare - 75439 Paris Cedex 09 - ✆ 01 49 70 75 75 - www.gites-de-france.com.

Gîtes Panda, exclusivement situés dans des environnements naturels de qualité. www.gites-panda.fr

Hébergement pour randonneurs

Guide Gîtes d'étape et refuges – Les randonneurs peuvent consulter le site www.gites-refuges.com et le guide *Gîtes d'étape et refuges, France et frontières*, d'A. et S. Mouraret, imprimable à partir du site.

Les auberges de jeunesse

Ligue française pour les auberges de la jeunesse – 67 r. Vergniaud - bâtiment K - 75013 Paris - ✆ 01 44 16 78 78 - www.auberges-de-jeunesse.com/fr. Vous trouverez une auberge de jeunesse LFAJ à Xonrupt-Longemer.

Fédération unie des auberges de jeunesse (FUAJ) – Centre national - 27 r. Pajol - 75018 Paris - ✆ 01 44 89 87 27 - www.fuaj.org.

Il existe des auberges de jeunesse de la FUAJ dans les villes de Verdun, St-Mihiel, Thionville, Metz, Nancy, Phalsbourg, Saverne, Ventron, St-Dié-des-Vosges.

POUR DÉPANNER

Les chaînes hôtelières

À partir de 50 € en chambre double :

Akena – www.hotels-akena.com.

B & B – ✆ 0 892 782 929 - www.hotel-bb.com.

Ibis Budget Hôtel – ✆ 0 892 688 900 - http://ibisbudgethotel.ibis.com.

Formule1/Hôtels F1 – ✆ 0 892 685 685 - www.hotelformule1.com ou www.hotelf1.com.

À partir de 60 € la chambre :

Campanile – ✆ 0 825 028 038 - www.campanile.fr.

Ibis – ✆ 0 825 882 222 ou 0892 686 686 - www.ibishotel.com

Kyriad – ✆ 0 825 003 003 - www.kyriad.fr.

Se restaurer

Retrouvez notre sélection de restaurants dans « Nos adresses à… » situées en fin de description des principaux sites de la partie « Découvrir la Lorraine ». Comme pour « Se loger », ils sont listés par catégorie de prix *(voir tableau ci-dessus)*.

À consulter aussi :

Le Guide Michelin France.

En ligne : les fermes-auberges sur **www.bienvenue-a-la-ferme.com**.

SITES REMARQUABLES DU GOÛT

Le label « Site remarquable du goût » a été octroyé à la foire à

l'andouille du Val-d'Ajol (3e lundi de février).
www.sitesremarquablesdugout.com

LABELS

Le label **Meuse et Merveilles** regroupe des producteurs, fermiers et artisans et garantit la qualité des produits ainsi référencés.
www.meuse-et-merveilles.com
L'association des **Cuisineries gourmandes**, médaillée d'or du Tourisme en 2005, rassemble des restaurateurs français soucieux de préparer une cuisine de qualité à partir de produits frais du terroir.
www.cuisineries-gourmandes.com

La quarantaine de restaurateurs qui adhère à la charte de qualité « Moselle Gourmande » s'engagent à concocter des menus au rythme des saisons autour de produits régionaux. Ils proposent aussi des offres attractives pour les 18-35 ans, ainsi que des cours de cuisine.
www.moselle-tourisme.com

LIEUX TYPIQUES

Tradition des Hautes-Vosges, les **fermes-auberges de Lorraine** se sont constituées en association. Étapes de choix pour les randonneurs, mais souvent accessibles aux automobilistes, elles proposent des produits de la ferme et parfois même l'hébergement (gîte ou chambre d'hôte). Certaines fermes servent un **repas marcaire** qui comprend en général une tourte de la vallée, de la viande de porc fumée garnie de *roïgabrageldi*, pommes de terre aux oignons et lardons, du munster et une tarte aux myrtilles.
Brochure *Fermes-auberges, les saveurs du terroir lorrain,* disponible au Comité régional du tourisme de Lorraine ou sur www.tourisme-lorraine.fr

Sur place de A à Z

Pour obtenir de la documentation, adressez-vous aux **comités départementaux** et **comités régionaux** de tourisme *(voir p. 10)*. Reportez-vous aussi aux rubriques « Visites » et « Activités » de nos carnets d'adresses, dans la partie « Découvrir la Lorraine ».

BRASSERIES

Visite technique et guidée de certaines brasseries :

Ferme de la Vallée – 55120 Rarécourt - ☏ 03 29 88 41 95 - www.rarecourtoise.com.

Bar l'Estaminet – 45 r. des Rouyers - 55100 Verdun - ☏ 03 29 86 07 86 - www.brasserie-de-verdun.com.

CYCLOTOURISME

Parc naturel régional des Ballons des Vosges – Nombreux circuits balisés pour le VTT. La liste est disponible sur demande. Gratuit.

Le **Parc naturel régional de Lorraine** publie une brochure recensant 23 balades à vélo sur son territoire.

Des itinéraires réservés aux VTT ont été mis en place en **Meuse, Moselle, Meurthe-et-Moselle** et dans les **Vosges**. Comités départementaux du tourisme, p. 10.

En **Moselle**, circuits téléchargeables sur www.moselle-tourisme.com (rubrique « Activités en pleine nature »).

GOLF

Retrouvez les principaux golfs de Lorraine dans la rubrique « Activités » de nos carnets d'adresses, dans la partie « Découvrir la Lorraine ».

Bon à savoir – Le **Golf Pass Lorraine** regroupe 18 parcours de golf à travers la Lorraine dont 4 golfs de 27 trous, 10 golfs de 18 trous et 4 golfs de 9 trous - renseignements à la Ligue de golf de Lorraine - 13 r. Jean-Moulin - BP 70001 - 54510 Tomblaine - ☏ 03 83 18 95 34 - www.golf-lorraine.com.

MARCHÉS DE NOËL

Dès le premier week-end de l'Avent, près de 150 marchés de Noël dans toute la Lorraine. Vous trouverez des décorations, des pâtisseries traditionnelles et de l'artisanat.

www.marche-de-noel-lorraine.com

NATURE

Parcs et jardins

« Jardins sans limites » – Cette opération vise à mettre en réseau un certain nombre de jardins en Moselle, en Sarre et au Luxembourg. Le réseau est constitué à ce jour de 26 jardins dont 7 en France.

www.jardins-sans-limites.com

En Moselle, nous vous conseillons sept jardins appartenant à ce réseau : le jardin pour la Paix, au pied de la citadelle de Bitche *(voir p. 376)*, le jardin du château de Pange *(voir p. 140)*, le jardin des « Plantes de chez nous », à Scy-Chazelles *(voir p. 140)*, le Jardin des Faïenciers à Sarreguemines *(voir p. 169)*, les Jardins fruitiers à Laquenexy *(voir p. 140)*, le Jardin botanique de Metz et les Jardins des prairiales du château de la Grange *(voir p. 154)*.

DU CÔTÉ DU LUXEMBOURG

Office national de tourisme du Luxembourg – 28 r. Cambacérès, 75008 Paris - ✆ 01 47 42 90 56 - www.visitluxembourg.lu.

Consulat de France au Luxembourg – 8b bd Joseph-II - ✆ 45 73 72 1 - www.consulfrance-luxembourg.org.

Transports

Conduite automobile – La vitesse est limitée à 50 km/h en agglomération, à 90 km/h hors agglomération et à 130 km/h sur autoroute (110 km/h en cas de pluie).

Autoroutes – Gratuites.

Horaires

Magasins – tlj sf dim. et parfois lun. 9h30-18h30. Certains font une pause à l'heure du déjeuner.

Banques – tlj sf w.-end 8h30-12h30, 13h30-16h30.

Musées – Leur jour de fermeture est le lundi ou le mardi.

Jours fériés

Fêtes civiles ou religieuses – Le 1er janvier (Nouvel an), les dimanche et lundi de Pâques (date variable en mars-avr.), le 1er Mai (fête du Travail), l'Ascension, les dimanche et lundi de Pentecôte (dates variables en mai-juin), le 23 juin (fête nationale), le 15 août (Assomption), le 1er novembre (Toussaint), le 25 décembre (Noël) et le 26 décembre.

Fêtes d'usage – Le lundi de carnaval (en février), le mardi de Pentecôte (en mai-juin), le lundi de kermesse (en septembre, lors de la Schueberfouer), le 2 novembre (fête des morts) et le 24 décembre (veille de Noël).

Téléphone

Pour téléphoner vers le Grand-Duché, composez le 00352 + le numéro.

« Rendez-vous aux jardins » – Un week-end de juin, de nombreux jardins privés ou publics de la région vous ouvrent leurs portes. www.rendezvousauxjardins.culture.fr

« Visitez un jardin en Lorraine » – Chaque année, d'avril à octobre, 130 parcs et jardins de Lorraine sont ouverts au public. Certains sont le cadre de manifestations ou fêtes des plantes. Renseignements auprès des offices de tourisme et sur www.tourisme-lorraine.fr ou www.lorrainedesjardins.com (brochure téléchargeable).

Parcs naturels régionaux

Maison du Parc naturel régional des Ballons des Vosges – 1 cour de l'Abbaye - 68140 Munster - ✆ 03 89 77 90 34 - www.parc-ballons-vosges.fr - possibilité de visite guidée sur demande (2 j. av.) - de fin juin à fin sept. : tlj sf lun. 10h-12h, 13h30-17h30 ; reste de l'année : tlj sf lun., dim. 13h30-17h - fermé 1re quinz. de janv. - gratuit.

Maison du Parc naturel régional de Lorraine – La Maison du Parc - r. du Quai - BP 35 - 54702 Pont-à-Mousson - ✆ 03 83 81 67 67 - www.pnr-lorraine.com - tlj sf w.-end et j. fériés 9h-17h.

Maison du Parc naturel régional des Vosges du Nord – Au château de la Petite-Pierre - 67290 La Petite-Pierre - ✆ 03 88 01 49 59 - www.parc-vosges-nord.fr - fév.-

déc. : 10h-12h, 14h-18h - fermé janv., 24, 25 et 31 déc. - 2,50 € (-12 ans gratuit).

Conservatoires régionaux d'espaces naturels

Conservatoire des sites lorrains – 3 r. Robert-Schuman - 57400 Sarrebourg - ✆ 03 87 03 00 90 - www.cren-lorraine.com.

NAVIGATION DE PLAISANCE

Il existe plusieurs grands axes : canal de l'Est, boucles de la Moselle, canal des Houillères de la Sarre, canal de la Marne au Rhin et la Moselle canalisée.

Location de bateaux habitables

La location de « bateaux habitables » *(house-boats)* aménagés en général pour six à huit personnes permet une approche insolite des sites parcourus sur les canaux. Diverses formules : à la journée, au week-end ou à la semaine. Bases de location de bateaux sans permis à Dun-sur-Meuse, Toul, Lagarde, Hesse, Lutzelbourg, Saverne et Mittersheim.

Le Boat – Port du Canal - 57400 Hesse - ✆ 03 87 03 61 74 - www.crownblueline.fr. Location de bateaux habitables tout équipés, sans permis, pour une croisière sur le canal de la Marne au Rhin.

Meuse-Nautic – Le Pont Cassé - 55110 Dun-sur-Meuse - ✆ 03 29 80 90 48 - www.valdunois.fr. Location de bateaux habitables sans permis.

Locaboat Plaisance – Port-Amont - chemin de halage - BP 11 - 57820 Lutzelbourg - ✆ 03 87 25 70 15. Centrale de réservation : Port au Bois - BP 150 - 89303 Joigny Cedex - ✆ 03 86 91 72 72 - www.locaboat.com.

Nicols – 11 r. de l'Orangerie - 67700 Saverne - ✆ 03 88 91 34 80 - location de bateaux habitables, sans permis (2 à 12 pers.) pour naviguer, au dép. de Saverne, sur le canal de la Marne au Rhin - Centrale de réservation : rte du Puy-St-Bonnet - 49300 Cholet - ✆ 02 41 56 46 56 - www.nicols.com

Avant de partir, il est conseillé de se procurer les cartes nautiques et cartes-guides : **Librairie Fluvial** - 2 r. des Consuls - 34973 Lattes Cedex - ✆ 04 67 50 42 69 - www.librairiefluvial.com.

Éditions du Plaisancier – 26 r. Jacob - 75006 Paris - ✆ 01 42 34 96 69 - www.vagnon.fr.

Croisières organisées

Des compagnies fluviales proposent des promenades à l'heure, à la demi-journée ou à la journée. Demandez la brochure *Lorraine au fil de l'eau* au CRT de Lorraine *(voir p. 10)*.

PATRIMOINE MILITAIRE

Terres de passage, mais aussi territoires stratégiques, la Lorraine fut souvent ravagée par les guerres et les invasions. La région garde les vestiges d'anciennes forteresses, enceintes, tours, portes construites au Moyen Âge. Citadelles, villes fortifiées, champs de bataille, casemates, abris, ouvrages évoquent le souvenir d'innombrables combats. On peut encore voir aujourd'hui quelques places fortifiées au 17e s. par Vauban (Longwy) ou remaniées par le célèbre architecte (Metz, Toul) et visiter les citadelles de Bitche, de Montmédy et de Verdun.

La guerre de 1914-1918 a laissé de nombreuses traces de combats comme en témoignent les Éparges, Bois-d'Ailly, le Linge, le Vieil-Armand, et surtout Verdun, qui fut l'enjeu d'une bataille héroïque sur les deux rives de la Meuse. Les nécropoles, les cimetières militaires et les mémoriaux américains sont autant de témoignages émouvants de la Grande Guerre : Romagne-sous-Montfaucon, Épinal,

Montfaucon, butte de Montsec, St-Avold, St-Mihiel et Thiaucourt. Construite à partir de 1930, afin de protéger la frontière nord-est de toute nouvelle invasion, la ligne Maginot, malgré son ampleur, n'a pas résisté à l'assaut. De nombreux musées évoquent les différentes guerres : Freyming-Merlebach, Gravelotte, St-Amarin, St-Dié-des-Vosges, Wissembourg, Wœrth…
Les guides Michelin des Champs de bataille *Verdun* et *Alsace Moselle*.

PÊCHE

Rappel : Quel que soit l'endroit choisi pour pêcher, il convient d'observer la réglementation nationale et locale, de s'affilier pour l'année en cours dans le département de son choix à une association de pêche et de pisciculture agréée, d'acquitter les taxes afférentes au mode de pêche pratiqué ou d'acheter une carte journalière.

Union nationale pour la pêche en France – 17 r. Bergère - 75009 Paris - 01 48 24 96 00 - www.unpf.fr. Vous y trouverez les coordonnées des fédérations départementales de pêche et de protection du milieu aquatique.

RANDONNÉES ÉQUESTRES

Comité départemental de tourisme équestre de la Meuse – Ferme de Sonvaux - 55160 Les Éparges - 03 29 87 35 69 - www.cdte55.ffe.com.

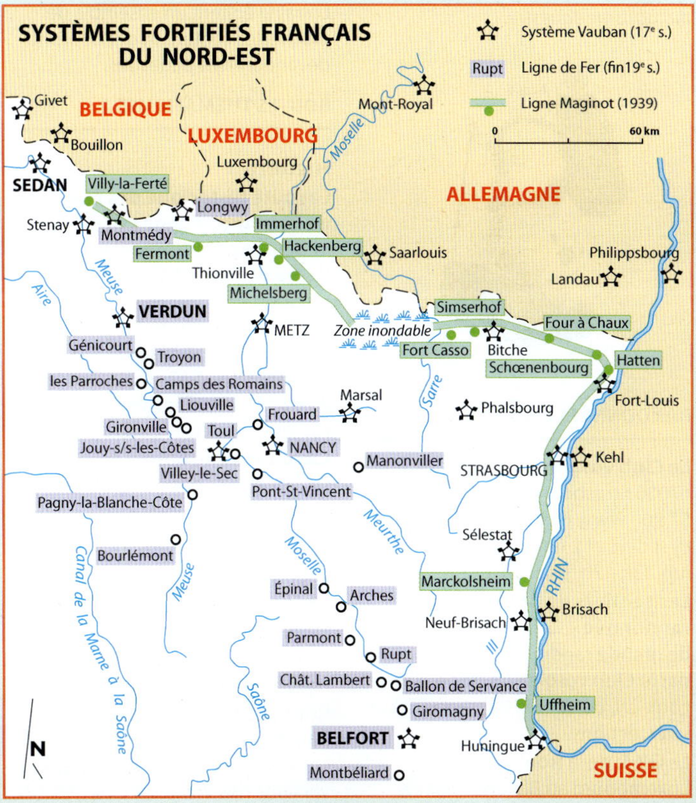

Comité départemental de tourisme équestre de la Meurthe-et-Moselle – 13 r. Jean-Moulin - 54510 Tomblaine - ✆ 03 83 18 87 51 - www.cdte54.fr.

Comité départemental de tourisme équestre de Moselle – 48 r. des Halles - 57260 Vergaville - ✆ 06 79 59 61 10 - www.cdte57.fr.

Comité départemental de tourisme équestre du Bas-Rhin – 17 r. de la Westermatt - 67020 Wolfisheim - ✆ 03 88 77 39 64 - www.chevalsace.com.

Comité départemental de tourisme équestre des Vosges – 87 r. du Fort - 88550 Pouxeux - ✆ 06 71 06 52 67 - www.cdtevosges.ffe.com.

Demandez la brochure annuelle aux comités, *Cheval nature, l'officiel du tourisme équestre.*

RANDONNÉES PÉDESTRES

Le Club vosgien – 16 r. Ste-Hélène - 67000 Strasbourg - ✆ 03 88 32 57 96 - www.club-vosgien.eu - tlj sf dim. et j. fériés 9h-12h, 13h-17h, lun. 13h-17h, sam. 9h-12h.

Les sentiers de grande randonnée – Certains des sentiers de grande randonnée, balisés par le Club vosgien (rectangle de couleur), portent le balisage GR aux intersections.

Le **GR 5**, de la frontière du Luxembourg au Ballon d'Alsace, traverse le Parc naturel régional de Lorraine.

Le nouveau **GR 5g** relie Stiring-Wendel à Scy-Chazelles à travers sites industriels et bassins houillers.

Le **GR 53**, de Wissembourg au col du Donon, traverse le Parc naturel des Vosges du Nord.

Le **GR 7** parcourt les Vosges du ballon d'Alsace à Bourbonne-les-Bains et poursuit son itinéraire en Bourgogne.

Le **GR 714** va de Bar-le-Duc à Vittel, et relie le GR 14 au GR 7.

Le **GR 533** va de Sarrebourg au ballon d'Alsace.

Fédération française de randonnée pédestre – 64 r. du Dessous-des-Berges - 75013 Paris - ✆ 01 44 89 93 90 - www.ffrandonnee.fr.

Les parcs naturels régionaux d'Alsace-Lorraine éditent un ensemble de plaquettes contenant des dépliants de randonnées pédestres.

ROUTES THÉMATIQUES

Histoire

La **route historique des Marches de Lorraine** sillonne la Moselle et déborde sur la Meuse et les Vosges englobant 22 lieux remarquables. Renseignements : M. Thierry de Lambel - château de Fléville - 5 r. du Château - 54710 Fléville-devant-Nancy - ✆ 03 83 25 64 71 - www.fleville.fr ou www.routes-historiques.com.

Circuit Jeanne d'Arc – 80 km de sentier sur les pas de la sainte par Vaucouleurs et Domrémy.

Tourisme à thème

Pour les routes à thème suivantes, adressez-vous aux CRT de Lorraine *(voir p. 10)*.

Circuit des Vosges du Nord, à travers les Vosges moyennes.

Route de l'Amitié, de Paris à Munich, qui fait notamment connaître la Lorraine et les deux versants des Vosges.

Route Verte, route franco-allemande reliant Domrémy en Lorraine à la Forêt-Noire.

Route du Cristal en Lorraine, avec la visite des principales cristalleries.

Route de Stanislas, un circuit de 100 à 150 km (selon les options) autour de Nancy pour découvrir les lieux habités ou de séjour du duc.

Route Ligier Richier, pour parcourir la Meuse à travers les œuvres du plus grand sculpteur lorrain de la Renaissance.

Gastronomie

Route gourmande de la Vallée de la Sauer; route de la Truite ; route du Fromage; circuit de la Mirabelle.

Vins

Vignoble toulois; route lorraine de la Bière.

Arts

Le vent des Forêts, circuit d'art contemporain en forêt près de St-Mihiel - ✆ 03 29 71 01 95 - http://leventdesforets.org.

SKI

Le massif vosgien est le « massif du ski en douceur » dans un environnement de sapins, de paysages sereins s'étageant de 600 m à 1 400 m d'altitude.
Le ski alpin se pratique sur de nombreux sites totalisant 93 remontées mécaniques, certains équipés d'installations d'enneigement et d'éclairage pour la pratique du ski nocturne, notamment les stations de **Gérardmer** et de **La Bresse**. Pour les amateurs de ski de fond, plus de 300 km de pistes sont balisées et régulièrement entretenues.
www.skifrance.fr

SOUVENIRS

Vins

Vous trouverez les vins de Lorraine (côtes-de-meuse, moselle, côtes-de-toul) dans toutes les caves de villages vignerons comme dans les boutiques spécialisées des grandes villes. N'oubliez pas non plus les foires aux vins qui ont lieu en général de juillet à septembre.

Eaux-de-vie

Comment repartir de Lorraine sans avoir acheté une bouteille d'eau-de-vie de quetsche, mirabelle, cerise, framboise ? À consommer (avec modération) au coin du feu quand dehors il fait froid.

Bière

La Lorraine possède quelques brasseries ainsi qu'un musée européen de la Bière à Stenay.

Douceurs

Madeleines de Commercy, bergamotes et macarons de Nancy, dragées de Verdun, bonbons au miel des Vosges, confiture de groseilles de Bar-le-Duc, fruits au sirop (mirabelles, quetsches, cerises, poires de Lorraine), lorgnons linéens (chocolat et purée de groseilles) de Ligny-en-Barrois, macarons de Boulay.

Produits fermiers

Pour le fromage, dont l'incontournable munster, sachez qu'il supporte mal le transport.

Cristal

Pensez aux cristalleries, dans lesquelles vous trouverez des bibelots aussi bien que des lustres. Outre les grandes marques comme Daum, Baccarat ou St-Louis, il existe aussi de petits artisans, du côté de Portieux, St-Louis-lès-Bitche, Vallerysthal ou Vannes-le-Châtel.

Faïence

On trouve des faïences (plats, vases, cache-pots, objets) à Longwy (ville à retenir également pour ses émaux), Sarreguemines, St-Clément et Lunéville.

Linge de maison

Torchons en lin, draps en coton, nappes damassées ou jacquard de Gérardmer.

Jouets en bois

Les Vosges entretiennent la tradition des jouets en bois. On en trouve en particulier à Ingwiller et Éloyes.

STAGES DE CUISINE

Des séjours avec cours de cuisine sont organisés, principalement en hiver, par certains restaurateurs. La liste des stages et cours vous sera fournie par les offices de tourisme régionaux, départementaux ou locaux.

THERMALISME

Sources minérales et thermales

L'appellation de « **source minérale** » désigne soit des sources d'eaux infiltrées, soit des sources issues des profondeurs, dont les eaux se sont chargées de substances ou de gaz présentant des propriétés thérapeutiques. Le qualificatif « **thermal** » s'applique aux eaux dont la température est d'au moins 35 °C. Les sources thermales sont situées soit sur des failles du plateau lorrain, soit au voisinage des massifs cristallins.

Les deux zones géographiques des Vosges, la « plaine » à l'ouest, la « montagne » à l'est et au sud-est, possèdent chacune leurs eaux bien caractéristiques.

Sources froides – La « plaine » des Vosges est le domaine des sources froides chargées, après leur parcours souterrain, de calcium et de magnésium et, pour quelques-unes, de lithium et de sodium. La capitale thermale en est **Vittel**, dont les eaux, connues des Romains, n'ont été retrouvées qu'en 1845. Vittel et sa voisine **Contrexéville** ont donné naissance à d'importantes usines d'embouteillage (les plus importantes du monde avec celle d'Évian).

Sources chaudes – À l'opposé de la plaine vosgienne, la « montagne » possède des sources d'origine volcanique caractérisées moins par leur minéralisation que par leur thermalité et leur teneur en principes radioactifs. Connues également des Romains, grands amateurs de sources chaudes, et même des Celtes et des Gaulois, ces sources ont un long et riche passé. Il s'agit par exemple de **Plombières**, **Bains-les-Bains**, **Amnéville** et **Niederbronn-les-Bains**.

Stations et spécialités

Amnéville – Rhumatologie, séquelles de traumatismes, voies respiratoires. Saison : mars-déc.

Bains-les-Bains – Maladies cardio-artérielles, rhumatologie, séquelles de traumatismes. Saison : avr.-oct.

Contrexéville – Surcharge pondérale, affections rénales et urinaires. Saison : avr.-oct.

Niederbronn-les-Bains – Rhumatologie, séquelles de traumatismes, rééducation fonctionnelle. Saison : de mi-mars à mi-déc.

Plombières-les-Bains – Affections de l'appareil digestif et troubles de la nutrition, affections rhumatologiques et séquelles de traumatismes ostéo-articulaires. Saison : avr.-oct.

Vittel – Affections des reins et du foie, rhumatologie, séquelles de traumatismes, troubles de la nutrition. Saison : de mars à mi-déc.

Thermalisme et tourisme

À l'exception des eaux sulfureuses, toutes les catégories d'eaux minérales définies par les classifications en usage sont représentées en Lorraine.
Outre les cures traditionnelles, certaines stations proposent :

remise en forme, forfait colonne vertébrale, cure antitabac, cure d'amincissement, cure antistress, relaxation…

L'**Association des villes d'eaux des Vosges** a créé une brochure (téléchargeable sur leur site), *Vosges thermales* concernant Bains-les-Bains, Contrexéville, Plombières et Vittel (75 r. Gaston-Thomson - 88140 Contrexéville - 06 84 05 83 91 - www.villesdeauxdesvosges.fr).

Confédération nationale des exploitants thermaux – 1 r. Cels - 75014 Paris - 01 53 91 05 77 - www.medecinethermale.fr.

Chaîne thermale du soleil – 32 av. de l'Opéra - 75002 Paris - 0 800 05 05 32 - www.chainethermale.fr.

TRAINS TOURISTIQUES

Quelques exemples : la vallée de la Doller de Cernay à Sentheim ; le chemin de fer forestier d'Abreschviller au Grand-Soldat. *Se reporter à l'index pour retrouver ces noms.*

Petit train du plan incliné de St-Louis-Arzviller – À bord du petit train touristique *Le Teigelbach,* découvrez l'ancien canal de la Marne au Rhin. Vous longerez les trois écluses les plus rapprochées d'Europe *(voir p. 386).* 03 87 25 30 69 - www.plan-incline.com - ne circule pas les jours de pluie - parcours : 7 km (1h30) - juil.-août : 10h30, 14h30, 16h, 17h ; mai-juin et sept. : dim. et j. fériés 11h, 14h30, 16h, 17h - 7 € (5-15 ans 6 €).

Draisine – Autrefois moyen de locomotion utilisé par les ouvriers des chemins de fer, la draisine est devenue aujourd'hui un moyen de parcourir la vallée de la Mortagne (20 km de voie ferrée à partir de la gare de Magnières située à 13 km à l'ouest de Baccarat). 03 83 72 34 73 - mai-juin : 9h-12h, 14h-18h ; juil.-août : 9h-12h, 14h-19h, dim. et j. fériés 9h-19h ; avr. et sept. : 14h-18h - 12 €/h.

Vélorail – En famille ou entre amis, partez à la découverte de la vallée de la Canner sur un vélorail. Parcours de 18 km de Vigy à Aboncourt qui traverse en partie la forêt de St-Hubert - 1er w.-end d'avr. au 1er dim. d'oct. : 9h-19h, sam. 14h30-19h, dim. et j. fériés 9h-13h - Forfait pour 4 pers. : Vigy-Bettelainville (1h30) : 14 €, Vigy-Aboncourt (2h) : 18 €. Réservation conseillée 06 84 45 37 70.

VINS ET VIGNOBLES

La Lorraine compte 2 vignobles principaux : les Côtes de Toul (AOC) s'étendent sur la rive gauche de la Moselle, à l'ouest de Nancy et au sud-est de Toul. Elles sont surtout connues pour leur vin de couleur rose pâle, nommé gris de Toul. Depuis 2010, les vins de Moselle bénéficient également d'une AOC : l'aire géographique englobe les côtes de Moselle du Messin (à l'est de la Moselle), la région de Sierck-les-Bains et les alentours de Vic-sur-Seille.

VISITE GUIDÉE

Vous trouverez des informations concernant les visites guidées qui ont retenu notre attention dans les rubriques « S'informer » au début des chapitres dans « Découvrir la Lorraine ».

VILLES ET PAYS D'ART ET D'HISTOIRE

Sous ce label décerné par le ministère de la Culture et de la Communication sont regroupés quelque 130 villes et pays qui œuvrent activement à la mise en valeur et à l'animation de leur architecture et de leur patrimoine. Dans ce réseau sont proposées des visites générales ou insolites, conduites par des guides-conférenciers et des animateurs du patrimoine agréés par le ministère. Renseignements auprès des offices de tourisme des Villes et Pays d'art et d'histoire cités dans ce guide : Bar-le-Duc et le pays du val d'Argent.

VUE DU CIEL

Aéroclub du sud meusien – Aérodrome de Bar-le-Duc-Les Hauts de Chée - BP 10184 - 55005 Bar-le-Duc - ✆ 03 29 77 18 30 - www.aeroclub-sudmeusien.fr. Vols en avion, baptêmes de l'air, école de pilotage : toute l'année sur RV.

Pôle aérostatique Pilâtre de Rozier – Aérodrome de Chambley Planet'Air - 54470 Hageville - ✆ 03 82 33 77 77 - www.pilatre-de-rozier.com. Vols en montgolfière. La biennale « Lorraine Mondial Air Ballons » s'y déroule.

En famille

Nous avons sélectionné des sites et activités *(voir le tableau ci-contre)* susceptibles de plaire à vos enfants. Vous les repérerez dans la partie « Découvrir la Lorraine » grâce au pictogramme 👪.

S'INFORMER

La brochure **Bibouille** (téléchargeable sur www.bibouille.net) répertorie les activités à caractère ludique d'Alsace, des Vosges ou de la Moselle.

Le **Pass'Famille** dans les Vosges du Nord propose des réductions dans quatre parcs de loisirs.

Le Parc naturel des Vosges du Nord met en place chaque été les **Amuse'musées** (✆ 03 88 01 49 59 ou 03 88 01 49 78 - www.parc-vosges-nord.fr ou www.amusemusees.com), découverte ludique des musées du Parc.

LES LABELS

Villes et Pays d'art et d'histoire

Le réseau des Villes et Pays d'art et d'histoire *(voir la rubrique « Visites guidées » au début des chapitres dans Découvrir la Lorraine)* propose pour les enfants des **visites découverte** et des **ateliers du patrimoine** les mercredis, samedis et pendant les vacances scolaires.

En juillet-août, dans le cadre de l'opération « L'Été des 6-12 ans », ces activités sont également proposées pendant la visite des adultes.

Stations vertes

La Fédération des stations vertes de vacances *(voir p. 12)* décerne chaque année un prix de l'accueil des enfants.

www.stationverte.com

EN FAMILLE

SITES OU ACTIVITÉS À FAIRE EN FAMILLE			
Chapitres du guide	**Nature**	**Musées**	**Loisirs**
Amnéville	Parc zoologique Aquarium		Walygator Parc Base de loisirs (parc accro-branche, cinéma 3D, luge d'été, ski indoor…)
Baccarat	Vélorail du Val de Mortagne Observatoire à oiseaux au lac de Pierre-Percée		Fraispertuis City à Jeanménil Pôle Sports Nature aux lacs (La Plaine, Pierre-Percée)
Bains-les-Bains		Visite de la confiserie Delisvosges à Darney	La Ferme-Aventure à La Chapelle-aux-Bois
Massif du Donon			Petit train forestier d'Abreschviller
Épinal	Minizoo au parc du château	Ateliers de l'Imagerie	Spina Parc (d'arbre en arbre)
Gérardmer		Musée Faune Lorraine	Sports nautiques, VTT, escalade, équitation, ski
Lunéville		La Maison de la mirabelle à Rozelieures	
Nancy	Minizoo au parc de la Pépinière	Muséum-Aquarium	Parc de loisirs de la forêt de Haye
Val d'Orbey		Espace des métiers du bois et du patrimoine à Labaroche La Graine au Lait à Lapoutroie	Parc Aventures du Lac Blanc
Remiremont		Parc Alsace-Lorraine Miniature à St-Amé	
PNR Lorraine	Parc animalier Ste-Croix		Base de loisirs du lac de Madine
St-Nicolas-de-Port	Enclos à cigognes	Musée du Cinéma, de la Photographie et des Arts audiovisuels	
Saverne			L'Océanide
Sélestat	La Volerie des aigles et la Montagne des singes à Kintzheim	La Maison du pain	Piscine des Remparts à Sélestat et Cigoland à Kintzheim
Vaucouleurs		Centre « Visages de Jeanne » à Domrémy	
PNR Vosges du Nord		Château des énigmes et le P'tit Fleck au château de Fleckenstein	

Mémo

Agenda

Retrouvez ces manifestations ainsi que d'autres de moindre importance dans nos carnets d'adresses de la partie « Découvrir la Lorraine ».

JANVIER

Gérardmer – Fantastic'Arts : festival du film fantastique. Dernière sem. du mois - 03 29 60 98 21 - www.festival-gerardmer.com.

FÉVRIER

Sarreguemines – Carnaval - www.carnavaldesarreguemines.com.
Sélestat – Grande cavalcade carnavalesque « Les Machores » - w.-end suivant Mardi gras - 03 88 58 85 75 - www.ville-selestat.fr.

SAMEDI DES RAMEAUX

Épinal – Fête des Champs Golot : les enfants traînent des bateaux illuminés sur un bassin - www.tourisme-epinal.com.

MI-AVRIL

Gérardmer – Fête des jonquilles (années impaires, prochaine édition en 2013) - 03 29 63 12 89 - www.societe-des-fetes-gerardmer.org.

AVRIL-MAI

Épinal – Floréal musical : festival de musique classique - 03 29 82 53 32 - www.vosgesfestivalia.com.

MAI

Épinal – Festival international d'art numérique - 03 29 31 02 22.
Vandœuvre-lès-Nancy – Musique Action : festival de musique contemporaine - 03 83 56 15 00 - http://musiqueaction.com.
Azannes-et-Soumazannes – Fête des vieux métiers (les dim. du mois de mai) - 03 29 85 60 62 - www.vieuxmetiers.com.
Domrémy-la-Pucelle – Fête de Jeanne d'Arc (pèlerinage) - 2e w.-end et Fête de l'arbre de mai (le w.-end suivant).

ASCENSION

La Bresse – Festival international de sculpture sur bois (toute la sem.) - 03 29 25 40 21 - www.labresse.fr.
Nancy – Festival international de chant choral (années impaires, prochaine édition en 2013) - 03 83 27 56 56 - www.chantchoral.org.
Ste-Marie-aux-Mines – Festival aux chandelles, église St-Pierre-sur-l'Hâte - 03 89 58 80 50 - www.festivalauxchandelles.fr. Le festival s'ouvre le jeudi de l'Ascension et se poursuit au mois d'août.

JUIN

Ste-Marie-aux-Mines – Bourse internationale des minéraux - www.sainte-marie-mineral.com.
Saverne – Fête des roses - 03 88 91 80 47 - www.ot-saverne.fr.
Metz – Été du Livre - 03 87 20 05 05 - www.etedulivre.net.
Vaucouleurs – Festival international du cirque - 03 29 89 51 82 - www.tourisme-vaucouleurs.com.
Bar-le-Duc – Festival Renaissances : musique ancienne, théâtre de rue

et marché - ✆ 03 29 79 11 13 - www.festivalrenaissances.com.
Rodemack – Fête des vins et fête médiévale - ✆ 03 82 51 25 01 - www.avp-rodemack.fr.

DE MI-JUIN À FIN JUILLET

Verdun – « Des flammes… à la lumière » : son et lumière sur la bataille de Verdun - ✆ 03 29 84 50 00 - www.spectacle-verdun.com.

JUILLET

Avioth – Pèlerinage à N.-D. d'Avioth (le 16 juillet) - ✆ 03 29 88 90 96.
Chambley – Lorraine Mondial Air Ballons, biennale de l'aérostation (années impaires, prochaine édition 2013, dernier w.-end de juil.-1er w.-end d'août) - ✆ 03 82 33 77 77 - www.pilatre-de-rozier.com.

JUILLET-AOÛT

Steinseltz – Fête des géraniums (années impaires, fin juil.-déb. août) - ✆ 03 88 94 01 51.
Senones – Relève de la garde (certains dim. en juil.-août, à 11h15) - www.paysdesabbayes.com.
Nancy – Nancyphonies - Festival de Nancy : musique classique (de déb. juil. à déb. août) - ✆ 03 83 96 43 24 - www.nancyphonies.net.
Bussang – Représentations au Théâtre du Peuple. ✆ 03 29 61 50 48 - www.theatredupeuple.com.
Phalsbourg – Festival de théâtre (fin juil.-déb. août) - ✆ 03 87 24 42 42 - www.phalsbourg.fr.

AOÛT

Gérardmer – Spectacle pyrosymphonique sur le lac (le 14) - www.gerardmer.net.
Sierck-les-Bains – Fête du Château - ✆ 03 82 83 67 97 - www.chateau-sierck.com.
Laimont – Festival des Granges, concerts de musiques variées - ✆ 03 29 70 59 61 - www.festivaldesgranges.com.
Fénétrange – Festival international de musique, d'art lyrique et de gastronomie - ✆ 03 87 07 54 48 - www.festival-fenetrange.org.
Oderen – Pèlerinage à N.-D.-du-Bon-Secours (le 15).
Thionville – « Mongolfiade de Thionville » (années paires, prochaine édition 2014, fin août) - ✆ 03 82 33 77 77 - www.pilatre-de-rozier.com.

FIN AOÛT-DÉBUT SEPTEMBRE

Metz – Fête de la mirabelle avec corso fleuri, défilé de chars, feu d'artifice (dernière semaine) - ✆ 03 87 55 53 76/78 - www.mairie-metz.fr.
Ste-Marie-aux-Mines – Festival aux chandelles (voir *Ascension*).

SEPTEMBRE

Baccarat – Fête du pâté lorrain - ✆ 03 83 75 13 37.
Oderen – Pèlerinage à N.-D.-du-Bon-Secours (le 8).
Storckensohn – Grande Fête du moulin (2e dim.) - www.ot-saint-amarin.com.

OCTOBRE

Saint-Dié-des-Vosges – Festival international de géographie (1er w.-end.) - ✆ 03 29 42 22 22 - www.fig.saint-die-des-vosges.fr.
Laquenexy – Fête des Saveurs aux Jardins fruitiers - ✆ 03 87 35 01 00 - www.jardinsfruitiersdelaquenexy.com.
Nancy – Nancy Jazz Pulsations - ✆ 03 83 35 40 86 - www.nancyjazzpulsations.com.
Fresne-en-Woëvre – Festival Densités, concerts, danse, expositions… ✆ 03 29 87 38 26.
En Moselle – En Terre romantique. Biennale de musique romantique. (prochaine édition en 2013) - ✆ 03 87 62 94 13 - www.cg57.fr.

Fameck – Festival du Film arabe. www.cinemarabe.org.

DÉCEMBRE

Dans toute la région – Fête de la St-Nicolas le 6 déc.
Dans toute la région – Marchés de Noël dans les grandes villes et de nombreux villages.
St-Nicolas-de-Port – Pèlerinage à la basilique (samedi le plus proche du 6) - ✆ 03 83 46 81 50.

Bibliographie

OUVRAGES GÉNÉRAUX, TOURISME

Vosges, J.-P. Germonville, La Renaissance du Livre, 1996.

HISTOIRE, ETHNOGRAPHIE

Histoire de la Lorraine, M. Parisse, Ouest-France, 2005.
Les Grandes Heures de la Lorraine, M. Caffier, Éd. Perrin, 1993.
St-Louis, quatre siècles de cristallerie au pays de Bitche, M. Girault, La Renaissance du Livre, 2007.

GASTRONOMIE

Promenades gourmandes et art de vivre en Moselle, F. Kochert, La Renaissance du Livre, 1997.
Les Meilleures Recettes lorraines, A. Scholtès, Ouest-France, 1998.
La Cuisine lorraine, J.-M. Cuny, Éd. JMC, 1996.
La Bière en Lorraine, J.-C. Colin, Coprur, Strasbourg, 1992.

LITTÉRATURE

La Colline inspirée, Maurice Barrès, Éd. du Rocher, 2004.
La Lorraine dévastée, Maurice Barrès, coll. Rediviva, Éd. Lacour, 1997.
Pays-Haut; Marie-Romaine, Anna-Marie Blanc, Serpenoise, Metz.
La Mémoire du perroquet, Michel Caffier, Grasset, 1993.
Le Hameau des mirabelliers, Michel Caffier, Pocket, 1999.
Les Roses de Verdun, Bernard Clavel, Pocket, 2003.
Les Âmes grises, P. Claudel, Stock, 2003.
Vacances du lundi, Théophile Gautier, Éd. Champ Vallon, 1994.
Le Passage du Climont, Jean-Yves Vincent, Éd. Pierron, Sarreguemines, 1994.

POUR LES ENFANTS ET ADOLESCENTS ET BD

L'Histoire de la Lorraine racontée aux enfants, R. Bastien, Serpenoise, Metz, 1995.
La Cathédrale, J. Martin, Casterman, 1999.

MÉDIAS

Quotidiens

L'Est républicain (www.estrepublicain.fr), Le Républicain lorrain (www.republicain-lorrain.fr).

Revues

La Revue lorraine populaire (Éd. JMC., Nancy).

2/ COMPRENDRE LA LORRAINE

La place Stanislas à Nancy.
L. West/Photononstop

Bonus

Traditions et art de vivre

Depuis quelques années, les Lorrains montrent un intérêt grandissant pour leur patrimoine, qu'ils s'efforcent de sauvegarder. Les traditions lorraines s'expriment dans des domaines aussi variés que la langue, le folklore et la gastronomie. Si la Lorraine a souvent hésité entre ses influences germaniques et romanes, elle a fini par trouver sa propre identité, celle d'une région plurielle, faite de locuteurs germanophones et romanophones, à la fois industrielle et rurale, moderne et traditionnelle.

Folklore et fêtes

C'est en hiver que la Lorraine aime célébrer, festoyer, défiler, comme pour se consoler de la rudesse des conditions météorologiques.

LE CARNAVAL

Le carnaval a ceci de particulier en Lorraine qu'il est ponctué par des *Kappensitzungen* (littéralement « réunions de casquettes ») et se termine par la « condamnation du prince », après dix jours de fête et moult bals costumés *(Ballas-Ballas)*. C'est pendant l'occupation de la Rhénanie par l'armée napoléonienne que sont apparues ces soirées où, coiffé d'un chapeau *(Kappe)*, on se moquait de l'occupant français. Depuis, les *Kappensitzungen* ont conservé leur vocation politique et parodique. La fête est particulièrement suivie dans l'est de la Moselle, à **Sarreguemines** notamment, où elle a pris sa forme sous l'influence des carnavals rhénans du 19e s. Autre temps fort : l'exécution du prince carnaval sur le pont de l'Europe, pendu et brûlé, après la mise en scène de son procès. Très différent et très coloré, le carnaval de **Remiremont** propose déambulations et défilés costumés.

LA SAINT-MARTIN (11 NOVEMBRE)

La Saint-Martin célèbre la **fin du cycle agricole annuel** et des travaux dans les champs. Autrefois, on en profitait également pour renouveler les baux ruraux et engager les ouvriers agricoles pour l'année à venir. Autant de raisons de tuer l'oie ou le cochon, selon les régions, et de préparer un repas pantagruélique avant les privations de l'hiver et de l'Avent (ou Petit Carême) chez les catholiques. Si cette fête d'abondance n'est plus vraiment d'actualité, elle connaît toutefois un regain d'intérêt dans certains villages.

LA SAINT-NICOLAS (6 DÉCEMBRE)

Selon la légende, saint Nicolas aurait ressuscité trois enfants qu'un boucher avait découpés et mis au saloir. En réalité, cet évêque du 3e s., originaire d'Asie Mineure, fut

Le carnaval vénitien de Remiremont, dans les Vosges.
D. Bringard/hemis.fr

canonisé pour sa foi et sa grande générosité. Quoi qu'il en soit, la piété populaire a fait de lui le saint protecteur des enfants et le saint patron de Lorraine. Une de ses reliques a été transférée au 11e s. de la ville italienne de Bari à Saint-Nicolas-de-Port, au sud de Nancy *(voir p. 208)*.

La tradition veut que le saint passe dans la **nuit du 5 au 6 décembre** distribuer des friandises aux enfants sages. Une coutume qui se perpétue dans une grande partie de l'Europe du Nord. Saint Nicolas a par ailleurs un triste compagnon, le **père Fouettard** (Hans Trapp en Lorraine germanophone) qui vient, lui, punir les enfants désobéissants. À Wissembourg, dans les Vosges du Nord *(voir p. 378)*, celui-ci fait l'objet d'une tradition toujours vivante : un cortège défile chaque année dans les rues de la ville, le dernier dimanche avant Noël.

L'AVENT ET NOËL

En plus de la Saint-Nicolas, la Lorraine fête, bien évidemment, Noël et l'Avent, selon des traditions proches de ce que l'on vit en Allemagne ou en Alsace.

La couronne de l'Avent

Sur la couronne de l'Avent, on place quatre bougies, qui symbolisent les quatre dimanches de ce cycle de quarante jours, ou les 4 000 ans

LA « MARQUE » SAINT-NICOLAS

Saint patron de la Lorraine, lié à l'Alsace par son « collègue » Hans Trapp (le père Fouettard), saint Nicolas est disputé par les deux régions… comme bien d'autres sujets, d'ailleurs. Quand la Lorraine décide, en 2010, de déposer le nom « Saint-Nicolas » pour s'assurer ainsi l'exclusivité de son utilisation (fêtes, marchés…), les Alsaciens s'élèvent immédiatement contre la mainmise déclarée de leur voisin. Résultat : les deux régions se sont mises d'accord pour devenir cotitulaires du saint patron des écoliers et se partager les droits d'un religieux du 3e s., devenu une marque très porteuse !

d'attente du Messie. Chaque dimanche, on allume une bougie supplémentaire tout en décorant un **sapin des Vosges**. Symbole indissociable de la fête de Noël, les boules de verre seraient originaires de **Meisenthal**, berceau de la verrerie du pays de Bitche. Les habitants avaient l'habitude de suspendre aux branches de leurs sapins des noix et des pommes. Mais la mauvaise récolte de 1858 invita les verriers de la ville à trouver d'autres décorations : ils eurent alors l'idée de souffler et de peindre des boules de verre.

Centre international d'Art verrier à Meisenthal, p. 356.

Le marché de Noël

Autre temps fort de cette période de l'année : le marché de St-Nicolas, devenu le marché « de l'Enfant Jésus » *(Christkindelsmärk)* ou encore marché de Noël. Cette tradition instaure de fin novembre au 31 décembre une ambiance euphorique au milieu des spectacles les plus variés, danses, concerts, crèches vivantes et expositions. Certains en dénoncent la dérive commerciale. Mais la profusion des décorations, l'artisanat local, les produits du terroir, les jouets et les spécialités sucrées, sans oublier le vin chaud, créent une atmosphère festive.

Agenda, p. 28.

La fête de Noël

La fête des enfants s'est décalée au 25 décembre sous **Luther**, qui, en célébrant l'Enfant Jésus *(Christkindel)*, contrait ainsi la popularité de saint Nicolas. Mais au lieu de se substituer, les deux personnages ont fini par cohabiter.

Gastronomie et terroir lorrains

Si la fameuse quiche porte le nom de son terroir, d'autres plats moins connus garnissent les tables de la région.

CÔTÉ SALÉ

L'incontournable **quiche**, dont le nom vient de l'allemand *kuchen* (« tarte » ou « gâteau »), est faite d'une *migaine*, à base de lardons frits au beurre, puis mélangés à des œufs battus et de la crème. La préparation est ensuite répartie sur un fond de pâte feuilletée ou brisée.

UNIVERS LINGUISTIQUES

Lôrraine, Loûraine, Lothringen, Lothrénger : les traductions sont multiples pour nommer la Lorraine, région définitivement plurilinguiste.

Le **nord-est de la Moselle** appartient à l'aire linguistique germanique, qui comprend notamment le **francique lorrain**, issu des Francs qui s'étaient installés dans la région du Rhin. Également appelé *platt*, il se subdivise en trois dialectes entre lesquels il y a intercompréhension : le francique rhénan, le francique mosellan, le francique luxembourgeois (qui est, par ailleurs, une des langues officielles du grand-duché du Luxembourg). Des associations et des troupes de théâtre en langue dialectale s'emploient à faire vivre la tradition orale du francique lorrain.

Dans le **sud-ouest de la Moselle**, on parle le **lorrain** (à ne pas confondre avec le francique lorrain), un ensemble de dialectes romans plus ou moins proches du français, dont le vosgien fait partie. En effet, une **partie des hautes vallées vosgiennes** a toujours parlé un dialecte roman rattaché aux parlers lorrains que leurs voisins nommaient le **« welche »**. Ce terme désignait tous ceux qui ne faisaient pas partie de l'aire des parlers germaniques.

DES PLATS VENUS DE POLOGNE

Stanislas Leszczyński, le dernier duc de Lorraine, particulièrement réputé pour sa gourmandise, apporta avec lui des recettes de Pologne. La carpe fut introduite en Lorraine avec de nombreuses façons de l'accommoder. Autre emprunt, le **baba** : le duc « améliora » ce qui n'était à l'origine qu'une brioche aux fruits secs et confits en l'arrosant de vin hongrois de Tokay. Aujourd'hui, ce dessert n'est plus imbibé de vin mais de rhum. Quant aux fameuses **bouchées à la reine**, faites de ris de veau, elles doivent leur nom à l'épouse de Louis XV et fille de Stanislas, Marie Leszczyńska.

La **potée** était le plat des paysans par excellence. C'est un pot-au-feu de lard fumé et de saucisses, accompagnés de chou blanc et de légumes de saison.
À ces deux plats s'ajoute le **pâté lorrain**, composé d'un mélange de viande (échine de porc et noix de veau) préalablement mariné dans une préparation à base de vin, d'échalote, de persil et de thym, et enveloppé de pâte feuilletée.

LE REPAS MARCAIRE DES VOSGES

Les Hautes-Vosges connaissent, dès la belle saison, le déplacement des troupeaux vers les pâturages d'altitude. Le marcaire, qui tire son nom du *melker*, le « trayeur de vache » en dialecte, monte avec ses bêtes sur les hautes chaumes de la St-Urbain à la St-Michel (25 mai-29 septembre). C'est là-haut qu'il va préparer le fromage, dans sa modeste ferme d'altitude, ou marcairie. Ce chalet ne comprenait autrefois que deux pièces, l'une pour le fromage, l'autre, très petite et presque sans mobilier, pour dormir. On lui a souvent adjoint par la suite une étable.
Dès la fin du 19e s., les randonneurs ont pris l'habitude de s'y arrêter pour se restaurer. Depuis, ayant pris le nom de **fermes-auberges**, elles proposent en été le repas marcaire, que les amoureux de la montagne viennent savourer au milieu des senteurs de foin, de résines et de fleurs. Le menu enchaîne de manière immuable les mêmes spécialités préparées sur place : un potage suivi d'une tourte de la vallée (pâté chaud de viande de veau et de porc), puis un plat principal composé de viande de porc fumée accompagnée de *roïgabrageldi* (pommes de terre émincées et longuement rissolées avec des oignons et du lard).
Un délicieux munster affiné sur place prélude au dessert, tartes aux fruits de saison, ainsi qu'au *siesskas*, qu'il faut absolument essayer : moulé le matin même, c'est un fromage blanc du jour très frais, servi avec du kirsch et du sucre.

GOÛTEUX FROMAGES

Dans les Vosges du Sud, la ville de Munster a donné son nom au fromage que la montagne produit depuis plusieurs siècles. Fabriqué au lait cru, le **munster** est un fromage à pâte molle et à croûte lavée qu'on affine pendant 3 à 4 semaines. On lui ajoute parfois du carvi. Le succès de ce fromage, qui a obtenu l'appellation d'origine contrôlée en 1978, a contribué à sauver une race de vache rustique, la vosgienne, dont le lait riche et aromatique lui est essentiel. Après un lent déclin, on voit la vosgienne reprendre sa place naturelle sur les hautes chaumes. On la reconnaît à ses flancs noirs mouchetés et à la large bande blanche qui court le long de son échine.
Le **géromé** a la même croûte fauve et l'intérieur crémeux que le munster, mais son lait n'est pas

réchauffé et son affinage dure plus longtemps, jusqu'à quatre mois. On lui ajoute de même des graines d'anis, de fenouil ou de cumin.
À ces classiques, il faut ajouter le **brouère**, un fromage au lait de vache de 12 kg, affiné entre quatre et sept mois, ou encore le **gros lorrain**, une pâte molle au lait de vache dont la fabrication est réapparue il y a peu après avoir disparu du terroir pendant un demi-siècle.
Fromagerie « La Graine au Lait », à Lapoutroie, p. 317.

CÔTÉ SUCRÉ

Pour terminer le repas, rien de tel qu'un dessert à la **mirabelle**, le fruit-roi de Lorraine, qui en est la première région productrice française. Déclinée en tarte, en soufflé, en gratin ou en mousse glacée, elle se déguste également en eau-de-vie.
La subtile **bergamote de Nancy** est un bonbon fabriqué à partir d'huile essentielle de bergamotier, un arbre issu du croisement entre un oranger amer et un citronnier. Conditionnée dans des boîtes en fer souvent décorées de vues de la place Stanislas, la bergamote de Nancy est un cadeau idéal pour la famille et les amis.
Aussi tendre que la bergamote est croquante, la **madeleine de Commercy** doit son nom à sa créatrice, une certaine Madeleine, originaire de Commercy, commis des cuisines du roi Stanislas qui s'inspira d'une recette de sa grand-mère pour servir une telle douceur.
Plus confidentielle, la confiture de groseilles de Bar-le-Duc *(voir p. 106)* est une recette du Moyen Âge, qui exige que le fruit soit épépiné avec une plume d'oie taillée !
En montagne, c'est le **miel de sapin des Vosges** qui a obtenu une AOC pour son arôme boisé et sa couleur sombre.

Boissons

LES CÉPAGES LORRAINS

La Lorraine possède un vignoble qui s'étend sur les versants bien exposés des côtes de Meuse et de Moselle. Son histoire, très ancienne, a failli prendre fin au début du 20e s. Depuis, bien qu'encore modeste, la vigne progresse à nouveau.
Les **côtes-de-toul**, classés AOC, proposent un choix de vins gris et rouges issus de gamay et de pinot noir et quelques blancs résultant de cépages auxerrois. Le plus caractéristique est le gris de Toul. Ce rosé obtenu à partir de raisins noirs dont le jus a été séparé des peaux dès le pressage, est souvent dominé

Les célèbres madeleines de Commercy.
Soleil Noir/Photononstop

par des arômes de fruits rouges. Avec un bastion autour de Sierck-les-Bains, un autre dans le val de Metz et un troisième plus modeste aux environs de Vic-sur-Seille, la **Moselle** produit surtout des blancs à partir de cépages auxerrois ou de müller-thurgau, avec quelques gris et rouges issus de pinot noir, dont la qualité est reconnue par une AOC depuis 2010. Enfin, les **côtes de Meuse**, près d'Hattonchâtel, donnent de charmants petits vins de pays, rouges, blancs ou gris.

LA BIÈRE

Après un âge d'or au 19e s., la production de bière lorraine survit aujourd'hui grâce à une trentaine de brasseries artisanales. La Lorraine reste la troisième productrice française derrière le Nord et l'Alsace. Deux noms connus lui sont associés, la brasserie Tourtel, qui, avant de devenir la marque d'une boisson sans alcool, avait été le laboratoire pasteurien de recherches sur la fermentation, et la fameuse Kanterbrau. Aujourd'hui, la région s'attache plutôt à développer ses **microbrasseries**.

Visites de brasseries, voir « Sur place de A à Z », p. 15, et le musée européen de la Bière à Stenay, p. 92.

LES EAUX MINÉRALES

Le massif vosgien a donné à la Lorraine des eaux naturelles reconnues pour leurs vertus thérapeutiques.
Riche en calcium, l'eau de **Vittel** *(voir p. 264)* fut exploitée dès l'époque gallo-romaine. Mais c'est sous le joug de la famille Bouloumié que la station thermale connut un succès retentissant. Non loin, « la source de minceur » **Contrexéville** *(voir p. 269)* doit sa renommée à une eau aux vertus digestives et amincissantes.

LES EAUX-DE-VIE

La Lorraine offre un choix très riche et souvent inventif d'eaux-de-vie et de liqueurs, qui sont généralement servies en fin de repas. Le kirsch, dont le nom évoque la cerise en alsacien, est le plus connu. Il parfume d'innombrables recettes bien au-delà de sa région d'origine. La mirabelle et la quetsche donnent, avec des alcools plus secs mais toujours très fruités, d'excellents digestifs. Mais c'est la **framboise**, qu'on boit dans de très grands verres afin de mieux sentir la subtilité de son arôme, qui est la reine des eaux-de-vie blanches.

Musée des Eaux-de-Vie, à Lapoutroie, p. 315.

Histoire

Longtemps province partagée entre influences rivales, aux frontières de l'Allemagne, la Belgique et le Luxembourg, la Lorraine a été au cœur d'une Europe tantôt belliqueuse, tantôt pacifique. Son nom est indissociable des guerres de tranchées et des horreurs de la Première Guerre mondiale. Ses combats, la Lorraine a également dû les mener de l'intérieur, lorsque la région a dû faire face à l'immense crise qui a ravagé son tissu industriel des années 1970 à aujourd'hui.

Les grandes dates

- **58-50 av. J.-C.** – Création des cités romaines de Metz et de Toul.
- **4e s.** – Fondation des Trois-Évêchés : Metz, Toul et Verdun.
- **451** – Destruction de Metz par les Huns d'Attila.
- **843** – Traité de Verdun : partage de l'Empire carolingien en trois royaumes. Lothaire hérite de la Lotharingie.
- **1048** – Fondation de la dynastie des ducs de Lorraine par Gérard d'Alsace.
- **1477** – Mort de Charles le Téméraire à la bataille de Nancy.
- **1552** – Le roi de France Henri II prend Metz, Toul et Verdun.
- **1618-1648** – Guerre de Trente Ans, à l'issue de laquelle le traité de Westphalie prévoit le rattachement des Trois-Évêchés à la France.
- **1697** – Traité de Ryswick : la Lorraine passe sous protectorat français et le Rhin est établi comme frontière.
- **1766** – Mort de Stanislas Leszczyński. La Lorraine devient entièrement française.
- **1790** – Création de quatre départements : la Meurthe, la Meuse, la Moselle et les Vosges.
- **1871** – Traité de Francfort : annexion de l'Alsace et de la Moselle par l'Allemagne.
- **1878** – Invention du procédé Thomas pour la fabrication de l'acier.
- **Février-décembre 1916** – Bataille de Verdun.
- **11 novembre 1918** – Armistice ; retour des territoires annexés à la France.
- **17 août 1940** – Annexion de l'Alsace et de la Moselle au Reich.
- **1945** – Libération et retour à la France de l'Alsace et de la Moselle.
- **1960** – Formation de la région Lorraine.
- **1970** – Début de la crise de la sidérurgie et de la restructuration du métier.
- **1974** – Création du Parc naturel régional de Lorraine.
- **1997** – Fermeture de Tressange, la dernière mine de fer de Lorraine.
- **2004** – Fin de l'exploitation du charbon en Lorraine.
- **2007** – La ligne de TGV Est met Paris à 1h23 de Metz.
- **2010** – Ouverture du Centre Pompidou-Metz (premier exemple de décentralisation d'une institution culturelle en France).

Le duché de Lorraine

DES ROMAINS AUX FRANCS

Si l'occupation humaine a laissé de nombreuses traces en Lorraine pendant la préhistoire, il faut attendre Jules César pour que nous en apprenions les premiers événements historiques. Deux peuples celtes occupaient alors ce territoire : les Leuques au sud, vers Toul, et les Médiomatriques au nord, autour de Metz. Deux cités distinctes ont ainsi été créées après la conquête romaine. Elles sont à l'origine, avec Verdun, des Trois-Évêchés qui se constituent au moment de la christianisation, à la veille des invasions barbares.
Quand disparaît l'Empire romain au **5e s.**, un nouveau peuple venu de Germanie, les **Francs rhénans**, colonise la vallée de la Moselle jusqu'au nord de Metz. Une frontière linguistique va ainsi se fixer et séparer à cet endroit les parlers romans issus du latin des parlers germaniques. Toute la région, comme d'ailleurs le reste de la Gaule, passe alors sous la domination du roi franc Clovis et de ses successeurs, les Mérovingiens. Mais ce sont les **Carolingiens**, famille originaire des pays d'entre Meuse et Rhin, qui sont à l'origine de la création de la Lorraine. Celle-ci se trouve alors au cœur de l'empire de Charlemagne.
Quand, à la suite du **traité de Verdun** en 843, les petits-fils de Charlemagne se sont partagé son héritage, l'aîné, Lothaire, en a reçu la partie centrale. C'est le royaume de son fils, Lothaire II, qu'on va prendre l'habitude d'appeler Lotharingie. S'étendant jusqu'à la mer du Nord, elle a été ensuite partagée en deux duchés, la Basse-Lorraine au nord et la Haute-Lorraine qui, plus au sud, est seule restée fidèle à ce nom. Otton Ier l'incorpore par la suite au Saint Empire romain germanique fondé en 962.

DU MOYEN ÂGE À LA RENAISSANCE

Au cours des siècles suivants, le déclin de la puissance impériale va provoquer un éparpillement durable des pouvoirs. Ceux-ci se répartissent finalement entre le **duc de Lorraine**, dont la dynastie fondée en 1048 par Gérard d'Alsace va régner jusqu'en 1737, les puissants **comtes de Bar** à l'ouest (futurs ducs de Bar) et les **trois évêques** dont les villes, Metz surtout, finissent par s'émanciper et former de vraies petites républiques. L'imbrication des possessions des uns et des autres conduit à des conflits sans fin qui favorisent l'influence du roi de France. Philippe le Bel réussit ainsi en 1301 à faire passer sous son contrôle la partie occidentale du Barrois. Cela explique que, pendant la guerre de Cent Ans, Jeanne d'Arc, « la bonne Lorraine », originaire de Domrémy, aux confins de la province, se soit sentie déjà française.
En **1477**, le duc de Bourgogne, Charles le Téméraire, qui avait tenté de rassembler sous son autorité l'ancienne Lotharingie, est tué par les troupes du duc René II devant Nancy, qu'il tentait d'assiéger. René II réalise la réunion définitive des duchés de Lorraine et de Bar (1480). La région connaît davantage de paix et participe activement au mouvement intellectuel et artistique de son temps comme le montre l'activité du « Gymnase » de St-Dié *(voir p. 328)*.

RÉUNION DE LA LORRAINE À LA FRANCE

En **1552**, le roi de France Henri II, allié aux princes protestants en lutte contre Charles Quint, s'empare sans difficulté de Metz, Toul et

Verdun. Désormais, la Lorraine ne fait plus officiellement partie du Saint Empire. La **guerre de Trente Ans** (1618-1648) est une catastrophe pour l'Europe centrale : près de la moitié de la population lorraine disparaît. À l'issue de ce conflit, le traité de Westphalie (1648) reconnaît la souveraineté française sur les Trois-Évêchés. En 1697, par le **traité de Ryswick**, Louis XIV établit une sorte de protectorat sur les terres ducales, qu'il occupe pendant de longues années. C'est ainsi que la vieille dynastie ducale s'en détourne définitivement. En 1737, le duc de Lorraine François III accepte d'abandonner son duché contre la Toscane ; il épouse l'archiduchesse Marie-Thérèse d'Autriche. Louis XV le remplace par un « duc de transition » qui lui est asservi et dont le rôle sera de préparer les Lorrains à se soumettre à l'autorité royale. **Stanislas Leszczyński**, roi déchu de Pologne et beau-père de Louis XV, semble parfait pour ce poste ; il vivra cependant bien plus longtemps que ne le prévoyait son gendre. Il est froidement accueilli par les Lorrains, car l'administration française pèse sur eux de plus en plus, avec l'enrôlement dans les milices obligatoires dès 1744 et une fiscalité plus lourde. Mais en développant une politique de bienfaisance et de mécénat, Stanislas gagne leur faveur au point d'apparaître comme l'archétype du bon prince. À sa mort, en 1766, la Lorraine devient entièrement française et, en 1790, naissent quatre départements français : la Meurthe, la Meuse, la Moselle et les Vosges.

Pour en savoir plus sur la vie et l'œuvre du roi Stanislas, reportez-vous p. 179.

D'une guerre à l'autre

Trois terribles guerres entre la France et l'Allemagne placent la Lorraine, et l'Alsace avec elle, au centre d'une tourmente exacerbée par le sentiment national. L'annexion de 1871 provoque une hostilité durable entre les deux pays.

1870-1871

Le conflit de 1870 oppose le Second Empire de **Napoléon III** et les royaumes allemands unis derrière la Prusse et son chancelier **Bismarck**. La volonté de ce dernier de rassembler sous l'autorité du roi de Prusse l'ensemble de l'Allemagne, alors une fédération assez lâche d'États indépendants, est à l'origine de la tension franco-allemande.

LE CONCORDAT DE 1801

Sous l'impulsion de Napoléon, le régime concordataire français voit le jour afin de stabiliser les tensions cultuelles, dues au démantèlement de l'Ancien Régime, et de régler le pluralisme religieux. Signé par l'Empereur avec le Saint-Siège en 1801 (et complété par des articles organiques en 1802 pour les protestants et en 1803 pour les juifs), il confère aux Églises un statut officiel et assure la rémunération des ministres des cultes par l'État. Ce statut est abrogé en 1905 dans toute la France par la loi de séparation de l'Église et de l'État. Mais la Moselle et l'Alsace sont alors annexées par l'Allemagne et le problème du maintien de ce régime ne se pose qu'en 1918, lors de leur retour à la France. La population concernée se montre alors farouchement opposée à la disparition de ce qui apparaît comme une donnée essentielle du droit local. Survivance de cette période, le Concordat est toujours d'actualité en Moselle, comme en Alsace.

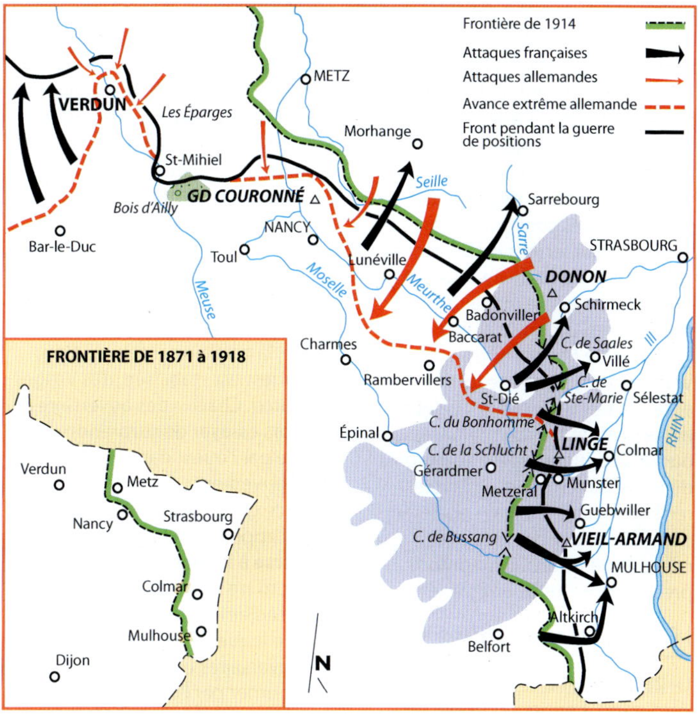

L'armée française, mal préparée, est vite bousculée. Les troupes de Bazaine doivent se replier sur Metz après leur défaite à Saint-Privat et Gravelotte. À Metz, les fortifications de Vauban sont renforcées par une seconde ceinture. Cependant, après un siège de deux mois, du 20 août au 27 octobre 1870, la ville capitule, tandis que Paris est assiégée.

La France finit par demander l'armistice en février 1871, tandis que l'Empire allemand est solennellement proclamé par le roi de Prusse et empereur Guillaume Ier dans la galerie des Glaces du château de Versailles. La Moselle et toute l'Alsace – sauf Belfort qui, défendue par Denfert-Rochereau, a tenu bon pendant toute la guerre – sont annexées.

Le **traité de Francfort (1871)** confirme les conditions de paix signées à Versailles. Outre la perte de son territoire (la frontière recule du Rhin aux Vosges), la France doit verser une indemnité de 5 milliards de francs-or. Le traité prévoit pour les habitants le choix de leur nationalité, avec l'obligation pour ceux qui choisissent la France de le faire avant le 30 septembre 1872. 160 000 Lorrains et Alsaciens quittent alors les provinces perdues pour s'installer sur le territoire français. Ils conservent cependant leurs biens restés en Alsace-Moselle.

La défaite de Napoléon III, fait prisonnier à Sedan dès le début de la guerre, a pour conséquence l'instauration de la IIIe République, dont l'œuvre démocratique va être considérable. Mais l'amputation du territoire national reste une blessure inguérissable, constamment rappelée au cours des décennies suivantes par les journaux, l'école

et les grands auteurs patriotiques, comme le Lorrain Maurice Barrès (*La Colline inspirée*). La ligne bleue des Vosges devient un but de pèlerinage patriotique.
Sur un plan plus strictement militaire, la France fortifie sa nouvelle frontière, dégarnie de ses forteresses construites par Vauban. Pour fermer cette « trouée de Lorraine » à toute invasion, le directeur du génie militaire, **Séré de Rivières**, organise alors sur les Hauts de Meuse, entre Toul et Verdun, un système de forts à demi enterrés tels ceux bientôt célèbres de Vaux et de Douaumont. Dès la fin du 19e s., pour faire face au progrès de la puissance de feu, il faut les renforcer par d'énormes épaisseurs de béton et de spectaculaires cuirassements en acier, sombre présage pour les guerres à venir.

LE DÉBUT DE LA GRANDE GUERRE

Le **28 juin 1914**, l'archiduc François-Ferdinand, héritier du trône d'Autriche-Hongrie, est assassiné à Sarajevo avec sa femme Sophie. Un mois plus tard, le 31 juillet, le sort du monde est scellé. L'Autriche veut en finir avec la petite Serbie qui la dérange depuis des décennies. Mais cette fois, la Serbie reçoit le soutien de la Russie, qui se sent la protectrice des Slaves du Sud. La France donne des garanties à la Russie, au nom de la **Triple Entente**, en même temps que l'Allemagne apporte son appui à l'Autriche, au nom de la **Triple Alliance**. C'est une guerre de masse qui s'ouvre en 1914. Sur la durée de la guerre, 7,9 millions de Français vont être mobilisés, sans compter les contingents des colonies, qui sont mises à contribution.

GUERRE DE MOUVEMENT ET GUERRE DE TRANCHÉES

D'août à octobre 1914, la ruée est généralisée, le choc immense. Les Français attaquent en Lorraine pour reconquérir le plus rapidement possible les « provinces perdues ». Les Allemands lancent le **plan Schlieffen** qui prévoit la violation des frontières belges et luxembourgeoises. S'ensuit un embrasement sur 450 km de front, fait de chocs brutaux et de combats de rencontre, marqué par la retraite franco-anglaise jusqu'au 6 septembre 1914. Après la contre-offensive victorieuse de la Marne de Joffre, la partie orientale du front de l'ouest est stabilisée, des Vosges à l'Ourcq. Chacun des adversaires va alors essayer de surprendre l'autre par l'ouest dans une série de mouvements enveloppants. C'est ce qui est souvent décrit sous l'appellation fallacieuse de « **course à la mer** ». Jamais la mer du Nord n'a représenté un objectif, c'est seulement le dernier obstacle contre lequel viennent butter les adversaires cherchant à se contourner par l'ouest. Dès lors le front se fige jusqu'en mars 1918.
Cette première phase dite de « **guerre de mouvement** » a été extraordinairement meurtrière pour toutes les armées engagées. À titre d'exemple, entre août et novembre 1914, l'armée française perd chaque mois environ 100 000 hommes, tués, blessés ou disparus.
Puisqu'il est impossible dorénavant de surprendre l'ennemi par des mouvements tournants, puisque le « système-tranchées » s'installe sur plusieurs kilomètres de profondeur, la seule solution pour percer consiste à lancer périodiquement des grandes offensives frontales, appuyées par des artilleries de plus en plus considérables. L'**industrialisation de la guerre** est alors en route. En 1918, l'armée française consomme chaque jour l'équivalent des stocks prévus pour toute l'année 1914. Pourtant, malgré l'horreur des combats de tranchées,

Mémorial de Verdun.
B. Barbier/Photononstop

cette forme de guerre est, contrairement à ce que l'on croit, moins meurtrière que la guerre de mouvement.

Les Allemands réalisent finalement la fameuse « **percée** » tant recherchée au printemps de 1918. Ils savent désormais que la fin de la guerre sera américaine et qu'il leur faut l'emporter avant l'arrivée massive des **Sammies**. Ils se rapprochent à nouveau à 70 km de Paris, mais épuisées par leurs propres efforts, les troupes allemandes s'essoufflent. À partir de mi-juillet 1918, l'initiative est totalement alliée, sous les ordres de Ferdinand Foch. Les armées allemandes sont en retraite, mais nullement en déroute, et les derniers combats, avant l'**armistice du 11 novembre 1918**, se déroulent encore sur le sol français. Après sept mois de négociations, le **traité de Versailles de juin 1919** vient mettre fin à la guerre. Il est pourtant l'antichambre d'un prochain conflit, annoncé par beaucoup.

Pour en savoir plus, voir aussi les guides Michelin des Champs de bataille *Alsace Moselle* et *Verdun*.

1939-1945

Le 1er septembre 1939, la guerre éclate à nouveau. Elle est, cette fois-ci, délibérément provoquée par le régime politique nazi, qui règne d'une poigne de fer sur l'Allemagne. Du côté français, c'est la « drôle de guerre ». On attend l'attaque ennemie sur la **ligne Maginot**,

LA BATAILLE DE VERDUN

En 1916, les Allemands tentent de percer à Verdun. La bataille s'engage dès le 21 février et dure jusqu'en décembre, soit 300 jours et 300 nuits de combats acharnés au cours desquels 26 millions d'obus vont être tirés par les artilleries, soit 6 obus au mètre carré. 700 000 hommes y sont morts, couchés dans la boue. Le paysage, terriblement marqué, permet d'imaginer la violence du conflit, qui symbolise à lui seul l'ensemble de la Grande Guerre.

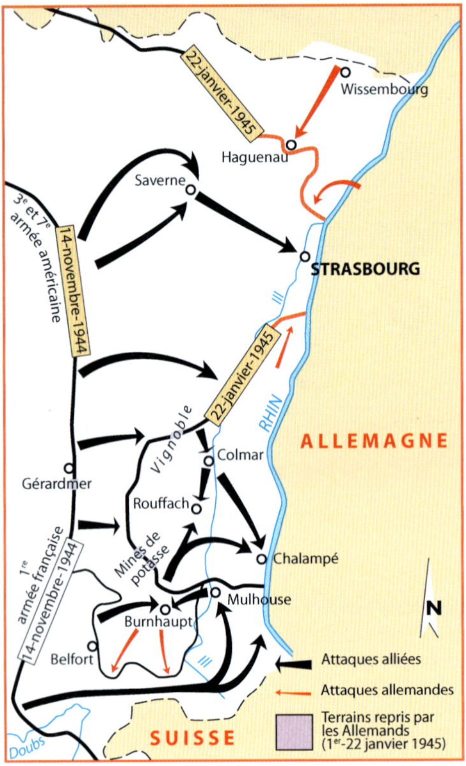

construite à partir de 1930 pour empêcher toute possibilité d'invasion, où l'on a soin d'évacuer les populations frontalières.

En mai **1940**, l'Allemagne attaque la Belgique, la Hollande et le Luxembourg, de façon foudroyante et imprévue du côté des Ardennes, et selon la tactique de la « guerre éclair » fondée sur les chars et l'aviation. L'invasion du nord de la France rend inutile la ligne Maginot, prise à revers. La victoire allemande, totale en apparence, laisse alors la France comme effondrée. L'Allemagne réannexe de fait la Moselle et l'Alsace, qu'elle entreprend de « germaniser » définitivement : interdiction de parler français, changement des noms de villes et de villages, destruction des symboles nationaux, et même expulsion de 100 000 Mosellans et 35 000 Alsaciens, jugés « trop » francophiles ou bien « pas assez » allemands. En 1941, 36 000 ha de terres agricoles sont colonisés par une main-d'œuvre polonaise dans le nord de la Meuse et en Meurthe-et-Moselle pour mener à bien le processus de l'*Ostland*, un plan allemand d'implantation agricole.

Côté lorrain, la **Résistance** se met en place très tôt. L'aide aux prisonniers évadés s'organise, notamment par un affluent de la Moselle, à Jœuf. Des réseaux de passeurs en Suisse, de renseignements militaires et économiques se forment. Événement spectaculaire : l'évasion du général d'armée Henri Giraud de la forteresse de Kœnigstein

en Saxe en avril 1942. Aidé par un guide lorrain, Giraud transitera par Strasbourg, Sélestat et Mulhouse, non sans péripéties, avant d'être caché à Liebsdorf par le curé Stamm, d'où il passera en Suisse, avant de regagner la France par Annemasse. Un coup de maître qui coûtera cependant cher en représailles.
En août 1942, les *Gauleiter* Wagner et Bürckel, respectivement gouverneurs régionaux d'Alsace et de Moselle, annexées au Grand Reich depuis juin 1940, obligent les jeunes de 10 à 18 ans à servir dans la Jeunesse hitlérienne et déclarent le service militaire obligatoire pour les Alsaciens et les Mosellans. Le recrutement forcé des « **malgré-nous** » dans la Wehrmacht ou dans la SS, comme l'existence du camp de concentration du Struthof dans les Vosges, suscite dans la population un sentiment de rejet. Pour les populations, toujours prises en tenailles et suspectées, la vie est difficile. À la fin de la guerre, sur 30 000 Mosellans incorporés de force, on compte 8 000 tués. Parmi ceux qui sont revenus, beaucoup ont dû supporter suspicions et accusations.

LA LIBÉRATION

En **1944**, les combats reprennent sur le sol français avec les débarquements alliés en Normandie le 6 juin, puis en Provence le 15 août. La répression des troupes allemandes se fait immédiatement sentir en Meuse et dans les Vosges, où on assiste à une brutale déportation de prisonniers, ainsi qu'à l'exécution de nombreux otages durant l'été 1944.
Après Paris, Verdun est libérée à la fin du mois d'août. Deux semaines plus tard, les blindés américains arrivent place Stanislas, à Nancy. Si Metz est libérée quelques mois plus tard, le 22 novembre, il faut attendre le 19 mars pour qu'avec Wissembourg, en ruine, tout le territoire français soit délivré.

Du passé industrieux à l'Europe moderne

C'est à la fin du 19e s. que l'aventure de la grande industrie commence en Lorraine. L'exploitation du fer et du charbon donne naissance à la plus puissante industrie de l'acier que la France ait connue et assure la prospérité de la Lorraine pendant trois quarts de siècle, avant que les crises économiques successives y mettent fin.

MÉTIERS TRADITIONNELS DES VOSGES

Grâce à leurs ressources naturelles, les vallées vosgiennes ont, depuis le Moyen Âge, connu une intense activité artisanale. Forges, fonderies, verreries et cristalleries trouvaient dans le bois un combustible abondant que transformaient les charbonniers au cœur de la forêt. C'était aussi une matière première essentielle pour les charpentiers comme pour les ébénistes et, de façon très spécialisée, pour les luthiers de **Mirecourt** qui utilisent toujours l'érable sycomore et l'épicéa produits localement. Les images d'**Épinal**, dont la renommée fut extraordinaire, s'expliquent par la présence de papeteries alimentées sur place. Enfin, le sous-sol livrait des minerais qui, avant de s'épuiser, ont fait la prospérité de **Ste-Marie-aux-Mines**. On y venait, à la Renaissance, de toute l'Europe centrale pour y extraire l'argent, le plomb ou le cuivre. Au 18e s., l'industrie textile, attirée par la puissance et par la pureté des cours d'eau, s'est mise à remonter dans les vallées. Les cotonnades ont ainsi fait la célébrité de la toile des Vosges, tandis que le tissage du lin s'implantait à **Gérardmer**.

Aujourd'hui encore, la forêt fournit, avec ses sapins et ses épicéas, un important marché de bois de sciage et de papeterie. Le hêtre, autrefois de faible valeur, est maintenant très utilisé en bois de placage. Si la descente des troncs coupés a perdu de son pittoresque depuis qu'elle ne s'effectue plus par **schlittage**, procédé qui consistait à faire glisser un traîneau, la schlitte, sur des rondins disposés comme les barreaux d'une échelle le long d'une forte pente, on utilise encore les chevaux sur les terrains inaccessibles aux machines. Scieries et papeteries se sont modernisées et concentrées, comme l'industrie textile qui, après de graves crises, a réussi à se maintenir par la qualité de sa production (linge de maison et habillement).

LES MINES DE LORRAINE

L'essor du bassin minier et de la sidérurgie doit son succès à une innovation technique : le **procédé Thomas**, découvert en 1878, qui permet d'éliminer le phosphore du métal au cours de la transformation de la fonte en acier. Les Wendel, famille d'origine flamande installée en Lorraine depuis le début du 18e s., pressentent l'importance de cette découverte et acquièrent le monopole du procédé Thomas pour vingt ans, s'affirmant ainsi rapidement comme le premier groupe régional. Un paysage de métal et de cheminées géantes est né, avec ses gares de marchandises, ses usines et ses cités ouvrières dispersées au long des vallées qui s'enfoncent à l'intérieur de la côte de Moselle. En 1946, les mines sont nationalisées sous le nom **Houillères du bassin de Lorraine** (HBL) et profitent de la politique de planification mise en place par Jean Monnet. Si la sidérurgie est plus lente à redémarrer après-guerre, elle finira par participer à l'essor économique des Trente Glorieuses. Les besoins explosent, les demandes affluent, au point que les industries traditionnelles connaissent à cette époque leur âge d'or, même si dès les années 1960 les premiers signes des crises à venir apparaissent.

AU CŒUR DE L'EUROPE

Dans le même temps, l'Europe économique se constitue.
En 1950, le Mosellan **Robert Schuman** (1886-1963), alors ministre des Affaires étrangères, se fait l'artisan de la réconciliation franco-allemande. Il propose aux pays européens de fonder une Communauté du charbon et de l'acier afin de surmonter les nationalismes, responsables des conflits entre la France et l'Allemagne. Érigée au rang de région française en 1960, la Lorraine est ainsi au cœur d'une nouvelle Europe de la paix.

DE CRISES EN CONFLITS

Les chocs pétroliers de 1973 et 1979, aussi bien que la mondialisation de l'économie, conduisent les industries minières et sidérurgiques de Lorraine à une grave crise.
Première étape d'une longue agonie, c'est d'abord l'**industrie textile** vosgienne qui est menacée. 56 000 personnes travaillent dans le secteur en 1962, contre seulement 6 000 en 1998. Aujourd'hui modernisée, l'industrie textile réussit à se maintenir en faisant valoir la qualité de sa production (linge de maison et habillement).
Le séisme frappe ensuite les mines de fer, concurrencées par des gisements étrangers que la chute des coûts de transports rend de plus en plus accessibles. La crise débute en 1963 et s'achève en 1997, avec la fermeture de la dernière exploitation, celle des Terres-Rouges à Tressange.

La troisième crise touche cette fois le charbon, dont le coût est devenu trop élevé. La production est passée à 2,5 millions de tonnes dans les années 2000, alors qu'elle s'élevait à 13 millions de tonnes en 1970. Le 23 avril 2004, la **dernière mine de France**, celle de la Houve, à Creutzwald en Moselle, ferme définitivement ses portes.
Enfin, la faillite de la sidérurgie, secteur le plus emblématique de Lorraine, s'accompagne de conflits sociaux comme à Longwy en 1978-1979 et à **Florange** en 2011-2012. En tout, certaines estimations chiffrent à 200000 le nombre d'emplois disparus en région Lorraine, suite à l'effondrement des industries traditionnelles.

La Lorraine aujourd'hui

Associée à son activité industrielle, la Lorraine tourne peu à peu la page. La reconversion de la région vers le tertiaire, notamment en faveur du tourisme, apporte aux visiteurs des raisons supplémentaires de découvrir cette destination. D'autant que, grâce à la modernisation des transports, marquée par l'inauguration du TGV Est européen, Nancy et Metz ne sont qu'à 1h30 de Paris.

INDUSTRIE EN RECONVERSION

La Lorraine compte 2,35 millions d'habitants (11e région de France), un chiffre qui après avoir baissé (1975-2000) s'est stabilisé. Longtemps, elle est apparue

comme le symbole des **régions industrielles** en crise – celle de 2008 a ainsi à nouveau fortement touché la région. Certes, des usines géantes se dressent toujours dans le paysage lorrain, car les secteurs « historiques » (houille, sidérurgie et textile) n'ont pas disparu, mais elles génèrent désormais très peu d'emplois. À côté de la fonderie, qui fournit des produits très haut de gamme, se maintient une puissante **industrie chimique** (Solvay).
Elle s'est développée grâce au charbon que le pétrole remplace de plus en plus, mais aussi grâce au sel, exploité dans le Saulnois, la troisième grande ressource minière de la région.
L'industrie régionale survit par ailleurs grâce à la reconversion et à la diversification. L'**automobile** est le troisième secteur employeur de l'industrie, portée par PSA, Renault et Smart. Du côté de la filière agroalimentaire, la Lorraine se place en tête des régions françaises pour le conditionnement des eaux minérales (Vittel, Contrex).
De même, le développement d'industries comme Saint-Gobain (matériaux innovants, construction) apportent beaucoup à l'économie régionale.
Parallèlement, la Lorraine a su maintenir de petits centres de production traditionnelle, de qualité parfois mondialement reconnue. L'abondance des matières premières, argiles, sables alluviaux des rivières et réserves de bois pour alimenter les fours, a permis à de grandes **cristalleries** comme Baccarat ou Saint-Louis-lès-Bitche d'acquérir une renommée internationale, ainsi qu'aux **faïenceries** de Longwy, Lunéville ou Sarreguemines de voir le jour.

ZONES DYNAMIQUES

La situation géographique de la Lorraine apparaît comme un

Personnalités de la région

DU MONDE RELIGIEUX

Née à Domrémy, **Jeanne d'Arc** (1412-1431) entend des voix célestes qui lui commandent de prendre les armes pour « bouter les Anglois hors de France ». Une fois sa mission accomplie, elle est arrêtée par les Anglais et remise au tribunal de Rouen, puis condamnée au bûcher pour hérésie.

Homme d'Église, l'**abbé Grégoire** (1750-1831) est né à Vého, près de Lunéville. Il devient le curé d'Emberménil puis enseigne à l'école jésuite de Pont-à-Mousson. Il s'illustre en politique dès 1789 en représentant le clergé aux états généraux. Député à la Convention, il fait voter des lois décisives comme la reconnaissance des droits civils et politiques aux juifs et l'abolition de l'esclavage (1794).

DU MONDE POLITIQUE

Né à Saint-Dié, dans les Vosges, **Jules Ferry** (1832-1893) fut tour à tour député républicain, maire de Paris, ambassadeur, ministre de l'Instruction publique et président du Conseil. On lui doit notamment la gratuité et la laïcité de l'enseignement ainsi que l'accès des filles aux lycées.

Avocat de formation, **Raymond Poincaré**, né à Bar-le-Duc en 1860, entre très jeune dans la carrière politique : député à 29 ans, ministre à 33, il est élu président de la République en 1913 et incarne pendant la guerre l'unité de la nation en appelant dès août 1914 tous les Français à « l'Union sacrée ». En 1920, il quitte l'Élysée mais pas la vie politique : à deux reprises, il est rappelé à la présidence du Conseil. Enfin, son nom est associé à la réforme du franc de 1928. Membre de l'Académie française à partir de 1909, il meurt en 1934.

DU MONDE DES SCIENCES

Prix Nobel de médecine en 1965, **François Jacob** est né à Nancy en 1920. En juin 1940, il interrompt ses études pour s'engager dans les Forces françaises libres. Grièvement blessé en 1944, il doit abandonner l'idée d'être chirurgien et se tourne alors vers la biologie avec succès. Nommé professeur de génétique cellulaire au Collège de France en 1964, il est élu à l'Académie des sciences en 1977 et à l'Académie française en 1996.

Le père de la fusée Ariane, **Hubert Curien** (1924-2005), est né à Cornimont dans les Vosges. Entré dans la Résistance à 20 ans, il intègre l'École normale supérieure après la guerre, puis se lance dans une carrière scientifique. Directeur du CNRS, il sera le premier président de l'Agence spatiale européenne puis ministre de la Recherche. Il est élu à l'Académie des sciences en novembre 1993.

DU MONDE DU SPORT

Le footballeur **Michel Platini** (1955), né à Jœuf (en Lorraine), a rendu célèbre le numéro 10 de l'équipe de France, avec 353 buts marqués. Un temps entraîneur des Bleus, il occupe désormais le poste de président de l'UEFA.

atout majeur, car elle partage ses frontières avec trois pays européens. En 2011, près de 100 000 Lorrains travaillaient au **Luxembourg**, en **Allemagne** ou en **Belgique**, soit environ 12 % de la population active de 25 à 64 ans. Afin de favoriser encore ces échanges, la région a créé, avec la Sarre (Allemagne) et le Luxembourg, l'association SaarLorLux qui forme un nouveau pôle européen de développement. Une telle coopération est devenue nécessaire à l'heure où l'importance des travailleurs frontaliers montre que l'aire d'influence de métropoles telles que Sarrebruck traverse les frontières.
Metz et Nancy, pôles tertiaires et universitaires, stimulent aussi la naissance d'industries de pointe. Ces deux villes forment une sorte de métropole très allongée axée sur la Moselle. Avec la reconversion des anciens bassins miniers et le développement du tourisme culturel, grâce à un remarquable patrimoine architectural et artistique, elles sont en train de bouleverser la physionomie de la Lorraine. Celle-ci offre en effet des découvertes insolites, depuis les anciens sites industriels ouverts aux visiteurs jusqu'à l'annexe du Centre Pompidou, inaugurée en 2010 à Metz.

TOURISME AU NATUREL

À côté du tourisme culturel, la Lorraine développe désormais un tourisme de détente tourné vers les loisirs de plein air. Les Vosges ont beaucoup d'atouts pour satisfaire les amateurs de **randonnées** et de sports d'hiver et d'été de moyenne montagne. Les fermes d'estive ou marcairies proposent aux promeneurs des repas simples de paysans fondés sur l'exceptionnelle qualité de leurs produits.
Aujourd'hui, les plaisirs se sont multipliés avec le cheval et le vélo, les activités des bases nautiques au bord des lacs ou, plus récemment, les sports aériens, parapente, deltaplane ou montgolfière.
L'abondante neige hivernale a très tôt permis le développement des sports d'hiver, en particulier du ski de fond. Avec un réseau de plus de 1 000 km de pistes, les Vosges s'en sont fait une spécialité. Le ski alpin y a aussi sa place dans des stations à taille humaine.
Autre atout, le **thermalisme**. Situées dans le sud-ouest de la région, non loin du massif des Vosges, les stations thermales, dont les eaux aux vertus variées étaient déjà exploitées par les Romains, proposent des activités très variées de relaxation et de détente.
Le **tourisme fluvial**, enfin, s'est développé avec 700 km de canaux navigables, qui relient la Lorraine à l'Allemagne, à la Belgique, au Luxembourg, aux Pays-Bas et au sud de la France. Une autre façon de découvrir une région tout en glissant silencieusement sur les eaux, dans le seul bruissement des feuillages.

TGV, AU SERVICE DE L'EST

Entre modernisation des infrastructures et développement des capacités d'accueil, toutes les villes sur la ligne du TGV sont en effervescence !
Tant attendu, le **TGV Est européen** a été inauguré en juin 2007. Destiné à relier la France à l'Allemagne, il est considéré par les villes qu'il dessert comme un véritable levier de développement. Nancy et Metz ne sont plus qu'à 1h30 de Paris. Les retombées sont en effet économiques, mais aussi touristiques, avec notamment une hausse des courts séjours.

Paysages et nature

Le passé industriel de la région, de même que sa vocation agricole, ont bouleversé les lignes d'horizon. Bien sûr, la grande industrie, concentrée dans un espace limité, a laissé intacts l'ondulation des collines, les lacs d'altitude, les fiers ballons des Vosges et les nombreux canaux, rivières et fleuves. Toutefois, son déclin a entraîné l'abandon de gigantesques complexes, devenus des espaces en déshérence. Après avoir un temps détruit ces sites industriels, les acteurs locaux ont finalement accepté cette page de leur histoire pour en devenir les dignes héritiers. Sans plus l'ignorer, on valorise désormais ce formidable patrimoine industriel, qui modèle aujourd'hui les paysages de Lorraine.

La Lorraine au naturel

La région lorraine présente deux types de reliefs aux accents contrastés : d'une part, ses fronts de côtes, qui constituent la dernière expression du Bassin parisien ; d'autre part, ses montagnes, formées par le massif des Vosges.

LA LORRAINE DES CÔTES

Depuis le sud de la région, l'horizon est barré par un imposant talus couronné de forêts. Une certaine grandeur émane des paysages immenses et majestueux que l'on aperçoit du haut des collines dressées au-dessus de la plaine, comme celle de Sion-Vaudémont. Ces collines, que l'on appelle côtes ou encore **cuestas**, appartiennent au vaste ensemble géologique du Bassin parisien. Elles trouvent leur origine dans les épaisses couches de sédiments qui se sont déposées au fond des mers au cours des temps géologiques. Les grandes côtes lorraines appartiennent ainsi à des terrains qu'on retrouve en Normandie ou en Souabe (sud de l'Allemagne). Ils se sont formés au milieu de l'ère secondaire, il y a 205 à 135 millions d'années, pendant la période jurassique, avec une alternance de roches calcaires dures et d'argile plus tendre. Le **Bassin parisien** s'est lentement affaissé sous leur poids, formant une cuvette aux couches empilées en « assiettes », donc inclinées vers son centre. Le soulèvement des Vosges a accentué cette tendance. L'érosion a ensuite déblayé l'argile plus tendre, mettant en relief la couche de calcaire dure. Celle-ci, attaquée à son tour, recule, comme en témoignent ces collines qui, formées des mêmes roches, sont, en avant du front de côtes, les bien nommées « buttes-témoins ».
Trois grandes côtes, de plus en plus anciennes et de plus en plus marquées dans la topographie, se succèdent parallèlement d'ouest

Les côtes de Meuse à Saint-Maurice-sous-les-Côtes.
T. Grun/age fotostock

en est : la **côte des Bar**, qui limite le Barrois et, au nord, l'Argonne, la **côte de Meuse**, qui domine la plaine de la Woëvre et à laquelle correspond la « butte-témoin » de Montsec, qui porte sur son revers Verdun et St-Mihiel, et enfin la **côte de Moselle**, où sont installées Nancy et Metz.
Au pied de la côte de Meuse, le lac de Madine, qui s'étend dans un beau paysage boisé au cœur du Parc naturel régional de Lorraine, est le plus vaste plan d'eau de l'est de la France.
Sur les versants calcaires exposés au sud ou à l'ouest, surtout répartis sur les côtes de Meuse et de Moselle, se trouvent des milieux rares : les **pelouses calcaires**. Ce sont des formations herbacées très sèches qui offrent une faune et une flore adaptées, comparables à celles que l'on trouve dans les régions méditerranéennes. Elles voient fleurir une douzaine d'orchidées sauvages dont l'ophrys bourdon et le rare ophrys araignée, ainsi que des plantes aromatiques comme l'origan, le thym ou la pimprenelle.

HAUTS SOMMETS ET LACS DES VOSGES

Dans l'est de la Lorraine, les Vosges ne sont qu'un petit fragment de l'immense chaîne hercynienne qui couvrait une grande partie de l'Europe il y a 300 millions d'années et dont les **granits** aux couleurs claires, qui culminent à 1 424 m au Grand Ballon, portent la trace. Détruite par l'érosion, elle fut peu à peu recouverte par la mer et ensevelie sous d'épaisses couches de sédiments à l'origine des célèbres **grès rouges ou roses**.
Au moment de la formation des Alpes, il y a 30 millions d'années environ, un « rift », le futur fossé rhénan, s'est formé à la suite d'un lent affaissement de la croûte terrestre, tandis que ses bords se soulevaient symétriquement à près de 3 000 m d'altitude, formant les Vosges et la Forêt-Noire, sœurs jumelles issues du même socle granitique. Cette nouvelle chaîne de montagnes est venue se poser dans le prolongement des côtes lorraines, formant une continuité de

relief, bien que leurs origines soient distinctes.
Du fait de leur différence d'altitude, les Hautes-Vosges, cristallines, se séparent bien des Basses-Vosges, gréseuses. Sur les premières, nettement plus élevées, l'érosion a mis à découvert cette fameuse surface hercynienne arasée que suit la célèbre route des Crêtes en reliant les croupes larges et plates des « **ballons** ». La rareté des cols en a fait une grande ligne de partage régionale, tandis que s'y épanouissent les hautes chaumes sans arbres, mais couvertes de fleurs en été quand les troupeaux montent aux pâtures.
L'impression d'être en haute montagne est renforcée par la puissante empreinte des glaciers de la préhistoire. C'est ainsi qu'à l'époque des chasseurs de rennes, ces glaciers ont raboté les sommets, élargi les vallées et accru la raideur des versants. Tout en haut, de petits **lacs aux eaux froides** et profondes, comme le lac Blanc ou le lac Noir, occupent d'anciens cirques glaciaires aux rives escarpées. Vers l'aval, ce sont les moraines, énormes blocs de terre et de caillasses abandonnés par la fonte des glaces, qui ont formé des barrages naturels à l'origine de ces lacs aux eaux très bleues qui, comme celui de Gérardmer, occupent les fonds de vallées. Sur le versant lorrain des Hautes-Vosges et dans les Vosges du Nord, on rencontre également des tourbières, qui se caractérisent par une végétation et une faune très rares sous nos latitudes. Il s'y développe notamment des sphaignes, mousses uniques en France, la violette des marais, l'utriculaire et le droséra, une plante carnivore. Attention ! Il est dangereux de s'aventurer sur des tourbières, car l'eau affleure sous les sphaignes, et il faut respecter ce milieu fragile.

La Lorraine modelée par l'homme

Si le défrichement massif des forêts a commencé dès le néolithique, c'est au milieu du 19e s. que les paysages ont pris l'aspect qu'on leur connaît aujourd'hui, façonnés par la main de l'homme.

PAYSAGES INDUSTRIELS DANS LE NORD DE LA LORRAINE

La révolution industrielle a profondément marqué la région,

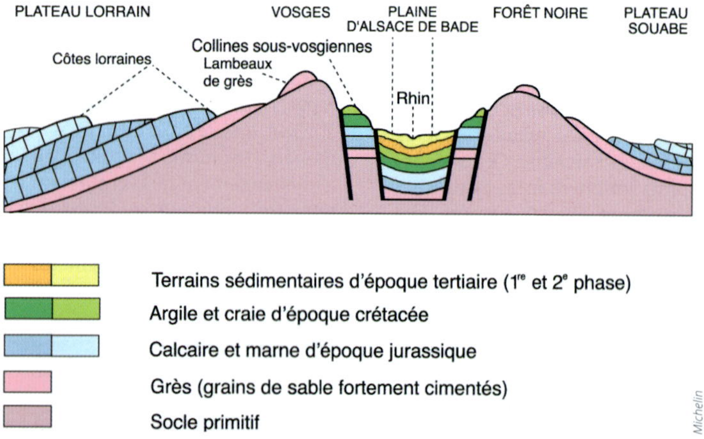

au point d'en modifier les paysages. Amorcée à la fin du 19e s., la construction des grands sites industriels s'est localisée dans les bassins houiller et sidérurgique du Nord-Est mosellan et de l'axe Longwy-Thionville-Metz, ainsi que dans les vallées textiles des Vosges. Depuis la fermeture progressive des usines, des ruines spectaculaires et rouillées hantent les « friches » industrielles, que l'on essaie une à une de réhabiliter, de même que les cités ouvrières.

Metz et la Lorraine industrielle, p. 123.

PAYSAGES RURAUX DU PLATEAU LORRAIN

Entrecoupé des fronts de côtes et limité par les Vosges, le **plateau lorrain** alterne plaines argileuses et humides, paysages transitoires, vallées et plateaux calcaires, où l'homme a implanté son territoire agricole. Champs et prairies se succèdent selon les possibilités du sol, argileux ou, parfois, recouvert de lœss. Rivières et canaux sont nombreux et leurs parcours variés. Au cœur d'un large réseau, ils traversent la région, à l'instar du canal de la Marne au Rhin, à l'écart de l'agitation de la vie moderne. Dans la partie nord du plateau s'étendent de vastes horizons agricoles ponctués d'étangs. Ces derniers constituent le milieu le plus original de la Lorraine : le pays du sel, avec ses **mares salées** à la végétation insolite où s'arrêtent de nombreux oiseaux migrateurs. Celles-ci sont essentiellement localisées le long de la vallée de la Seille. À l'origine de ces étonnantes mares, des couches de sel déposées à l'ère secondaire par l'évaporation de mers alors existantes, puis une remontée de la saumure en surface, permise par des fissures dans la roche mère calcaire. On y découvre une faune et une flore halophiles (qui aiment le sel) tout à fait exceptionnelles comme la salicorne, la renoncule de Baudot, l'aster maritime et la rare ruppie maritime.

Les ors de Lorraine

Charbon, fer, eau, bois, sans oublier la mirabelle, ont fait la réputation du sol lorrain. Si certains gisements ne font plus l'objet d'exploitation, d'autres ont encore de beaux jours devant eux.

BELLE MIRABELLE

70 % de la production mondiale de la mirabelle se fait… en Lorraine. Le mirabellier, sans doute importé d'Asie Mineure, a connu un développement particulier à la fin du 19e s., lorsque le phylloxéra ravageait les vignobles. Il a trouvé en Lorraine des conditions optimales : un sol adéquat, lourd et argileux, un climat favorable, sans grands écarts de température, et un ensoleillement parcimonieux, car il ne s'épanouit qu'en dessous de 25 °C. Le mirabellier fructifie pour la première fois à 8 ans et peut assurer une récolte de 100 kg par arbre. La saison dure six semaines, de mi-août à fin septembre. Une production importante tuant le goût, les vergers ne dépassent jamais 20 tonnes de mirabelles à l'hectare. Afin de mieux maîtriser la production et de conserver les variétés anciennes, les producteurs ont créé, dans les années 1980, l'Arefe, l'Association régionale d'expérimentation fruitière de l'est. Elle bénéficie du Label rouge et d'une protection de son appellation au niveau européen.

LES MINES DE CHARBON

Le charbon est un combustible provenant des grandes forêts marécageuses de l'époque carbonifère (300 millions d'années).

C'est encore une ressource énergétique indispensable au développement de certains secteurs économiques (verrerie, métallurgie). On trouve des mentions de l'utilisation du charbon en Lorraine dès 1459, mais ce n'est qu'au milieu du 19e s. que commence l'exploitation proprement dite. À partir de 1847, des sondages sont entrepris sur un secteur allant de Forbach à Creutzwald. En 1854, le gisement houiller de Creutzwald est attesté avec une première couche repérée à une profondeur de 213,63 m et d'une épaisseur de 0,95 m. Puis c'est le tour de celui du Hochwald. La découverte d'une couche de 2 m d'épaisseur par 120 m de profondeur sur le secteur de Petite-Rosselle, en 1856, marque le début de l'aventure de l'exploitation du charbon en Lorraine. En 1858, Napoléon III annonce officiellement la découverte du bassin houiller de la Moselle.
Mais en Lorraine, l'exploitation est très contraignante car, loin d'affleurer comme du côté sarrois, le charbon n'est accessible que par puits verticaux. Il faut alors traverser des « morts-terrains » très aquifères et lutter contre l'invasion des eaux qui noient les installations.

MINETTE LORRAINE

Le minerai de fer a été exploité en Lorraine dès le 16e s., d'abord à ciel ouvert dans ses couches affleurantes, puis, au fur et à mesure de l'évolution des techniques, de plus en plus profondément, par mines à flanc de coteau et par puits d'extraction. Le bassin ferrifère (le plus important d'Europe) est situé dans le Nord-Est mosellan, le nord de la Meurthe-et-Moselle et une frange meusienne, et se prolonge au nord dans les territoires belges, luxembourgeois et allemands.
Les gisements se présentent en couches alternées de minerais et de marne. Le minerai lorrain est dit « minette » en raison de sa teneur médiocre en fer, de l'ordre de 30 à 35 % en moyenne, et de sa teneur en phosphore (2 %).
Après une intense exploitation, jusque dans les années 1990, s'est posé le problème de la stabilisation des anciens terrains miniers et de l'équilibre de l'hydrosystème modifié par les techniques d'exploitation. Depuis la fermeture des mines, une restructuration globale de la gestion de l'eau dans l'ancien bassin minier est mise en œuvre.

DE L'EAU EN ABONDANCE

Les sources de montagne, les stations thermales, les rivières, et les fleuves qui traversent la Lorraine montrent ses exceptionnelles ressources en eau.
Le **bassin Rhin-Meuse** se compose de trois unités hydrographiques parallèles : la plaine du Rhin est séparée des bassins de la Moselle et de la Meuse par le massif vosgien. Chaque bassin hydrographique est formé par les bassins versants, c'est-à-dire les zones géographiques délimitées par la ligne de partage des eaux qu'ils rassemblent. Les cours d'eau du bassin Rhin-Meuse, hors Rhin, écoulent un volume moyen de 12 milliards de m^3 par an. Le bassin Rhin-Meuse, qui couvre 6 % du territoire national, est riche en eaux souterraines et 15 % des eaux minérales captées en France en sont issues. Il compte plusieurs nappes qui contiennent quelques centaines de milliards de m^3 d'eau.

LES FORÊTS DE PINS

Vue des crêtes, la forêt vosgienne forme un magnifique tapis d'un vert très dense qui s'estompe dans le moutonnement bleuté des lointains. La rudesse des hivers comme d'anciens défrichements

Sapin
Epicea
Mélèze
M. Janvier/MICHELIN

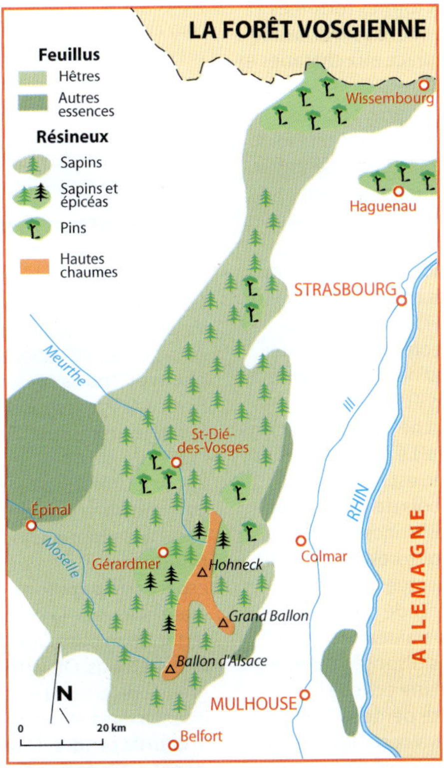
LA FORÊT VOSGIENNE
Feuillus
Hêtres
Autres essences
Résineux
Sapins
Sapins et épicéas
Pins
Hautes chaumes
Wissembourg
Haguenau
STRASBOURG
Meurthe
St-Dié-des-Vosges
Épinal
Moselle
Gérardmer
Hohneck
Colmar
RHIN
Grand Ballon
Ballon d'Alsace
MULHOUSE
Belfort
ALLEMAGNE
N
0
20 km

ont découronné les plus hauts sommets, mais l'humidité très forte du climat a couvert d'un manteau quasi continu les pentes escarpées des vallées comme l'ensemble des Petites Vosges, ou Vosges gréseuses, qui s'étendent au nord jusqu'à la frontière allemande. Le hêtre au tronc lisse, gris clair et au feuillage vert tendre y est omniprésent. À partir de 400 m, il se mêle au feuillage vert clair du **sapin pectiné** (aux aiguilles en forme de peigne), le roi de cette forêt. Son écorce grise et ses cônes dressés le distinguent de son cousin, l'**épicéa**, aux branches tombantes, au vert plus sombre et au tronc brun rougeâtre qui s'écaille avec l'âge. C'est notre arbre de Noël qui aime particulièrement les expositions froides. À partir de 1 000 m, pratiquement seuls des hêtres ou des alisiers aux formes torturées résistent au vent et au froid, avant de laisser leur place aux chaumes et aux tourbières.
Le **pin sylvestre**, au tronc très crevassé, préfère les endroits secs et ensoleillés. Mais ces différentes essences sont heureusement souvent mêlées. D'infinies nuances de vert composent autant de tableaux harmonieux et apaisants, plus contrastés à l'automne quand, au milieu d'une tonalité plutôt sombre, rougeoie le feuillage des hêtres. Aujourd'hui, la forêt fournit, avec ses sapins et ses épicéas, un important marché de bois de sciage et de papeterie. Le hêtre, autrefois de faible valeur, est maintenant très utilisé en bois de placage. Si la descente des troncs coupés a perdu de son pittoresque depuis qu'elle ne s'effectue plus par **schlittage**, procédé qui consistait à faire glisser un traîneau, la schlitte, sur des rondins disposés comme les barreaux d'une échelle le long d'une forte pente, on utilise encore les chevaux sur les terrains inaccessibles aux machines.

Une faune étonnante

LE LYNX

Autrefois, tous les massifs montagneux français étaient peuplés de lynx, qui, chassés à outrance, s'éteignirent progressivement. La disparition du lynx dans les Vosges date du 17e s. Dès 1972, on parle de sa réintroduction en France. C'est en 1982 que l'autorisation en est donnée par le ministère de l'Environnement. À partir de 1983, une vingtaine d'individus sont lâchés dans les Vosges avec plus ou moins de succès : certains, venus de captivité, doivent être repris, d'autres sont braconnés.
Le lynx vit exclusivement en forêt, jusqu'à une altitude de 2 500 m. Son aire de chasse varie selon les individus de 150 à 600 km. Le massif forestier vosgien couvrant environ 4 750 km^2, il a le potentiel d'accueillir de 20 à 40 lynx. Discret, l'animal n'est souvent décelable que par ses empreintes.

DANS LES RÉSERVES NATURELLES

Les milieux naturels spécifiques de Lorraine permettent à certaines espèces rares de se développer. Ainsi, sur les 30 espèces de **chauves-souris** présentes en France, le Parc naturel régional de Lorraine en compte 17. Elles font l'objet de mesures de protection. Les pelouses calcaires des côtes de Lorraine offrent un écosystème de choix à la **vipère aspic**, aux **mantes religieuses** et à de très nombreuses espèces de **papillons**. Sur le plateau lorrain, le **crapaud sonneur** règne en maître sur le pays du sel et des étangs. On y trouve une grande diversité d'insectes et des oiseaux rares et protégés, comme le **courlis cendré**, le **râle des genêts** et le **tarier des prés**. Dans

Le lynx a été réintroduit dans les Vosges dans les années 1980.
NATURALIGHT/Sime/Photononstop

les tourbières vosgiennes, la faune typique comprend notamment des **grenouilles rousses**, des **grands tétras** (coqs de bruyère) et des **libellules**. Le grand tétras est en voie de disparition. Les causes de ce phénomène sont la surfréquentation touristique du massif et la sylviculture. En 1985, le grand tétras est devenu espèce protégée et, en 1991, la directive *Tétras* intègre la préservation de l'habitat du grand tétras aux aménagements forestiers. En 2005, on estimait la population du massif vosgien à une centaine d'oiseaux adultes. Dans les zones prioritaires, l'ONF a choisi de changer principalement le mode de traitement sylvicole et surtout d'aller vers un plus grand âge d'exploitabilité de la forêt (156 ans contre 131 auparavant).

Environnement

PROTECTION DES MILIEUX

La Lorraine, avec les Vosges, ne compte pas moins de trois **parcs naturels** : le Parc naturel régional de Lorraine, créé en 1974, s'étend sur 210 000 ha ; le Parc naturel régional des Vosges du Nord (12 000 ha) et celui des Ballons des Vosges (300 000 ha) ont tous deux été fondés en 1975. De telles entités permettent à l'économie locale de se développer tout en préservant les paysages et les activités traditionnelles. On y découvre des sites exceptionnels, comme les immenses panoramas des grands ballons d'où la vue porte jusqu'au Mont Blanc.

Le **Conservatoire des sites lorrains** est une association de protection du patrimoine naturel ayant pour but de faire connaître, protéger et valoriser des milieux naturels sensibles. Il gère 180 sites, soit 4 000 ha, dont les zones les plus salées de la vallée de la Seille, milieu fragile.

La **forêt vosgienne** s'est remise de ce que l'on a appelé dans les années 1980 les « pluies acides », responsables d'un phénomène de jaunissement des feuilles. La pollution atmosphérique a été

LE CLUB VOSGIEN

Fondée en 1872, la fédération du Club vosgien a beaucoup aidé à la connaissance et au respect du milieu forestier. Par le balisage et l'entretien des tout premiers sentiers de randonnée français, à l'origine de nos modernes « GR », créés après la Seconde Guerre mondiale, la fédération a toujours promu activement le développement d'un tourisme pédestre responsable. 16 500 km de sentiers permettent ainsi de découvrir les Vosges en toute sécurité.

mise en cause puisque, depuis le milieu du 19e s., les dépôts atmosphériques et polluants acides n'ont fait qu'augmenter. Aujourd'hui, la communauté scientifique s'accorde sur les raisons, en réalité beaucoup plus complexes, de l'acidification du massif des Vosges. Il apparaît qu'il se situe dans une zone naturellement sensible à l'acidification : les caractéristiques géologiques (grès et granit blanc), la forte pluviométrie et la présence de conifères sont les principaux facteurs de ce phénomène. De plus, il est admis que le massif des Vosges est soumis à des dépôts atmosphériques acides dont les émissions polluantes proviennent de régions éloignées.

ASSAINISSEMENT DES EAUX

La région connaît des programmes de grande ampleur comme celui sur la **qualité des eaux du bassin Rhin-Meuse**, qui est confié à l'Agence de l'eau. Sa mission est d'aider financièrement et techniquement les opérations d'intérêt général au service de l'eau et de l'environnement du bassin. Elle s'inscrit dans la directive cadre sur l'eau et traduit une nouvelle ambition de la politique de l'eau en Europe. Son objectif est de garantir à la fois un haut niveau de protection de l'environnement et une gestion durable des ressources en eau. Des actions et des travaux prioritaires ont été définis dans chaque territoire (cinq, ici) pour la reconquête des eaux du bassin Rhin-Meuse. Il s'agit de la lutte contre les sources de pollution de toutes origines (domestique, industrielle et agricole) et d'une aide à la dépollution des sites et des sols pollués. L'action se révèle fondamentale dans le bassin Rhin-Meuse, compte tenu de son activité industrielle lourde. L'objectif est la reconquête du bon état écologique de toutes les eaux en 2015.

ÉOLIENNES EN LORRAINE

La Lorraine est une région historiquement productrice d'énergie. Après le bois et le charbon, c'est aujourd'hui l'électricité que la région exploite par l'énergie éolienne. En la matière, la Lorraine est la cinquième région de France, avec une puissance théorique de 678 mégawatts, produits par les 59 parcs éoliens. Fin 2011, on estimait que 10 % de la consommation domestique en électricité de la région était fournie par le vent.

Parmi les premiers sites construits, « Le Haut des Ailes » (2005), situé entre Lunéville et Sarrebourg, est un projet exemplaire à plus d'un titre. C'est le premier parc de France à avoir été financé en partie (10 %) par des particuliers, montrant ainsi l'attachement des habitants pour cette énergie renouvelable. Sa réalisation a été très rapide (trente mois entre le lancement du projet et sa mise en service). Il alimente 40 000 personnes en électricité et permet d'éviter le rejet de 45 000 tonnes de CO_2 par an.

Art et culture

Sculptures de Ligier Richier, orgues, cathédrales de Metz et de Toul, basiliques d'Avioth et de St-Nicolas-de-Port, trésors d'architecture classique, au premier rang desquels la place Stanislas à Nancy : la Lorraine recèle quelques joyaux d'époques et d'influences fort diverses. Elle peut également être fière de son patrimoine Art nouveau et de son savoir-faire dans l'émaillerie, la cristallerie ou l'imagerie populaire.

L'architecture religieuse

L'art religieux de la Lorraine témoigne d'influences multiples venues, selon les époques, d'Allemagne, de France ou d'Italie.

L'ART ROMAN

L'art roman trouve ses origines dans l'**art carolingien** qui, malheureusement, n'a laissé que très peu de traces. On sait seulement qu'il correspond à une période faste pour ces territoires situés au cœur du Saint Empire. La capitale de Charlemagne, Aix-la-Chapelle, n'étant pas très loin, **Metz**, dont l'évêque était souvent choisi dans la famille impériale, est particulièrement choyée, comptant une soixantaine d'églises à la fin du 9e s. Les abbayes fondées à cette époque sont aussi très nombreuses. On sait que cet art a exercé une forte influence sur l'art rhénan. C'est ainsi que la cathédrale de **Verdun** comprend, comme dans les églises carolingiennes, un second chœur et un second transept à l'ouest, symétriques de ceux orientés à l'est.
Le **roman rhénan** s'impose dès la fin du 11e s., avant que les influences champenoise et bourguignonne ne l'emportent, au moins en Lorraine.
De façon générale, les églises romanes de la région se caractérisent par une grande simplicité de forme et de décors. Le type basilical est le plus fréquent, dans lequel le transept disparaît, comme à **St-Dié-des-Vosges**. Un chœur peu profond, sans déambulatoire ni chapelles rayonnantes, se termine par un chevet en abside semi-circulaire ou, plus rarement, par un chevet plat d'une sobriété saisissante. Une tour-lanterne ronde ou carrée se dresse souvent à la croisée du transept avec, parfois, des clochers sur les côtés ou sur la façade occidentale, comme à **Marmoutier**. Les murs ont très peu d'ouvertures, mais leur solennelle nudité est ornée, comme souvent dans les pays rhénans, de bandes lombardes originaires d'Italie du Nord. L'intérieur est lui aussi d'une grande simplicité avec des colonnes à chapiteaux cubiques très élémentaires. L'art roman se prolonge tard dans le 12e s. C'est à cette époque seulement qu'on prend l'habitude de remplacer le plafond en charpente par la voûte sur croisée d'ogives.

L'ART GOTHIQUE

Au 12e s., l'Île-de-France a déjà élaboré les nouvelles solutions architecturales qui ont fait les grandes cathédrales gothiques. En Lorraine, les cathédrales de **Metz** et de **Toul** en sont de remarquables exemples. Jusqu'en plein 16e s. encore, on continuera à être fidèle à cet art, comme en témoigne la magnifique basilique de **St-Nicolas-de-Port**, de style gothique flamboyant.

RENAISSANCE ET CLASSICISME

Le gothique tardif se poursuit jusqu'au début du 17e s. À cette époque, ce sont surtout la peinture et la sculpture qui expriment le mieux la sensibilité religieuse. La guerre de Trente Ans a ruiné une partie de la Lorraine et il faut attendre le 18e s. pour qu'elle retrouve une certaine prospérité. Le classicisme venu de France s'impose alors aux élites. Mais les goûts provinciaux se portent plus naturellement vers l'art baroque, comme en témoigne le décor somptueux de la façade de l'église St-Sébastien à **Nancy**.

L'architecture civile

La Lorraine n'a que peu de constructions de style Renaissance, excepté la ville haute de Bar-le-Duc. En revanche, l'âge classique laisse de splendides résidences princières, ainsi que quelques réalisations urbaines exceptionnelles.

L'ÂGE CLASSIQUE

À cause de la guerre de Trente Ans, qui voit l'affrontement sanglant des princes catholiques et protestants, le 17e s. est une période sombre. Les rois de France, tirant leur épingle du jeu, commencent à attirer la Lorraine (de même que l'Alsace) dans le royaume à la faveur de leur morcellement politique. De l'occupation des Trois-Évêchés en 1552 à celle de Strasbourg en 1681, ils réussissent peu à peu à atteindre le Rhin. Certes, la complexité des divisions politiques fait qu'il faudra attendre 1766 pour que tout le duché de Lorraine soit français. Mais, depuis Louis XIV, le roi est le seul maître de la situation. Si une certaine influence culturelle française n'est pas nouvelle, puisqu'elle a commencé à s'exercer dès le 13e s. avec l'art gothique, elle est désormais adoptée par les élites en étroit contact avec la cour de Versailles. C'est ainsi que le classicisme avec ses lignes droites et ses perspectives s'impose dans des régions où le goût penchait plus spontanément vers l'art baroque. Au début du 18e s., le duc de Lorraine, Léopold, fait appel à un élève de Jules Hardouin-Mansart, Germain Boffrand, pour bâtir le **château de Lunéville**, bientôt surnommé le « Versailles lorrain ». Le dernier duc de Lorraine, Stanislas Leszczyński, installé à **Nancy** grâce à son gendre Louis XV, décide d'embellir sa capitale. Avec l'architecte Emmanuel Héré, élève de Boffrand, il lance un programme d'urbanisme qui aboutit à la création de la **place Stanislas**. Conciliant équilibre, grandeur et harmonie des proportions, cette place représente l'esprit même du classicisme, que rehaussent encore les grilles en fer forgé d'or de Jean Lamour. Un arc de triomphe et la place de la Carrière complètent cet ensemble.

LES VILLES D'EAU

Les cités thermales de Lorraine témoignent d'un patrimoine architectural et décoratif riche et varié, puisant à diverses sources d'inspiration. S'il ne reste des premiers établissements construits par les Gallo-Romains que des

La basilique de Saint-Nicolas-de-Port, de style gothique.
R. Mattes/hemis.fr

ruines, le décor antique a encore ses adeptes à Bains-les-Bains. Les pendules de Plombières-les-Bains se sont quant à elles arrêtées à l'heure du Second Empire : les thermes Napoléon y rappellent ceux de Caracalla à Rome. Plus modernes, les stations de Contrexéville, de style néobyzantin, et de Vittel, avec son architecture Art déco et ses blanches façades, vous plongent dans l'ambiance Belle Époque du début du 20e s. Lieux de villégiature, elles sont dotées d'un casino, de parcs paysagers et de plus en plus d'installations sportives.

Châteaux et places fortes

À l'exception de Prény, Sierck-les-Bains ou Châtel-sur-Moselle, la Lorraine n'a conservé que très peu de vestiges de ses châteaux forts en raison des destructions du 17e s. Le passé mouvementé de la région se lit toutefois dans ses ouvrages de défense fortifiés.

LA LORRAINE FORTIFIÉE

La question de la frontière entre la France et l'Allemagne va prendre une importance démesurée à partir de l'annexion de 1871. Avec la perte des villes fortifiées par Vauban en Alsace, la France décide de fermer ce qu'on appelle alors la « trouée de Lorraine » à toute invasion. Entre **Toul** et **Verdun**, le directeur du génie militaire, **Séré de Rivières**, organise la « ligne de fer », un système de forts à demi enterrés, assez proches les uns des autres pour former un « rideau » de feu. Parmi eux, ceux de **Vaux** et de **Douaumont** restent des témoins indispensables et poignants pour comprendre la bataille de Verdun. Après la Première Guerre mondiale, on entreprend de construire la **ligne Maginot**. Les installations comme celles du **Hackenberg**, près de Thionville, donnent la mesure de l'effort inutile qui fut entrepris. Mais ces couloirs souterrains immenses, d'où n'émergent que les cloches de tir et d'observation, laissent un souvenir marquant.

ABC d'architecture

Les dessins représentés dans les planches offrent un aperçu visuel de l'histoire de l'architecture dans la région et de ses particularités. Les définitions des termes d'art permettent de se familiariser avec un vocabulaire spécifique et de profiter au mieux des visites des monuments religieux, militaires ou civils.

Architecture religieuse

ST-DIÉ – Plan de l'église N-D-de-Galilée (12e s.)

Plan basilical : chœur à trois absides et absence de transept.

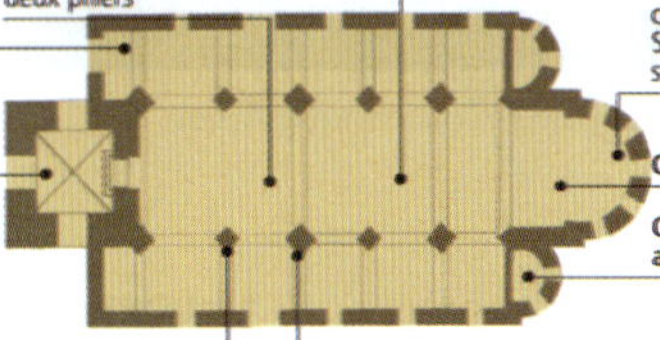

ST-NICOLAS-DE-PORT – Voûtes de la basilique (fin 15e- début 16e s.)

R. Corbel/MICHELIN

MARMOUTIER – Façade romane de l'église St-Étienne (vers 1140)

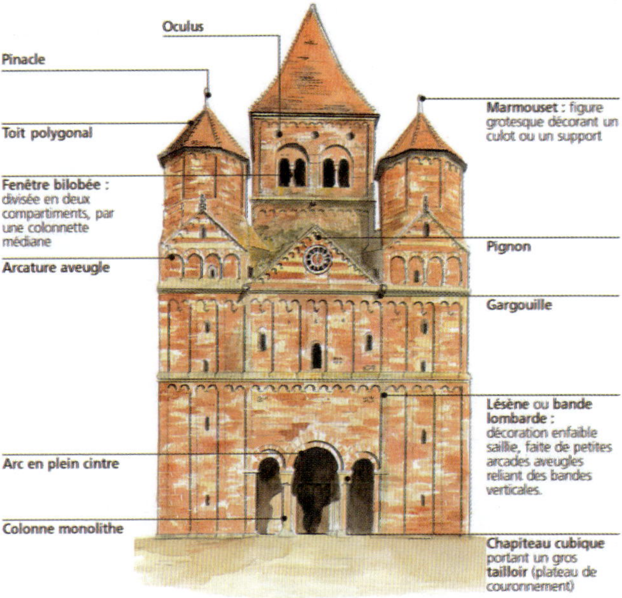

METZ – Cathédrale St-Étienne (13e-16e s.)

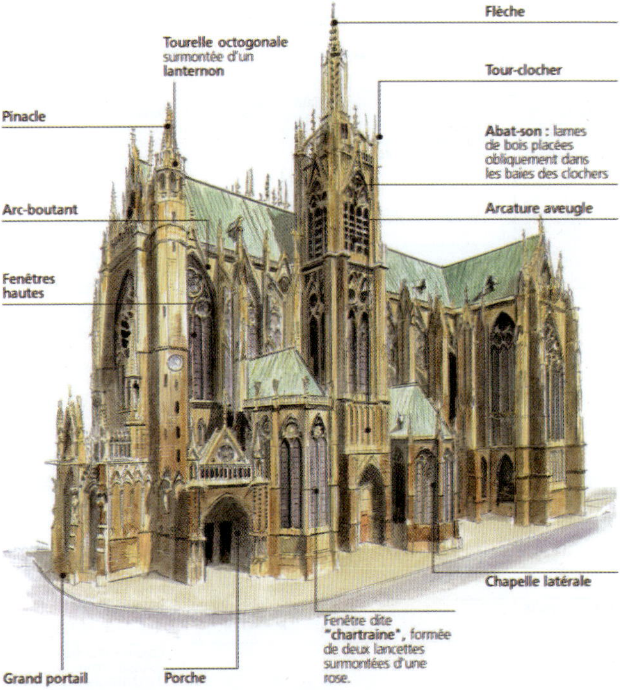

R. Corbel/MICHELIN

Architecture civile

SAVERNE – Maison Katz (1605-1668), n° 76, Grand'Rue

LUNÉVILLE – Château (18e s.)

Surnommé le « Petit Versailles », ce château a été conçu par l'architecte Germain Boffrand.

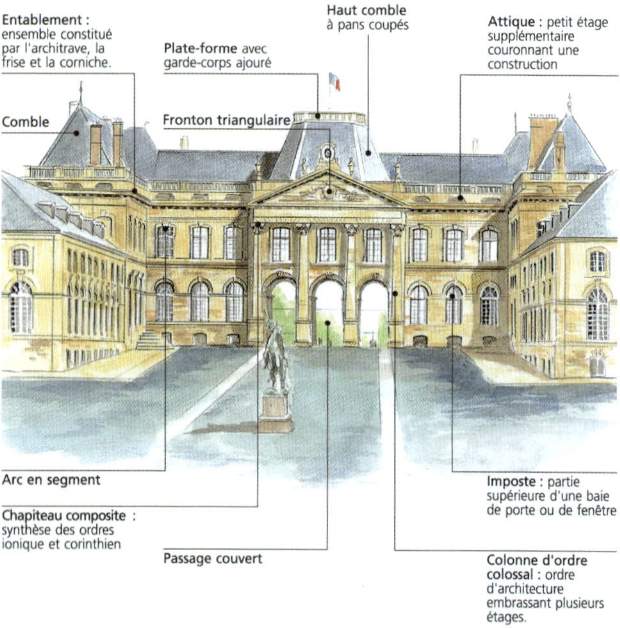

Architecture thermale

CONTREXÉVILLE – galerie et pavillon des sources (1909)

Expression d'un goût prononcé pour l'éclectisme architectural, typique des villes thermales. Prépondérance du style néo-byzantin.

R. Corbel/MICHELIN

Habitat traditionnel

Par sa position au pied des côtes ou bien sa configuration mitoyenne, l'habitat traditionnel en dit long sur les contraintes géographiques et les pratiques sociales de la région.

IMPLANTATION STRATÉGIQUE

Signalés au loin par la flèche ou le bulbe de leur clocher, les villages lorrains se nichent au creux d'un vallon ou accompagnent, de loin en loin, les méandres d'une rivière qui s'écoule paresseusement d'un bord à l'autre de sa large vallée. Rares sur les plateaux, ils se pressent au pied d'une côte pour bénéficier ainsi des avantages des différents terroirs : en bas, les étangs et les prairies humides de la plaine ; au-dessus, le versant ensoleillé du talus que les vergers et parfois la vigne recouvrent ; en haut, les forêts sur le rebord abrupt, puis les champs du plateau. Enfin, certains se sont perchés sur une butte ou au flanc d'une vallée escarpée.

ORGANISATION SOLIDAIRE

En Lorraine, c'est l'habitat groupé qui règne, héritage des vieilles pratiques collectives. Les maisons sont, le plus souvent, accolées les unes aux autres et forment le « **village-tas** » ou le « **village-rue** ». Le premier, comme son nom l'indique, n'a pas de plan régulier, mais regroupe un enchevêtrement de petites rues. Le second est plus typiquement lorrain. De chaque côté de l'unique rue se déploient deux rangées de maisons mitoyennes. La rue paraît large car un vaste espace libre, souvent fleuri aujourd'hui, s'étend entre la chaussée et la rangée des maisons. C'était autrefois l'usoir. On y déposait son bois et son tas de fumier ; on y garait sa charrue, puis plus récemment son tracteur.

US ET USAGES DES MAISONS

Sauf dans la région de Bar-le-Duc, qui possède une belle pierre de taille de couleur ocre, les maisons ont une apparence plutôt grise, leurs murs étant le plus souvent recouverts d'un banal crépi. Sur la rue, leur façade n'est pas très large. On remarque surtout la grande porte charretière de la grange, beaucoup plus imposante que la porte d'entrée. En réalité, ces fermes s'étendent en profondeur jusqu'au jardin, où l'écurie et l'étable font suite à la grange. Dans l'enfilade des pièces du logement, la cuisine, souvent sans fenêtre, est traditionnellement placée entre les deux chambres, l'une sur rue et l'autre sur jardin, pour mieux les chauffer. Enfin, une imposante charpente soutient le toit d'une maison plus vaste qu'elle n'en a l'air. Avec leur toit à faible pente et leurs tuiles rondes à la romaine, elles ont un curieux air méridional.

Les arts figuratifs

Située à la croisée de plusieurs influences, la création artistique en Lorraine a connu des moments exceptionnels dans le passé.

SCULPTURE

Après l'époque gallo-romaine, qui atteste une active production locale de céramique sigillée, le début du Moyen Âge est surtout consacré au travail de l'ivoire et à l'orfèvrerie. Les ateliers des grands monastères carolingiens, à Metz notamment, ont laissé des œuvres remarquables. Il faut cependant attendre plusieurs siècles avant de voir naître la statuaire proprement dite. Encore rare et maladroite à l'époque romane, elle s'épanouit à l'ère des grandes constructions gothiques. À partir du 16e s., la sculpture s'épanouit dans l'art des mausolées. Les tombeaux de Stanislas Leszczyński et de son épouse à Nancy comptent parmi les grands chefs-d'œuvre du 18e s. Par ailleurs, le décor baroque et rococo des églises fait un large appel aux sculpteurs sur bois comme sur pierre.

LIGIER RICHIER

Le fondateur de l'école samielloise est né à St-Mihiel à l'orée du 16e s. Son père était lui-même imagier, c'est-à-dire peintre et sculpteur. Ligier Richier crée un atelier qui, dès 1532, connaît une grande renommée. Il travaille le bois et surtout le calcaire au grain fin et clair, exploité à St-Mihiel et à Sorcy. Il expérimente des techniques de polissage et parvient à donner à la pierre l'apparence du marbre. Ses grandes dramaturgies sont consacrées surtout à la Passion du Christ. Sa *Mise au tombeau*, visible à l'église St-Étienne de St-Mihiel, est constituée d'un groupe de treize statues plus grandes que nature. Parmi ses chefs-d'œuvre, le *Transi*, monument funéraire de René de Chalon à Bar-le-Duc, rompt avec la figuration repoussante de la mort. Avec le tombeau de Philippa de Gueldre, duchesse de Lorraine, l'artiste confirme sa maîtrise du portrait.

PEINTURE

À l'exception des miniatures des grands manuscrits carolingiens et des chefs-d'œuvre que sont les vitraux de la cathédrale de Metz, il faut attendre les 17e-18e s. pour que se multiplient les premières grandes œuvres picturales.
En Lorraine, l'art est nettement tourné vers la France avec **Claude Gellée** dit le Lorrain, l'un des grands paysagistes français et bien sûr **Georges de La Tour** (1593-1652), le maître du clair-obscur. Originaire de Vic-sur-Seille, celui-ci fut un des grands peintres du

17e s. Célèbre de son vivant, il fit toute sa carrière à Lunéville. Tombé dans l'oubli, il fut redécouvert au 19e s. Les poignantes gravures de **Jacques Callot** exposées au musée des Beaux-Arts de Nancy sont un témoignage unique sur les malheurs de la guerre de Trente Ans. Né à Nancy en 1592, Jacques Callot est d'abord apprenti chez un orfèvre, puis il part apprendre le métier de graveur en Italie. C'est à Rome, mais surtout à Florence, qu'il débute réellement sa carrière grâce à son mécène, le duc Côme de Médicis. Là, il délaisse le burin pour l'eau-forte, une technique qu'il perfectionne en utilisant un vernis dur qui lui permet une plus grande maîtrise. Grâce à sa technique, Callot, graveur, peintre et dessinateur, s'affirme comme l'un des plus grands artistes de son temps. À son retour à Nancy en 1623, il est anobli par le duc de Lorraine. Son œuvre, riche de quelque 1 400 estampes et 2 000 dessins, se partage entre sujets religieux, guerre et vie quotidienne. Le recueil des *Petites et Grandes Misères de la guerre* compte parmi ses chefs-d'œuvre. Il meurt en 1635.

L'ÉCOLE DE METZ

Le mouvement artistique réunit, à partir de 1834, une trentaine d'artistes, peintres, sculpteurs, maîtres-verriers, graveurs, jusqu'en 1870 lorsque l'annexion de Metz les contraint pour la plupart à s'exiler à Nancy ou Bar-le-Duc. Représentée par **Laurent-Charles Maréchal**, l'école de Metz s'inscrit dans la veine romantique et l'orientalisme chers à Delacroix. Outre cette filiation, les artistes s'inspirent fortement du pays Messin, ses paysages, son architecture, ses monuments. Leurs œuvres sont visibles dans les églises de la région, à travers l'art du vitrail, ainsi qu'au **musée de la Cour d'Or** à Metz *(voir p. 132)*.

ARTS DÉCORATIFS

Grâce à ses ressources naturelles, la Lorraine a, depuis le Moyen Âge, connu une intense activité artisanale, qui a vu naître diverses productions. **Faïences de Lunéville** et de **Sarreguemines**, **émaux de Longwy**, **cristalleries de Baccarat et St-Louis** trouvaient dans le bois un combustible abondant que transformaient les charbonniers au cœur de la forêt. C'était aussi une matière première essentielle pour les charpentiers comme pour les ébénistes et, de façon très spécialisée, pour les luthiers de **Mirecourt** qui utilisent toujours l'érable sycomore et l'épicéa produits localement. Les **images d'Épinal**, dont la renommée fut extraordinaire, s'expliquent par la présence de papeteries alimentées sur place.

L'école de Nancy

L'ART NOUVEAU

L'Art nouveau est né à partir des années 1880 de façon convergente dans plusieurs pays, où il porte des noms différents : « Liberty » ou « Modern Style » en Grande-Bretagne, « Jugendstil » en Autriche et en Allemagne, « Tiffany » aux États-Unis. Influencé à l'origine par le style néogothique et surtout l'art japonais en réaction contre l'austérité classique dominante, il a voulu rompre, par des créations originales, avec la répétition perpétuelle et ennuyeuse des styles dits « historiques ». Ce style si caractéristique a eu un tel succès qu'il a dominé, pendant plus de vingt ans, les arts décoratifs, au point de faire partie de la vie quotidienne de la Belle Époque par ses objets innombrables, ses architectures, ses affiches et ses intérieurs de cafés.

LE PRÉCURSEUR

En France, les premières œuvres apparaissent à Nancy avec **Émile Gallé** (1846-1904), qui fabrique des verres à décor inspiré de la nature. Maître verrier à la technique éblouissante, mais aussi chef d'entreprise dynamique, il est l'un des maîtres de l'Art nouveau. Grâce à son amour des fleurs, il parvient à donner le souffle de la vie végétale à une matière *a priori* rigide : des feuilles, des fleurs ou d'autres motifs sont façonnés dans une pâte aux formes colorées et sinueuses extraordinaires. Une connaissance profonde de la chimie du verre et une imagination très poétique s'expriment dans les nuances de ses bleus, de ses verts et de ses bruns. Céramiste et ébéniste de grand talent, Émile Gallé fait passer ce souffle créateur dans des faïences et des meubles marquetés et sculptés. Il trouve une audience internationale en remportant de grands succès lors des Expositions universelles de Paris en 1878, 1889 et 1900.

L'ÉCOLE

C'est autour d'Émile Gallé que se regroupent peu à peu des verriers, des ébénistes, des céramistes, des graveurs, des joailliers, des sculpteurs et des architectes

PERSONNALITÉS DU MONDE DES LETTRES ET DU SPECTACLE

Les **frères Goncourt**, Jules (1830-1870) et Edmond (1822-1896), chroniquèrent dans leur *Journal* les évolutions littéraires et artistiques. Si Jules est le « véritable écrivain », Edmond, féru de peinture et grand collectionneur, fut le découvreur de l'art japonais. C'est à lui également, par volonté testamentaire, que l'on doit la création du célèbre prix Goncourt.

Né à Charmes-sur-Moselle, l'écrivain **Maurice Barrès** (1862-1923) est d'abord député boulangiste de Nancy. Ses œuvres littéraires témoignent de ses convictions nationalistes, qui inspirèrent l'extrême droite de l'Entre-deux-guerres. Il est élu à l'Académie française en 1906.

Artiste nancéien aux talents multiples, **Charlélie Couture** (1956), le chanteur à la « carlingue froissée », enchante par sa poésie. Le talent doit être de famille puisque son frère n'est autre que **Tom Novembre** (né en 1959).

Remarquée à 13 ans dans un club de Sarrebruck pour sa voix rauque et sensuelle, **Patricia Kaas** (1966), digne « fille de l'Est » n'a cessé, depuis, d'être adulée dans le monde entier, jusqu'au Japon, où elle est une vraie star.

Vitrail de Grüber, musée de l'École de Nancy.
R. Mattes/hemis.fr

qui vont faire de Nancy une des capitales européennes de l'Art nouveau, tout comme Paris, Vienne, Bruxelles ou Prague. Ces artistes constituent en 1901 une association, l'Alliance provinciale des industries d'art, appelée aussi l'« école de Nancy ». Leurs œuvres revendiquent un enracinement, à l'écoute de « la douce langue de la forêt lorraine ». La nature est bien là, dans cette production où tous les matériaux, verre, fer, pierre ou bois abandonnent leur apparence rigide pour la douceur de la ligne courbe dans une profusion d'ornements inspirés par l'étude des animaux et des végétaux. Les fondateurs de l'école avaient l'ambition de changer le décor de la vie quotidienne, de lui donner une esthétique raffinée tout en le rendant accessible à tous. Ils voulaient, pour cela, créer un « art social » grâce à un rapprochement entre art et industrie. En 1900, lors d'une exposition de meubles qu'il avait conçus et décorés, Gallé exprimait ce souci : « La trouvaille à faire, ce serait des formules plastiques très simples et d'une exécution rapide. » Outre la création, l'école se proposait d'encourager la formation des ouvriers et des artisans aux techniques de fabrication modernes. Elle préfigure ainsi les conceptions qui ont triomphé au cours du 20e s.

LES ARTISTES

Les membres les plus marquants de cette école sont les **frères Daum**, verriers venus d'Alsace au moment de l'annexion de 1871, ainsi que **Jacques Grüber**, dont les vitraux aux couleurs chaudes s'ornent de motifs végétaux. En ébénisterie, **Louis Majorelle**, né à Toul en 1859, a conçu des meubles aux contours élancés, sculptés de nénuphars ou d'orchidées, et des décors en ferronnerie. **Eugène Vallin** a réalisé, dans un style semblable, des pièces entières d'appartement, salles à manger ou chambres à coucher. L'élégance des plafonds peints et des cuirs muraux s'ajoute au bois pour donner une ambiance unique à ces espaces. Le cuir à la texture chaleureuse a été un matériau de choix dans le mobilier comme dans la reliure, art illustré par **René Wiener**. Il faut enfin citer les objets, les affiches et les dessins de **Prouvé** pour avoir une idée de la richesse de ce mouvement, dont le **musée de l'École de Nancy** est la plus belle vitrine. Il faut compléter sa visite par la collection Daum au **musée des Beaux-Arts** et par un tour en ville pour admirer les façades et parfois l'intérieur des réalisations architecturales, bâtiments commerciaux, villas et cafés qui, comme la **brasserie Excelsior**, sont soigneusement entretenus.

3/ DÉCOUVRIR LA LORRAINE

Le château médiéval de Malbrouck, en Moselle.
R. Mattes/hemis.fr

DIXIE

+ d'adresses

Argonne et côtes de Meuse 1

Carte Michelin Départements 307 – Meuse (55)

Bord de Meuse à St-Mihiel.

Michel Petit/CDT Meuse

ARGONNE ET CÔTES DE MEUSE

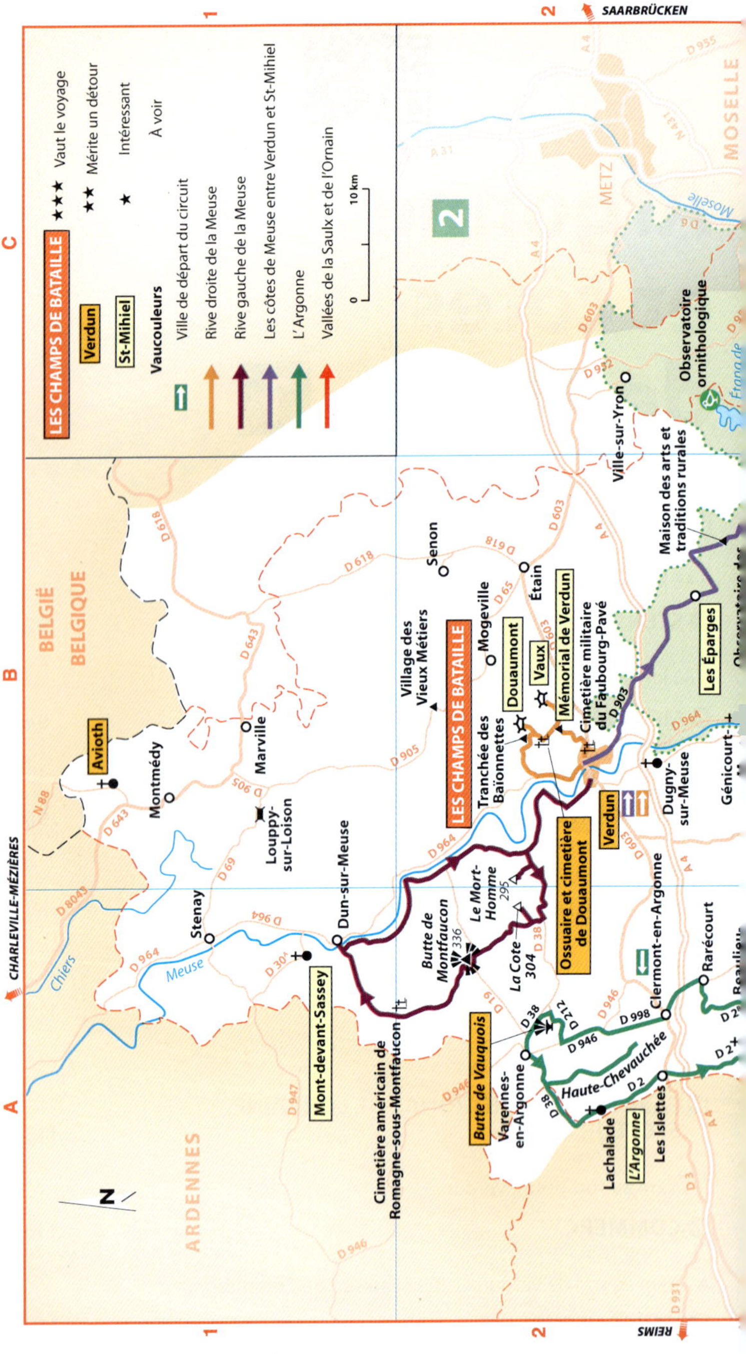

ARGONNE ET CÔTES DE MEUSE
MARNE
MEUSE
HAUTE-MARNE
MEURTHE-ET-MOSELLE
VOSGES
NANCY
ST-DIZIER
Parc naturel régional de Lorraine
Hattonchâtel
Lac de Madine
Butte de Montsec
St-Mihiel
Bois d'Ailly
Saillant de St-Mihiel
Liouville
Marbotte
Musée R. Poincaré
Royaumeix
Euville
Commercy
Lucey
Rembercourt-aux-Pots
Parc du château de la Grange-aux-Champs
Canal de Marne au Rhin
Bar-le-Duc
La Varenne
Ligny-en-Barrois
Cité des Leuques
Château de Gombervaux
Vaucouleurs
Jovilliers
Maison du patrimoine
Musée lorrain du Cheval
Domrémy-la-Pucelle
Basilique du Bois-Chenu
Marne
Lac du Der Chantecoq
Moselle
3
4
CHÂLONS-EN-CHAMPAGNE
CHÂTEAU-SALINS
STRASBOURG
ÉPINAL
TROYES
CHAUMONT
VITTEL
A
B
C

Verdun

★★

19 374 Verdunois – Meuse (55)

NOS ADRESSES PAGE 90

S'INFORMER

Office du tourisme de Verdun – *1 bis av. du Gén.-Mangin - Pavillon Japiot - 55100 Verdun - ✆ 03 29 84 55 55 - www.tourisme-verdun.fr - janv.-fév., déc. : lun.-sam. 10h-12h30, 14h-17h sf dim. et j. fériés 10h-12h30 ; mars-juin, sept.-nov. : lun.-sam. 9h30-12h30, 13h30-18h sf dim. et j. fériés 10h-12h, 14h30-17h ; juil.-août : lun.-sam. 9h-19h sf dim. et j. fériés 9h-18h.*

Verdun au fil de la Meuse – Au départ du quai de Londres, croisières de 45mn ou 1h30 avec passage d'écluse - *avr.-oct. - rens. office de tourisme - 7,50 € (4,50 € 5-12 ans).*

Circuit découverte des champs de bataille – Visite guidée en bus du mémorial de Verdun, de l'ossuaire de Douaumont, du fort de Douaumont et de la tranchée des Baïonnettes - *mai-sept. : 14h-18h sur réserv. à l'agence Verdun tourisme - ✆ 03 29 86 14 18 - 29 €.*

SE REPÉRER

Carte de microrégion B2 (p. 76) – *carte Michelin Départements 307 D4.*
À 65 km à l'ouest de Metz, Verdun est desservie par la D 603.

SE GARER

Parkings dans le centre : r. du 8-Mai-1945, r. des Tanneries, pl. de la Digue, pl. St-Nicolas, r. des Frères-Boulhaut, pl. Maginot et av. du 5e-RAP.

À NE PAS MANQUER

La cathédrale Notre-Dame et son cloître, le palais épiscopal, la citadelle souterraine et, bien sûr, les champs de bataille.

ORGANISER SON TEMPS

Prenez votre temps pour découvrir la ville de Verdun : une demi-journée ne sera pas de trop ; de même pour les champs de bataille.

Verdun, ville mondiale de la paix, demeure à jamais associée à l'un des affrontements les plus meurtriers de la guerre de 1914-1918. La visite des champs de bataille, la réalité de la terre encore meurtrie dans les sous-bois environnants ne peut laisser personne indifférent. Mais le Verdun d'aujourd'hui sait aussi montrer un autre visage : celui d'une cité aux rues animées, aux quais accueillants le long de la Meuse et aux nombreuses forêts alentour qui invitent à la promenade.

Se promener Plan de ville

★ LA VILLE HAUTE

Pour visualiser ce circuit, reportez-vous au plan de ville, p. 81. Comptez 1h30. Partez de l'office de tourisme et traversez le pont.

L'ombre des guerres

UNE CITÉ CONVOITÉE

Verodunum est, à l'origine, un oppidum gaulois, puis le chef-lieu de la Civitas Verodunensium. Évangélisée au 4e s., la ville devient le siège d'un évêché. Le **traité signé à Verdun en 843** entre les trois fils de Charlemagne partage l'Empire carolingien en trois régions : Francie, Lotharingie et Germanie. D'abord rattachée à la Lotharingie, Verdun est intégrée au Saint Empire romain germanique pendant cinq siècles. Prise par Henri II, en 1552, elle revient à la France, qui confirme cette appropriation par le traité de Westphalie en 1648. La cité est alors fortifiée par **Vauban**. Les Prussiens prennent Verdun le 31 août 1792 (quelques semaines), puis à nouveau moins d'un siècle plus tard, en 1870. C'est la dernière place forte quittée par l'ennemi, le 13 septembre 1873.

DES RAISONS STRATÉGIQUES

Avec le traité de Francfort (1871), l'annexion de l'Alsace-Moselle fait de Verdun l'une des dernières places fortes avant la frontière allemande. Le général **Séré de Rivières** la protège d'une double ceinture de forts. En août 1914, les Allemands tentent de la contourner, mais la ville demeure un obstacle. En février 1916, le général von Falkenhayn choisit d'attaquer Verdun dans l'espoir de réussir une percée décisive pour compenser l'échec sur le front oriental. L'opération est confiée au fils de l'empereur Guillaume II, le Kronprinz. Méthodiquement élaborée, elle surprendra le haut commandement français.

L'OFFENSIVE CONTRE VERDUN

L'assaut allemand se déclenche sur la rive droite de la Meuse, à 13 km au nord de Verdun, le **21 février 1916**. Trois corps d'armée allemands sont engagés, appuyés par une concentration d'artillerie sans précédent. Surpris, les défenseurs opposent une résistance imprévue. Appelé le 24 février 1916, le général Pétain, commandant en chef de la 2e armée, organise la défense de Verdun, faisant monter nuit et jour renforts et matériel par la seule grande route disponible depuis Bar-le-Duc, la **Voie sacrée**. En mars et avril, les forces allemandes élargissent leur front d'attaque, de part et d'autre de la Meuse. Le 11 juillet marque l'échec de l'ultime offensive allemande qui n'a pu avancer que jusqu'au fort de Souville, à 5 km de Verdun.

LA RECONQUÊTE

Octobre 1916, la **guerre de mouvement** reprend. Trois coûteuses contre-offensives menées par les généraux Mangin et Guillaumat permettent de reprendre la presque totalité du terrain perdu : ce sont les batailles de Vaux, de Louvemont-Bezonvaux, de la cote 304 et du Mort-Homme. Les Allemands sont partout rejetés sur leurs positions du 22 février 1916. L'étau allemand autour de Verdun est desserré, mais il faudra attendre l'**offensive franco-américaine** du 26 septembre 1918 pour dépasser la ligne de résistance française du 21 février 1916. En 1918, Pétain, le « vainqueur de Verdun », reçoit des mains du président de la République son bâton de maréchal.

Pour en savoir plus, consultez le guide Michelin des Champs de bataille *Verdun, Argonne et Saint-Mihiel* et la carte thématique p. 86.

Voir « Découvrir les champs de bataille », p. 83.

Porte Chaussée B1

La porte Chaussée ou tour Chaussée, fut édifiée au 16e s. pour défendre l'accès de la ville face à la « chaussée de l'Est » et servir de prison. Elle est flanquée de deux tours rondes à créneaux et mâchicoulis. Un avant-corps lui fut ajouté au 17e s. Elle était prolongée des deux côtés par une épaisse muraille encerclant la ville et bordant la rive gauche de la Meuse. En 1914, les convois pour le front passaient sous sa voûte.
Suivez à droite la rue des Frères-Boulhaut.
Remarquez un bronze original de Rodin, *La Défense*, offert à la ville par les Pays-Bas.
Contournez la place Vauban sur la gauche et rejoignez la rue St-Paul.

Porte St-Paul B1

Deux ponts-levis toujours visibles. C'était le seul passage pour les voitures avant la disparition des remparts en 1929.
Suivez la rue St-Paul et dans son prolongement la rue Mazel, puis, en face de l'avenue de la Victoire, montez les marches du monument de la Victoire.

Monument de la Victoire A1

✆ 03 29 84 73 64 (association « Ceux de Verdun ») - du 1er avr. au 11 Nov. : 9h-12h, 14h-18h - gratuit.
Un escalier monumental de 73 marches conduit à une terrasse où s'élève une haute pyramide surmontée de la statue d'un guerrier casqué, appuyé sur son épée, qui symbolise la défense de Verdun. Le monument est flanqué de deux canons russes pris sur le front allemand. Il abrite un fichier contenant les noms de ceux qui ont pris part à la bataille.
Contournez le monument pour gagner la place de la Libération puis prenez la rue de la Magdeleine et à gauche la rue de la Belle-Vierge.

Musée de la Princerie A1

✆ 03 29 86 10 62 - www.tourisme-verdun.fr - avr.-oct. : tlj sf mar. 9h30-12h, 14h-18h - 2 € (- 8 ans gratuit), gratuit Journées du patrimoine.
Cet hôtel particulier avec cour à arcades fut bâti au 16e s. par deux riches chanoines de la cathédrale sur l'emplacement de l'ancienne résidence du princier (ou primicier), qui était le premier dignitaire du diocèse après l'évêque. Les salles sont consacrées à la préhistoire, à l'époque gallo-romaine et mérovingienne, au Moyen Âge et à la Renaissance. Voyez en particulier la statuaire religieuse exposée dans la première salle (peigne en ivoire sculpté du 12e s.) et dans la chapelle gothique (Vierge à l'Enfant du Mont-devant-Sassey). Le musée présente également l'histoire de la ville de Verdun, d'anciennes faïences d'Argonne, une petite collection d'armes (16e s.-20e s.) et des tableaux de peintres meusiens comme Jules Bastien-Lepage et Louis Hector Leroux.
En sortant, prenez à gauche.

★ Cathédrale Notre-Dame A2

Bâtie sur le point le plus haut de la ville, elle a été reconstruite par l'évêque Heimon de 990 à 1024 à la suite de nombreux incendies et pillages. Le chœur occidental est de style roman rhénan, le chœur oriental (1130-1140), ou grand chœur, est d'inspiration nettement bourguignonne. Au 14e s., la nef fut voûtée d'ogives.
Après l'important incendie de 1755, on a décidé de réparer l'édifice dans le goût baroque : ogive gothique de la grande nef remplacée par le plein cintre, piliers moulurés, adjonction d'un majestueux baldaquin à colonnes torses au-dessus du maître-autel. La partie romane de l'édifice, dégagée à la suite

des bombardements de 1916, a été heureusement restaurée : voyez la **crypte** du 12e s. avec ses beaux chapiteaux à feuilles d'acanthe, les bas-côtés auxquels ont été ajoutés de nouveaux chapiteaux décorés de scènes évoquant la vie des tranchées, les souffrances, la mort. Remarquez aussi le **portail du Lion** et son beau tympan représentant le Christ en gloire dans une mandorle. Tous les vitraux détruits en 1916 ont été refaits par la maison Grüber.

★ Cloître A2

Accolé au flanc sud de la cathédrale, le cloître comprend trois galeries : l'une, à l'est, du début du 14e s., a trois baies intérieures qui donnaient sur la salle capitulaire ; les deux autres galeries, de style flamboyant, datent de 1509 à 1517. Elles sont couvertes de voûtes à réseau.

Contournez le flanc nord de la cathédrale et rejoignez la place Châtel.

SE LOGER

Breuils (Camping Les)....... ①

Charmilles (Chambre d'hôte Les)....... ③

Château de Labessière (Chambre d'hôte)....... ⑤

Coin des Jardins (Chambre d'hôte Au)....... ⑦

Montaulbain (Hôtel)....... ⑨

Village Gaulois Hôtel....... ⑪

SE RESTAURER

Bonséjour....... ①

Pom'Samba....... ⑤

Porte Châtel A2
Très bien conservée avec ses mâchicoulis du 15e s., cette porte donne accès à la place de la Roche, d'où l'on a une belle vue sur la ville.

★ **Citadelle souterraine** A2
Av. de la 5e-R.A.P. - ✆ 03 29 84 14 18 - ♿ - www.citadelle-souterraine-verdun.fr - mars et oct.-nov. : 9h30-17h30 ; fév. et déc. : 10h-12h et 14h-17h ; avr.-juin et sept. : 9h-18h ; juil.-août : 9h-19h (fermé en janv.) - 6 € (8-16 ans 2,50 €).
Elle a été bâtie sur l'emplacement de la célèbre abbaye de St-Vanne, fondée en 952. L'une de ses deux tours, la tour St-Vanne (12e s.), est le seul vestige de l'ancien monastère que Vauban respecta en reconstruisant la citadelle. Sa construction, débutée en 1887, dura dix ans.
La citadelle abritait divers services et les soldats au repos (jusqu'à 2 000). Ses 7 km de galeries étaient équipés pour subvenir aux besoins d'une véritable armée : 6 magasins à poudre, 7 magasins à munitions, central téléphonique, hôpital avec salle d'opération, cuisines, boucherie, coopérative, moulin de siège, boulangerie. Dans l'écoute n° 4, neuf fours pouvaient cuire 28 000 rations de pain en 24h. En 1914, la citadelle devint le centre logistique de la place de Verdun.
À bord d'un véhicule autoguidé, un **circuit**★ fait revivre la vie quotidienne des soldats lors de la bataille de 1916, à l'aide d'effets sonores, de scènes animées (mannequins), d'images virtuelles (salle d'état-major, boulangerie), de reconstitutions, notamment celle de la vie dans une tranchée pendant les combats et celle de la désignation du soldat inconnu.

★ **Palais épiscopal** A2
Cet évêché, conçu en 1723 par Robert de Cotte, premier architecte du roi, sur une assise de rochers dominant la Meuse, est un palais qui servait de résidence aux évêques, autrefois princes du Saint-Empire. La cour d'honneur, en hémicycle allongé, précède le bâtiment principal. L'aile ouest est occupée par la bibliothèque municipale. L'autre partie de l'évêché abrite le Centre mondial de la paix.

Centre mondial de la paix A2
Dans le palais épiscopal. Pl. Mgr-Ginisty - ✆ 03 29 86 55 00 - www.cmpaix.eu - ♿ - juil.-août : 9h30-19h ; reste de l'année : tlj sf lun. 9h30-12h, 14h-18h - fermé 25-31 déc., 1er janv., lun. de Pentecôte - 5 € (-18 ans 2,50 €).
L'exposition permanente conduit le visiteur, muni d'un casque infrarouge, à pénétrer dans six monolithes, illustrant chacun un thème : la guerre, la terre et les frontières ; de la guerre à la paix ; l'Europe ; les Nations unies pour la paix ; les Droits de l'homme ; perceptions de la paix.
Revenez en sens inverse en suivant la rue de Rû jusqu'à la place du Maréchal-Foch.

Hôtel de ville B2 H
Cet ancien hôtel particulier, élevé en 1623, est une belle construction Louis XIII.

À voir aussi

Carrefour des Maréchaux A2
À 800 m de l'entrée de la citadelle, dans les fossés des fortifications, 16 grandes statues de maréchaux et généraux de l'Empire, des guerres de 1870 et de 1914-1918.

À proximité Carte de microrégion

Étain B2

20 km à l'est. Sortez par la D 603.

Étain doit son nom aux nombreux étangs qui couvraient autrefois la région. Ce bourg a été entièrement reconstruit après sa destruction au cours de la guerre de 1914-1918. À l'intérieur de l'**église** (14e-15e s.), un arc sculpté s'ouvre sur le chœur, de style flamboyant, éclairé par de grands vitraux modernes de Grüber consacrés à la vie de saint Martin. Les clés de voûte sculptées sont remarquables. Dans le bas-côté droit, la chapelle du Sacré-Cœur renferme le groupe de N.-D. de Pitié, Marie contemplant Jésus mort, attribué à Ligier Richier. Le chemin de croix, dont l'exécution a été interrompue par la guerre de 1939-1945, est inachevé.

Senon B2

9,5 km au nord d'Étain par la D 618, puis la D 14 à gauche qui passe par Amel-sur-l'Étang.

Ce village de Woëvre possède une **église** de l'époque de transition du gothique à la Renaissance (1526-1536). Son toit extrêmement élevé et aigu est étayé par une charpente en béton. Elle conserve de beaux chapiteaux Renaissance.

1

Dugny-sur-Meuse B2

7 km au sud de Verdun par la route de Dugny.

Belle **église** romane du 12e s. désaffectée : c'est un édifice de dimensions modestes, surmonté d'une grosse tour carrée ornée, au 1er étage, d'une suite d'arcatures en plein cintre sur colonnettes; elle est coiffée d'un hourd de bois.

Village des Vieux Métiers B2

À Azannes, à 20 km au nord de Verdun par la D 964 puis la D 65. Chaque dim. de mai, jeu. Ascension 10h-18h ; qques vend. en juil.-août 14h-18h - 12 € (gratuit -16 ans) - ✆ 03 29 85 60 62 - www.vieuxmetiers.com.

Sur le domaine de l'ancienne ferme des Roises est implanté le Village des Vieux Métiers, écomusée qui perpétue les savoir-faire traditionnels du 19e s., dans le respect de la tradition lorraine. Tous les dimanches de mai et le premier dimanche de juin, la **fête des Vieux Métiers** est une reconstitution vivante de 80 métiers anciens, animée par 400 bénévoles en costumes lorrains. Dentellières, forgerons, tuiliers, boulangers, modistes et lavandières effectuent des démonstrations, autour de machines à vapeur.

Mogeville B2

15 km au nord-est de Verdun, par la D 603 puis la D 114.

Quelques passionnés ont reconstitué un tronçon de tranchée, modèle 1915, à partir de documents officiels et de photos d'époque. *(2 r. des Bois - ✆ 06 26 73 05 50 - mai-juin : w.-end et merc. 14h30-18h30 ; juil.-sept. : mar.-dim. 14h-19h, possibilité de prolongation en oct. si beau temps - gratuit).*

Découvrir les champs de bataille ★★★

Carte de microrégion

Terre ensanglantée, « reliquaire de la patrie », cette partie du front témoigne de l'absurdité de la guerre, de la grandeur et de l'héroïsme des poilus de 1914-1918, humbles soldats français et alliés qui sont venus se sacrifier ici. Chaque année, des centaines de milliers de visiteurs se recueillent sur le théâtre des opérations de ce qui fut, dix-huit mois durant, du 21 février 1916 au 20 août 1917, la bataille de Verdun. En moins de deux années, cette bataille a mis aux prises plusieurs millions d'hommes et causé la mort de plus de 300 000 soldats français et allemands, et de milliers de soldats américains. Plusieurs décennies se sont écoulées depuis la Grande Guerre et les traces des combats, persistantes ou préservées, sont encore visibles. L'effroyable bataille de 1916-1917 se déroula sur les deux rives de la Meuse, de part et d'autre de Verdun, sur un front de plus de 200 km^2.

Pour en savoir plus, consultez le guide Michelin des Champs de bataille *Verdun, Argonne et Saint-Mihiel* et la carte thématique p. 86.

RIVE DROITE DE LA MEUSE

Pour visualiser ce circuit de 33 km au départ de Verdun, reportez-vous à la carte de microrégion, p. 76. Comptez environ 3h.
Quittez Verdun par la D 603, route d'Étain, en suivant l'avenue de la 42e-Division, puis l'avenue du Mar.-Joffre.

Cimetière militaire du Faubourg-Pavé B2

En traversant le Faubourg-Pavé, on voit sur la gauche le cimetière (5 000 tombes) où ont été inhumés les corps des sept soldats inconnus apportés à Verdun en même temps que celui qui repose sous l'Arc de Triomphe de l'Étoile à Paris.
Prenez, après le cimetière à gauche, la D 112. Sur la droite, à 6 km, on passe devant le monument Maginot et le fort de Souville. La D 112 rejoint la D 913, que l'on prend à droite (vers Verdun). Prenez ensuite à gauche la D 913A en direction du fort de Vaux.
Le terrain est toujours bouleversé et, dans certains secteurs, la végétation n'a pas tout à fait repris ses droits. Les terres devenues impropres à la culture ont été reboisées. Un peu à l'écart de la route, on peut voir sur la droite le **monument des Fusillés de Tavannes** (relatif à un épisode de 1944).

★ Fort de Vaux B2

03 29 88 32 88 - www.cg55.fr - ♿ - juil.-août : 10h-19h ; mai-juin : 10h-18h30 ; sept. : 10h-17h30 ; avr. : 10h-17h30 ; fév.-mars, oct.-nov. : 10h-17h ; déc. : 10h-16h30 - fermé en janv. - 4 € (enf. 2 €).
Les Allemands s'en emparèrent le 7 juin 1916 après une héroïque défense de la garnison française. Cinq mois plus tard, au cours de leur première offensive, les troupes du général Mangin réoccupaient l'ouvrage. Du sommet, vue sur l'ossuaire, le fort de Douaumont, les côtes de Meuse et la plaine de Woëvre.
Revenez à la D 913 en direction de Fleury et de Douaumont, à droite.
Au carrefour de la chapelle Ste-Fine, le monument du Lion marque le point extrême de l'avance allemande.

★ Mémorial de Verdun B2

03 29 84 35 34 - www.memorial-de-verdun.fr - juil.-août : 9h-19h ; juin et sept. : 9h-18h30 ; mai : 9h-18h ; avr. et oct. : 9h-12h, 14h-18h ; nov. : 9h30-12h, 14h-18h ; déc. : 10h-12h, 14h-17h30 ; fév. : 10h-12h, 14h-17h ; mars : 9h30-12h, 14h-17h30 - fermé en janv. - 7 € (8-16 ans 3,50 €).
Dans un bâtiment largement inspiré de l'architecture militaire de cet historial de la guerre 1914-1918, qui évoque d'émouvants souvenirs, des postes vidéo, cartes et maquettes montrent les différentes phases de la bataille, tandis qu'une collection d'uniformes, d'armes et de pièces d'équipement en illustre l'acharnement. La vie quotidienne dans les tranchées est dépeinte par des croquis et des lettres. Photos et maquettes retracent les débuts de l'aviation.
Un peu plus loin, une stèle a été élevée sur les ruines du village disparu de **Fleury-devant-Douaumont★**, qui fut pris et repris 16 fois. Une petite chapelle, dont la façade est ornée d'une statue de Notre-Dame de l'Europe, à 100 m à gauche de la route, occupe l'emplacement présumé de l'ancienne église de Fleury.

Intérieur de l'ossuaire du Douaumont.
Ch. Lehenaff/Photononstop

1

Prenez à droite la D 913[B] qui aboutit à Douaumont.

★ Fort de Douaumont B2

☏ 03 29 84 41 91 - www.cg55.fr - juil.-août : 10h-19h ; mai-juin : 10h-18h30 ; avr. et sept. : 10h-18h ; fév.-mars et nov.-déc. : 10h-17h ; oct. : 10h-17h30 ; - fermé 20 déc.-1er fév. - 4 € (-15 ans 2 €).

Construit en pierre en 1885, en un point haut (Cote 388) qui en faisait un observatoire stratégique, il vit ses défenses plusieurs fois renforcées jusqu'en 1913. À l'entrée en guerre, le fort de Douaumont se trouvait recouvert par une carapace de béton d'un mètre d'épaisseur, elle-même séparée des voûtes de maçonnerie par un mètre de sable. Selon les propres termes du communiqué allemand, cet ouvrage constituait le « pilier angulaire du nord-est des fortifications permanentes de Verdun ». Enlevé par surprise le 25 février 1916, dès le début de la bataille de Verdun, il fut repris le 24 octobre par les troupes du général Mangin. On parcourt les galeries, casemates, magasins, témoins de l'importance et de la puissance de cet ouvrage. Une chapelle marque l'emplacement de la galerie murée où furent inhumés 679 soldats de la garnison allemande, tués par l'explosion accidentelle d'un dépôt de munitions, le 8 mai 1916.

Un peu plus loin sur la droite, une chapelle a été élevée à l'emplacement de l'ancienne église du village de **Douaumont**, complètement anéanti lors de la poussée allemande du 25 février au 4 mars 1916. *Revenez à la D 913, que vous empruntez à droite.*

★★ Ossuaire et cimetière de Douaumont B2

☏ 03 29 84 54 81 - www.verdun-douaumont.com - juil.-août : 9h-18h30 ; sept. : 9h-18h, w.-end et j. fériés 10h-18h ; oct. : 9h-12h, 14h-18h, w.-end et j. fériés 10h-12h, 14h-18h ; nov. : 9h-12h, 14h-17h, w.-end et j. fériés 10h-12h, 14h-17h ; fév. et déc. : 14h-17h. ; mars : 9h-12h, 14h-17h30, w.-end et j. fériés 10h-12h, 14h-17h30 ; avr.-juin : 9h-18h, w.-end et j. fériés 10h-18h - fermé janv. - 5 € (8-16 ans 3 €).

Édifié pour recueillir les restes non identifiés d'environ 130 000 combattants français et allemands tombés au cours de la bataille, l'ossuaire de Douaumont

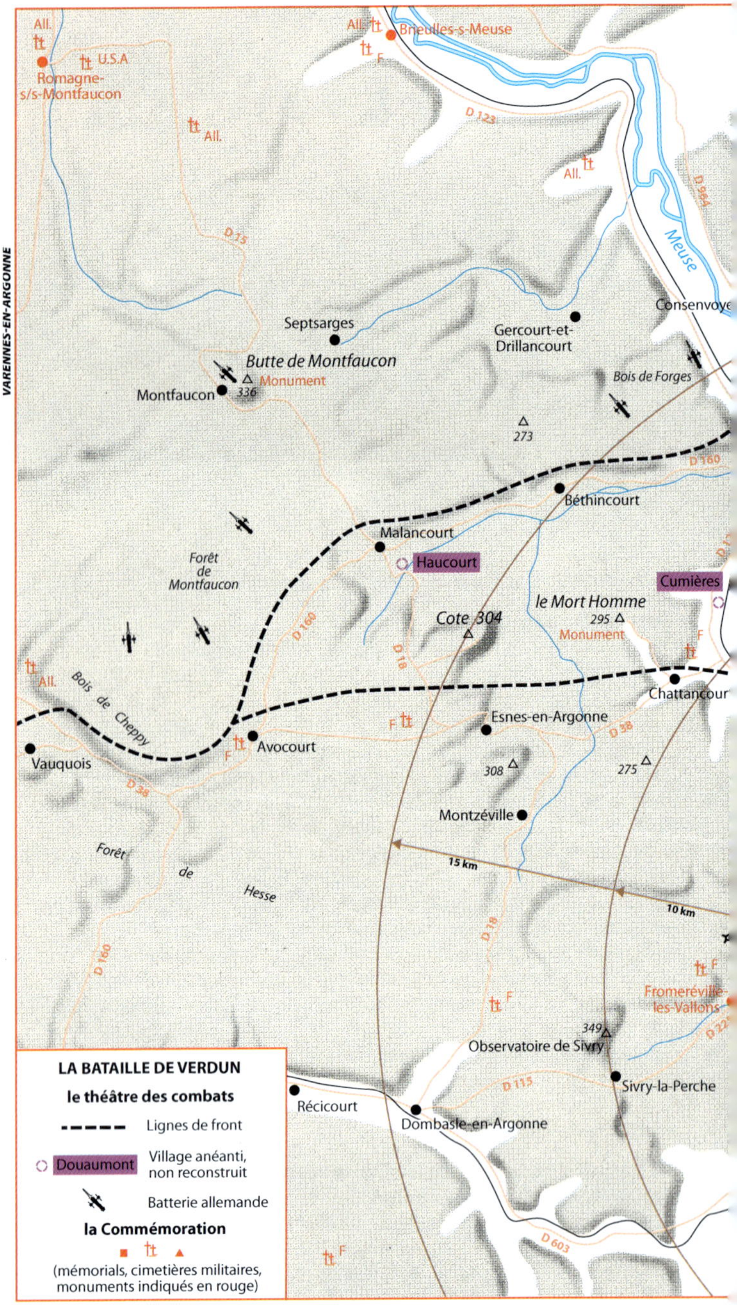
VARENNES-EN-ARGONNE
All.
Romagne-s/s-Montfaucon
U.S.A
All.
Brieulles-s-Meuse
All.
F
D 123
All.
D 964
Meuse
D 15
Septsarges
Gercourt-et-Drillancourt
Consenvoye
Butte de Montfaucon
Monument
336
Montfaucon
Bois de Forges
273
D 160
Béthincourt
Malancourt
Haucourt
Forêt de Montfaucon
Cumières
le Mort Homme
295
Monument
Cote 304
D 160
D 18
All.
Bois de Cheppy
Chattancourt
Esnes-en-Argonne
Avocourt
Vauquois
D 38
308
275
Montzéville
Forêt de Hesse
15 km
10 km
D 18
D 160
Fromeréville-les-Vallons
349
Observatoire de Sivry
Sivry-la-Perche
D 115
Récicourt
Dombasle-en-Argonne
D 603
LA BATAILLE DE VERDUN
le théâtre des combats
Lignes de front
Douaumont
Village anéanti, non reconstruit
Batterie allemande
la Commémoration
(mémorials, cimetières militaires, monuments indiqués en rouge)

VERDUN

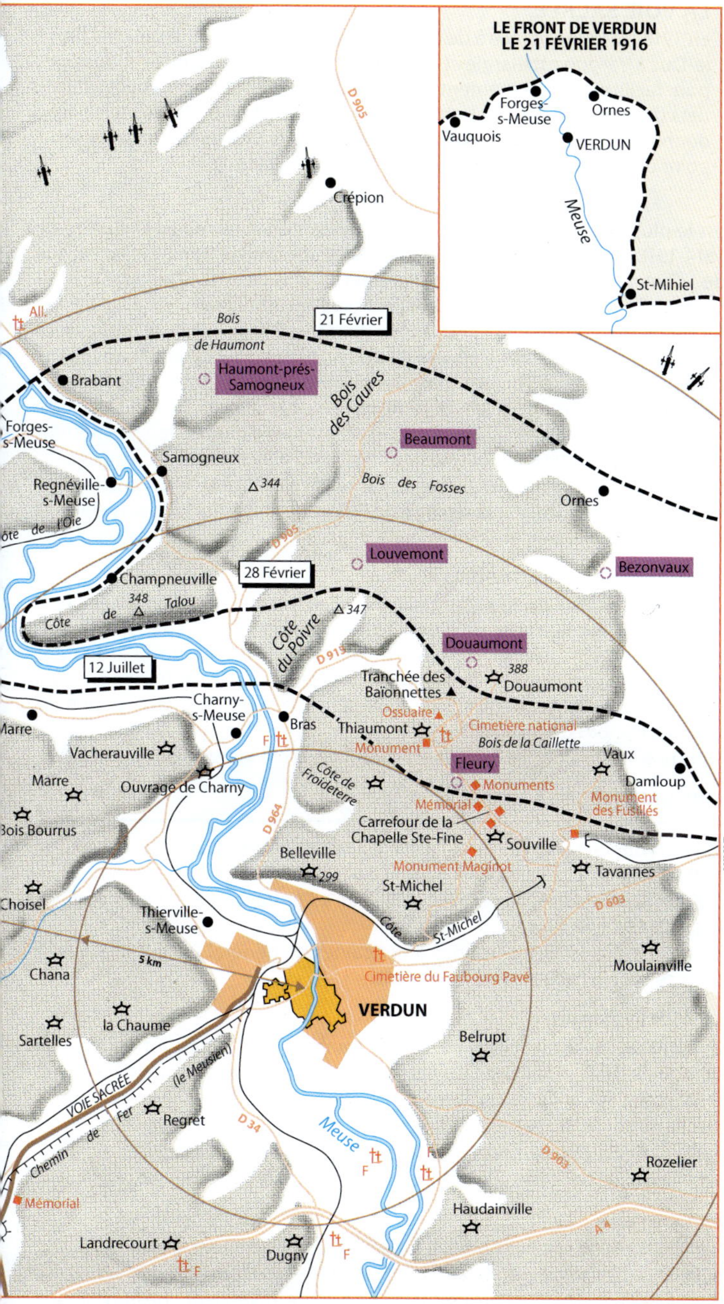
LE FRONT DE VERDUN
LE 21 FÉVRIER 1916
Forges-s-Meuse
Ornes
Vauquois
VERDUN
Meuse
St-Mihiel
D 905
Crépion
All.
Bois de Haumont
21 Février
Brabant
Haumont-près-Samogneux
Bois des Caures
Forges-s-Meuse
Beaumont
Samogneux
Regnéville-s-Meuse
344
Bois des Fosses
Ornes
Côte de l'Oie
D 905
Louvemont
Bezonvaux
Champneuville
28 Février
348
Côte de Talou
347
Côte du Poivre
Douaumont
D 913
12 Juillet
Tranchée des Baïonnettes
388
Douaumont
Charny-s-Meuse
Marre
Bras
Ossuaire
Thiaumont
Cimetière national
Monument
Bois de la Caillette
Vacherauville
Fleury
Vaux
Marre
Ouvrage de Charny
Côte de Froideterre
Monuments
Damloup
Monument des Fusillés
Bois Bourrus
Mémorial
D 964
Carrefour de la Chapelle Ste-Fine
Souville
ÉTAIN
Belleville
299
Monument Maginot
Tavannes
St-Michel
Choisel
D 603
Thierville-s-Meuse
Côte St-Michel
5 km
Moulainville
Chana
Cimetière du Faubourg Pavé
VERDUN
Sartelles
la Chaume
Belrupt
VOIE SACRÉE
(le Meusien)
Chemin de Fer
Regret
D 34
Meuse
D 903
Rozelier
Mémorial
Haudainville
A 4
Landrecourt
Dugny

1

LA VOIE SACRÉE
En 1916, Verdun fait face à de douloureux combats. La route qui relie Bar-le-Duc à Verdun est élargie et complétée par une voie ferrée (le Meusien) pour faciliter l'acheminement d'hommes, de vivres et d'armement (deux tiers de l'armée française transiteront par là). C'est Maurice Barrès qui lui donnera le nom de « Voie sacrée » dès avril 1916. Une **borne** marque son point de départ à Bar-le-Duc, rue de St-Mihiel *(voir p. 103)*.

est le plus important des monuments français en souvenir de la guerre de 1914-1918. Cette vaste nécropole comprend une galerie transversale longue de 137 m dont les 18 travées contiennent chacune deux sarcophages en granit. Sous la voûte centrale se trouve la chapelle catholique.
Au centre du monument s'élève la **tour des Morts**, haute de 46 m, silencieuse vigie en forme d'obus dans lequel s'inscrivent quatre croix, symboliques points cardinaux de pierre voulant marquer l'universalité du drame. Le 1er étage de la tour a été aménagé en un petit musée de la guerre. Du haut de cette tour *(204 marches)*, à travers les fenêtres, des tables d'orientation permettent d'identifier les différents secteurs du champ de bataille.
Devant l'ossuaire, les 15 000 croix du **Cimetière national**. À gauche du parking, un sentier conduit à l'**ouvrage de Thiaumont** maintes fois pris et repris au cours de la bataille.

Tranchée des Baïonnettes B2
Une porte massive donne accès au monument recouvrant la tranchée où, le 10 juin 1916, les hommes de deux compagnies du 137e RI, en majorité bretons et vendéens, furent, dit-on, ensevelis à la suite d'un bombardement d'une violence inouïe. Seul témoignage de la présence de ces hommes : leurs baïonnettes émergeant du sol, usage répandu pendant la guerre pour marquer les tombes de fortune.
Poursuivez votre route jusqu'à Charny-sur-Meuse et regagnez Verdun par la D 964.

RIVE GAUCHE DE LA MEUSE

Pour visualiser ce circuit de 40 km au départ de Verdun, reportez-vous à la carte de microrégion, p. 76. Comptez environ 2h.
Quittez Verdun au nord-ouest par la D 38 et, à Chattancourt, prenez à droite la route du Mort-Homme.
En septembre 1918, les troupes américaines du général Pershing jouèrent dans ce secteur un rôle très important.

Le Mort-Homme B2
Ce sommet boisé fut l'enjeu de furieux combats. Tous les assauts allemands de mars 1916 furent brisés sur cette crête. Près d'un monument élevé aux morts de la 40e division, un autre monument porte, gravée sur le socle, cette inscription : « Ils n'ont pas passé. »
Revenez à Chattancourt, reprenez à droite la D 38 et peu après Esnes-en-Argonne la D 18 vers Montfaucon. 2 km plus loin, un chemin à droite conduit à la Cote 304.

La Cote 304 A2
Pendant près de quatorze mois, les Allemands se heurtèrent là à une farouche résistance des troupes françaises. La Cote 304 et le Mort-Homme, véritables pivots de la défense de Verdun sur la rive gauche, revêtaient une importance stratégique considérable.
Revenez sur la D 18 et poursuivez jusqu'à Montfaucon.

Butte de Montfaucon A2

03 29 85 14 18 - de mai. à fin sept. : 9h-21h ; de déb. oct. à avr. : 9h-12h, 13h-15h45.
Le village de Montfaucon, élevé sur une butte, point culminant de la région, fut fortifié et utilisé comme observatoire par les Allemands pendant la guerre. Un **monument américain** s'y dresse. Un escalier mène à une colonne de 57 m de haut surmontée d'une statue de la Liberté *(accès par un escalier de 235 marches)*. Du haut de la colonne, **panorama★** sur le champ de bataille au nord-ouest de Verdun : butte de Vauquois, Cote 304, rive droite de la Meuse et, au loin, fort de Douaumont.

De Montfaucon, gagnez Romagne par la D 104. Dans le village, tournez à droite sur la D 123 pour atteindre le cimetière américain.

Cimetière américain de Romagne-sous-Montfaucon A2

Il s'étend sur 52 ha et contient plus de 14 000 tombes, surmontées de croix en marbre blanc, rigoureusement alignées. Dans les galeries latérales de la chapelle sont inscrits les noms des soldats disparus (954) ; dans la galerie de droite, une carte gravée dans la pierre calcaire d'Euville indique les secteurs du combat.

Poursuivez vers le nord-est sur la D 998. Peu avant de rejoindre la Meuse, tournez à droite sur la D 164 et poursuivez sur la D 123 puis la D 38 qui ramènent à Verdun.

1

★ LES CÔTES DE MEUSE : ENTRE VERDUN ET ST-MIHIEL

Pour visualiser ce circuit de 83 km au départ de Verdun, reportez-vous à la carte de microrégion, p. 76. Comptez environ 2h30.

Quittez Verdun par la D 903, en direction de Metz et Nancy. Peu après Verdun, jolie vue à droite sur la vallée de la Meuse, aux amples vallonnements boisés. À 7 km de l'embranchement D 903-D 964, prenez à droite la DST 31, signalée Les Éparges, Hattonchâtel, puis à droite la D 154.

★ Les Éparges B2

Cet éperon domine la plaine de la Woëvre. Haut lieu de combats, il a constitué un observatoire convoité lors de la Première Guerre mondiale.

Entourés de conifères, des sentiers balisés permettent la découverte du site de combats, à partir du Cimetière national du Trottoir. Sur la gauche s'élève un monument à la « gloire du génie », puis on arrive au « point X », sur la crête. Le sol est encore complètement bouleversé par les mines qui ont laissé de nombreux entonnoirs de plusieurs dizaines de mètres de diamètre. C'est là, à St-Rémy-la-Calonne, qu'on a retrouvé en 1991 le corps du sous-lieutenant Henri Fournier, dit **Alain-Fournier**. L'auteur du *Grand Meaulnes* a trouvé la mort le 22 septembre 1914.

Maison des arts et traditions rurales B2

Zone occidentale du Parc - Hannonville-sous-les-Côtes - 03 29 87 32 94 - www.ecomusee-hannonville.com - ♿ - juil.-août : 10h-12h, 14h-18h, w.-end et j. fériés 14h-18h - se rens. pour les visites guidées - fermé j. fériés - 4 € (2 € pour les 6-12 ans, -6 ans gratuit).

Reconstitution de l'intérieur vigneron de Sophie et Paul Champlon, qui vivaient là vers 1850. Des expositions présentent la culture de la vigne et du chanvre, la tonnellerie et l'implantation du village au pied de la côte.

★ Hattonchâtel B3

Construit sur une butte et jadis fortifié, le village tire son nom de Hatton, 29e évêque de Verdun. Les chanoines de la collégiale ont rebâti l'**église** et édifié la chapelle et le cloître vers 1350. Magnifique **retable** de 1523, attribué à Ligier Richier : trois scènes séparées par des pilastres Renaissance représentent, à gauche, le Portement de croix et sainte Véronique, au centre, la Crucifixion et la Pâmoison de la Vierge, à droite, l'Ensevelissement du Christ. Vitraux modernes de Grüber.

Au bout du promontoire, l'ancien **château**, démantelé en 1634 sur l'ordre de Richelieu, a été restauré dans le style du 15e s. *(ne se visite pas)*. De là, la vue sur la Woëvre s'étend jusqu'à Nancy

Prenez la D 908 vers le sud. À Woinville, tournez à gauche (D 119) vers Montsec.

★★ Butte de Montsec B3

Du haut de cette colline isolée (375 m), vous contemplerez un **panorama★★** très étendu, à l'ouest sur la Woëvre et les côtes de Meuse, au nord-est sur le lac de Madine et la retenue de Nonsard-Pannes. Au sommet, les Américains ont élevé un **monument★** pour commémorer l'offensive du 12 au 16 septembre 1918 qui leur permit de réduire le saillant de St-Mihiel et de faire 15 000 prisonniers. Les colonnes de l'édifice forment une rotonde dont le couronnement porte les noms des unités américaines ayant combattu dans ce secteur. On y accède par un escalier monumental.

Faites demi-tour et reprenez la D 119 vers St-Mihiel.

NOS ADRESSES À VERDUN

HÉBERGEMENT

PREMIER PRIX

Camping Les Breuils – *Allée des Breuils - ✆ 03 29 86 15 31 - www.camping-lesbreuils.com - ouv. avr.-sept. - réserv. conseillée - 162 empl. 20 € - restauration.* Ce camping, situé en ville mais entouré d'arbres et de verdure, pourrait bien vous inciter à prolonger votre étape dans la région. Salle de jeux, piscine avec toboggan et bassin pour enfants, étang, terrains de sport et blocs sanitaires refaits à neuf. Locations de mobil-homes.

Hôtel Montaulbain – *4 r. Vieille-Prison - ✆ 03 29 86 00 47 - 10 ch. 35/42 € - ☕ 5,50 €.* Cet hôtel situé dans une ruelle piétonne abrite des chambres un peu exiguës, mais rénovées et bien tenues. Dans le hall est servi le petit-déjeuner.

BUDGET MOYEN

Chambre d'hôte Au Coin des Jardins – *13 bis Grande-Rue - 55160 Pareid - 25 km à l'est par D 903 et D 153 - ✆ 03 29 83 97 76 - www.aucoindesjardins.com - 5 ch. 63 € ☕.* Au cœur d'un paisible village meusien, la famille Sorain vous accueille dans une charmante ferme rénovée. La grange mitoyenne avec l'habitation abrite cinq chambres décorées avec du mobilier ancien. Dans la grande salle commune, vous pourrez prendre petit-déjeuner et repas (sur réservation) ou vous détendre au salon, devant la cheminée. Jardin, verger et jeux pour les enfants.

Chambre d'hôte Les Charmilles – *12 r. de la Gare - 55100 Charny-sur-Meuse - 8 km au nord de Verdun par D 964 et D 115 - ✆ 03 29 86 93 49 - www.les-charmilles.com - 3 ch. 58 € ☕.* D'abord café puis hôtel, cette maison du début du 20e s. propose de jolies chambres décorées avec goût. Celles du 2e étage sont spacieuses, lumineuses et bien équipées. Petits-déjeuners servis dans la véranda ouvrant sur un jardin verdoyant. Un salon avec bibliothèque à disposition.

POUR SE FAIRE PLAISIR

Village Gaulois Hôtel – *11 r. du Parge - 55100 Marre - ✆ 03 29 85 03 45 - www.villagegaulois.com - fermé janv. - P - 11 ch. 70 € - ☕ 10 € - ½ P 71 € - rest. 19/28 €.* Au départ, il n'y avait qu'un minigolf dédié à Astérix. Puis la hutte-restaurant vit le jour et la cuisine traditionnelle soignée régala clients et amis. La ferme se transforma peu à peu en hôtel dont le nombre de chambres aux décors originaux ne cesse de croître au fil des ans… Une halte insolite qui gagne à être connue.

Chambre d'hôte Château de Labessière – *9 r. du Four - 55320 Ancemont - 15 km au sud de Verdun par D 34 (rte de St-Mihiel) - ✆ 03 29 85 70 21 - www.labessiere.com - fermé 1er janv. et 25 déc. - ⊁ - 3 ch. 80/85 €/pers. (½ P).* Ce château du 18e s. a survécu miraculeusement aux dernières guerres. Ses chambres à taille humaine ne manquent pas de charme et sa salle à manger a du style. Un joli jardin et une piscine ajoutent au plaisir d'une halte.

RESTAURATION

PREMIER PRIX

Pom'Samba – *7 av. Garibaldi - ✆ 03 29 83 49 34 - http://pomsamba.free.fr - fermé 2 sem. en fév. et en août, sam. midi, dim. et merc. soir - 10,50/18 €.* Ce restaurant se fait un devoir de redorer le blason de la pomme de terre. Servie sous de multiples formes, elle accompagne plats et spécialités locales.

BUDGET MOYEN

Bonséjour – *33 r. de Metz - ✆ 03 29 84 66 63 - www.lebonsejour.fr - fermé 24 et 31 déc. au soir, lun. - 25/30 €.* La décoration rustique de cet agréable restaurant parvient à faire oublier la zone commerciale qui l'a depuis peu encerclé. Depuis des décennies, on sert ici une cuisine lorraine délicate ainsi que des pizzas variées. Excellent steak tartare.

ACHATS

Aux Délices – *19 r. Mazel - ✆ 03 29 86 02 10 - tlj sf lun. 7h15-19h15 (dim. 18h30).* Hormis le Lorrain et l'Ambassadeur à base de mirabelle, cette boutique propose peu de spécialités pérennes car le patron aime surprendre : le millefeuille à la framboise en est un bel exemple. Également, grand choix de glaces et de sorbets, ganaches aromatisées à la liqueur et goûteuses associations de chocolat et de fruits.

Dragées Braquier – *50 r. du Fort-de-Vaux - ✆ 03 29 84 30 00 - www.dragees-braquier.com - 9h-12h, 13h30-19h.* Dans cette petite boutique, vous trouverez les fameuses dragées de Verdun, celles-là mêmes que Goethe avait achetées après la prise de la ville par les Prussiens en 1792 !

EN SOIRÉE

L'Estaminet – *45 r. des Rouyers - ✆ 03 29 86 07 86 - www.brasserie-de-verdun.com - tlj sf dim. 14h-3h.* Chaleureux estaminet décoré de fresques, de vieilles affiches et de figurines de sorcières. Au choix, plus de 250 bières majoritairement artisanales, dont 5 produites sur place dans la minibrasserie (également vendues dans l'espace boutique). Billard à l'étage et cave à cigares.

AGENDA

Des flammes à la lumière – *Spectacle son et lumière (vend. et sam. en juin-juil.) - ✆ 03 29 84 50 00 - www.spectacle-verdun.com - 20 € (7-15 ans 12 €).*

Stenay

2 818 Stenaisiens – Meuse (55)

NOS ADRESSES PAGE CI-CONTRE

NOS ADRESSES PAGE CI-CONTRE

S'INFORMER

Office du tourisme de Stenay – *5 pl. Raymond-Poincaré - 55700 Stenay - 03 29 80 64 22 - juil.-août : dim. matin ; reste de l'année : 10h-12h30.*
Dun-sur-Meuse – *www.valdunois.fr.*

SE REPÉRER

Carte de microrégion A1 (p. 76) – *carte Michelin Départements 307 C2.*
À 30 km au sud-est de Sedan, 46 km au nord-ouest de Verdun.

Posée sur une boucle de la Meuse, Stenay, ancienne cité mérovingienne, est aujourd'hui capitale de la mirabelle. La bière y a aussi son temple : un musée de 2 500 m². Et dans la vallée, mille sentiers mènent, à travers des haies de peupliers, aux abords des écluses, le long d'églises fortifiées et dans les forêts rafraîchissantes de Belval et de Woëvre.

Visiter

Musée européen de la Bière

10 r. de la Citadelle - 03 29 80 68 78 - www.musee-de-la-biere.com - ♿ - 10h-18h - fermé du 2 déc. au 28 fév. - 5 € (-18 ans gratuit).
Ce musée, passionnant, est installé dans l'ancien magasin aux vivres de la citadelle du 16e s., transformé en malterie au 19e s. On y découvre comment, à partir d'eau de source, d'orge transformée en malt et du houblon, indispensable à l'amertume si particulière à la bière, le brasseur obtient ce breuvage. Pas moins de 50 000 objets, panneaux, cartes, maquettes, outils, racontent sa fabuleuse histoire, de la « bière égyptienne » jusqu'aux épopées des grandes brasseries sans oublier le rôle des abbayes, qui en ont fait une sainte boisson ! Dégustation à la taverne du musée d'une cinquantaine de bières artisanales. À l'arrière du bâtiment, le « jardin de la bière » permet de découvrir le développement du houblon et des plantes aromatiques (thym, coriandre, absinthe).

Crypte St-Dagobert

Cercle St-Dagobert II, 3 pl. Poincaré - 03 29 80 48 04 - lun.-vend. 10h-12h, 15h-17h (w.-end. sur RV) - 2,50 €.
Salle d'exposition permanente sur le thème de la dynastie mérovingienne. À voir, le portail de l'ancienne église St-Dagobert (9e-12e s.).

À proximité Carte de microrégion

Dun-sur-Meuse A1

La partie la plus ancienne de cette ville s'élève sur une butte. De l'esplanade devant l'église (14e s.), vue étendue sur la vallée de la Meuse.

★ Notre-Dame de Mont-devant-Sassey A1

Le village, autrefois réputé pour ses vignes et sa fonderie de cloches, est bâti au pied d'un coteau de la rive gauche de la Meuse. Édifiée sur les contreforts de l'Argonne dès le 12e s., sur un relief connu pour ses sources multiples et bienfaitrices, l'église Notre-Dame de Mont-devant-Sassey est un édifice religieux majeur de Lorraine. *✆ 03 29 80 91 17 - www.mont-devant-sassey.org - juil.-août : tlj sf mar. 15-19h ; mai, juin et sept. : w.-end et j. fériés 15h-18h - tte l'année sur RV.* Malgré les périodes de constructions successives, les guerres et les pillages (au 17e s., des bandes armées la transformèrent même en forteresse), l'église présente une grande homogénéité et une sobre élégance. L'édifice est inspiré du plan rhénan, avec des tours carrées sur le transept. Architectures et sculptures romanes et gothiques s'y mêlent. Le **portail★** sculpté du 13e s., bien que mutilé par un obus, est bien conservé. Il reproduit l'ordonnance des portails des grandes cathédrales gothiques. Deux groupes de cinq personnages encadrent l'ouverture dont le linteau, surmonté d'un tympan sculpté à trois registres entouré de quatre voussures ornées de reliefs. La rudesse du style et les figures grimaçantes témoignent d'anciennes croyances païennes et rendent l'ensemble fort émouvant. Le chœur, la nef entièrement restaurée et surtout la **crypte ajourée★** du 12e s. sont remarquables. Dans cette dernière – on n'en recense que deux de ce type en France – voyez la diversité des ornements des colonnes. Du cimetière de l'église, vous bénéficierez d'une belle vue sur la vallée de la Meuse, ses champs de blé et ses vergers dédiés à la mirabelle.

NOS ADRESSES À STENAY

HÉBERGEMENT ET RESTAURATION

BUDGET MOYEN

Hôtel du Commerce – *16 r. A.-Briant - ✆ 03 29 80 30 62 - www.lecommerce-traiteur.com - fermé 1er-15 janv. - 16 ch. 55/65 € - ☕ 7,50 € - rest. 11,50/35 €.* Non loin du musée européen de la Bière, l'hôtel est devenu l'étape de la ville. Table traditionnelle.

Auberge du Faisan Doré – *3 r. de l'Écluse - 55700 Inor - ✆ 03 29 80 35 45 - www.aubergedufaisandore.com - 13 ch. 50/63 € - ☕ 8,50 € - rest. 11/27 €.* Serait-ce le confort moderne des chambres qui garantit à cet hôtel sa renommée ? Ou la terrine de gibier maison qui mérite aussi le déplacement ?

Le Râle des Genêts – *6 allée des Islettes - 55110 Dun-sur-Meuse - ✆ 03 29 83 80 85 - www.hotel-le-rale-des-genets.com - 20 ch. 49 € - ☕ 7,50 €.* Cet établissement se situe à la sortie du village (dir. Stenay). Il propose des chambres modernes et tout confort.

Les Colimençarts – *15 r. Ste-Marguerite - 55110 Dun-sur-Meuse - ✆ 03 29 74 80 73 - fermé lun. et mar. soir - 11/29 €.* Cuisine familiale servie par un personnel aimable.

ACTIVITÉS

Location de bateaux sur la Meuse pour quelques heures de croisière à Dun-sur-Meuse auprès de Meuse Nautic *(www.valdunois.fr).*

AGENDA

Pèlerinage sur les lieux de l'assassinat de saint Dagobert II – Le dernier samedi d'août. Commémoration suivie d'une soirée mérovingienne au château de Charmois *(réservation ✆ 03 29 80 48 19 - 35 €).*

ACHATS

Michel Baumaux – *4 r. de l'Hôpital - ✆ 03 29 80 33 34 - tlj sf merc. et dim. apr.-midi.* Bonbons, chocolats, madeleines, mais aussi pavé stenaisien ou Baiser de Dagobert.

Montmédy

2 233 Montmédiens – Meuse (55)

NOS ADRESSES PAGE 97

S'INFORMER

Office du tourisme de Montmédy – *Citadelle - 55600 Montmédy - ℘ 03 29 80 15 90 - www.montmedy.fr - mêmes horaires que les musées de la Fortification et Jules-Bastien-Lepage.*

Circuit des remparts – Le parcours de visite est jalonné par des points sonores qui rappellent l'histoire du site. *℘ 03 29 80 15 90 - www.tourisme-montmedy.fr - avr.-sept : 10h-13h, 13h30-18h ; oct.-nov. : 10h30-13h, 13h30-17h ; reste de l'année : 10h30-13h, 13h30-17h (sf w.-end déc.-janv.) - fermé du 24 déc. au 2 janv. - 4,50 € (6-13 ans 2,30 €), gratuit Journées du patrimoine.*

Nocturne de la citadelle – Visite guidée aux flambeaux de la citadelle, des remparts, des fossés, du grand puits *(2h) - sur réservation auprès du bureau d'accueil de la citadelle (juil.-août : vend. et sam. soir) - ℘ 03 29 80 15 90 - 6 € (enf. 3 €).*

Syndicat d'initiative de Marville – *16 pl. St-Benoit - 55600 Marville - ℘ 03 29 88 15 15 - tlj sf w.-end et j. fériés - horaires, se rens.*

SE REPÉRER

Carte de microrégion B1 (p. 76) – *carte Michelin Départements 307 D1.*
Montmédy se trouve à 60 km au nord de Verdun. À 67 km au sud-est de Charleville-Mézières par la D 643, la ville n'est pas loin de la Belgique. En poursuivant par l'A 6 belge vers l'est, on arrive en quelques minutes au Luxembourg.

À NE PAS MANQUER

Une promenade le long des remparts.

Fermement campée sur son piton, Montmédy-Haut, fortifiée par Charles Quint et transformée par Vauban, veille sur Montmédy-Bas, au bord de la Chiers. La ville haute est un formidable exemple d'architecture militaire, la ville basse un lieu idéal pour d'agréables balades au bord de l'eau. Aux environs, ne manquez pas la basilique d'Avioth, fleuron de l'architecture gothique.

Se promener

Louis XIV avait conduit son premier siège à Montmédy en 1657, assisté du maréchal de La Ferté. Ce n'est que deux ans plus tard que les habitants, après avoir été rattachés au duché de Bourgogne, puis aux Habsbourg et enfin à l'Espagne, sont devenus français. La ville haute (Montmédy-Haut) est perchée sur un piton isolé. On y pénètre par le nord en franchissant deux portes successives à pont-levis et une commandant la citadelle.

★ Citadelle

Elle a conservé ses remparts imposants constitués de glacis, courtines et bastions, modernisés après 1870. Le général Séré de Rivières décida alors d'aménager une caserne souterraine. Depuis le haut des remparts s'offre une vue sur les environs de Montmédy.

Citadelle de Montmédy.
DEA PICTURE LIBRARY/De Agostini Editore/age fotostock

Musées de la Fortification et Jules-Bastien-Lepage

À l'entrée de la citadelle - ✆ 03 29 80 15 90 - avr.-sept. : 10h-13h, 13h30-18h ; oct.-nov. : 10h30-13h, 13h30-17h ; déc.-janv. : tlj sf w.-end 10h30-13h, 13h30-17h ; fév.-mars : 10h30-13h, 13h30-17h - fermé du 24 déc. au 2 janv. - 4,50 € (6-13 ans 2,30 €), gratuit Journées du patrimoine.

Dans la section « Fortification », plus de 200 sites ou ouvrages fortifiés de la Meuse sont présentés : un bon moyen de comprendre l'« art de la guerre » et l'évolution des systèmes défensifs (maquettes, montage audiovisuel).

Quant à Jules Bastien-Lepage (1848-1884), ami de Rodin, né à Damvillers, c'est un portraitiste et un remarquable peintre de la nature. Une section du musée réagencée en 2007 est consacrée à son œuvre et présente sobrement des dessins préparatoires et des esquisses.

Église St-Martin

Cette église a été construite en 1756, mais son style architectural reste assez sobre. En plus des boiseries du chœur, on remarquera les dalles funéraires de la famille d'Allamont, dont certains membres ont été gouverneurs de la ville pendant la période espagnole.

À proximité Carte de microrégion

★★ Basilique d'Avioth B1

✆ 03 29 88 90 96 - www.avioth.fr - possibilité de visite guidée sur demande (1 sem. av.) - tlj tte la journée - 3,20 €.

À l'écart des grands axes de circulation, le village est à 3 km, par la D 110, de la 43 qui relie Montmédy (5 km au sud) à Sedan (35 km au nord). Tourné historiquement vers le duché du Luxembourg, Avioth se trouve aussi tout près de la frontière belge.

Apparition insolite et tout à fait inattendue, dans un tout petit village, d'une magnifique basilique gothique. Un monument unique l'accompagne, des-

tiné à recevoir les offrandes des pèlerins, la Recevresse. Deux anges auraient sculpté en une nuit une statue de la Vierge qui devint l'objet d'un pèlerinage au début du 12e s. L'afflux des pèlerins entraîna la construction d'une basilique en pierre dorée dès la seconde moitié du 13e s. Elle s'est poursuivie jusqu'au début du 15e s. dans le style gothique flamboyant. Viollet-le-Duc la restaura au 19e s. La basilique est placée sous le signe du don. Les offrandes de jadis étaient déposées dans le curieux édicule de la Recevresse. C'était une « église de répit » où l'on venait prier pour les enfants mort-nés, espérant un miracle.
Extérieur – Le **portail ouest** a de belles proportions avec ses voussures ornées de 70 figures. Au-dessus du portail, près du gâble, une scène du Jugement dernier : parmi les statues placées dans les contreforts, des anges sonnent les trompettes. Le **portail sud** est consacré à la Vierge et à l'enfance du Christ. On reconnaît le style champenois dans les soubassements ornés de draperies sculptées. La **Recevresse★**, élégant petit édifice flamboyant, se dresse à gauche du portail sud, attenant à la porte du cimetière.
Intérieur – Très lumineux, il suit la disposition champenoise. Il comporte une coursière (très exceptionnelle dans la région) et un déambulatoire sur lequel donnent des chapelles peu profondes établies entre les contreforts.
La basilique a conservé plusieurs œuvres d'art d'une veine populaire savoureuse. Dans le **chœur**, maître-autel décoré des symboles des quatre évangélistes. À gauche de l'autel, posée sur un trône de pierre du 15e s. et tout de blanc vêtue, **Notre-Dame d'Avioth**, sculptée dans du tilleul vers 1100. Tout autour, 14 statues polychromes adossées en hauteur aux piliers du sanctuaire forment une curieuse cour silencieuse à la Vierge miraculeuse. À droite de l'autel, le tabernacle gothique du 15e s. possède un pinacle qui touche presque le sommet de l'arcade dans laquelle il s'inscrit. Des travaux ont fait apparaître sur la clôture et les voûtes du chœur des peintures et des fresques des 14e et 15e s. La gracieuse chaire de 1538, en pierre finement sculptée d'un décor Renaissance, porte aussi des traces de polychromie ; son panneau central représente le Couronnement de la Vierge. Tout à côté, l'*Ecce homo* est flanqué d'un Pilate en costume de cour du Saint Empire.

Louppy-sur-Loison B1

14 km au sud, par la D 643. Le **château** du 17e s. a reçu la visite de Louis XIV. Pigeonnier, chapelle (vestiges du château fort originel à proximité) et portails richement sculptés. *Visite guidée (45h), se rens. au ✆ 03 29 88 15 49 - ♿ - de déb. juin au 21 août : tlj sf lun. 9h-18h - fermé j. fériés - 3,50 € (-18 ans gratuit).*

Marville B1

12 km au sud-est, en direction de Longwy. C'est un bon exemple de l'influence espagnole sur la région (fin 16e s. à 1659). Remarquez les façades sculptées de cette période dans la **Grand'Rue**. Dans l'**église St-Nicolas**, observez la balustrade de la tribune de l'orgue (16e s.).
Un chemin goudronné conduit au **cimetière de la chapelle St-Hilaire** construit sur la colline, qui renferme un ossuaire fermé par un mur à colonnettes, lequel contient, dit-on, 40 000 crânes. Dans la chapelle, admirez le *Christ aux liens*, remarquable sculpture attribuée à l'école de Ligier Richier.

NOS ADRESSES À MONTMÉDY

HÉBERGEMENT

PREMIER PRIX

Auberge de Marville – *1 Grand-Place - 55600 Marville - ✆ 03 29 88 10 10 - www.aubergedemarville.com - fermé 21-27 déc. et 5-11 janv. - 11 ch. 47/62 € - ☕ 7 € - formule déj. 13 € - 22/38 €.* Au pied de l'église St-Nicolas, cette ancienne grange réhabilitée abrite des chambres fonctionnelles. Dans un cadre rustique ou dans une jolie véranda, les convives dégustent des menus traditionnels lorrains.

BUDGET MOYEN

Chambre d'hôte Mme Viviane Jakircevic – *1 Grande-Rue - 54260 Charency-Vezin - ✆ 03 82 26 66 26 - www.chambreshote.com - P - ⊭ - 5 ch. 50 € ☕.* Cette belle maison en pierre apparente datant de 1804 est entourée d'un ravissant jardin. Ses chambres, spacieuses et bien équipées, comprennent cheminée, poutres et parquet d'époque. On déguste les légumes du potager à la table d'hôte *(sur réservation).* Promenades, curiosités : n'hésitez pas à demander conseil auprès de Mme Jakircevic qui connaît sa région sur le bout des doigts.

RESTAURATION

BUDGET MOYEN

Le Panoramique – *9-11 r. du Dr-Poulain - 55600 Montmédy - ✆ 03 29 80 11 68 - fermé jeu. et vend. et juil. - ♿ - formule déj. 14 € - 24/59 €.* Derrière l'appellation « Table de terroir » se cache parfois une cuisine gastronomique de la meilleure qualité. C'est bel et bien le cas ici, comme le prouvent les plats concoctés par le chef, mettant à l'honneur les produits locaux. L'agréable salle à manger ménage une vue superbe sur la citadelle.

AGENDA

Fête des Remparts – *1er dim. de mai.* Animations, artisanat et brocante.

Fête des Pommes – *Dernier dim. de sept.* Expositions, artisanat, animations, brocante.

L'Argonne

★

Meuse (55)

NOS ADRESSES PAGE 102

S'INFORMER
Office du tourisme du Pays d'Argonne – *6 pl. de la République - 55120 Clermont-en-Argonne - ✆ 03 29 84 42 22 - www.centre-argonne.eu - juil.-août : 9h-12h30, 13h30-18h ; reste de l'année : 9h-12h30, 13h30-17h, lun. 13h30-17h - fermé 24 déc.-3 janv., dim. et j. fériés.*

SE REPÉRER
Carte de microrégion A2 (p. 76) – *carte Michelin Départements 307 B/C 3/4.*
Ce massif, dont la plus grande largeur entre Clermont et Ste-Ménéhould ne dépasse pas 12 km, atteint 308 m d'altitude au sud de Clermontil. Il représentait jadis un obstacle sérieux à la circulation.

À NE PAS MANQUER
Les sites de la Première Guerre mondiale, le musée de l'Argonne à Varennes-en-Argonne pour comprendre l'arrestation de Louis XVI.

ORGANISER SON TEMPS
Comptez une journée pour parcourir l'Argonne, en prévoyant de déjeuner à Varennes ou à Beaulieu (attention, un seul restaurant dans chacune de ces villes ; le pique-nique peut être une bonne solution).

AVEC LES ENFANTS
Pour les plus grands, les mémoriaux et lieux de combats de 1914-1918.

Les belles forêts, les paysages vallonnés et les villages bien préservés font de l'Argonne une région verdoyante agréable à parcourir. Une région qui est parvenue à assumer et à valoriser l'empreinte douloureuse laissée par la Première Guerre mondiale. Le conflit de 1914-1918 marque toujours le paysage.

Circuit conseillé Carte de l'Argonne

★ **L'ARGONNE**

Pour visualiser ce circuit de 77 km au départ de Clermont-en-Argonne, reportez-vous à la carte ci-contre. Comptez une journée.

Clermont-en-Argonne

Sur le flanc d'une colline boisée dont le sommet (308 m) est l'un des points culminants de l'Argonne, Clermont affiche un certain cachet au-dessus de la vallée de l'Aire. Ancienne capitale du comté du Clermontois, la ville était dominée par un château fort entouré de remparts. Elle fit successivement partie du Saint Empire, de l'évêché de Verdun, du comté de Bar, du duché de Lorraine, avant de passer à la France en 1632. Louis XIV l'attribua au Grand Condé. Le château fut rasé après la Fronde.

L'**église St-Didier**, datant du 16e s., possède deux portails Renaissance. Les voûtes du transept et du chœur, de style gothique flamboyant, sont

particulièrement ouvragées. Remarquez également les vitraux modernes et un « miroir de la Mort », bas-relief du 15e s. Belle Mise au tombeau du 16e s., composée de six statues dont le groupe des trois Marie, de pierre peinte. Prendre le chemin à droite de l'église et suivre une allée conduisant à l'extrémité du promontoire : vue sur la forêt d'Argonne et la vallée de l'Aire.

Quittez Clermont-en-Argonne par la D 998 en direction de Neuvilly-en-Argonne. À Neuvilly, prenez la D 946. Sur la droite, à Boureuilles, la D 212 conduit à Vauquois. À l'entrée de Vauquois, prenez à gauche le chemin goudronné d'accès à la butte. Laissez la voiture et gravissez le sentier qui conduit au sommet de la butte.

★★ Butte de Vauquois

☏ 03 29 80 73 15 - http://perso.wanadoo.fr/vauquois.guerre.14.18/ - possibilité de visite guidée (1h) les 1er dim. du mois - visite libre circuit de surface - 3 € (enf. 1,50 €).

Les belligérants de la Première Guerre mondiale qui se disputèrent cette butte se lancèrent dans une « guerre des mines » qui pulvérisa littéralement la colline. Pour en témoigner, un monument marque l'emplacement de l'ancien village détruit. Un petit chemin, suivant la ligne de crêtes d'où vous verrez la forêt de Hesse, la butte de Montfaucon et la vallée de l'Aire, domine plusieurs cratères de mine profonds de 30 m. Le terrain est bouleversé aux alentours et on peut encore y voir les restes de barbelés et de chevaux de frise.

Les installations ouvertes à la visite par l'association des amis de Vauquois permettent de comprendre le mode de vie et les combats des Français et des Allemands, alors distants de quelques mètres.
Traversez Vauquois par la D 212 et prenez la D 38 qui mène à Varennes-en-Argonne.

Varennes-en-Argonne

En s'y faisant arrêter, alors qu'ils tentaient de rejoindre les régiments qui leur étaient restés fidèles, Louis XVI et sa famille vécurent ici le début d'une longue série d'humiliations. Aucun doute, cet événement historique rendit célèbre cette petite ville qui vit tranquillement sur les bords de l'Aire.
Musée d'Argonne – *03 29 80 71 14 - www.cheminsdememoire.gouv.fr - juil.-août : 14h30-17h30 ; de déb. avr. à fin juin et sept. : w.-end et j. fériés 14h30-17h30 - fermé 1er janv., 25 déc. - 4,20 € (6-16 ans 2 €).*
Dans un bâtiment moderne, le musée comprend, sur deux niveaux, une exposition Louis XVI présentant des documents relatifs au roi et à son arrestation, une galerie consacrée aux arts et traditions de l'Argonne (céramique sigillée de l'Argonne, faïences des Islettes et de Waly), une salle groupant des souvenirs des guerres de 1914-1918 et de 1939-1945 (combats souterrains).
Mémorial de Pennsylvanie – Grandiose monument aux morts américains commémorant les combats de 1918. Jolie vue sur l'Aire et sa campagne.
Suivez la D 38, puis tournez à gauche dans la route de la Haute-Chevauchée.

Haute-Chevauchée

C'est un des hauts lieux de la guerre de 1914-1918. De violents combats s'y déroulèrent. Aujourd'hui agréable promenade dans la forêt, cette route mène au **Kaisertunnel**, tunnel de liaison de 450 m creusé par les Prussiens en 1915, et au cimetière militaire de la Forestière dont chaque tombe est fleurie d'hortensias bleus, blancs et roses. Dans les sous-bois, de part et d'autre de la route, des tranchées et des boyaux sont encore visibles. *03 29 88 42 22 - www.centre-argonne.eu - visite guidée avr.-nov. : dim. et j. fériés 14h-18h ; juil.-août : merc., dim. et j. fériés 14h-18h - fermé 1er janv., 25 déc. - 3,50 € (-12 ans gratuit).*
Revenez à la D 38, poursuivez jusqu'au Four-de-Paris, puis prenez la D 2 vers Lachalade.

Lachalade

Le village est dominé par l'imposante silhouette d'une ancienne abbaye cistercienne. L'**église** du 14e s. ne comporte plus que deux travées, d'où ses curieuses proportions ; les trois premières ont été détruites lors d'un incendie au début du 17e s. Sur la façade ouest, la rose flamboyante provient de l'abbaye St-Vanne de Verdun.
Continuez sur la D 2 vers Les Islettes.

Les Islettes

Ce fut un bourg très actif connu pour ses tuileries, verreries et surtout faïenceries.
La D 2 traverse Futeau et entre dans la forêt de Beaulieu.

Ermitage St-Rouin

Saint Roding (ou Rouin), moine irlandais du 7e s., retiré en Argonne, fonde un monastère auquel succède l'abbaye de Beaulieu. Une « cathédrale de verdure » a été aménagée dans un beau site forestier. Un bâtiment solitaire, l'abri des pèlerins, accueille le visiteur, puis, sous la voûte des arbres apparaît une chapelle moderne en béton conçue par le R. P. Rayssiguier, disciple dominicain de Le Corbusier. Les vitraux multicolores ont été créés par une jeune artiste japonaise.

La chapelle de Saint-Rouin, conçue par le père Rayssiguier.
H. Hughes/hemis.fr

Poursuivez sur la D 2, puis tournez à gauche vers Beaulieu-en-Argonne.

Beaulieu-en-Argonne

Ancien siège d'une importante abbaye bénédictine, ce village très fleuri s'allonge sur une butte d'où vous aurez de belles vues sur le massif forestier. De l'ancienne abbaye subsistent quelques murs, et surtout un **pressoir★** du 13e s. tout en chêne (la vis est en charme) dans lequel les moines pouvaient presser 3 000 kg de raisin, donnant 1 600 l de jus.
De Beaulieu-en-Argonne, prenez la route forestière qui longe le bâtiment du pressoir (sur la gauche), poursuivez jusqu'au carrefour des Trois-Pins ; continuez tout droit, puis prenez à droite la direction de Rarécourt.

Rarécourt

Sur la route à droite après le pont sur l'Aire.
Dans une maison forte du 17e s., le **musée de la Faïence** présente plus de 800 pièces de faïences et terres cuites régionales (Les Islettes, Lavoye, Waly, Rarécourt…) des 18e et 19e s. *✆ 03 83 56 95 40 - ♿ - juin-sept. : 10h-12h, 14h-18h30 - possibilité de visite guidée (1h15) - se rens. par ✆ 0 899 230 564 (1,34 €+0,34/mn).*
Rejoignez Clermont-en-Argonne par la D 998.

UN TERRITOIRE STRATÉGIQUE

Les vallonnements de l'Argonne constituent des voies de passage qui ont servi de couloirs d'invasion : défilés des Islettes, de Lachalade, de Grandpré, baptisés les « Thermopyles de France ». En 1792, Dumouriez arrêta les troupes prussiennes à la sortie de ces défilés. Puis, durant la guerre de 1914-1918, le front s'installa pendant quatre ans sur la ligne Four-de-Paris, Haute-Chevauchée, Vauquois, Avocourt, coupant l'Argonne en deux. Le souvenir demeure donc de celui des milliers de soldats tombés sur le champ de bataille lors de différents affrontements.

NOS ADRESSES DANS L'ARGONNE

Voir aussi nos adresses à Verdun, p. 90.

HÉBERGEMENT

BUDGET MOYEN

Chambre d'hôte Le Four au Bois – *20 r. de Bellefontaine - 55120 Futeau - 03 29 88 22 08 - www.lefouraubois.com - P - - 4 ch. 55/65 €* . Dans un petit hameau niché au cœur de la forêt d'Argonne, vous trouverez cette ravissante ferme entièrement restaurée. Les chambres, dont une suite aménagée pour personne à mobilité réduite, répondent aux noms évocateurs de contrées « exotiques » : la Yéménite, l'Africaine, l'Indienne et la Provençale. Confortables et décorées avec goût, elles jouissent d'une belle vue sur le parc et les bois.

POUR SE FAIRE PLAISIR

Chambre d'hôte Château de Châtel – *8 r. du Château - 08250 Châtel-Chéhéry - 03 24 30 78 54 - - P - - 3 ch. 85/90 €* . Ce château du 18e s., entouré d'un parc à flanc de coteau surplombant la vallée de l'Aire, ne manque pas de charme. Ensemble rénové rehaussé par des cheminées anciennes et un bel escalier d'époque. Cuisine familiale à base de produits régionaux. Piscine chauffée, terrain de jeux, étang de pêche.

RESTAURATION

BUDGET MOYEN

Bellevue – *R. de la Libération - 55120 Clermont-en-Argonne - 03 29 87 41 02 - fermé 23 déc.-10 janv. et dim. soir - P - 17/48 € - 7 ch. 50/58 € - 8 €.* Salle à manger coiffée de lattes de bois formant une vague, salle de banquets « 1925 » et terrasse en surplomb du jardin. Chambres un peu désuètes mais bien tenues.

UNE FOLIE

L'Orée du Bois – *55120 Futeau - 1 km au sud - 03 29 88 28 41 - www.aloreedubois.fr - fermé 22 nov.-22 déc., 4-26 janv., lun. et mar. sf le soir, de Pâques à fin sept. et dim. soir hors sais. - - P - 46/72 € - 14 ch. 93/150 € - 14 €.* En lisière de la forêt d'Argonne, cette auberge accueillante abrite deux jolies salles à manger tournées vers la campagne, ainsi que des chambres confortables et bien tenues.

AGENDA

Pèlerinage de St-Rouin – *Le dim. suivant le 17 sept.* Important pèlerinage à l'ermitage de St-Rouin.

Repas autour de la roulante du Kaisertunnel – *Quelques dates pendant l'été - se rens. à l'office de tourisme du Pays d'Argonne - 03 29 88 42 22.* Déjeuner servi autour de la cantine mobile suivi d'une visite du Kaisertunnel.

Bar-le-Duc

★

16 041 Barisiens – Meuse (55)

NOS ADRESSES PAGE 109

S'INFORMER

Office du tourisme de Bar-le-Duc – *7 r. Jeanne-d'Arc - 55000 Bar-le-Duc - 03 29 79 11 13 - www.tourisme-barleduc.com - avr.-oct. : 10h-12h30, 14h-18h, dim. 14h-18h ; reste de l'année : tlj sf dim. et j. fériés 10h-12h30, 14h-17h - fermé 20 déc.-2 janv., 1er et 11 Nov.*

Office du tourisme de Ligny-en-Barrois – *7 r. de l'Asile - 55000 Ligny-en-Barrois - 03 29 78 06 15 - www.lignyenbarrois.fr - juil.-août. : 10h-12h ; reste de l'année : 9h-12h, 14h-18h.*

SE REPÉRER

Carte de microrégion A3 (p. 76) – *carte Michelin Départements 307 B6.* Bar-le-Duc est situé à mi-chemin entre Paris et Strasbourg. De l'A 4, sortie 28 (St-Étienne-au-Temple, Châlons-en-Champagne) puis D 994 (70 km) ou sortie 30 (Verdun) puis D 1916 (40 km). Bar-le-Duc est désormais à 1h40 de Paris par la ligne TGV Est européen (à 1h par la gare Meuse TGV).

À NE PAS MANQUER

Le quartier Renaissance et le *Transi*, dans l'église St-Étienne.

ORGANISER SON TEMPS

Promenez-vous dans la ville haute avant de découvrir le Sud meusien. Finissez par la visite du Musée barrois et une dégustation de confiture.

AVEC LES ENFANTS

Les reconstitutions costumées des manœuvres d'une légion romaine, devant le site de Nasium (cité des Leuques), le 4e dimanche du mois.

Alfred Hitchcock exigeait de la confiture de Bar-le-Duc pour chacun de ses petits-déjeuners, celle dont chaque groseille est épépinée à la plume d'oie. Ville d'art et d'histoire, Bar-le-Duc est surtout remarquable pour l'unité de sa ville haute, juchée sur son promontoire. Les blondes façades de ce quartier aristocratique sont décorées de statues, de trophées ou de gargouilles (16e-18e s.). Point de départ de la célèbre « Voie sacrée » menant à Verdun, la ville recèle encore d'autres trésors, comme le fameux Transi de Ligier Richier.

Se promener Plan de ville

★ LA VILLE HAUTE

Ce bel ensemble architectural des 16e, 17e et 18e s. était le quartier aristocratique de Bar. Derrière les façades ornées des hôtels, les demeures sont souvent composées d'un logis seigneurial, d'une cour et d'un autre bâtiment pour les serviteurs.

Place St-Pierre A2

Jolie place dominée par l'élégante façade de l'église St-Étienne et bordée de maisons de différentes époques. Au **n° 25**, maison médiévale, à colombages, avec son étage en encorbellement. Au **n° 21**, l'hôtel de Florainville, actuel palais de justice avec une façade Renaissance (la ferronnerie est du 18e s.). Enfin au **n° 29**, la façade (début 17e s.) est ornée d'un décor classique et caractéristique de l'architecture barisienne : colonnes, fenêtres et frontons à volutes.

Église St-Étienne A2

Cette collégiale gothique de la fin du 14e s. possède une façade en partie Renaissance. Elle renferme, dans le croisillon droit, la fameuse sculpture de Ligier Richier, le **Transi★★**. Érigée à la mémoire de René de Chalon, prince d'Orange, tué au siège de St-Dizier en 1544 à l'âge de 25 ans, cette sculpture représente un homme trois ans après sa mort. Loin des représentations morbides, ce squelette exprime au contraire une foi en la résurrection de la chair. Autre œuvre du sculpteur, le **Calvaire**, représentant le Christ et les deux larrons, se dresse derrière le maître-autel. Dans le transept gauche, la **statue de N.-D.-du-Guet** (14e s.) et le vitrail au-dessus de celle-ci (19e s.) représentent la même légende. On raconte que, lors du siège de 1440, les ennemis entendirent crier la statue de la Vierge située sur l'une des portes de la ville : « Au guet, au guet, la ville est prise. » Un soldat furieux jeta une pierre sur la statue qui l'attrapa, tandis que le soldat tombait raide mort. En face, tableau anonyme montrant une **Crucifixion** où Jérusalem est remplacée, à gauche, par la ville haute de Bar au 17e s. et par la butte de Mousson (ruines de l'ancien château), à droite.

EN MARGE DE LA LORRAINE

Caturiges apparaît au 1er s. apr. J.-C. et se développe au bord de l'Ornain, puis prend le nom de *Barivilla*. D'origine mérovingienne, Bar fut, dès 954, capitale d'un comté qui faillit prendre l'avantage sur le duché de Lorraine. En 1354, ses comtes qui avaient dû reconnaître la suzeraineté française prirent le titre de duc et firent de leur ville la capitale du Barrois. En 1484, le pays barrois, tout en gardant son autonomie, fut réuni à la Lorraine et rattaché en même temps qu'elle à la France, en 1766.

Place de la Halle A2

À travers la porte cochère du **n° 3** (façade de style baroque malheureusement endommagée), on aperçoit les vestiges des arcades murées des anciennes halles construites au 13e s. et incendiées en 1788.

Continuez par la rue Chavée, puis prenez à droite la rue des Grangettes.

Belvédère des Grangettes A2

Vue splendide sur la ville basse, depuis les quartiers industriels de Marbot jusqu'aux coteaux qui courent le long de l'Ornain.

Reprenez la rue Chavée. Vous aboutissez place de la fontaine. Continuez rue de l'Armurier puis à gauche rue de l'Horloge.

La **tour de l'Horloge** (A2), du 12e s., est un vestige de l'ancien château ducal. Elle a été sauvée de la destruction ordonnée par le roi de France en 1670 grâce à son caractère d'utilité publique. Le cadran a été restauré en 1994, à l'identique de celui du 14e s.

Par la rue de l'Horloge, à gauche, on gagne l'avenue du Château, que l'on prend à gauche. Au passage, profiter de la vue sur la porte romane et les vestiges de fortification.

Collège Gilles-de-Trèves A1

« Que cette demeure reste debout jusqu'à ce que la fourmi ait bu les flots de la mer et que la tortue ait fait le tour du globe », pouvait-on lire sur le porche de ce collège, fondé en 1571 par Gilles de Trèves, doyen de la collégiale St-Maxe. Il voulait donner à Bar un collège d'enseignement supérieur pour éviter aux jeunes nobles de s'expatrier vers des universités où soufflait de plus en plus l'esprit de la Réforme. Il en paya lui-même la construction. Dans la cour, les balustrades de pierre au dessin complexe pourraient être d'origine flamande *(en travaux).*

Poursuivez par la rue du Baile.

Musée barrois A2

Espl. du Château - ✆ 03 29 76 14 67 - www.barleduc.fr - tlj sf lun. et mar. 14h-18h - fermé j. fériés - 3 € (-18 ans gratuit).

Dans les beaux bâtiments de l'ancienne cour des comptes (1523) et du château neuf (1567), le musée présente une collection très variée : archéologie (résultat des fouilles de Nasium), histoire locale, armes et armures des 16e et 17e s., art non occidental. La **salle du Trésor des Chartes★** abrite sous des

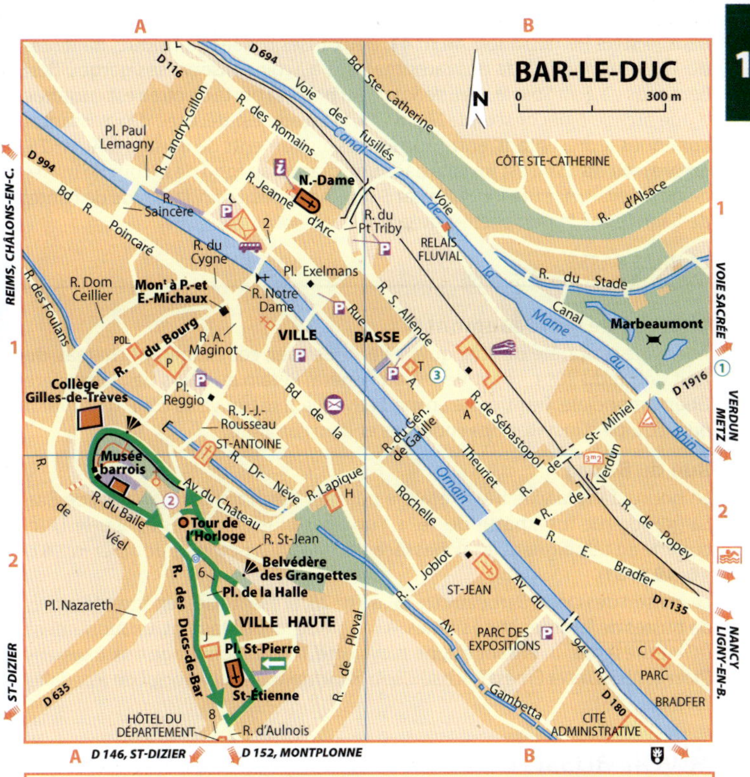

SE LOGER

Bertrand (Hôtel) ①
Gare (Hôtel de la) ③

SE RESTAURER

Meuse Gourmande (La) ②

INDEX DES RUES

LE « CAVIAR » DE BAR
Voilà plus de six siècles que les épépineuses de Bar-le-Duc manient la plume d'oie avec dextérité pour produire la fameuse confiture de groseilles, produit de luxe qui fut introduit à la cour de Versailles avec grand succès. Appréciée de Victor Hugo, la confiture est aujourd'hui exportée à New York et à Tokyo. Le travail, trop minutieux pour une machine, demande beaucoup de patience : il faut trois heures pour épépiner un kilo de groseilles. L'une des championnes du monde d'épépinage a sa plaque, rue du Tribel.

ogives gothiques une collection d'œuvres lorraines du Moyen Âge et de la Renaissance (Pierre de Milan, Gérard Richier). Vous pourrez voir aussi diverses peintures françaises et flamandes (Hendrick de Clerck, David Teniers le Jeune, Jan Steen), ainsi que des sculptures contemporaines (Ipousteguy). Expositions temporaires liées aux collections du musée deux à trois fois par an.
Poursuivez par la rue du Baile.

Rue des Ducs-de-Bar A2
Ancienne « Grande-Rue » de la ville haute, c'est un ensemble homogène de belles maisons où les aristocrates construisent dès le 16e s. leurs demeures dans le style Renaissance. Au **n° 41**, deux frises ornées d'attributs militaires du 16e s. Au **n° 47**, l'une des rares maisons à avoir conservé ses gargouilles ; Bernanos y a écrit *Sous le soleil de Satan*. Au **n° 53**, la porte d'entrée est encadrée d'une arcade à décor sculpté. Au **n° 73**, la façade est décorée de ravissantes appliques représentant, entre autres, des instruments de musique. Au **n° 75**, un pressoir du 15e s. est installé dans une grange au fond de la cour ; la masse de bois devait être manœuvrée par 5 ou 6 hommes. Enfin, la façade de l'hôtel de Salm ferme la perspective de la rue.

LA VILLE BASSE

Château de Marbeaumont B1
Ancienne propriété des banquiers Varin-Bernier, cet exubérant château du tout début du 20e s. servit de QG au général Pétain au cours de la Première Guerre mondiale. Transformé en médiathèque, il se trouve au cœur d'un grand parc équipé d'installations sportives et d'un camping.

Rue du Bourg A1
Le bourg dans la ville basse était le quartier des hommes d'affaires de Bar. Sa grande rue fut à partir du 16e s. l'une des plus élégantes de Bar-le-Duc, comme en témoignent les riches façades que vous pouvez y admirer (**nos 42, 46, 49** et **51**).
La maison des Deux-Barbeaux (1618), au **n° 26**, présente des fenêtres décorées de bustes de femmes et de sirènes. À l'angle de la rue Maginot, un monument (A1) représente un enfant et une bicyclette. Il rend hommage aux Barisiens **Pierre Michaux** et Ernest Michaux, son fils, inventeurs du vélocipède à pédales en mars 1861.

À voir aussi Plan de ville

Église Notre-Dame A1
Église romane à l'origine, elle a été restaurée après un incendie au 17e s. (son clocher est du 18e s.). Dans la nef, un Christ en croix de Ligier Richier. Dans la chapelle du transept sud, un bas-relief de la fin du 15e s. représente

Bar-le-Duc, la ville haute et les toits de la ville.
H. Hugues/hemis.fr

l'Immaculée Conception : au-dessous du Père éternel, la Vierge en prière est entourée des emblèmes-symboles de sa pureté.

À proximité Carte de microrégion

Rembercourt-aux-Pots A3

18 km. Quittez Bar par le nord (D 116) en direction de Vavincourt.

Belle **église** du 15e s., dont la **façade★** allie le style gothique flamboyant à celui de la Renaissance. Éléments décoratifs où les niches en coquille se mêlent aux sujets païens de la frise Renaissance. Ses deux tours sont inachevées.

Parc du château de la Grange-aux-Champs A3

20 km au nord-ouest. Prenez la D 994 jusqu'à Nettancourt.

03 29 75 13 04 - www.la-grange-aux-champs.fr - 14 Juil.-31 août, Journées des jardins et Journées du patrimoine : 14h-18h - 2 € (-18 ans gratuit) - visite guidée : dim. 15h - 3 €.

Une allée centrale bordée d'arbres rares (hêtre pourpre, érable du japon, sycomore bronze) ouvre sur un beau parc à l'anglaise de 22 ha aménagé à la fin du 19e s. Le charme du jardin réside dans son décor romantique : un cours d'eau, des bassins, un petit pont et une grotte. Remarquez les statues de Neptune et d'Amphitrite, œuvres du sculpteur Louis Humbert (fin du 18e s.).

Circuit conseillé Carte de microrégion

VALLÉES DE LA SAULX ET DE L'ORNAIN

Pour visualiser ce circuit de 50 km au départ de Bar-le-Duc, reportez-vous à la carte de microrégion, p. 76.

Quittez Bar-le-Duc au sud-ouest par la D 1916 puis par la D 635. Après Brillon-en-Barrois, prenez la D 4 jusqu'à Haironville.

Château de la Varenne A4

✆ 06 07 60 02 20 - www.lorrainedesjardins.com - les parties classées de l'intérieur ne sont plus ouvertes aux visiteurs individuels. Parc de déb. juil. à mi-sept. : 10h-12h, 14h-18h - 3 € (-12 ans gratuit).

Au cœur du joli village d'Haironville (pont de pierre à douze arches du 17e s.), ce château Renaissance fut construit en 1506 par Pierre Merlin, président de la cour des comptes de Bar. Dans le vestibule, beau plafond à caissons. Le parc paysager, aménagé au 19e s., est ponctué de bosquets où poussent ginkgos, cyprès, tulipiers de Virginie.

Continuez sur la D 997 jusqu'à Stainville, puis empruntez la D 9 vers Montiers-sur-Saulx. Peu avant Ménil-sur-Saulx, après le silo, tournez à droite sur la D 129A.

Abbaye de Jovilliers A4

✆ 03 29 78 65 81 - visite guidée, se rens. - 3 €.

De l'abbaye des Prémontrés qui s'élevait ici ne subsistent que les deux tours carrées de l'église, de style grec Renaissance. Reconstruite au 18e s. par l'abbé Claude Collin, d'après les plans du 12e s., l'abbaye servit de carrière de pierres après la Révolution. Aujourd'hui sauvegardée, elle se trouve au centre d'une exploitation agricole.

Revenez vers Ménil-sur-Saulx, puis rejoignez la D 9 en direction de Montiers-sur-Saulx. Écurey se trouve sur votre droite.

Maison du patrimoine B4

✆ 03 29 78 06 15 (office de tourisme de Ligny-en-Barrois) - http://ecurey.haute-saulx.fr - ouv. dim. en juil.-août - 14h-18h, fermé j. fériés - 3,5 € (-12 ans gratuit).

En été, des ateliers et démonstrations sont proposés le dimanche (forge, moulage, modelage…).

En 1144, Geoffroy de Joinville, seigneur des lieux, fonde une abbaye cistercienne. Les moines défrichent et mettent en culture les alentours. Dès le 16e s., tirant profit du minerais de fer abondamment présent dans la région, ils mettent en activité une forge, bientôt remplacée par de hauts fournaux. En 1791, l'abbaye devenue bien national est vendue. Après plusieurs changements de propriétaire, la fonderie est achetée à la fin du 19e s. par la famille Salin, qui se spécialise dans la fonte d'art et d'ornement. Les ateliers sont agrandis. Une véritable cité ouvrière se développe alentour.

La fonderie d'Écurey n'est plus en activité depuis 1985, mais l'on peut toujours apercevoir,dans l'atelier de modelage, des modèles de statues qui y ont été produites. Le site est en cours d'aménagement pour devenir un centre d'expérimentation du développement durable en milieu rural.

Prenez la D 31 vers le nord-est en direction de Tréveray puis tournez à gauche dans la D 966 jusqu'à Naix-aux-Forges.

Cité des Leuques

42 Grand-Rue - ✆ 03 29 70 93 07 - www.nasium.net - visite guidée (2h) sur RV de déb. juin à fin sept. - fermé j. fériés - gratuit.

De Nasium, la capitale des Leuques, ne demeurent que peu de vestiges visibles. Le site revit pourtant grâce au travail d'une équipe de passionnés qui, au cours de randonnées commentées entre oppidum celte et cité gallo-romaine, vous aident à imaginer ce que put être la vie des 15 000 habitants de la ville à son apogée, aux 1er et 2e s.

Le quatrième dimanche de chaque mois, la 22e légion manœuvre en public devant les vestiges du temple gaulois.

Continuer sur la D 966.

Ligny-en-Barrois B4

À 15 km au sud-est par la N 135.

Entre l'Ornain et le canal de la Marne au Rhin, la ville fut luxembourgeoise pendant six siècles, de 1240, date où Marguerite de Bar épousa Henri de Luxembourg, jusqu'en 1719, où Ligny fut vendue au duc de Lorraine. Si le château est antérieur à la présence des comtes de Luxembourg, c'est à l'un d'eux que l'on doit le nom de la **tour Valéran**. *✆ 03 29 78 06 15 - www.lignyenbarrois.fr - visite guidée : dép. de l'office de tourisme mai-sept. : merc. et sam. 15h-17h - 3 € (-12 ans gratuit).* La tour servit à la défense de la ville, puis fit office de prison au 18e s. À voir aussi, le chemin des Canons, le long des anciens remparts.

NOS ADRESSES À BAR-LE-DUC

HÉBERGEMENT

PREMIER PRIX

Hôtel Bertrand – *19 r. de l'Étoile - ✆ 03 29 79 02 97 - www.hotel-bertrand.com - ♿ - P - 40 ch. 27/60 € - ☕ 6,50 €.* Cet hôtel propose des chambres rénovées et dispose d'une salle de balnéothérapie. Une bonne adresse à deux pas du centre-ville.

BUDGET MOYEN

Hôtel de la Gare – *2 pl. de la République - ✆ 03 29 79 01 45 - www.barleduchotel.com - ♿ - P - 25 ch. 40/60 € - ☕ 10 € - rest. 15/35 €.* On appréciera le confort sobre et moderne des chambres. Bar de style rustique, poutres apparentes.

RESTAURATION

BUDGET MOYEN

La Meuse Gourmande – *1 r. François-de-Guise - ✆ 03 29 79 28 40 - fermé vac. de fév. et 10 j. fin août - ♿ - formule déj. 15 € - 26 €.* Cette belle demeure du 18e s. se dresse sur les fondations du château des ducs de Bar. Les tables profitent d'une superbe vue sur la ville basse. Mention spéciale pour les desserts maison.

ACHATS

Éts Dutriez « À la Lorraine » – *35 r. de l'Étoile - ✆ 03 29 79 06 81 - www.groseille.com - lun. 14h30-18h, mar.-vend. 10h-12h, 14h30-18h, sam. 10h-12h - fermé dim. et j. fériés.* Fondée en 1879, la maison Dutriez est aujourd'hui le dernier établissement à produire la confiture de groseilles épépinées à la plume d'oie.

ACTIVITÉS

Golf de Combles – *38 r. Basse - 55000 Combles-en-Barrois - ✆ 03 29 45 16 03 - www.golfdecombles.fr - hte sais. : 9h-19h, dim. et j. de compétition 8h-19h - fermé 15 déc.-15 janv. - 49 € parcours 18 trous en w.-end (-18 ans 25 €).*

AGENDA

Festival RenaissanceS - *✆ 03 29 79 32 65 - www.festivalrenaissances.com - déb. juil.*

Les Automnales – *1er w.-end d'oct.* Au château de Gilles de Trèves, une soixantaine d'horticulteurs et de paysagistes exposent, vendent et conseillent les visiteurs.

Saint-Mihiel

★

4 872 Sammiellois – Meuse (55)

NOS ADRESSES PAGE 112

S'INFORMER

Office du tourisme de Saint-Mihiel – *R. du Palais-de-Justice - 55300 Saint-Mihiel - ✆ 03 29 89 06 47 - http://otsisaintmihiel.e-monsite.com - avr.-oct. : lun.-sam. 9h-12h, 13h30-18h, dim. et j. fériés 10h-12h, 14h-17h ; reste de l'année : lun.-vend. 9h-12h, 13h30-17h30, sam. 10h-12h.*

SE REPÉRER

Carte de microrégion B3 (p. 76) – *carte Michelin Départements 307 E5.*
Au sud de Verdun, au croisement de la D 901 et de la D 964.

SE GARER

Parkings rue des Abasseaux (bâtiments abbatiaux) et rue de Verdun.

À NE PAS MANQUER

Le *Sépulcre* de Ligier Richier, la bibliothèque bénédictine.

ORGANISER SON TEMPS

Le circuit pédestre du Saillant de St-Mihiel est un parcours de 18 km, avec 4 plates-formes où l'on passe environ 30mn. Il faut prévoir la journée et de bonnes chaussures si l'on désire le suivre entièrement.

Le passé de cette ville lovée dans la vallée de la Meuse est lié à celui d'une abbaye célèbre. St-Mihiel – ou St-Michel – fut d'abord une grande abbaye bénédictine fondée en 709 à proximité de la ville actuelle et transférée en 815 sur les bords de la Meuse. Croisières fluviales sur l'eau, expéditions-pèlerinages sur le théâtre des combats de la Première Guerre mondiale, excursions champêtres dans le Parc naturel régional de Lorraine, tout est possible au départ de St-Mihiel !

Se promener

Partez de l'office de tourisme.

Bâtiments abbatiaux

Attenante à l'église St-Michel et à son curieux chevet arrondi, la très vaste abbaye, dont la reconstruction fut réalisée au 17e s., est restée à peu près intacte. Les bâtiments abritent la bibliothèque bénédictine et le musée départemental d'Art sacré.

Bibliothèque bénédictine

Dans l'ancienne abbaye - r. du Palais-de-Justice - ✆ 03 29 89 06 47 - juin-sept. tlj sf mar. 14h-18h ; avr.-mai et oct. : w.-end et j. fériés 14h-18h - possibilité de visite guidée - 2,50 € (enf. 1 €).

Aux murs, des boiseries, au ciel, des plafonds de style Louis XIV, et dans les vitrines, quelque 9 000 ouvrages dont 74 manuscrits du 9e au 16e s. et 86 incunables. La star : le premier livre imprimé en Lorraine.

Musée départemental d'Art sacré

1er étage de l'aile sud de l'ancienne abbaye - 1 r. du Palais-de-Justice - ✆ 03 29 89 06 47 - ♿ - mêmes horaires que la bibliothèque - 2,50 € (enf. 1 €). Billet combiné avec la Bibliothèque bénédictine (3,50 €).

Plus de 800 objets d'art religieux (peintures, sculptures, orfèvrerie, ornements liturgiques) du 13e au 20e s. proviennent de communes et de paroisses meusiennes. L'école sammielloise y est bien entendu à l'honneur.

Église St-Michel

Cette église abbatiale, au clocher carré et au porche roman du 12e s., a été rebâtie à la fin du 17e s., dans le style bénédictin de l'époque. Dans la première chapelle, un chef-d'œuvre de Ligier Richier, la **Pâmoison de la Vierge soutenue par saint Jean★**. Ce groupe en noyer fut exécuté en 1531. Il faisait partie d'un calvaire comprenant le Christ – dont la tête est aujourd'hui au Musée du Louvre –, saint Longin, Marie Madeleine et quatre anges. Remarquez également le monument funéraire de la famille de Warin de Gondrecourt, l'*Enfant aux têtes de morts,* œuvre sculptée en 1608 par Jean Richier, petit-fils de Ligier. Le magnifique buffet d'orgues a été réalisé entre 1679 et 1681.

Prenez la rue Notre-Dame.

Maison du Roi

Cette maison gothique du 14e s. fut propriété, au siècle suivant, de René d'Anjou, duc de Bar et roi de Naples. Faites un crochet par la rue Raymond-Poincaré pour voir de très beaux hôtels particuliers du 16e s.

Falaises

Sept blocs de roches calcaires, hauts de plus de 20 m, sont adossés aux coteaux de la rive droite. Dans la première roche, dite « le Calvaire », a été creusé en 1772 un saint-sépulcre, œuvre de Mangeot, sculpteur sammiellois.

Revenez en ville par la promenade des Capucins et la rue Poincaré à gauche.

Église St-Étienne

Le vaisseau actuel de cette originale église-halle fut construit de 1500 à 1545. Le clou de la visite est sans conteste le **Sépulcre★★**, exécuté par Ligier Richier de 1554 à 1564 *(dans la travée centrale du collatéral droit)*. Il subit depuis 2000 une longue opération de restauration et a été découpé en plusieurs blocs. Treize personnages grandeur nature représentent un des épisodes de la Mise au tombeau : pendant que Salomé prépare la couche funèbre, Joseph d'Arimathie et Nicodème soutiennent le corps du Christ, dont Marie Madeleine, à genoux, baise les pieds alors que Jeanne la Myrrophore, debout, tient la couronne d'épines. Au second plan, la Vierge défaillante est soutenue par saint Jean et Marie Cléophée ; à gauche, un ange tient les instruments du supplice ; à droite, le chef des gardes médite, tandis que deux de ses hommes jouent aux dés la tunique du Christ.

À proximité Carte de microrégion

Saillant de St-Mihiel B3

7 km au sud-est par la D 907 puis la D 171.

Profitant de l'envoi d'une partie des troupes françaises à Verdun en septembre 1914, les troupes allemandes parvinrent à faire reculer les lignes françaises d'une vingtaine de kilomètres entre Pont-à-Mousson et Verdun, pour parvenir jusqu'à St-Mihiel. La zone prit les noms de « Saillant de St-Mihiel » ou « Tombeau du 8e CA », à cause des combats acharnés qui s'y déroulèrent.

De nombreux villages furent détruits dans cette zone, et certains, comme Remeaunauville, n'ont jamais été reconstruits.
Un circuit pédestre *(18 km)* relie les différentes plates-formes du Souvenir. Le **bois d'Ailly** a gardé la trace des combats. Du monument commémoratif, une ligne de tranchées avec abris et boyaux d'accès conduit à la **tranchée de la Soif**, où quelques soldats résistèrent durant trois jours à la garde impériale allemande. Le circuit conduit également au **Bois brûlé (croix des Redoutes)**, aux **tranchées des Bavarrois et de Roffignac**, à l'hôpital allemand et au poste de commandement français. à **Marbotte**, le musée du Saillant présente armes et documents relatifs à la Grande Guerre. C'est dans l'église de ce village que furent déposés les corps de nombreux soldats en attente de sépulture. Elle est aujourd'hui un mémorial. Au sud-est, le **fort de Liouville** (1870), présente une tourelle à éclipses encore intacte malgré les bombardements.

Musée Raymond-Poincaré B3

03 29 90 70 50 - 15 mai-15 oct. : tlj sf mar. 14h-17h, sam. 14h-17h, dim. 10h-12h, 14h-18h - gratuit.
L'ancienne résidence d'été de ce Meusien qui fut président de la République (1860-1934) a été bâtie en 1906 par l'architecte nancéien Bourgon. Le musée retrace le parcours politique de Raymond Poincaré et l'histoire de la IIIe République. Du parc, vue sur la vallée de la Meuse.

Génicourt-sur-Meuse B2

À 19 km au nord par la D 964.
L'**église** recèle de beaux vitraux de l'école de Metz (16e s.) : un maître-autel surmonté d'un retable de la Passion. Les intéressantes statues de bois du calvaire sont attribuées à Ligier Richier. Des fresques du 16e s. ont été mises au jour en juin 1981. *Visite sur demande à la mairie : se rens. au 03 29 87 75 01.*

Fort de Troyon B3

06 83 07 32 12 - mars-nov. w.-end et j. fériés 14h-18h - 5 €. Visite des galeries souterraines mai-sept. dim. matin sur réservation - 7 €.
Maillon de la ligne de fortification mise en place par Séré de Rivières en 1875, le fort résista aux bombardements des 8 et 9 septembre 1914, empêchant ainsi les Allemands de prendre Verdun à revers. Une poignée de bénévoles travaillent à son entretien et emmènent les visiteurs dans les entrailles de cet édifice unique.

NOS ADRESSES À SAINT-MIHIEL

HÉBERGEMENT ET RESTAURATION

BUDGET MOYEN

Hôtel Rive Gauche – *Pl. de l'Ancienne-Gare - 03 29 89 15 83 - P - 20 ch. 51 € - 6,25 € - ½ P 59 € - rest. 12/29,50 €.* Cette ancienne gare abrite un restaurant et des chambres de bon confort dans un cadre original.

AGENDA

Le Vent des forêts – *03 29 71 01 95 - http://leventdesforets.org.* Fresnes-au-Mont, Dompcevrin, Lahaymeix, Pierrefitte-sur-Aire, Nicey-sur-Aire et Ville-devant-Belrain invitent durant l'été des artistes en résidence. De ces séjours naissent des œuvres que l'on peut observer ou écouter le long de 45 km de sentiers.

Parc naturel régional de Lorraine, secteur ouest

60 000 habitants sur la zone rurale du Parc – Meurthe-et-Moselle (54), Meuse (55), Moselle (57)

NOS ADRESSES PAGE 114

S'INFORMER

Maison du Parc – *R. du Quai - BP 35 - 54702 Pont-à-Mousson - 03 83 81 67 67 - www.pnr-lorraine.com - tlj sf w.-end et j. fériés 9h-17h.*

SE REPÉRER

Carte de microrégion B2-3/C2-3 (p. 76) – *carte Michelin Départements 307ᵉ/H 5/6.*

L'ouest du Parc naturel régional de Lorraine couvre les deux tiers de ses 210 000 ha et s'étend sur 3 départements.

À NE PAS MANQUER

Les sentiers thématiques du Parc.

AVEC LES ENFANTS

L'observatoire des Côtes de Meuse et le lac de Madine.

Inscrit entre Verdun, Metz, Commercy et Toul, l'ouest du Parc naturel régional de Lorraine est riche en sentiers de découverte et en sites d'observation d'oiseaux. À l'observatoire des Côtes de Meuse, le télescope Newton permettra, lui, de voir beaucoup plus loin. Côté loisirs, le lac de Madine est tout indiqué pour la baignade et les activités nautiques.

Se promener

Le Parc naturel régional de Lorraine s'étend sur deux zones géographiques distinctes, de part et d'autre de la vallée de la Moselle.

La partie ouest du Parc couvre la région des côtes de Meuse et des côtes de Moselle, plantée de vergers et de vignobles, et dont les plateaux sont entaillés de belles vallées. La plaine de la Woëvre, plus humide, est un milieu de haute valeur biologique ; elle est parsemée d'étangs et de prairies. Le lac de Madine est au centre de cette zone. La partie est du Parc *(voir Le Saulnois p. 227)* est le pays des mares salées et des étangs, refuges pour de nombreux oiseaux nicheurs ou migrateurs.

Sentiers de découverte

Ils sont thématiques et complétés par des bornes ou des panneaux explicatifs : parmi les principaux, découvrez les sentiers des grands arbres à **Royaumeix**, des pelouses calcaires à **Génicourt-sur-Meuse**, le sentier viticole de **Lucey**, les deux sentiers de l'éco-village à **Ville-sur-Yron** et le circuit du **saillant de St-Mihiel** axé sur la Grande Guerre. Dans la région de Toul, les *roises* sont les anciens trous d'eau utilisés pour faire rouir le chanvre, c'est-à-dire le faire pourrir pour séparer les fibres de la matière qui les collent entre elles. Le site des *roises* de Lucey, relié au sentier viticole de Lucey, permet au promeneur de comprendre le travail du chanvre.

LE CHARDON POUR EMBLÈME

Le Parc naturel régional de Lorraine a été créé en 1974. Sa vocation est de « faire de son territoire un milieu rural vivant, attractif et tourné vers l'avenir ». Il constitue une réserve de verdure indispensable à l'équilibre des habitants des grandes villes que sont Metz et Nancy. Pour logo, le Parc a choisi le chardon, surmonté de l'éclat de l'étoile qui marque l'appartenance à la grande famille des Parcs naturels régionaux de France.

Observatoire ornithologique

Le seul observatoire de la zone ouest du parc se situe au bord du grand étang de Lachaussée dans la commune du même nom.

Observatoire des Côtes de Meuse B2

10 pl. de Verdun - 55210 Viéville-sous-les-Côtes - ✆ 03 29 89 58 64 - visite guidée (45mn) sur RV, se rens. par tél. - 4 €

Il contient l'un des plus puissants télescopes européens qui soient ouverts au public (télescope Newton de 83 cm de diamètre).

Maison des arts et traditions rurales B2

Voir p. 89.

Lac de Madine B3

www.lacmadine.com. À 23 km à l'ouest de Pont-à-Mousson. Pour rejoindre Nonsard, sur la rive nord-est du lac, prenez la D 958 jusqu'à Flirey, puis la D 904 à droite sur 7 km jusqu'à Pannes ; Nonsard est à 3 km, par la D 133 à gauche.

Ce lac d'une vaste superficie (1 100 ha), entouré d'une très belle forêt de 250 ha, est une base de loisirs nautiques (école de voile). Cadre de verdure idéal pour la détente en famille ou entre amis, on peut y pratiquer baignade, voile, bateau électrique, canoë, comme des sports plus « terrestres » : équitation, tennis, vélo… Une promenade de 20 km a été aménagée autour du lac.

NOS ADRESSES AUTOUR DU PNR DE LORRAINE

HÉBERGEMENT

Quelques gîtes Panda labellisés par le WWF sont installés en Lorraine. Mise à disposition d'une mallette pédagogique avec guides de la faune et de la flore locales, matériel d'observation (jumelles et boussole) et cartes d'état-major. Location auprès du propriétaire, ou service de réservation Loisirs-Accueil de Moselle (*✆ 03 87 37 57 69).*

PREMIER PRIX

Camping de Nonsard – *55210 Nonsard - ✆ 03 29 89 56 76 - www.lacmadine.com - w.-end en mai-juin et sept. ; tlj en juil.-août - 260 empl. - 15 €.* En plein cœur du parc, sur le site de Madine 1, ce camping jouit de la meilleure situation possible au bord du lac.

BUDGET MOYEN

Chambre d'hôte Mme Battavoine – *2 rte Woël - 55210 St-Maurice-sous-les-Côtes - ✆ 03 29 89 33 19 - www.chambredhotemeuse.com - - 3 ch. 52 €* . Dans cette maison récente, on sera séduit par la conception moderne des chambres lumineuses, du chauffage géothermique et des douches à jet. Côté cuisine, on revendique l'héritage ancestral et le « fait maison »...

Hôtel Lac de Madine – *22 r. Charles-de-Gaulle - 55210 Heudicourt-sous-les-Côtes - ✆ 03 29 89 34 80 - www.hotel-lac-madine.com - fermé 20-28 déc., 2 janv.-13 fév. - P - 41 ch. 59/99 € - ☕ 11 € - formule déj. 19 € - rest. 26/39 €.* Près du lac, cette maison ancienne rénovée dispose de belles chambres dont dix avec une baignoire balnéo. Celles de l'annexe donnent sur le jardin. Table traditionnelle dressée dans une salle à manger lumineuse. Terrasse ombragée.

RESTAURATION

BUDGET MOYEN

Le Domaine de Saturnin – *5 r. de la Source - 54470 Bernécourt - ✆ 03 83 23 04 41 - www.ledomainedesaturnin.fr - ouv. vend. et w.-end tte l'année ; tlj en juil.-août - P - 25 €.* Dans cette authentique ferme du 15e s. rénovée, vous retrouverez à l'auberge tous les produits du domaine et autres produits régionaux. Catherine, maîtresse des lieux et cordon-bleu, vous mitonnera de délicieux plats accompagnés des légumes et fruits de l'exploitation. Trois chambres d'hôte *(75 €/nuit)* vous sont proposées pour prolonger votre séjour.

ACHATS

Michel Goujot – *51 en Chvérue - 54200 Lucey - ✆ 03 83 63 82 26 - www.goujot.com.* Cette exploitation qui a fait le choix du « bio » depuis 1980 cultive des mirabelles, des pommes, des poires, des quetsches, des groseilles et des vignes. Elle élabore de savoureux produits : vin des côtes de Toul, vin pétillant, jus de pomme ou de raisin, eau-de-vie de quetsche, mirabelle de Lorraine et Mirabeline (crémant à la mirabelle).

ACTIVITÉS

Lac de Madine - *Maison de Madine - 55210 Nonsard - ✆ 03 29 89 32 50 - www.lacmadine.com.* Les installations d'accueil et d'hébergement sont concentrées sur la rive nord-est du lac.

Madine 1 – *Camping de Nonsard - 55210 Nonsard - ✆ 03 29 89 56 76 - www.lacmadine.com - w.-end en mai-juin et sept. ; tlj en juil.-août.* Port de plaisance, restaurant, plage, golf et location (vélos, bateaux pédaliers et électriques).

Madine 2-3 – *55210 Heudicourt.* Village de gîtes, plage, école de voile, tennis couverts, centre équestre et aire de jeux.

Domaine piscicole de loisirs – *Rte de Seuzey - 55300 Lacroix-sur-Meuse - ✆ 03 29 90 15 08 - www.aubergedelapechealatruite.com - 8h-12h, 14h-18h - fermé 12 nov.-12 déc.* On a l'occasion d'apprécier la truite sous toutes ses formes dans ce vaste domaine : en terrine, friture ou grillade au restaurant.

AGENDA

Lorraine Mondial Air Ballons – *dernier w.-end juil.-1er w.-end août, à Chambley - ✆ 03 82 33 77 77 - www.pilatre-de-rozier.com.* Rassemblement international de montgolfières tous les deux ans.

1

Commercy

6 549 Commerciens – Meuse (55)

NOS ADRESSES PAGE CI-CONTRE

NOS ADRESSES PAGE CI-CONTRE

S'INFORMER

Office du tourisme de Commercy – *Château Stanislas - 55200 Commercy - 03 29 91 33 16 - www.commercy.org - mai-juin : 9h-12h, 14h-18h, fermé dim. et j. fériés (et sam. avr.-oct.).*

SE REPÉRER

Carte de microrégion B3 (p. 76) – *carte Michelin Départements 307 E6.*
Commercy se trouve à environ 50 km à l'ouest de Nancy.

À NE PAS MANQUER

Le château Stanislas.

ORGANISER SON TEMPS

La visite de Commercy peut être couplée avec une promenade dans le Parc naturel régional de Lorraine voisin.

AVEC LES ENFANTS

La visite d'une biscuiterie pour savoir comment sont faites les fameuses madeleines !

C'est à Stanislas, le roi de Pologne déchu et exilé en Lorraine, que l'on doit la fameuse madeleine. Il aimait séjourner au château de Commercy, présent de son gendre Louis XV, dont il fit une demeure d'agrément : l'ambiance de fête et de bonne chère plaisait à Voltaire qui fréquentait assidûment sa cour. Aujourd'hui encore, on peut déguster la petite madeleine dans la ville où elle vit le jour.

Visiter

Château Stanislas

03 29 91 33 16 - www.commercy.org - ♿ - ouv. lors des expositions en juil.-août, se rens. à l'office de tourisme - possibilité de visite guidée (30mn) - gratuit.

Précédé d'une esplanade en fer à cheval tout à fait majestueuse, le château forme une très belle perspective en bout de la rue Stanislas et de l'allée des Tilleuls. Ces deux voies se poursuivent, à l'opposé, jusqu'à la forêt de Commercy. Bâti à partir de 1708 sur les plans de Boffrand et d'Orbay pour le prince de Vaudémont, il échut comme résidence de chasse aux ducs de Lorraine, puis en 1744 à Stanislas Leszczyński. Il a été détruit par un incendie en 1944. Seul le grand salon a été restauré à l'identique.

Musée de la Céramique et de l'Ivoire

03 29 92 04 77 - www.commercy.fr - ♿ - mai-sept. : tlj sf mar. et j. fériés 14h-18h - fermé oct.-déc. - 3 € (-18 ans 1,50 €).

Les bains-douches municipaux construits dans les années 1930 abritent aujourd'hui une très belle collection d'ivoires européens et asiatiques ainsi que des céramiques allant des porcelaines chinoises aux faïences italiennes de la Renaissance.

UNE CÉLÈBRE MADELEINE
On doit le gâteau à l'une des soubrettes du roi de Pologne Stanislas. Elle lui sauva la face un jour où, le chef cuisinier royal ayant disparu dans la nature, elle improvisa pour le roi et ses invités un dessert à base de beurre, farine et œufs, le tout parfumé avec du citron. Le roi et ses convives furent tellement contents qu'ils donnèrent au gâteau le nom de la jeune fille, Madeleine.

À proximité Carte de microrégion

Euville B3

3 km au sud-est en suivant la Meuse.

Ce petit bourg fut célèbre au 19e s. pour ses carrières de pierres qui alimentèrent d'illustres chantiers comme l'Opéra de Paris, la gare du Nord, la Sorbonne ou le pont Alexandre-III. Sa **mairie** reste tout un symbole. C'est le seul édifice public revendiqué par l'école de Nancy. Construit par E. Gutton et E. Vallin, élevé à la gloire des carrières qui apportèrent la prospérité au village, il est de style Art nouveau. Majorelle, Janin, Grüber et Brant ont participé à sa décoration. *✆ 03 29 91 33 16 - www.commercy.org - lun., jeu. vend. et sam. 9h-12h, merc. 9h-12h, 14h-16h, fermé mar., dim. et j. fériés.*

NOS ADRESSES À COMMERCY

HÉBERGEMENT

POUR SE FAIRE PLAISIR

Côté Jardin – *40 r. St-Mihiel - 55200 Commercy - ✆ 03 29 92 09 09 - www.hotelcommercy.com - 11 ch. 55/80 € - ☕ 9 €.* Un grand jardin à la française agrémente cette engageante maison. Chambres spacieuses, très soignées aux tons chaleureux bleus et jaunes.

RESTAURATION

BUDGET MOYEN

Les Tanneurs – *9 r. Foch - 55200 Commercy - ✆ 03 29 92 03 03 - fermé lun. et dim. soir - ♿ - formule déj. 13,50 € - 17/30 €.* Le four à pizza de ce restaurant proche du centre-ville fonctionne le soir. Salle aux tons pastel avec espace dédié à l'exposition de peintures et sculptures d'artistes locaux. Côté cuisine, la truffe du pays parfume subtilement certains plats.

ACHATS

La Boîte à Madeleines – *ZAE La Louvière - 55200 Commercy - ✆ 03 29 91 40 86 - 8h-12h, 14h-19h - fermé 3 sem. en janv., 25 déc. et 1er janv.* Dès l'entrée, de délicieuses odeurs titillent les narines. Devant vous, derrière la vitre, la salle de fabrication où s'élaborent les succulents gâteaux dorés à point que vous dégusterez ensuite accompagnés d'un café.

Vaucouleurs

2 141 Valcolorois – Meuse (55)

NOS ADRESSES PAGE 121

S'INFORMER

Office du tourisme de Vaucouleurs – *15 r. Jeanne-d'Arc - 55140 Vaucouleurs - ✆ 03 29 89 51 82 - www.tourisme-vaucouleurs.com - de mi-avr. à fin sept. : 10h-12h, 14h-18h, dim. et j. fériés 14h-18h ; reste de l'année : 12h-14h-17h30, sam. 10h-12h, fermé dim. et j. fériés.*

SE REPÉRER

Carte de microrégion B4 (p. 76) – *carte Michelin Départements 307 E7.* À 21 km au sud-ouest de Toul par la D 960.

SE GARER

Parkings au nord de la ville, av. Maginot et pl. Poirel.

À NE PAS MANQUER

La maison natale de Jeanne d'Arc et la basilique du Bois-Chenu.

AVEC LES ENFANTS

Le centre « Visages de Jeanne » à Domrémy et le musée lorrain du Cheval à Gondrecourt.

La figure de Jeanne d'Arc est aujourd'hui encore omniprésente à Vaucouleurs. C'est en effet de ce village fortifié que partit la Pucelle pour combattre les Anglais. On peut venir à Vaucouleurs ainsi qu'à Domrémy, sur les traces de cette étonnante jeune fille, mais aussi profiter des balades fluviales sur le canal de la Marne au Rhin ou sur la Meuse.

Se promener

Porte de France

C'est celle par laquelle Jeanne et sa troupe quittèrent Vaucouleurs. Ce n'est plus qu'un reste de la porte primitive.

Site du château

Des fouilles furent entreprises pour mettre au jour les ruines, masquées par la végétation, du château où Jeanne d'Arc fut reçue par Baudricourt. Il reste la partie supérieure de la porte de France, refaite au 17e s., les soubassements d'origine ayant été enterrés, ainsi qu'une arcade du portail d'entrée.
Un énorme tilleul, dont une branche maîtresse, vue de la pelouse, apparaît comme le tronc principal, serait contemporain de Jeanne d'Arc.

Église

Les voûtes de cette église du 18e s. sont ornées de fresques. Banc d'œuvre et chaire finement sculptés.

Place de l'Hôtel-de-Ville

Statue de Jeanne, rapportée d'Alger.

Jeanne-d'Arc représentée sur un vitrail de la basilique du Bois-Chenu.
B. Barbier/hemis.fr

À voir aussi

Chapelle castrale

Les deux chapelles latérales abritent des débris lapidaires provenant de l'ancienne collégiale Ste-Marie.

Musée Jeanne-d'Arc

03 29 89 51 63 - mai-sept. : 10h-12h, 14h-18h, dim. et j. fériés 14h-18h ; reste de l'année : tlj sf dim. et j. fériés, 14h-17h30, sam. 10h-12h - possibilité de visite guidée (1h) - fermé 1er janv., 1er et 8 Mai, 1er et 11 Nov., 25 déc. - 5 € (-12 ans gratuit) - billet combiné avec le Centre d'interprétation visage de Jeanne à Domrémy.

Installé dans l'aile droite de l'hôtel de ville, ce musée est consacré à l'histoire et à l'archéologie locales. On remarque surtout, dans la salle Jeanne d'Arc, le Christ de Septfonds en chêne, provenant de la chapelle St-Nicolas, dépendance de la ferme de Septfonds. En 1428, Jeanne d'Arc, voulant partir remplir sa mission sans l'autorisation de Baudricourt, alla à Septfonds prier devant ce Christ, puis revint à Vaucouleurs.

À proximité Carte de microrégion

Château de Gombervaux B4

4 km au nord par la D 964.

Le château de Gombervaux et son site constituent une des plus belles curiosités du pays de Jeanne. C'est là que Charles V, Bertrand Du Guesclin et Olivier de Clisson ont rencontré le duc de Lorraine, Jean Ier, en 1366 pour sceller leur alliance.

Une boucle de 9 km au départ de Vaucouleurs permet de s'y rendre à pied.

★ **Domrémy-la-Pucelle** B4

19 km au sud par la D 964.

Qui ne connaît pas le nom de cet humble village des bords de la Meuse, à la limite nord du département des Vosges, où naquit, le 6 janvier 1412, la fille de Jacques d'Arc et d'Isabelle Romée ? Jeanne y vécut toute sa vie de petite paysanne lorraine. Elle y aurait eu des visions et entendu des voix lui ordonnant de partir délivrer la France et le roi.

Contemporaine de Jeanne d'Arc, l'**église** a été transformée au 15e s. et agrandie en 1825. Elle garde encore quelques objets que virent les yeux de l'enfant : un bénitier *(à droite en entrant)* et une statue de sainte Marguerite du 14e s. *(mise à l'abri pendant les travaux)*. Dans le croisillon gauche, la cuve baptismale, du 12e s., est celle sur laquelle fut tenue Jeanne. Les vitraux modernes sont de Gaudin.

JEANNE LA PUCELLE

Le 13 mai 1428, Robert, sire de Baudricourt et gouverneur du roi à Vaucouleurs de la garnison française aux confins des terres contrôlées par les Anglais, reçoit la visite d'une bergère de 16 ans venue de Domrémy. Elle se dit l'envoyée de Dieu et réclame le commandement des troupes du royaume pour rejoindre Charles VII à Chinon. Pour toute réponse, Baudricourt la fait souffleter et la renvoie à ses moutons. Elle insiste et quitte finalement Vaucouleurs avec l'aide de Baudricourt le 23 février 1429. Elle arrive à convaincre le roi et obtient la direction d'une armée. Elle délivre Orléans, Auxerre, Troyes, Châlons et s'ouvre ainsi la route de Reims où elle fait sacrer le roi. En tentant de prendre Paris, elle est blessée et échoue à La Charité-sur-Loire, où elle est faite prisonnière par les Bourguignons puis vendue aux Anglais. Jeanne est jugée à Rouen comme hérétique et sorcière par un tribunal ecclésiastique, puis condamnée à être brûlée vive le 29 mai 1431. Elle a été réhabilitée le 7 juillet 1456, béatifiée en 1909 et canonisée en 1920.

Dès la fin du 15e s., Jeanne d'Arc devint un personnage de légende. C'est un des personnages historiques les plus portés à l'écran (30 films). Un porte-hélicoptères de la Marine nationale porte aussi son nom : *La Jeanne*.

★ **Maison natale de Jeanne d'Arc** – *✆ 03 29 06 95 86 - www.vosges.fr - ♿ - possibilité de visite guidée - avr.-sept. : tlj 10h-18h ; oct.-mars : tlj 10h-12h et 14h-17h sf mar. - fermé 25 déc. et janv. - 3 € (-6 ans gratuit), gratuit 3e w.-end de mai - billet combiné avec site gallo-romain de Grand ou avec celui de Vaucouleurs 5 €.*

C'est une maison de paysans aisés, aux murs épais, émouvante par sa simplicité. Au-dessus de la porte, un écusson, aux armes de la France, est accolé de deux autres plus petits, portant, à droite, les armes de la famille de Jeanne d'Arc, à gauche, trois socs de charrue. Dans une niche, l'effigie de Jeanne agenouillée est le moulage d'une statue du 16e s.

Dans un bâtiment moderne derrière la maison, le centre « **Visages de Jeanne** »★ éloigne toute tentation d'enfermer la sainte dans des clichés trop simplistes. Le hall d'accueil rassemble différentes représentations de Jeanne d'Arc à travers les âges. Un livre d'or rappelle les grands traits de la vie de l'héroïne lorraine. L'audiovisuel revient sur l'enfance, le pays, le départ et le procès de Jeanne et évoque ce que la mémoire populaire a retenu d'elle. Bien conçue et agréablement décorée, la grande galerie permet une immersion dans le monde médiéval, afin de replacer Jeanne dans son époque. Dans les cabinets enluminés, plusieurs thèmes sont illustrés : le mythe chevaleresque, la foi et les croyances, la représentation de la mort, le royaume et le roi, ainsi que les fléaux et la réalité de la chevalerie. Au fond de la galerie, dans la « chambre des rois », des mannequins éclairés tour à tour par des jeux de lumière expliquent les luttes de pouvoir franco-anglaises et les origines de la guerre de Cent Ans. Le parcours se termine par des lectures des deux procès de Jeanne, celui de la condamnation et celui de la réhabilitation.

Basilique du Bois-Chenu B4

1,5 km de Domrémy par la D 53, route de Coussey.

La basilique date de la fin du 19e s. et marque l'un des endroits où Jeanne aurait entendu les voix de sainte Catherine, de sainte Marguerite et de l'archange saint Michel lui recommandant d'être bonne et pieuse, puis lui dictant sa mission.

Commencer la visite par la crypte dont l'entrée se trouve à gauche. Statue de Notre-Dame de Bermont devant laquelle Jeanne allait prier tous les samedis. En quittant la crypte, monter le bel escalier à double rampe. Des écussons rappellent les villes dans lesquelles Jeanne d'Arc est passée. À l'intérieur de la basilique, des fresques de Lionel Royer retracent la vie de la sainte. Les mosaïques du chœur et de la coupole évoquent l'envoi de Jeanne en mission et son entrée dans la gloire céleste.

Sortez par la porte latérale. Un chemin de croix conduit dans le Bois-Chenu.

Musée lorrain du Cheval B4

La Tour ronde, Gondrecourt-le-Château, 20 km au sud de Vaucouleurs par la D 960 et la D 966. ✆ 03 29 89 68 49 - juil.-août : tlj sf mar. 14h-18h ; juin et sept. : dim. 14h-18h - 2,50 € (12-18 ans 1,50 €), gratuit Journées du patrimoine.

Dans une tour du 15e s., vestige de l'ancienne ville forte (aujourd'hui la ville haute), ce musée est consacré à la « civilisation du cheval ». Il montre comment la plus noble conquête de l'homme a été progressivement mise au service des transports et de l'industrie au fil des siècles. Importante collection de harnais, de colliers, de selles et d'outils liés à la collaboration du cheval et de l'homme.

NOS ADRESSES À VAUCOULEURS

AGENDA

Fête de l'arbre de mai – *✆ 03 29 06 90 70 ou 03 29 06 95 86 - www.vosges.fr - semaine qui suit la fête de Jeanne d'Arc (8 mai).* Fête de l'arbre de mai, fête populaire du printemps et de l'enfance. Ateliers de musique, de chant et de pratiques vocales, de décors et de costumes qui s'achèvent le samedi suivant par un cortège chantant et dansant.

+ d'adresses

Metz et la Lorraine industrielle 2

Carte Michelin Départements 307 – Moselle (57)

Metz, cathédrale St-Étienne.

M. Colin/hemis.fr

METZ ET LA LORRAINE INDUSTRIELLE

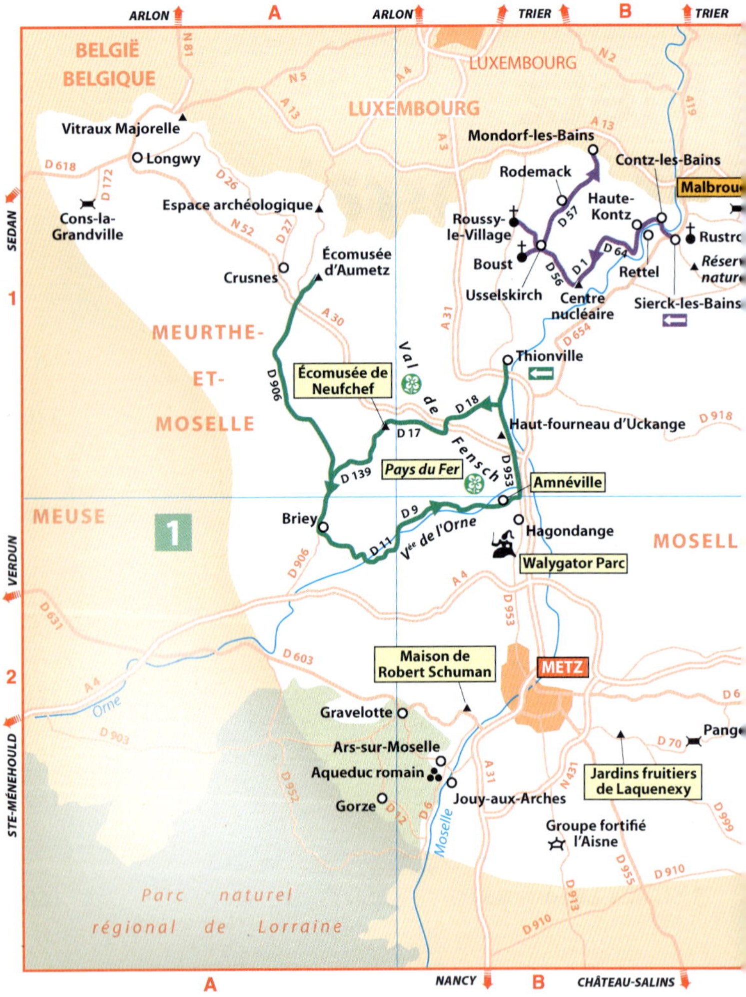

METZ ET LA LORRAINE INDUSTRIELLE
METZ ★★★ Vaut le voyage
Malbrouck ★★ Mérite un détour
Walygator Parc ★ Intéressant
Thionville À voir
Ville de départ du circuit
Le Pays du fer
Coteaux de la Moselle
Le Pays minier
TRIER
TRIER
NANCY
KAISERSLAUTERN
ZWEIBRÜCKEN
C
D
1
2
N
DEUTSCHLAND
SAARBRÜCKEN
BAS-RHIN
Saar
Sarre
Musée du Carreau Wendel
Forbach
Kelschberg
387
Carling
Centrale É-Huchet
Freyming-Merlebach
Hombourg-Haut
Zimming
St-Avold
Sarreguemines
Zetting
Parc archéologique européen
D 26
D 633
D 603
D 910
D 31
D 31B
D 31C
D 174M
D 119A
D 33
D 82
D 661
D 656
D 20
D 674
D 999
D 954
D 855
A 4
A 320
A 620
A 8
A 1
A 623
A 6
268
269
51
7
6
3
0
10 km

Metz

★★★

127 500 Messins – Moselle (57)

NOS ADRESSES PAGE 141

NOS ADRESSES PAGE 141

S'INFORMER

Office du tourisme de Metz – *2 pl. d'Armes - 57007 Metz - ✆ 03 87 55 53 76 - http://tourisme.mairie-metz.fr - 9h-19h, dim. et j. fériés : avr.-sept. 10h-17h et oct.-mars 10h-15h.*

Metz Métropole Découverte – *Pl. du Gén.-de-Gaulle - 57007 Metz - lun.-sam., mat. et apr.-midi.*

Visites guidées – *Tlj sf dim. et j. fériés 15h et 16h et des flâneries dominicales dim. et j. fériés mai-oct. - 5 € (1h), 7 € (2h) - rens. à l'office de tourisme ou sur http://tourisme.mairie-metz.fr.*

Handivisites – L'office de tourisme propose des visites conçues pour permettre aux personnes handicapées de découvrir la ville, ses monuments, ses musées - Prêt de fauteuils roulants.

SE REPÉRER

Carte de microégion B2 (p. 124) – *carte Michelin Départements 307 I4.*
Situé à moins de 50 km de la frontière allemande et à 1h30 de Paris grâce au TGV, Metz est un nœud très important de routes et de navigation sur la Moselle. L'aéroport Metz-Nancy-Lorraine est situé à 25 km au sud de la ville.

SE GARER

Laissez votre voiture dans l'un des parkings situés au cœur de Metz, pour découvrir le centre historique qui se parcourt facilement à pied.

À NE PAS MANQUER

La cathédrale St-Étienne, la Cour d'Or et son musée, et le Centre Pompidou-Metz.

ORGANISER SON TEMPS

Le Centre Pompidou ouvrant à 11h, cela vous laisse le temps de découvrir le quartier impérial (circuit 3 p. 138) avant de rejoindre le musée. Essayez de rester une nuit à Metz pour admirer les illuminations (et pourquoi ne pas en profiter pour assister à un concert à l'Arsenal ou aux Trinitaires ?).

AVEC LES ENFANTS

Les ateliers du Centre Pompidou-Metz, le petit train de Metz et celui de la vallée de la Canner.

Autant que Paris, Metz mérite le titre de « Ville Lumière ». À elles seules, les splendides verrières de sa cathédrale justifieraient cette appellation. Mais c'est l'ensemble de son patrimoine architectural que la ville a su mettre en valeur, grâce à de multiples éclairages nocturnes. Romaine, médiévale, classique, allemande, Metz est riche de ses 3 000 ans d'histoire. Prenez le temps de vous promener dans les ruelles du centre historique, de boire un verre place St-Jacques, de flâner sur les quais et de profiter de ses nombreux parcs et squares… sans oublier bien sûr de découvrir le Centre Pompidou, nouveau symbole de cette ville généreuse, sur le point, enfin, d'être reconnue comme une destination majeure.

Au cœur de l'Europe

La ville que les Romains appelleront Divodurum est fondée entre le 7e et le 5e av. J.-C. par les **Médiomatriques**, peuple celte que César soumet lors de sa conquête de la Gaule. Située au croisement des voies reliant **Trèves à Lyon** et **Strasbourg à Soissons**, la ville devient une importante place forte de la Gaule belgique et l'un des principaux nœuds de communication de l'Empire. Elle est alors plus peuplée que Lutèce. **Musée de la Cour d'or**, p. 132.

DE LA « COUR D'OR » À LA RÉPUBLIQUE MESSINE

Mise à sac au 5e s. par les Huns, la cité renaît au 6e s. pour devenir la résidence privilégiée des rois d'Austrasie : c'est l'époque brillante de la **Cour d'Or**, nom qui laisse imaginer les fastes du palais disparu. Berceau des Carolingiens, appréciée de Charlemagne, la ville devient un grand foyer culturel et s'impose comme le centre de la **« renaissance carolingienne »**. C'est d'ailleurs en dialecte messin qu'est rédigé en 842 le serment de Strasbourg, considéré comme le plus ancien texte français. Mais le traité de Verdun (843) change le destin de la ville, rapidement absorbée par le Saint Empire germanique et attribuée en fief à des princes évêques. Au 13e s., forts de leurs richesses commerciales, les marchands messins parviennent à obtenir une charte de franchises, qui desserre l'autorité des princes évêques. Metz se constitue en **ville libre d'Empire**. Elle est dirigée par un maître échevin appelé Sire, choisi parmi les Paraiges, association de familles si riches qu'elles prêtent couramment de grosses sommes aux puissants de l'époque. **Cathédrale**, p. 130.

LE RATTACHEMENT À LA FRANCE

Le roi de France **Henri II** s'empare du territoire des Trois-Évêchés (Toul, Metz, Verdun) et met fin au statut de ville libre de Metz. Après avoir tenté de reprendre la ville **(siège de 1552)**, l'empereur Charles Quint s'incline. La monarchie française s'affirme dans la ville, aménagée en place forte par **Vauban**. Au 18e s., la construction des **places d'Armes** et **de la Comédie** embellit la ville. À la faveur de la paix, Metz développe ses activités industrielles et commerciales. En 1870, le général Bazaine, encerclé dans Metz, finit par livrer la ville à l'assaillant. Annexée par l'Empire allemand, la ville est entourée d'une véritable ceinture de forts. Construite pour permettre d'acheminer rapidement troupes et renforts, la gare affirme la puissance impériale. La ville ne redeviendra française qu'en 1918. **Quartier impérial**, p. 138.

UNE MÉTROPOLE EUROPÉENNE

Aujourd'hui, la cité messine, membre du réseau transfrontalier **Quattropole** (qui associe depuis 2000 Metz, Trèves, Sarrebruck et Luxembourg), tire parti de sa situation géographique. Une nouvelle aventure débute en janvier 2003, lorsque le Centre Pompidou et la Ville de Metz annoncent la première **décentralisation** d'une institution culturelle d'envergure nationale en France. Metz qui souffrait jusqu'ici d'un déficit d'image saisit cette chance de se doter d'un symbole, d'un phare, susceptible d'attirer vers elle le grand public puis de le guider vers ses autres beautés. Parallèlement, le **TGV Est**, mis en service en 2007, assure une desserte efficace de la ville. Le lieu ouvre au public en mai 2010. Après un an d'exploitation, les chiffres de fréquentation (800 000 visiteurs) dépassent toutes les prévisions. Metz possède enfin son phare. La puissance de son faisceau doit beaucoup au trio d'architectes : **Shigeru Ban, Jean de Gastines** et **Philip Gumuchdjian**. **Centre Pompidou-Metz**, p. 128.

Découvrir Plan de ville

★★★ CENTRE POMPIDOU-METZ B2

1 Parvis des Droits-de-l'Homme - ✆ 03 87 15 39 39 - www.centrepompidou-metz.fr - tlj sf mar. 11h-18h (sam. 20h) - P - ♿ - 7 € (- 26 ans gratuit). Accès très bien indiqué de la gare (5mn. de marche) et du centre-ville (10-15mn.) ; navettes régulières entre le Centre Pompidou et le centre-ville (bus U et TCRM 11).

Billetterie en ligne sur www.centrepompidou-metz.fr.

Les enfants apprécieront le caractère ludique du bâtiment et des expositions, ainsi que les ateliers spécialement conçus pour eux au rez-de-chaussée.

Architecture

Vu de l'extérieur : légèreté et ouverture – Qu'on l'aperçoive du train où qu'on l'approche à pied, le bâtiment attire, fait travailler l'imagination. Y voyez-vous une voile étrange, accrochée à un mât haut de 77 m (référence à l'année 1977, date d'ouverture du « Pompidou » parisien) ? Une raie géante qui lévite au-dessus de l'asphalte ? La jupe de Marilyn qui se soulève, pleine de promesses ? Légèreté, ouverture, imaginaire… ce lieu s'inscrit logiquement sur la liste des espaces d'exposition modernes, un « musée 50/50 » où l'on se rend autant pour l'enveloppe que pour le contenu.

Une architecture qui semble vivante – Devant le bâtiment qui transforme le quartier en devenir de l'Amphithéâtre, on est pour une fois ravi de faire la queue quelques minutes avant d'obtenir son sésame. Cela laisse le temps de lever les yeux vers l'étonnant squelette de l'animal, encore plus impressionnant de nuit lorsque, éclairé, il « traverse » son habit blanc devenu transparent. L'édifice se mue alors en une lanterne géante. Pour créer cette structure de bois faite de 18 km de poutres en lamellé-collé, dont le mode d'assemblage est unique au monde, Shigeru Ban s'est inspiré d'un chapeau chinois en bambou tressé. Un voile blanc en fibre de verre et Téflon coiffe l'ensemble. Le matériau laisse se diffuser la lumière naturelle à l'intérieur tout en la réfléchissant vers l'extérieur. Cette interaction remarquable permet à l'édifice de vivre « phy-

SHIGERU BAN – URGENCE ET TRANSPARENCE

Né en 1957 à Tokyo, Shigeru Ban a suivi des études d'architecture à Los Angeles et New York – d'où l'influence marquée dans son travail du meilleur de la tradition américaine du 20e s. Ban s'est taillé une réputation internationale en concevant des structures révolutionnaires en papier et **tubes de carton** : Paper House au lac Yamanaka (1995), église de papier de Kobe (1995), formidable Pavillon japonais de l'Expo de Hanovre. Une ingéniosité qu'il met au service des causes humanitaires en réalisant des habitats temporaires pour les populations sinistrées, notamment au Rwanda (1994), à Kobe (1995), en Haïti (2010) et dans le Tohoku (2011) après le tsunami. Il édifie également une salle de concerts à l'Aquila détruit par un séisme. Cet **architecte de l'urgence** a occupé le poste de conseiller auprès de l'UNHCR. Nombre de ses réalisations l'intronisent également comme un **maître de la transparence**. Diverses maisons au Japon (Maison Paysage à Shizuoka en 2002, Glass Shutter House à Setagaya en 2003) mais aussi le Centre Pompidou-Metz et le récent Consortium de Dijon se caractérisent en effet par une judicieuse utilisation de la lumière.

Le centre Pompidou-Metz conçu par les architectes Shigeru Ban et Jean de Gastines.

Centre Pompidou-Metz © Shigeru Ban Architects Europe et Jean de Gastines Architectes avec Philip Gumuchdjian pour la conception du projet lauréat du concours/Metz Métropole/Centre Pompidou-Metz / F. Guiziou/hemis.fr

siquement » le rythme des saisons. Le choix des formes et des matériaux, le traitement des eaux, de l'air et de la lumière traduisent l'intelligence de la **démarche écologique** des concepteurs : le japonais **Shigeru Ban** (*p. 128*), le Parisien **Jean de Gastines** et le Londonien **Philip Gumuchdjian**.

Espaces d'exposition

À l'intérieur, un étonnement permanent – L'intérieur du bâtiment s'organise autour de la flèche centrale. Le parcours du visiteur débute dans la **Grande Nef** et son impressionnant mur d'accrochage de 18 m de haut. Cet espace de 1 200 m^2 unique en Europe peut accueillir des œuvres monumentales. **Trois galeries** formées par des tubes de béton de 80 m de long se superposent jusqu'au toit. Les ouvertures et l'organisation de l'espace multiplient les angles, les perspectives, les alcoves-surprises. Pas de visite linéaire ennuyeuse et trop guidée… mais un étonnement permanent. La Galerie 3, la plus haute, offre une **vue** ★★ magnifique sur les toits et clochers du centre historique.

Un centre d'expositions temporaires – Au Centre Pompidou-Metz défile le meilleur de l'art moderne et contemporain au gré d'expositions temporaires. Les œuvres présentées sont puisées dans la plus grande collection d'Europe, les 58 000 œuvres du Musée national d'art moderne. Tous les champs de la création sont concernés : **design, sculpture, peinture, photographie**… Les « locomotives » Picasso, Miró, Brâncuşi, Braque et bien d'autres y transitent, sans oublier des artistes contemporains.

La **danse**, le **théâtre** et le **cinéma** ne sont pas oubliés. Un studio de création et un amphithéâtre leur sont dédiés. Enfin, le parvis fédérateur, le jardin bien pensé, la librairie-boutique, le café-terrasse et l'élégant restaurant *La Voile Blanche (voir p. 143)* contribuent eux aussi à élever le Centre en **lieu de vie** incontournable à Metz… et bien au-delà.

Le quartier de l'Amphithéâtre et le parc de la Seille, p. 139.

★★★ CATHÉDRALE ST-ÉTIENNE A/B1

Pl. de Chambre - ☏ 03 87 75 54 61 - www.cathedrale-metz.fr - 8h-18h (19h d'avr.-oct.) - possibilité de visite guidée (1h30) sur demande à l'Association de l'œuvre de la cathédrale - 2 pl. de Chambre ou à l'intérieur de la cathédrale.

Extérieur

La cathédrale St-Étienne s'impose par l'harmonie de ses élévations, même si la surélévation de sa toiture a été préjudiciable à l'envol des tours. Bâtie en pierre de Jaumont, elle a subi diverses **influences** lors de sa construction. Le portail nord de N.-D.-la-Ronde (2e travée du flanc sud) est orné de draperies sculptées d'**inspiration champenoise** et de petits bas-reliefs du 13e s. Des figures d'animaux fantastiques, des scènes de la vie du roi David, de sainte Marguerite et de saint Étienne l'animent. La surface des verrières est caractéristique du **style gothique d'Île-de-France**. Les tourelles qui encadrent le chevet sont d'**inspiration rhénane**.

Depuis la place d'Armes, bien dégagée, belle vue sur la façade latérale de la cathédrale.

Tour de Mutte

Comme sa voisine, la tour du Chapitre, elle date du 13e s. C'est la fameuse cloche « dame Mutte » qui lui donna son nom : il vient du mot « ameuter », c'est-à-dire « convoquer ».

Intérieur

Ce qui frappe d'emblée, c'est la hauteur de la nef (41,77 m, ce qui en fait le plus haut vaisseau de France, après le chœur de Beauvais et la nef d'Amiens) et la surface occupée par les vitraux (6 496 m²). Cet élan est rendu plus saisissant encore par l'abaissement volontaire des collatéraux. Une frise garnie de draperies et de feuillages, à l'imitation des décorations habituelles des jours de fête, court tout autour, sous les fenêtres hautes. Dans le bas-côté gauche, près du Grand Portail, se trouve l'imposante baignoire en porphyre provenant des thermes et qui servait de fonts baptismaux. Un petit orgue de chœur (**1**) Renaissance en nid d'hirondelle, conçu en 1537, est suspendu sur le côté droit de la nef, au point de rencontre avec le transept. Cet empla-

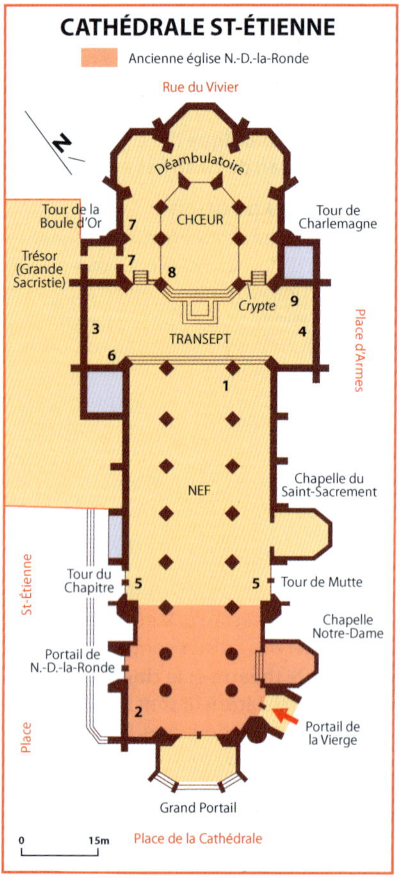

HISTOIRE D'UNE CONSTRUCTION
Un sanctuaire dédié à saint Étienne se trouvait au cœur de la ville; au 10e s., l'évêque Thierry Ier décide de le reconstruire et, en 1220, son successeur entreprend l'édification d'une cathédrale de style gothique. L'église N.-D.-la-Ronde qui se trouvait devant le terrain de la future cathédrale est englobée dans le projet : il y a donc deux églises en une. Au 18e s., les travaux du maréchal de Belle-Isle, gouverneur des Trois-Evêchés, ne sont pas sans conséquence pour la cathédrale : il fait démolir le cloître et les trois églises attenantes, reconstruire le Grand Portail et aménager la place d'Armes par Blondel. En 1877, un feu d'artifice tiré depuis le toit de la cathédrale provoque un incendie qui détruit la charpente de bois et la couverture en ardoise. La toiture est remplacée cinq ans plus tard par une construction métallique plus haute que l'ancienne. À la même époque, les Allemands détruisent le Grand Portail du 18e s., reconstruit par la suite dans un style néogothique par Tornow.

cement inhabituel lui confère des performances acoustiques remarquables. Dans le chœur, le trône épiscopal de saint Clément (**8**) a été taillé à même le fût en marbre d'une colonne romaine.

Faites le tour de la cathédrale en ne regardant que les vitraux.

★★★ **Verrières** – Les verrières forment un ensemble somptueux qui a valu à la cathédrale le surnom de « lanterne de Dieu ». Œuvres de maîtres verriers illustres ou anonymes, elles sont de types très variés (13e s.-20e s.). La façade est percée d'une magnifique rosace du 14e s., œuvre de **Hermann de Munster**, amputée de sa partie inférieure par la construction du Grand Portail en 1766, réalisé en souvenir de la guérison de Louis XV (celui-ci était tombé gravement malade lors de son passage à Metz en août 1744). À l'entrée dans le bas-côté gauche, vitrail du 13e s. (**2**) et quelques travées plus loin, œuvres modernes de Pierre Gaudin, Jacques Villon, Roger Bissière (**5**). Dans le transept (**6**), un vitrail de **Marc Chagall** représente le Paradis terrestre et le péché originel. En face, le vitrail présentant des bouquets floraux et des animaux fantastiques est le plus récent (1970). À côté, dans la partie la plus ajourée du bâtiment qui fut reconstruite vers 1600, la verrière de gauche de **Théobald de Lyxheim** est ornée de trois roses (**3**). Dans le déambulatoire, deux vitraux de Marc Chagall (**7**) : sur le premier, on reconnaît le Sacrifice d'Abraham, la Lutte de Jacob avec l'ange, le Songe de Jacob, Moïse devant le buisson ardent; sur le second figurent Moïse recevant les Tables de la Loi, David jouant de la harpe et le prophète Jérémie. Le transept droit abrite les vitraux les plus anciens de la cathédrale (13e s. – **9**), qui représentent des scènes de la vie de saint Paul. À ses côtés, vitraux dus au Strasbourgeois **Valentin Bousch** (**4**), qui a également réalisé ceux du chœur. Dans la chapelle du Saint-Sacrement, les vitraux de Jacques Villon exécutés en 1957 représentent au centre la crucifixion, à gauche la Cène et à droite les noces de Cana.

Crypte – *✆ 03 87 75 54 61 - www.cathedrale-metz.fr - 9h30-12h30, 13h30-18h30 (13h30-18h le dim.) - 2 € (6-16 ans 1 €) - billet combiné avec le Trésor (2 €).*

Du 15e s., elle présente des éléments de la crypte romane du 10e s. On y trouve le tympan mutilé du portail de la Vierge du 13e s., des objets de fouilles et de culte soustraits au trésor ou encore une mise au tombeau du 16e s. provenant de Xivry-Circourt (environ 50 km au nord-ouest de Metz). Pour comprendre l'agencement de la cathédrale avant les travaux du maréchal de Belle-Isle, observez la maquette qui représente le quartier de la cathédrale en 1754.

Avant de partir, jetez un coup d'œil au fameux « Graoully » suspendu au plafond *(voir encadré p. 132)*.

Trésor – *Mêmes conditions de visite que la crypte.* Il renferme l'anneau épiscopal en or de saint Arnoult, un reliquaire en émail limousin du 12e s., des objets cultuels, etc. Le « Gueulard », tête en bois sculptée du 15e s., provient des grandes orgues et ouvrait la bouche quand elles jouaient la note la plus grave.

★★ MUSÉE DE LA COUR D'OR B1

Visite : 2h environ - 2 r. du Haut-Poirier - ✆ 03 87 20 13 20 - du 11 mai au 19 sept. : 10h-18h ; reste de l'année : 9h-17h, w.-end 10h-17h - fermé mar., 1er janv., Vendredi saint, 1er et 8 mai, 14 Juil., 1er, 11 Nov., 24-26 et 31 déc. - 4,60 € (18-25 ans 2,30 €) - gratuit 1er dim. du mois.

Le musée occupe les bâtiments de l'ancien couvent (17e s.) des Petits Carmes, le grenier de Chèvremont (15e s.) et plusieurs salles qui relient ou prolongent cet ensemble monumental. Dans les sous-sols sont conservés, *in situ*, des vestiges de thermes antiques gallo-romains. Agrandi en 1980, le musée a fait l'objet d'une muséographie labyrinthique, notamment pour la période qui couvre l'Antiquité et le haut Moyen Âge.

★★★ **Archéologie** – Les objets témoignent de l'importance de la ville, gauloise par son origine, grand carrefour de routes gallo-romaines et foyer de renouveau culturel sous le règne des Carolingiens. La vie sociale est évoquée par les vestiges des grands thermes du nord, ceux des remparts de la ville et du grand collecteur d'égout. La vie quotidienne à l'**époque gallo-romaine** est très bien racontée, de même que les techniques du fer, du bronze, de la céramique et du verre, et la navigation. Le grand **autel à Mithra**, en provenance de Sarrebourg, est l'un des mieux conservés de l'époque : Mithra égorge un taureau, dont le sang répandu sur le sol favorise la fécondité de la terre. L'époque mérovingienne, représentée par le chancel de St-Pierre-aux-Nonnains, une balustrade liturgique en pierre composée de 34 panneaux sculptés, occupe une place de choix dans le musée : tombes en silo, emblèmes chrétiens, bijoux, vaisselle et techniques du métal (damasquinure). L'époque carolingienne est illustrée par trois pièces majeures, parmi lesquelles l'un des plus beaux plats de reliure en ivoire de l'art européen médiéval, représentant une Crucifixion minutieusement travaillée.

Époque médiévale – Par leur présentation centrée sur une pièce majeure, les œuvres évoquent la vie quotidienne, l'art de bâtir et les arts décoratifs. De magnifiques plafonds peints à la détrempe au 13e s. provenant de l'hôtel dit « du Voué » (situé rue Poncelet) présentent des médaillons alternativement ronds et carrés au décor fantastique.

LE GRAOULLY

On raconte qu'à l'époque de Saint Clément, premier évêque de Metz (280), le Graoully, un animal mi-dragon mi-serpent, dévastait la ville. Clément libéra la cité en passant son étole autour du cou de la bête avant de la noyer dans la Seille. Reconnaissante, la ville entra dans la foi chrétienne. Au Moyen Âge, une procession menée par une réplique du dragon fêtait cette victoire. Rabelais évoque non sans ironie cette fête de « la ridicule statue appelée Manduce » dans son *Quart Livre*. Le Graoully apparaît dans divers tableaux des musées de la Cour d'Or et dans la cathédrale (statue au portail de la Vierge, effigie dans la crypte).

Daté de 1457, le **Grenier de Chèvremont★** servait à engranger le produit de la dîme prélevée sur les céréales. Parmi les sculptures lorraines : Pietà, Vierge couchée, statues de saint Roch et saint Blaise du 15e s.

Architecture – Vestiges de l'architecture civile et religieuse. On peut voir des façades reconstituées (« maison des Têtes » avec quatre bustes visibles rue En-Fournirue) et plusieurs maisons patriciennes ou populaires reconstruites autour de la cour des musées. Bel escalier du 17e s. autrefois à l'abbaye des Petits Carmes.

Beaux-arts – *1er et 2e étages*. Tableaux des écoles française (surtout 19e s. avec Corot, Delacroix, Moreau), flamande et italienne. L'**école de Metz** (1834-1870) est représentée par son chef de file, Laurent-Charles Maréchal, peintre, pastelliste et maître verrier, et Auguste Migette. Au 2e étage, la galerie d'art moderne rassemble des œuvres de Bazaine, Alechinsky, Dufy, Debré, Dubuffet.

Se promener Plan de ville

LA VILLE ANCIENNE

Circuit 1 tracé en vert sur le plan de la ville p. 134. Comptez 1h.
Ce circuit part de la place d'Armes.

Place d'Armes A/B1

Elle est constituée de trois côtés principaux : l'hôtel de ville avec une sobre façade Louis XV, l'ancien corps de garde qui abrite l'office de tourisme dont le fronton est orné de trophées et l'ancien parlement transformé en maison d'habitation. Au centre se dresse la statue du maréchal Fabert (1599-1662), fils d'un riche bourgeois messin. Enfin, vous pouvez voir dans la crypte de la cathédrale *(voir p. 131)* une maquette de la place avant les destructions opérées en 1754.

Prenez la rue En-Fournirue qui longe le côté droit de l'hôtel de ville, puis tournez à gauche dans la rue Taison.

Levez les yeux vers le Graoully suspendu dans les airs. Continuez tout droit pour atteindre la place Ste-Croix, point culminant de la ville (189 m). Remarquez l'**hôtel de la Bulette** de style gothique, qui a conservé ses créneaux, deux échauguettes et ses fenêtres d'époque.

Prenez la rue de l'Abbé-Risse à votre droite.

Ancien couvent des Récollets B1

Il abrite aujourd'hui le Centre européen d'écologie, dirigé par le Messin Jean-Marie Pelt, et les archives municipales. Son cloître du 15e s. a été restauré.

Descendez les marches et traversez le jardin des Tanneurs.

Le **jardin des Tanneurs** est constitué de balcons successifs desquels vous aurez une belle vue sur la ville.

Prenez à droite la rue des Tanneurs et, après la place des Paraiges, la rue des Allemands.

Église St-Eucaire B1

Son beau clocher carré date du 12e s., et sa façade du 13e s. La petite nef du 14e s., assise sur d'énormes piliers, paraît disproportionnée. Chapelles dans les bas-côtés voûtées d'ogives (15e s.) retombant sur des culs-de-lampe. Les ruptures de symétrie donnent à l'ensemble un aspect original.

Continuez dans la rue des Allemands.

★ Porte des Allemands B1

Vestige de l'ancienne enceinte dont la silhouette massive enjambe la Seille. Son nom vient d'un ordre teutonique de frères hospitaliers établi dans le voisinage au 13e s. Côté ville : deux tours arrondies coiffées d'un toit d'ardoise en poivrière de cette époque ; côté campagne : deux grosses tours crénelées du milieu du 15e s. Une galerie réunit l'ensemble qui fut remanié au 19e s.

Prenez à droite le boulevard Maginot puis de nouveau à droite la rue de la Baue et passez sous les arcs-boutants de la nef de St-Maximin.

SE LOGER

- Cathédrale (Hôtel de la) 1
- Citadelle (La) 2
- Escurial (Hôtel) 5
- Ibis Cathédrale 7
- Métropole (Hôtel) 9
- Moderne (Hôtel) 11
- Théâtre (Hôtel du) 3

SE RESTAURER

- Aloyau (L') 3
- Chez Mauricette 5
- Grand Comptoir (Le) 11
- Jardins Fruitiers de Laquenexy (Les) 12
- Migaine (La) 15
- Sommeliers (Le Bistrot des) 17
- Soupes a soup's 19
- Thierry "Saveurs et Cuisine" 22
- Voile Blanche (La) 23

INDEX DES RUES

★ Église St-Maximin B2

Des vitraux de **Jean Cocteau** ornent le beau chœur à pans ; ceux de la nef, de tonalité bleue, sont dus à un de ses disciples. La chapelle des Gournay (maîtres échevins de Metz) des 14e et 15e s. communique avec le bras droit du transept par deux arcs en anse de panier.

En sortant de St-Maximin, prenez à droite la rue Mazelle et tournez à gauche. Traversez les trois places en enfilade (places des Charrons, du Pont-à-Seille et du Quarteau). Tournez à gauche rue de la Fontaine et, enfin, à droite rue Lasalle.

Église St-Martin-aux-Champs B2

Son soubassement est constitué par le mur gallo-romain, visible des deux côtés de l'entrée. Toute la beauté de cet édifice est dans l'originalité de son **narthex★** très bas. Quatre piliers romans soutiennent la voûte d'ogives et renforcent l'effet d'élancement de la nef.

Nombreuses œuvres d'art : vitraux des 15e, 16e et 19e s., beau groupe sculpté de la Nativité dans le transept gauche. L'orgue (1773), de facture flamande, est de Nollet, son buffet est de style Louis XV.

Prenez à droite la rue des Parmentiers, qui se prolonge dans la rue de la Chèvre.

Église N.-D.-de-l'Assomption B1

Cette église édifiée par les jésuites en 1665 prit la place d'un ancien temple protestant. En ces lieux, Louis XV, tombé gravement malade à Metz en 1744, reçut après sa guérison le surnom de « Bien-Aimé ». Il avait fait vœu pendant sa maladie de construire une église dédiée à sainte Geneviève s'il guérissait : c'est la raison d'être du Panthéon à Paris.

Cent ans plus tard, en 1844, N.-D. de l'Assomption vit le baptême de Paul Verlaine. L'intérieur, décoré au 19e s., est richement lambrissé ; les confessionnaux de style rococo viennent de Trèves, ainsi que l'orgue baroque construit par Jean Nollet.

Au bout de la rue de la Chèvre, la place St-Louis est sur votre droite.

★ Place St-Louis B1/2

Cette très belle place au plan irrégulier est bordée sur un côté de maisons à contreforts et arcades des 14e, 15e et 16e s. Leur alignement suit l'ancien rempart qui leur sert de fondations. Au Moyen Âge, une soixantaine de changeurs y avaient leur boutique.

Ce quartier animé accueillait aussi les foires et des représentations théâtrales (mystères). Remarquez au coin de la rue de la Tête-d'Or les trois petites têtes romaines dorées.

Empruntez la rue de la Tête-d'Or et prenez sur votre droite la rue Fabert pour revenir à la place d'Armes ou à la place de la Cathédrale.

Place de la Cathédrale

Les belles maisons qui encadrent la place offrent des façades ornées de bas-reliefs symbolisant l'astronomie, la musique ou la peinture. La Ville de Metz a réhabilité le marché couvert et a construit une nouvelle aile au bâtiment (*voir la rubrique « Achats », p. 143*).

LES ÎLES ET L'ESPLANADE Plan de ville

Circuit 2 tracé en vert sur le plan de la ville ci-contre. Ce circuit commence place de la République. Comptez 1h30.

Place de la République A2

Cette place a longtemps été le lieu des parades militaires ; en son centre trône la statue du général Ney. C'est aujourd'hui la porte d'entrée dans le cœur historique de Metz (vous apercevez le clocher de la cathédrale).

Traversez l'Esplanade (qui a été réaménagée par la Ville) et, depuis la terrasse, admirez la vue sur le mont St-Quentin, sur le fort et sur un des bras de la Moselle.

Descendez les marches et traversez le bd Poincaré pour gagner le jardin des Régates.

Jardin des Régates A1

Le jardin des Régates est situé au pied des anciens remparts de la citadelle. Des spectacles sont donnés sur le lac aux Cygnes *(voir la rubrique « Agenda », p. 145).* Les véritables cygnes se trouvent quant à eux sur la Moselle, où vous pourrez d'ailleurs faire un tour de barque ou de pédalo *(voir la rubrique « Activités », p. 145).*

Longez la Moselle et passez sous le Moyen-Pont. Au bout du quai, un escalier vous permet de traverser le pont.

Moyen-Pont A1

La **vue★** est pleine de charme sur la rivière, les îles, le Temple Neuf et les deux petits ponts qui se reflètent dans l'eau. Le Moyen-Pont était autrefois fortifié comme en témoigne l'ouverture ménagée sous la première arche pour faire descendre les grilles.

Après avoir traversé le pont, continuez tout droit dans la rue du Pont-des-Morts, puis tournez à droite dans la rue St-Marcel.

Église St-Vincent A1

Son chœur gothique, flanqué de deux élégants clochers, contraste avec sa façade reconstruite au 18e s., qui imite celle de l'église St-Gervais de Paris.

De la place St-Vincent, prenez à droite la rue Goussaud, qui se prolonge dans la rue St-Georges. Tournez à droite dans la rue du Pont-Moreau (vous traversez la Moselle).

Place de la Comédie A1

Cette élégante place classique est construite autour de l'opéra-théâtre du 18e s., le plus ancien théâtre français en activité. Il est encadré d'autres bâtiments historiques : le pavillon de la Douane et le pavillon St-Marcel, destiné aux officiers. Il fait face à l'ancien hôtel de l'Intendant du roi, reconstruit après un incendie en 1803, et aujourd'hui affecté aux services de la **préfecture** (A1).

Temple Neuf A1

Temple protestant de style néoroman en grès gris construit au début du 20e s. Son architecture s'inspire fortement de la cathédrale de Spire.

Traversez de nouveau la Moselle par le pont des Roches. Vous arrivez place de la Chambre, prenez à droite la rue du Faisan puis à gauche la rue de la Pierre-Hardie. Tournez à droite dans la rue aux Ours, qui se prolonge dans la rue Haute-Pierre.

À l'angle de la rue Haute-Pierre et de la rue Poncelet se trouve la **maison natale de Paul Verlaine**, dont la porte est surmontée d'un tympan Louis XV.

Palais de justice A1

Bâti à l'époque de Louis XVI pour servir de palais au gouverneur militaire, c'est le bâtiment le plus imposant de l'Esplanade. La Révolution en a changé la destination, mais la décoration en garde le souvenir (bas-reliefs allégoriques, à la « gloire du duc de Guise en 1552 » et « à la Paix entre la France, l'Angleterre, les États-Unis et la Hollande en 1783 »).

Le Temple Neuf au bord de la Moselle.
M. Colin/hemis.fr

Longez la place de la République par la rue W.-Churchill et prenez sur votre droite la rue R.-Schuman. Tournez à droite vers la rue du Gén.-Gaston-Dupuis et faites le tour du square du Gén.-Giraud qui est face à vous.

2

Palais du Gouverneur A2

À l'emplacement de l'ancienne citadelle française de 1552 se trouve un palais, construit au début du 20e s. dans un style néo-Renaissance. Il accueille encore le commandant de la région militaire nord/ouest.

Citadelle A2

Ce bâtiment construit en pierre de Jaumont date de 1559. Aujourd'hui hôtel de luxe, il faisait à l'époque partie de la citadelle militaire de Metz.

★ Église St-Pierre-aux-Nonnains A2

Sur l'Esplanade - ✆ 03 87 74 16 16 - www.arsenal-metz.fr - juil.-août : tlj sf lun. et j. fériés 14h-18h ; sept.-juin : sam. 13h-18h, dim. 14h-18h - fermé j. fériés.

St-Pierre-aux-Nonnains serait la plus ancienne église de France. C'est sous le règne de Constantin, vers 390, que les Médiomatriques ont bâti à cet emplacement une basilique civile qui a été endommagée plus tard lors du pillage des Huns. Mais les murs, construits d'un solide appareil de petits moellons renforcé de chaînages en brique rouge, ont pu être remployés dans la chapelle reconstruite vers 615. Des moniales s'y installèrent. C'est de cette période que date le splendide **chancel** à panneaux sculptés conservé aux musées de la Cour d'Or. Vers 990, l'abbaye qui suivait désormais la règle bénédictine a été réorganisée, et la vaste chapelle partagée en trois nefs par des arcades en plein cintre. Au 15e s., les nefs ont été voûtées d'ogives et un cloître élégant ajouté.

Chapelle des Templiers A2

✆ 03 87 39 92 00 - www.arsenal-metz.fr - juil.-août : 14h-18h - possibilité de visite guidée sur demande - fermé lun. et j. fériés - gratuit.

Ordre très présent sur les routes de pèlerinage, les Templiers élevèrent cette chapelle près de St-Pierre-aux-Nonnains au début du 13e s., à la transition entre le roman et le gothique. Son plan octogonal est unique en Lorraine. Chaque pan de mur est percé d'une petite fenêtre en plein cintre, la huitième face étant ouverte sur un chœur carré que prolonge une abside. Peintures modernes, hormis dans une niche à droite (14e s.).

L'Arsenal A2

☏ 03 87 74 16 16 - www.arsenal-metz.fr - ♿ - 11h-19h, w.-end 13h-19h - possibilité de visite guidée (1h) sous réserv. - fermé lun. et j. fériés.

Création de l'architecte **Ricardo Bofill**, ce centre ultramoderne dédié à la musique et aux arts *(voir la rubrique « En soirée », p. 144)* est en pierre de Jaumont, comme la cathédrale. « Cette maison a une acoustique fantastique, des proportions idéales pour la musique et une atmosphère que je trouve exceptionnelle », remarqua le violoncelliste Rostropovitch lors du concert d'inauguration en 1989. À l'intérieur, une grande salle de concerts, une petite salle de 350 places, une galerie d'exposition, une vaste boutique et deux grands salons de réception.

Les façades de l'arsenal du 19e s. ont été préservées, mais une aile a été abattue afin de créer une continuité avec la chapelle des Templiers et St-Pierre-aux-Nonnains, qui sont maintenant le cadre privilégié d'expositions et de concerts de musique ancienne.

Descendez les grandes marches pour rejoindre la place de la République.

LE QUARTIER IMPÉRIAL

▷ Circuit 3 tracé en vert sur le plan de la ville p. 134. Ce circuit commence à la gare, place du Gén.-de-Gaulle ; comptez 30mn.

Après 1870, l'empereur Guillaume II voulut faire de Metz une ville prestigieuse et allemande. Là où se trouvait jadis un grand amphithéâtre antique de 25 000 places, l'architecte berlinois **Kröger** conçut d'aménager tout un quartier néoroman dont les bâtiments seraient faits de grès rose ou gris, de granit ou même de basalte, pour rompre avec la traditionnelle pierre jaune de Jaumont qui prédomine dans la ville. Le résultat montre un véritable catalogue de styles : gothique, roman, Renaissance ou Art nouveau. L'atmosphère générale est homogène et, curieusement, la rupture n'est pas trop franche avec les vieux quartiers.

★ Gare de Metz B2

Place du Gén.-de-Gaulle. Construite en 1908 dans la perspective d'un nouveau conflit franco-allemand, cette gare vint remplacer l'ancienne gare de 1878 (place St-Georges) pour permettre le transfert de plus de 20 000 hommes en 24h. Très fonctionnel, l'imposant bâtiment de 300 m de long est aussi richement décoré de chapiteaux et bas-reliefs. Des vitraux l'éclairent abondamment. Son architecture est riche de symboles : tandis que le hall des départs représente une église, avec son clocher, le hall des arrivées figure un palais médiéval, unissant ainsi les pouvoirs temporel et spirituel à la manière du Saint Empire romain germanique.

La tour qui se dresse à gauche de la gare est le **château d'eau**. Avec une contenance de 300 m^3, il servait à alimenter les locomotives à vapeur.

Empruntez la rue Gambetta.

Poste A2

En grès rose et de style néoroman, elle est l'œuvre de Kröger, l'architecte de la gare. Ce bâtiment construit entre 1908 et 1911 est caractéristique de la germanisation de Metz.

Prenez la rue Perrat sur votre gauche pour rejoindre la place du Roi-George.

Place du Roi-George A2
La première gare de Metz, de style classique, a été construite au 19e s. sur cette place, qui était à l'époque à l'extérieur de la ville. Cette gare a été utilisée jusqu'à la construction de la nouvelle quelques années plus tard, en 1908.
Rejoignez la place Mondon par la rue Maret.

Place Mondon A2
L'ancienne place Impériale fut imaginée pour servir la glorification de l'Allemagne. Remarquez en particulier les deux bâtiments en grès rose : la chambre de commerce de style Louis XVI, et le restaurant Flo, de style Renaissance.
Prenez la rue Harelle.

Porte Serpenoise A2
La porte Serpenoise s'élève dans le prolongement de la rue Serpenoise et de l'avenue Robert-Schuman, ancienne via *Scarponensis*. Elle indiquait, du 3e s. jusqu'à la destruction des remparts fin 19e s., la limite sud de la ville. Elle symbolise pour les Messins leur résistance héroïque aux envahisseurs de toutes les époques.
Vous pouvez d'ici rejoindre le circuit 2. Sinon, revenez sur vos pas et gagnez l'avenue Foch.

Avenue Foch A/B2
Ce beau et large boulevard est établi sur l'emplacement des anciennes fortifications, dont il ne subsiste que la **tour Camoufle** (15e s.). L'avenue Foch fait transition entre la vieille ville et la ville moderne. Symbole du luxe et du modernisme, elle étonne par la variété architecturale de ses constructions : les villas urbaines de style Renaissance, baroque ou Jugendstil font face à des immeubles de rapport.
Regagnez la gare par la rue François-de-Curel puis prenez la rue Vauban et traversez les voies de chemin de fer par le passage de l'Amphithéâtre.

2

Quartier de l'Amphithéâtre B2
Ce n'est aujourd'hui qu'un vaste chantier à l'emplacement d'une ancienne gare de marchandises. Le projet urbanistique de grande ampleur vise à la création de l'un des quartiers les plus avant-gardistes de Metz. Il ne présentera son visage définitif que dans quelques années. Cependant, depuis mai 2010, s'y dresse fièrement le superbe **Centre Pompidou-Metz** ★★★ *(voir p. 128).* Il accueille des expositions temporaires et différents événements tout au long de l'année.
Au sud du quartier, de l'autre côté de la voie ferrée, le vaste **Parc de la Seille** (du nom de la rivière voisine) permet de belles balades. Aménagé en 2002, il offre une grande variété de « paysages » : aires de loisirs, jardins (herbes aromatiques, mirabelliers, vignes, houblonnière), prairies…
Revenez sur vos pas en direction de la gare.

À voir aussi

Église Ste-Thérèse-de-l'Enfant-Jésus
Accès par l'avenue Leclerc-de-Hauteclocque.
Ouverte en 1954, cette grande église, flanquée d'un mât de 70 m appelé le « bâton du pèlerin », est remarquable par l'élan majestueux de sa nef. Son imposant portique est en béton armé. Beaux vitraux de Nicolas Untersteller.

À proximité Carte de microrégion

★ Maison de Robert Schuman B2

Scy-Chazelles, 4 km à l'ouest par la D 157A, puis à droite. ✆ 03 87 35 01 40 - www.maison-robert-schuman.eu - ♿ - avr.-oct. : tlj sf mar. 10h-18h ; nov.-mars : tlj sf w.-end, 10h-17h - possibilité de visite guidée (30mn) - fermé de mi-déc. à mi-janv. - 5,50 € (-16 ans gratuit).

Dans le village de Scy-Chazelles, perché sur le flanc du mont St-Quentin, on visite la maison de Robert Schuman (1886-1963) située près de l'église fortifiée du 12e s. où ce dernier repose. En pénétrant dans la maison où le « père de l'Europe » passa les dernières années de sa vie, on est saisi par l'impression que les lieux sont encore habités. Une rénovation réalisée en 2004 a permis de restituer fidèlement son sobre cadre de vie. Un espace muséographique aux lignes contemporaines de 150 m^2 retrace la carrière de l'homme politique à l'aide de documents, de vidéos et de présentations interactives. à côté du jardin et du potager reconstitués d'après des photos de l'époque, le **Jardin des Plantes de chez nous★** présente un ensemble de jardins originaux et quelques plantes rares propres à donner des idées aux amateurs de jardinage.

★ Jardins fruitiers de Laquenexy B2

14 km à l'est de Metz par la D 999 - 4 r. Bourger-et-Perrin - 57530 Laquenexy - ✆ 03 87 35 01 00 - www.jardinsfruitiersdelaquenexy.com - tlj sf mar. 10h-19h (dernière entrée à 18h) - fermé nov.-mars 7 € (gratuit - 12 ans).

Autrefois village viticole, Laquenexy s'est reconverti dans la culture des arbres fruitiers à partir des années 1970. Le Centre départemental d'expérimentations fruitières et un verger-conservatoire s'y sont implantés. Mission de ce verger, inventorier les différentes variétés de fruits et régénérer celles qui sont menacées de disparition par la course au rendement. Les particuliers peuvent ainsi réintroduire dans leurs vergers les variétés anciennes sauvées de l'extinction. Dans le cadre des « Jardins sans limites », les jardins fruitiers proposent de découvrir sur plus de 4 ha 18 espaces thématiques construits autour de la notion de goût : le labyrinthe des espèces fruitières, le potager d'un curieux, le jardin des fleurs à croquer, etc. Sans oublier le jardin interdit où sont conservées (mais mises hors de portée) des espèces à la fois indispensables et dangereuses !

Château de Pange B2

17 km à l'est par les D 999, D 70 et D 6. ✆ 03 87 64 04 41 - www.chateaudepange.fr - possibilité de visite guidée du château (1h) - juil.-août : tlj sf lun. 14h45, 15h45 et 16h45 ; juin et sept. seult. w.-end et j. fériés - jardins juin-août : tlj sf lun. 10h-12h, 14h-18h ; mai, sept.-oct. seult. w.-end- 6,50 € (- 7 ans gratuit) - billet combiné jardin et château 6,50 € (-7 ans gratuit).

Cette demeure à la sobre façade classique bâtie de 1720 à 1756 renferme une salle à manger Louis XV aux boiseries vertes, avec un poêle lorrain d'un modèle primitif. Situé aux confins du duché de Lorraine, en regard de la République messine, le château a succédé à une ancienne forteresse.

Le **jardin de l'Éveil**, signé Louis Benech, est un jardin contemporain qui retrace les différentes époques du domaine (partie médiévale, partie classique).

Groupe fortifié L'Aisne B2

14 km au sud par la D 913. ✆ 06 81 87 10 35 - www.fort-de-verny.org - ♿ - visite guidée (2h30) 1er mai-8 oct. : le 1er w.-end de chaque mois 14h-19h ; mi-juin-mi-sept. : jeu. 14h-18h - fermé 1er janv., 1er et 11 Nov., 25 déc. - 6 € (-10 ans 3 €).

L'ancienne *Feste* (groupe fortifié) Wagner, bâtie par les Allemands de 1904 à 1910, faisait partie de la ceinture extérieure de défense de Metz. C'est une construction regroupant plusieurs ouvrages reliés entre eux par un réseau souterrain de voies de communication. Rebaptisé L'Aisne après 1918, le groupe comprend ainsi quatre blocs d'infanterie abritant jusqu'à trois niveaux de casernements souterrains, trois batteries d'artillerie équipées de tourelles pivotantes pour canons ou obusiers de gros calibre, et une quinzaine d'observatoires cuirassés. Contrairement à la *Feste* de Guentrange, elle ne fut pas incorporée à la ligne Maginot.

NOS ADRESSES À METZ

TRANSPORTS

Espace-bus – *Pl. de la République - ✆ 03 87 76 31 11.* Le ticket Visi'Pass (3,50 €), valable une journée, permet de visiter Metz et ses 38 communes alentour, en vente à l'office de tourisme et à l'agence Espace Bus.

VISITES

Illuminations – Metz a reçu le grand prix national « Lumières dans la ville ».

Petit train touristique – *✆ 03 87 55 53 76 - 45mn - dép. si plus de 10 pers. - de déb. avr. à déb. oct. : tlj sf lun. matin dép. 10h30, 11h30, 13h, 14h, 15h, 16h, 17h - 6 € (-12 ans 3,50 €).*

Audioguides – *7 € - 1h30 de balade.* Disponibles à l'office de tourisme, ils proposent la découverte du quartier de la gare ou d'un itinéraire comprenant le tour de la ville et la cathédrale.

Metz Passeport City pass – *11 € (6-12 ans: 2,50 €)* ce passeport comprend la visite de la ville et des 2 principaux musées, ainsi qu'une journée de transports illimités et de nombreuses réductions.

Train touristique de la vallée de la Canner – *✆ 03 87 77 97 50 - http://train-de-la-canner-57.over-blog.com - excursion en traction vapeur ou autorail : de déb. mai à déb. oct. : dim. et j. fériés. Gare de Vigy 1er dép. 14h15 ; Gare de Hombourg-Budange 1er dép. 15h25 - Diesel 8 € (-12 ans 5 €).* De Vigy à Hombourg (12 km), ce train à locomotive à vapeur longe la vallée sauvage de la Canner, à travers les vallons boisés du plateau lorrain.

HÉBERGEMENT

PREMIER PRIX

Hôtel Métropole – *5 pl. du Gén.-de-Gaulle - ✆ 03 87 66 26 22 - www.hotelmetropole-metz.com - 72 ch. 56/68 € - ☕ 8 €.* Cet hôtel, installé dans un bel immeuble en pierres de taille faisant face à la gare impériale, propose des chambres simples. Les chambres « budget » (52 €) sont un peu plus petites que les autres, mais dotées du même confort. Bon accueil.

Hôtel Moderne – *1 r. La-Fayette - ✆ 03 87 66 57 33 - www.hotel-moderne-metz.com - P - 43 ch. 61/69 € - ☕ 8 €.* À proximité du centre-ville, cet hôtel à prix correct allie confort, simplicité et bon goût. Les chambres sont pourvues d'un mobilier fonctionnel mais néanmoins agréable. Celles qui donnent sur la rue sont insonorisées.

BUDGET MOYEN

Hôtel Escurial – *18 r. Pasteur - ✆ 03 87 66 40 96 - www.escurial-hotel.com - fermé 29 déc.-1er janv. - 36 ch. 74/96 € - ☕ 12 €.* Face à la gare, un établissement qui renaît après sa rénovation : intérieur chaleureux aux couleurs vives, chambres bien tenues, et plus grandes dans la rotonde.

Hôtel de la Cathédrale – *25 pl. Chambre - ✆ 03 87 75 00 02 - www.hotelcathedrale-metz.fr - 30 ch. 75/110 € - ☕ 11 €.* Cette maison du 17e s. a reçu de belles plumes dont Mme de Staël et Chateaubriand. Les chambres sont toutes élégantes (parquet ancien, lits en fer forgé…). Certaines d'entre elles ont vue sur la cathédrale. Les chambres de l'annexe sont encore plus confortables.

Ibis Cathédrale – *47 r. Chambrère - ✆ 03 87 31 01 73 - www.ibishotel.com - P - 79 ch. 65/95 € - ☕ 9 € - rest. 14/18,50 €.* À l'écart du centre-ville, cet hôtel, au bord d'un bras de la Moselle, jouxte les musées de la Cour d'Or : la situation est idéale pour une étape culturelle. Chambres et salle à manger entièrement refaites selon les normes de la chaîne.

POUR SE FAIRE PLAISIR

Hôtel du Théâtre – *3 r. du Pont-St-Marcel - ✆ 03 87 31 10 10 - www.hoteldutheatre-metz.com - ♿ - P - 66 ch. 99/135 € - ☕ 12,50 €.* Un emplacement de choix, en plein quartier historique, pour cet hôtel. Chambres pratiques, plus calmes côté port. Beau mobilier lorrain dans le hall.

UNE FOLIE

La Citadelle – *5 av. Ney - ✆ 03 87 17 17 17 - www.citadelle-metz.com - 79 ch. et suites 205-590 € - ☕ 24 € - rest. 46/150 € (fermé sam. midi, dim., lun.).* Abrité dans un édifice militaire du 16e s., cet hôtel au luxe moderne n'a pas de rivaux dans sa catégorie à Metz. Au charme et confort des chambres et appartements s'ajoute la cuisine gastronomique du très recommandable restaurant Le Magasin aux Vivres (fonction originelle des lieux) ou du Bar Lounge, plus accessible.

RESTAURATION

PREMIER PRIX

Soupes a soup's – *Marché couvert, pl. de la Cathédrale - ✆ 06 08 31 11 04 - www.soupesasoups.com - fermé dim. et lun., 1er-15 août - ♿ - 🚭 - 9,80/13 €.* Installé dans le splendide marché couvert construit en 1785, le bar à soupes de M. Grumberg (autodidacte passionné) rencontre un franc succès. Vous y dégusterez debout au bar ou, si vous êtes plus chanceux, autour de l'une des quelques tables, de délicieuses soupes de légumes ou de fruits de saison, chaudes ou froides, des plats traditionnels régionaux, des tartines, des brochettes… le tout cuisiné maison et devant vous.

Chez Mauricette – *Marché couvert, pl. de la Cathédrale - ✆ 03 87 36 37 69 - www.chezmauricette.com - tlj sf dim. et lun. 7h-18h30 - fermé j. fériés, Vend. saint et 26 déc.* Mauricette propose des produits lorrains traditionnels de qualité : assiettes de fromages, de charcuteries (6 €), mixtes (8 €). Pour déjeuner sur le pouce en profitant de l'ambiance du marché.

La Migaine – *1-3 pl. St-Louis - ✆ 03 87 75 56 67 - fermé dim., 15 j. en janv. et 15 j. en août - ♿ - 8,50/12 €.* Ce salon de thé situé sur une jolie petite place à arcades sert du matin à la fin de l'après-midi… Au menu : copieux petits-déjeuners et jus de fruits frais, tartes salées accompagnées de légumes et salade verte, pâtisseries et thés. Changement de carte tous les mois. Terrasse en été.

BUDGET MOYEN

À Metz

Le Bistrot des Sommeliers – *10 r. Pasteur - ✆ 03 87 63 40 20 -*

fermé sam. midi, dim. et j. fériés - formule déj. 16 €, 26/39 €. La façade de ce bistrot proche de la gare célèbre la dive bouteille. Belle sélection de vins au verre et suggestions du marché à l'ardoise.

L'Aloyau – *3 r. de la Fontaine - ✆ 03 87 37 33 72 - fermé dim. soir et lun., de mi-juil. à déb. août - ♿ - 27/33 €.* Petit-fils et fils de boucher, Jacques Heitzmann a lui-même travaillé dans une boucherie pendant 15 ans avant d'ouvrir ce restaurant réputé pour ses viandes bien sûr extra. Le bœuf, l'agneau et le cochon de lait, labellisés, s'accompagnent de succulentes sauces.

Restaurant Thierry « Saveurs et Cuisine » – *5 r. des Piques, Maison de la Fleure de Ly - ✆ 03 87 74 01 23 - www.restaurant-thierry.fr - fermé merc. et dim., fin juil.-déb. août, fin oct.-déb. nov. et 2 sem. en fév. - formule déj. 19,50 € - 24,50/36,50 €.* Cuisine inventive volontiers rehaussée d'herbes et d'épices, joli cadre mêlant la brique et le bois, terrasse d'été : trois atouts assurant le succès de ce bistrot chic.

À Laquenexy

Les Jardins Fruitiers – *14 km à l'est de Metz par la D 999 - 4 r. Bourger-et-Perrin - 57530 Laquenexy - ✆ 03 87 35 01 25 - www.jardinsfruitiersdelaquenexy.com - ouv. merc.-dim. uniquement à midi - fermé nov.-mars - 16/22 €.* La belle terrasse s'ouvre sur un étonnant jardin (*voir p. 140*). La cuisine fine et actuelle met merveilleusement à contribution les fruits et légumes du jardin.

POUR SE FAIRE PLAISIR

La Voile Blanche – *1 parvis des-Droits-de-l'Homme - ✆ 03 87 20 66 66 - www.centrepompidou-metz.fr - fermé dim. soir et mar. - réservation conseillée - 25/49 €.* Après une visite des galeries d'exposition, une halte s'impose dans ce beau restaurant installé au premier étage du Centre Pompidou-Metz. Salle contemporaine et cosy, avec murs et cloisons de verre fumé rétro-éclairé, mobilier confortable et jolie vue face au parc de la Seille. La cuisine raffinée, à la pointe du goût du jour, se pimente d'accents méditerranéens. Une belle adresse, midi et soir.

Le Grand Comptoir – *3 pl. du Gén.-de-Gaulle - ✆ 03 87 66 64 03 - 14/25 €.* Le décor historique de la gare impériale sert de cadre à cette brasserie à l'atmosphère accueillante : plafonds à caissons, lambris et mobilier contemporain y créent une ambiance lounge. Côté papilles, la cuisine emprunte aux produits et spécialités locales. Généreuses assiettes composées et beaux choix de desserts.

ACHATS

Marché couvert – *Pl. Jean-Paul-II - tlj sf dim. et lun. 7h-18h - fermé j. fériés, Vend. saint et 26 déc.* Le point commun des commerçants de ce marché est sans conteste l'incroyable qualité de leurs produits, du rayon boucherie-charcuterie au rayon poisson en passant par les fromages et autres produits laitiers. Vous y trouverez aussi des spécialités italiennes, un boulanger-pâtissier, une épicerie fine et un bar à soupes (voir Restauration « premier prix »).

Charcuterie-traiteur

Éric Humbert – *8 r. du Grand-Cerf - ✆ 03 87 75 09 38 - www.humbert-eric.fr - lun.-jeu. 8h15-12h40, 14h45-19h, vend.- 7h30-12h40, 14h45-19h, sam. 7h30-*

2

12h40, 14h30-18h45 - fermé 2 sem. en fév., juil. et j. fériés. Ce boucher-charcutier-traiteur qui cultive avec le même bonheur talents de cuisinier et de designer, a conçu lui-même des présentoirs avant-gardistes pour sa boutique. Mais ses créations charcutières justifient à elles seules le détour : saucisson de volaille aux pistaches, foie gras en gelée au riesling… et l'incontournable quiche lorraine !

Aubugeau – *23 r. Serpenoise - ☏ 03 87 75 13 03 - tlj sf dim. mar.-vend. 9h15-12h30, 14h30-18h45, sam. 8h30-12h30, 14h30-18h45 - fermé 3 sem. en août.* Délicieuses préparations du patron : jambon à l'os, boudin blanc élaboré avec 14 ingrédients, terrine de lapin au basilic, salade de museau, hors-d'œuvre à base de légumes frais, pâtisseries charcutières et un fabuleux saumon d'Écosse Label Rouge fumé maison.

Fromagerie

Conrad – *11 r. de la Doucette - ☏ 03 87 36 11 00 - lun. 15h-19h, mar.-sam. 8h30-12h30, 14h30-19h.* Maîtres fromagers depuis trois générations, les Conrad gèrent aujourd'hui trois fromageries messines (plus une boutique dans le marché couvert). Celle-ci est la maison-mère, fondée en 1920. Elle propose presque toutes les AOC dont un fabuleux comté, des produits fermiers, de goûteuses tommes lorraines (de Prény, de Gorze, etc.).

Pâtisserie-chocolaterie

Fresson – *17 r. du Grand-Cerf - ☏ 03 87 36 28 17 - www.fresson-chocolatier-patissier.fr - mar.-sam. 9h-19h, dim. 9h-13h - fermé vac. de fév. et 3 sem. en juil.* Franck Fresson, élu Meilleur Ouvrier de France en 2004 dans la catégorie pâtisserie-confiserie, tient les rênes de l'entreprise familiale créée en 1922. Spécialisé dans le chocolat, il propose une trentaine de variétés, dont le Minerai lorrain aux éclats de noisettes caramélisées. On apprécie aussi ses entremets, bûches et glaces.

Claude Bourguignon – *31 r. de la Tête-d'Or - ☏ 03 87 75 23 52 - mar.-vend. 9h15-19h, sam. 9h-19h15, dim. 9h-12h30 - fermé 22 janv.-8 fév. et 3 sem. en juil.* Cette pâtisserie propose chaque mois un nouveau dessert. Elle élabore aussi de grands classiques tels que le saint-honoré, le millefeuille, le Paris-Brest, deux spécialités – le sacher au chocolat noir et le chiboust à la mirabelle – et 21 sortes de chocolat. Belles fresques murales dans le salon de thé.

Galeries d'art

Il existe à Metz de nombreuses galeries d'art. Liste disponible à l'office de tourisme et sur http://tourisme.metz.fr (parcours d'art contemporain).

EN SOIRÉE

L'Arsenal – *3 av. Ney - ☏ 03 87 39 92 00 ou 03 87 74 16 16 - www.arsenal-metz.fr - tlj sf lun. 14h-19h. Billetterie : sur place ou par tél. mar.-sam. 14h-19h.* Construite en 1989 par Ricardo Bofill dans les murs d'un ancien arsenal du 19e s., cette salle de concerts serait la « plus belle d'Europe ». Une « acoustique fantastique », selon Rostropovitch. Outre la grande salle de 1354 places, l'Arsenal comprend une autre salle de 352 places, une galerie d'exposition, une muséo-boutique…
Avec près de 200 manifestations par an, la programmation couvre tout l'éventail de la danse contemporaine, de la musique classique, du jazz et des musiques du monde.

Les Trinitaires – *12 r. des Trinitaires - ✆ 03 87 20 03 03 - www.lestrinitaires.com - billetterie lun.-vend. 10h-12h, 13h-17h et les soirs de spectacle.* Si vous êtes amateur de musique pop et de nouveaux talents, courez aux Trinitaires… en attendant l'ouverture de la salle des musiques actuelles de Metz-Borny (baptisée « BAM » comme « boîte à musique »), prévue en automne 2013.

Café Jehanne d'Arc – *Pl. Jeanne-d'Arc - ✆ 03 87 37 39 94 - lun.-vend. 11h30-2h, sam. 15h-2h.* L'un des cafés les plus illustres de Metz en raison de son cadre qui a conservé quelques pierres gallo-romaines, des fresques du 13e s. et des pochoirs du 17e s. Terrasse sur la jolie place Jeanne-d'Arc où sont organisés des concerts de jazz en été. Clientèle tranquille d'habitués, d'étudiants et d'intellos.

L'Irish Pub – *3 pl. de Chambre - ✆ 03 87 37 01 38 - 18h-2h30, 3h30 le w.-end (ouverture dim. à 20h).* Petit pub typiquement irlandais fréquenté surtout par des habitués, dont beaucoup d'anglophones… et amateurs de fléchettes. Spécialités : bières (12 pressions dont une Guinness) et 42 whiskies. Concert de blues, rock ou pop le 1er vendredi du mois, de musique traditionnelle irlandaise le 3e jeudi du mois.

ACTIVITÉS

La Flotille – *1 quai des Régates - www.bateauxmetz.com - ✆ 03 87 36 86 71 - tlj (quand il fait beau) d'avr. à oct. - bateau à moteur 19,50 €/demi-heure, pédalo 9,70 €/demi-heure.*

Golf de Metz Technopole – *3 r. Félix-Savart - ✆ 03 87 78 71 04 - www.as-golf-metz-technopole.fr - 8h30-18h en sem. et 8h-18h le w.-end - fermé 25 déc.-1er janv.*

Golf du château de Chérisey – *38 r. Principale - 57420 Chérisey - ✆ 03 87 52 70 18 - www.golfcherisey.com - 9h-18h en sem. et 8h30-18h30 le w.-end. - fermé 22 déc.-3 janv.* Ce parcours de 18 trous occupe un site vallonné, en partie boisé et agrémenté de plans d'eau. Restaurant aménagé dans les salles du château, *putting green, practice…*

Golf de la Grange aux Ormes – *R. de la Grange-aux-Ormes - 57155 Marly - ✆ 03 87 63 10 62 - www.grange-aux-ormes.com - nov.-mars. 8h30-18h - avr.-oct. 8h-19h en sem. et 8h-19h30 le w.-end.* 18 trous, restaurant et brasserie.

AGENDA

Fontaines dansantes – *De déb. juil. à déb. sept. : vend., w.-end, j. fériés et veille de j. fériés au lac aux Cygnes, en bas de l'Esplanade (bd Poincaré), à la tombée de la nuit. Rens. : office de tourisme ✆ 03 87 55 53 76 ou 03 87 55 53 78.*

Grandes Fêtes de la mirabelle – *Fin août.* Marché de la mirabelle, animations folkloriques et feu d'artifice.

Nuit blanche – *Septembre.* Depuis 2008, Metz s'est lancé dans ce projet d'une nuit, au cours de laquelle se déploient performances artistiques et expériences créatives.

Marché de Noël – Défilé de St-Nicolas accompagné du père Fouettard (en décembre). Marché de Noël tous les jours sur la place St-Louis, la place du Forum, l'Esplanade, la place du Gén.-de-Gaulle (de fin nov. au 31 déc.).

L'Été du livre – *Début juin - www.etedulivre-metz.com.* Un salon du livre de 3 jours.

Gorze

1 278 Gorziens – Moselle (57)

NOS ADRESSES PAGE CI-CONTRE

S'INFORMER

Office du tourisme de Gorze – *22 r. de l'Église - 57680 Gorze - 03 87 52 04 57 - www.tourisme-lorraine.fr - juil.-août : tlj sf lun., 14h-18h ; avr.-juin et sept.-oct. : tlj sf lun. 14h-17h - fermé nov.-mars, 1er janv., 1er et 11 Nov., 25 déc.*

Visites guidées – *03 87 52 04 57 - Rens. à l'office de tourisme - circuit 1 : Découverte de la Maison de l'Histoire de la « Terre de Gorze » - 2,50 € - circuit 2 : Visite du patrimoine monumental - 3,50 €.*

SE REPÉRER

Carte de microrégion A2 (p. 124) – *carte Michelin Départements 307 H4.*
Gorze se trouve à 18 km à l'ouest de Metz.

Gorze s'est formé autour d'une abbaye bénédictine fondée au 8e s. par saint Chrodegang, évêque de Metz et conseiller de Pépin le Bref. L'emprise spirituelle de ses moines chanteurs très cultivés s'est étendue au cours des siècles et le village a conservé de cette période religieuse et prestigieuse d'anciennes demeures Renaissance, 17e et 18e s. et un palais abbatial. Aujourd'hui, Gorze appartient au Parc naturel régional de Lorraine où des sentiers balisés conduisent vers les roches de la Pucelle, la chapelle St-Clément (1603) et le rocher de la Vierge.

Se promener

Maison de l'histoire de la « Terre de Gorze »

03 87 52 04 57 - www.museegorze.fr - juil.-oct. : tlj sf lun., 14h-18h ; avr.-juin : tlj sf lun., 14h-17h - 2 € (-12 ans 1,50 €).

Des témoignages rappellent la prospérité de Gorze depuis l'époque du captage des sources par les Romains au 1er s., la construction du pont-aqueduc illustrée par une maquette, jusqu'à la fondation de l'abbaye.

Église St-Étienne

Le contraste est frappant entre l'extérieur, roman (sans arcs-boutants), et l'intérieur gothique (fin 12e s.), qui témoigne d'une influence rhénane. Le clocher central monumental est du 13e s. Au tympan du porche nord, vous verrez une belle représentation de la Vierge (13e s.) entre deux orants ; au revers, suspendu au-dessus de l'entrée, le grand Christ en bois est attribué à Ligier Richier. Au tympan de la petite porte à côté, curieuse figuration du Jugement dernier, de la fin du 12e s. Dans le chœur, belles boiseries renfermant des peintures bibliques du 18e s.

Ancien palais abbatial

Bâti en 1696, il est inclus dans l'actuelle maison de retraite. On y voit encore de belles fontaines ornées de bas-reliefs, une chapelle baroque et deux élégants escaliers.

Église de Gorze.
OT Gorze

À proximité Carte de microrégion

Aqueduc romain de Gorze à Metz B2

8,5 km à l'est en direction de Metz.
La qualité des eaux de Gorze avait été repérée par les Romains qui captèrent la source des Bouillons pour alimenter Metz. Des canalisations longues de 22 km reliaient Gorze jusqu'aux thermes et fontaines de Metz. L'aqueduc enjambait la Moselle. Sept arches subsistent en bordure de la D 6, au sud d'**Ars-sur-Moselle**, sur la rive gauche. Des fouilles ont mis au jour des éléments de canalisations et de maçonnerie. À **Jouy-aux-Arches**, sur la rive droite, un long tronçon de 16 arches surplombe la D 657.

Gravelotte B2

8,5 km au nord par la D 103 bis et la D 903.
Ce village entra dans l'histoire après les combats indécis et intenses qui s'y déroulèrent les 16 et 18 août 1870. Leur caractère meurtrier est resté proverbial. « Il pleut comme à Gravelotte » est devenu une expression familière, en référence aux obus qui s'abattaient sur la ville.

NOS ADRESSES À GORZE

ACHATS

Fromagerie St-Thiébault – *Route de Chambley - ✆ 03 87 52 00 76 - tlj sf merc. apr.-midi et dim. 10h-12h et 16h30-18h30.* Cette exploitation agricole « bio » produit tomme de Gorze, petit-roux, petit-frais et fromage blanc.

AGENDA

Caméras des champs – *✆ 03 82 33 93 16 - http://cameradeschamps.free.fr. Chaque année à Ville-sur-Yron, à 17 km à l'ouest de Gorze, 5 jours en mai.* Festival international du film documentaire sur le monde rural.

Amnéville

★

10 172 Amnévillois – Moselle (57)

NOS ADRESSES PAGE 150

S'INFORMER

Office du tourisme d'Amnéville – *R. des Thermes - 57360 Amnéville - ✆ 03 87 70 10 40 - www.amneville.com - 9h-12h30, 13h30-18h, w.-end et j. fériés 10h-12h, 14h-18h - fermé 1er janv., 25 déc.*

SE REPÉRER

Carte de microrégion B2 (p. 124) – *carte Michelin Départements 307 H3.* Amnéville se situe entre Thionville, à 10mn, et Metz, à 15mn.

À NE PAS MANQUER

Le parc zoologique, le musée de la Moto et du Vélo. Pour les plus sportifs, la piste de ski *indoor.*

AVEC LES ENFANTS

Quelques « must » : la baie des lions de mer au parc zoologique et le parc d'aventures dans les arbres. Un peu plus loin (en direction de Metz), Walygator Parc. Le parc zoologique et Walygator Parc occupent facilement une journée chacun.

Reconversion parfaitement réussie pour cet ancien foyer industriel. Au cœur d'une forêt de 500 ha, un important centre de loisirs et de thermalisme s'est développé autour de la source St-Éloy. En hiver ou en été, que vous soyez curiste ou hôte de passage, vous n'aurez pour vous occuper que l'embarras du choix : patinoire, bowling, ski, luge d'été, parc d'aventures dans les arbres, cinéma 3D, casino, musées, aquarium et un zoo très réputé.

Centre thermal et touristique

Au cœur d'une vaste forêt, le centre thermal et touristique est à la fois une base de loisirs et un pôle culturel. L'accès est libre et ouvert à tous, mais chaque activité est payante. *Pour les loisirs, reportez-vous au carnet d'adresses.*

Centre thermal

St-Éloy : ✆ 03 87 70 19 09 - fév.-déc. ; Thermapolis (av. de l'Europe) : ✆ 03 87 71 83 50 - tlj tte la journée - fermé en sept., 23-25 déc., 31 déc., 1er janv.

Grâce à ses eaux ferrugineuses et très fortement minéralisées qui jaillissent à 41 °C et prennent au contact de l'air une coloration rouille, le **Centre thermal St-Éloy** s'est spécialisé dans la rhumatologie et le traitement des affections respiratoires.

À proximité, **Thermapolis**, la cité de l'eau, et la **Villa Pompéi** rendent les bienfaits de l'eau accessibles à tous en proposant, au milieu de décors travaillés, des stages de remise en forme grâce à leurs bains bouillonnants, leur rivière intérieure et extérieure en eau thermale à 35 °C, leur Jacuzzi, leur hammam et leurs marbres chauds.

Spectacle d'otaries au zoo d'Amnéville.
R. Mattes/hemis.fr

★★ Parc zoologique d'Amnéville

1 r. du Tigre - ✆ 03 87 70 25 60 - www.zoo-amneville.com - ♿ - avr.-sept. : 9h30-19h30, dim. et j. fériés 9h30-20h ; reste de l'année : 10h-18h, dim. et j. fériés 10h-18h30 - 27 € (- 12 ans 22 €).

2

Les 2 000 animaux de ce zoo (plus de 320 espèces) sont tous nés en captivité et évoluent dans de vastes enclos où sont recréés les milieux naturels propres à chaque espèce : vous passez ainsi dans la même journée de la plaine africaine peuplée d'éléphants, de girafes et de rhinocéros blancs à la luxuriante végétation de la jungle amazonienne avec ses orangs-outangs ou au vivarium tropical, avec ses impressionnants reptiles. Parmi les grands fauves : tigres de Sumatra, lions, jaguars, léopards, panthères noires, lynx sans oublier les rarissimes tigres blancs. Vous pourrez observer de nombreuses espèces menacées de disparition, car le zoo s'est donné pour mission de les protéger, prêt à tenter des réintroductions en milieu naturel, si les conditions sont favorables. Des spectacles et des animations pédagogiques ponctuent la visite *(horaires affichés à l'entrée et en plusieurs endroits du parc)*, vous permettant de faire plus ample connaissance avec les manchots, les loups blancs, les hippopotames et même les ours polaires. À voir absolument : « Les Prédateurs du ciel », un spectacle *(35mn)* de rapaces en vol libre et la baie des lions de mer, où les otaries vous font une belle démonstration de « surf ».

Aquarium

✆ 03 87 70 36 61 - www.aquarium-amneville.com - ♿ - mars-sept. : 9h30-19h ; reste de l'année : 10h-18h30, lun. et mar. 13h30-17h30 - fermé 25 déc. - 12 € (3-11 ans 9 €).

Poissons de rivière, des fleuves australiens ou d'Amazonie nagent en eau claire dans l'**aquarium Imperator**. Le grand aquarium récifal permet de voir évoluer des poissons bigarrés habitués des lagons, et le bac aux requins héberge diverses espèces qui cohabitent ici sans problème. Traversez la serre tropicale où vous accueillent de magnifiques toucans, pour rejoindre les fameux piranhas, représentés par dix espèces. Vous découvrirez que, malgré leur impressionnante dentition, leur réputation de poissons tueurs n'est pas si fondée qu'on le croit.

Musée de la Moto et du Vélo

03 87 72 35 57 - www.musee-velo-moto.com - ♿ - juil.-oct. : 10h-12h, 13h30-18h ; nov.-janv. : mar., jeu. et vend. 13h30-17h, merc., w.-end et j. fériés 10h-12h, 13h30-17h ; fév.-juin : mar., jeu., vend. 13h30-18h, merc., w.-end et j. fériés 10h-12h, 13h30-18h, fermé lun. - fermé 1er janv., dim. et lun. de Pâques, 25 déc. - 5 € (12-26 ans 3 €).

Draisiennes, vieux vélocipèdes et vieilles motocyclettes ont été rassemblés ici en une collection de 250 modèles à 2 ou 3 roues, avec ou sans moteur, dont les plus anciens remontent au 19e s. De nombreuses pièces rares vous sont présentées : moto de parachutiste anglais (1943) pesant 43 kg, bicyclette équipée d'un moteur Diesel auxiliaire de 18 cm^3 (1951), bicyclette à cadre en bois (1910), ou encore le 1er scooter ou patinette de l'histoire : le **Skootamota**.

À proximité Carte de microrégion

★ Walygator Parc B2

3 km au sud d'Amnéville. 03 87 30 70 07 - www.walygatorparc.com - juil.-août : 10h30-18h30, sam. 11h-22h ; du 3 sept. au 1er nov. : 11h-18h ; reste de l'année : se rens. - fermé déc.-mars - 30 € (3-11 ans 25 €). Nombreuses boutiques et points de restauration sur place. Spectacles ou animations tout au long de la journée.

Ce vaste parc de loisirs de 42 ha invite petits et grands à découvrir des spectacles et à tester toutes sortes d'attractions, parfois aquatiques, adaptées à l'âge de chacun.

En famille, essayez le **Tea Cup**, une valse enivrante dans des tasses à thé, ou le **Tang'or**, grand oiseau qui se balance d'avant en arrière. Besoin d'un peu de fraîcheur ? Tentez le **Rafting**, où vous dévalez des rapides sur une bouée. **The Terror House** (interdit aux moins de 14 ans) attire les amateurs de frissons en retraçant des scènes de films d'épouvante. Enfin, si vous aimez les sensations fortes, restent à découvrir la tour du **Dark Tower**, qui vous propulsera à 55 m du sol en moins de 3 secondes, et l'**Anaconda**, montagne russe qui vous mettra la tête à l'envers. Parmi les spectacles, admirez les acrobaties et plongeons des aventuriers de **Pirates Splash**. Quant aux plus petits, ils apprécieront les zones en structures gonflables ou la miniferme.

NOS ADRESSES À AMNÉVILLE

HÉBERGEMENT

BUDGET MOYEN

Hôtel Orion – *R. des Thermes - 03 87 70 20 20 - www.accueil-amneville.com - ♿ - 44 ch. 64 € - ☕ 8 € - rest. 18/28 €.* Au cœur de la station thermale, cet établissement a fait l'objet d'une rénovation complète et moderne. Chambres spacieuses et confortables. Certaines sont en rez-de-jardin. À table, formules buffet accompagnées de menus du terroir en hiver.

POUR SE FAIRE PLAISIR

La Maison d'Hôtes – *Au parc de loisirs du Bois de Coulange - 03 87 40 11 20 - www.lamaisondhotes.fr - 7 ch. 66 € - ☕ 8,50 €.* En plein milieu de la forêt, cet hôtel façon chalet est sans nul doute l'adresse la plus charmante d'Amnéville. Les chambres lambrissées sont immenses, confortables et calmes. L'attention des hôtes se retrouve jusque dans les confitures maison du petit-déjeuner.

Hôtel Diane – *R. de la Source - ✆ 03 87 70 16 33 - www.accueil-amneville.com - fermé dim. (nov.-avr.) - 51 ch. 84 € - ☕ 9 €.* Au cœur du parc de loisirs, chambres confortables, rénovées dans un style sobre et contemporain. Salle des petits-déjeuners ouverte sur la nature.

RESTAURATION

BUDGET MOYEN

La Forêt – *1 r. de la Source - ✆ 03 87 70 34 34 - www.restaurant-laforet.com - fermé 30 juil.-12 août, 23 déc.-9 janv., dim. soir, lun. et soirs fériés - 21/42 €.* Carte traditionnelle à l'affiche de cette table familiale. À déguster dans l'ample et claire salle relookée ou sur la terrasse, face au bois de Coulange. Belle carte de vins.

La Taverne du Brasseur – *R. du Bois-de-Coulange - ✆ 03 87 70 11 77 - lun.-jeu. et dim. 10h-0h, vend.-sam. 10h-2h - fermé lun. hors vac. scol.* La bière d'Amnéville est brassée sur place, de manière artisanale. Vous pourrez la déguster dans un cadre convivial ou en terrasse, tout en savourant quelques spécialités régionales : choucroutes, jambonneaux, *flammekueches*, etc.

ACTIVITÉS

Centre thermal et touristique d'Amnéville-les-Bains – *1 r. du Tigre - ✆ 03 87 70 10 40 - www.zoo-amneville.com - avr.-sept. : 9h30-19h30 (dim. et j. fériés 20h) ; oct.-mars : 10h à la tombée de la nuit - 18 € (enf. 13 €).* Outre le parc zoologique *(voir p. 149)*, ce centre comprend une piscine et une patinoire olympique, un golf 18 trous, un casino, un espace de spectacle, un bowling, des luges monorail sur 290 m de dénivelé et beaucoup d'autres activités.

IMAX – *Centre thermal et touristique - ✆ 03 87 70 89 87 - www.amneville.com - tlj pdt les vac. scol. ; reste de l'année : merc., vend., sam., dim. - fermé lun., mar., jeu.* Un cinéma à la pointe de la technologie vous attend dans cet établissement qui possède le plus grand écran d'Europe. Projections de films en 2D ou 3D, à regarder avec des lunettes polarisantes. Salle équipée de sièges mobiles.

Golf – *Centre thermal et touristique - ✆ 03 87 71 30 13 - www.golf-amneville.com - été 8h30-19h, w.-end 7h30-20h - hiver 8h30-18h30 - 60 € w.-end, 45 € sem.* 18 trous.

Amnéville-Aventures – *Centre thermal et touristique - ✆ 03 87 73 45 60 - www.amneville-aventures.com - pour les horaires d'ouverture, se rens. - 19 € pour 2h30 d'activité (-12 ans 13 €).* On dit que ce parc d'aventures est l'un des plus grands de France. 132 ateliers répartis en 7 parcours allant de « graine de môme » (pour enfants) à « plus près du soleil » destiné aux plus aguerris. Un parcours de 10 tyroliennes, mur d'escalade et surf dans les arbres.

Piste de ski Indoor – *Centre thermal et touristique - lun. 14h-20h, mar.-mer. 10h-20h, jeu. 14h-23h, vend.-sam. 10h-23h, dim. 10h-20h, de mi-juin à mi-sept. 15h sem.* Grâce à un procédé maintenant la neige artificielle à une température appropriée, il est possible de s'adonner aux joies de la glisse sans se rendre dans les stations de sports d'hiver. Vous retrouverez les sensations du ski alpin sur cette piste faisant 90 m de dénivelé.

Thionville et le pays du fer

41 127 Thionvillois – Moselle (57)

NOS ADRESSES PAGE 156

S'INFORMER

Office du tourisme de Thionville – **Visite guidée de Thionville** – *℘ 03 82 53 33 18 - www.thionville.net - découverte de la ville, de ses rues et monuments (1h30) - juil.-août : merc., vend.-dim. 15h, 18h30 ; déc. : w.-end 15h, 16h30 - fermé j. fériés, 26 déc. - 4,50 €, Journées du patrimoine gratuit.*

Office du tourisme de Briey – *40 r. Carnot - 54150 Briey - ℘ 03 82 46 33 22 - www.ccpb54.fr - mar., jeu. et vend. 8h30-12h, 13h30-17h, sam. 8h30-12h - fermé lun., merc., dim. et j. fériés.*

Office du tourisme du Val de Fensch – *2 r. de l'Hôtel-de-Ville - 57700 Hayange - ℘ 03 82 86 65 30 - www.valdefensch-tourisme.com - lun.-vend. 9h15-12h, 14h-17h45, sam. 9h15-12h30, 13h30-15h45.*

SE REPÉRER

Carte de microrégion B1 (p. 124) – *carte Michelin Départements 307 I2.*
À 30 km au nord de Metz par l'A 31.

SE GARER

Le centre-ville, bien pourvu en parkings, se situe en bordure de la Moselle, entre la place de la Liberté et le quai Crauser.

À NE PAS MANQUER

Le château de la Grange, son riche mobilier et son jardin contemporain, l'illumination du haut fourneau d'Uckange.

AVEC LES ENFANTS

Les écomusées des Mines de fer de Neufchef et d'Aumetz.

De ses appartenances successives au duché de Luxembourg, au duché de Bourgogne, à l'Espagne, à la France et même à l'Allemagne, Thionville a gardé une dimension vraiment européenne. Aujourd'hui, la ville est surtout un lieu de flânerie, avec ses remparts, ses belles façades anciennes et ses parcs fleuris. Autour d'elle, le « pays du fer », sur lequel Thionville régnait, a bien changé. Mais la rude épopée des « gueules jaunes » continue d'imprégner l'identité de toute la région.

Se promener

Musée du Pays thionvillois (ou musée de la Tour aux Puces)

Cour du Château - ℘ 03 82 82 25 52 - www.tourauxpuces.com - 14h-18h - fermé lun., 1er janv., dim. et lun. de Pâques, 1er nov., 25 déc. - 3,10 € (-18 ans gratuit).

Encore appelé **tour au Puits** *(Peetz Turm)*, ce puissant donjon médiéval des 11e et 12e s., assis sur une base carolingienne, est le plus important vestige de l'ancien château féodal des comtes de Luxembourg. Étonnante architecture que la sienne avec ses quatorze côtés ! Vous y découvrirez l'histoire de Thionville et de ses environs en cinq étapes, depuis le paléolithique jusqu'au bas Moyen Âge. Riche section gallo-romaine et importante collection de lapidaires de la fin du Moyen Âge.

Château de la Grange à Manom.
M.-F. de Selancy/Château de la Grange

2

Église St-Maximin

Cett église, de plan grandiose, abrite un très beau maître-autel à baldaquin baroque et orgue (18e s.).

Beffroi

Près de la place du Marché, non loin de la cour baroque du Mersch, cette tour a été construite au 16e s. Son clocher en ardoise abrite quatre cloches, dont la *Grosse Suzanne*, et se compose d'une lanterne chapeautée et d'un bulbe.

Ponts-écluses

Ils sont dus à Louis de Cormontaigne, qui, au 18e s., renforça les fortifications de la ville. On lui doit également la porte de Sarrelouis, encore debout.

★ Château de la Grange

Au nord par l'avenue Albert-Ier, puis à gauche, à l'angle de la route de Luxembourg et de la chaussée d'Amérique (commune de Manom). ✆ 03 82 53 85 03 - www.chateaudelagrange.com - visite guidée (45 mn) juil.-août : 14h-18h ; du 7 avr. au 30 juin et de déb. sept. au 25 oct. : w.-end et j. fériés 14h-18h - fermé du 1er nov. au 6 avr. - 7,50 € (-12 ans 6 €) ; billet combiné avec le Jardin des prairiales, 3 € (6-12 ans 2 €).

Construit en 1731 par Robert de Cotte, le château est élevé sur les soubassements d'une forteresse qui servit jusqu'au 17e s. d'avant-poste aux défenses de la citadelle de Thionville. La grande cuisine au mobilier lorrain présente une cheminée surmontée d'un très bel arc en anse de panier. Dans la salle à manger, deux vitrines exposent des collections de porcelaines de Boch et de Chantilly. Remarquez le poêle en faïence blanc et or, haut de près de 5 m. Dans l'entrée, les remarquables tapisseries des Flandres du début du 17e s. ont pour sujet la guerre de Troie. En haut de la cage du grand escalier, à la belle rampe de fer forgé du 18e s., deux énormes vases chinois, en émail cloisonné, et deux bas-reliefs de l'école de Jean Goujon. Dans la salle de bains Empire, la baignoire, taillée dans un seul bloc de marbre blanc, a appartenu à Pauline Bonaparte. Le mobilier Louis XV et la décoration du grand salon bleu sont

d'origine. Remarquez son plancher à marqueterie en étoile. La bibliothèque est installée dans l'ancienne chapelle du château.
Autour du château, le **Jardin des prairiales** reprend exactement l'emprise de celui qui existait au 18e s. Dans ce jardin contemporain dessiné par le paysagiste Franck Neau, les buis mélangés aux lys, les allées de porcelaines et les grandes fleurs de prairie ou prairiales invitent le visiteur autant à la contemplation qu'à la promenade.

Circuit conseillé Carte de microrégion

★ LE PAYS DU FER

Pour visualiser ce circuit de 90 km au départ de Thionville, reportez-vous à la carte p. 124. Comptez une demi-journée.
Quittez Thionville par le sud et la D 953.
Aussitôt après Thionville commence un long défilé d'usines. À la sortie de Terville et après le passage à niveau de Daspich, vue sur le site de Sollac-Florange, un des établissements de Sollac, la branche des produits plats d'Arcelor-Mittal, leader européen dans son domaine d'activité.
Prenez à droite la D 18 jusqu'à Serémange-Erzange, puis à gauche la D 17.
Au cours de la montée vers St-Nicolas-en-Forêt, belle vue dans les clairières et, près du bâtiment de la Compagnie générale des eaux, vue étendue sur la **vallée industrielle de la Fensch** (Unimetal-Sollac Florange, hauts-fourneaux de Lorfonte, cimenterie d'Ébange). Du rond-point du Bout-des-Terres à l'extrémité du boulevard des Vosges, on a aussi un beau panorama sur la vallée de la Moselle. Dépassez Hayange, où se trouve l'usine Sogérail qui fabrique les rails pour le TGV, pour atteindre Neufchef.

★ Écomusée des Mines de fer de Neufchef A1

03 82 85 76 55 - www.musee-minesdefer-lorraine.com - visite guidée (1h30) 14h-18h (dernier dép. 16h30) - fermé lun., 1er janv., 25 déc. - 3 € (-6 ans gratuit).
Il occupe le site de Ste-Neige, « mine de coteau » dont les galeries s'ouvraient à flanc de colline. En surface, un vaste bâtiment, devant lequel est reconstitué un carreau de mine, documente les visiteurs sur la genèse du fer et ses conditions de gisement, ainsi que sur le métier de mineur et son environnement social. Le long d'un parcours de 1,5 km, des chantiers de diverses époques ont été réinstallés, invitant à un passionnant voyage dans le temps, riche d'enseignements sur l'évolution des techniques minières : forage au vilebrequin, apparition du wagonnet, avènement du compresseur et du marteau-piqueur, mise en œuvre de machines d'extraction…
Après Neufchef, la route traverse la forêt de Moyeuvre, coupée par la vallée du Conroy. À Avril, possibilité de prendre à droite la D 906 jusqu'à Aumetz, au nord.

Écomusée des Mines de fer d'Aumetz A1

03 82 91 96 26 - www.musee-minesdefer-lorraine.com - visite guidée (1h30) mai-sept. : 14h-18h (dernier dép. 16h30) - fermé lun., 1er janv., dim. et lun. de Pâques, 1er et 11 Nov., 25 déc. - 3 € (-6 ans gratuit).
L'ancienne mine de Bassompierre, ouverte sur le revers de la côte de Moselle, rend bien compte du travail des mineurs. En surface de la mine, on accède au chevalement (34 m), tour d'acier assurant la liaison avec le fond, d'où l'on a un bon aperçu de la région minière, ainsi qu'aux bâtiments d'exploitation abritant la salle des compresseurs, la forge et la grande machine d'extraction.
Revenez par la même route jusqu'à Briey, au sud.

Briey A2

Ici se trouve la troisième Cité radieuse de Le Corbusier, après celles de Marseille et de Nantes. C'est dire si, dans les années 1950, Briey s'était déjà tournée vers l'avenir… Aujourd'hui, retour à la nature avec des activités nautiques sur le plan d'eau de la Sangsue et des balades en forêt.

Cité radieuse – Le Corbusier et André Wogenscky choisirent le site boisé de Briey-la-Forêt pour lier architecture et nature. Ici, le programme destiné à environ 2000 habitants comprend 60 logements individuels et surtout une « unité d'habitation » de 17 étages et 350 logements. On peut descendre à pied au plan d'eau, par le sentier qui se trouve à l'arrière de la Cité.

Église St-Gengoult – *✆ 03 82 46 07 31 - sur demande au presbytère.* Une crypte romane du 11e s. située sous l'allée collatérale gauche, entre les 3e et 4e piliers, a été mise au jour en 1982, mais elle a dû être recouverte. Le bâtiment visible est plus composite, et son joli clocher date de 1743. Les fenêtres du chœur, murées, mettent en valeur le **calvaire★**, groupe de six personnages, sculptés dans le bois vers 1530, attribué à l'école de Ligier Richier sinon au maître lui-même.

Belvédère – Sur le côté gauche de l'église, un petit jardin offre une vue dominante sur le **plan d'eau de la Sangsue**, créé par une retenue du Woigot. Il est le point de départ de plusieurs promenades pédestres en forêt et accueille des activités nautiques.

À partir d'Homécourt, la route, qui emprunte la **vallée de l'Orne**, n'est qu'une longue suite de cités résidentielles et d'usines.

De Rombas, rejoignez la D 953 à Hagondange.

Hagondange B2

C'est l'ancien fief de Thyssen, magnat allemand de l'acier avant 1914. Dans la cité située à droite de la D 47, église moderne dont le plafond est fait de lattes de sapin formant pointes de diamant. À droite de la D 953, entre Hagondange et Uckange, s'est construite, en 1960, la centrale sidérurgique de Richemont. Avec les installations métallurgiques d'Uckange commencent les faubourgs de Thionville.

2

Haut-fourneau d'Uckange B1

✆ 03 82 57 37 37 - www.haut-fourneau-u4.fr - de Pâques à la Toussaint : tlj sf lun. 14h-18h30 (dernière entrée 30mn av. la fermeture), vend. et sam. 20h30-0h - possibilité de visite guidée w.-end et j. fériés 14h15 et 16h30 - 3 €.

Le haut-fourneau U4 ouvre ses portes après des années de travaux pour présenter l'équipement typique de la sidérurgie de l'Entre-deux-guerres. L'U4 est l'un des six hauts-fourneaux de l'usine construite entre 1878 et 1904 par les frères Stumm et qui représentait à l'époque l'invasion de la « grosse industrie allemande ». La visite permet de découvrir la structure et son histoire. Le site est aussi accessible en soirée pour admirer sa mise en lumière conçue par Claude Lévèque, artiste plasticien de renommée internationale. Au pied du haut-fourneau, un parc paysager baptisé le jardin des Traces a été aménagé à l'emplacement de l'ancienne usine.

LE GISEMENT DE FER LORRAIN

Le gisement de fer lorrain s'étire sur 120 km de la forêt de Haye au Luxembourg. En un peu plus d'un siècle, il a livré 3 milliards de tonnes de « minette », minerai à teneur en fer relativement faible (33 %). Le record de production de fer a été atteint en 1962 avec 62 millions de tonnes de minerai. Mais la minette lorraine n'est plus extraite du sol depuis 1997, date de la fermeture de la dernière mine.

À voir aussi Carte de microrégion

Pelouses calcaires du Val de Fensch B1

Voir la brochure de l'office du tourisme du Val de Fensch très complète avec itinéraires et commentaires - Informations auprès du Conservatoire des sites lorrains - ✆ 03 87 03 00 90.

Une biodiversité impressionnante, une végétation éparse piquetant un sol calcaire où poussent thym, origan et orchidées… Qui soupçonnerait l'existence d'un écosystème quasi méditerranéen à un jet de pierre des hauts-fourneaux ? Les sentiers découverte du plateau d'Algrange-Nilvange et des côtes de Ranguevaux permettent d'arpenter des paysages uniques en Lorraine qui offrent un autre point de vue sur l'ancien pays minier.

NOS ADRESSES À THIONVILLE ET ALENTOUR

HÉBERGEMENT

BUDGET MOYEN

Hôtel des Oliviers – *1 r. du Four-Banal - ✆ 03 82 53 70 27 - www.hoteldesoliviers.com - 26 ch. 56/63 € - ☕ 8 €.* Cet hôtel bénéficie d'une situation privilégiée en centre-ville, dans une rue piétonne. Chambres colorées, bien rénovées et insonorisées.

Hôtel du Parc – *10 pl. de la République - ✆ 03 82 82 80 80 - www.hoteldu-parc.com - 41 ch. 62/69 € - ☕ 8,50 €.* Aux abords du centre-ville, immeuble du début du 20e s. près d'un petit parc public. Chambres, fonctionnelles.

RESTAURATION

PREMIER PRIX

Relais du Musée – *Vallée Ste-Neige - 57700 Neufchef - 14 km au sud-ouest de Thionville par D 13 et D 57 dir. Hayange - ✆ 03 82 84 74 37 - tlj sf lun. 11h30-17h - 10/30 €.* Dans cet accueillant restaurant aux allures de bistrot, on vous servira une cuisine de brasserie. Les baies vitrées de la salle à manger ouvrent sur la mine de fer.

BUDGET MOYEN

Les Alérions – *102 r. Nationale - 57970 Yutz - ✆ 03 82 56 26 63 - www.lesalerions.com - fermé vac. de fév., 20 juil.-10 août, lun. sf j. fériés et ts les soirs de la sem. sf vend. et sam. - 15,50/45 €.* Haut plafond, boiseries, tentures aux couleurs chaudes, grande cheminée, poêle en faïence et mobilier rustique président au décor de la salle à manger, où l'on déguste une sage cuisine traditionnelle.

Ferme-auberge Ste-Mathilde – *9 r. du Pâle - 54640 Tucquegnieux - 10 km au nord-ouest de Briey par D 346, D 146 puis D 145A - ✆ 03 82 21 29 04 - www.chez.com/aubergemathilde - ouv. sam. soir et dim. midi - ⊠ - réserv. indispensable - 22/32 €.* Si vous le pouvez, ne manquez pas la potée lorraine de la patronne, servie le deuxième dimanche de chaque mois d'hiver. Sinon, il y a l'embarras du choix : porc, bœuf, volaille, fromages (en vente également sur place), crème et pain maison, sans oublier les nouveaux plats proposés chaque dimanche… Cette belle ferme du 16e s. est un piège à gourmands !

ACHATS

Marché aux puces – *R. Walker et bd du XXe-Corps, autour du théâtre municipal - 2e et 4e dim. de chaque mois.*

Longwy

14 317 Longoviciens – Meurthe-et-Moselle (54)

NOS ADRESSES PAGE 159

S'INFORMER

Office du tourisme de Longwy – *Pl. Darche - 54400 Longwy - ☏ 03 82 24 94 54 - www.ot-paysdelongwy.com - du 24 avr. à fin oct. : 10h-12h, 14h-18h ; de déb. janv. au 24 avr. : 10h-12h, 14h-17h, w.-end 14h-17h - fermé 1er janv., 1er Mai, 1er et 11 Nov., 25 déc.*

Visite guidée des fortifications de Vauban – *☏ 03 82 53 33 18 - www.thionville.net - découverte de la ville, de ses rues et monuments (1h30) : juil.-août : merc., vend.-dim. 15h, 18h30 ; déc. : w.-end 15h, 16h30 - fermé j. fériés, 26 déc. - 4,50 €, Journées du patrimoine gratuit.*

SE REPÉRER

Carte de microrégion A1 (p. 124) – *carte Michelin Départements 307 F1.* Depuis Metz et Thionville, l'A 30 se prolonge par une voie express jusqu'aux abords immédiats de la ville. Au nord, l'A 28 conduit rapidement vers Bruxelles et Liège, ou vers le Luxembourg.

À NE PAS MANQUER

Les remparts de Vauban, le musée municipal des émaux.

AVEC LES ENFANTS

Les écomusées des Mines de fer de Lorraine à Aumetz et à Neufchef.

Ancienne « cité du fer », Longwy est aujourd'hui surtout connue pour ses faïenceries et ses émaux bleu turquoise. Depuis 1987, date de l'arrêt des hauts fourneaux, la ville s'est résolument tournée vers d'autres activités et une autre qualité de vie. À Longwy-Bas, des administrations ont pris la place des usines désaffectées. Le quartier de Longwy-Haut, au nord-ouest, jouit du prestige de ses monumentales fortifications de Vauban, inscrites au Patrimoine mondial de l'Unesco.

Se promener

Fortifications

La transformation de Longwy en place forte fut entreprise au 17e s., sous le règne de Louis XIV. Les fortifications construites selon les plans de Vauban dessinaient la forme d'une étoile à six branches. Témoins de l'époque, la porte de France, la Boulangerie militaire, l'église St-Dagobert, l'hôtel de ville et le puits de Siège.

Musée municipal des Émaux

R. de la Manutention - ☏ 03 82 23 85 19 - mai-oct. : 10h-12h, 14h-18h ; nov.-avr. : 14h-18h, w.-end et j. fériés 10h-12h, 14h-18h - possibilité de visite guidée (1h15) - fermé lun., 1er janv., 25 déc. - 3,50 € (-7 ans gratuit).

Installé près de la porte de France, au premier étage de la Boulangerie militaire (dont on peut encore voir les grands fours), le musée présente, entre autres collections, celle des faïences et des émaux produits à Longwy, ainsi que plus de 4 000 **fers à repasser★** en verre, en pierre, en terre cuite, en bronze, en cuivre… et en fer.

Château de la faïencerie St-Jean-l'Aigle

À Herserange, accès par Longwy-Bas. R. de la Chiers - ✆ 03 82 24 58 20 - sept.-juil. : 9h-12h, 14h-17h - fermé w.-end, j. fériés et la sem. du 24 déc. au 2 janv. - 8 € (-16 ans gratuit).

Il abrite une des dernières faïenceries artisanales et un agréable petit musée qui présente majoliques, barbotines, émaux sur paillon d'or et émaux ombrants typiques de Longwy. Remarquez le majestueux « cacatoès » daté des environs de 1900 et signé de Schuller. Un grand four à bois a été reconstitué.

À proximité Carte de microrégion

Vitraux Majorelle A1

Depuis Longwy-Haut, prenez la direction d'Arlon (Belgique). à la sortie de Long-la-Ville, tournez à droite au 1er rond-point, continuez tout droit au 2e puis prenez à gauche au stop. Suivre l'indication « Espace Jean-Monnet ». La Maison de la formation est un grand bâtiment rose au toit d'ardoises. Accès libre. Espace Jean-Monnet - ✆ 03 82 25 24 00 - 7h30-18h - fermé w.-end et j. fériés - gratuit.

En leur heure de gloire, fin 19e s.-début 20e s., les vitraux ornaient aussi bien les bâtiments religieux que les bâtiments civils. C'est pour les Grands Bureaux des Aciéries de Longwy que Majorelle créa, en 1928, trois remarquables séries de vitraux représentant des ouvriers sidérurgistes au travail. La verrière qui orne l'escalier de l'actuelle Maison de la formation s'étend sur trois étages *(voir surtout les 2e et 3e étages).*

Cons-la-Grandville A1

7 km au sud-ouest. Quittez Longwy par la D 618. À 4 km, prenez à gauche la D 172.

Cette bourgade, dans une cuvette entourée d'une boucle de la Chiers, est connue pour son **château** aux belles **façades★** Renaissance. Il a été construit au 16e s. sur l'emplacement d'un ancien château fort dont il ne reste qu'une tour ronde. Ne manquez pas de jeter un œil aux oubliettes dans le soubassement médiéval et à la monumentale cheminée du 16e s. dans la salle d'honneur. *✆ 03 82 44 99 00 - www.conslagrandville.com - château 14 Juil.-31 août : dim. et j. fériés 14h-18h, Journées du patrimoine 10h-19h - possibilité de visite guidée - prieuré 2 mai-25 oct. : w.-end et j. fériés 14h-18h - 5 € (-12 ans gratuit) château, 4 € (-12 ans gratuit) prieuré.*

Face au château, prieuré St-Michel, reconstruit au 18e s. À la sortie nord de la localité, le haut fourneau, sur le côté gauche de la route, date de 1865.

Crusnes A1

17 km au sud-est de Longwy que l'on quitte par la D 26 pour traverser le bois de Selomont. À Villerupt, prenez à droite la D 27.

L'église dédiée à sainte Barbe, patronne des mineurs, est entièrement réalisée en fer. Lorsqu'elle fut construite, en 1939, on pensait reproduire ce prototype dans les colonies françaises. L'église est décorée de peintures d'Untersteller et d'un chemin de croix taillé dans des blocs de minerai.

Musées des Mines de fer de Lorraine – Deux sites se complètent sur ce propos : **Aumetz**, sur la N 521, à égale distance de Longwy et de Thionville, et **Neufchef**, au sud-ouest de Thionville par la D 57 *(voir Thionville).* On peut aussi visiter l'ancienne mine d'**Hussigny-Godbrange**, arrêtée mais restée en l'état. Les engins et les hommes recréent l'atmosphère de l'époque d'exploitation *(quelques jours de visite seulement dans l'année. Réservation indispensable. ✆ 03 82 44 40 16 - 7 €).*

Espace archéologique d'Audun-le-Tiche A1
1 r. de l'Alzette - ✆ 03 82 52 13 03 - visite guidée (1h30) se rens. : 10h-18h - 3 € (- 4 ans gratuit).
Fondé à la suite de la découverte d'une nécropole mérovingienne sur les hauteurs de la ville, ce petit espace présente également des témoignages des époques préhistorique, gallo-romaine, médiévale et contemporaine.

NOS ADRESSES À LONGWY

HÉBERGEMENT ET RESTAURATION

BUDGET MOYEN

Hôtel du Nord – *14 r. Gambetta - ✆ 03 82 23 40 81 - www.hoteldunordlongwy.fr - 20 ch. 56 € - ☕ 8 €.* Située dans la ville haute, au cœur du centre-ville, cette adresse simple à prix doux propose des chambres fonctionnelles et bien tenues.

POUR SE FAIRE PLAISIR

Hôtel Ibis – *R. du Château-d'Eau - 54135 Méxy - ✆ 03 82 23 14 19 - www.accorhotels.com - fermé sam. midi - P - 62 ch. 72 € - ☕ 8 € - rest. 11/25 €.* Établissement situé à proximité d'un axe passant. Les installations sont spacieuses, l'équipement complet, et le mobilier contemporain. Chambres de style actuel. Assiettes gourmandes et formule buffet à découvrir dans un sobre décor ou en terrasse.

ACHATS

Quatre faïenceries perpétuent à Longwy la tradition des émaux. Chacune d'elles propose ses créations, des plus traditionnelles aux plus modernes, que l'on peut acquérir à tous les prix :
Faïencerie Émaux de Longwy – *3 r. des Émaux - ✆ 03 82 24 30 94.*
Faïencerie Émaux de Saintignon – *6 av. de Saintignon - ✆ 03 82 24 47 78.*
Faïencerie Émaux des Récollets – *2 pl. Giraud - 54400 Longwy-Bas - ✆ 03 82 23 26 50 - visite libre tlj sf dim. 9h-12h, 14h-18h - gratuit.*
Les décoratrices y travaillent avec les mêmes gestes qu'autrefois, dans le style traditionnel de Longwy, ou pour des créations contemporaines.
Faïencerie St-Jean-l'Aigle *(voir description p. 158).*

AGENDA

Festival du film italien de Villerupt – *Chaque année, à l'automne, une semaine de projections - www.festival-villerupt.com.* Le festival doit son origine au passé sidérurgique de la région : une nombreuse main-d'œuvre italienne fut appelée en renfort de 1880 à 1960. Avant-premières et logement chez l'habitant donnent une idée du joyeux mélange qui caractérise ce festival.

Sierck-les-Bains

1 730 habitants – Moselle (57)

NOS ADRESSES PAGE 163

S'INFORMER

Office du tourisme de la communauté de communes des trois frontières du pays de Sierck – *3 pl. Jean-de-Morbach - 57480 Sierck-les-Bains - 03 82 83 74 14 - www.otsierck.com - mai-sept. : 10h-12h, 13h-17h, w.-end et j. fériés 10h-13h, 14h-17h.*

SE REPÉRER

Carte de microrégion B1 (p. 124) – *carte Michelin Départements 307 J2.* À 17 km au nord-est de Thionville, 32 km au sud-est de Luxembourg, 45 km au nord-est de Metz.

À NE PAS MANQUER

Les expositions du château de Malbrouck.

AVEC LES ENFANTS

Parties de cache-cache dans le château de Sierck, animations au château du célèbre Malbrouck.

Du haut de l'immense château fort qui domine la ville, on peut voir la Moselle quitter la France et, avant de devenir frontière entre l'Allemagne et le Luxembourg, s'enfoncer entre de hautes collines couvertes de vignes et de vergers. Eau, forêt et montagne composent les paysages que l'on rencontre le long de la Moselle ou sur les sentiers menant à l'Altenberg et au sommet du Stromberg.

Se promener

★ Château

03 82 83 67 97 - www.chateau-sierck.com - ♿ - mai-sept. : 10h-19h, dim. et j. fériés 10h-20h - mars-avr. et oct.-nov. : 10h-16h, dim. et j. fériés 10h-17h - 4,90 € (6-14 ans 3,30 €).

Demeure appréciée des ducs de Lorraine jusqu'au 17e s., le légendaire château fort des Malbrouck est construit sur un promontoire rocheux. Il a conservé une bonne partie de ses fortifications du 11e s. : murs d'enceinte, casemates, tours de l'Artillerie, du Guet, de la Redoute et des Pères récollets. Impressionnante collection d'armes des 15e et 16e s. dans l'arsenal du château. Du château, **vue★** sur la vallée de la Moselle, dominée par le Stromberg, aux pentes couvertes de vignes.

Non loin de là, la **chapelle de Marienfloss**, vestige d'un couvent puis d'une chartreuse autrefois florissante et important lieu de pèlerinage, a été restaurée et agrandie. C'est ici qu'en 1415 est née la prière du Rosaire, grâce à Adolphe d'Essen.

À proximité Carte de microrégion

Rustroff B1

1 km au nord-est. L'**église** de ce village se dresse à l'extrémité de l'abrupte rue principale. Refaite au 19e s., elle abrite un beau retable en bois peint du 15e s. et une petite pietà du début du 16e s.

Rodemack.
F. Cormon/hemis.fr

Rettel B1

2 km à l'ouest. Dans ce petit bourg loti dans un méandre de la Moselle, vous pourrez voir la **maison de la Dîme** (15e s.), dont les portes et fenêtres sont décorées de tympans gothiques.

2

Réserve naturelle de Montenach B1

3 km au sud-est. Parking fléché depuis Montenach, au départ du sentier de découverte. 1 pl. de la Mairie - ✆ 03 82 83 62 84 - www.conserkn.p5alias.domicile.fr/montenach/fr/montenach.html - 8h-19h - possibilité de visite guidée (2h30), sur RV - gratuit.

C'est en avril-mai que le site a le plus d'intérêt : sur les pelouses calcaires poussent plus de 20 espèces d'orchidées. Au retour, parcourez le site des **affleurements de quartzite** pour compléter votre découverte de l'étonnante flore du pays de Sierck.

★★ Château de Malbrouck à Manderen B1

8 km au nord-est par la D 654 et la D 64 à droite. À l'entrée du village de Manderen, prenez le chemin en montée à gauche.

✆ 03 87 35 03 87 - www.chateau-malbrouck.com - juin-août : lun. 14h-18h, mar., merc. jeu., vend. 10h-18h, w.-end et j. fériés 10h-19h ; avr.-mai : lun. 14h-17h, mar., merc., jeu., vend. 10h-17h, w.-end et j. fériés 10h-18h - fermé de mi-déc. à mi-sept. - 7 € (-16 ans gratuit).

L'imposant château qui couronne la colline boisée de Meinsberg, à un trait de flèche des frontières allemande et luxembourgeoise, fut construit de 1419 à 1434 par Arnold VI, seigneur de Sierck et de Meinsberg. Faute de descendance, la forteresse passe de propriétaire en propriétaire et finit par ne plus être entretenue. En juin 1705, lors de la guerre de Succession d'Espagne, le duc de Malborough, qui commande les armées coalisées contre la France, y installe son quartier général. Il attend du renfort, mais ses hommes sont anéantis dans les Ardennes. « Marlborough » (déformé en « Malbrouck ») lève donc le camp sans combattre, non sans avoir légué au lieu son surnom de « château

de Malbrouck ». Les Français, persuadés que le duc a été tué, composent sur lui la chanson *Malbrouck s'en va-t-en guerre*. Le château finit en ruine au 19e s.
La restauration (1991-1998) a rendu à l'édifice sa fierté d'origine sans chercher l'imitation : quelques aménagements modernes sont la signature de notre époque. Chaque année, le conseil général de Moselle organise une **grande exposition** qui occupe tout le château et oriente la visite. Vous verrez notamment les carreaux de poêle et les canalisations retrouvés lors de la restauration de l'édifice, témoins du confort des châteaux au 15e s. Du haut des remparts et des tours, **vue★** sur les forêts du Luxembourg et l'Allemagne.

Circuit conseillé Carte de microrégion

COTEAUX DE LA MOSELLE

Pour visualiser ce circuit de 45 km au départ de Sierck, reportez-vous à la carte p. 124. Comptez environ 1h30.
Sortez de Sierck par la D 64.
Le circuit parcourt les coteaux de la rive gauche de la Moselle, puis se termine par une incursion au Luxembourg. Avant d'atteindre Haute-Kontz, la route file entre les pentes du Stromberg couvertes de vignobles (vin blanc réputé) et la Moselle. On traverse **Contz-les-Bains**, qui abrite un **musée du Vin**. On peut aussi y visiter une cave.

Haute-Kontz B1

De la terrasse de l'église (tour du 11e s.), belle **vue** sur un méandre de la rivière et le bourg de Rettel en face.
Prenez la D 1 à Fixem.

Centre nucléaire de production d'électricité B1

À Cattenom. Visite du Centre d'Information du Public (exposition, maquettes, films) - réserv. (2 j. av.) : CNPE de Cattenom - Mission communication - BP 41 - 57570 Cattenom - ☏ 03 82 51 70 41 - cattenom.edf.com - juil.-août : lun., mar., jeu., vend. 13h-17h, merc. 10h-12h, 13h-17h - fermé w-end et j. fériés - gratuit.
Il comprend 4 tranches relevant de la filière à eau pressurisée. Chaque unité, équipée d'une tour de refroidissement d'une hauteur de 165 m, fournit une puissance électrique de 1 300 MW. Des panneaux et des bornes interactives vous révéleront tout ce que vous avez toujours voulu savoir sur le fonctionnement d'une centrale.
Prenez à droite la D 56.

Usselskirch B1

Dans le cimetière jouxtant la route, une tour romane est l'unique vestige d'une église du 12e s.
Gagnez Boust par la D 57.

Boust B1

Bâtie en pierre de taille, sur une éminence, l'église St-Maximin (1962), œuvre de l'architecte Pingusson, est remarquable par sa nef circulaire que prolonge un long pédoncule flanqué d'un campanile.
Revenez sur la D 56.

Roussy-le-Village B1

L'église St-Denis (1954), en pierre et béton, est surtout intéressante pour les sculptures de Kaeppelin et les vitraux de Barillet qu'on peut voir à l'intérieur.

Revenez à Usselskirch et suivez la D 57.

Rodemack B1

À 5 km de la frontière luxembourgeoise, Rodemack figure sur la liste des plus beaux villages de France. Cette ancienne cité surnommée « la Petite Carcassonne lorraine » conserve du temps de sa splendeur une imposante forteresse, restaurée au 17e s., et une porte fortifiée, au sud, au bord de la rivière, marquée par deux tours rondes. L'**église** (1783) frappe par la simplicité de son architecture, sa statuaire et son mobilier. Les maisons de Rodemack, au crépi gris et aux fenêtres cintrées, les entrées de caves et celles des granges sont typiques de la Lorraine.

Rejoignez la D 1. Vous traversez la frontière luxembourgeoise.

Mondorf-les-Bains B1

Belle ville d'eau dont les deux sources à 24 °C conviennent surtout aux affections hépatiques, intestinales et rhumatismales. Près de l'établissement thermal, **parc★** de 36 ha, aux belles frondaisons et aux parterres fleuris ; jolies vues sur le paysage luxembourgeois. Élevée en 1764 sur une colline dominant le vieux bourg, l'**église St-Michel**, de crépi rose et entourée d'un cimetière, possède un riche **mobilier★** Louis XV. Son orgue sur balcon sculpté d'emblèmes musicaux côtoie des stucs et fresques peints en trompe l'œil par Weiser (1766).

NOS ADRESSES À SIERCK-LES-BAINS

HÉBERGEMENT

BUDGET MOYEN

Relais du Château Mensberg – *15 r. du Château - 57480 Manderen - ✆ 03 82 83 73 16 - www.relais-mensberg.com - fermé 26 déc.-20 janv. - P - 13 ch. 64 € - ☕ 8 € - rest. 18/60 €.* Au pied du château fort de Malbrouck, cette ancienne ferme vous accueille dans de confortables chambres fraîches. Trois salles à manger rustiques et plats traditionnels.

RESTAURATION

BUDGET MOYEN

Restaurant de la Vieille Porte – *8 pl. Morbach - ✆ 03 82 83 22 61 - www.lavieilleporte.fr - fermé 20-30 déc., mar. et merc. - 14,50/90 €.* Dans une imposante bâtisse de Sierck, ce restaurant sert une solide cuisine de terroir où se mêlent tradition et modernité. Les grands classiques (blanquette, tête de veau) figurent au copieux menu du jour (15 €).

Auberge de la Klauss – *1 rte de Kirschnaumen - 57480 Montenach - 3,5 km au sud-est de Sierck-les-Bains par D 956 - ✆ 03 82 83 72 38 - www.auberge-de-la-klauss.com - fermé 24 déc.-7 janv. et lun. - 16/52 €.* Ambiance *Le bonheur est dans le pré* d'Étienne Chatiliez dans cette auberge de campagne où l'on élève des oies, des canards et des cochons… Plats du terroir, bons vins, gibier en saison et foie gras maison, voilà de quoi régaler les gourmands. Terrasse en été.

AGENDA

Fête du château – *Dernier w.-end d'août - www.chateau-sierck.com.* Tout le monde en costume médiéval !

Fêtes médiévales – À Rodemack *(dernier w.-end de juin ou 1er w.-end de juil.)* et à Sierck *(août)*.

Saint-Avold

16 915 Naboriens – Moselle (57)

NOS ADRESSES PAGE 168

S'INFORMER

Office du tourisme de St-Avold – *28 r. des Américains - 57500 St-Avold - 03 87 91 30 19 - www.mairie-saint-avold.fr - 9h30-12h, 13h30-18h, sam. 10h-12h30, 13h30-17h - fermé j. fériés.*

Office du tourisme de Forbach – *Av. St-Rémy - 57600 Forbach - 03 87 85 02 43 - www.tourisme.forbach.com - oct.-juin 9h-18h, sam. 9h-12h ; mai : 9h-18h, sam. 9h-12h, 14h-17h - fermé dim. et j. fériés, Vend. saint, 26 déc.*

Office du tourisme de Hombourg-Haut – *1 r. de la Gare - 57470 Hombourg-Haut - 03 87 90 53 53 - www.tourismepaysdefreyming-merlebach.fr - mars-sept. : 9h-11h45, 14h-18h ; reste de l'année se rens. - fermé dim. et j. fériés, Vend. saint, 26 déc.*

SE REPÉRER

Carte de microrégion C2 (p. 124) – *carte Michelin Départements 307 L4.*
À 46 km à l'est de Metz, 29 km à l'ouest de Sarreguemines.

À NE PAS MANQUER

Le cimetière américain de St-Avold, la plus grande nécropole américaine en Europe.

St-Avold a beau se trouver en plein cœur du pays minier, elle ne ressemble guère à une cité minière. Outre des vieilles maisons, des pavés et des fontaines, elle possède deux édifices remarquables, le château d'Henriette de Lorraine, occupé aujourd'hui par la mairie, et l'abbatiale St-Nabor. St-Avold offre néanmoins une occasion unique de découvrir le monde des « gueules noires ». À 20 km à peine, le Carreau Wendel, transformé en musée, est le seul site français d'extraction de charbon conservé dans son intégralité.

Se promener

Ancienne église abbatiale St-Nabor

En grès rosé, cette abbatiale de style classique à nefs en halle est éclairée par de lumineux vitraux modernes dus à un artiste naborien. Épargnée par la Révolution, l'église a gardé ses boiseries du 18e s. : stalles, panneaux du chœur et buffet d'orgue. Elle abrite également un retable en pierre de la Vierge de la seconde moitié du 15e s. Au fond du bas-côté gauche, un **groupe sculpté★** du 16e s. représente une pathétique Mise au tombeau.

Cimetière américain

Le plus grand cimetière de la Seconde Guerre mondiale en Europe est situé au nord de la ville. Ses 45 ha accueillent les sépultures de 10 489 soldats et aviateurs rigoureusement alignées. Dans la chapelle-mémorial, sur le mur sud, une carte en céramique retrace les différentes opérations militaires.

Mine-musée du Carreau Wendel.
Musée du Carreau Wendel

À proximité Carte de microrégion

Zimming C2

À 10 km à l'ouest, entre la D 603 et l'autoroute A 4. À Zimming, prenez la petite route se dirigeant vers Hallering.

Au bord de la route, l'énorme **chêne de St-Gengoulf**, près d'une source et d'une croix, porte encore les traces des scies mécaniques destinées à l'abattre. Les soldats américains qui s'y essayèrent en 1945 durent abandonner leur projet, l'arbre étant plus résistant que leurs lames !

Hombourg-Haut C2

À 9 km à l'est de St-Avold par la N 3.

Du haut de son éperon rocheux, le village veille sur la vallée de la Rosselle. On voit de loin la collégiale St-Étienne au pied de laquelle le bourg s'est développé. Ne cherchez pas le château fort que Jacques de Lorraine, l'évêque de Metz, se fit construire ici au milieu du 13e s., il a totalement disparu, détruit pendant la guerre de Trente Ans sur l'ordre de Richelieu. Il reste cependant quelques vestiges des remparts et une vieille porte.

Collégiale St-Étienne – Cette église massive et trapue de style gothique fut construite entre le 13e et le 14e s. pour le chapitre de chanoines fondé en 1254 par Jacques de Lorraine. Dans le chœur à gauche, beau crucifix en grès, malheureusement mutilé (fin 15e-début 16e s.). La chapelle St-Nicolas, partie la plus ancienne de l'église, est voûtée d'ogives massives dont les clés de voûte sont ornées de figures humaines. La tribune d'orgues, majestueuse, date de 1847. En sortant de l'église, à droite, on aperçoit le portail baroque de l'ancien couvent des Récollets (aujourd'hui presbytère) orné d'une statue de saint François (1769).

Les « saints auxiliaires » – On peut découvrir dans la rue Ste-Catherine une série de statues en grès représentant 13 saints dits « auxiliaires ». Seraient-ils moins importants que les autres saints ? En tout cas, ils sont tous martyrs, sauf saint Gilles.

Au cimetière, prenez le chemin à gauche qui mène à la chapelle Ste-Catherine.
Chapelle Ste-Catherine – Ancienne chapelle du château de Jacques de Lorraine à l'extrémité du promontoire. Elle a été renforcée au 19e s. par d'épais contreforts sur le côté nord.

Circuit conseillé Carte de microrégion

LE PAYS MINIER

Pour visualiser ce circuit de 96 km au départ de St-Avold, reportez-vous à la carte p. 124. Comptez environ 2h30.
Quittez St-Avold par la D 633 vers Carling.

Carling C2

Cité ouvrière comprenant plusieurs usines dépendant d'une part du groupe Charbonnages de France (centrale Émile-Huchet et cokerie), et d'autre part du groupe Elf Atochem. La **centrale Émile-Huchet★** est dotée d'une chaudière à lit fluidisé circulant de 330 MW et de quatre turboalternateurs d'une puissance thermique de 1 200 MW. Une partie du charbon qui alimente cette centrale est amenée en carboduc. En prenant à droite la route de Merlebach, vous aurez sur la droite une vue générale sur les aménagements de Carling. Traversez ensuite l'Hôpital et Ste-Fontaine : vous voici sur la « route des Puits », en plein pays du charbon, impressionnant avec ses chevalements, ses cheminées d'usines, ses cités industrielles, ses terrils, appartenant aux Houillères du Bassin de Lorraine.

Freyming-Merlebach C2

Ce centre houiller très important exploite de magnifiques couches verticales, les dressants. Cette méthode d'exploitation est unique en Europe.
Sur la place de l'Hôtel-de-Ville, le petit **Musée historique et militaire** évoque l'armée du second Empire et les régiments français et allemands en garnison dans la région entre 1871 et 1939. *☎ 03 87 29 69 63 - ♿ - lun.-jeu. 13h30-17h30, w.-end sur demande préalable (10 pers. mini) - fermé j. fériés - 1,20 € (-13 ans gratuit).*
À la sortie de Freyming-Merlebach, prenez la D 603 en direction de Forbach.
À gauche, la frontière allemande longe la route : les maisons du côté nord sont sarroises, celles du côté sud font partie de la commune française de Cocheren. Après le pont SNCF, on voit, sur la gauche, la cokerie de Marienau.
Par la D 31, gagnez Petite-Rosselle, la mine-musée est fléchée.

★ Mine-musée du Carreau Wendel C2

☎ 03 87 87 08 54 - www.la-mine.fr - ♿ - 9h-18h - possibilité de visite guidée (2h) sur demande (3 j. av.) - fermé lun. - 7,50 € (6-18 ans 3 €).
Ancien centre d'extraction et de traitement du charbon exploité de 1856 à 1986, le Carreau Wendel a été converti en musée du bassin houiller lorrain, au terme d'une campagne de réhabilitation et d'aménagement. Ce vaste complexe propose notamment au public la descente au fond d'une mine « grandeur nature ». Les visiteurs peuvent appréhender en totalité l'univers si particulier des « gueules noires ».
Acheminés en petit train à l'entrée de la mine, ils sont conviés à un voyage au cœur du charbon à travers 4 500 m² de galeries souterraines. Le passage du piqueur à la haveuse, du cheval au petit train et du « cuffat » (tonneau qui permettait jadis de descendre au fond de la mine) à la « cage » (ascen-

LA FIN DES « GUEULES NOIRES »
À l'apogée de son activité, en 1964, le bassin de Moselle emploie 34000 mineurs et produit 22,4 millions de tonnes de minerai. Mais très vite s'amorce le repli de l'aventure houillère. Poussé par ses bas prix, le pétrole prend une place de plus en plus importante dans la consommation d'énergie. Les achats de charbon étranger, meilleur marché, progressent. Les deux crises pétrolières des années 1970 redonnent momentanément un second souffle au charbon, dont le prix redevient intéressant. Mais en 1994, la signature du Pacte charbonnier national planifie pour 2005 la fin de l'exploitation minière en France. La fermeture en avril 2004 de la mine de La Houve à Creutzwald en Moselle marque la fin des « gueules noires ».

seur moderne) témoigne de la constante évolution des outils et des métiers depuis le 19e s. Contrairement aux gisements de la Sarre voisine, qui couraient parallèlement à la surface du sol, les veines de charbon du bassin lorrain avaient tendance à piquer vers les profondeurs, rendant l'exploitation quasi impossible… jusqu'à la conception des techniques de semi-dressants (exploitation de veines inclinées jusqu'à 45 %), et plus tard, de dressants qui permettront de s'attaquer à la verticalité. Ces deux types d'exploitation sont accessibles au public, une première en France et en Europe. Les chantiers sont reliés les uns aux autres par des sas pédagogiques illustrés d'objets et animés de projections. Le tout est dynamisé par une scénographie innovante et la projection d'un film en 3D, unique en Europe, sur la journée d'un mineur de fond. Expositions temporaires régulières dans l'enceinte du musée.
Revenez en direction de Forbach.

Forbach D2
En quittant la D 603 à l'entrée de Forbach, en direction de Grosbliederstroff, on atteint l'église puis, derrière celle-ci, le **Schlossberg**, colline boisée et couronnée par les ruines d'un château fort : vue étendue sur la ville et les environs.
Par la rue Ste-Croix et la D 31, on arrive à Behren, cité de mineurs. Empruntez ensuite la D 661, puis la D 910.

Sarreguemines D2 *(voir p. 168)*
Au sud de Sarreguemines, prenez à gauche la D 33 qui suit le cours de la Sarre.

Zetting D2
Le site verdoyant de ce village est dominé par une petite église à tour ronde préromane (9e ou 10e s.) et abside gothique encadrant la nef (ancien sanctuaire rural transformé au 15e s.). À l'intérieur, un remarquable buffet d'orgue Renaissance, une Mise au tombeau des 14e et 15e s., aux six personnages polychromes, et, surtout, des **vitraux**, du 15e s., qui éclairent le chœur.
Faites demi-tour et quittez la D 33 pour prendre à gauche la D 919, puis la D 31C en direction de Gaubiving.
Aussitôt, des pentes du **Kelschberg**, on a une vue intéressante sur les puits du bassin houiller, les installations annexes et la cokerie de Marienau.
Revenez à St-Avold par les D 30C, D 30, puis D 603.
Cette dernière passe par **Hombourg-Haut** *(voir ce nom)* en longeant la vallée de la Rosselle, verdoyante et boisée.

NOS ADRESSES À SAINT-AVOLD

HÉBERGEMENT

PREMIER PRIX

Camping Le Felsberg – *Au nord du centre-ville, près de la D 603, accès par r. en Verrerie, face à la station-service Record - par A 4 : sortie St-Avold Carling - ✆ 03 87 92 75 05 - www.mairie-saint-avold.fr - ouv. tte l'année - ♿ - réserv. conseillée - 33 empl.* Ce site comprend un camping aux emplacements bien entretenus et un centre international de séjour (dans un bâtiment de type chalet) proposant des chambres pour 2 à 6 personnes, ainsi qu'un restaurant et deux salles équipées de matériel audiovisuel.

ACHATS

Macarons de Boulay – *13 r. de St-Avold - 57220 Boulay-Moselle - 19 km au nord-ouest de St-Avold par D 603 puis D 25 - ✆ 03 87 79 11 22 - www.macaronsdeboulay.com - 8h30-12h15, 14h-19h, dim. 9h-12h, lun. 14h-19h - fermé j. fériés.* Depuis 1963, la famille Alexandre se fait gardienne d'un secret jalousement préservé, celui du fameux macaron de Boulay. Dans leur boutique, vous pourrez déguster ces petits trésors et repartir avec des provisions !

Sarreguemines

21 733 Sarregueminois – Moselle (57)

NOS ADRESSES PAGE 171

S'INFORMER

Office du tourisme de Sarreguemines – *11 r. du Maire-Massing - 57203 Sarreguemines - ✆ 03 87 98 80 81 - www.ot-sarreguemines.fr - 9h30-18h, w.-end 10h-17h ; oct.-avr. : dim. 10h-13h - fermé 1er janv., 1er Mai, 1er et 11 Nov., 25 et 26 déc.*

SE REPÉRER

Carte de microrégion D2 (p. 124) – *carte Michelin Départements 307 N4.* À 70 km à l'est de Metz, 91 km au nord-est de Nancy, 105 km au nord-ouest de Strasbourg.

À NE PAS MANQUER

Le musée de la Faïence de Sarreguemines, le Parc archéologique européen de Bliesbruck-Reihneim.

ORGANISER SON TEMPS

Prévoir une demi-journée pour le Parc archéologique.

Depuis 1790, Sarreguemines est le pays de la faïence. Un circuit de découverte rend hommage à cet art céramique. Il fait bon flâner sur le port où se rassemblent les plaisanciers, et sur les berges de la Sarre et de la Blies. Non loin de là, les forêts et les étangs raviront randonneurs et pêcheurs.

Moulin de la Blies, musée des Techniques faïencières.
R. Mattes/hemis.fr

Visiter

Musée des Techniques faïencières (Moulin de la Blies)

125 av. de la Blies - ✆ 03 87 98 28 87 - www.sarreguemines-museum.com - ♿ - avr.-oct. : 10h-18h ; nov.-mars : 10h-12h, 14h-18h - fermé lun., 1er janv. et 25 déc. - 4 € (-16 ans gratuit) ; billet combiné avec le musée des Faïences (4,50 €).

Ce moulin devenu musée permet de comprendre le processus de fabrication de la faïence, notamment grâce à la reconstitution d'ateliers de production. Au rez-de-chaussée, une maquette explique le fonctionnement du moulin. Le 1er étage est consacré aux techniques de préparation des terres, au façonnage et à la cuisson.

Après la visite du musée, vous pourrez vous promener dans le **jardin des Faïenciers** qui abrite plus de 200 espèces végétales.

Musée de la Faïence de Sarreguemines

17 r. Poincaré - ✆ 03 87 98 93 50 - www.sarreguemines-museum.com - avr.-oct. : 10h-18h ; nov.-mars : 10h-12h- 14h-18h - fermé lun. 1er janv. et 25 déc. - 3 € (-16 ans gratuit) ; billet combiné avec le musée des Techniques faïencières (4,50 €).

LA FAÏENCE

Fondée en 1790, la faïencerie de Sarreguemines oriente sa production vers les faïences fines à décor imprimé ou lustrées, grès fins… Parmi d'autres techniques se développe la **majolique**, forme de faïence à motifs décoratifs en relief, recouverte d'émaux de couleur. La famille de Geiger gère la faïencerie durant tout le 19e s. et une partie du 20e s., en collectionnant belles pièces et succès commerciaux. Près de 3 000 ouvriers fabriquent alors des porcelaines, majoliques, services de table et panneaux. Rachetée en 1979 par le groupe Lunéville-St-Clément, la faïencerie produit surtout des carrelages.

Installé dans l'ancienne maison du directeur de la faïencerie, le musée illustre le passé ancien de la région. La **collection de céramiques★** présente l'histoire et les principales productions de Sarreguemines depuis près de deux siècles. Admirez en particulier le splendide **jardin d'hiver★★**, décoré de carreaux de faïence, aménagé par Paul de Geiger en 1882. Sur le mur, une fontaine monumentale en majolique d'inspiration Renaissance mélange les jaunes, verts, ocres et marron. De chaque côté, des panneaux représentent le petit pavillon *(à gauche)* et les bâtiments de l'usine *(à droite)*. Les services de table et objets décoratifs montrent l'évolution des techniques.

Circuit de la Faïence de Sarreguemines

3 km environ. ✆ 03 87 98 80 81 - www.sarreguemines-museum.com - ♿ - 10h-12h, 14h-18h - possibilité de visite guidée (1h30) - fermé mar. - 4 € (enf. gratuit).

Cette balade permet de retracer deux siècles de savoir-faire et de talent entre les principaux sites de production de la faïence. Derrière l'hôtel de ville, ancien four de fabrique. Il y en avait une trentaine de ce type vers 1860, en brique et en forme de cône. En fin de parcours, arrêtez-vous dans le magasin des faïenceries !

À proximité Carte de microrégion

★ Parc archéologique européen de Bliesbruck-Reinheim D2

9,5 km à l'est par Bliesbruck. Depuis Sarreguemines, accès par la D 82. ✆ 03 87 35 02 20 - www.archeo57.com - de mi-mars à fin oct. : 10h-18h - 5 € (16-18 ans 3,50 €).

De part et d'autre de la frontière séparant la Sarre de la Moselle s'étend sur 20 ha le territoire d'une cité antique. L'occupation, qui remonterait au néolithique, devint importante à l'époque celtique. De cette période date la tombe dite « de la princesse de Reinheim » (vers 400 av. J.-C.), dont les bijoux en or et le service à vin sont présentés (les originaux se trouvent au musée de Sarrebruck) dans un tertre funéraire reconstitué à proximité des vestiges d'une vaste villa (1er s.-5e s.).

À Reinheim, une villa gallo-romaine (accès à pied ou en voiture), résidence d'un riche propriétaire terrien, a été mise au jour. Elle était dotée de tout le confort : peintures murales, bain privé, chauffage par le sol (hypocauste).

À Bliesbruck, on découvre les **thermes publics★**. Le long de la voie antique s'étirent deux quartiers artisanaux, l'un présenté au public, l'autre en cours de fouilles. Plusieurs animations agrémentent la visite : à certaines époques de l'année, des techniques d'artisanat gallo-romain sont présentées et une fête celtique et romaine a lieu en août.

NOS ADRESSES À SARREGUEMINES

HÉBERGEMENT

BUDGET MOYEN

Amadeus Hôtel – *7 av. de la Gare - ✆ 03 87 98 55 46 - www.amadeus-hotel.fr - fermé sam. et 24 déc.-2 janv. - 39 ch. 63 € - ☕ 8 €.* Cure de jouvence réussie pour cet immeuble des années 1930 situé à côté de la gare. Chambres de tailles diverses, repensées dans un esprit contemporain coloré.

Hôtel Union – *28 r. Alexandre-de-Geiger - ✆ 03 87 95 28 42 - www.hotelunion.fr - 27 ch. 54/64 € - ☕ 8 € - rest. 16/20 €.* Union : un nom précurseur dans cette ville frontalière. Chambres fonctionnelles ; certaines sont équipées de meubles conçus par un ébéniste alsacien. Boiseries et faïences – de Sarreguemines – décorent la salle de restaurant. Cuisine régionale.

RESTAURATION

BUDGET MOYEN

Brasserie du Casino – *4 r. du Col.-Cazal - ✆ 03 87 09 59 78 - www.brasserie-du-casino.com - fermé 24 déc., 1er et 2 janv., lun. et mar. de nov. à mars - 20/45 €.* Au bord de la Sarre, l'ancien casino des Faïenceries qui date de 1890 est une belle maison en brique rose. Son décor de fresques et de belles boiseries d'époque s'accorde fort bien avec la cuisine alsacienne joliment présentée que l'on sert dans son restaurant.

POUR SE FAIRE PLAISIR

Pascal Dimofski – *57200 Woelfling-lès-Sarreguemines - ✆ 03 87 02 38 21 - fermé lun. et mar., août et vac. de fév. - P - 28/79 €.* À l'orée d'un bois, auberge campagnarde où poutres, cheminée et fauteuils design en cuir composent un décor original. Cuisine personnalisée et carte des vins bien balancée.

Le Petit Thierry – *135 r. de France - ✆ 03 87 98 22 59 - fermé merc. soir - P - formule déj. 27 € - 33 €.* Discrète auberge abritant une salle de restaurant spacieuse et cossue, habillée de boiseries et de poutres. Cuisine inventive variant avec les saisons et belle sélection de vins.

ACHATS

Faïence – Près des thermes, la **boutique du Parc** propose des répliques de vases, d'amphores, de poterie et de masques de scène.

ACTIVITÉS

Location de vélos – *Rens. à l'office du tourisme de Sarreguemines - 1/2 journée adulte 5 €, enf. 2 €, journée entière adulte 7 €, enf. 5 €.*

AGENDA

Vita Romana et fête celtique – *En août et sept. au Parc archéologique - www.ot-sarreguemines.fr.*

+ d'adresses

Nancy et le plateau lorrain 3

Carte Michelin Départements 307 et 315 – Moselle (57), Meurthe-et-Moselle (54), Vosges (88), Bas-Rhin (67)

Cigognes dans le parc de Ste-Croix.

Jean Lavergne/Parc animalier de Sainte-Croix

NANCY ET LE PLATEAU LORRAIN

NANCY ET LE PLATEAU LORRAIN

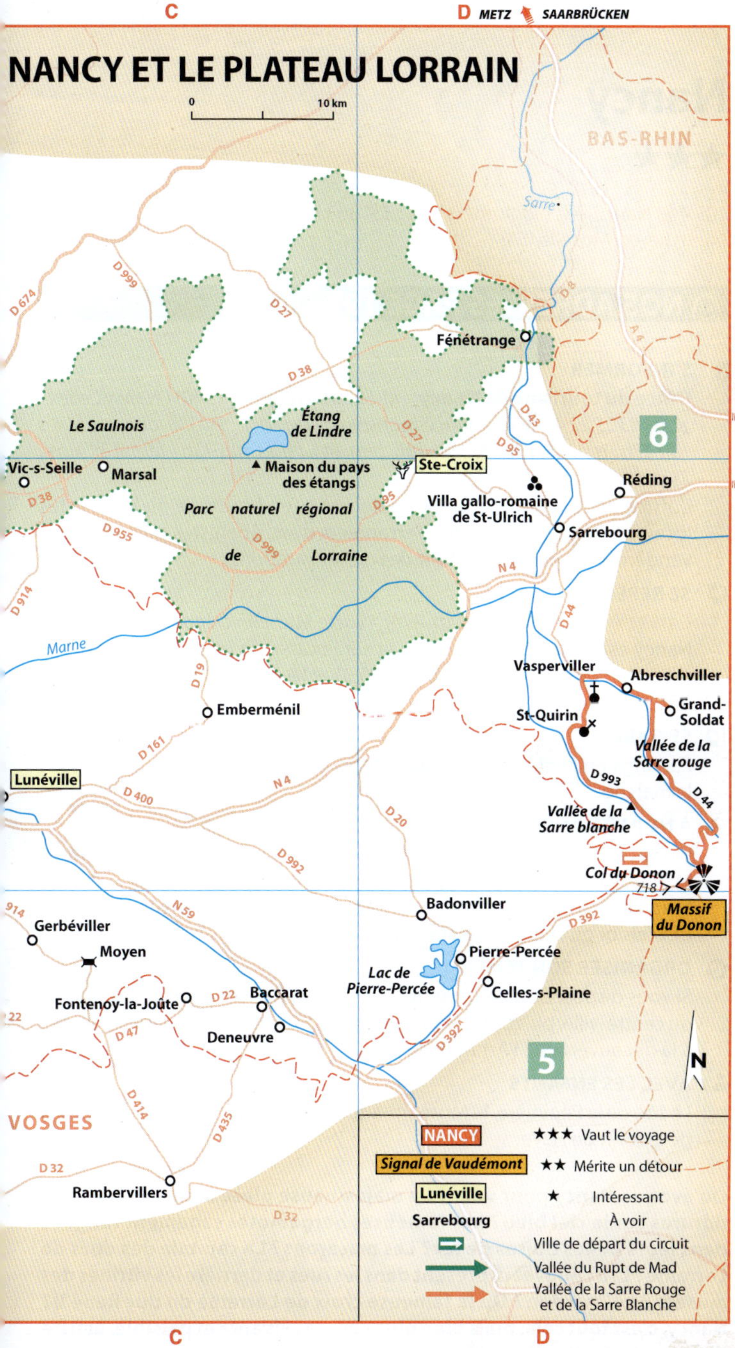

Nancy

★★★

105 468 Nancéiens (agglomération : 331 363 habitants) – Meurthe-et- Moselle (54)

NOS ADRESSES PAGE 191

S'INFORMER

Office du tourisme de Nancy – *Pl. Stanislas - BP 810 - 54011 Nancy Cedex - 03 83 35 22 41 - www.nancy-tourisme.fr - avr.-oct. : 9h-19h, dim. et j. fériés 10h-17h ; reste de l'année : 9h-18h, dim. et j. fériés 10h-13h - fermé 1er janv., 25 déc.*

L'office de tourisme propose également une boutique où les artistes locaux, orfèvres, céramistes, ferronniers d'art, ébénistes ou confiseurs, vendent leurs produits et font des démonstrations.

SE REPÉRER

Carte de microrégion B2 (p. 174) – *carte Michelin Départements 307 I6.*

Nancy est posée sur la Meurthe et sur le canal de la Marne au Rhin. Elle est desservie par deux autoroutes, l'A 31 et l'A 33, et se trouve dorénavant à 1h30 de Paris en TGV.

SE GARER

Parkings en centre-ville et aux abords. En ville, préférez le tramway ou la marche.

À NE PAS MANQUER

La place Stanislas, le musée de l'École de Nancy, celui des Beaux-Arts et le Musée historique lorrain, une promenade à la Pépinière. Une dégustation de macarons ou de bergamotes, un café dans l'ancienne brasserie L'Excelsior ou sur la place Stanislas.

ORGANISER SON TEMPS

Si vous disposez de deux ou trois jours, commencez par l'un des circuits du centre-ville, puis optez pour un musée du centre. Le lendemain, partez à la découverte de l'Art nouveau.

AVEC LES ENFANTS

Le zoo de la Pépinière, le Muséum-aquarium de Nancy et le parc de loisirs de la forêt de Haye.

Qu'évoque Nancy pour vous ? La majestueuse place Stanislas toute de dorures sur le ciel bleu ? Les fameuses bergamotes sagement rangées dans leurs belles boîtes de fer ? Les macarons ? La capitale des ducs de Lorraine ? L'Art nouveau, présent dans les rues et derrière les vitrines des musées ? Le chardon ? Ou la fameuse croix de Lorraine du duc René II ? Nancy, c'est tout cela, mais bien plus encore : vivante et paisible, artiste et distrayante, la ville saura vous charmer.

Place Stanislas.
M. Colin/hemis.fr

Se promener Plans de ville

AU TEMPS DU BON ROI STANISLAS Plan II

Circuit 1 tracé en vert sur le plan II de la ville p. 183 - Cette promenade part de la place Stanislas - Comptez 1h30 sans les visites.

3

★★★ Place Stanislas D2

Entièrement rénovée en 2005, à l'occasion de son 250e anniversaire, la place Stanislas est plus que jamais le lieu de rendez-vous privilégié des Nancéiens. Qu'il s'agisse de fêter la St-Nicolas ou une quelconque victoire de l'équipe locale, la place, rendue entièrement piétonne, se prête à tout type de réjouissances. Assis à la terrasse d'un café ou sur les lices qui entourent la place, le visiteur aura ici un bon aperçu de l'art de vivre à la nancéienne. Et cela se vérifie depuis le 18e s. où le roi Stanislas, soucieux d'embellir et d'unifier Nancy, fit construire cette place (1752-1755) comme trait d'union entre la Ville-Vieille et la Ville-Neuve. La statue de Louis XV, sculptée par le Nîmois Guibal et le Brugeois Cyfflé, qui trônait jadis au centre de la place, lui valut à l'époque le nom de place Royale. Détruite pendant la Révolution, la statue fut remplacée en 1831 par celle de Stanislas : la place est alors rebaptisée du nom du Polonais. Mais Louis XV n'a pas été totalement évincé de la place : si vous suivez la direction pointée par l'index de Stanislas, vous apercevrez, sur l'arc de triomphe, un médaillon à l'effigie du roi.

La place est entourée de cinq **pavillons** élevés et de deux réduits à un rez-de-chaussée percé d'arcades monumentales. Cette disposition, tout en donnant une impression d'espace plus grand, laisse intact le merveilleux équilibre de la place. Les façades sont d'Emmanuel Héré. Joyau de la place, les **grilles**, de même que les balcons en fer forgé, sont de Jean Lamour. De fer forgé rehaussé d'or, elles ornent les quatre pans coupés et les débouchés des rues Stanislas et Ste-Catherine. Les grilles du nord composent chacune un triple portique.

Elles encadrent les fontaines de Neptune et d'Amphitrite, œuvres de Guibal. La place Stanislas est inscrite depuis 1983 par l'Unesco au Patrimoine mondial de l'humanité.

Hôtel de ville D2 (H)

Pl. Stanislas - ✆ 03 83 85 30 00 - www.mairie-nancy.fr - ♿ - 8h-17h - fermé w.-end et j. fériés.

Il fut érigé de 1752 à 1755. Les armoiries de Stanislas ornent son fronton : aigle de Pologne, cavalier de Lituanie, taureau des Leszczyński. L'escalier magnifique à double volée s'orne d'une rampe de Jean Lamour. Il mène au **salon carré**, dit « de l'Académie », décoré de fresques de Girardet restaurées et même restituées de 2000 à 2002, toutes à la gloire de Stanislas, puis au grand salon inauguré le 17 juillet 1866 par l'impératrice Eugénie. Un petit salon, dit « salon de l'Impératrice », lui fait suite. Des fenêtres des salons, on a sous les yeux la perspective de la place Stanislas, de la place de la Carrière et du palais du Gouvernement, au fond.

Opéra D2

C'est l'Opéra Garnier qui servit de modèle à cet opéra-théâtre, aménagé en 1919 par l'architecte Hornecker. Devant une scène à l'italienne, la salle à la française, toute de blanche, rouge et or, peut accueillir jusqu'à 1 000 spectateurs. Il n'y manque qu'une fresque au plafond. Le bâtiment, contemporain de la place Stanislas, abrita d'abord un hôtel, tandis que les spectacles avaient lieu en face, là où se trouve aujourd'hui le **musée des Beaux-Arts**, sur le fronton duquel on peut encore apercevoir des masques de la *commedia dell'arte*.

★★ Musée des Beaux-Arts D2

3 pl. Stanislas - ✆ 03 83 85 30 72 - www.mairie-nancy.fr - ♿ - tlj sf mar. 10h-18h - possibilité de visite guidée (1h30) sur demande - fermé 1er janv., 1er Mai, 14 Juil., 1er nov., 25 déc. - 6 € (-12 ans gratuit), gratuit 1er dim. du mois. Expositions temporaires plusieurs fois par an.

Le musée est installé dans l'un des pavillons de la place Stanislas. Agrandi et modernisé en 1999, il occupe aujourd'hui 9 000 m² au total. Ses riches collections proposent un **panorama de l'art en Europe du 14e au 20e s.**

La mise en scène intérieure met en valeur l'ensemble de la collection grâce à un subtil jeu de lumière et à des rapprochements inattendus, particulièrement au 1er étage où les primitifs et les maniéristes côtoient les écoles des 16e, 17e et 18e s. Ce dernier siècle est particulièrement à l'honneur au 2e étage, dans la magnifique salle qui surplombe la place Stanislas.

Le rez-de-chaussée abrite, quant à lui, les périodes 19e-20e s. et l'art contemporain. Parmi les grands noms exposés, Manet, Monet, Henri Edmond Cross, Modigliani, Juan Gris, Georg Grosz, Picasso… Quelques grands artistes lorrains du début du 20e s. sont également présentés : Étienne Cournault, Victor Prouvé, Francis Grüber, fils du maître verrier nancéien Jacques Grüber. Les toiles du Lorrain Émile Friant sont particulièrement remarquables : les visages sont si réalistes que l'on croirait des photographies, tandis que les arrière-plans sont caractéristiques de l'impressionnisme. En illustration de l'histoire locale, voyez la *Bataille de Nancy* vue par Eugène Delacroix. Des sculptures intéressantes accompagnent ces tableaux : Rodin, Raymond Duchamp-Villon, Jacques Lipchitz, César…

L'Italie est très présente avec, aux côtés des primitifs, des œuvres du Pérugin, du Tintoret, de Pierre de Cortone, du Caravage, de Volterrano, de Cigoli. Des paysages et des natures mortes de Joos de Momper et Jan II Bruegel, Rubens, avec une exceptionnelle **Transfiguration**, et van Hemessen témoignent de

Nancy sous influence polonaise

Nancy naît au 11e s. à l'abri du château fort de Gérard d'Alsace, fondateur du duché héréditaire de Lorraine, entre deux marais de la Meurthe. Au 14e s., une enceinte fortifiée entoure ce qui est aujourd'hui la Ville-Vieille. Seule en subsiste la porte de la Craffe *(voir « Se promener »)*. En 1475, Nancy tombe pendant une année sous le contrôle de Charles le Téméraire, dernier duc de Bourgogne. À cette époque, la croix à double traverse (la traverse supérieure figurant l'écriteau sur la croix du Christ) fait déjà partie du patrimoine de la maison de Lorraine et rappelle le souvenir d'une relique de la vraie Croix. En juillet 1940, les forces navales de l'amiral Muselier l'adopteront, les premières, comme emblème de la France au combat.

LES DUCS DE LORRAINE ET LEUR VILLE

Au 15e s., René II et son successeur Antoine se construisent un nouveau palais. À la fin du 16e s., le duc Charles III crée, au sud de la Ville-Vieille, une Ville-Neuve. Ce qui n'empêche pas la guerre de Trente Ans de décimer la ville. Les « Misères de la guerre », illustrées par Jacques Callot, graveur nancéien, atteignent cruellement les habitants. Le duc Léopold (1697-1729), bénéficiant d'une ère de tranquillité, aura beaucoup à faire pour relever la cité de ses ruines.

STANISLAS LE MAGNIFIQUE

En 1737, François III, duc de Lorraine, est contraint par Louis XV de céder son duché en échange de celui de Toscane, pour pouvoir épouser Marie-Thérèse, future impératrice d'Autriche. Louis XV installe alors sur le trône de Nancy son beau-père, Stanislas Leszczyński, roi détrôné de Pologne, à la mort duquel la Lorraine reviendra tout naturellement à la France. Il s'agit d'accoutumer la Lorraine à la domination française. Or, nul mieux que ce Polonais ne saura se faire aimer des Lorrains par ses largesses et les embellissements qu'il laissera à sa capitale d'adoption, dont la fameuse place qui porte son nom. Pendant tout son règne (1737-1766), Stanislas joue le rôle d'un gouverneur de province. Roi bâtisseur, il confie des travaux de grande ampleur aux architectes, peintres et sculpteurs qui l'entourent à Lunéville, où il a établi sa cour. Il met en place un enseignement gratuit dont les Nancéiens bénéficient jusqu'à la Révolution. Il favorise également le Collège de médecine, les médecins devant assurer des consultations gratuites. Pétri des idéaux des Lumières, il fonda aussi la Société royale des sciences et des belles-lettres.

TERRE DE FRANCE

De 1871 à 1918, Nancy accueille les populations réfugiées. Les arrivants sont si nombreux que toute une ville moderne s'ajoute aux trois villes existantes, la Ville-Vieille, la Ville-Neuve et celle de Stanislas. Le nouveau Nancy, riche de nombreuses industries, s'accroît chaque jour : de 40 000 habitants en 1850, la ville en compte 66 000 en 1876, 103 000 en 1901 ! Ce dernier chiffre n'a en revanche pratiquement pas changé depuis un siècle.

l'importance des écoles du Nord. L'école française du 17e s. est illustrée par le Lorrain *(Paysage pastoral)*, Simon Vouet *(L'Amour qui se venge)*, Philippe de Champaigne *(La Charité)*.

La peinture du 18e s. trouve naturellement sa place dans le pavillon d'Emmanuel Héré, avec notamment J.-B. Claudot, Desportes, François Boucher, Carle Van Loo.

Le musée possède un **fonds d'art graphique★** remarquable avec tout l'œuvre gravé de Jacques Callot (787 gravures) et les dessins de Grandville (1 438 dessins).

Au sous-sol, des vestiges de fortifications du 15e au 17e s., découverts lors des travaux d'extension, abritent la **collection Daum★★**, ensemble de près de 300 pièces permettant de découvrir l'évolution de la manufacture du début du 20e s. à nos jours.

★ Arc de triomphe D2

Cet arc de triomphe fut construit de 1754 à 1756, pour honorer Louis XV. La façade principale, qui regarde la place Stanislas, est d'inspiration antique : elle imite l'arc de Septime Sévère à Rome. La partie droite, consacrée aux dieux de la Guerre, est dédiée au « Prince victorieux » ; la partie gauche, consacrée aux déesses de la Paix, glorifie le « Prince pacifique ». Passez sous l'arc pour regarder l'autre façade, plus simple, qui donne sur la place de la Carrière. Au sommet de l'arc, le groupe doré qui tient le médaillon de Louis XV représente la Gloire et la Renommée. À droite, du côté du parc, monument à Héré ; à gauche, monument à Callot, célèbre graveur nancéien.

★ Place de la Carrière D2

Cette longue place date du 16e s. ; elle servait à l'époque aux joutes, tournois et autres fêtes. Héré la transforma en un point de jonction entre la Ville-Vieille et la Ville-Neuve. Elle est encadrée par de beaux hôtels du 18e s. Le terre-plein central est orné de sculptures et les angles sont décorés de fontaines. Aux deux extrémités s'ouvrent les grilles de Lamour, enrichies de potences à lanternes.

★ Palais du Gouvernement D1/2

À l'opposé de l'arc de triomphe, la place de la Carrière est fermée par le palais du Gouvernement, ancienne résidence de l'intendant de Lorraine, dessiné par Héré. Le péristyle de l'édifice est relié aux maisons de la place par une **colonnade★** d'ordre ionique surmontée d'une balustrade ornée de vases. Entre chaque colonne, trophées militaires et bustes de guerriers turcs.

Tournez à droite, pour entrer dans le parc.

La Pépinière D/E1

Cette belle promenade de 23 ha, que l'on doit à Stanislas, comprend une terrasse, un jardin anglais et une roseraie. Avant d'être un parc d'agrément, la pépinière royale constitua un véritable réservoir d'arbres à planter le long des routes lorraines. On y voit la **statue** du peintre Claude Gellée, dit le Lorrain, par Rodin.

La Pépinière abrite aussi un parc zoologique.

Sortez à l'opposé, du côté du boulevard du 26e-Régiment-d'Infanterie. Prenez cette artère à droite pour rejoindre la rue Ste-Catherine.

Muséum-aquarium de Nancy E2

34 r. Ste-Catherine - ✆ 03 83 32 99 97 - www.man-uhp-nancy.fr - ♿ - 10h-12h, 14h-18h - possibilité de visite guidée (45mn), réserv. 7 j. à l'avance - fermé 1er janv., 1er mai, 25 déc. - 4,10 € (12-18 ans 2,10 €).

Il abrite un aquarium tropical de 60 bassins où évoluent des poissons d'eaux douces ou salées. Le premier étage met en scène de façon pédagogique plus de 600 animaux empaillés.

Jardin Godron E2

3 r. Ste-Catherine - www.nancy-tourisme.fr - juil.-août : 8h-21h ; avr.-mai et sept. : 8h-19h ; mars : 8h-18h ; juin : 8h-20h ; reste de l'année : 8h-17h - gratuit.

Jouxtant le Museum-aquarium, ce petit jardin présente une belle collection de fleurs et de plantes d'ornement. Pivoines, anémones, hellébores ou campanules fleurissent dans des parterres séparés de buis. Du temps où il était un jardin botanique, le premier de Nancy, à l'instigation de Stanislas, il a conservé un magnifique ginkgo biloba parmi les plus vieux de France. Les collections botaniques ont été déplacées en 1993 sur un site beaucoup plus vaste, le jardin botanique du Montet *(lire description dans « À voir aussi » p. 190).*

Passez le Muséum-aquarium pour emprunter, à gauche, la rue Godron, puis, au bout à droite, la rue Girardet.

Place d'Alliance E2

Dessinée par Héré et entourée d'hôtels particuliers du 18e s., elle est ornée d'une fontaine de Cyfflé surmontée d'un obélisque et d'un génie qui commémorent l'alliance conclue le 1er mai 1756 entre la France et l'Autriche. Sur cette place verte et intime, observez l'hôtel d'Alsace et l'ancien éteignoir de torche situé à côté de l'entrée.

Prenez la rue Bailly, puis tournez à droite dans la rue St-Georges.

Cathédrale E2

À l'origine primatiale, cette cathédrale aux proportions majestueuses fut édifiée dans la première moitié du 18e s. sur les plans de **Giovanno Betto**, **Jules Hardouin-Mansart** et **Germain Boffrand**. À l'intérieur, les belles grilles des chapelles sont dues à Jean Lamour, l'auteur des grilles de la place Stanislas. Dans l'abside, Vierge à l'Enfant sculptée par le Nancéien Bagard (17e s.). Les orgues des frères Dupont possèdent 3 700 tuyaux et le buffet est de Jean-Nicolas Jenneson. Dans la sacristie, le **trésor** contient l'anneau, le calice, la patène, le peigne et l'évangéliaire de saint Gauzelin, évêque de Toul dans la première moitié du 10e s., un ivoire du 10e s., l'étole de saint Charles Borromée…

03 83 35 26 03 - ♿ - possibilité de visite sur demande préalable - gratuit.

La rue Montesquieu permet de rejoindre la rue de la Primatiale, que vous empruntez vers la droite. Longez le marché central puis continuez jusqu'à la place Henri-Mengin.

Église St-Sébastien D2

Ce chef-d'œuvre de l'architecte Jenesson (tombeau dans le bas-côté droit), consacré en 1732, impressionne par sa spectaculaire **façade★** baroque concave ornée de quatre grands bas-reliefs. À l'intérieur, les trois nefs en halle sont portées par de majestueuses colonnes ioniques. Huit verrières géantes éclairent le vaisseau. Les autels latéraux sont de Vallin (école de Nancy). Remarquez l'orgue de Dalstein-Haerpfer.

Revenez sur vos pas pour prendre à gauche la rue St-Dizier, à droite la rue St-Georges puis à gauche la rue des Dominicains.

Maison des Adam D2

57 r. des Dominicains. Une véritable façade publicitaire pour les Adam, fameux sculpteurs du 18e s. qui déployèrent tous leurs talents sur leur propre demeure.

Regagnez la place Stanislas.

3

NANCY
plan I
0 1 km
PONT-À-MOUSSON, D 657, METZ
TOUL-LANGRES
NEUFCHÂTEAU, D 974
LUNÉVILLE, ÉPINAL
BAYON D 112
SARREGUEMINES CHÂTEAU-SALINS
D 674
D 400
ST-NICOLAS-DE-PORT
MALZÉVILLE
DOMMARTEMONT
MAXÉVILLE
ST-MAX
TOUR PANORAMIQUE
CENTRE PÉNITENTIAIRE
voir plan II
PLACE STANISLAS
E.N.G.S.I.
E.E.G.M.
E.N.A.C.T.
PARC DE LA CURE D'AIR
PRÉVILLE
LAXOU
TOMBLAINE
Villa Majorelle
Musée de l'école de Nancy
R. Pasteur
PARC STE-MARIE
HÔTEL DU DÉPARTEMENT
CITÉ JUDICIAIRE
R. F. Faure
R. du Serg. Blandan
Les Glycines
R. des Brice
Maison Bergeret
N.-D.-de Bon-Secours
SUD
JARVILLE-LA-MALGRANGE
Musée de l'Histoire du fer
VILLERS-LÈS-NANCY
Muller
CHÂT.
C.N.R.S.
PARC DE LOISIRS
PARC DES EXPOSITIONS
Jardin botanique du Montet
PARC DE BRABOIS
CHÂT.
I.N.R.S.
VANDŒUVRE-LÈS-NANCY
HEILLECOURT
HOUDEMONT
Rue Grande
R. Léon
Songeur
Rte de Fléville
Av. des Erables
R. de la République
Route de Metz
Canal
MEURTHE
R. Pasteur
Av. Carnot
Bd de Scarpone
R. de Verdun
Av. de la Libération
Av. de Boufflers
Av. Foch
Av. A.-France
Av. R. Pinchard
Bd d'Austrasie
Av. E. Pottier
Bd J. Moulin
de la Marne au Rhin
Bd Lobau
Bd J.-Jaurès
R. J.-d'Arc
Av. du Gén. Leclerc
Av. de l'Europe
Bd des Aiguillettes
Av. Gén. Leclerc
Av. Paul Muller
Av. J.-Jaurès
Bd. de l'Europe
R. Général Frère
Av. J.-d'Arc
Bd de l'Europe
Bd L. Barthou
Av. Général Leclerc
A 31
A 33
A 330
D 32
D 32a
D 39
D 92
D 570
POL.
PLAN
A B
1 2 3

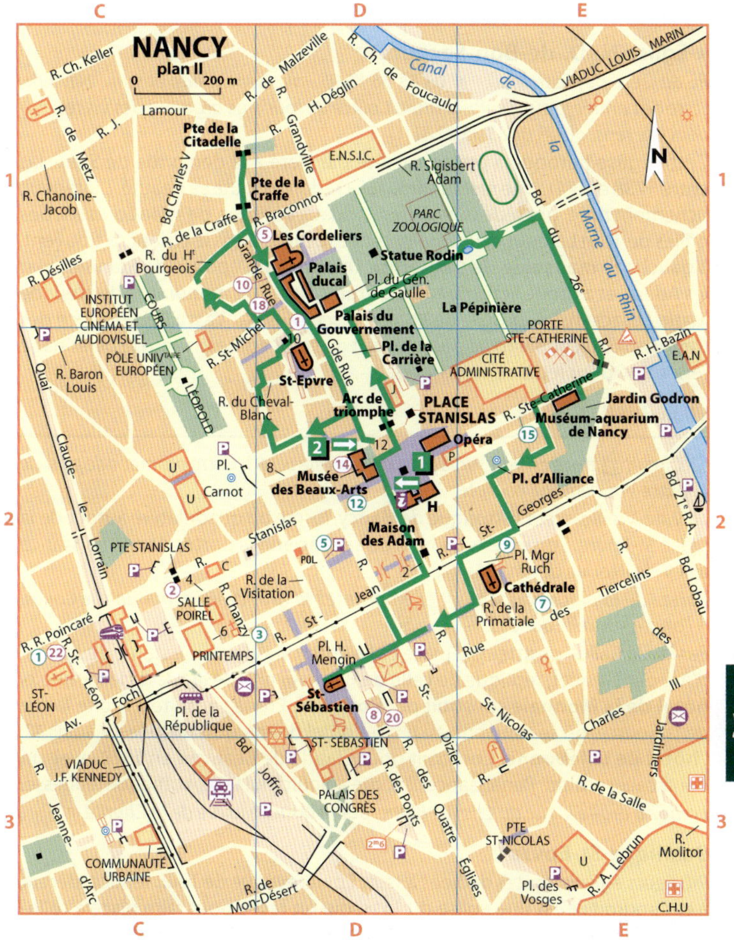

SE LOGER

- Akena (Hôtel)............................ 1
- Crystal (Hôtel)............................ 3
- Mercure Centre Stanislas....... 5
- Myon (Maison d'hôte de)....... 7
- Prélats (Hôtel des).................... 9
- Portes d'Or (Hôtel Les)............ 12
- Stanislas (Hôtel Le)................. 15

SE RESTAURER

- Aux Délices du Palais.............. 1
- Excelsior (Brasserie L')............. 2
- Institut (Brasserie L') 5
- Pissenlits (Les)............................ 8
- P'tit Cuny (Le)............................ 10
- Table du Bon Roi Stanislas (À la)........... 14
- V Four (Le)................................ 18
- Vins et Tartines......................... 20
- 3 Marches (Les)......................... 22

INDEX DES RUES

- Dominicains (R. des)................. 2
- Poincaré (R. Henri)....................4
- Poirel (R. Victor).......................... 6
- Simon (R. Gustave).................... 8
- St-Épvre (Pl.)..............................10
- Vaudémont (Pl.) 12

On peut prolonger le circuit par une visite de l'église N.-D.-de-Bon-Secours, légèrement excentrée. Pour s'y rendre, il est possible de prendre le bus 131 depuis la rue St-Dizier.

★ Église N.-D.-de-Bon-Secours B2

Pl. du Gén.-de-Castelnau - ✆ 03 83 36 76 95 - avr.-sept. : mar. et sam. 14h-17h ; reste de l'année : sam. seult - gratuit. L'office de tourisme organise des visites guidées - se rens. au ✆ 03 83 35 22 41.

Cette église baroque a été construite par Héré à la demande de Stanislas entre 1738 et 1741. Une restauration lui a redonné toute sa beauté. L'intérieur, richement orné, possède des confessionnaux sculptés, de style Louis XV, des grilles de Jean Lamour et une belle chaire rocaille. Dans le chœur se trouvent, à gauche le **mausolée de Catherine Opalinska★**, épouse de Stanislas, par les Adam, et à droite le **tombeau de Stanislas★** et le monument du cœur de Marie Leszczyńska, épouse de Louis XV, sculptés par Vassé. La présence des tombeaux du couple royal polonais fait de cette église un lieu de pèlerinage renommé pour leurs compatriotes.

VILLE-VIEILLE Plan II

Circuit 2 tracé en vert sur le plan II de la ville p. 183. Cette promenade part de la place Vaudémont, comptez 1h.

La Ville-Vieille, cœur historique de Nancy, forme un quadrilatère autour de la place St-Epvre. Son extension hors de ses anciennes portes donna naissance à la Ville-Neuve de Charles III.

Partez de la place Vaudémont et empruntez la Grande-Rue, puis la rue Callot. À l'angle, tourelle du 17e s.

Par la rue Callot, on atteint la place La Fayette, où s'élève une statue de Jeanne d'Arc par Frémiet, réplique de celle de Paris. Au n° 1 de la rue de la Monnaie, **hôtel de la Monnaie** construit par **Boffrand**. Prenez ensuite à droite la rue de la Source, où se trouvent, au n° 10, l'hôtel du marquis de Ville, et au n° 12, l'**hôtel de Lillebonne**. Construit pour Claude de Beauvau en 1578, avec un bel escalier sculpté Renaissance, il abrite aujourd'hui la bibliothèque jeunesse.

Prenez à droite la rue du Cheval-Blanc, puis à gauche la rue de la Charité.

Basilique St-Epvre D2

Plusieurs églises, toutes dédiées à saint Epvre, évêque de Toul, se succédèrent à cet endroit : c'est une église du 15e s. qui fut rasée pour faire place à celle-ci, plus fastueuse et construite par Morey en un temps record (1864-1871). Le manque de moyens conduisit malheureusement à employer des matériaux peu solides. La tempête de 1999 et la pollution ont rendu nécessaire une restauration extérieure qui vient de s'achever. De style gothique rayonnant, sa belle façade est précédée d'un escalier monumental (don de l'empereur François-Joseph). À l'intérieur, les voûtes reposant sur les piliers et l'importance des vitraux donnent l'impression d'une église sans murs. Remarquez les vitraux de **Grüber** dans le transept droit (saint Nicolas et sainte Odile).

Place St-Epvre D2

Elle est dominée par la statue équestre du duc René II, sculptée au 19e s. par Mathias Schiff. Face à la basilique, les arcades font partie des plus anciens vestiges de la Ville-Vieille.

Quittez la place par la rue St-Epvre, puis tournez à gauche dans la rue St-Michel.

À l'angle, remarquez l'amusante sculpture qui orne la maison dite « des Deux-Sirènes ». En regardant de plus près, on y reconnaît plutôt deux tritons.

De la rue St-Michel, tournez à droite dans la rue Mgr-Trouillet.

Hôtels particuliers

Au n° 9, l'**hôtel d'Haussonville** reconverti en hôtel de luxe est de style Renaissance (1528-1543). Il est composé de deux corps de logis en angle avec deux galeries extérieures faisant office de couloir : gothique au premier étage, Renaissance au second. La fontaine est décorée d'un Neptune. En traversant la place de l'Arsenal pour rejoindre la rue des Loups, voyez, au n° 9, l'ancien arsenal du 16e s. avec ses trophées d'armes (aujourd'hui école St-Jean-Baptiste-de-la-Salle). Au n° 4 de la rue des Loups, hôtel de Gellenoncourt, à portail Renaissance ; au n° 1, hôtel des Loups ou de Curel, par **Boffrand**. Ce dernier, fin 17e s.-début 18e s., appartenait au grand louvetier du duc Léopold, amateur de chasse.

Au bout de la rue des Loups, tournez à droite dans la rue du Haut-Bourgeois.

Au n° 29, **hôtel Ferraris★** par **Boffrand**, avec balcon armorié, escalier monumental, peinture en trompe l'œil (spectaculaire, mais dégradée) et fontaine de Neptune dans la cour. Au n° 6, hôtel de Fontenoy par le même architecte (début 18e s.).

Tournez à gauche, vers la porte de la Craffe.

★ Porte de la Craffe C1

Vestige des fortifications médiévales, la porte de la Craffe arbore fièrement ses tours jumelles édifiées en 1463. Le chardon de Nancy et la croix de Lorraine sont des éléments de décor dus à une restauration du 19e s. La façade opposée est de style Renaissance. L'intérieur a servi de prison jusqu'après la Révolution.

Passez sous la porte et continuez tout droit.

Porte de la Citadelle C1

Elle fut commandée vers 1598 par le duc Charles III pour doubler la défense de la porte de la Craffe. Ses ponts-levis permettaient d'accéder d'un côté au bastion donnant sur la Ville-Vieille et de l'autre à la campagne. D'architecture Renaissance, elle est ornée de bas-reliefs et de trophées d'armes.

Faites demi-tour et retrouvez la Grande-Rue.

★ Église et couvent des Cordeliers D1

Mêmes conditions de visite que le Musée lorrain (voir p. 186).

Composée d'une nef unique, suivant l'usage des ordres mendiants, l'**église★** fut édifiée, ainsi que le couvent adjacent, à la fin du 15e s., sur l'initiative du duc René II. C'est la plus ancienne des églises de Nancy. Autrefois reliée au palais ducal par une galerie, elle abrite aujourd'hui une partie des collections du Musée historique lorrain.

Dans une chapelle à gauche, le **gisant de Philippa de Gueldre★★**, seconde femme de René II, a été sculpté dans un calcaire très fin par Ligier Richier, dont c'est une des plus belles œuvres. Contre le mur sud *(près du maître-autel)*, le **tombeau★ de René II**, dont il ne reste que l'enfeu, a été exécuté par Mansuy Gauvain en 1509. Celui-ci est aussi l'auteur d'une magnifique Cène, bas-relief inspiré du célèbre tableau de Léonard de Vinci. Dans le chœur, remarquez le retable sculpté du maître-autel (1522), les stalles du 17e s. et le lutrin de fer forgé (18e s.) aux emblèmes lorrains.

À gauche du chœur de l'église, la **chapelle ducale★** s'élève au-dessus du caveau funéraire des ducs de Lorraine. De forme octogonale, la chapelle a ses murs encadrés de seize colonnes, auxquelles s'adossent sept cénotaphes en marbre noir, sur le modèle, semble-t-il, de la chapelle des Médicis à Florence.

Le cloître et une partie des salles de l'ancien monastère ont été restaurés pour abriter un riche **musée d'Arts et Traditions populaires**. Celui-ci comprend des reconstitutions d'intérieurs (cuisine et chambre) avec mobilier lorrain en chêne ou en bois fruitier, objets familiers, outils d'artisans; des ustensiles domestiques destinés à la fabrication des aliments; des appareils et objets concernant l'éclairage et le chauffage (belle collection de carreaux de poêle émaillés).

★★ Palais ducal D1

64 Grande-Rue. Bâti dans la seconde moitié du 13e s., le palais est à demi ruiné à l'époque de René II, qui le fait reconstruire après sa victoire sur le Téméraire. La façade nettoyée et restaurée est ornée d'une **Porterie★★**, achevée au 16e s. par le duc Antoine. Le style flamboyant et celui de la Renaissance se mêlent pour composer cette admirable porte surmontée de la statue équestre *(reconstituée)* du duc Antoine de Lorraine, au-dessus de laquelle s'élève un gâble flamboyant. Au 1er étage, trois balcons à balustrade flamboyante sont soutenus par des souches de tourelles sculptées représentant des sauvages et des hommes-poissons auxquels se mêlent des amours. Le palais ducal abrite aujourd'hui le Musée historique lorrain.

★★ Musée lorrain D1

Dans le palais ducal, 64 Grande-Rue - ✆ 03 83 17 86 77 - www.nancy.fr - tlj sf lun. 10h-12h30, 14h-18h - fermé 1er janv., 1er mai, 14 Juil., 1er nov. et 25 déc. - 5,50 € (12-25 ans 3,50 €).

Sur trois étages, une documentation d'une valeur exceptionnelle par sa qualité et sa richesse évoque l'histoire du pays lorrain. Un vaste inventaire en vue de la restructuration du musée est actuellement en cours.

Commencez par traverser le jardin pour parcourir, dans le pavillon du fond, la **galerie d'archéologie** préhistorique, celtique, gallo-romaine et franque.

À l'entrée du bâtiment principal, vestibule et galerie aux voûtes d'ogives abritent des collections qui évoquent la **Lorraine du Moyen Âge au 16e s.** (sculptures).

Au 1er étage, la longue galerie des Cerfs rassemble les souvenirs de la dynastie des ducs de Lorraine, du 16e s. au milieu du 18e s., des tapisseries du début du 16e s., des peintures de Jacques Bellange, de Charles Mellin et de Claude Deruet. On peut aussi admirer plusieurs peintures de **Georges de La Tour** et de son entourage *(La Femme à la puce, Découverte du corps de saint Alexis, Le Jeune Fumeur, Saint Jérôme lisant)*. L'histoire de la Lorraine sous Charles V, Léopold et François III est évoquée par de nombreux tableaux et documents, collections de miniatures, de faïences de l'Est de la France, biscuits et terres cuites, sculptures de Clodion. Une partie est consacrée à la Lorraine et Nancy à partir de Stanislas : les fondations du roi de Pologne, la création de la place Royale, l'histoire politique, militaire et littéraire de la Révolution à l'Empire, et la Lorraine de la Restauration à la IIIe République.

Revenez à la place Vaudémont par la Grande-Rue.

Sur le trottoir, devant le n° 30, une inscription (1477) rappelle la date de la bataille de Nancy et la mort de Charles le Téméraire. C'est dans cette maison que l'on ramena le corps de l'ambitieux duc de Bourgogne tué par les troupes de René II.

L'ÉCOLE DE NANCY Plan I

Circuit 3 tracé en vert sur le plan I de la ville p. 182. Cette promenade part de la place Stanislas. Si vous l'effectuez entièrement à pied, comptez 2h30.

Vitrail « La Femme au chat noir » d'Henri Bergé au musée de l'École de Nancy.
R. Mattes/hemis.fr

Bâtiments commerciaux, villas, maisons, Nancy possède de nombreuses demeures influencées par l'Art nouveau. Le circuit proposé ici *(6 km)* permet de contempler les œuvres les plus représentatives des architectes du début du 20e s. *(voir « Comprendre la Lorraine », p. 69).* Attention cependant aux distances : on parcourt aisément à pied le quartier commerçant jusqu'à la gare, mais pour les autres quartiers, la voiture peut s'avérer utile. Vous pouvez également vous fier aux taxis nancéiens, qui connaissent bien les hauts lieux de l'Art nouveau.

Depuis la place Stanislas, prenez la rue des Dominicains.

Quartier commerçant B1

Les immeubles qui bordent la rue des Dominicains ont tous été construits entre la fin du 16e s. et le début du 20e s. Au n° 4, l'encadrement en bois sculpté du Crédit Agricole est signé Eugène Vallin (1901). L'intérieur de la **pharmacie du Ginkgo**, au n° 38, est abondamment orné de motifs rappelant l'arbre aux mille écus, connu en Extrême-Orient pour ses vertus thérapeutiques et symbole d'immortalité. Au n° 57, maison des Adam *(voir le circuit n° 1).* Après avoir tourné à droite, rue St-Georges, n'hésitez pas à franchir le seuil du **Crédit Lyonnais** *(7 bis r. St-Georges)* pour admirer, au plafond, la **verrière aux clématites** de Jacques Grüber, 1901.

Poursuivez dans la rue St-Georges à droite jusqu'à la rue St-Dizier, où vous tournez de nouveau à droite.

Au n° 24, la maison Eugène Arnoux-Masson a été dessinée par l'architecte Louis Déon. En retournant sur vos pas, voyez la façade de la Société Générale *(42-44 r. St-Dizier)*, ancien **immeuble de rapport** construit en 1902 par les architectes Georges Biet et Eugène Vallin. La décoration végétale donne l'impression que l'immeuble continue à pousser, un effet très souvent recherché par les artistes de l'école de Nancy. À l'angle de la rue de la Faïencerie, maison natale d'Émile Gallé.

Tournez à droite dans l'allée Henri-Mengin puis à nouveau à droite, rue Raugraff.

Voyez au passage *(13 r. Raugraff)* les magasins Vaxelaire construits en 1901 par Charles et Émile André et Eugène Vallin, pionniers de la modernisation du centre-ville et de l'introduction de l'Art nouveau à Nancy.

Prenez la rue St-Jean, à gauche.

Au n° 12, rue de la Visitation, pharmacie Rosfelder.

Continuez dans la rue St-Jean.

Un peu plus loin, **magasin de 1900-1901** *(2 r. Bénit, à l'angle des rues Bénit et St-Jean)*, ancienne graineterie qui fut le premier immeuble à structure métallique.

Quartier de la gare

À l'angle de la rue St-Jean et de la rue Chanzy, l'actuelle **BNP** *(9 r. Chanzy)* a pris le relais de la banque Charles Renauld qui, en 1910, fit appel à Émile André et à Paul Charbonnier pour l'architecture et à **Louis Majorelle** pour la ferronnerie et le mobilier. La maison voisine *(7 r. Chanzy)* fut conçue par Joseph Hornecker, architecte de l'opéra.

Poursuivez jusqu'au bout la rue Chanzy.

En face de vous, la **chambre de commerce** *(40 r. Henri-Poincaré)* est une réalisation de 1908, ornée de ferronneries de **Majorelle** et de vitraux de **Grüber**. À l'angle de la rue Mazagran, la brasserie Flo, ancienne brasserie L'Excelsior *(70 r. Henri-Poincaré)*, fut élevée en 1910 et décorée par Louis Majorelle *(voir le carnet d'adresses)*. Un petit détour par la rue Stanislas vous permettra d'apercevoir une **maison** *(86 r. Stanislas)* construite en 1906 par Eugène Vallin. Reprenez la rue Mazagran et vous apercevrez, à l'angle de la rue Foch, l'ancien **immeuble du journal** *L'Est républicain*, de 1912.

Prenez l'avenue Foch sur votre droite et traversez la voie ferrée.

Avenue Foch A1

Sur la droite, à l'angle de la rue St-Léon, la **maison du docteur Louis Spillmann** *(34 r. St-Léon)* est due à Lucien Weissenburger. Une autre maison de médecin, celle du **docteur Paul Jacques** *(41 av. Foch)*, a réuni Paul Charbonnier pour l'architecture, **Louis Majorelle** pour les ferronneries, **Jacques Grüber** pour les vitraux et Léopold Wolff pour les sculptures. Traversez la rue Jeanne-d'Arc pour admirer l'immeuble Fernand Loppinet *(45 av. Foch)*, édifié par Charles-Désiré Bourgon. à remarquer : deux beaux bâtiments d'émile André *(69 et 71 av. Foch)*, construits entre 1902 et 1904.

Traversez la place de la Commanderie (à droite, tour du 12e s.) pour parvenir à la rue de Laxou. Tournez à gauche rue du Vieil-Aître, puis à droite rue Majorelle.

Villa Majorelle A2

1 r. Louis-Majorelle - ✆ 03 83 40 14 86 - www.ecole-de-nancy.com - visite guidée (1h) - avr.-oct. : w.-end 14h30 et 15h45 ; reste de l'année : sam. 14h30 et 15h45 - fermé 1er janv., 1er mai, 14 Juil., 1er nov., 25 déc. - 3,50 € (-12 ans gratuit), gratuit Journées du patrimoine.

De son vrai nom villa « Jika » (l'épouse de Louis Majorelle s'appelait Jeanne Kretz, J. K.), cette maison, conçue en 1899 par l'architecte parisien Henri Sauvage (1873-1932), fut construite en 1901 pour l'ébéniste nancéien Louis Majorelle. Première maison résolument Art nouveau de Nancy, elle s'élevait à l'origine dans un vaste parc, en bordure de la ville. En vous promenant dans le jardin qui entoure la villa, vous remarquerez qu'aucune des façades ne se ressemble. À l'intérieur, la salle à manger (cheminée, boiseries) est particulièrement remarquable.

Reprenez la rue du Vieil-Aître à droite, puis traversez la place Paul-Painlevé. Continuez sur la rue du Serg.-Blandan. À droite, peu avant le musée de l'École de Nancy, remarquez la maison Armand Lejeune (30 r. du Serg.-Blandan), par Émile André.

★★ Musée de l'École de Nancy A2

36-38 r. du Sergent-Blandan - ✆ 03 83 40 14 86 - www.ecole-de-nancy.com - 10h-18h - possibilité de visite guidée (1h30) - fermé lun. et mar., 1er janv., 1er mai, 14 Juil., 1er nov., 25 déc. - 6 € (-12 ans gratuit), gratuit 1er dim. du mois.

Installé dans le cadre d'une résidence cossue du début du 20e s., ce musée à l'ambiance feutrée offre un panorama remarquable de l'extraordinaire mouvement de rénovation des arts décoratifs qui se développa de façon originale à Nancy entre 1885 et 1914, et fit date dans l'histoire des arts décoratifs sous le nom d'« école de Nancy ». Le musée présente une abondante collection d'œuvres caractéristiques du mouvement nancéien : meubles marquetés et sculptés d'Émile Gallé, de Louis Majorelle, d'Eugène Vallin, de Jacques Grüber et d'Émile André ; reliures, affiches et dessins de Prouvé, Martin, Collin, Lurçat ; verreries de Gallé, des frères Daum et Muller ; céramiques également de Gallé, mais aussi de Bussière et de Mougin ; vitraux de Grüber.

Plusieurs ensembles mobiliers, dont une admirable salle à manger de Vallin (plafond peint et cuirs muraux au délicat décor floral de Prouvé), témoignent des changements apportés dans le style des intérieurs bourgeois au début du 20e s. Au 1er étage, une étonnante salle de bains en céramique de Chaplet, un exceptionnel bureau d'homme d'affaires, décoré de cuirs travaillés de motifs floraux.

Au fond du jardin du musée, l'aquarium, curieux édifice circulaire conçu par l'architecte Weissenburger, semble avoir été inspiré par les folies du 18e s.

Continuez jusqu'à la rue Félix-Faure, que vous prenez à droite.

Rue Félix-Faure A2

C'est la rue tout entière qui s'est mise au diapason de l'Art nouveau : l'architecte César Pain y a conçu plus d'une quinzaine de pavillons, entre 1907 et 1912. Voyez en particulier la villa Tatiana ou Les Clématites *(26 r. Félix-Faure).*

Faites demi-tour dans la rue Félix-Faure pour revenir à la rue du Serg.-Blandan. En face de vous, les piscines de Nancy Thermal. Reprenez en sens inverse la rue du Serg.-Blandan, passez le musée de l'École de Nancy puis tournez à droite dans la rue Pasteur.

Rue Pasteur A2

La maison Renaudin *(49-51 r. Pasteur)* a été imaginée en 1902 par l'architecte Lucien Bentz. Quelques mètres plus loin, au n° 41, la **maison Biet**, signée Georges Biet et Eugène Vallin, a été réalisée entre 1901 et 1903 pour abriter les bureaux et l'habitation de l'architecte. C'est la première construction en gradins de France.

Traversez le parc Ste-Marie pour tourner à gauche dans l'avenue du Mar.-Juin. Continuez tout droit avenue de la Garenne, puis tournez à droite boulevard Jean-Jaurès. Prenez ensuite à gauche l'avenue du Gén.-Leclerc, et enfin la première à droite.

Rue des Brice B2

Le projet du promoteur Jules Villard était de faire du quartier du Saurupt un lotissement entièrement Art nouveau. Le manque de moyens lui fit abandonner son idée, mais les maisons construites valent le détour, en particulier la **villa des Glycines** au n° 5 et la **villa des Roches** au n° 6, qui furent les deux premières maisons construites par émile André à Nancy. Ce dernier habita Les Roches, toute en pierre meulière.

Revenez à l'avenue du Gén.-Leclerc, que l'on prend vers la droite, traversez la voie ferrée et rejoignez la place des Vosges.
À deux pas de la porte St-Nicolas (17e s.), imprimerie Royer de Weissenburger.
Tournez à droite, avenue de Lattre-de-Tassigny, puis passez derrière l'église St-Pierre par la rue Lionnois.

Maison Bergeret B2

24 r. Lionnois. C'est en 1903 que l'imprimeur Bergeret se fit construire cette superbe maison Art nouveau. Les plans sont de Lucien Weissenburger, les vitraux de Grüber et de Janin. Le haut gâble, à l'angle, et ses décorations évoquent le Moyen Âge.
Hors du circuit proposé, on peut voir encore beaucoup d'autres immeubles, comme la **maison Weissenburger** *(1 bd Charles-V)* construite en 1904 par l'architecte pour son propre compte, avec décor et ferronneries de Majorelle, ou les **maisons jumelles** *(92-92 bis quai Claude-le-Lorrain)* par Émile André en 1903.

À voir aussi Plan de ville I

★ Jardin botanique du Montet A3

100 r. du Jardin-Botanique. Ligne autobus n° 16. ✆ 03 83 41 47 47 - ♿ - 10h-12h, 14h-17h (parc), 14h-17h (serres), sam. 14h-17h (parc et serres), dim. et j. fériés 14h-18h (oct.-mars 17h) - fermé 1er janv. et 25 déc. - parc accès libre, serres : 4,10 € (-12 ans 2,10 €).
Situé près de la faculté des sciences, au sein d'un vallon, il couvre 25 ha dont 2 500 m² de serres tropicales. Conservatoire botanique national, ce jardin contribue à la protection des plantes en voie de disparition pour la région Alsace Lorraine, la France et les DOM-TOM. Il comprend une quinzaine de collections thématiques : plantes alpines, ornementales, médicinales, arboretum… Dans les serres sont cultivées plus de 6 500 espèces : aracées, orchidacées, insectivores, nénuphars géants…

À proximité Carte de microrégion

Musée de l'Histoire du fer Plan I B2 / Carte de microrégion B2

1 av. du Gén.-de-Gaulle, à Jarville-la-Malgrange. Lignes autobus nos 1, 31 et 41. ✆ 03 83 15 27 70 - 14h-18h, w.-end et j. fériés 10h-12h, 14h-18h - fermé mar., 1er janv., dim. de Pâques, 1er nov., 25 déc. - 4,10 € (-18 ans 2,10 €), gratuit Journées du patrimoine.
Le vaste bâtiment qui l'abrite témoigne lui-même de l'importance de la construction métallique dans l'architecture contemporaine. Le musée présente de manière chronologique l'évolution des techniques de production du fer, de la fonte et de l'acier, des origines à nos jours. On y découvre les techniques très avancées des fabrications d'armes, dès l'époque gauloise, et les procédés – en particulier celui du damas mérovingien – permettant de concilier les qualités de résistance, de flexibilité et de tranchant. Objets d'art en fonte ou en fer.

Chartreuse de Bosserville B2

5 km. Sortez par la D 400, au sud-est. Dans Laneuveville, aussitôt après le pont sur le canal de la Marne au Rhin, tournez à gauche dans la D 126. La route tourne aussitôt à droite, offrant une jolie vue d'ensemble sur la chartreuse de Bosserville avant de franchir la Meurthe. Prenez à gauche la D 2. À 1 km, une allée de platanes conduit à la chartreuse de Bosserville. Ne se visite pas.

Fondée en 1666 par le duc Charles IV, Bosserville servit, en 1793 et 1813, d'hôpital de campagne. De nombreux militaires français ou étrangers de la Grande Armée, malades ou blessés, y succombèrent. Leurs corps étaient jetés dans l'étang proche… Elle est aujourd'hui occupée par un lycée professionnel technique. Un bel escalier en pierre mène à une terrasse dominant la Meurthe. Au centre s'élève la chapelle avec sa longue et majestueuse façade des 17e et 18e s., flanquée de deux ailes en retour.

Château de Fléville B2

9 km au sud-est. Quittez Nancy par l'A 330 jusqu'à la sortie Fléville (à 8 km). ✆ 03 83 25 64 71 - www.fleville.com - visite guidée (1h) juil.-août. : tlj 14h-19h ; mai-juin et oct.-mi-nov. : w.-end et j. fériés 14h-19h ; avr. : dim. et j. fériés 14h-19h - 9,50 € (6-14 ans 6 €).

L'édifice date du 16e s. et remplace une forteresse du 14e s. dont il ne reste qu'un donjon carré. Après avoir franchi les anciens fossés dont les murs sont ornés de beaux vases du 18e s., on pénètre dans la cour d'honneur. Deux ailes en retour flanquent la belle façade Renaissance du corps de logis principal sur laquelle court un long balcon à balustrade. À l'intérieur, on visite la salle des ducs de Lorraine, la chambre de Stanislas, la chapelle du 18e s., ainsi que plusieurs chambres ornées de peintures et garnies de meubles Louis XV, Régence ou Louis XVI. Terminez par un petit tour extérieur de l'édifice et une promenade dans le parc paysager.

Parc de loisirs de la forêt de Haye A2

9 km à l'ouest. Quittez Nancy par l'avenue de Boufflers et la D 400. Pavillon d'information près de l'entrée, à droite.

Ce parc de loisirs a été aménagé au cœur de la forêt de Haye, vaste massif vallonné couvrant 9 000 ha, ex-réserve de chasse des ducs de Lorraine. Terrains de sport, de tennis, aires de jeux, parcours dans les arbres, installations de pique-nique.

C'est aussi un point de départ pour de grandes randonnées pédestres, équestres ou à VTT *(130 km)* dans la forêt.

Petite pause entre deux activités sportives, le **musée de l'Automobile** vous propose une centaine de véhicules de toutes marques, allant de 1898 à 1989. Nombreux bouchons de radiateurs et affiches consacrées à la voiture. *✆ 03 83 23 28 38 - www.amaf.fr - ♿ - juil.-août : 14h-18h ; reste de l'année : merc., w.-end 14h-18h - 5 € (enf. 3,50 €).*

3

NOS ADRESSES À NANCY

VISITES

Forfaits touristiques – L'office de tourisme propose une gamme de forfaits autour de thèmes ou d'événements qui rythment la vie nancéienne.

Visites guidées – *✆ 03 83 35 22 41 - www.nancy-tourisme.fr*
Nancy, qui porte le label Ville d'art, propose des visites-découverte (1h30) animées par des guides-conférenciers du Patrimoine. Des visites audioguidées avec baladeur ayant pour thème le centre historique et l'Art Nouveau sont possibles tout au long de l'année. Renseignements à l'office de tourisme.

Allovisit – *✆ 03 83 35 22 41 - www.nancy-tourisme.fr - une visite audioguidée est également possible : 2h à 4h de promenade - 6 € (caution : 85 € par appareil).*

Train touristique – *☏ 03 89 73 74 24 - www.petit-train.com - mai-sept. : visite « circuit historique » (45mn) tte la journée - dép. pl. de la Carrière (près de la pl. Stanislas) - 6 € (-14 ans 4 €).*

L'Est républicain – *R. Théophraste-Renaudot – 54180 Houdemont - ☏ 03 83 59 80 26 - visite guidée sur réserv. du grand quotidien lorrain et franc-comtois de 21h40 à 0h30 - gratuit.*

HÉBERGEMENT

PREMIER PRIX

Hôtel Les Portes d'Or – *21 r. Stanislas - ☏ 03 83 35 42 34 - www.hotel-lesportesdor.com - 20 ch. 65 € - ☕ 6 €.* La proximité de la place Stanislas est l'atout majeur de cet hôtel. Les chambres aux tons pastel ne sont pas très grandes, mais possèdent un mobilier moderne et un équipement correct.

Hôtel Akena – *41 r. Raymond-Poincaré - ☏ 03 83 28 02 13 - www. hotel-akenanancy.com - ♿ - 🅿 - 58 ch. 48,50/62,50 € - ☕ 7,50 €.* On peut faire partie d'une chaîne d'établissements et garder sa personnalité. Telle pourrait être la devise de cet hôtel situé en centre-ville. Accueil sympathique, réceptionnistes avenants et chambres au confort standard divisées en deux catégories : prestige ou économique.

Hôtel Le Stanislas – *22 r. Ste-Catherine - ☏ 03 83 37 23 88 - www.hotel-lestanislas.fr - 17 ch. 59 € - ☕ 6/8 €.* Situé à deux pas de la place Stanislas, cet hôtel bon marché compte tenu de sa situation propose des chambres simples et bien tenues.

POUR SE FAIRE PLAISIR

Maison d'hôte de Myon – *7 r. Mably - ☏ 03 83 46 56 56 - www. maisondemyon.com - 5 ch. et 3 appt. 130 €.* En plein cœur de Nancy, une porte cochère garde l'entrée de cette grande maison au décor à la fois dépouillé et recherché. Chacune des chambres possède son atmosphère propre : sable, ébène, turquoise, mandarine ou tilleul. Accueil discret et attentionné.

Hôtel Crystal – *5 r. Chanzy - ☏ 03 83 17 54 00 - www. bestwestern-hotel-crystal. com - fermé 23 déc.-2 janv. - 58 ch. 101/142 € - ☕ 12,50 €.* Les chambres de cet établissement familial sont toutes agréables et rigoureusement tenues ; les plus récentes affichent un style actuel plus séduisant. Salon-bar.

UNE FOLIE

Mercure Centre Stanislas – *5 r. des Carmes - ☏ 03 83 30 92 60 - www.mercure.com - 80 ch. 120/189 € - ☕ 16,50 €.* Au cœur du Nancy commerçant, cet établissement dispose de chambres confortables et contemporaines, personnalisées par un mobilier d'inspiration Art nouveau. Petit bar à vins.

Hôtel des Prélats – *56 pl. Mgr-Ruch - ☏ 03 83 30 20 20 - www. hoteldesprelats.com - fermé 26 déc.-4 janv. - ♿ - 41 ch. 104/249 € - ☕ 12,50 €.* Superbe hôtel particulier du 17e s. adossé à la cathédrale. Les chambres, toutes spacieuses, rivalisent de caractère et de raffinement (mobilier d'antiquaire et objets chinés).

RESTAURATION

PREMIER PRIX

Dans la rue des Maréchaux, à deux pas de la place Stanislas, justement surnommée la « rue gourmande », une quarantaine de restaurants de spécialités du monde entier proposent des menus tous budgets.

Aux Délices du Palais – *69 Grande-Rue - ✆ 03 83 30 44 19 - fermé sam. midi et dim., 2e quinz. août et dernière sem. de déc. - 5/9,50 €.* Face au musée lorrain, ce petit restaurant mise sur la diversité, que ce soit dans les plats (influences indienne, méditerranéenne, orientale) ou dans la décoration (chaises, tables et couverts sont dépareillés). Une ambiance bohème et décontractée.

Vins et Tartines – *25 bis r. des Ponts - ✆ 03 83 35 17 25 - www.groupe-mengin.com - fermé 1er-15 août, dim. et lun. - 15/20 €.* Un concept de restauration original puisqu'il propose, comme son nom l'indique, des petits repas constitués de vin et de tartines. Plats froids ou chauds, accompagnés de salade ou de légumes, servis dans la cave voûtée au sous-sol. Une sorte de « fast-food » à la sauce rustique et arrosé de bons petits crus.

Le P'tit Cuny – *99 Grande-Rue - ✆ 03 83 32 85 94 - www.leptitcuny.fr - ♿ - formule déj. 9,90 € - 12,90 bc/30 €.* Les propriétaires de la célèbre fromagerie Marchand dirigent également ce restaurant de la vieille ville. L'intérieur ressemble à une winstub et la carte regorge de spécialités d'Alsace et de Lorraine ; celle des vins est aussi dédiée à la région. L'adresse étant très prisée, il est prudent de réserver. Terrasse.

BUDGET MOYEN

Brasserie L'Institut – *2 r. Braconnot - ✆ 03 83 32 24 14 - ouvert lun.-sam le midi et jeu.-sam. aussi le soir - 25 €.* Depuis 1903, L'Institut est une… institution. La marque de l'architecte Charbonnier est partout présente dans le décor Art nouveau. Côté cuisine, c'est un esprit brasserie de très bonne tenue qui domine.

Les 3 Marches – *8 bis r. St-Léon - ✆ 03 83 41 33 00 - fermé sam. et dim. - fermé août - 19/28 €.* Ce restaurant contient seulement 30 places et sa cuisine « tendance » connaît un succès fou : pensez à réserver. L'intérieur, très coquet, s'agrémente de grands miroirs et d'un coin bibliothèque. Les mets sont goûteux et la carte des vins fourmille de crus en adéquation avec les plats proposés.

À la Table du Bon Roi Stanislas – *7 r. Gustave-Simon - ✆ 03 83 35 36 52 - http://tablestan.free.fr - fermé lun. midi, merc. midi, dim. soir, de fin oct. à déb. nov. et déb. janv. - 20,50/31 €.* Créé en hommage au roi Stanislas, duc de Lorraine au 18e s. et amateur de fine cuisine, ce restaurant propose une découverte de la gastronomie d'antan, agrémentée d'un historique de tous les plats servis. Le décor très sobre et les recettes originales font de cette table une étape incontournable.

Les Pissenlits – *25 bis r. des Ponts - ✆ 03 83 37 43 97 - www.les-pissenlits.com - fermé 1er-15 août, dim. et lun. - 21,20/40 € bc.* Salle de style école de Nancy, copieuse cuisine régionale énoncée sur tableau noir et service à guichets fermés caractérisent ce restaurant familial. Bar à vins dans une ancienne chapelle : tartines chaudes ou froides et vins choisis par la patronne.

POUR SE FAIRE PLAISIR

Brasserie L'Excelsior – *50 r. Henri-Poincaré - ✆ 03 83 35 24 57 - www.brasserie-excelsior.com - ♿ - 27/47 €.* Un des bastions des artistes de l'école de Nancy : sollicités pour en concevoir le décor au début du siècle dernier, ils en ont fait un remarquable exemple du genre, à voir absolument… Cuisine brasserie préparée et servie avec efficacité dans la magnifique salle classée.

Le V Four – *10 r. St-Michel - ✆ 03 83 32 49 48 - fermé 2 sem. en sept., de fin janv. à déb. fév., dim. soir et lun. - formule déj. 19 € - 28,50/60 €.* Minuscule salle de style bistrot contemporain et cuisine au goût du jour soignée : cette adresse conviviale, située dans une petite rue piétonne, connaît un franc succès.

ACHATS

Marché Central – *Pl. Henri-Mengin - ✆ 03 83 37 34 63 - www.nancy.fr - tlj sf dim. et lun. 7h-19h.* Ce marché très animé réunit une soixantaine de commerçants. Les grandes maisons nancéiennes sont présentes et certains stands attirent par leur spécificité, comme le marchand de pommes de terre ou l'écailler. Le samedi, de petits exploitants locaux viennent proposer des fruits et légumes biologiques, du miel, etc.

Maison des Sœurs Macarons – *21 r. Gambetta - ✆ 03 83 32 24 25 - www.macaron-de-nancy.com - 9h30-12h30, 14h-19h, lun. 14h-19h - fermé lun. mat., dim., 3e sem. de janv. et j. fériés.* Le secret de l'élaboration des célèbres macarons des sœurs (petits gâteaux ronds à base d'amandes, finement craquelés et très moelleux) se transmet ici depuis le 18e s. Outre le macaron, d'autres spécialités lorraines vous seront proposées : une bergamote labellisée, la Berg'amour (pâte de fruits aromatisée à l'essence de bergamote), les Perles de Lorraine (pâte de fruits fourrée à l'eau-de-vie de mirabelle), les Florentines des sœurs (praliné enrobé d'un fondant) ou encore les Babas du Roi.

Au Duché de Lorraine - Confiserie Lefèvre-Lemoine – *47 r. Henri-Poincaré - ✆ 03 83 30 13 83 - 8h30-19h, dim. 9h30-12h30.* Institution depuis 1840, cette confiserie est aussi un véritable musée de l'art lorrain. Buffets et armoires côtoient de magnifiques vaisseliers garnis de pièces anciennes fabriquées à la manufacture de faïences de Lunéville. Côté friandises, la boutique propose bergamotes, macarons, visitandines, chardons, griottes, chocolats à la mirabelle, gâteaux des ducs aux amandes et à l'orange…

Jean-François Adam - Pâtisserie St-Epvre – *3 pl. St-Epvre - ✆ 03 83 32 04 69 - tlj sf lun. 7h30-19h30, dim. 8h-18h, j. fériés et dim.* Jean-François Adam, l'actuel propriétaire de cette pâtisserie fondée en 1882, continue de fabriquer avec talent le Saint-Épvre dont la recette date du 19e s. et la marque déposée de 1907. La boutique renferme d'autres trésors comme les macarons, les pâtes de fruits, la tarte à base de mirabelle nommée l'Ambassadeur lorrain et le Gargouille en hommage aux joyaux de la basilique…

EN SOIRÉE

Demandez le programme ! – L'opéra, le Ballet national, le Théâtre de la Manufacture, l'Association de musique ancienne de Nancy, l'Ensemble Stanislas, l'Orchestre symphonique et lyrique de Nancy, l'Association lorraine de musique ancienne de Nancy, l'Association lorraine de musique de chambre, Gradus Ad Musicam, la Psallette de Lorraine proposent de nombreux concerts et spectacles chaque année dans différents endroits de la ville. Le programme est diffusé dans le magazine mensuel *Spectacles à Nancy*.

L'Échanson – *9 r. de la Primatiale - ✆ 03 83 35 51 58 - www.echanson-nancy.com - bar tlj sf dim. et lun. 12h-14h30, 17h30-21h30 - j. fériés.* Les Nancéiens adorent cette adresse qui fait à la fois office de cave et de bar à vins. La boutique compte près de 700 références françaises et étrangères régulièrement renouvelées et essentiellement sélectionnées chez de petits producteurs. De nombreux crus sont proposés au verre. Le bistrot, décoré à l'ancienne, propose midi et soir une petite restauration du style assiette de cochonnailles.

Le Vertigo – *29 r. de la Visitation - ✆ 03 83 32 71 97 - mar.-vend. 17h-2h, sam. 18h-5h.* À la fois café-théâtre, restaurant, salle de concerts (jazz et chanson française) et bar, ce haut lieu de la culture nancéienne vit à « cent à l'heure ». Bières et cocktails participent à l'ambiance conviviale.

L'Arq – *13 r. Héré - ✆ 03 83 32 11 99 - mar.-jeu. 18h30-4h, vend.-sam. jusqu'à 5h.* Ce bar de standing au décor raffiné offre une belle vue sur la place Stanislas. Bonne carte de cocktails, musique d'ambiance, house music : la formule attire une clientèle composée d'étudiants BCBG et d'hommes d'affaires. C'est « le » lieu branché par excellence après 2h du matin.

Opéra Café – *5 terrasse de la Pépinière - ✆ 03 83 30 68 79 - www.opera-cafe-nancy.fr - lun. 11h-1h, mar.-jeu. 11h-1h, vend. jusqu'à 2h, sam. 14h-2h, dim. 14h-0h - fermé 24 déc. au soir, 25 déc., 31 déc. au soir, 1er janv.* Murs rouge vénitien, fauteuils en cuir et musique douce pour un décor « cosy » et une ambiance « zen » Cet établissement propose une sélection impressionnante de bières du monde entier, et plus particulièrement belges. Terrasse ombragée en été, de plus de 150 places.

Opéra national de Lorraine – *Pl. Stanislas - ✆ 03 83 85 33 11 - www.opera-national-lorraine.fr - billetterie : tlj sf dim. et lun., 13h-19h - fermé juil.-août.*

Théâtre de la Manufacture – *10 r. Baron-Louis - ✆ 03 83 37 42 42 - www.theatre-manufacture.fr - billetterie : lun.-mar. et jeu.-vend. 12h-19h, merc. 10h-19h (sam. 15h-19h) - fermé juil.-août.* Ce théâtre organise chaque année, outre sa saison théâtrale, différents spectacles.

CNN Ballet de Lorraine – *3 r. Henri-Bazin - ✆ 03 83 85 69 00 - www.ballet-de-lorraine.com - tlj sf w.-end 9h-13h, 14h-18h.*

Ensemble Poirel – *3 r. Victor-Poirel - ✆ 03 83 32 31 25 - www.poirel.nancy.fr - billetterie : mar.-vend. 13h-19h, sam. 14h-18h.* Théâtre, opéra, ballet, concert, lecture… Tous les goûts sont dans la nature, et tous les arts sont à l'Ensemble Poirel Sa programmation foisonnante et éclectique – musiques, théâtre, humour, cirque, danse, expositions – séduit un large public au fil de l'année. Si de grands noms (J. Weber par exemple) sont régulièrement à l'affiche, l'établissement propose également des spectacles plus confidentiels à découvrir.

ACTIVITÉS

La Bergamote – *Quai Ste-Catherine - ✆ 03 83 29 31 39 - www.labergamote.fr - de fin avr. à fin juin et sept. ts les dim., juil.-août. tlj - croisière repas 41 € ts les w.-end 11h15-14h30 et sam. soir 20h-23h - promenade commentée 11 € 15h-16h30.* Offrez-vous une promenade (environ 1h) ou une croisière-repas (3h et sur réservation) tout en visitant Nancy et ses environs : à l'issue de ces navigations commentées, vous connaîtrez tout de l'histoire du canal de la Marne au Rhin.

Golf Nancy-Pulnoy – *10 r. du Golf - 54425 Pulnoy - ✆ 03 83 18 10 18 - www.golfnancypulnoy.com - hte sais. : 8h-20h ; basse sais. : 9h-17h30 - fermé 25 déc.-2 janv. - de 27 à 30 €.* Parcours de 18 trous dans un environnement boisé ; compact, putting green, practices…

AGENDA

Nancy-jazz-pulsations – *Oct. - www.nancyjazzpulsations.com.* Ce festival rassemble chaque année tous les amateurs de jazz pour deux semaines de concerts et d'animations musicales.

Festival international de chant choral – *Années impaires, à l'Ascension - ✆ 03 83 35 22 41 - www.chantchoral.org.* Depuis 1979, il rassemble tous les deux ans des centaines de choristes venus des cinq continents.

Nancyphonies – *www.nancyphonies.net.* Pendant un mois en juillet, la musique classique investit les salles de concerts de la ville.

Rendez-vous place Stanislas – Tous les soirs d'été, projection son et lumière sur les façades de la place.

Livre sur la place – *3e w.-end de sept.* Salon du livre dans les rues de Nancy.

St-Nicolas – *W.-end le plus proche du 5 déc.* Le feu d'artifice, le gigantesque sapin installé place Stanislas et le défilé de la St-Nicolas transforment pour quelques heures l'ambiance de Nancy.

Toul

★

16 617 Toulois – Meurthe-et-Moseller (54)

NOS ADRESSES PAGE 201

S'INFORMER

Office du tourisme en pays Terres de Lorraine – *1 pl. Charles-de-Gaulle - 54200 Toul - ✆ 03 83 64 90 60 - www.lepredenancy.fr - de déb. mai au 28 sept. : 9h-12h30, 13h30-18h30, dim. et j. fériés 12h-18h.*

Visites – Promenades insolites animées par des comédiens sur les remparts de Vauban. *Rens. à l'office de tourisme - juil.-août : 18h et 20h30 - durée 1h15 - 6 € (-16 ans 3 €).*

SE REPÉRER

Carte de microrégion A2 (p. 174) – *carte Michelin Départements 307 G6.* À une vingtaine de kilomètres à l'ouest de Nancy par l'A 31.

À NE PAS MANQUER

La cathédrale St-Étienne, le cloître St-Gengoult.

ORGANISER SON TEMPS

Comptez une demi-journée pour parcourir la ville et visiter le musée d'Art et d'Histoire.

Au cœur du vignoble toulois où prend naissance le gris de Toul, seul vin AOC de Lorraine, la ville est ceinte d'une forteresse tracée par Vauban qui protège les trésors architecturaux de l'époque épiscopale. Car, comme ses voisines Metz et Verdun, la cité gallo-romaine de Toul devint le siège d'un important évêché dès le 4ᵉ s. et se développa activement à la Renaissance. Le bourg, aujourd'hui très tranquille, plaira aux passionnés d'art et d'histoire.

3

Se promener Plan de ville

★★ Cathédrale St-Étienne B2

✆ 03 83 64 90 60 - www.lepredenancy.fr - ♿ - gratuit.

Commencée au début du 13ᵉ s., elle ne fut achevée qu'au 16ᵉ s. La magnifique **façade★★** qui s'élève sur la place du Parvis a été édifiée de 1460 à 1496 dans le style flamboyant. Sa statuaire a été saccagée par les révolutionnaires. La tempête qui a balayé la France en décembre 1999 n'a pas épargné les toitures, alors que la cathédrale commençait à se remettre de l'incendie de 1940. L'intérieur montre des traces du gothique champenois : galeries de circulation hautes et basses au-dessus des grandes arcades et des bas-côtés, arcades très aiguës, absence de triforium. La nef, haute de 36 m, est la plus belle partie de l'édifice. Dans le transept gauche, les vitraux de 1503 représentent le Couronnement de la Vierge. Dans le chœur, les vitraux des scènes de l'Ancien et du Nouveau Testament datant du 19ᵉ s. ont récemment retrouvé leur lustre d'antan dans le cadre d'une vaste campagne de restauration de l'édifice. Dans le bas-côté droit, une belle chapelle Renaissance est surmontée d'une coupole à caissons. L'orgue monumental (1963) est porté par une tribune de style Louis XV. Au sol, de nombreuses pierres tombales, du 14e au 18e s., forment le dallage de l'édifice, notamment dans le transept.

★ **Cloître** B2 – Pour y accéder, entrer par le petit portail, place des Clercs. Datant des 13e et 14e s., il possède trois galeries percées de vastes baies en tiers-point au réseau rayonnant (beaux chapiteaux à feuillages). Quelques gargouilles ornent les contreforts qui séparent les baies. Les murs sont agrémentés d'arcatures trilobées (disposition champenoise).

Empruntez la rue de Rigny.

Ancien palais épiscopal B2 (H)

Cet édifice, construit de 1735 à 1743 en remplacement de l'ancien palais médiéval, est aujourd'hui l'hôtel de ville. Le mur de clôture qui délimitait le territoire de l'évêque subsiste encore et on peut apercevoir la porte lui permettant d'entrer directement dans sa cathédrale. **Façade★** majestueuse, derrière un beau portail.

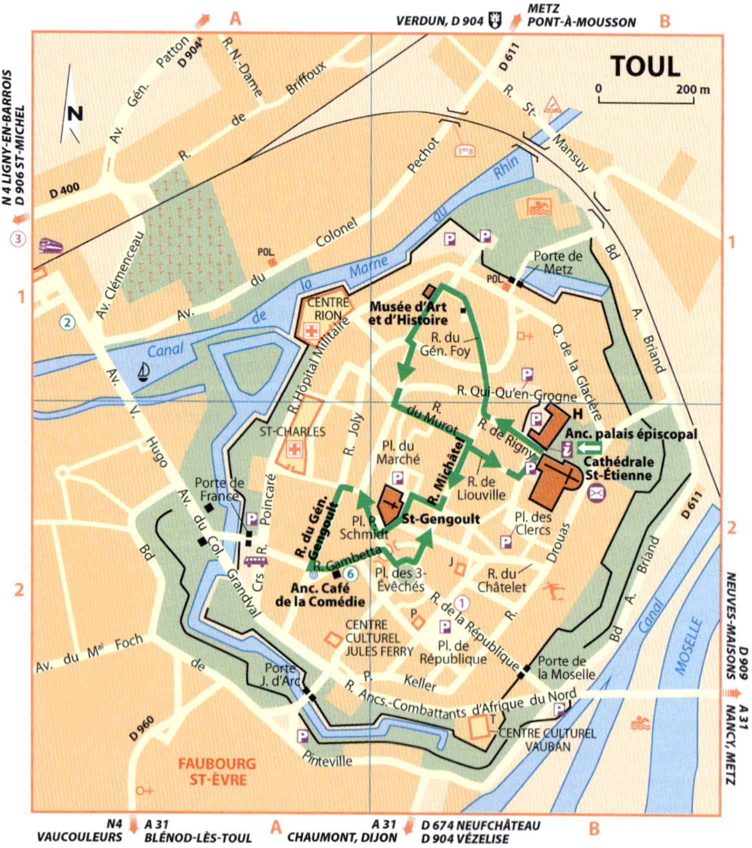

SE LOGER		SE RESTAURER	
Europe (Hôtel L')	2	Bouchons Lyonnais (Aux)	1
Villa Lorraine (Hôtel La)	6	Pressoir (Auberge du)	3

Prenez à droite la rue des Cordeliers qui se transforme en rue du Gén.-Foy (portes Renaissance aux nos 8 et 12). La place Cugnot-Poirot vous conduit au musée.

★ Musée d'Art et d'Histoire B1

✆ 03 83 64 13 38 - www.toul.fr - mai-sept. : 10h-18h ; reste de l'année : 14h-17h - fermé mar., 1er janv., lun. de Pâques, 1er mai, 1er nov., et 25 déc. - entrée gratuite sf pour les grandes expositions 5 € (enf. 2,50 €).

Il est installé sur trois étages dans l'ancienne maison-Dieu (18e s.). Ses collections touchent à des domaines très variés : peinture, sculpture, tapisseries des Flandres, céramique (faïencerie de Toul-Bellevue), art religieux, archéologie antique et médiévale (sépultures et bijoux mérovingiens), arts et traditions populaires. Une toile de François Boucher, *L'Agréable Leçon*, orne la reconstitution d'un petit salon Louis XVI. Les guerres de 1914-1918 et 1939-1945 sont évoquées par des armements, uniformes, reliques et souvenirs de la vie quotidienne des principaux belligérants. La **salle des malades★**, remontant au premier tiers du 13e s., est un beau vestige médiéval de la maison-Dieu.

Dans la rue Gouvion-St-Cyr, les portes d'entrée des nos 15, 24 et 18 sont de styles gothique et Renaissance.

Poursuivez par la rue du Pont-de-Bois puis tournez à gauche rue du Murot pour rejoindre la rue Michâtel vers la droite.

Rue Michâtel B2

À l'angle, vous remarquerez le Pavillon Bleu, échoppe de la fin du 19e s. Au no 16, la maison Renaissance à gargouilles (1550) fut habitée de 1638 à 1658 par le père de Bossuet, conseiller au parlement de Metz.

Tournez à droite rue Lafayette puis au bout à gauche.

Église St-Gengoult B2

✆ 03 83 64 11 69 (office de tourisme) - www.mairie-toul.fr - visite libre - gratuit.

Ancienne collégiale de chanoines, édifiée du 13e au 15e s., elle est une manifestation de l'école gothique champenoise. La façade ouest, percée d'une gracieuse porte, date du 15e s.

L'intérieur surprend par sa courte nef et son très large transept. Remarquez la différence de style entre les deux dernières travées et les deux premières. Devant supporter le poids des tours, celles-ci ont une section plus forte. Les absidioles qui encadrent le chœur donnent à la fois sur celui-ci et sur les bras du transept. Elles possèdent de beaux **vitraux** du 13e s.

★★ Cloître St-Gengoult B2

Il date du 16e s. Le long des galeries, dont la décoration extérieure est Renaissance (chapiteaux, médaillons), des gâbles accentuent l'élévation des arcades. Les voûtes en étoile ont des clés en forme de médaillons, décorées avec fantaisie.

Sortez par la collégiale. Tournez à droite et empruntez la rue des Quatre-fils-Aymon puis, à gauche, la rue du Gén.-Gengoult.

Rue du Général-Gengoult A2

Vous y apercevrez de belles maisons Renaissance. Remarquez le no 4 (17e s.) et les nos 6 et 6 bis (ancien hôtel de Pimodan, 17e s.). Le no 8 est plus ancien (début 15e s. pour la façade) : il s'agit de l'hôpital du St-Esprit, fondé au 13e s. La porte d'origine, à gauche d'une fenêtre trilobée, se trouve à 80 cm de l'actuel niveau de la rue. Les nos 17, 26 et 28 sont les bâtiments de l'ancien séminaire. Au no 30, les portes de l'ancien hôtel des Chevaliers de Malte sont encadrées par des colonnes corinthiennes.

Au niveau de la fontaine Curel (symbole de la France), tournez à gauche rue Gambetta.

Ancien Café de la Comédie A2

Le fronton de ce bâtiment Art nouveau jouxtant le théâtre est décoré d'une étoile à six branches qui ressemble fort à celle de David : c'est en réalité la croix des brasseurs, qu'un limonadier fit apposer ici lorsqu'il racheta le café, détruit par un incendie en 1902. Avant d'être un café, l'immeuble fut un couvent puis un théâtre.
Gagnez la place des Trois-Évêchés puis empruntez la rue du Dr-Chapuis, prolongée par la rue Michâtel, pour regagner la place Charles-de-Gaulle, devant la cathédrale.

À proximité Carte de microrégion

Église N.-D. d'Écrouves A2

4 km à l'ouest. Construite sur le flanc méridional d'une colline autrefois couverte de vignes et dominant aujourd'hui la plaine industrielle de Toul, l'ancienne église d'Écrouves, dédiée à Notre-Dame de la Nativité, a conservé du 12e s. son massif clocher carré ajouré de baies à trois colonnettes.

Vannes-le-Châtel A3

18 km au sud par la D 960 jusqu'à Blénod-lès-Toul, puis la D 113.
Dans ce village de la forêt de Meine, héritier d'une tradition verrière (Compagnie française du cristal Daum), s'est installée la **Plate-forme verrière**. Ce centre européen de recherche et de formation aux arts verriers propose une formation pour créer ses propres collections. On peut y voir une exposition des créations contemporaines, une démonstration des différentes techniques, dont celle du soufflage. *☎ 09 62 09 99 61 - www.lacompagniedesverriers.com - ♿ - mar., merc., w.-end et j. fériés 14h-18h, jeu., vend. 10h-12h, 14h-18h - fermé lun., 1er janv., lun. de Pâques, 1er mai, lun. de Pentecôte, 14 Juil., 25 déc. - gratuit.*

Liverdun A2

à 15 km au nord-est en suivant la jolie rive droite de la Moselle par la D 90.
Liverdun occupe un **site★** agréable qui domine un méandre de la Moselle. En venant de Frouard par la pittoresque D 90, on pénètre dans la petite cité par une porte de ville du 16e s. La place de la Fontaine, derrière l'église, est bordée d'arcades du 16e s. **Rue Porte-Haute**, la porte sculptée de la maison dite « du Gouverneur » date de la fin du 16e s.
Commencée à la fin du 12e s., l'**église** fut consacrée en 1261. à l'intérieur, tombeau de saint Euchaire (statue du 13e s. dans un encadrement du 16e s.).

★ Ensemble fortifié de Villey-le-Sec A2

7 km à l'est par la D 909. Laissez la voiture à la sortie du village, route de Toul. ☎ 03 83 63 90 09 - www.villey-le-sec.com - du 14 Juil. au 15 août : tlj sf lun. 15h ; mai-sept. : dim. et j. fériés 15h - 6 € (-14 ans 3 €).
La localité de Villey, disposée sur une crête flanquant la rive droite de la Moselle, constitue le seul exemple en France d'un village intégré dans un **ensemble fortifié** de la fin du 19e s. Cet ouvrage, élément du système fortifié de Toul, illustre le système défensif Séré de Rivières. Construit en cinq ans, il n'eut cependant pas de rôle actif durant la guerre de 1914-1918. L'extérieur de la batterie Nord, avec son front cuirassé, son fossé, ses canonnières, ses cloches observatoires, sa tourelle cuirassée à éclipse à canons, dont on visite la chambre de tir (3 étages), préfigurent ce qui fut réalisé plus tard pour les gros ouvrages de la ligne Maginot.

Le transfert au fort se fait par chemin de fer à voie de 60 sur un circuit de 1,5 km. Le fort, ou réduit de la défense, abrite, outre les magasins et casernements, le **musée Séré-de-Rivières** (matériels de fortifications français et allemands) et une crypte du souvenir. On y voit aussi un chemin de fer militaire, une tourelle cuirassée à canons de 155, un coffre de contrescarpe avec son canon revolver Hotchkiss modèle 1879 (tir à blanc) et un canon de 12 culasses.

Blénod-lès-Toul A2

10 km au sud par la D 960. Né à Blénod-lès-Toul, Hugues Des Hazards, 74e évêque de Toul, fit reconstruire le château pour y établir un palais épiscopal et érigea une église mêlant influences gothique et Renaissance, qui abrite son tombeau. L'enceinte du château renferme des maisonnettes ou « loges » : pour remercier les villageois d'avoir participé aux travaux de l'église, l'évêque leur permit de bâtir une trentaine de « loges » servant de caves et d'abris contre les attaques extérieures.

NOS ADRESSES À TOUL

HÉBERGEMENT

BUDGET MOYEN

Hôtel L'Europe – *373 av. V.-Hugo - ✆ 03 83 43 00 10 - www.hotel-europe54.com - fermé 10-24 août - 21 ch. 52/60 € - ☕ 6 €.* Adresse pratique pour ceux qui voyagent par le train. Chambres joliment rétro (parquet d'origine et mobilier Art déco). Accueil familial.

Hôtel La Villa Lorraine – *15 r. Gambetta - ✆ 03 83 43 08 95 - www.hotel-la-villa-lorraine.com - fermé vac. de la Toussaint - 21 ch. 54 € - ☕ 6 €.* Ancien théâtre, ce petit hôtel du cœur de la cité abrite, derrière sa belle façade, des chambres fonctionnelles et rustiques, ainsi qu'une agréable salle des petits-déjeuners.

RESTAURATION

BUDGET MOYEN

Aux Bouchons Lyonnais – *10 r. de la République - ✆ 03 83 43 00 41 - www.auxbouchonslyonnais.com - 17/30 €.* L'endroit porte encore le sceau de la brasserie de la fin du 19e s. : deux magnifiques panneaux de céramique polychromes. D'inspiration lorraine et lyonnaise, la cuisine très soignée n'est pas en reste. Excellente formule de midi.

Auberge du Pressoir – *7 pl. des Pachenottes - 54200 Lucey - ✆ 03 83 63 81 91 - www.aubergedupressoir.com - fermé 17 août-1er sept., dim. soir, merc. soir et lun. - P - formule déj. 12,90 € -26/38 €.* Le cadre de ce restaurant aménagé dans l'ancienne gare du village reste sobre ; quelques objets paysans décorent les murs. Terrasse bien ensoleillée.

ACHATS

L'office du tourisme de Toul tient à disposition la liste des viticulteurs.

Domaine Lelievre EARL – *1 r. de la Gare - 54200 Lucey - ✆ 03 83 63 81 36 - www.vins-lelievre.com - lun.-sam. 8h30-12h, 13h30h-18h30, dim. et j. fériés 15h-18h.* Vin des côtes de Toul et mirabelle de Lorraine. Visite de la cave (sur RV), des vignes et des vergers. Dégustation, goûter à la ferme. Produits biologiques.

Domaine Claude Vosgien – *37-39 rte de Toul - 54113 Bulligny -*

☏ 03 83 62 50 50 - www.vosgien.com - 10h-12h, 14h-18h, fermé janv., dim. et j. fériés sur réserv. Depuis 2002, Alexandre et Stéphane dirigent fièrement ce domaine, que leur famille exploite depuis dix générations (dit-on), produisant des vins de qualité. Leurs côtes-de-toul AOC en rouge, blanc ou gris, au caractère prononcé, cuvées Séduction ou Tradition, ont raflé de nombreuses récompenses. L'Ignis de Bull, un mousseux, et la Lirette, un apéritif à base de jus de raisin et de marc de Lorraine, sont deux créations maison.

M. Michel Vosgien – *24 r. St-Vincent - 54113 Bulligny - ☏ 03 83 62 50 55 - 9h-19h ; j. fériés sur réserv.* M. Vosgien élabore de délicieux côtes-de-toul AOC en gris, blanc ou rouge. On lui doit aussi, entre autres, le Mill-Bull (vin mousseux de qualité élevé selon une méthode traditionnelle) et une eau-de-vie de mirabelle ; ces deux produits vedettes sont régulièrement primés, notamment au Salon de l'agriculture. Dégustation, vente et visite possible.

Coopérative des vignerons du Toulois – *43 pl. de la Mairie - 54113 Mont-le-Vignoble - ☏ 03 83 62 59 93 - tlj sf lun. et j. fériés 14h-18h.* Visite de cave, dégustation-vente des vins des côtes de Toul.

Madeleines de Liverdun – *14 pl. de la Gare - 54460 Liverdun - ☏ 03 83 24 54 23 - www.lesmadeleines.com - 9h-12h, 14h-18h - fermé 1er janv., 25 déc.* Artisanales, sans colorant ni conservateur, elles sont fabriquées à la main à partir d'une recette familiale centenaire.

Au Caveau « En Passant par la Lorraine » – *6 r. Victor-Hugo - 54200 Bruley - ☏ 03 83 64 16 20 - www.enpassantparlalorraine.fr - 10h-18h - fermé 1er-3 janv. et 25 déc.* Cette ex-école de garçons abrite une boutique et un espace restauration entièrement dédiés aux spécialités de la région. Côté boutique : vins des côtes de Toul, bières, eaux-de-vie, liqueurs, mais aussi charcuteries, bergamotes, chocolats, confitures. Au restaurant, plats du terroir et bel échantillon de produits vendus dans ce Caveau gourmand.

Vincent Laroppe – *253 r. de la République - 54200 Bruley - ☏ 03 83 43 11 04 - www.laroppe.com - tlj sf dim. 9h-12h, 14h-18h - fermé j. fériés.* Superbe caveau du début du 19e s., voûté, meublé de tables-tonneaux et doté d'un véritable musée du vigneron. Les actuels propriétaires sont de fervents défenseurs du pinot noir et proposent un excellent rouge issu à 100 % de ce cépage, un très bon gris de Toul maison et de remarquables côtes-de-toul. Dégustation et vente de vins et sélection de produits régionaux. Visite sur RV (groupe de 20 pers.) et dégustation, 4 €.

EN SOIRÉE

La plupart des bistrots ouverts le soir se trouvent sur la **place** centrale **des Trois-Évêchés**. Vous pourrez y déguster la spécialité de la région, le gris de Toul, nommé ainsi pour sa couleur rosée caractéristique obtenue par l'assemblage d'un cépage gamay et de deux cépages secondaires, un pinot noir et un cépage auxerrois.

ACTIVITÉS

Amicycles – *ZAC du Jonchery - ☏ 03 83 64 21 74 - mar.-vend. 9h-12h, 14h-19h, sam. 9h-12h, 14h-18h.* Location de vélos.

Pont-à-Mousson

★

13 879 Mussipontains – Meurthe-et-Moseller (54)

NOS ADRESSES PAGE 207

S'INFORMER

Office du tourisme de Pont-à-Mousson – *Pl. Duroc - 54700 Pont-à-Mousson - 03 83 81 10 68 - www.ville-pont-a-mousson.fr - lun., mar., merc. et jeu. 8h30-12h, 13h30-17h30 (17h vend.).*

SE REPÉRER

Carte de microrégion A1 (p. 174) – *carte Michelin Départements 307 H5.* À mi-chemin sur l'axe nord-sud (A 31) entre Metz et Nancy, la ville ne se trouve qu'à une trentaine de km de chacune d'elles. Elle occupe les deux rives de la Moselle, reliées par le pont Gélot.

À NE PAS MANQUER

L'abbaye des Prémontrés (en particulier ses escaliers), la place Duroc.

L'Histoire a doté Pont-à-Mousson d'une très belle abbaye qui a forgé sa réputation. Mais si le nom de la ville vous est familier, c'est peut-être pour une autre raison, plus prosaïque : il figure en France sur des milliers de plaques d'égout en fonte, fabriquées ici par St-Gobain.

Se promener

Pont-à-Mousson doit son nom et son origine au pont qui, dès le 9e s., franchissait la Moselle au pied de la butte féodale de Mousson. Cette position de tête de pont lui a d'ailleurs valu d'être bombardée à de nombreuses reprises pendant les deux guerres mondiales.

Commencez la promenade devant l'abbaye.

★ Ancienne abbaye des Prémontrés

03 83 81 10 32 - www.abbaye-premontres.com - - 10h-18h - 5 € (6-12 ans 3 €), gratuit journée du patrimoine. Plan du monument p. 204.

Depuis 1735, l'abbaye montre sa façade à trois étages soulignés de frises d'une rare élégance. Elle sert désormais de **centre culturel de rencontre**.

Bâtiments conventuels – Les trois galeries du cloître, vitrées de grandes fenêtres classiques, ouvrent sur le jardin clos. Salle capitulaire, chauffoir, réfectoire, grande sacristie et salle St-Norbert (ancienne chapelle) sont autant de lieux de circulation et d'exposition. Trois merveilleux **escaliers★** conduisent aux salles de réunions, aux chambres et à la bibliothèque : un petit escalier rond, au coin du cloître, près du chauffoir **(1)** ; l'escalier de Samson **(2)**, ovale, une des plus belles pièces de l'abbaye ; enfin, le grand escalier carré **(3)**, à droite en sortant de la sacristie, dont la vaste cage monte jusqu'au 2e étage.

Ancienne abbatiale Ste-Marie-Majeure – L'intérieur de facture baroque a été conservé, comme les colonnes légèrement galbées qui soutiennent les voûtes.

Jardins de la Moselle – À l'occasion du tricentenaire de l'abbaye, dont la première pierre fut posée en 1705, un jardin de plantes médicinales a été reconstitué.

3

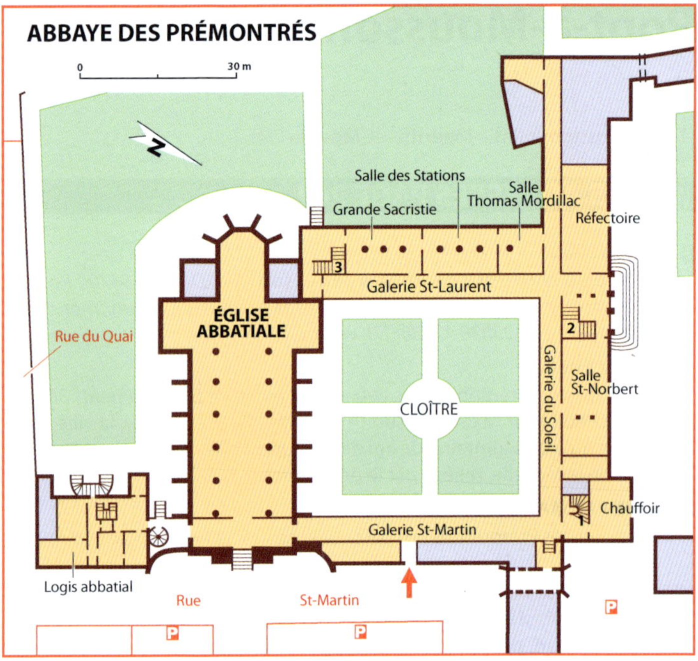

Rejoignez l'avenue Gambetta et franchissez le pont jusqu'à la place Duroc.

★ Place Duroc

Lorsque l'université a été transférée à Nancy, une école royale militaire l'a remplacée, d'où est sorti le général Duroc (1772-1813). Il participa avec Bonaparte au siège de Toulon, puis combattit à Austerlitz et à Wagram. Cette place est tout à fait exceptionnelle avec son plan triangulaire et ses côtés bordés de maisons à arcades. Parmi ces belles constructions du 16e s., la **maison des Sept Péchés capitaux**, où séjournaient les ducs de Lorraine, avec ses jolies cariatides et sa tourelle Renaissance.

La fontaine du centre de la place date de 1931, même si ses formes rappellent celles de la Renaissance. Elle perpétue le souvenir des ambulanciers américains de la Première Guerre mondiale.

Prenez la rue Magot-de-Rogéville qui part du sud de la place.

Musée « Au fil du papier »

☎ 03 83 87 80 14 - ♿ - mai-sept. : 14h-18h, dim. et j. fériés 10h-12h, 14h-18h ; reste de l'année : 14h-17h - possibilité de visite guidée (1h30) - fermé mar., 1er janv., dim. et lun. de Pâques, 1er mai, 1er nov. et 25 déc. - 4,40 € (-12 ans gratuit).

Aménagé dans un hôtel Renaissance de 1591, le musée municipal présente l'histoire de la ville depuis l'époque des comtes de Bar jusqu'aux deux guerres mondiales. L'université de Lorraine, installée à Pont-à-Mousson de 1572 à 1768, a entraîné l'implantation d'imprimeurs, d'imagiers ou de libraires. On peut admirer une étonnante collection d'objets en papier mâché, dont beaucoup furent réalisés par la famille Adt, et en comprendre la fabrication. Le renouveau industriel du 19e s. est évoqué par le biais des fonderies de Pont-à-Mousson. Au second étage, nombreux exemples d'images populaires.

Regagnez la place Duroc puis prenez la rue Clemenceau, à l'arrière de la maison des Sept Péchés capitaux.

Maisons anciennes

Au n° 6, petite cour intérieure reconstituée, avec puits Renaissance, balcon et meubles lorrains.

Poursuivez dans la rue du Gén.-Fabvier, puis continuez dans la rue parallèle, la rue St-Laurent.

Au n° 9, balcon dans la cour ; au n° 11, façade de brique avec chaînages de pierre ; au n° 19, maison Renaissance de 1590 ; au n° 39, maison natale du général Duroc.

Revenez vers l'église St-Laurent.

Église St-Laurent

Le chœur et le transept sont de style flamboyant pour le portail central, les deux 1ers étages de la tour datent du 18e s., et le reste de la façade de 1895. À l'intérieur, triptyque en bois polychrome du 16e s., statue du Christ portant sa croix de Ligier Richier. Belles boiseries du 18e s.

Rejoignez la place Duroc.

Hôtel de ville

☏ 03 83 81 10 68 - pour visiter les salons, se rens. 2 ou 3 j. av. au cabinet du maire.

Construction de style Louis XVI décorée d'un fronton et surmontée d'une horloge monumentale que soutiennent deux aigles portant en sautoir la croix de Lorraine. À l'intérieur, belles tapisseries.

Empruntez le pont Gélot jusqu'à l'église St-Martin.

Église St-Martin

Possibilité de visite guidée sur demande à l'office de tourisme.

Flanquée de deux tours, la façade est du 15e s. Des chapelles latérales ont agrandi l'édifice aux 17e et 18e s. Deux gisants du Moyen Âge se trouvent sous l'enfeu flamboyant dans le bas-côté droit. En face, dans le bas-côté gauche, on peut déceler des influences champenoise et germanique dans la Mise au tombeau de la première moitié du 15e s. ; Ligier Richier se serait inspiré des 13 personnages sculptés pour le sépulcre de St-Mihiel.

Prenez à droite en sortant la rue St-Martin.

Ancien collège des Jésuites

L'ancienne université de Pont-à-Mousson a été créée en 1572 pour contrecarrer la Réforme. Dirigée avec grand succès par des jésuites, elle recevait des subsides des abbayes de Metz, Toul et Verdun. Lorsqu'elle a été transférée à Nancy à la fin du 18e s., la ville l'a remplacée par une école royale militaire. La belle cour d'honneur a retrouvé son aspect primitif des 16e et 17e s. et accueille aujourd'hui le lycée J.-Marquette.

Revenez place Duroc en traversant la Moselle ou poursuivez vers l'ancienne abbaye des Prémontrés.

À proximité Carte de microrégion

Signal de Xon A1

Sortez de la ville par la D 657, puis à 200 m, prenez à droite la D 910 et, 3 km plus loin, tournez à gauche dans la D 340. Après 1 km, laissez la voiture et poursuivez à pied.

D'en haut, bonne vue d'ensemble de Pont-à-Mousson. Le lieu fut le théâtre de combats acharnés pendant la Première Guerre mondiale.

★ Butte de Mousson A1

5 km à l'est. Sortez de la ville par l'avenue des États-Unis (D 120). Traversez Atton et rejoignez le village de Mousson par la rue Mousson sur votre gauche.

Une chapelle moderne occupe le sommet de la butte. À proximité, ruines du château féodal des comtes de Bar. **Panorama★** sur le pays lorrain et sur la Moselle.

Vallée de l'Esch A1

17 km au sud-ouest. Quittez la ville par la D 657 au sud. Dans Blénod, prenez la route de Jezainville (2e à droite après l'église).

À l'entrée de Jézainville, arrêtez-vous pour regarder en arrière. Dans l'axe de la route, on voit la butte de Mousson et sur la droite, la **centrale thermique de Blénod**, à charbon, avec ses quatre cheminées en ligne, hautes de 125 m. Ses groupes fournissent chacun 250 MW. *En raison de l'application du plan Vigipirate, les visites se font sur demande préalable : se rens. - visite (1h à 1h30) tlj sf sam. et dim. - âge minimal : 14 ans - de bonnes chaussures de marche, ne pas avoir le vertige - gratuit. EDF-CPT de Blénod - BP 297 - 54701 Pont-à-Mousson Cedex - ✆ 03 83 80 37 24.*

On s'avance ensuite dans la charmante vallée de l'Esch, surnommée la « Petite Suisse lorraine ». La rivière coule, sinueuse, à travers les pâturages, et la route étroite tantôt s'abaisse au niveau de la rivière, tantôt monte au sommet d'une colline d'où la vue est charmante.

★ Église de Sillegny B1

13 km au nord-est de Pont-à-Mousson par la D 910 puis la D 5.

En pénétrant à l'intérieur de cette église du 15e s. à l'allure modeste, on est aussitôt saisi par les **peintures murales★** de la première moitié du 16e s. qui tapissent entièrement les murs de l'édifice. Grâce à une restauration achevée en 2004, les couleurs, très variées, ont retrouvé leur éclat d'origine, rehaussé par un fond à dominante jaune. Parmi les représentations d'apôtres et de saints (saint Christophe est haut de 5 m), multitude de détails naïfs ou savoureux. Au-dessus de la porte d'entrée, le Christ préside le Jugement dernier ; à sa droite, comme en bande dessinée, il est écrit : « Venez, les bénis de mon Père », tandis qu'à sa gauche, un Léviathan accueille dans sa gueule ceux qui ont rejeté le Royaume. Dans le chœur, à droite, l'arbre de Jessé présente la généalogie du Christ.

Circuit conseillé Carte de microrégion

VALLÉE DU RUPT DE MAD

Pour visualiser ce circuit de 48 km au départ de Pont-à-Mousson, reportez-vous à la carte p. 174. Comptez environ 1h.

Quittez la ville par la D 958, puis empruntez à droite la D 952. À Pagny-sur-Moselle, prenez à gauche la D 82.

Prény A1

D'importantes ruines d'un château féodal du 13e s. dominent le village. Ce lieu fut la principale résidence des ducs de Lorraine avant Nancy, et « Prény ! » était le cri de guerre de leurs armées. Le château fut démantelé par Richelieu et définitivement abandonné au 18e s. Belle vue depuis la butte que parcourent deux sentiers de découverte balisés *(panneau d'information devant la mairie)*.

Continuez sur la D 952, puis tournez à gauche vers Arnaville. Après Villecey-sur-Mad, prenez à gauche la D 28.

Château de Jaulny A1

Ce château féodal des 11e et 12e s. possède encore donjon, tour du pont-levis, tour de la poterne, remparts *(ne se visite pas)*.
Poursuivez 4 km sur la D 28.

Thiaucourt-Regniéville A1

C'est un lieu de souvenir de la Première Guerre mondiale. On y a constitué un **musée du Costume militaire** *(4 r. Neuve - ☏ 03 83 81 98 36 - www.pages14-18.com - ouv. mars-nov. les 2e dim. du mois, 14h-18h)*. À l'ouest de ce bourg, cimetière américain de 4 153 soldats tombés lors de la réduction du « saillant de St-Mihiel » en 1918. Sur l'autre versant, cimetière allemand.
Rejoignez Pont-à-Mousson à l'est par la D 3 puis la D 958.

NOS ADRESSES À PONT-À-MOUSSON

RESTAURATION

BUDGET MOYEN

Pierre Bonaventure – *18 pl. Duroc - ☏ 03 83 81 23 54 - www.pierrebonaventure.fr - 13/30 €.* Un restaurant qui met la viande à l'honneur. Pierre Bonaventure a rapporté du Portugal la cuisson au four à pain qui donne aux pièces de bœuf soigneusement sélectionnées une saveur unique.

Ferme-auberge Les Verts Pâturages – *14 r. St-Christophe - 54610 Éply - ☏ 03 83 31 30 85 - www.lesvertspaturages.fr - fermé 22 déc.-15 janv. et 15 août - ♿ - 🅿 - 15,50/30 €.* Pourquoi ne pas faire une halte dans ce village tranquille, le temps d'un déjeuner à base des produits de la ferme ou d'une nuit, dans l'une des chambres aménagées dans une maison à part, dotée d'un jardin.

POUR SE FAIRE PLAISIR

Le Fourneau d'Alain – *64 pl. Duroc - ☏ 03 83 82 95 09 - www.lefourneaudalain.com - fermé 1er-10 juin, 1er-15 août, merc. soir, dim. soir et lun. - 28/53 €.* Restaurant sagement contemporain installé sur la place principale, à l'étage d'une des maisons à arcades du 16e s. Tables bien dressées et service sans tralala.

EN SOIRÉE

Les Brasseurs de Lorraine – *3 r. du Bois-le-Prêtre - ☏ 03 83 80 02 64 - www.brasseurs-lorraine.com - tlj sf dim. et lun., 10h-12h, 14h-18h - fermé j. fériés - visite ts les vend. 17h - 4 € la visite avec dégustation et 1 bouteille de 33 cl à emporter.* Il serait dommage de quitter la région sans avoir goûté à l'une des bières artisanales fabriquées par les Brasseurs de Lorraine. L'affaire, quoique peu ancienne, mérite le détour. Elle brasse aujourd'hui 7 bières de fermentation haute blanche, blonde et ambrée, disponibles en fût ou en bouteilles.

Saint-Nicolas-de-Port

★

7 587 Portois – Meurthe-et-Moselle (54)

NOS ADRESSES PAGE 211

S'INFORMER

Office du tourisme de St-Nicolas-de-Port – *Pl. Camille-Croué-Friedman - 54210 St-Nicolas-de-Port - 03 83 48 58 75 - mai-sept. : 9h-12h, 13h30-18h, dim. 10h-12h, 14h-16h ; reste de l'année : 9h-12h, 14h-18h - fermé lun. et j. fériés.*

SE REPÉRER

Carte de microrégion B2 (p. 174) – *carte Michelin Départements 307 J7.*
À 12 km au sud-est de Nancy, 19 km à l'ouest de Lunéville.

À NE PAS MANQUER

La basilique, cœur de la cité, et le musée français de la Brasserie.

ORGANISER SON TEMPS

Consacrez une demi-journée à la visite de la ville, qui s'anime tout spécialement à l'occasion de la St-Nicolas.

AVEC LES ENFANTS

Le musée du Cinéma, de la Photographie et des Arts audiovisuels.

Depuis près de dix siècles, une flamboyante basilique, monumental reliquaire d'une phalange de saint Nicolas, attire pèlerins et curieux à St-Nicolas-de-Port. Étape importante sur la route de la Bière lorraine, la ville fut également réputée pour sa brasserie. Mais celle-ci a fermé ses portes en 1986. Un musée occupe aujourd'hui les murs de l'ancienne entreprise, et si l'on y fabrique encore parfois de la bière, c'est uniquement pour la démonstration…

Visiter

★★ Basilique

03 83 46 81 50 - http://paroisse.stnicolas.free.fr - juil.-sept. : 3 visites guidées (1h) dim., 1er dép. 14h30 - 5 €. En août, concerts d'orgue chaque dim. 17h - gratuit.
L'arrivée au 11e s. d'une des reliques de saint Nicolas rapportée de Bari par un croisé bouleverse la cité de Port (appelée ainsi à cause de son activité fluviale sur la Meurthe). Une église va se construire autour de la phalange de saint Nicolas, attirer des pèlerins et accroître, presque miraculeusement, le développement commercial de la ville, désormais appelée « St-Nicolas-de-Port ». Dès 1120, les ducs de Lorraine font de Nicolas le saint patron de la Lorraine. C'est en 1950 que Pie XII conféra à l'église le titre de basilique : témoin, le parasol rouge et jaune sur le côté gauche du chœur.
Grâce au legs d'une bienfaitrice portoise, le sanctuaire (fin 15e-début 16e s.) est depuis 1983 aux mains de compagnons tailleurs de pierre, de sculpteurs et de maçons chargés de le restaurer : vous pourrez admirer leur travail déjà terminé à l'intérieur. On a une belle vue de la basilique depuis la route qui

Musée français de la Brasserie à Saint-Nicolas-de-Port.
Musée Français de la Brasserie

longe la rive droite de la Meurthe et, de la rue Anatole-France, un beau coup d'œil sur le chevet.

Extérieur – La façade comprend trois portails surmontés de gâbles flamboyants. Le portail central a conservé la statue qui figure le miracle de saint Nicolas *(niche de la pile centrale)*, attribuée à Claude Richier, frère de Ligier, le célèbre sculpteur lorrain.

Les tours s'élèvent à 85 et 87 m. Sur le flanc gauche, à hauteur du transept et du chœur, six niches en anse de panier abritaient les boutiques lors des pèlerinages.

Intérieur – La nef est un lumineux vaisseau extrêmement élancé, couvert de belles voûtes à liernes et tiercerons culminant à 32 m, comme à Strasbourg, et dont les ogives retombent sur de hautes colonnes. Les bas-côtés relèvent d'une architecture analogue ; dans le transept, leurs voûtes soutenues par des piliers extrêmement hardis (les plus hauts de France : ils mesurent 28 m) s'élèvent à la hauteur des voûtes de la nef centrale et déterminent un transept inscrit, à la mode champenoise. Regardez la nef depuis le fond de la basilique et vous constaterez qu'elle n'est pas droite : peut-être un problème d'urbanisme ou de soubassement à l'époque de sa construction.

UN SAINT POPULAIRE

Saint Nicolas fut évêque de Myre, en Lycie (actuelle Turquie) au 3e s. Il fut très tôt vénéré par les orthodoxes et les miracles qu'on lui attribua étendirent son aura jusqu'en France dès le 10e s. S'il est aujourd'hui le protecteur des enfants, ce n'est sans doute pas pour avoir ressuscité trois enfants sinistrement découpés par un boucher, comme le veut la légende, mais plus vraisemblablement pour avoir pourvu à la dot de trois pauvres jeunes filles menacées d'esclavage. C'est au 11e s. que son corps quitta la cité musulmane pour être transféré à Bari, en Italie du Sud. On fête depuis la « Translation » ou la St-Nicolas d'été le lundi de Pentecôte.

Les magnifiques vitraux de l'abside ont été exécutés entre 1507 et 1510 par un verrier lyonnais, Nicole Droguet, ceux du collatéral et des chapelles nord par le verrier strasbourgeois Valentin Bousch, à la même époque. Les inventions décoratives de la Renaissance transparaissent déjà.
En contrebas du chœur, la **chapelle des Fonts** *(accès derrière l'autel de la Vierge)* abrite des fonts baptismaux du 16e s. et un beau retable de la première Renaissance française surmonté de pinacles ajourés. Dans la chapelle, une série de délicats panneaux peints sur bois (16e s.) illustre des scènes de la vie de saint Nicolas.
Le **trésor** comprend un bras-reliquaire de saint Nicolas en vermeil (19e s.), le nautile, un vaisseau dit « du cardinal de Lorraine » (1579), un reliquaire de la vraie Croix en argent (15e s.), le crucifix de Voltaire en ivoire, une croix processionnelle du 19e s.

Musée français de la Brasserie

62 r. Charles-Courtois - ✆ 03 83 46 95 52 - www.passionbrasserie.com - 14h30-18h30 (fermeture des caisses à 17h45) - fermé 24, 25, 31 déc., 1er janv., 1er mai - 5,50 € (-16 ans 3,50 €).
Cela va de soi, il est installé dans l'ancienne brasserie de St-Nicolas-de-Port, qui cessa toute activité en 1986. Deux beaux vitraux de Jacques Grüber, créés pour la salle de dégustation de la brasserie de Vézelise, éclairent la salle Moreau, ainsi nommée en hommage à Paul Moreau, qui joua un rôle déterminant dans l'image de marque de la société. Dans la tour de brassage, de style Art déco, éclairée par de larges baies vitrées, on visite les différentes installations : le laboratoire, le grenier à malt, la chambre à houblon, la salle de brassage (belles cuves en cuivre), la salle des machines frigorifiques et la salle des glacières, avec les cuves de fermentation. Au dernier étage, reconstitution d'une salle de brassage du 18e s. Enfin, depuis 1995, le musée organise des brassages de démonstration, à l'attention des brasseurs amateurs (concours, stages, etc.).

Musée du Cinéma, de la Photographie et des Arts audiovisuels

10 r. Georges-Rémy - ✆ 03 83 45 18 32 - www.museecinemaphoto.com - ♿ - jeu. et w.-end 14h-18h - possibilité de visite guidée (2h) - fermé j. fériés - 5 € (-12 ans 3,50 €).
Ce musée raconte l'histoire des techniques de l'image animée et photographique depuis leurs tâtonnements au début du 19e s., aux origines de la cinématographie, puis leur évolution. Lanterne magique et autres procédés oubliés font revivre la féerie de l'image animée.

À proximité Carte de microrégion

Varangéville B2

Au nord de St-Nicolas, entre la Meurthe et le canal de la Marne au Rhin.
Commencée à la fin du 15e s., de style gothique flamboyant, l'**église** présente à l'intérieur une superbe « forêt » de piliers à nervures palmées et d'intéressantes statues, dont une Vierge à l'Enfant de la première moitié du 14e s. et une Mise au tombeau du 16e s.

Dombasle-sur-Meurthe B2

5 km à l'est. Située entre la Meurthe et le canal de la Marne au Rhin, la ville est le siège d'une importante usine chimique du groupe belge **Solvay**, première soudière française. Le sel, matière première de cette industrie chimique, est extrait depuis 1904 du plateau d'**Haraucourt**, à raison de 1 400 000 t par an.

L'extraction utilise la technique de sondage et de dissolution par injection d'eau douce dans le sol. Cette exploitation intensive sur 200 ha produit, par foudroiement des sols, d'énormes cratères visibles depuis la D 80 et la D 81.

Rosières-aux-Salines B2

8 km au sud-est par la D 400, puis la D 116 à droite après Dombasle-sur-Meurthe.

Les bâtiments des anciennes salines, qui fermèrent en 1760 sur ordre du roi Stanislas en raison de la concurrence des fabricants de la vallée de la Seille, furent affectés au haras. L'effectif de celui-ci se monte à plus de 30 étalons de sang : pur-sang, anglo-arabe, arabe et, en majorité, selle français.

NOS ADRESSES À ST-NICOLAS-DE-PORT

RESTAURATION

BUDGET MOYEN

Auberge de la Mirabelle – *6 rte de Nancy - 54210 Ferrières - 12 km au sud de St-Nicolas-de-Port par D 115 et D 112 - ✆ 03 83 26 62 14 - www.auberge-mirabelle.eu - fermé 1er-15 janv. et 20 juil.-10 août - 12/20 €.* Dans la ferme des filles de Léon, la spécialité, c'est bien sûr la mirabelle… Mais dans l'ancienne étable, transformée en auberge, on déguste une cuisine simple de « grand-mère » préparée et servie en famille. Une adresse appréciée des gens des environs.

AGENDA

St Nicolas – *6 déc.* Depuis le Moyen Âge, toute la Lorraine célèbre saint Nicolas. À St-Nicolas-de-Port, un pèlerinage attire des milliers de fidèles catholiques venus rendre hommage au patron des Lorrains.

Autour de la bière – *En avril.* Le musée français de la Brasserie organise des manifestations comme le Salon français du brasseur artisan ou amateur.

Lunéville

★

19 881 Lunévillois – Meurthe-et-Moselle (54)

NOS ADRESSES PAGE 216

S'INFORMER

Office du tourisme du Lunévillois – *Aile sud du château - 54300 Lunéville - 03 83 74 06 55 - www.ot-lunevillois.com - sept.-juin : 9h-12h, 14h-18h, dim. 10h-12h, 14h-18h ; juil.-août : se rens. - fermé 1er janv., 25 déc.*

SE REPÉRER

Carte de microrégion C2 (p. 174) – *carte Michelin Départements 307 J7.* Lunéville est situé à 30 km au sud-est de Nancy par la D 400.

À NE PAS MANQUER

Un passage par la cour d'honneur du château et le parc des Bosquets, le Conservatoire des broderies.

AVEC LES ENFANTS

La Maison de la mirabelle à Rozelieures.

Le majestueux château qui trône au cœur de la ville valut à Lunéville le surnom de « Versailles lorrain ». Foyer d'une cour brillante et galante au 18e s., le château est resté, malgré un terrible incendie en janvier 2003, la fierté des Lunévillois et sa cour d'honneur constitue le centre des manifestations de la ville. La progressive restauration du centre-ville insuffle à la ville une seconde jeunesse, tandis que, dans la droite ligne des traditions locales, des artisans redonnent vie aux arts de la broderie et de la faïence.

Visiter

★ LE CHÂTEAU

De 1702 à 1729, Lunéville est le séjour favori de Léopold, duc de Lorraine. Grand admirateur du Roi-Soleil, il fait appel à Germain Boffrand, élève de Jules Hardouin-Mansart, pour se faire construire à Lunéville une « réplique » modeste de Versailles. On y organise de la danse, des jeux, du théâtre, de la chasse, et c'est le succès. Toute la noblesse lorraine se précipite. Plus tard, Stanislas, beau-père de Louis XV, embellit Nancy, bien sûr, mais c'est à Lunéville qu'il établit ses quartiers, pour ménager les Nancéiens méfiants devant l'avancée du pouvoir royal. Le roi polonais reçoit au château scientifiques, musiciens et hommes de lettres (Voltaire, Montesquieu, Saint-Lambert, Helvétius). Le nain du roi Stanislas, « Bébé », contribua par ses incartades à animer la cour.
Tout un pan de l'histoire artistique de Lunéville est malheureusement parti en flammes lors de l'incendie qui a ravagé l'aile sud du château en janvier 2003. La chapelle et le musée ont été entièrement détruits. Le sinistre, loin d'être le

Parc des Bosquets.
Office de tourisme du Lunévillois

premier à endommager les lieux, a suscité une importante mobilisation de la part des Lunévillois, soucieux de leur patrimoine. Les dons spontanés et les collectes ne seront pas de trop pour financer les quelque 100 millions d'euros nécessaires à la restauration, considérée comme le plus grand chantier patrimonial d'Europe. La fin des travaux est prévue pour 2016.

Cour d'honneur

Au centre de la cour qui ouvre à l'ouest le château sur la ville se dresse la statue équestre du général Lasalle, natif de Metz, tué à Wagram en 1809. Le large corps central est flanqué de deux petites ailes et comprend deux escaliers monumentaux. Un portique de trois arches en plein cintre équilibre la construction et ouvre la perspective des jardins.

Conservatoire des broderies de Lunéville

Cour des Communs, aile sud du château - ✆ 03 83 73 56 86 - www.broderie-luneville.com - 14h-18h - fermé mar., 1er janv., 25 déc. - gratuit.

La broderie au « point de Lunéville » connut une réputation considérable jusqu'en 1950, date de la disparition des dernières « Lunévilleuses » sur tulle. Aujourd'hui, seuls quelques établissements techniques font perdurer la tradition en enseignant la broderie de Lunéville : des stages sont proposés par ce conservatoire-musée qui rassemble des pièces de collection de 1850 à nos jours, de la broderie blanche à la broderie perlée.

★ Parc des Bosquets

Tracé à partir de 1711 par Yves Des Hours et complété par Louis de Nesles pour Léopold, il a été embelli par Héré pour Stanislas. À la mort du roi, les pavillons et chalets qui s'y trouvaient ont disparu, les nombreux automates et les statues de plomb ont été vendus, la plupart des bassins comblés. Après 1944 et de nouveaux dommages, la restauration des jardins à la française avec bosquets, parterres, statues et pièces d'eau a été entreprise. La terrasse a été dégagée.

Se promener

En sortant de l'office de tourisme, tournez à gauche dans la rue du Pont-Rouge qui longe le château, puis à droite dans la rue du Château. Après avoir dépassé le tribunal, on aperçoit la maison du Marchand, qui fait l'angle avec la rue de Lorraine.

Maison du Marchand

Cette belle maison du 18e s. en grès rouge, restaurée en 2005, fut sans doute celle d'un riche marchand d'épices, si l'on en croit les sculptures qui ornent le pilastre d'angle : on y distingue des tonneaux, une proue de bateau, une tête d'Indien coiffée de plumes.
Empruntez la rue Demangeot pour rejoindre la place St-Rémy.

★ Église St-Jacques

Cette ancienne abbatiale a été construite de 1730 à 1747 dans le style baroque. Elle a été commencée par Boffrand, et c'est Héré, l'architecte préféré de Stanislas, qui l'a terminée. Encadrant la **façade★★**, les deux tours élancées supportent l'une, la statue de saint Michel, l'autre, celle de saint Jean Népomucène. Les **boiseries★** du tambour d'entrée, les stalles du chœur et de la chaire sont Régence. Les couleurs chatoyantes de l'intérieur renforcent l'atmosphère baroque. On y trouve une pietà du 15e s. et de belles œuvres de Girardet (voir en particulier la fresque du baptême de Clovis). Admirez l'orgue dont le buffet a été conçu en 1751 pour dissimuler les tuyaux, sur un dessin de Héré. Dans cette église ont été conservées les entrailles du roi Stanislas.
Longez les bâtiments abbatiaux par la rue des Templiers, tournez à droite dans la rue Banaudon puis à gauche dans la rue Castara, qui prolonge la rue de la République.

Synagogue

Construit en 1785 avec l'autorisation de Louis XVI, cet édifice surprend par son architecture de style à la fois grec classique et baroque. À une époque où le culte était simplement toléré, cette synagogue, la première en France depuis le 13e s., fut bâtie en retrait de la rue, cachée derrière deux maisons incendiées par la suite en 1914. Sur la façade en grès rose, deux pampres de vigne surmontent l'oculus.
Revenez à la rue Banaudon, vers la droite. Tournez à gauche dans la rue Thiers puis traversez la place St-Jacques à droite. On rejoint la place de la Comédie par la rue Vieille-Muraille, sur la gauche.

Théâtre

Reconstruit en 1910 sur l'emplacement du premier théâtre de Lunéville, édifié en 1733 puis incendié en 1908, l'actuel théâtre est orné de décors inspirés du 18e s.

LE TRAITÉ DE LUNÉVILLE

Signé le 9 février 1801 par Joseph Bonaparte, frère de Napoléon, et le comte autrichien de Cobenzl, ce traité attribua la rive gauche du Rhin à la France, à la suite de la victoire des Français à Hohenlinden. C'est à la demande de l'Autriche que Lunéville fut choisie comme lieu des négociations. Une telle décision suscita dans la ville un véritable branle-bas de combat : de nombreux travaux furent nécessaires pour assurer un accueil digne de ce nom aux plénipotentiaires. Vous pourrez apercevoir la maison dite « du Traité » au n° 61 de la rue de Lorraine.

À proximité Carte de microrégion

Gerbéviller C3

11 km au sud par la D 914.

Situé au cœur de la vallée de la Mortagne, le château de Gerbéviller, fortement endommagé en 1914, a été reconstruit sur un seul niveau. Il possède un très beau **parc paysager romantique** réaménagé en 1816 au sein duquel s'élèvent divers édifices, un « Pavillon rouge » du 17e s., des grottes et leur nymphée de la même époque. À l'orée du parc : jardin de senteurs, potager à l'ancienne (en chambre) et jardin 1900. En face, une chapelle palatine semble résister aux épreuves du temps. *03 83 42 71 57 - http://chateau.gerbeviller.free.fr - du 8 mai au 30 sept. : w.-end et j. fériés 14h-18h ; ouverture exceptionnelle toute la sem. du 14 Juil. et du 15 août - 5 € (12-16 ans 3 €).*

Moyen C3

18 km au sud sur la D 914.

Ce village lorrain typique possède une **forteresse épiscopale** du 15e s. qui a fait parler d'elle dans l'histoire de la Lorraine ; son nom : « Qui qu'en grogne ». Même si ce château des évêques de Metz a été démantelé par Richelieu en 1639, à la suite d'un siège de six semaines, l'amateur de vestiges pourra se faire une idée de sa magnificence. Dans l'enceinte, face au logis épiscopal, la maison seigneuriale nouvellement restaurée présente des expositions autour du Moyen Âge, la reconstitution d'une salle de classe de 1900, un petit musée agricole, ainsi qu'une collection de faïences lorraines. *03 83 42 75 50 - www.menovicien.fr/chateau - de déb. mai à mi-oct. : w.-end et j. fériés 14h-18h - possibilité de visite guidée - expositions estivales, se rens. - 4 € (-18 ans gratuit).*

Rozelieures B3

20 km au sud de Lunéville. Prenez la D 914. À Magnières, prenez à droite la D 22.

Au cœur de la Lorraine, ce petit village entouré de vergers possède le trésor de la région : la mirabelle. Les Lorrains peuvent être fiers de ce fruit aux belles couleurs ambrées car 70 % de sa production mondiale provient de la région. La **Maison de la mirabelle** retrace l'histoire de l'arbre et du fruit à travers les saisons : sa culture, la récolte, les dérivés et sa commercialisation. *03 83 72 32 26 - www.maisondelamirabelle.com - - visite guidée (45mn) mai-sept. : lun. 9h-11h, 13h30-17h30, dim. 13h30-17h30 ; reste de l'année : tlj sf w.-end 9h-11h, 13h30-17h30 - gratuit.*

Emberménil B3

17 km au nord-est de Lunéville. Sortez par la D 400. À Marainviller, continuez sur la D 161.

La **maison de l'abbé Grégoire** présente l'œuvre et la vie de l'abbé Grégoire (1750-1831) à travers 13 vitraux. Le curé d'Emberménil fut un ardent défenseur de l'abolition de l'esclavage. *03 83 71 20 56 - de mi-mars à fin oct. : dim. et j. fériés 14h30-18h30 - se rens. pour les tarifs.*

NOS ADRESSES À LUNÉVILLE

HÉBERGEMENT

POUR SE FAIRE PLAISIR

Hôtel des Pages – *5 quai des Petits-Bosquets - ✆ 03 83 74 11 42 - www.hotel-les-pages.fr - P - 37 ch. 75/98 € - ☕ 9 €.* Importants corps de bâtiments faisant face au château. Une majorité de chambres ont été rénovées dans un style contemporain ; elles ont notre préférence. Pour vous restaurer, n'hésitez pas à vous attabler au Petit Comptoir pour goûter sa cuisine bistrot.

RESTAURATION

BUDGET MOYEN

Le Floréal – *1 pl. Léopold - ✆ 03 83 73 39 80 - www.lefloreal54.com - fermé dim. soir et lun. - 15,50/37 €.* La devanture de ce restaurant est assez discrète. La salle à manger située à l'étage bénéficie d'une vue sur la place. Décor actuel, frais et coloré ; plats classiques.

Les Bosquets – *2 r. des Bosquets - ✆ 03 83 74 00 14 - fermé dim. soir, mar. soir et merc. - formule déj. 11,50 € - 14/34 €.* Apprécié des gens du quartier, ce petit restaurant familial sert plusieurs menus, dont un pour les petits. Sa formule, servie à déjeuner, est particulièrement peu chère et ses trois salles au décor rustique simple souvent bien remplies...

ACHATS

Même si la broderie perlée et pailletée n'est plus pratiquée à échelle industrielle, il existe encore quelques passionnés qui en perpétuent le savoir-faire. Créations exposées à l'office de tourisme.

Établissements Ciepielewski – *Château de Lunéville - ✆ 03 83 73 26 61 - www.gravuresurcristal.com - prévenir av. visite.* Gravure sur cristal, démonstration, audiovisuel et vente.

Manufacture de faïences de Lunéville-St-Clément – *1 r. Keller-et-Guérin - ✆ 03 83 74 07 58 - tlj sf dim. et lun. matin 9h30-12h, 14h-18h - fermé j. fériés.* Magasin d'usine et exposition de pièces anciennes. Le « lunéville » est un point de broderie ; c'est aussi le nom que l'on donne à la faïence fabriquée à Lunéville. Manufacture royale, la faïencerie lunévilloise est née en 1718. Héritière de ce glorieux passé, la manufacture de St-Clément perpétue la tradition.

ACTIVITÉS

Vélorail de Val de Mortagne – *voir p. 221.*

Baccarat

4 671 Bachamois – Meurthe-et-Moselle (54)

NOS ADRESSES PAGE 220

S'INFORMER

Office du tourisme du canton de Baccarat – *11 r. de la Div.-Leclerc - 54120 Baccarat - ✆ 03 83 75 13 37 - www.ot-baccarat.fr - juil.-août : 9h-18h, dim. 10h-12h, 14h-17h ; reste de l'année : tlj sf dim. et j. fériés 9h-12h, 13h30-18h, sam. 10h-12h, 14h-17h - fermé 1er janv., lun. de Pâques, 1er et 8 Mai, 25 déc.*

SE REPÉRER

Carte de microrégion C3 (p. 174) – *carte Michelin Départements 307 L8.*
La ville se situe à mi-chemin (env. 60 km) entre Nancy et Gérardmer, sur la N 59. Les installations de la cristallerie couvrent plus de 10 ha, sur l'une des rives de la rivière. Deneuvre domine la ville au sud, depuis un éperon rocheux.

À NE PAS MANQUER

Le musée du Cristal bien sûr, les vitraux de l'église St-Remy et les sources d'Hercule à Deneuvre.

ORGANISER SON TEMPS

Pour les bibliophiles, il fait bon flâner quelques heures dans les rues de Fontenoy-la-Joûte, véritable bouquinerie géante.

AVEC LES ENFANTS

Le parc d'attractions de Fraispertuis City, le pôle Sports Nature et le Vélorail du Val de Mortagne *(voir p. 221)*, le lac de la Plaine, l'observatoire à oiseaux du lac de Pierre-Percée.

Bâtie de part et d'autre de la Meurthe, Baccarat est célèbre dans le monde entier pour sa cristallerie, dont les origines remontent au 18e s. La fabrication de cette luxueuse matière constitue, aujourd'hui encore, la principale activité de la ville, véritable fer de lance économique et touristique.

Se promener

Musée du Cristal

✆ 03 83 76 61 37 - www.baccarat.fr - ♿ - juil.-août : 10h-18h ; reste de l'année : 9h-12h, 14h-18h - fermé 1er janv., 1er mai - 2,50 € (-10 ans gratuit).

Ce musée présente des pièces anciennes et contemporaines, dans le petit château qui fut la demeure du fondateur de la « verrerie Ste-Anne ». Voyez en particulier le candélabre de l'Exposition universelle de 1867, le vase des Trois Grâces (1909) et la collection de presse-papiers (sulfures, millefiori). Dans la dernière salle sont présentées les différentes techniques de fabrication : outillage, travail à chaud, taille, gravure, dorure. Renouvelée chaque année, une exposition temporaire se tient dans la chapelle attenante au musée *(mai-sept.)*.

Traversez le pont sur la Meurthe.

UNE CRISTALLERIE DE PRESTIGE

Louis XV autorisa en 1764 Mgr de Montmorency-Laval, évêque de Metz, à créer la verrerie Ste-Anne à Baccarat. Transformée en cristallerie en 1817, elle servit les grands de ce monde au 19e s. et s'assura ainsi une grande prospérité. La visite de Charles X en Lorraine en 1828, immortalisée par une aiguière conservée au musée, fut suivie d'un grand engouement pour le cristal de Baccarat. Seule cristallerie au monde capable de fabriquer des pièces de taille exceptionnelle, la manufacture fournit au tsar Nicolas II un candélabre de 3,85 m de hauteur et produisit des meubles de cristal qui sont autant d'objets de collection. La cité ouvrière comprenait plusieurs bâtiments tout près de la cristallerie, pour que les verriers accourent dans la « halle » dès que la cloche sonnait pour annoncer la fusion du cristal. Avec son four à bassin qui affine le mélange en fusion continue, Baccarat est aujourd'hui à la pointe de la technique. Trente-huit des tailleurs ou graveurs hautement qualifiés de la cristallerie ont été reconnus « meilleurs ouvriers de France ».

Église St-Remy

Cette église moderne (1957) surprend par son clocher dressé en pyramide à 55 m de hauteur. Son immense bas-relief en béton brut de décoffrage est éclairé de **vitraux★** illustrant la « création du monde ». Ces vitraux sont composés de 20 000 morceaux de cristal de Baccarat et présentent plus d'une cinquantaine de teintes différentes. Le tabernacle et les fonts baptismaux symétriques par rapport au chœur sont éclairés de verrières représentant les douze apôtres.

À proximité Carte de microrégion

Deneuvre C3

Village ancien où subsiste une église du 18e s. qui abrite un orgue remarquable de 1704.

Musée des sources d'Hercule – *1 pl. Jean-Marie-Keyser - ☎ 03 83 75 22 82 - ♿ - mai-sept. : 10h-12h, 14h-18h ; oct.-mars-avr. : w.-end et j. fériés 14h-17h - fermé nov.-fév. - 3,50 € (-12 ans gratuit), gratuit Journées du patrimoine.*

Des fouilles effectuées de 1974 à 1986 ont mis au jour un sanctuaire gallo-romain du milieu du 2e s., dédié à Hercule. Ce musée rassemble toutes les informations sur le mythe d'Hercule, les états antérieurs du sanctuaire et la découverte du site. Des cartes, plans et maquettes expliquent l'histoire de Deneuvre. Reconstitution du lieu d'ablution, avec ses trois bassins qui permettaient aux fidèles de puiser l'eau. Les dévots qui avaient obtenu ce qu'ils souhaitaient offraient un ex-voto, le plus souvent des stèles ou des autels, qui formèrent au cours des siècles un cercle autour des sources.

Fontenoy-la-Joûte C3

6 km à l'ouest de Baccarat.

Dans ce village typiquement lorrain, d'anciennes fermes étroites et hautes ont été transformées en librairies pour former le **Village du livre** : on y trouve des bouquinistes, un relieur d'art et une Maison de l'imprimerie et du papier où un artisan fabrique du papier sous vos yeux. Au nord du village, la chapelle St-Pierre, du 13e s., marque la séparation entre le Bassin parisien et le massif des Vosges. *39bis r. de la Div.-Leclerc - ☎ 03 83 71 61 03 - www.fontenoy-la-joute.com - w.-end et j. fériés 10h-12h, 14h-18h - fermé 25 déc.*

Celles-sur-Plaine C4

21 km à l'est. À Celles-sur-Plaine, profitez des deux lacs pour vous accorder un peu de détente.

Le **lac de la Plaine** (36 ha) a été aménagé en base de loisirs et de plein air à vocation nautique *(baignade surveillée en juil.-août, voile, aviron, kayak…).*

Prenez la route de Badonviller (D 182^A) à droite après le barrage du lac de la Plaine.

Le parcours au milieu de forêts de sapins offre de belles vues dans la première partie de la montée. La **route★** permet d'accéder au minuscule village de **Pierre-Percée**.

Passant devant le monument aux morts du 363e RI dû au sculpteur Sartorio, la route grimpe au pied des ruines d'un château fort des comtes de Salm *(parc de stationnement)*, dont subsiste un donjon du 12e s. De là, **vues★** étendues sur le lac, les collines et les forêts.

Lac de Pierre-Percée C4

Parc de stationnement à hauteur du barrage du Vieux-Pré. Faites quelques pas vers le belvédère où des panneaux expliquent la construction de l'ouvrage.

Pour découvrir le milieu forestier, suivez le sentier botanique de la Roche aux Corbeaux et arrêtez-vous à l'**observatoire à oiseaux** *(accès par la ceinture verte).*

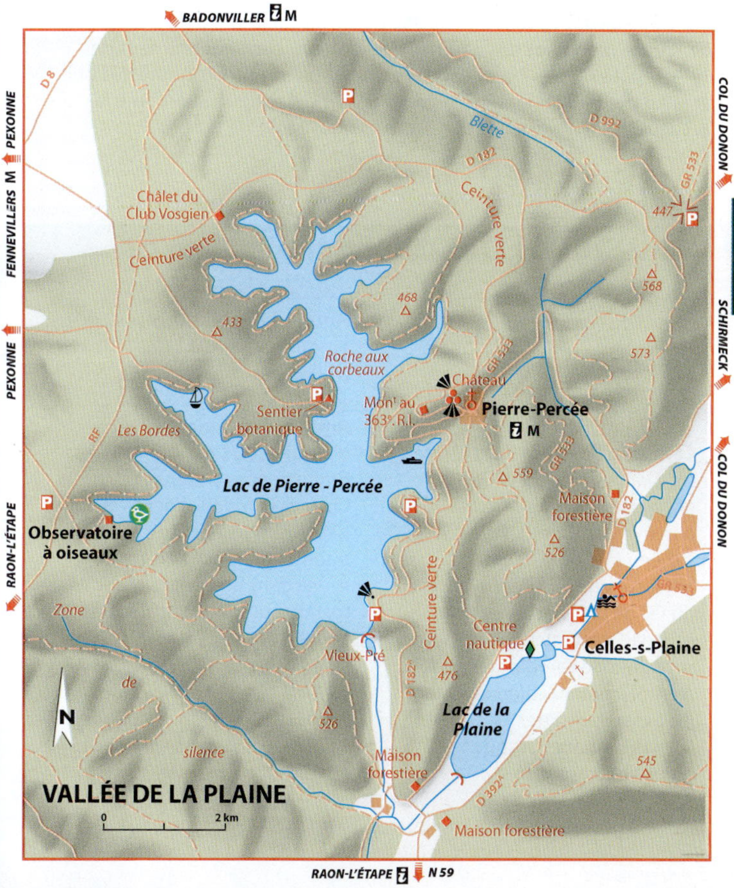

Revenez sur la D 182 pour gagner Badonviller.

Badonviller C4

Cette petite localité industrielle a eu le privilège d'être une des premières villes libérées par la 2e DB lors de la bataille d'Alsace déclenchée au début de novembre 1944. On y découvre une église de 1788 et un musée-atelier céramique et verre où œuvrent de jeunes créateurs *(13 r. de la Division-Leclerc - ✆ 03 83 42 19 57 - avr.-sept. : tlj 14h-18h sf merc. ; oct.-déc. : w.-end).*

Rambervillers C3

15 km au sud-ouest de Baccarat par la D 435.

Entourée de collines et de forêts, Rambervillers est surtout remarquable pour son hôtel de ville du 16e s. à arcades (à l'intérieur, la tour contient un bel escalier en colimaçon) et pour son église de style gothique flamboyant. édifiée au 15e s., elle est consacrée à sainte Libaire, la première martyre du diocèse, décapitée à Grand au 4e s., que l'on reconnaît sur le grand tableau adossé au tympan.

Musée de la Terre – *1 r. de la Faïencerie - ✆ 03 29 65 12 07 - www.museedelaterre.com - juil.-août : 14h30-18h ; reste de l'année : dernier dim. du mois 14h30-18h - fermé mar. - 3 € (-14 ans 1 €).* Faïences du 18e s., collection de pots à pharmacie et grès flammés dans le style école de Nancy.

Château des Capucins – *R. Alban-Fournier - de Pâques à sept. : dim. sur RV auprès de M. Phélipeaux (✆ 06 75 70 90 46).* Construit sur le site d'un ancien couvent de l'ordre mendiant des capucins, ce château élevé au tournant des 18e et 19e s. reflète l'évolution des styles architecturaux entre le règne de Louis XVI et la fin du Premier Empire. Le propriétaire qui restaure lui-même la maison accueille les visiteurs et répond à leurs questions.

NOS ADRESSES À BACCARAT

Voir aussi nos adresses dans le massif du Donon *(p. 239).*

HÉBERGEMENT

PREMIER PRIX

Camping Les Lacs – *88110 Celles-sur-Plaine - ✆ 03 29 41 28 00 - www.gites-paysdeslacs.com - ouv. avr.-oct. - réserv. conseillée - 127 empl. 22 € - restauration.* Situé sur une rive verdoyante du lac de la Plaine et au bord du ruisseau portant le même nom, cet agréable camping dispose d'emplacements bien entretenus. Blocs sanitaires très corrects et superbe piscine. Grande variété d'activités proposées.

BUDGET MOYEN

Hôtel La Renaissance – *31 r. des Cristalleries - ✆ 03 83 75 11 31 - www.hotel-la-renaissance.com - 16 ch. 53/65 € - ☕ 6 € - rest. 17/32 €.* Au pays des verriers, tout près du musée du Cristal, une adresse pratique pour poser ses valises. Chambres fonctionnelles et bien insonorisées. Cuisine traditionnelle sans prétention servie dans une salle à manger rustique ou sur la terrasse fleurie.

Hôtel des Lacs – *2 pl. de l'Église - 88110 Celles-sur-Plaine - ✆ 03 29 41 17 06 - www.hotel-des-lacs.fr - fermé 19 déc.-26 janv., mar. d'oct. à fin avr. et dim. soir - ♿ - 15 ch. 63/65 € - ☕ 8 € - rest. 17/38 €.*

Entre lacs et forêts, cette imposante bâtisse vosgienne des années 1940, peinte en vieux rose, a été intégralement rénovée. Ici, depuis quatre générations, on se met en quatre pour vous satisfaire. Chambres au confort contemporain. Au restaurant, vous sera servie une cuisine alliant avec brio gastronomie locale et traditionnelle. Parmi les spécialités : feuilleté d'escargots aux cèpes et poêlée de grenouilles provençale.

RESTAURATION

BUDGET MOYEN

Le Wagon du Pré Fleury – *14 r. de la Barre - 54129 Magnières - 15 km à l'ouest de Baccarat, dir. Bayon par D 22 - ✆ 03 83 72 32 58 - http://wagonrestaurant.free.fr - fermé dim. soir et lun. - formule déj. 13 € - 15,50/31 €.* Cadre insolite pour ce restaurant installé dans… un ancien wagon SNCF et sa gare ! Tenu par un ancien dessinateur industriel, il est agréablement aménagé dans un style un peu rétro. Cuisine régionale. Autour : pêche, balades en draisine…

ACHATS

Cristallerie de Baccarat – *20 r. des Cristalleries - ✆ 03 83 76 60 01 - www.baccarat.com - 9h30-12h30, 13h30-18h30, dim. et j. fériés 10h-12h30, 14h30-19h - fermé 1er janv. et 25 déc.* Chaque article fabriqué à Baccarat reçoit une marque spécifique qui n'est disponible que chez certains dépositaires. Magasins de vente, galeries d'exposition et musée.

ACTIVITÉS

Fraispertuis City – *50 r. de la Colline-des-Eaux - 20 km au sud de Baccarat par D 935, D 435 et D 32 - 88700 Jeanménil - ✆ 03 29 65 27 06 - www.fraispertuis-city.fr - juil.-août : tlj 10h-18h30 ; avr.-juin, sept. : selon calendrier scol. 10h-18h - 18,50 € (15,50 € jusqu'à 12 ans - gratuit pour – de 1 m).* Ce parc propose plus de 25 attractions sur le thème du Far West qui font la joie des petits et des grands : la rivière d'aventure, le Grand Canyon, le train Far West. Nouveauté 2011, une montagne russe, Timber drop. Restauration sur place.

Vélorail du Val de Mortagne – *9 r. de l'Église - 54129 Magnières - ✆ 03 83 72 34 73 - mai-juin, tlj 9h-12h, 14h-18h, juil.-août 9h-12h, 14h-19h, env. 18 km au sud-est de Lunéville et 13 km à l'ouest de Baccarat.* Location de vélorail, 12 €/h. Ligne de 20 km de voie ferrée. Restaurant et camping sur place. Autrefois moyen de locomotion utilisé par les ouvriers pour entretenir et surveiller les voies de chemin de fer, la draisine constitue aujourd'hui un moyen de transport insolite pour parcourir la vallée de la Mortagne.

Pôle Sports Nature – *✆ 03 29 41 13 04 - mars-juin et sept.-nov. : w.-end et j. fériés 13h-18h ; juil.-août : tlj 10h-19h.* Parce que l'aventure est plus belle dans un environnement un peu sauvage, le Pôle Sports Nature a conçu un ensemble d'activités variées tout autour du lac de Pierre-Percée. Promenades en bateau, parcours VTT et, pour les plus intrépides, tyrolienne ou saut à l'élastique (Aventure Parc).

AGENDA

Fête du pâté lorrain – *2e w.-end de sept. - www.ot-baccarat.fr.*

Colline de Sion-Vaudémont

★

Meurthe-et-Moselle (54)

NOS ADRESSES PAGE 226

S'INFORMER
Office du tourisme de Saxon-Sion – *3 r. Notre-Dame - 54330 Saxion-Sion - 03 83 25 14 85 - www.lepredenancy.fr - mai-sept. : 9h-12h30, 13h30-18h30, dim. et j. fériés 11h-13h, 14h-19h ; avr. : 9h-12h, 13h30-17h30, dim. et j. fériés 14h-18h ; reste de l'année : 9h-12h, 13h30-17h30, dim. 13h30-17h30 - fermé 1er janv., 25 déc.*

SE REPÉRER
Carte de microrégion B3 (p. 174) – *carte Michelin Départements 307 H8.* Au sud de Nancy, à 15 km au nord de Mirecourt, près de Vaudémont, sur la D 50.

SE GARER
Parkings aménagés à Vaudémont, près du monument à Barrès, et aux abords du sanctuaire. Alt. 497 m.

À NE PAS MANQUER
Le panorama depuis le signal de Vaudémont, la basilique de Sion, l'insolite château du maréchal Lyautey à Thorey-Lyautey.

Sa forme en fer à cheval suggère l'idée de porte-bonheur. C'est un des plus célèbres belvédères sur le pays lorrain en même temps qu'un de ces hauts lieux historiques « où souffle l'esprit », selon la formule de Maurice Barrès. Véritable sanctuaire de la Lorraine, la colline, depuis des siècles, rassemble des milliers de pèlerins, surtout de Pâques à octobre.

Se promener Carte de microrégion

★ SION A3

Visite : comptez 30mn.
Laissez la voiture au parc de stationnement et montez jusqu'à l'hôtel Notre-Dame. Prenez à gauche en longeant le cimetière, pour gagner l'esplanade plantée de tilleuls séculaires.

Basilique

La basilique date, pour l'essentiel, du milieu du 18e s. Le clocher a brûlé en 2003 et a été restauré. La colossale statue de la Vierge en fonte (7 m), descendue lors des travaux, est à nouveau en haut du clocher. L'abside, restaurée dans sa pureté originelle (début du 14e s.), abrite la statue de N.-D. de Sion : Vierge couronnée, en pierre dorée, du 15e s. Au-dessus de l'autel du bas-côté gauche sont fixées les plaques apposées lors des quatre pèlerinages de 1873, 1920, 1946 et 1973 *(voir encadré « Un lieu d'espoir et de remerciements »).*

Monument Barrès, au sommet du signal de Vaudémont.
M. Colin/hemis.fr

★ Panorama

À la sortie de l'église, prenez à droite, longez le préau et tournez à droite, à l'angle du mur du couvent. À hauteur d'un calvaire, le panorama atteint toute son ampleur *(table d'orientation).* C'est là qu'on découvre ce « vaste paysage de terre et de ciel » cher à Barrès. Maurice Barrès (1862-1923), écrivain et homme politique né à Charmes *(voir plus loin),* aimait gravir les pentes de Sion. Son attachement pour sa patrie est particulièrement présent dans *La Colline inspirée* (1913). Basé sur l'histoire vraie des frères Baillard, ce roman raconte la destinée de trois prêtres voulant faire de la colline de Sion un haut lieu de ferveur religieuse jusqu'à devenir une secte illuministe.

Un autre point de vue est aménagé à l'ouest du plateau. On y accède par une allée d'arbres à gauche, à l'entrée du parking.

UN LIEU D'ESPOIR ET DE REMERCIEMENTS…

Les Celtes adoraient sur la colline les dieux de la Guerre et de la Paix, les Romains leur préféreront Mercure. Aux divinités païennes succède au 4e s. le culte de la Vierge, dévotion que les comtes de Vaudémont et les ducs de Lorraine imposeront à toute la région.

Plus récemment, lorsque par trois fois la guerre s'éloigna, les foules vinrent y remercier Notre-Dame. En 1873, alors que la Moselle (en même temps que l'Alsace) est rattachée à l'Allemagne, les pèlerins viennent déposer une croix de Lorraine brisée avec l'inscription *Ce n'a me po tojo* (« Ce n'est pas pour toujours »). En 1920, la Moselle est à nouveau française : les pèlerins cachent la brisure sous une palmette d'or et inscrivent *Ce n'ato me po tojo* (« Ce n'était pas pour toujours »). En 1946, une nouvelle croix est posée sur l'autel, portant cette conclusion *Estour inc po tojo* (« Maintenant un pour toujours »). Enfin, le 9 septembre 1973, lors d'une « fête de la Paix », une banderole de marbre portant le mot « Réconciliation » est apposée sur l'autel.

★★ SIGNAL DE VAUDÉMONT A3

Pour visualiser ce circuit de 2,5 km au départ de Thionville, reportez-vous à la carte ci-contre. Comptez 30mn.

Quittez Sion par le sud, parcourez environ 2,5 km, laissez à droite le chemin en descente sur Saxon-Sion et, à hauteur d'un calvaire, prenez tout droit la D 53, route de crête qui traverse toute la colline.

Après avoir dépassé, à droite, une croix de mission érigée vers 1622 par Marguerite de Gonzague, épouse d'Henri II de Lorraine, la route traverse le bois de Plaimont. Au sommet du signal de Vaudémont (541 m) s'élève le **monument à Barrès**, haut de 22 m, en forme de lanterne des morts, érigé en 1928. **Panorama★★** superbe sur le plateau lorrain, qui inspira à Maurice Barrès cette allégorie : « L'horizon qui cerne cette plaine, c'est celui qui cerne toute vie. Il donne une place d'honneur à notre soif d'infini, en même temps qu'il rappelle nos limites. »

On peut poursuivre jusqu'au village de Vaudémont, pointe opposée de la colline.

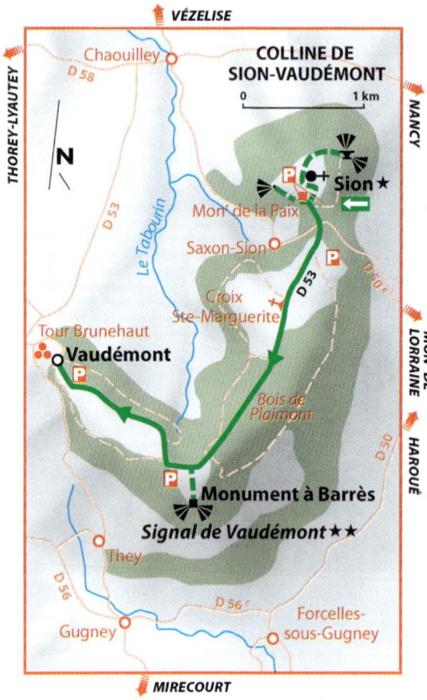

Vaudémont A3

Près de l'église, derrière le cimetière, s'élève la « tour Brunehaut », vestige du château des comtes de Vaudémont, branche cadette de la maison de Lorraine. Le village a gardé son aspect lorrain traditionnel contrairement à beaucoup d'autres. La Grand'Rue est bordée de maisons ou de fermes mitoyennes dont la grande porte charretière, donnant accès à la grange, est cintrée.

À proximité Carte de microrégion

★ Château de Haroué B3

03 83 52 40 14 - www.chateaudeharoue.com - visite guidée (45mn) juil.-août : 10h-12h, 14h-17h ; juin : 14h-18h ; sept.-oct. : dim. et j. fériés 14h-18h - fermé 11 nov.-30 mars, 1er janv., dim. et lun. de Pâques, 1er et 11 Nov., 25 déc. - 10 € (12-18 ans 7 €).

Édifié à l'emplacement d'une ancienne citadelle et d'un château Renaissance, le château de Haroué mérite bien son surnom de « Chambord lorrain ». Cet ensemble majestueux est un très bel exemple d'architecture du Siècle des lumières : quatre tours rondes, des douves en eau, un magnifique parc à la française, un jardin à l'anglaise, une cour d'honneur, des grilles, des statues… En 1720, Marc de Beauvau-Craon passe commande auprès de Germain Boffran. L'architecte conçoit l'édifice tel un calendrier : 365 fenêtres, 52 cheminées, 12 tours (dont 4 de l'ancien château) et 4 ponts.

La cour d'honneur est fermée par des grilles réalisées par Jean Lamour ; elle est ornée de statues de Guibal. Ces deux artistes ont d'ailleurs travaillé la ferronnerie et la statuaire de la place Stanislas à Nancy. Au rez-de-chaussée, le vestibule ouvre sur le salon orné de douze **tapisseries★** (17e s.) retraçant les batailles d'Alexandre le Grand et tissées dans les manufactures ducales de la Malgrange, près de Nancy. La **Chambre d'apparat**, réservée au roi Stanislas lors de ses fréquents séjours au château, est meublée d'un lit du 17e s. ayant appartenu aux Médicis. La tour d'angle abrite un **salon chinois**, peint par Pillement en 1747. En empruntant l'escalier, dont la rampe est de Lamour, remarquez l'arbre généalogique de la famille de Beauvau-Craon. Le **Salon doré** a été exécuté par le peintre Hébert en 1858-1859 pour la visite de Napoléon III à Haroué. Il contient un mobilier signé Bellanger que le roi Louis XVIII offrit à la comtesse du Cayla, ancêtre de la propriétaire. Deux salons non achevés lors de la construction du château ont été aménagés et meublés en 2001 dans un style Louis XVIII.

La visite se termine par une promenade dans le parc à la française ou le jardin à l'anglaise.

Vézelise A3

8,5 km à l'ouest du château de Haroué par la D 9.

Ce village fut longtemps connu pour sa brasserie fondée en 1863 par Antoni Moreau et qui ferma ses portes en 1972.

Les belles **halles** en bois datant de 1599 sont parmi les plus anciennes de France. Elles témoignent de l'importance de l'activité commerciale de cet ancien chef-lieu de bailliage. L'**église St-Côme-et-St-Damien** (15e-16e s.) présente une belle porte fermée par des vantaux Renaissance sculptés des effigies des saints Côme et Damien en habit de médecin. À l'intérieur, beaux vitraux du 16e s. dans le chœur et le transept.

Monument de Lorraine B3

23 km au sud-est de Sion par les D 50E, D 64, D 413, D 33, D 28 puis à gauche la D 28C, étroite et en montée jusqu'au terre-plein situé devant le monument de Lorraine.

3

C'est ici que les troupes du général de Castelnau repoussèrent en août 1914 les Allemands qui, vainqueurs à Morhange, voulaient prendre à revers les défenses du camp retranché de Nancy. Derrière le monument commémorant cette **victoire de la « trouée de Charmes »**, une table d'orientation en céramique reproduit le champ de bataille et l'emplacement des armées en présence. Vue étendue sur le théâtre des combats et la vallée de la Moselle.

Charmes B3

Office du tourisme du pays de Charmes – Maison du Chaldron - 19 r. Maurice-Barrès - 88130 Charmes - ☏ 03 29 66 01 86 - www.tourisme-charmes.fr - avr.-sept. : mar.-sam. : 9h-12h, 14h30-18h30, dim. 10h-12h ; oct.-mars : mar.-vend. : 9h-12h, 15h-18h30, sam. 9h-12h.

Cette petite ville au bord de la Moselle, plusieurs fois détruite au cours des siècles, donne son nom à la « trouée » naturelle entre Toul et Épinal. Le 24 août 1914, 225 000 Français font face à près de 300 000 Allemands. À 30 km, Lunéville et Gerbéviller sont mises à sac. Tandis que Verdun est indirectement menacée, Joffre doit tenir devant Charmes. Ce sera le rôle de Castelnau, qui lance sa contre-attaque de flanc.

La ville a conservé son **église** des 15e et 16e s. avec l'intéressante chapelle des Savigny, datée de 1537.

Le nom de Charmes reste lié à celui de **Maurice Barrès** qui y est né *(plaque au no 7 de la rue des Capucins)* et y demeura attaché sa vie durant. Terrassé le

4 décembre 1923, à l'âge de 61 ans, dans sa maison de Neuilly-sur-Seine par une crise cardiaque, Barrès repose selon sa volonté dans le cimetière civil de Charmes, bastion familial de l'écrivain nationaliste.

Chamagne B3

4,5 km au nord de Charmes. Claude Gellée dit **le Lorrain** (1600-1682) y est né. Dans sa **maison natale** est évoquée son œuvre. *03 29 38 86 07 - ♿ - avr.-oct. : merc., jeu., w.-end et j. fériés 14h-18h - fermé nov.-mars, 1er janv., 1er et 11 Nov., 25 déc. - gratuit.*

Thorey-Lyautey A3

6 km à l'ouest de Sion par la D 58. Le maréchal Lyautey (1854-1934), grand nomade qui parcourut le monde du Tonkin au Maroc, choisit d'établir à Thorey ses derniers quartiers. Le **château** avait été construit par ses soins, au début du 20e s., pour jouxter la maison de famille du 18e s. qu'il possédait ici. La visite permet de pénétrer dans le cadre familial où le maréchal Lyautey passa les dernières années de sa vie : son bureau attenant à la bibliothèque, riche de 16 000 volumes, sa chambre, le salon d'Indochine et de Madagascar et le **Salon marocain★** (réalisé par des artisans venus spécialement du Maroc) ; au passage, admirez l'escalier d'honneur orné d'une rampe en fer forgé de Jean Lamour. Installé dans une aile du château, le **musée national du Scoutisme** rappelle que Lyautey fut président d'honneur de toutes les fédérations du scoutisme français. *03 83 25 12 12 - www.chateaulyautey.com - mai-sept. : 14h-18h ; reste de l'année : visite sur RV - 6 € (6-12 ans 2,50 €).*

NOS ADRESSES AUTOUR DE SION-VAUDÉMONT

RESTAURATION

BUDGET MOYEN

La Commanderie – *1 r. Pasteur - 54116 Tantonville - 4 km à l'ouest de Haroué par D 9 - 03 83 52 49 83 - www.restaurant-la-commanderie.com - fermé 5-11 janv., 25 août-14 sept., dim. soir, lun. et mar. soir - 14,50/55 €.* Le restaurant de ce paisible village constitue une bonne surprise. Couleurs et tentures aux accents provençaux sont venues réveiller cette ancienne bâtisse, jadis vouée au négoce de la bière. Jolie terrasse pavée agrémentée d'une fontaine. Carte et menus alléchants.

Domaine de Sion – *R. de la Cense-Rouge - 54330 Saxon-Sion - 03 83 26 24 36 - www.domainedesion.fr - réserv. conseillée le soir - 15/21 €.* Ce domaine est une exploitation fruitière et une distillerie à visiter. Dans la partie restaurant, au cadre empreint de simplicité, vous pourrez goûter aux produits d'ici (primeurs, fruits, légumes) sous diverses formes. Avant de partir, profitez-en pour faire votre marché !

ACHATS

La Maison de la mirabelle – *Voir coordonnées p. 215.*
Après cette visite, vous serez incollable sur la petite prune d'or : vidéo sur la culture, découverte de l'atelier de distillation, traversée d'un fruit géant capable de calculer votre poids en nombre de mirabelles, dégustation. Côté boutique : confitures, pâte d'amandes, eaux-de-vie, liqueurs…

Le Saulnois

Moselle (57)

NOS ADRESSES PAGE 232

S'INFORMER

Office du tourisme de Vic-sur-Seille – *16 pl. du Palais - 57630 Vic-sur-Seille - 03 87 01 16 26 - www.otvicsurseilleetmarsal.fr - avr.-sept. : 9h30-12h, 13h30-18h ; oct.-mars : tlj sf lun. et dim. 8h30-12h, 13h30-17h - fermé mi-déc.-mi-janv., 1er janv., 25 déc.*

Parc naturel régional de Lorraine – *www.pnr-lorraine.com.*

SE REPÉRER

Carte de microrégion C1/2-D2 (p. 174) – *carte Michelin Départements 307 K6.* Le Saulnois se trouve à une cinquantaine de kilomètres au sud-est de Metz par la D 955 et à une trentaine de kilomètres au nord-est de Nancy par la D 674.

À NE PAS MANQUER

Saint Jean Baptiste dans le désert de Georges de La Tour au musée qui lui est consacré.

AVEC LES ENFANTS

Le vol des cigognes au-dessus de l'étang de Lindre et l'observation des autres oiseaux, le parc animalier de Ste-Croix.

Patrie du peintre Georges de La Tour, le Saulnois, dont le relief de douces collines prend la couleur de l'or quand fleurit le colza, fait partie de la zone orientale du Parc naturel régional de Lorraine. Cette région aux milieux naturels variés et préservés – mares salées, étangs, forêts, prairies humides – constitue un lieu de prédilection pour une faune et une flore remarquablement riches. Vous découvrirez au cours de vos balades de nombreux oiseaux nicheurs ou migrateurs.

3

Découvrir le pays du sel Carte de microrégion

MARSAL C2

À Marsal, l'exploitation du sel commence dès la protohistoire, avec l'utilisation à grande échelle de la technique du *briquetage (voir explication p. 228, musée du Sel).* Le tumulus de trois millions de m^3 de débris de briquetages sur lequel est construit le village témoigne des faramineuses quantités produites à une période aussi reculée. Tour à tour propriété des ducs de Lorraine et des évêques, l'exploitation suscite aussi la convoitise des rois de France. Louis XIV s'en empare en septembre 1663. À la demande du Roi-Soleil, Vauban (1633-1707), nommé commissaire général des Fortifications (1678) chargé de couvrir les frontières, fait de Marsal une place forte dont il reste une partie de l'enceinte fortifiée et en particulier la porte de France.

Musée départemental du Sel – *Porte-de-France - 03 87 35 01 50 - ♿ - 9h30-12h, 13h30-18h - possibilité de visite guidée (45mn) réserv. 2 j à l'avance - fermé lun., 23 déc.-7 janv., 1er janv., 1er mai, 25 déc. - 5 € (16-18 ans 3,50 €), billet combiné avec le musée Georges De La Tour (6 €).*

Installé dans la porte de France, le musée retrace l'histoire de cette substance précieuse recueillie dans les anciennes salines du Saulnois, terrains salifères de la vallée de la Seille. Il décrit les enjeux économiques et politiques liés au sel, comme la gabelle, qui représentait au 16e s. la moitié des recettes du duché de Lorraine. Les fouilles ont montré que, dès la préhistoire, l'extraction se faisait de manière quasi industrielle grâce au « **briquetage** ». L'eau provenant des sources ou des mares salées, recueillie dans des gobelets en terre cuite, était chauffée jusqu'à évaporation pour récupérer le sel. Les bâtonnets d'argile et d'herbe qui servaient à caler les gobelets ont formé des millions de m^3 de déchets. Les villes du Saulnois se sont donc construites, au milieu des marais, sur ces « briquettes ».
Le musée abrite aussi quelques sculptures, en particulier une très belle **Vierge ouvrante** portant l'Enfant, en bois polychrome du 14e s., *Notre Dame de Bon Renom.*
Ancienne collégiale – Plan basilical sans transept, nef romane et chœur gothique, voici en quelques mots, l'ancienne collégiale du 12e s.
Sentier de découverte – *Environ 45mn, à emprunter de préférence à la fin du printemps et l'été pour voir les plantes. Départ de la porte de France.* Aménagé au pied des remparts, il mène à une mare salée dans les anciennes douves de la cité. Des panneaux permettent d'appréhender la diversité de la flore et d'identifier (à la fin du printemps et l'été) les plantes halophiles (salicorne ou « passe-pierre », renoncule de Baudot, etc.).

VIC-SUR-SEILLE C2

7 km à l'ouest de Marsal par la D 38 qui passe sous la porte de France.
Au cœur du pays du vin gris, Vic-sur-Seille a conservé ses rues anciennes bordées de belles habitations. Quelques vestiges de son château fort subsistent encore, dont la porte des Évêques. Vic-sur-Seille a eu ses heures de prospérité aux 15e et 16e s. grâce à ses gisements salins. Le village est aussi bien connu des amateurs de peinture pour avoir donné naissance à **Georges de La Tour** (1593-1652).
Sur la place du Palais, remarquez la **maison de la Monnaie★**, ancien couvent des Carmes. Les décors du premier étage et de la façade sont du 15e s. Le balcon et les ornementations des ouvertures du rez-de-chaussée ont été ajoutés au début du 20e s. Sur le côté gauche de l'**église** (15e-16e s.), le linteau du portail évoque la légende de l'ermite saint Marien.

Champs de colza dans le Saulnois.
J.C. Kanny/Moselle Tourisme

Musée départemental Georges-de-La Tour – *✆ 03 87 78 05 30 - www.cg57.fr - ♿ - 9h30-12h, 13h30-18h - fermé lun., 23 déc.-7 janv., 1er mai - 5 € (-17 ans 3,50 €).*
Baptisé du nom de l'artiste né à Vic-sur-Seille, ce musée est doté d'une œuvre exceptionnelle du peintre : *Saint Jean Baptiste dans le désert*★. Il abrite également un échantillon de la peinture française du 17e au 19es. et accueille parfois de belles expositions temporaires.

L'ÉTANG DE LINDRE C1

Lindre-Basse, env. 3 km au sud-est de Dieuze. Se garer sur le parking aménagé pour les visiteurs. Fête annuelle de la pêche le 3e w.-end de nov.
Réputé pour sa réserve ornithologique, l'étang est classé zone naturelle d'intérêt écologique, floristique et faunistique (ZNIEFF). Le Lindre est le plus grand étang piscicole de France. Tanches, gardons, brochets, perches, sandres, anguilles et carpes se partagent ses 620 ha de superficie. Son **centre piscicole**, qui pratique une pisciculture extensive respectant la biodiversité des eaux, produit 80 t de poissons de repeuplement par an.
Un **centre de réintroduction des cigognes** a été créé au bord de l'étang à la fin des années 1970, pour la sauvegarde de l'espèce. Tout au long de l'année, vous pourrez les observer, en liberté ou en enclos pour les plus jeunes.
Observatoires ornithologiques – *Passez devant le centre de pisciculture, longez la digue et suivez le sentier qui débute après l'enclos des cigognes et conduit à Tarquimpol.*
Plusieurs observatoires répartis autour de l'étang permettent de repérer quelques-unes des 250 espèces d'oiseaux qui y résident. Hérons cendrés, butors étoilés, balbuzards et busards cohabitent avec des espèces plus rares comme le pygargue à queue blanche, l'aigle criard ou le gobe-mouches à collier.

MAISON DU PAYS DES ÉTANGS À TARQUIMPOL C2

Zone orientale du Parc - 8 r. du Théâtre, presqu'île de Tarquimpol, env. 6 km au sud de Dieuze - ✆ 03 87 86 88 10 - juil.-août : merc.-dim. 14h-18h.
Située sur l'étang de Lindre où l'on peut répertorier plus de 250 espèces d'oiseaux, cette langue de terre garde aussi mémoire du village gallo-romain de *Decempagi* aujourd'hui disparu. Maquettes, montages audiovisuels et jeux interactifs informent de manière scientifique et technique pour découvrir le site archéologique et naturel.

★ PARC ANIMALIER DE STE-CROIX D2

À 15 km à l'ouest de Sarrebourg, près de l'étang de Stock, à Rhodes. ✆ 03 87 03 92 05 - www.parcsaintecroix.com - juil.-août : lun. 10h-19h ; avr.- déb. nov. : 10h-18h - fermé nov.-avr. - 17,50 € (3-12 ans 12,50 €), billet combiné avec La Forêt des Énigmes (32,50 €).

C'est pour mieux faire connaître les animaux de Lorraine et d'Europe qu'en 1980 un agriculteur passionné de nature et de pédagogie a converti ses 120 ha de terres en parc animalier. Aujourd'hui, 1 200 animaux y vivent en semi-liberté ou dans des enclos. Deux **sentiers de promenade** vous permettront d'apercevoir 80 espèces : loups d'Europe, bisons, animaux du Grand Nord, chats sauvages, renards, lynx, vautours, marmottes, ours, amphibiens. Dans les étangs, pélicans, cormorans et cistudes (tortues aquatiques locales) côtoient le castor, dont la hutte est équipée d'une caméra. Le raton laveur est la vedette des animaux importés, parmi lesquels on recense aussi aurochs, porcs-épics, bisons et cerfs.

Ne manquez pas le **parcours sensoriel** *(300 m)* que l'on suit pieds nus pour prendre le pouls de la terre. En marchant sur les différentes textures, on découvre alors de nombreuses sensations plus ou moins agréables et drôles. Et ce n'est pas tout... La zone préférée des petits est sans conteste la **ferme**, où ils peuvent caresser les animaux et leur donner à manger. On y conserve des espèces en voie de disparition (mouton à quatre cornes, âne du Poitou, chèvre de Lorraine) et de nombreuses variétés de poules. Les animaux domestiques n'ont pas été oubliés : vous pourrez les observer dans le premier bâtiment Logigrouille, situé à l'entrée du parc. Dans le **pavillon Moselle**, un diorama de 20mn permet de suivre les aventures de Bubo le hibou, une occasion de découvrir par la légende et les chansons des secrets de la nature.

Tout ici est à la portée des enfants qui s'instruisent en s'amusant : questionnaire ludique, pancartes à soulever qui éveillent leur curiosité, guides présents devant certains enclos et nombreuses animations *(en été)*. Vous pourrez assister au repas des animaux pendant les vacances scolaires et les mercredis, samedis, dimanches et jours fériés, ou vous attendrir devant les nouveaux-nés *(rens. à l'entrée du parc)*. Si la fatigue se fait sentir, empruntez le petit train qui sillonne le parc. Les plus petits peuvent aussi se laisser tirer dans les chariots qu'on loue à la journée *(5 €)*, bien utiles également pour les sacs à dos. À l'occasion d'une matinée d'affût, vous pourrez entendre le brame du cerf *(octobre)* ou, en soirée, le hurlement du loup à la pleine lune.

Pour mieux observer et découvrir le quotidien des animaux, des hébergements insolites ont été répartis dans le parc *(voir Nos adresses, p. 232)*.

Saulnois et Parc naturel régional de Lorraine, secteur est

LE PAYS DU SEL ET DES ÉTANGS

Marsal, Château-Salins, Vic-sur-Seille, abbaye de Salival, tous ces noms évoquent l'activité salicole de la région. Le pays du sel correspond à la partie médiane de la vallée de la Seille, parsemée de mares dont la salinité est élevée. À l'origine de ces étonnantes mares salées, des couches de sel déposées à l'ère secondaire par l'évaporation des mers qui recouvraient la région, puis une remontée de la saumure en surface, permise par des fissures dans la roche mère calcaire.

L'exploitation du sel et l'aménagement des étangs

Des vestiges gallo-romains témoignent du fait que, dès l'Antiquité, le sel si précieux attirait déjà les colons. L'exploitation de ce qui fut l'« or blanc », indispensable conservateur des aliments pendant des siècles, a contribué jusqu'à l'époque moderne à la prospérité du Saulnois. Source de convoitises et d'affrontements jusqu'au 18e s., l'exploitation du sel est à l'origine des châteaux (Château-Salins, Moyenvic) et systèmes de fortifications (Vic-sur-Seille, Marsal), dont les vestiges comptent aujourd'hui parmi les fleurons du patrimoine militaire de Moselle.

Les étangs ont joué un rôle important pour le développement touristique du Saulnois. D'origine artificielle, ils ont été creusés en très grand nombre par les communautés religieuses du Moyen Âge, qui ont su tirer parti des sols imperméables d'argile et de marnes, notamment pour la pisciculture. Aujourd'hui ne subsiste qu'une partie de ces étangs. Certains servent aux activités nautiques et de pêche, d'autres sont devenus des réserves ornithologiques.

Un biotope original

Si l'exploitation du sel s'est éteinte depuis longtemps, une dizaine de sources ont survécu et crachent toujours leur breuvage saumâtre dans la plaine alluviale de la Grande Seille. On découvre dans ce biotope une faune (nombreux oiseaux migrateurs) et une flore halophile (salicorne, renoncule de Baudot, aster maritime, ruppie maritime) tout à fait exceptionnelles.

LE PARC NATUREL RÉGIONAL DE LORRAINE, ZONE ORIENTALE

Le Parc naturel régional de Lorraine a été créé en 1974. Sa vocation est de « faire de son territoire un milieu rural vivant, attractif et tourné vers l'avenir ». La partie orientale du parc, de forme très irrégulière, est limitée à l'ouest par la vallée de la Seille (le pays Saulnois) et à l'est par les premiers contreforts du massif vosgien : c'est le pays des mares salées et des étangs (le Lindre), refuges pour de nombreux oiseaux nicheurs ou migrateurs, parfois très rares. *(Voir aussi Parc naturel régional de Lorraine, secteur ouest, p. 113).*

NOS ADRESSES DANS LE SAULNOIS

HÉBERGEMENT

En plus de divers gîtes de France, quelques gîtes Panda labellisés par le WWF sont installés dans le Parc naturel régional de Lorraine (Desseling, Marsal) : www.gites-panda.fr.

Bon à savoir – Possibilité de louer une mallette pédagogique (guides de la faune et la flore locales, jumelle, boussole et cartes d'état-major). Se rens. auprès des propriétaires ou du service de réservation Loisirs-Accueil de Moselle (℘ 03 87 37 57 69).

PREMIER PRIX

Camping Centre de loisirs de la Mutche – *57340 Morhange - ℘ 03 87 86 21 58 - www.morhange.fr - ouv. avr.-oct. - 110 empl. 11,50 €.* Ce très beau site qui borde l'étang de la Mutche comprend un camping, des huttes et des chalets en location, ainsi qu'une base nautique proposant un éventail complet d'activités et de loisirs. En été : piscine, jardin aquatique et animations.

POUR SE FAIRE PLAISIR

Chambre d'hôte Château d'Alteville – *57260 Tarquimpol - ℘ 03 87 05 46 63 - chateau.alteville@free.fr - fermé 15 oct.-15 avr. - ⊭ - réserv. conseillée - 5 ch. 77 € - ☕ 7 € - repas 31 €.* Offrez-vous la vie de château au cœur d'un vaste domaine agricole et forestier, à deux pas du GR5. La partie centrale, dans laquelle se trouvent la salle à manger, le superbe salon et le billard, est flanquée de cinq chambres garnies de meubles de famille. Table d'hôte très raffinée avec service en argent, cristal et faïence de Lorraine.

UNE FOLIE

Parc animalier de Ste-Croix – *57810 Rhodes - ℘ 03 87 03 92 05 - www.parcsaintecroix.com - 11 hébergements insolites 198/220 € ☕.* Pour entendre au clair de lune le hurlement du loup ou le brame du cerf, cabanes, yourtes et tanières ont été installées dans le parc. Une nuit inoubliable !

RESTAURATION

BUDGET MOYEN

À la XII Borne – *6 pl. République - 57590 Delme - env. 22 km au nord-est de Marsal - ℘ 03 87 01 30 18 - www.12eme-borne.com - fermé dim. soir, mar. soir et lun. - en sem. formule 10,50 €, menus 23/38/50 €.* Quatre frères président au destin de cette longue bâtisse, dans la famille depuis 1954. Cuisine régionale servie dans un cadre actuel ; spécialité : saucisse de porc au foie gras, filets de perche de Hampont. Une quinzaine de chambres également (60 €).

Chez Michèle – *57 r. Principale - 57210 Languimberg - 25 km à l'est de Marsal et 18 km à l'ouest de Sarrebourg - ℘ 03 87 03 92 25 - www.chezmichele.fr - fermé mar. et merc., vac. de fév. et de la Toussaint - menu 21 € (déj.)/36 €, carte 30/70 € -* Le « bistrot du village » est désormais une belle étape gourmande à l'atmosphère familiale, où le jeune chef signe une cuisine précise, généreuse et inventive sans excès. Spécialités : fine tarte de légumes en *tempura*, moelleux de brochets de nos étangs, café liégeois.

Détail du vitrail de *La Paix* de Marc Chagall, dans la chapelle des Cordeliers.
J.-C. Kanny/Moselle Tourisme/ADAGP, Paris 2013

Sarrebourg

12 722 Sarrebourgeois – Moselle (57)

NOS ADRESSES PAGE 235

3

S'INFORMER

Office du tourisme de Sarrebourg – *Pl. des Cordeliers - 57400 Sarrebourg ✆ 03 87 03 11 82 - www.sarrebourg.fr - juil.-août : dim. 10h-12h ; reste de l'année : tlj sf dim. et j. fériés 10h-12h, 14h-17h, sam. 14h-17h.*

SE REPÉRER

Carte de microrégion D2 (p. 174) – *carte Michelin Départements 307 N6.* À 27 km à l'ouest de Saverne, 73 km au nord-ouest de Strasbourg, 54 km au sud de Sarreguemines.

À NE PAS MANQUER

Les œuvres de Chagall (chapelle des Cordeliers, musée du Pays de Sarrebourg), la faïencerie de Niderviller.

Les souffleurs de verre de la région ont apprivoisé le feu et donné naissance à un cristal presque magique. Héritier à sa façon de cette tradition de transparence, de pureté et de lumière, Marc Chagall a offert à l'église des Cordeliers un immense vitrail consacré à la paix. Sarrebourg, « porte des Vosges et des étangs lorrains », est le point de départ de très belles excursions dans les boucles de la Sarre, à la rencontre d'un artisanat exceptionnel consacré aux arts de la table.

Visiter

Chapelle des Cordeliers

✆ 03 87 08 08 68 - ♿ - www.ville-sarrebourg.fr - 10h-12h, 14h-18h, dim. 14h-18h - fermé mar., 1er janv., 1er mai, 25 déc. - 6 € (-18 ans gratuit), billet combiné avec le musée du pays de sarrebourg (6 €).

Du 13e s., reconstruite au 17e s., la chapelle est éclairée, sur sa façade ouest, par l'immense **vitrail★** de Chagall, *La Paix*, haut de 12 m et large de 7,50 m. Le grand bouquet central, aux vifs coloris bleus, rouges et verts, symbolise l'Arbre de vie de la Genèse. Adam et Ève en occupent le cœur, entourés du serpent, de la croix du Christ, du prophète Isaïe, de l'agneau, du chandelier, d'anges accompagnant Abraham, de Jésus entrant à Jérusalem… autant de thèmes que l'auteur transmet au monde comme des messages bibliques. Composé de 13 000 pièces de verre, le vitrail pèse 900 kg.

Musée du Pays de Sarrebourg

R. de la Paix - ✆ 03 87 08 08 68 - www.ville-sarrebourg.fr.com - ♿ - 10h-12h, 14h-18h, dim. 14h-18h - fermé mar., 1er janv., dim. et lun. de Pâques, 1er Mai, 25 et 26 déc. - 6 € (-18 ans gratuit) billet combiné avec la chapelle des Cordeliers (6 €).

Le musée est installé dans un espace contemporain conçu par l'architecte Bernard Desmoulin. Comme en écho au vitrail de la chapelle des Cordeliers, la tapisserie *La Paix* de Chagall domine le hall d'accueil. Réalisée par Yvette Cauquil-Prince, elle est la fidèle réplique d'un vitrail offert à l'ONU en 1964. Dans le cercle, à gauche, est représentée la vision d'Isaïe (« le lion s'étendra près de l'agneau »), le prophète se tenant assis à droite du cercle. Au-dessus de lui, on reconnaît Moïse, avec les Tables de la Loi. Le sacrifice d'Abraham apparaît en bas à gauche, dans une interprétation très libre (Sarah serre Isaac dans ses bras). À droite, le Christ en croix est entouré d'une foule anachronique. Au centre, sous le bouquet, on aperçoit Ève. La collection archéologique rassemble des objets provenant de hameaux gallo-romains du Piémont vosgien (sculptures funéraire et votive) et de villas gallo-romaines comme celle de St-Ulrich (peintures murales, bijoux, vaisselle, outils). Remarquable : la reconstitution du portique monumental de la ville romaine de Tarquimpol. Au 1er étage, le Moyen Âge est illustré par des statuettes et bas-reliefs en céramique du 14e s. découverts à Sarrebourg. Dans la salle consacrée à la manufacture de Niderviller, très belle collection de faïences et de porcelaines (18e s. et début 19e s.).

Centre-ville

Remarquez le **cinéma** (façade Art nouveau de 1912) et la **bibliothèque** (ancien hôtel Saintignon, 18e s.), mais aussi quelques vestiges des **remparts** du 13e s. (avenues Poincaré et Clemenceau et parc de la Liberté) et l'**église St-Barthélemy**, élevée au 13e s. puis reconstruite au 18e s.

Cimetière national des Prisonniers

À la sortie de la ville, prenez à droite de la rue de Verdun (D 27).

Ce cimetière de 1914-1918 contient environ 13 000 tombes. Face à la grille, un monument, le *Géant enchaîné*, fut exécuté par Stoll durant sa captivité.

À proximité Carte de microrégion

Réding D2

5 km au nord-est par la N 4. Dans Petit-Eich, tournez à gauche.

En 1977, la restauration de la **chapelle Ste-Agathe** a fait découvrir, sous le plâtre de la voûte du chœur, des fresques du 13e s. représentant les symboles des évangélistes. Leur couleur terre s'harmonise aux tons ocre et bruns de l'ensemble du chœur.

Villa gallo-romaine de St-Ulrich D2

4 km au nord-ouest. ✆ 03 87 08 08 68 - visite guidée (1h) sur demande préalable juil.-août : 10h-12h, 14h-18h - fermé mar., 1er janv., Vend. saint, dim. de Pâques, 1er Mai, 25 et 26 déc. - gratuit.

La villa était la résidence d'un riche propriétaire et le cœur d'un vaste domaine d'une superficie probable de 2000 ha. Construite dès le début du 1er s., elle connaît son extension maximale au 2e s.

Fénétrange D1

15 km au nord. Quittez Sarrebourg par la D 43.

Ce village fortifié a gardé ses ruelles médiévales bordées de belles maisons à oriel, fenêtres à meneaux et pignons pointus (maison des Limbourg, maison des Fers). Élevé au 16e s., puis remanié au 18e s., le **château** *(en restauration, fermé à la visite)* donne accès à une cour circulaire où l'on peut découvrir un curieux escalier hélicoïdal dans l'une des tourelles. La **collégiale St-Rémi** a été reconstruite au 15e s. avec une courte mais haute nef voûtée d'ogives et une abside polygonale inondée de lumière par des verreries partiellement du 15e s.

NOS ADRESSES À SARREBOURG

VISITE

Atelier de la faïencerie de Niderviller – *✆ 03 87 23 80 04 - lun.-sam. mat. et apr.-midi - 2,50 €.*

HÉBERGEMENT

POUR SE FAIRE PLAISIR

Les Cèdres – *Zone de loisirs et chemin d'Imling : 3 km - ✆ 03 87 03 55 55 - www.hotel-lescedres.fr - fermé 3 jours à Noël et au Nouvel An - 44 ch. 71/123 € - ☕ 9,50 €.* Étape tranquille au cœur d'une zone de loisirs, près d'une forêt et d'un étang, dans cet hôtel récent aux chambres claires et fonctionnelles.

RESTAURATION

BUDGET MOYEN

Chez l'Ami Fritz – *76 Grand'rue - ✆ 03 87 03 10 40 - www.ami-fritz.fr - fermé merc. et jeu. soir - 20/35 €.* Une cuisine de tradition, des spécialités typiques de la région.

ACTIVITÉS

Botanique – Dans la forêt de Fénétrange, possibilité de promenades : l'Arboretum (2h30) et le Gros-Chêne (1h).

Location de vélos – *Hameau de gîtes - 57400 Sarrebourg - ✆ 03 87 03 19 10 - 8h-12h, 14h-17h.*

Center Parcs Domaine des Trois Forêts Moselle/Lorraine – *✆ 0825 802 804 - www.centerparcs.fr.* À proximité de Sarrebourg, parc aquatique, jardin tropical et 800 cottages.

AGENDA

Festival international de musique – *2e w.-end de juil. - ✆ 03 87 03 19 33.*

Festival de Fénétrange – *Mai, juin et sept. - ✆ 03 87 07 54 48 - www.festival-fenetrange.org.* Festival international de musique, de danse, d'art lyrique et de gastronomie.

Massif du Donon

★★

Moselle (57), Meurthe-et-Moselle (54), Vosges (88), Bas-Rhin (67)

NOS ADRESSES PAGE 239

S'INFORMER

Office du tourisme du pays des lacs de Pierre-Percée – *Base de loisirs Lac-de-la-Plaine - 88110 Celles-sur-Plaine - ✆ 03 29 41 19 25 - www.paysdeslacs.com - juil.-août : 10h-19h, lun. 13h-18h ; avr.-mai : w.-end 13h-18h ; juin : w.-end 10h-19h ; reste de l'année : sur demande préalable - fermé fév.-mars.*

Office du tourisme de Raon-l'Étape – *Quai de la victoire - 88110 Raon-l'Étape - ✆ 03 29 41 28 65 - www.ot-raon.fr - de mi-juil. à mi-août : 9h-19h, dim. 10h-12h ; juin-sept. : 9h-12h, 14h-18h, fermé w.-end ; oct.-mars : 9h-12h, 14h-18h, sam. 9h-12h - fermé j. fériés.*

SE REPÉRER

Carte de microrégion D2 (p. 174) – *carte Michelin Départements 315 G5.* Entre St-Dié-des-Vosges et Saverne, le massif du Donon occupe la partie sud des Vosges gréseuses.

À NE PAS MANQUER

Le col du Donon, le sentier des passeurs.

AVEC LES ENFANTS

Le petit train forestier d'Abreschviller à Grand-Soldat.

Quel que soit le côté par lequel on arrive, on reconnaît sa silhouette : un sommet à deux gradins qui marque la limite entre l'Alsace et la Lorraine. Royaume du sapin des Vosges et de son cousin l'épicéa, le massif du Donon est le berceau de nombreux ruisseaux et pourrait, du haut de ses 1 009 m, s'attirer la jalousie de bien des châteaux d'eau... Il était autrefois une montagne sacrée. Le sommet porte en effet les traces de cérémonies religieuses remontant aux temps celtique et gallo-romain.

Circuit conseillé Carte de microrégion

VALLÉES DE LA SARRE ROUGE ET DE LA SARRE BLANCHE

Pour visualiser ce circuit de 55 km, reportez-vous à la carte de microrégion p. 174. Comptez environ 2h.

Col du Donon D3

1h30 à pied AR environ. Parking en face de la maison forestière du Haut-Donon.
Axe de communication ancestral, le col du Donon est le carrefour d'un trafic soutenu de pèlerins, de voyageurs, puis de touristes, depuis des millénaires. Les Celtes, les premiers, y bâtirent un temple au dieu Cerf. Des traces de culte

Le petit temple d'inspiration antique au sommet du col du Donon.
B. Gardel/hemis.fr

gallo-romain ont aussi été découvertes : nos ancêtres honoraient à Donon Mercure, le dieu des voyages. Le fruit des découvertes faites sur le site du col du Donon se trouve aux musées archéologiques de Strasbourg et d'Épinal.
Du sommet du Donon *(alt. 718 m)*, **panorama★★** sur la chaîne des Vosges, le plateau lorrain, la plaine d'Alsace et la Forêt-Noire. Entre les deux tables d'orientation s'élève un petit temple à l'antique, datant de Napoléon III, tandis que des vestiges gallo-romains subsistent sur les pentes.
Le trajet, en descendant du col du Donon, suit d'abord la belle **vallée de la Sarre rouge**, ou vallée de St-Quirin, puis passe sur le plateau lorrain.

LA BATAILLE DU DONON

Le **Grand et le Petit Donon**, annexés depuis 1871, deviennent un enjeu stratégique au démarrage du conflit lorsque le 21e corps (Ire armée de Dubail) reçoit l'ordre de prendre sa position le long de la frontière entre les Vosges (Lorraine) et le Reich (Alsace). Selon les ordres du ministre de la Guerre Messimy, les troupes françaises ont l'interdiction de s'approcher à moins de 10 km de la frontière afin de laisser à « l'ennemi » la responsabilité de déclencher les hostilités.
À partir du **4 août 1914**, la Ire armée du général Dubail reçoit l'ordre de s'emparer de tous les cols des Vosges. La bataille pour le massif du Donon fait rage dès le **14** et culmine les **20, 21 et 22 août** comme l'indique le monument au centre du cimetière de la Fontenelle. Les chasseurs à pied du 21e corps d'armée doivent alors couvrir le retrait de ce dernier de la vallée de la Bruche.
Côté allemand, c'est le 14e corps de réserve badois qui est chargé de défendre le plateau et en particulier d'interdire l'accès au **Petit Donon**. La forteresse naturelle restera aux mains des Allemands jusqu'en 1918.

Après une légère montée sur la D 993, laissez à gauche la route de Cirey-sur-Vezouze. Aussitôt commence une très agréable descente entre les arbres vers la vallée de St-Quirin. La route, très encaissée, suit les sinuosités de la Sarre rouge, un ruisseau plutôt modeste.

Grand-Soldat D2

Hameau qui vit naître Alexandre Chatrian, moitié d'Erckmann-Chatrian, écrivain à quatre mains du 19e s. Émile Erckmann est lui-même natif de Phalsbourg.

Abreschviller D2

Un **petit train forestier** à vapeur ou Diesel conduit à Grand-Soldat (6 km) à travers les richesses naturelles de la Sarre rouge. *☏ 03 87 03 71 45 - www.train-abreschviller.fr - ♿ - avr.-oct. : se rens. pour les horaires - 9,50 € AR, (4-12 ans 7,50 € AR).*

3 km plus loin, tournez à gauche dans la D 96F vers St-Quirin.

Vasperviller D2

Sur les premiers contreforts du Donon, ce village doit à l'architecte Litzenburger une remarquable petite **église** moderne, Ste-Thérèse (1968). Du sommet du campanile, accessible par un original escalier-chemin de croix de 75 marches, point de vue sur l'agglomération et le vallon que borde la route de St-Quirin. L'intérieur de l'église Ste-Thérèse est éclairé par de jolis vitraux illustrant l'« arbre généalogique du Christ ».

St-Quirin D2

Cet agréable petit village doit beaucoup à son bel **ensemble prioral★** immédiatement repérable grâce à l'étonnante silhouette de l'**église** (1722). De style baroque, elle est en effet surmontée de deux tours et d'un clocheton coiffés de bulbes superposés. À l'intérieur, admirez l'orgue rénové de Silbermann (1746) et le mobilier style Louis XIV et Louis XV. Un peu plus bas, au pied de la statue de saint Quirin, une source dite miraculeuse guérirait les maladies de peau.

Prenez le chemin face à l'église pour atteindre la chapelle haute. Elle est située à l'emplacement d'un ancien sanctuaire celte. La **vue★** sur la forêt de St-Quirin y est très belle. Les promeneurs ne seront pas déçus grâce aux nombreuses randonnées balisées dans le secteur.

Quittez St-Quirin par la D 96, à l'ouest, et, 2 km plus loin, prenez à gauche la D 993.

La **vallée de la Sarre blanche**, que longe la D 993, traverse de belles forêts. La vallée est peu peuplée (quelques scieries ou maisons forestières seulement en bordure de route), mais on profite d'un très beau paysage.

En fin de parcours, on repasse en Alsace et, laissant à gauche la route d'Abreschviller, on regagne le col du Donon par la D 993.

Pour le descriptif de la vallée de la Plaine, à l'ouest du massif du Donon (lac de la Plaine, lac de Pierre-Percée, voir Baccarat, p. 219).

NOS ADRESSES DANS LE MASSIF DU DONON

Voir aussi nos adresses à Baccarat *(p. 220).*

HÉBERGEMENT

BUDGET MOYEN

Chambre d'hôte Le P'tit Bonheur – *21 les Noires Colas - 54540 Bionville - ✆ 03 29 41 12 17 - www.vosgespetitbonheur.fr - P - ⊭ - 5 ch. 52 € ☕ - repas 23 €.* Vous serez toujours les bienvenus dans cette grande ferme bercée par le murmure d'un ruisseau. Confort douillet dans les chambres baptisées du nom de danses folkloriques. Après le dîner, vous aurez peut-être la chance de voir la maison s'animer au rythme d'instruments traditionnels.

Chambre d'hôte Monique et Daniel Bouvery – *18 r. du Val - 54480 Cirey-sur-Vezouze - ✆ 03 83 42 58 38 - www.chambres-haute-vezouze.com - P - ⊭ - 5 ch. 60 € ☕ - repas 20 €.* Cette maison de maître posée au pied des Vosges dispose de 5 chambres équipées d'une sdb et de WC. Agréables moments de détente en perspective auprès de la cheminée du salon ou autour du billard. Petits-déjeuners complets avec charcuteries et fromages ; cuisine régionale à la table d'hôte.

RESTAURATION

BUDGET MOYEN

Hostellerie du Prieuré – *163 r. du Gén.-de-Gaulle - 57560 St-Quirin - ✆ 03 87 08 66 52 - www.saintquirin.com - fermé 24-31 juil., vac. de fév. et de la Toussaint, sam. midi, mar. soir et merc. - ♿ - P - formule déj. 12 € - 25/70 € - 8 ch. 45/50 € - ☕ 7 €.* Ancien couvent du 18e s. au cœur de ce village apprécié des randonneurs. Cuisine traditionnelle servie dans des salles à manger colorées. Chambres pratiques pour l'étape, aménagées dans la maison familiale, typique, située à deux pas.

Auberge de la Forêt – *276 r. des Verriers - 57560 Abreschviller - ✆ 03 87 03 71 78 - www.aubergedelaforet57.com - fermé 1er-21 janv., mar. soir et lun. - P - formule déj. 13 € - 27/48 €.* Pimpante auberge de village abritant de coquettes salles à manger ; la plus récente présente un agréable cadre contemporain. Cuisine traditionnelle et spécialités régionales.

ACTIVITÉS

Sentier des passeurs – Aujourd'hui balisé à partir de la maison forestière de Salm jusqu'à Moussey, ce sentier fut emprunté de 1941 à 1944 par nombre d'habitants de l'Alsace annexée désireux de fuir le régime nazi et de rejoindre la France. Ceux-ci étaient accompagnés par de courageux passeurs, fins connaisseurs de la montagne. *Randonnées guidées en été. Demander brochure et calendrier à l'office de tourisme, 114 Grand'Rue - 67130 Schirmeck - ✆ 03 88 47 18 51 - www.hautebruche.com - de mi-avr. à mi-oct. - gratuit.*

+ d'adresses

Épinal et la Vôge 4

Carte Michelin Départements 314 – Vosges (88)

Le parc paysager du centre thermal à Vittel.

R. Mattes/hemis.fr

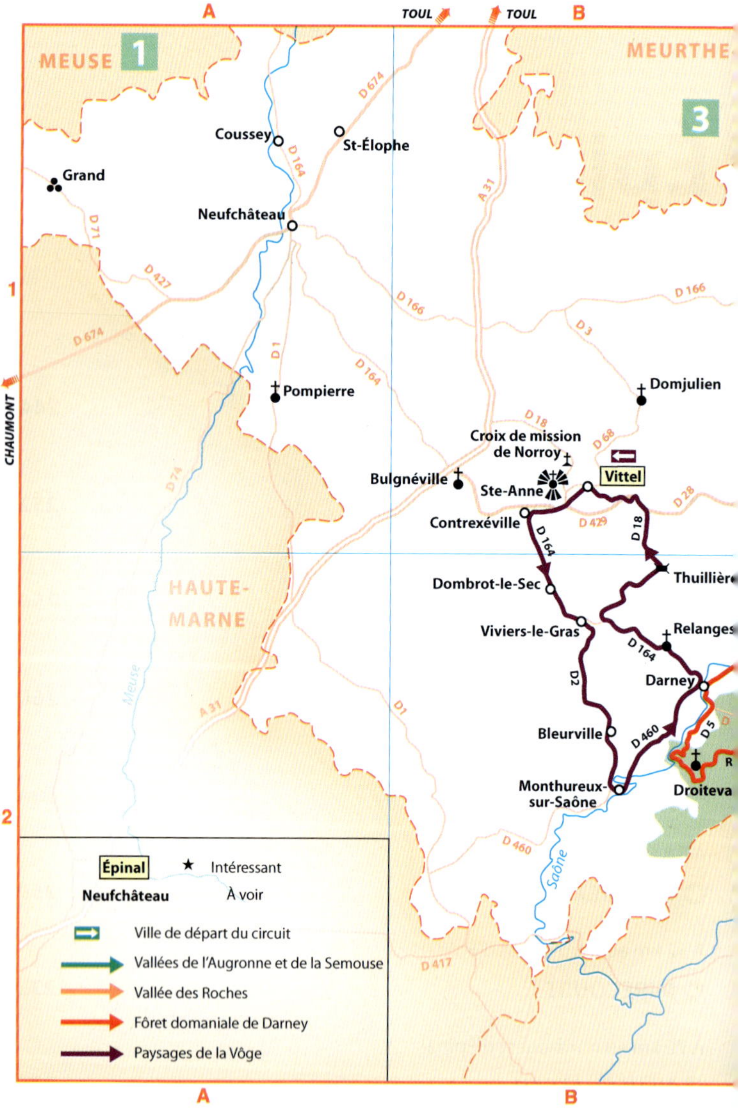
A
TOUL
TOUL
B
MEUSE 1
MEURTHE
3
Coussey
St-Élophe
Grand
Neufchâteau
D 674
D 164
A 31
D 71
D 427
D 166
D 3
D 674
CHAUMONT
1
D 1
D 164
Pompierre
Domjulien
D 18
Croix de mission de Norroy
D 68
Vittel
Bulgnéville
Ste-Anne
D 28
D 74
Contrexéville
D 429
D 18
D 164
Dombrot-le-Sec
Thuillière
HAUTE-MARNE
Viviers-le-Gras
Relanges
D 164
Darney
D 2
Meuse
A 31
D 1
Bleurville
D 460
D 5
Monthureux-sur-Saône
Droiteva
2
D 460
Saône
D 417
Épinal
★ Intéressant
Neufchâteau
À voir
Ville de départ du circuit
Vallées de l'Augronne et de la Semouse
Vallée des Roches
Fôret domaniale de Darney
Paysages de la Vôge
A
B

ÉPINAL ET LA VÔGE
0
10 km
N
NANCY
C
D
1
2
5
MOSELLE
VOSGES
AUTE-SAÔNE
Vomécourt-sur-Madon
Poussay
Mirecourt
Madon
Châtel-sur-Moselle
Moselle
Épinal
Uxegney
Cimetière et mémorial américains
Arches
Éloyes
Tête des Cuveaux
783
Forêt de Fossard
Parc Alsace-Lorraine miniature
Remiremont
La Beuille
757
Cascade du Géhard
La Feuillée-Nouvelle
Le Val-d'Ajol
Cade de Faymont
Vée des Roches
Plombières-les-Bains
Vée de la Semouse
Vée de l'Augronne
Bains-les-Bains
Fontenoy-le-Château
Grandrupt-de-Bains
Hennezel
Cuveau des Fées
Canal de l'Est
Parc naturel régional des Ballons des Voges
N 57
D 55
D 10
D 166
D 28
D 460
D 434
D 164
D 40D
D 46
D 32
D 11
D 157
D 417
D 3
D 20A
D 20
D 19
D 57B
D 157B
D 63
D 23
N 66
MULHOUSE
VESOUL

Épinal

★

34 014 Spinaliens – Vosges (88)

NOS ADRESSES PAGE 249

S'INFORMER

Office du tourisme d'Épinal – *6 pl. St-Goëry - 88000 Épinal - ☏ 03 29 82 53 22 - www.tourisme-epinal.com - juil.-août : 9h-19h, dim. et j. fériés 11h30-16h30 ; reste de l'année : 9h-12h30, 13h30-18h, sam. 9h-12h30, 14h-17h, dim. et j. fériés 11h30-15h30 - fermé 1er janv., 25 déc.*

Visites guidées – Épinal, propose des visites-découverte (1h30 à 2h) animées par des guides-conférenciers - *de mi-juin à fin août : jeu. et sam. 20h30, mar. 15h - rens. à l'office de tourisme.*

SE REPÉRER

Carte de microrégion D1 (p. 242) – *carte Michelin Départements 314 G3.* Desservie par la N 57, Épinal se situe au débouché de la partie vosgienne de la vallée de la Moselle.

À NE PAS MANQUER

La Cité de l'image, les jardins médiévaux du parc du château et la basilique St-Maurice.

ORGANISER SON TEMPS

La visite de la Cité de l'image s'effectue en deux temps : le musée de l'Image est en visite libre, mais les visites guidées de l'atelier de l'Imagerie sont à heures fixes (9h30, 10h30, 15h et 16h30).

AVEC LES ENFANTS

La visite des ateliers de l'Imagerie d'Épinal, avec ses démonstrations, s'adapte à toutes les tranches d'âge. Le parc du château.

Épinal est célèbre pour son imagerie née il y a plus de deux siècles. Auprès des visiteurs, la cité, bâtie sur les deux rives de la Moselle, peut également faire valoir son atout « vert » : ville la plus boisée de France, elle accumule les récompenses nationales de fleurissement. Les amateurs de peinture y trouveront également leur compte : son musée départemental abrite une remarquable collection d'art contemporain.

Se promener Plan de ville

★ LA VIEILLE VILLE

★ Parc du château B2

☏ 03 29 68 50 61 - www.epinal.fr - tte la journée - gratuit.

À la fin du 10e s., Thierry de Hamelant, évêque de Metz, crée un monastère et un marché sur le site de Spinal, dernière « épine » du massif vosgien, là où dès le haut Moyen Âge, un château sans doute de bois défendait la vallée de

ÉPINAL

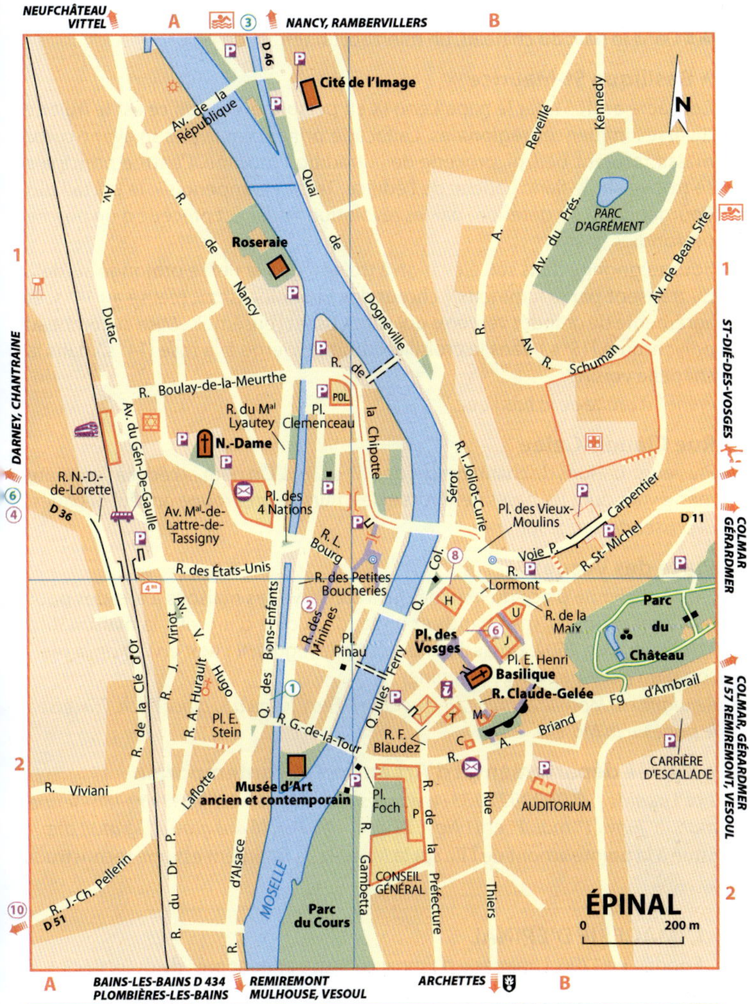

SE LOGER		SE RESTAURER	
Azur Hôtel	1	Bagatelle (Le)	2
Fayette (Hôtel La)	3	Calmosien (Le)	4
Lac de Bouzey (Camping Club)	6	Cornouaille (La)	6
		Petit Robinson (Le)	8
		7 Pêcheurs (Ferme-auberge des)	10

la Moselle. Ce très beau parc forestier de 26 ha a été tracé à l'emplacement de ce qui devint la forteresse d'Épinal. Il occupe le sommet de la colline gréseuse qui s'avance jusqu'au milieu de la ville. Autour des ruines, remarquables jardins médiévaux.

Dans le parc du château, un minizoo, un terrain de jeux !

★ Basilique St-Maurice B2

Consacré en 1051 par le pape Léon IX en personne, cet édifice est le fruit de diverses influences régionales. La façade principale, avec son avant-corps massif formant beffroi, procède de la tradition mosane. L'entrée principale se trouve sur le flanc gauche de l'édifice. Très « champenois », le portail des Bourgeois (15e s.), détérioré par les révolutionnaires, est précédé d'un porche profond.

Bourguignonne dans son élévation à trois étages, la nef se prolonge au-delà du transept par le lumineux « chœur des Chanoinesses », réalisé au 14e s. et agrémenté de grandes verrières qui adoucissent l'ensemble. Mise au tombeau polychrome (15e s.) dans le croisillon droit et Vierge à la rose (14e s.) dans la chapelle voisine.

Prenez à droite de la basilique.

Rue Claude-Gelée B2

Plusieurs maisons de chanoinesses des 17e et 18e s. On peut accéder à l'enceinte médiévale, dont les bases des tours et les murs de grès rouge ont été dégagés.

Repassez devant St-Maurice.

Place des Vosges B2

C'est l'ancienne place du Marché qui a conservé ses maisons à arcades pour protéger produits, marchands et badauds. À côté d'un café, la maison dite « du Bailli », de 1604, possède une très belle loggia. Il s'agit en fait de la maison d'un riche papetier, A. Geninet.

Rejoignez la Moselle et prenez le quai Jules-Ferry jusqu'à la place Foch. Traversez le pont sur la Moselle.

★ Musée départemental d'Art ancien et contemporain A2

1 pl. Lagarde - ✆ 03 29 82 20 33 - www.vosges.fr - ♿ - 9h-12h30, 13h30-18h - fermé mar., 1er janv., 1er mai, 1er et 11 Nov., 25 déc. - 4,60 € (-16 ans gratuit), gratuit dim.

Situé à la pointe amont de l'île sur la Moselle, le bâtiment est une reconstruc-

L'IMAGERIE D'ÉPINAL

Fondée en 1796, l'Imagerie d'Épinal connut pendant près de deux siècles un énorme succès. L'image est gravée sur bois et imprimée au moyen d'une presse à bras Gutenberg. Puis les couleurs sont appliquées une à une, à l'aide de pochoirs. Le fondateur, Jean-Charles Pellerin (1756-1836), était le fils d'un fabricant de cartes à jouer. Il se mit à réaliser des cadrans d'horloge de papier, puis les fameuses images d'Épinal. En introduisant dans ses sujets de nombreux thèmes profanes – chansons, devinettes, fables –, il se démarquait du répertoire religieux. À partir du milieu du 19e s., l'Imagerie utilisa la lithographie. À la fin de ce même siècle, l'entreprise, dirigée ensuite par son fils, s'intéressa à la publicité et s'ouvrit aux talents de Caran d'Ache, O'Galop, Job, Benjamin Rabier. Les deux guerres mondiales et les nouvelles techniques ont provoqué le déclin de cette activité, mais non sa disparition.

L'Imagerie d'Épinal.
Soleil Noir/Photononstop

tion contemporaine autour des vestiges (17e s.) de l'ancien hôpital St-Lazare. Collections d'archéologie (sites gallo-romains de Grand, de Soulosse et du Donon, nécropole mérovingienne de Sauville, monnaies celtiques), peinture française et écoles du Nord (le Lorrain, La Hyre, La Tour et son *Job raillé par sa femme*, Bruegel, Van Goyen, Van Cleve, Rembrandt et sa *Mater dolorosa*). La collection de Paul Oulmont est composée quant à elle de dessins et d'aquarelles du 18e s. La section d'art contemporain est l'une des premières de France. Œuvres minimalistes (Carl André, Donald Judd), arte povera (Mario Merz, Gilberto Zorio) et pop art (Andy Warhol, Edward Rusha).
Traversez à nouveau le pont pour regagner la place Foch.

Parc du Cours A2

Ce grand parc public en bordure de la Moselle est également un essai de plantation de beaux arbres exotiques, parfois séculaires, mêlés aux essences vosgiennes.

À voir aussi Plan de ville

★ Cité de l'Image A1

42bis quai de Dogneville - ✆ 03 29 81 48 39 - www.imagerie-epinal.com - ♿ - visite guidée (1h10) juil.-août : mar.-sam. 10h-18h30, lun. 14h-18h30, dim. et j. fériés 10h-12h, 14h-18h30 - reste de l'année : mar.-sam. 9h-12h, 14h-18h30, lun. 14h-18h30, dim. et j. fériés 10h-12h, 14h-18h - fermé 1er janv., 25 déc. - 5 € pour chacun des sites (-18 ans 1 €), billet combiné 8 €.

Dans les ateliers de l'**Imagerie d'Épinal**, découvrez les techniques de fabrication, avec démonstration sur certaines machines (machine à colorier de 1898). La xylographie, la stéréotypie, le coloris au pochoir et la lithographie n'auront plus de secret pour vous. À la fin de la visite, flânez dans la galerie Pinot, le seul et unique point de vente des images d'Épinal (rééditions ou créations d'images contemporaines).

En face, le **musée de l'Image** présente l'histoire, les procédés de fabrication et les fonctions des images. Trouvez la réponse à toutes vos questions dans les vitrines thématiques où sont exposés plus de 23 000 images et bois gravés venant d'Épinal, mais aussi de grandes villes françaises ou de l'étranger.

Église Notre-Dame A1

Elle a été reconstruite de 1956 à 1958. Son portail présente des panneaux d'émail cloisonné sur cuivre rouge. Autour d'une croix sont représentés les symboles des quatre évangélistes et ceux des sept planètes. Dans le chœur, immense vitrail à la gloire de la Vierge.

À proximité Carte de microrégion

Fort d'Uxegney C1

6 km à l'ouest par la D 36, direction Darnieulles. ✆ 03 29 38 32 09 - http://fort-uxegney.pagesperso-orange.fr/ - visite guidée (1h30) juil.-août : 14h et 16h, dim. 14h, 15h,16h ; juin et sept. : dim. 15h et 16h - 5 € (-14 ans 1,50 €), billet combiné avec Ambassadeurs de Lorraine (4 €).

Construit après 1870, c'est un exemple de fortification « Séré de Rivières », entre le bastion « Vauban », car il était à l'origine en pierre, et celle, enterrée, de la ligne Maginot. Modernisé en 1914, le fort est resté intact car il n'a subi aucune attaque. Vous découvrirez la tourelle de 155R, remise en état de fonctionnement, celle de 75, des tourelles mitrailleuses et des casemates de Bourges armées de canons de 75. Du « dessus » du fort, on découvre les dômes des tourelles et un large paysage. En projet, l'ouverture d'un tronçon des 120 km de ligne qui, en 1914, reliaient la ceinture de forts d'Épinal. Dans un wagon d'époque, on arpentera le kilomètre qui sépare les forts d'Uxegney et de Bois-l'Abbé.

Cimetière et mémorial américains D2

7 km au sud par la D 157, en suivant la rive gauche de la Moselle. 1 800 m après Dinozé, prenez à droite le chemin menant au cimetière.

Situé sur un plateau dominant la rivière, ce vaste terrain aligne sur des pelouses impeccables ses croix et ses stèles juives, de marbre blanc. Derrière, une chapelle et un mémorial gardent le souvenir des soldats américains tombés en 1944-1945, dont 5 255 demeurent enterrés ici.

Arches D2

18 km au sud-est. Son renom est dû à une célèbre papeterie. Un moulin à papier y tournait déjà en 1469. Beaumarchais l'acheta en 1779 pour y fabriquer le papier nécessaire à l'édition des œuvres de Voltaire. Comme celles-ci étaient censurées en France, il installa une imprimerie à Kehl, en territoire étranger. C'est de là que sortirent les deux éditions dites « de Kehl », recherchées des bibliophiles.

Châtel-sur-Moselle C1

18 km au nord par la N 57.

★ **Forteresse** – *✆ 03 29 67 14 18 - www.chatel-medieval.fr - visite guidée (1h30) juil.-sept. : 11h, 14h30 et 16h ; oct.-déc. : sur RD - 5 € (6-12 ans 1 €), billet combiné avec Réseau Ambassadeur de Lorraine (4 €).* Bâti autour d'un donjon carré, le premier château des 11e et 12e s. a connu une grande extension au 15e s., sous l'influence des sires de Neufchâtel, vassaux du duc de Bourgogne. Des adaptations à l'artillerie ont suivi. Des fossés de 57 m de largeur, deux enceintes fortifiées, 21 tours de guet protégeaient le site, alors que trois étages de galeries souterraines en faisaient communiquer les différentes parties. Démantelés en 1671 pendant le règne de Louis XIV, les bâtiments de l'enceinte et du château ont servi de base au couvent Notre-Dame qui s'installa en 1710. Il est aujourd'hui transformé en **musée**, où l'on peut découvrir l'ancêtre du fusil, le bâton à feu, des systèmes de fermeture de porte appelés crapaudines et même des jeux de quilles qui témoignent de jours plus tranquilles.

Église St-Laurent – Construit aussi à la fin du 15e s., l'édifice est d'une unité remarquable. Le chœur à cinq pans est voûté à sept branches. Dans le bas-côté sud, pietà du 16e s.

NOS ADRESSES À ÉPINAL

HÉBERGEMENT

PREMIER PRIX

Camping Club Lac de Bouzey – *19 r. du Lac - 88390 Sanchey - 03 29 82 49 41 - www.lacdebouzey.com - ouv. tte l'année - - réserv. conseillée - 160 empl. 27 €.* Cet hébergement de plein air jouxtant le lac de Bouzey comprend un camping, une aire de service pour camping-car et des mobil-homes. À l'entrée, un grand bâtiment abrite la réception, l'épicerie-journaux, un bar-restaurant et une discothèque. Beaux terrains de tir à l'arc, pétanque et volley.

BUDGET MOYEN

Azur Hôtel – *54 quai des Bons-Enfants - 03 29 64 05 25 - www.azurhotelepinal.com - 20 ch. 49/54 € - 6 €.* En centre-ville, à deux pas du musée d'Art ancien et contemporain, cet hôtel des années 1950 propose de grandes chambres impeccablement tenues. Celles côté rue offrent une vue sur un canal de la Moselle transformé en parcours de canoë-kayak. Ambiance conviviale et familiale. Prix attractifs.

UNE FOLIE

Hôtel La Fayette – *3 r. Bazaine (Le-Saut-le-Cerf) - 03 29 81 15 15 - www.epinalhotellafayette.com - P - 58 ch. 93/230 € - 11,50 € - rest. 19/43 €.* Aux portes d'Épinal, cet hôtel possède de vastes chambres fonctionnelles ; les dernières-nées sont plus agréables. Espace bien-être : bassin à contre-courant, sauna, Jacuzzi. Cuisine classique et régionale sans prétention proposée dans une salle largement vitrée.

RESTAURATION

PREMIER PRIX

La Cornouaille – *17 pl. des Vosges - 03 29 34 27 76 - fermé dim. soir et lun. soir - - 12,50 bc/23,50 €.* En plein cœur de la cité vosgienne, ce restaurant défend hardiment les couleurs de la gastronomie… bretonne, comme le suggère l'enseigne. Depuis la salle à manger, dont la discrète décoration évoque paysages et ambiances d'Armorique, vous pourrez suivre la préparation de votre galette de sarrasin ou de votre crêpe de froment, puisque la cuisine est ouverte et centrale. À moins que vous ne préfériez vous installer sur la terrasse dressée sur la place. Dans tous les cas, vous ne manquerez pas d'arroser votre plat d'une bonne bolée de cidre.

Le Bagatelle – *12 r. des Petites-Boucheries - 03 29 35 05 22 -*

www.le-bagatelle.fr - fermé 2e quinz. de juil. et dim. (sf sur réserv.) - ♿ - formule déj. 12 € - 20/27 €. Sur la petite île d'Épinal, coincée entre deux bras de la Moselle, cette maison pimpante des années 1940 vous permet d'être aux premières loges pour regarder les compétitions de canoë-kayak… en savourant une cuisine inspirée dans sa salle lumineuse, décorée de meubles modernes.

BUDGET MOYEN

Le Petit Robinson – *24 r. R.-Poincaré - ✆ 03 29 34 23 51 - www.lepetitrobinson.fr - fermé 1er-4 mai, 18 juil.-16 août, 1er-4 janv., sam. midi, lun. midi et dim. - 20/40 €.* La façade colorée de ce restaurant familial situé entre vieille ville et Moselle cache une salle à manger un brin datée mais chaleureuse. Registre culinaire traditionnel.

Ferme-auberge des 7 Pêcheurs – *28-32 r. de la Division-Leclerc - 88220 Méloménil-Uzemain - ✆ 03 29 30 70 79 - fermé janv. et merc. hors sais. - P - 19/21,50 € - 4 ch. 42 €.* Ici, on s'attable dans la forge du 18e s., qui a gardé une belle authenticité avec ses vieilles poutres, ses murs en pierres apparentes et sa cheminée. Des chambres et un grand gîte simples pour ceux qui veulent profiter du calme de cette ancienne ferme… Belles balades et étang à proximité (pêche).

Le Calmosien – *37 r. d'Épinal - 88390 Chaumousey - ✆ 03 29 66 80 77 - www.calmosien.com - fermé 2 sem. en juil., dim. soir et lun. - 22/62 €.* Pimpante maison du début du 20e s., proche de l'église offrant un cadre élégant : tons pastel, tableaux et belles tables pour une cuisine au goût du jour.

FAIRE UNE PAUSE

Daval – *44 r. Léopold-Bourg - ✆ 03 29 35 60 00 - www.chocolat-daval.fr - lun. 14h-19h, mar.-sam. 7h30-19h, dim. 9h-12h30 - fermé 1er mai, lun. de Pâques et lun. de Pentecôte.* Cette pâtisserie-salon de thé située en plein centre-ville est une halte idéale pour qui cherche un peu de quiétude. Vous pourrez y déguster à toute heure de la journée des petits plats chauds ou froids ainsi que d'excellentes gourmandises maison comme le Dakar, délicieusement chocolaté, la mousse au nougat et aux fruits de la Passion ou l'entremets parfumé à la rose et au citron.

Pâtisserie du Musée – *2 quai du Musée - ✆ 03 29 82 10 73 - tlj sf lun. 7h30-19h, w.-end 7h30-12h30, 14h30-19h.* Située à proximité du musée, dans un écrin de verdure, cette pâtisserie-salon de thé est sans doute l'une des plus agréables de la ville. À moins d'être un monomaniaque en matière de sucreries, il vous sera difficile de ne pas barguigner entre le Désir des îles, le Délice à la mirabelle ou à l'edelweiss, le pain d'anis maison, et les fameuses « Charbonnettes des Vosges » (spécialité de chocolat praliné).

ACHATS

Cristalleries de Portieux – *35 r. des Arts - 88330 Châtel-sur-Moselle - ✆ 03 29 67 42 22 - www.terresdest.fr - 10h-12h, 14h-18h, w.-end et lun. 14h30-18h.* Cette cristallerie créée en 1705 a conservé les mêmes procédés de fabrication au fil des siècles. Magasin d'usine.

ACTIVITÉS

Disponible à l'office de tourisme, le mensuel *Vivre à Épinal* vous informera sur les activités culturelles et sportives de la ville.

Golf d'Épinal – *R. du Merle-Blanc - ✆ 03 29 34 65 97 - www.epinal.fr -*

mai-oct. : 8h-20h, w.-end : 7h-20h ; nov.-avr. : 9h30-17h - fermé 1er déc.-15 fév. - 36 € parcours 18 trous (enf. 25 € parcours 18 trous).

Club vosgien – *5 r. François-Blaudez - ✆ 03 29 35 45 44 - www.clubvosgienepinal.com - mar. 15h-18h, merc. 10h-12h, sam. 10h-12h, 15h-17h - fermé j. fériés - 20 € cotisation annuelle.* Il accompagne de nombreuses randonnées pédestres dans le massif forestier des alentours d'Épinal.

Spina Parc – *R. de la 40e-Semaine - juil.-août : 10h-20h ; merc., w.-end et vac. scol. 13h -19h sur réserv.* Le parcours acrobatique forestier étant le loisir à la mode, il faudra laisser votre vertige aux vestiaires pour avoir l'air « dans le coup ». Votre courage sera notamment mis à rude épreuve par la « tyrolienne » de 160 m de long, que l'on dévale dans le vide.

Espaces verts – La ville d'Épinal est dotée de nombreux parcs : parc du Cours, parc du Château, parc du plateau de la Justice, Espace du port, la Roseraie. Des parcours de santé ont aussi été aménagés à moins de 2 km du centre-ville (parc du Mont-Carmel et à la fontaine Guéry).

AGENDA

Fêtes de la St-Nicolas – *1er sam. de déc. à partir de 17h.* Saint Nicolas et le père Fouettard visitent les écoles maternelles et distribuent pain d'épice et oranges. En ville, des chars décorés défilent dans les rues, un grand feu d'artifice conclut cette journée dédiée aux enfants.

Fête des Champs Golot – *Sam. mi-mars.* Elle marque la fin de l'hiver, le dégel des ruisseaux et des champs. Un bassin rue du Gén.-Leclerc est rempli d'eau et les enfants y traînent des bateaux illuminés, qu'ils ont fabriqués eux-mêmes.

Fête des images – *W.-end de Pâques.* Portes ouvertes de l'Imagerie, costumes d'époque et parade.

Floréal musical – *De fin avr. à fin mai - réserv. florealepinal@wanadoo.fr.* Festival de musique classique et lyrique.

Festival Les Larmes du rire – *Du 4 au 14 oct. - www.epinal.fr.* Théâtre burlesque.

Les Imaginales – *En mai - www.imaginales.fr.* Rencontre d'auteurs de livres fantastiques et expositions sur le thème de l'imaginaire.

Festival Rues et Compagnie – *Mi-juin - www.epinal.fr.* Théâtre de rue.

Festival international de l'image numérique – *En sept. - ✆ 03 29 31 02 22 - http://diapimages.free.fr.*

Remiremont

8 182 Romarimontains – Vosges (88)

NOS ADRESSES PAGE 255

S'INFORMER

Office du tourisme de Remiremont – *4bis pl. de l'Abbaye - 88200 Remiremont - ✆ 03 29 62 23 70 - www.ot-remiremont.fr - juil.-août : 9h-12h, 14h-18h, dim. et j. fériés 10h-13h ; reste de l'année : 9h-12h, 14h-18h - fermé j. fériés.*

Visite guidée de la ville – *Découverte du centre historique, l'église abbatiale St-Pierre, du quartier canonial et du palais abbatial (1h30) toute l'année - 4 € (-12 ans gratuit), gratuit Journées du patrimoine - s'adresser à l'office de tourisme.*

SE REPÉRER

Carte de microrégion D2 (p. 242) – *carte Michelin Départements 314 H4.* La ville est située au sud-est d'Épinal sur la N 57. Vue sur la ville et la vallée de la Moselle vers le nord depuis la **promenade du Calvaire**.

À NE PAS MANQUER

L'abbatiale, mais aussi la maison-musée Charles-Friry pour son Georges de La Tour, *Le Veilleur à la sacoche*, et son jardin de chanoinesse.

AVEC LES ENFANTS

Le Parc Alsace-Lorraine miniature à St-Amé.

Il est bien question d'un mont dans l'histoire de Remiremont. Celui sur lequel un Amé et son confrère Romaric, disciple du célèbre saint Colomban, ont fondé, en 620, deux monastères, un pour les hommes et un pour les femmes, au-dessus de profondes forêts. Ce dernier deviendra par la suite le célèbre chapitre des Dames de Remiremont, au recrutement très mondain. Aujourd'hui, on s'attarde dans les rues de Remiremont pour admirer les arcades et les fleurs, en s'arrêtant devant les témoignages laissés par les riches abbesses.

Se promener

Abbatiale St-Pierre

D'abord bâti sur un sommet montagneux, le monastère de femmes fondé par Romaric en 620 finit par s'installer dans la vallée. À la fin du 13e s., la règle bénédictine est définitivement abandonnée. Pour être admises au chapitre des Dames de Remiremont, les jeunes filles doivent faire preuve de 16 quartiers de noblesse. Elles ne prononcent pas de vœux, sauf l'abbesse, et n'ont comme obligations que d'assister à la messe et d'élire… l'abbesse. Ainsi les biens de l'Église sont devenus ceux d'une caste et le couvent de bénédictines se trouve transformé en séminaire de filles à marier.

L'ancienne abbatiale St-Pierre est en majeure partie gothique, même si la façade et le clocher ont été rebâtis au 18e s. Belle décoration de marbre du 17e s. dans le chœur orné d'un retable monumental, spécialement conçu pour l'exposition des châsses de reliques.

Dans la chapelle à droite du chœur, statue de N.-D. du Trésor (11e s.). Au-dessous du chœur, **crypte★** du 11e s. à voûtes d'arêtes que supportent

Remiremont, façade du palais de justice (ancien palais abbatial).
Yvon-Lemanour/Photononstop

des colonnes monolithes. *✆ 03 29 62 23 70 - www.ot-remiremont.fr - lun. 9h-12h, 14h-18h - possibilité de visite guidée (1h45) - fermé lun. de Pâques, Jeu. de l'Ascension, lun. de Pentecôte, 14 Juil., 15 août - 4 € (-12 ans gratuit), gratuit Journées du patrimoine.*
Accolé à l'église, l'**ancien palais abbatial**, de style classique, présente une belle façade. Autour de l'église et du palais subsistent quelques maisons de chanoinesses, des 17e et 18e s.

★ Rue Charles-de-Gaulle

Avec ses arcades aux piliers fleuris de géraniums, elle est un sympathique témoin de l'urbanisme du 18e s.

4

À voir aussi

Musée municipal Charles-de-Bruyère

70 r. Charles-de-Gaulle - ✆ 03 29 62 59 14 - www.remiremont.fr - mai-sept. : 10h-12h, 14h-18h ; reste de l'année : 14h-18 - fermé oct., 1er janv., 1er mai, Jeu. de l'Ascension, 1er nov., 25 déc. - 2,20 € (-18 ans gratuit), billet combiné avec le musée Charles Friry (3,55 €).
Histoire de Remiremont et artisanat lorrain : bois, dentelles, « fixés » (peintures sur verre). Sont exposés notamment des manuscrits précieux, des tapisseries provenant de l'ancienne abbaye, des sculptures gothiques lorraines, de belles faïences du 18e s. et des tableaux des écoles du Nord du 17e s. (élèves de Rembrandt).

Maison-musée Charles-Friry

12 r. du Gén.-Humbert - ✆ 03 29 62 59 13 - www.remiremont.fr -mai-sept. : 10h-12h, 14h-18h ; reste de l'année : 14h-18h - fermé oct., 1er janv., 1er mai, Jeu. de l'Ascension, 1er nov., 25 déc. - 2,20 € (-18 ans gratuit), billet combiné avec le musée municipal Charles-de-Bruyère (3,55 €).

Cet ancien hôtel des chanoinesses renferme des collections de documents, statues, objets d'art, hérités des Dames de Remiremont ou se rapportant à l'histoire locale et régionale, ainsi que de nombreuses peintures des 17e et 18e s., des gravures (Goya, Callot) et des pièces de mobilier, d'époques et de provenances diverses. La fondation Charles-Friry abrite aussi *Le Veilleur à la sacoche* de Georges de La Tour, né à Vic-sur-Seille, près de Marsal *(voir Le Saulnois)*.
Dans le jardin, qui reconstitue en partie le « Grand Jardin » de l'abbaye, on trouve deux fontaines ornementales et quelques autres vestiges anciens.

À proximité Carte de microrégion

Forêt de Fossard D2

De l'autre côté de la Moselle, la proche forêt de Fossard, occupée dès la préhistoire, conserve sur le St-Mont des vestiges des fondations religieuses qui s'y succédèrent après le 7e s. Elle est sillonnée de chemins forestiers balisés pour la randonnée pédestre.
Circuit de 3h. Départ d'un sentier balisé en face de la gendarmerie de St-Étienne-lès-Remiremont.
Au St-Mont, on découvre une belle vue ainsi que les vestiges de l'abbaye *(propriété privée)* fondée par Amé et Romaric. On peut aussi emprunter un sentier menant à l'insolite et mystérieux pont des Fées. D'anciennes bornes armoriées délimitant le territoire des chanoinesses et celui des ducs de Lorraine sont encore visibles.

★ Tête des Cuveaux D2

15mn à pied AR. Suivez la route qui se dirige vers la crête marquée par une forêt d'épicéas et laissez la voiture au parking (aire de pique-nique).
En prenant à droite sur la crête, on atteindra un belvédère *(table d'orientation)*. De là, beau **panorama★** sur la vallée de la Moselle, le plateau lorrain et les Vosges.

Éloyes D2

Ce petit bourg est un centre d'industries textile et agroalimentaire.
Rejoignez St-Amé par la D 157 puis la D 417. Prenez ensuite la direction de Cleurie.

Parc Alsace-Lorraine miniature D2

03 29 61 21 38 - www.parc-miniature.com - juil.-août : tte la journée ; de mi-avr. à fin juin et de déb. sept. à mi-oct. : mat. et apr.-midi - fermé sam. et reste de l'année - 6 € (5-12 ans 4 €).
Rien de tel qu'une promenade dans ce parc ombragé et joliment aménagé pour faire en un temps record le tour des principaux monuments d'Alsace et de Lorraine. Vingt-six édifices ont été passionnément étudiés et reproduits, clichés à l'appui, à différentes échelles allant du dixième pour la maison de Jeanne d'Arc à Domrémy au centième pour le château du Haut-Kœnigsbourg. Ce dernier, comme la cathédrale de Strasbourg, a nécessité plus de 2 000 heures de travail. Après un coup d'œil à la maquette de la place Stanislas de Nancy et à celle de l'abbatiale de Remiremont, entrez dans la maison au centre du parc pour assister au manège des trains électriques miniatures.

La Beuille D2

Prenez, après avoir parcouru environ 6 km sur la D 57, le chemin goudronné qui s'amorce à gauche et conduit au parking surplombant le chalet de la Beuille.
De la terrasse-belvédère du chalet, jolie **vue★** sur la vallée de la Moselle et, dans l'axe, le ballon d'Alsace.

NOS ADRESSES À REMIREMONT

HÉBERGEMENT

PREMIER PRIX

Hôtel du Cheval de Bronze – *59 r. Ch.-de-Gaulle - 88200 Remiremont - ☏ 03 29 62 52 24 - www.hotelchevalbronze.com - 35 ch. 39/60 € - ☕ 7,50 €.* Hôtel aménagé dans un ancien relais de poste, sous les jolies arcades du centre-ville. Chambres de style rustique, modestes mais bien tenues, et d'un bon rapport qualité-prix.

BUDGET MOYEN

Le Grand Bienfaisy – *88200 Remiremont - ☏ 03 29 23 28 20 - www.legrandbienfaisy.fr - 5 ch. 48/63 €.* Cette vaste ferme, douillette et accueillante, propose des chambres aux noms d'oiseaux, une grande cuisine (où l'on peut préparer son dîner) et un petit salon pour bouquiner. À 2 pas de la ville et de la forêt, c'est un lieu idéal pour faire une halte en famille ou entre amis.

L'Envol – *3190 r. des Fêches - 88200 Dommartin-les-Remiremont - ☏ 03 29 61 83 04 - www.chambres-hotes-lenvol88.com - 3 ch. 52/70 € - table d'hôtes sur réservation 22 €.* Repos garanti dans cette grande maison, tenue par deux passionnées de nature, aux petits soins. Elles sauront vous conseiller balades et découvertes dans la région.

RESTAURATION

BUDGET MOYEN

Le Clos Heurtebise – *13 chemin des Capucins - 88200 Remiremont par r. Capit.-Flayelle - ☏ 03 29 62 08 04 - www.leclosheurtebise.com - fermé 31 août-15 sept., 4-19 janv., dim. soir et lun. - P - 17/65 €.* Sur les hauteurs de la ville, ce restaurant au décor ensoleillé propose une carte classique épurée et nuancée de touches locales et méditerranéennes. Belle terrasse.

La Quarterelle – *3 r. de la Quarterelle - ☏ 03 29 23 98 69 - fermé dim. soir, lun. soir, mar. soir et merc., de mars à déb. avr., de fin juin à déb. juil., de fin sept. à déb. oct. et de fin déc. à déb. janv. - 24/27 €.* Une table sympathique tenue par un couple qui se partage les tâches : Monsieur concocte une cuisine mâtinée d'épices, tandis que Madame vous accueille avec le sourire. Réservation conseillée !

ACHATS

Distillerie Lecomte-Blaise – *10 r. de la Gare - 88120 Le Syndicat - ☏ 03 29 24 71 04 - www.lecomte-blaise.com - tlj sf dim. 10h-12h, 14h-18h - fermé j. fériés.* Fondée en 1820, cette distillerie artisanale élabore des cocktails (le Sauvageon et le Jean de Nol) et des eaux-de-vie de fruits (poire, mirabelle, framboise, quetsche) et de baies sauvages (églantier, myrtille, sureau, alisier) récoltés dans les vergers et les forêts des alentours. Visite libre des installations, dégustation et vente sur place.

AGENDA

Carnaval vénitien de Remiremont – *Mardi gras.* Concerts, défilés costumés, danse.

Plombières-les-Bains

1 936 Plombinois – Vosges (88)

NOS ADRESSES PAGE 259

S'INFORMER

Office du tourisme de Plombières-les-Bains – *1 pl. Maurice-Janot - 88370 Plombières-les-Bains - 03 29 66 01 30 - www.vosgesmeridionales.com - avr.-sept. : 10h-12h, 14h-18h, dim. et j. fériés 10h-12h (et 15h-17h juil.-août) ; reste de l'année : tlj sf dim. et j. fériés 10h-12h, 14h-17h - fermé 1er janv., 11 Nov., 25 déc.*

SE REPÉRER

Carte de microrégion D2 (p. 242) – *carte Michelin Départements 314 G5.* Plombières, que l'on atteint par la N 57, fait partie des stations thermales des Vosges avec Contrexéville et Vittel.

SE GARER

En raison de l'étroitesse des rues, garez-vous sur les parkings gratuits : promenades Mesdames, pl. Beaumarchais, parterre de l'ex-hôtel du Parc, pl. Napoléon-III.

À NE PAS MANQUER

Les thermes Napoléon, la vallée de la Semouse et la cascade du Géhard. Sans oublier la glace « Plombières », à base de kirsch et de fruits confits.

ORGANISER SON TEMPS

La visite de Plombières n'occupe pas plus d'une demi-journée, mais les vallées alentour valent le détour.

À Plombières, les pendules semblent s'être arrêtées à l'heure du 19e s. Blottie au fond de la vallée sauvage et boisée de l'Augronne, cette petite ville tranquille au charme désuet a conservé plus d'un témoignage du passage de Napoléon III. Grâce à la qualité de ses eaux, elle a su conquérir les plus grands de ce monde, qui souffraient probablement de problèmes digestifs ou de rhumatismes.

Séjourner

LA VILLE THERMALE

Centre thermal

Av. des États-Unis - 03 29 30 00 00 - www.plombieres-les-bains.com - 13h30-20h, dim. 10h-20h - fermé 1er janv., 25 déc. - 30 € (-12 ans 6,50 €).

Les Romains découvrirent les premiers les vertus curatives des eaux de Plombières. Puis, après eux, les ducs de Lorraine, Montaigne, Voltaire, Mmes Adélaïde et Victoire, les filles de Louis XV, l'impératrice Joséphine et la reine Hortense, puis Musset, Lamartine et même Napoléon III. C'est d'ailleurs à Plombières qu'il décida avec Cavour du rattachement de la Savoie et du comté de Nice à la France, le 21 juillet 1858. Avec ses vingt-sept sources chaudes dont quelques-unes atteignent une température de 80 °C, la station thermale de Plombières convient particulièrement au traitement des affections de l'appareil digestif et des troubles de la nutrition ainsi que des affections rhumatismales et des séquelles de traumatismes ostéo-articulaires.

Bain Stanislas

Construit de 1733 à 1736, il a servi de maison aux Dames du chapitre de Remiremont *(voir ce nom)*. Des hublots, dans le sol, éclairent la galerie réalisée par Jutier. Celle-ci canalise les eaux thermales et les conduit aux thermes Napoléon, à 600 m.

Étuve romaine

℘ 03 29 30 07 30 - www.plombieres-les-bains.com - 13h30-19h, vend. 13h30-20h, sam. 10h-20h et dim. 10h-19h - fermé janv., 25 déc. - Passeport Détente à 13 € (l'accès à l'étuve romaine se fait dans le cadre du Passeport Détente à l'intérieur du centre Spa Balnéo Romain).

Elle se visite comme les gradins du **bain romain** *(escalier à l'extrémité de la place)*. Vestiges des fouilles entreprises par Jutier en 1856.

Maison des Arcades

Parmi les maisons du 18e s., celle-ci présente les armes sculptées en façade du roi Stanislas de Pologne. Il y recevait ses petites-filles, Adélaïde et Victoire. Sous les arcades du rez-de-chaussée, la source du Crucifix a servi longtemps de buvette publique.

Bain national

Il fut reconstruit en 1935 par Franck Danis, qui a réalisé la buvette lumineuse. La façade du Premier Empire a été conservée. Elle s'inspire des thermes de Lutèce.

Thermes Napoléon

Mêmes conditions de visite que l'étuve romaine.

La statue de Napoléon III, à l'entrée, ouvre le vaste hall de 55 m de longueur, construit à partir de 1857. Il rappelle l'architecture des thermes de Caracalla à Rome. En face, parc Tivoli et villas du 19e s.

Parc impérial

À la sortie sud de la ville, très beaux arbres d'essences rares, plantés sous Napoléon III. Le parc a été dessiné par Haussmann.

Fontaine Stanislas

À 3,5 km au sud-ouest de la ville par la D 20. À 1 km, tournez à gauche deux fois de suite. À 1 500 m de la dernière bifurcation, prenez à gauche le chemin de la Fontaine-Stanislas.

La petite source jaillit d'un rocher couvert d'inscriptions datant du 18e s. et du début du 19e s. De la terrasse de l'hôtel, belle vue sur la vallée.

À voir aussi

Musée Louis-Français

℘ 03 29 66 00 24 - www.plombiereslesbains.fr - visite guidée (1h30) mi-avr.-mi-oct. : se renseigner au 03 29 66 60 16 pour les horaires - fermé 1er janv., 1er nov., 11 Nov., 25 déc.

Œuvres du peintre Louis Français, né à Plombières en 1814, et de ses amis de l'école de Barbizon : Corot, Courbet, Diaz, Harpignies, Monticelli, Troyon…

Pavillon des Princes

Construit sous la Restauration pour les membres de la famille royale, il surprend par sa modestie. C'est ici qu'eut lieu en 1858 la fameuse **entrevue de Plombières**. Napoléon III, empereur des Français, rencontra secrètement le comte de Cavour, président du Conseil du Piémont. Ils décidèrent d'une stratégie militaire contre les Autrichiens qui avaient envahi l'Italie du Nord. En avril 1859, ils remportèrent les victoires de Magenta et de Solferino. Le pavillon des Princes abrite des expositions.

Circuits conseillés Carte de microrégion

★ VALLÉES DE L'AUGRONNE ET DE LA SEMOUSE

Pour visualiser ce circuit de 33 km au départ de Plombières, reportez-vous à la carte p. 242. Comptez environ 1h.
Quittez Plombières par la D 157 bis.

Vallée de l'Augronne C-D2

La route suit la rivière, rapide et aux eaux claires, au milieu de prairies et de forêts.
Par la D 19, à Aillevillers-et-Lyaumont, rejoignez la D 20 à La Chaudeau pour remonter la vallée de la Semouse.

★ Vallée de la Semouse C-D2

Elle est magnifiquement boisée, fraîche et calme. On l'appelait autrefois « vallée des Forges » à cause de ses petites usines métallurgiques. Très encaissée et sinueuse, elle est juste assez large pour contenir la rivière, la route et parfois d'étroites prairies.
Revenez à Plombières par la D 63, en descente très rapide ; soyez prudent.

VALLÉE DES ROCHES

Pour visualiser ce circuit de 47 km au départ de Plombières, reportez-vous à la carte p. 242. Comptez environ 2h.
Quittez Plombières par la N 57 en direction de Remiremont.
La route quitte rapidement la vallée de l'Augronne pour escalader le plateau qui marque le partage des eaux entre le bassin de la Méditerranée et celui de la mer du Nord. On descend ensuite vers la Moselle, qu'on rejoint à Remiremont.

Remiremont D2 *(voir p. 252)*

Quittez Remiremont par la D 23, au sud-ouest. Montée pittoresque dans un beau vallon. Après 3,5 km, prenez à gauche la D 57. Peu après la Croisette d'Hérival, prenez à droite une route forestière goudronnée, étroite et sinueuse, qui s'engage dans la forêt d'Hérival : beaux sous-bois hérissés de rochers. Laissez à gauche le chemin de Girmont et une auberge.

★ Cascade du Géhard D2

Située en contrebas de la route, à gauche, elle bondit et bouillonne en une série de cascades tombant dans des marmites de géants. Magnifique en période de pluies.
Après avoir laissé à gauche la maison forestière du Breuil et, à droite, le chemin d'Hérival, prenez à gauche la route qui suit la vallée de la Combeauté, ou vallée des Roches.

Vallée des Roches D2

C'est un beau et profond défilé resserré entre deux magnifiques versants boisés. *Peu après l'entrée de Faymont, près d'une scierie, tournez à droite. 50 m plus loin, laissez la voiture et prenez à pied un chemin forestier sur 300 m.*

Les thermes Napoléon à Plombières-les-Bains.
D. Bringard/hemis.fr

Cascade de Faymont D2

Le site est remarquable avec ses rochers et les résineux.

Le Val-d'Ajol D2

Chef-lieu d'une des communes les plus étendues de France, Le Val-d'Ajol est constitué de plus de 60 hameaux disséminés dans les vallées de la Combeauté et de la Combalotte où plusieurs entreprises (métallurgie, tissage, scieries) maintiennent une activité industrielle.

Tournez à droite en direction de Plombières. 1 800 m après un lacet à droite, la route offre une jolie vue à droite sur la vallée. Arrêtez-vous peu après. Un chemin en montée derrière vous conduit à la Feuillée-Nouvelle, à 100 m.

La Feuillée-Nouvelle D2

Depuis la plate-forme, on découvre une belle **vue★** en balcon sur Le Val-d'Ajol.
Laissez la piscine du Petit-Moulin sur la gauche et revenez à Plombières par la N 57.

NOS ADRESSES À PLOMBIÈRES-LES-BAINS

VISITE

Petit train touristique – *03 29 66 01 30 - www.vosgesmeridionales.com - circuit (1h), dép. de l'office de tourisme - de mi-avr. à mi-oct. : merc., w.-end et j. fériés 16h (en juil.-août : merc. seult) - 3 € (6-18 ans 1,50 €).*

HÉBERGEMENT

POUR SE FAIRE PLAISIR

La Résidence – *5 r. des Mousses - 88340 Le Val d'Ajol - À 7 km à l'est par la D 20 - 03 29 30 68 52 - www.la-residence.com - fermé 26 nov.-26 déc. - 95 €.* Depuis 3 générations, la famille Daval-

Bongeot fait vivre cette grande maison bourgeoise, qui abrite des chambres spacieuses et une piscine. Mais le véritable atout de cette adresse est la cuisine du jeune chef, qui concocte une cuisine savoureuse et originale, à base de produits du terroir.

UNE FOLIE

Le Prestige Impérial – *Av. des États-Unis - ✆ 03 29 30 07 07 - www.plombieres-les-bains.com - 80 ch. 136 € - ☕ 12 € - rest. 24/35 €.* On entre dans cet hôtel Napoléon III – relié aux thermes de la ville – par un hall lumineux, sous une immense verrière. Chambres d'esprit Art déco. Cuisine au goût du jour.

ACHATS

Jean-Luc Husson – *Faymont - 88340 Le Val-d'Ajol - ✆ 03 29 30 66 46 - tlj sf dim. 8h-12h30, 14h-19h - fermé j. fériés.* En reprenant la célèbre Maison Colle, M. Husson s'est juré de perpétuer le savoir-faire acquis par le maître charcutier. Pari réussi : les préparations sont aussi goûteuses qu'avant. Le produit phare est l'andouille du Val-d'Ajol, marinée dans un mélange de vin blanc et d'épices puis fumée avec différents bois de la région.

Bains-les-Bains

1 357 Balnéens – Vosges (88)

NOS ADRESSES PAGE 263

S'INFORMER

Office du tourisme de Bains-les-Bains – *3 av. André-Demazure - 88240 Bains-les-Bains - ✆ 03 29 36 31 75 - www.ot-bains-les-bains.fr - avr.-nov. : 9h30-12h, 14h-17h30 (et dim. et j. fériés 10h-12h en juil.-août) ; reste de l'année : tlj sf dim. 9h-12h, 14h-17h, sam. 9h-12h.*

Office du tourisme de Darney – *43 r. de la République - 88260 Darney - ✆ 03 29 09 43 16 - www.vosgesitinerances.com - ouvert toute l'année - fermé dim. et j. fériés.*

SE REPÉRER

Carte de microrégion C2 (p. 242) – *carte Michelin Départements 314 F4.* Au croisement des D 434 et D 164, à 38 km au sud-est de Contrexéville et à 29 km au sud-ouest d'Épinal. Le grand parc thermal se prolonge graduellement par la forêt vosgienne.

À NE PAS MANQUER

Le bain romain ; la légendaire forêt de Darney, ses vestiges celtiques et son musée du Verre et des Activités anciennes de la forêt à Hennezel.

AVEC LES ENFANTS

Une visite-dégustation à la confiserie Delisvosges à Darney, la Ferme Aventure à La Chapelle-aux-Bois, le centre d'animation de la préhistoire à Darney.

Dans cette station thermale bâtie sur les rives du Bagnerot, au cœur de la Vôge, forêts, verdure et air pur contribuent au bien-être des curistes. Ce sont, bien sûr, les Romains qui ont découvert, comme toutes les autres sources de la région, ces eaux miraculeuses. Les chanoinesses de Remiremont ont ensuite pris en charge l'exploitation, avant que les révolutionnaires ne confisquent les thermes pour les revendre quelques années plus tard.

Séjourner

QUARTIER THERMAL

1 av. du Dr-Mathieu - ✆ 03 29 36 32 04 - de déb. avr. à déb. nov. : 8h30-12h, 14h-17h - fermé w.-end.
Les eaux débitées par onze sources, à une température variant de 25 à 51 °C, sont indiquées dans le traitement des affections rhumatismales, des maladies cardio-artérielles et des séquelles de traumatismes ostéo-articulaires. Elles alimentent deux établissements : le bain romain et celui de la Promenade.

Le bain romain

Reconstruit en 1845, il occupe l'emplacement des sources captées par les Romains. Situé au cœur de la ville piétonnière, il est éclairé à l'intérieur par une verrière. Trois piscines en pierre sont entourées de deux niveaux de colonnades superposés.

Le bain de la Promenade

Il a été complété en 1880 par un hôtel et son casino, puis a connu de profondes transformations en 1928 qui en font un bel édifice Art déco. Il accueille la buvette des Thermes et se trouve doté aujourd'hui d'installations très confortables.

À proximité

Fontenoy-le-Château C2

7 km au sud-ouest par la D 434.
L'ancienne ville fortifiée était le siège d'une prévôté seigneuriale où les seigneurs étaient également comtes de Toul et avaient le droit de haute et basse justice. En 1635, un incendie dû aux troupes franco-suédoises dirigées pas Turenne fait disparaître le château et la ville. Le portail de l'église et une partie du château sont encore visibles. Fontenoy a vu naître le poète Gilbert (1730-1780). Julie-Victoire Daubié, première bachelière de France (1861), a vécu et est morte à Fontenoy.

Circuit conseillé Carte de microrégion

FORÊT DOMANIALE DE DARNEY

Pour visualiser ce circuit de 74 km au départ de Bains-les-Bains, reportez-vous à la carte p. 242. Comptez 3h.
Le massif forestier de Darney totalise environ 15 000 ha, dont la moitié pour la seule forêt domaniale de Darney. Bien que le hêtre soit aujourd'hui devenu dominant dans les peuplements, ce massif prestigieux continue à fournir de

grands chênes d'une exceptionnelle qualité. Peut-être les druides dont la présence est attestée dans la région y recueillaient-ils du gui ?

Quittez Bains-les-Bains par la D 164, puis prenez la D 40^{D} vers Vioménil.

Face au village de **Grandrupt-de-Bains**, un monument, en bordure de la route, rappelle le sacrifice de 117 maquisards morts en déportation.

Rejoignez ensuite la D 460, que vous suivez à droite jusqu'au virage précédant le Void-d'Escles. Dans ce coude, prenez à droite un chemin forestier suivant la vallée du Madon qui, au bout de 2 km, passe à proximité du vallon Druidique où se trouve le cuveau des Fées.

Cuveau des Fées C2

1h30 à pied AR. Laissez la voiture au départ du sentier grimpant (100 m), à la nouvelle chapelle St-Martin et à la grotte voisine du même nom (visite dangereuse).

De là, un autre sentier, escaladant sous bois le versant gauche du vallon, aboutit au cuveau des Fées, extraordinaire roche plate creusée de main d'homme en forme de bassin octogonal de plus de 2 m de diamètre.

Darney B2

La particularité de ce village est d'avoir été le siège, le 30 juin 1918, de la proclamation par le président Poincaré de l'indépendance de la Tchécoslovaquie, au nom des Alliés. Un petit **Musée tchécoslovaque** est installé dans l'ancien hôtel de ville, surnommé le château. *03 29 09 31 84 - sur demande préalable (3 j. av.) - gratuit.*

Le **Centre d'animation de la préhistoire** met en évidence les découvertes archéologiques datant du paléolithique inférieur au néolithique. Activités ludiques proposées aux enfants pour comprendre la vie des hommes préhistoriques. *03 29 09 80 66 - http://centreprehistoiredarney.wifeo.com - du 10 sept. au 25 sept. : 14h30-15h30-16h30 - 7,60 € (4-12 ans 6,60 €).*

Poursuivez par la D 164 et prenez à droite la D 5.

La route traverse Attigny, puis serpente dans la vallée boisée de la Saône.

À Claudon, tournez à gauche dans la D 5^{E} qui mène à Droiteval.

Droiteval B2

Il y avait en 1128 une abbaye de cisterciennes dont subsiste encore l'église.

Dans Droiteval, prenez à droite, à hauteur d'une belle propriété fleurie, admirablement située à l'extrémité d'un petit étang encadré par la forêt. Continuez par une petite route étroite et pittoresque, qui longe l'Ourche. Après la maison forestière de Senenne, le chemin tourne à gauche, puis à droite, et continue sur La Hutte et Thiétry pour atteindre Hennezel.

Hennezel C2

Petite localité au milieu de la forêt, où l'on dénombrait autrefois 19 verreries fondées au 15e s. par des verriers de Bohême et aujourd'hui disparues.

À 1,5 km au sud d'Hennezel, juste avant le hameau de Clairey, le petit **musée du Verre et des Activités anciennes de la forêt** rassemble des souvenirs sur les anciens métiers de la forêt et les réseaux de Résistance locale en forêt. Une salle est consacrée à la vie et à la production du maître verrier François Théodore Legras. *03 29 07 00 80 - de Pâques à fin nov. : 14h30-18h30 (possibilité de visite le matin, sur RV) - 3 € (enf. 2 €).*

Revenez à Bains-les-Bains par la D 164.

NOS ADRESSES À BAINS-LES-BAINS

HÉBERGEMENT

PREMIER PRIX

Chambre d'hôte Les Grands Prés – *9 Les Grands-Prés - 88240 La Chapelle-aux-Bois - 3,5 km au sud-est de Bains-les-Bains, dir. St-Loup et rte secondaire - ☏ 03 29 36 31 00 - ⊠ - 3 ch. 45 € ☕ - repas 15 €.* En pleine campagne, cette imposante maison du 19e s. est tenue par un ancien agriculteur. Il reçoit les hôtes dans ses chambres ou ses gîtes et à sa table, autour des légumes du jardin et parfois de ses volailles…

RESTAURATION

PREMIER PRIX

Auberge du Coney – *3 pont du Coney - 88240 Hautmougey - 4 km au nord-ouest de Bains-les-Bains dir. Vittel - ☏ 03 29 30 41 87 - auberge-du-coney@wanadoo.fr - fermé lun. (sf j. fériés) et 22 déc.-15 janv. - 13/24 €.* Les plaisanciers du canal de l'Est (et les autres) pourront faire escale à l'écluse voisine de cette maison qui, autrefois, servait de relais aux chevaux tirant les péniches sur le chemin de halage. Aujourd'hui, elle est vouée à la cuisine italienne ; attablez-vous sous ses charpentes ou en terrasse. Quatre chambres.

ACHATS

Fabrique de confiserie Delisvosges – *20 r. des Fabriques - 88260 Darney - ☏ 03 29 09 82 40 - magasin : tlj sf dim. et lun. 10h-12h, 14h-18h ; visite fabrication : tlj sf dim. et lun. 14h30-17h30 - fermé 15 janv.-15 fév. et j. fériés.* Après avoir pris connaissance de l'histoire du sucre, vous pourrez assister à la fabrication artisanale des bonbons des Vosges. À Noël et à Pâques, les chocolats sont à l'honneur. La visite se termine par une dégustation.

Fabrique de couverts – *7 r. des Rochottes - 88260 Darney - ☏ 03 29 09 30 02 - tlj sf dim. 10h-12h, 13h30-17h, lun. 10h-12h, 13h30-17h (avr.-sept. 18h) - fermé j. fériés.* Cet orfèvre, spécialiste des couverts de table, est installé à Darney depuis 1862. Argent massif, orfèvrerie argentée ou acier inox : les articles produits bénéficient d'une finition proche de l'artisanat d'art.

ACTIVITÉS

La Ferme Aventure – *15 Côte de Hardémont - 88240 La Chapelle-aux-Bois - ☏ 03 29 30 11 79 - www.la-ferme-aventure.fr et www.nuits-insolites.com - ouv. juin-août - 8 € (gratuit enfants de moins d'un mètre).* Cette vieille ferme vosgienne installée au milieu des champs abrite un parc de jeux insolites « pieds nus » dédiés à la nature. Au programme, des labyrinthes géants, un sentier des senteurs, la miniferme et plein de petits jeux. Des activités originales à découvrir en famille.

4

Vittel

★

5 684 Vittellois – Vosges (88)

NOS ADRESSES PAGE 268

S'INFORMER

Office du tourisme de Vittel – *Place de la Marne - 88800 Vittel - ✆ 03 29 08 08 88 - www.ville-vittel.fr.*

SE REPÉRER

Carte de microrégion B1 (p. 242) – *carte Michelin Départements 314 D3.* Vittel se trouve à 40 km à l'ouest d'Épinal. La ville thermale a été créée en dehors de l'agglomération urbaine.

SE GARER

Parkings centre-ville : pl. de la Marne, face à la gare et r. St-Nicolas (Bonne-Source).

À NE PAS MANQUER

Le parc paysager et les thermes Garnier.

La spécialité de Vittel, aujourd'hui, en plus de l'eau (1,3 milliard de bouteilles produites en 2008), c'est la forme. Les cures, le plaisir des bains, la verdure, le golf, la randonnée, l'air pur, les promenades en forêt… Les promoteurs de la station ont fait appel aux meilleurs architectes et artistes, dont Charles Garnier, alors qu'il venait juste d'achever l'Opéra de Paris, puis Bluysen et César. L'établissement thermal, le casino, les parcs fleuris, les grands hôtels et les villas aux façades toutes blanches rappellent les heures les plus fastes de la Belle Époque.

Séjourner

CENTRE THERMAL

L'ensemble du complexe thermal se situe au cœur d'un vaste parc de 650 ha. Pour éviter toute pollution des nappes phréatiques et préserver la qualité des eaux, tout épandage d'herbicides et de pesticides est interdit sur une zone de 11 000 ha autour de Vittel et de Contrexéville. Ici, ce sont des coccinelles qui s'occupent des pucerons et des rapaces qui régulent le nombre de rongeurs.

★ Parc paysager

Très fleuri, avec un kiosque à musique où ont lieu de nombreux concerts en saison, des jardins promenoirs et des clairières aménagées. Plusieurs bâtiments sont à découvrir, au milieu de la verdure. Remarquable, le Grand Hôtel, reconstruit dans les années 1910 sur l'emplacement d'un premier hôtel de 1862, appartient aujourd'hui au Club Med. Un bel escalier à volutes y conduit. Le casino de 1882, signé Garnier, a été revu par Nachon puis par Bluysen en 1929, dans le « Style nouveau ». Le nouveau palais des congrès a été inauguré en 1970. De vastes terrains de sport (champ de courses, polo, golf, tennis, etc.) prolongent le parc, ainsi que les **jardins de la Terre**, jardin de fruits, légumes et fleurs à visiter.

Le Grand Hôtel de Vittel.
B. Rieger/hemis.fr

Anciens thermes Garnier
Construits par Charles Garnier en 1884, ils sont composés d'une galerie aux motifs mauresques, doublée en 1901 d'une Grande Galerie à l'architecture métallique. Au cours du 20e s., la galerie sera complétée par le pavillon de la Grande Source.

La galerie mauresque abrite aujourd'hui l'**exposition « L'Eau et la Vie »**. Cette exposition, réalisée par l'Institut de l'eau Neste, évoque l'eau sous différents aspects : scientifique, physiologique, technique et industriel. *03 29 08 77 29 - - avr.-oct. : 10h-12h, 14h-18h - 3,50 € (enf. 1 €).*

Établissement thermal
Parc thermal - 03 29 05 20 84 - www.thermes-vittel.com - tlj sf dim. (modification des horaires selon la période de l'année, se rens.) - fermé de déb. janv. à déb. fév. Remise en forme.

Le bassin hydrominéral d'où émerge la source doit sa naissance à une faille tectonique au sud de la ville. L'eau sulfatée calcique ou magnésienne est employée dans les affections des reins et du foie, les séquelles de traumatismes, les maladies de la nutrition et les rhumatismes.

4

Randonnée Carte des environs de Vittel

3h à pied AR. Quittez Vittel au nord par l'avenue A.-Bouloumié. Après avoir laissé le centre équestre à droite, prenez à gauche un chemin goudronné qui traverse une prairie, puis s'élève dans le bois de la Vauviard. L'itinéraire franchit la D 18 pour atteindre, après un raidillon, la croix de mission de Norroy.

Croix de mission de Norroy
Vue étendue sur les bassins du Vair et du Mouzon vers le nord-ouest, sur la crête des Faucilles au sud, et au sud-est sur les sommets des Vosges.
Tournez à gauche et traversez un petit bois. À un calvaire, croisement d'un chemin allant de Vittel à Norroy.

Chapelle Ste-Anne

Elle se trouve à l'orée de la forêt de Châtillon, au pied d'un très beau chêne. La chapelle Ste-Anne cache un retable aux douze apôtres, du 16e s., dont les têtes ont été brisées. De là, jolie vue, vers le nord-ouest, sur la vallée du Vair.
Continuez tout droit.
Traversez le bois de Châtillon à la sortie duquel on découvre un nouveau point de vue sur Vittel, que l'on rejoint bientôt.

À proximité Carte des environs de Vittel

Domjulien

8 km au nord-est par la D 68.
L'église des 15e et 16e s., très remaniée, abrite un remarquable ensemble de sculptures, groupées surtout dans le bas-côté gauche : retable (1541) représentant la Crucifixion et les douze apôtres; Mise au tombeau du début du 16e s. avec les anges portant les instruments de la Passion; statues de saint Georges (16e s.) et de saint Julien. Sur l'autel latéral droit, belle statue de Vierge à l'Enfant jouant avec un ange, de la fin du 15e s.

Circuits conseillés Carte des environs de Vittel

FORÊT DOMANIALE DE DARNEY

Voir description p. 261 et circuit rouge ci-contre.

PAYSAGES DE LA VÔGE

Pour visualiser ce circuit de 62 km au départ de Vittel, reportez-vous à la carte ci-contre. Comptez environ 1h30.
Quittez Vittel par la D 429 qui traverse le bois du Grand-Ban.

Contrexéville *(voir p. 269)*

La D 164, au sud de Contrexéville, remonte le vallon de Vair à travers le plateau dénudé des Faucilles.

Dombrot-le-Sec

L'intérieur de l'**église**, aux piliers trapus – ceux des deux premières travées sont ornés de chapiteaux –, renferme une belle tribune, des ferronneries du 18e s. (poutre de gloire et balustrade du chœur), une Vierge à l'Enfant du 14e s. et une sainte Anne du 16e s. Passer au col du Haut de Salin (Cote 403). À **Viviers-le-Gras**, on s'arrêtera pour les belles fontaines du 18e s.
Prenez à droite la D 2. La route suit la vallée du Gras, à travers la forêt.

Bleurville

Les Romains y avaient installé un établissement de bains.
Dans Bleurville, prenez la rue St-Pierre qui monte vers l'église; laissez l'église sur la droite et suivez la rue Bezout, à gauche, sortant du village en direction de Monthureux-sur-Saône.

Monthureux-sur-Saône

L'**église** paroissiale, reconstruite au 16e s., abrite une **Mise au tombeau★** (école rhénane) dont les personnages grandeur nature, en bois polychrome, entourent un émouvant Christ allongé. *Tlj sf jeu. et dim. 14h-16h. S'adresser à M. Roy - 172 rue de l'Église - ✆ 03 29 09 06 26.*

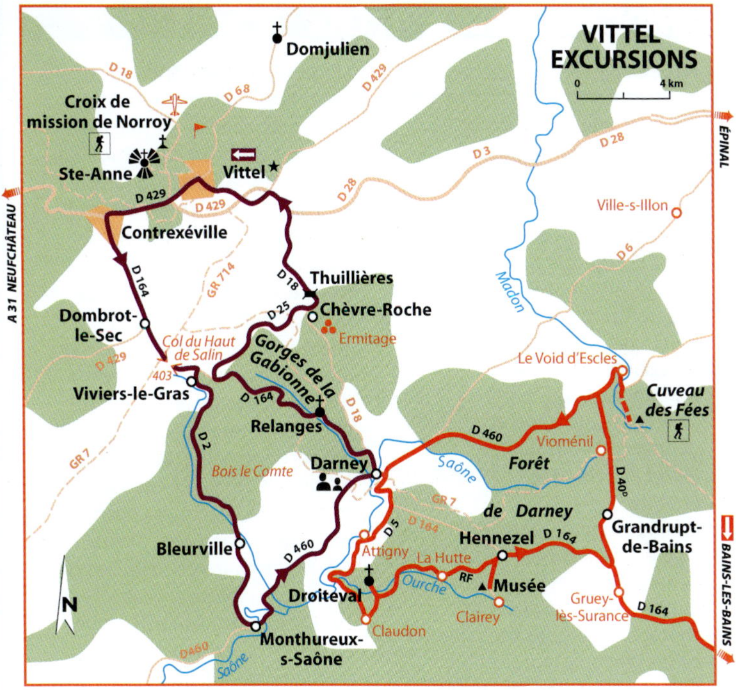

Rejoignez Darney par la D 460, d'où l'on a une vue étendue sur la forêt de Darney.

Darney *(voir p. 262)*

Relanges

Son église est intéressante. Les colonnes du porche et le pignon de la façade remontent au 11e s.; le transept, les absides et la tour, au 12e s.; la nef et les bas-côtés ont été reconstruits au 16e s. Le chevet et le clocher carré, qui s'élèvent à la croisée du transept, sont très beaux.

La route remonte, à travers le massif forestier de Bois-le-Comte, un vallon étroit appelé **gorges de la Gabionne**.

À Provenchères-lès-Darney, prenez la D 25.

Thuillières

Le **château** fut construit par l'architecte Germain Boffrand (1667-1754) pour lui servir de résidence en Lorraine, où il séjournait souvent pour ses nombreux chantiers. *☏ 03 29 08 29 29 - ♿ - visite guidée (45mn) de mi-juil. à fin août : 14h30-17h30 - 3 € (-12 ans 1,50 €).*

C'est aussi à Thuillières que, après s'être retirée de la scène, Ève Lavallière (1866-1929), célèbre artiste de la Belle Époque, termina sa vie dans une austère retraite.

Peu après, sur la gauche, dans le joli vallon de **Chèvre-Roche**, on aperçoit la chapelle de l'ancien ermitage de N.-D.-de-Consolation. La route domine le ruisseau de Thuillières. *La D 18 ramène à Vittel.*

NOS ADRESSES À VITTEL

HÉBERGEMENT

POUR SE FAIRE PLAISIR

Hôtel L'Orée du Bois – *03 29 08 88 88 - www.loreeduboisvittel.fr - P - 57 ch. 68/108 € - 10 € - rest. 18/35 €.* Face au golf, un établissement conçu pour la détente : balnéothérapie, massages, sauna, hammam. Chambres soignées. Cuisine traditionnelle qui combine inventivité moderne et produits du terroir. Jardin-terrasse.

Hôtel Providence – *125 av. de Châtillon - 03 29 08 08 27 - www.hotelvittel.com - 38 ch. 70/90 € - 9 € - formule déj. 15 € - 20/38 €.* Cet établissement vittellois a fait peau neuve. Jolies petites chambres dans des tons chauds, suites plus spacieuses et bien équipées (grande baignoire).

ACHATS

Au Péché Mignon – *36 pl. du Gén.-de-Gaulle - 03 29 08 01 07 - www.aupechemignonpatrick.fr - tlj sf lun. 7h30-12h30, 14h-19h30, dim. 15h-19h - fermé 20 fév.-5 mars et 1re quinz. juil.* Outre les grands classiques tels le pâté lorrain et le vittellois, ce maître pâtissier vous fera découvrir ses spécialités de chocolats : la Creuchotte (petite grenouille en chocolat fourré praliné), la « Route thermale du chocolat » (quatre chocolats différents comme les quatre stations thermales des Vosges) ou encore le Vosgien, entremets à base de myrtilles et de mirabelles.

Délices Lorraines – *184 r. de Verdun - 03 29 08 03 30 - tlj sf dim. apr.-midi et lun. mat. 10h-12h30, 14h30-19h30 - fermé hors sais. thermale.* Large sélection de spécialités régionales : miel, confitures, macarons, confiseries (capsules de Vittel, grès rose des Vosges…), babas et gâteaux à la mirabelle, vins de Lorraine (côtes- de-Toul), apéritifs et liqueurs des Vosges, eaux-de-vie de fruits…

Brasserie-écomusée – *48 r. de Mirecourt - 88270 Ville-sur-Illon - 03 29 36 58 05 - du 1er Mai à fin oct. : tlj sf lun. 15h-18h ; reste de l'année : sur demande préalable - fermé janv.* Réputé pour la pureté de ses eaux, Ville-sur-Illon produisait de la bière depuis 1627. En 1887, Jacques Lobstein, brasseur alsacien, vint y installer une brasserie industrielle de type bavarois qui cessa son activité en 1975. Cette installation, unique en France, a été transformée en écomusée, où quelques passionnés élaborent encore des bières artisanales à déguster sur place ou à emporter.

EN SOIRÉE

Casino de Vittel – *Parc thermal - 03 29 08 12 35 - tlj 10h -3h, sf vend. et sam. 4h, jeux traditionnels à partir de 21h.* 80 machines à sous, roulette, black-jack et stud poker attirent touristes, curistes et habitants de la région dans ce casino voisin des thermes et d'un joli parc. Soirées animées et thé dansant le dimanche et les jours fériés.

ACTIVITÉS

Club Med Golf de Vittel Ermitage – *BP 59 - 03 29 08 81 53 - www.golf-vittel-ermitage.com - 8h-19h - 42 € 2 parcours de 18 trous - enf. : 1 parcours de 9 trous gratuit.*

Contrexéville, source de l'établissement thermal.
B. Barbier/hemis.fr

Contrexéville

3 507 Contrexévillois – Vosges (88)

NOS ADRESSES PAGE 271

S'INFORMER

Office du tourisme de Contrexéville – *Cour d'Honneur - 88140 Contrexéville - ✆ 03 29 08 08 68 - www.contrex-minceur.com - avr.-oct. : 9h-12h, 14h-18h30, dim. et j. fériés 10h-12h, 15h-18h ; reste de l'année : tlj sf w.-end et j. fériés 9h-12h, 13h30-17h30 - fermé 1er janv., 1er et 11 Nov., 25 déc.*

SE REPÉRER

Carte de microrégion B1 (p. 242) – *carte Michelin Départements 314 D3.* Contrexéville est située sur la D 164 à une trentaine de kilomètres au sud-est de Neufchâteau et à 5 km à l'ouest de Vittel. La ville est traversée par le Vair, que longe la rue de la Division-Leclerc, qui coupe la ville en deux.

À NE PAS MANQUER

Un verre d'eau au pavillon des sources.

ORGANISER SON TEMPS

En fonction de la météo, vous choisirez des visites nature dans les villes d'eaux voisines ou dans la forêt de Darney toute proche, ou des visites plus culturelles à Bulgnéville ou à Neufchâteau.

AVEC LES ENFANTS

Le lac de la Folie pour sa piscine et ses pédalos.

Située dans un vallon arrosé par le Vair et richement boisé, Contrexéville est une station hydrothermale coquette et fleurie. Voisine de sa consœur Vittel, elle constitue un bon centre de détente pour profiter de l'air pur des Vosges, des balades au milieu des étangs, des forêts et des fleurs.

Séjourner

CENTRE THERMAL

Galeries thermales - ✆ 03 29 08 03 24 - www.thermes-contrexeville.com - avr.-oct. - plusieurs formules, programmes minceur (7 à 14 j.) ou courts séjours.

Les eaux des cinq sources minérales naturelles jaillissant à 11 °C sont prescrites dans le traitement de l'obésité, des affections des reins, des infections urinaires et biliaires, de la goutte. Le centre thermal actuel a été construit dans le style néobyzantin en 1912 par l'architecte Mewes, un habitué de la station. À la Belle Époque, le gotha était contrexévillois une bonne partie de l'année. Les VIP se retrouvaient ici, pensant, grâce aux vertus de l'eau miraculeuse, traiter les excès de fêtes trop arrosées. Le shah de Perse, le roi de Serbie, la grande-duchesse Wladimir de Russie et de nombreux diplomates y installaient leurs quartiers d'été. À l'époque, on appelait cela « prendre les eaux ».

La galerie qui longe le parc et le **pavillon des Sources**, où l'eau sort des griffons, sont recouverts de mosaïque bleu et rose. Dans le parc, en face de la **chapelle anglicane** (1891), la petite **chapelle orthodoxe** fut construite en 1910, à la demande de la duchesse Wladimir de Russie, qui y repose aujourd'hui avec son fils, le duc Boris.

Des fontaines modernes, en lave émaillée et marbre de Carrare, décorent deux places de la ville. Elles sont l'œuvre, parfois discutée, de N. Normier et J.-M. Hennin.

LES DÉBUTS DU THERMALISME

Les Contrexévillois doivent une fière chandelle au docteur Bagard, premier médecin du dernier duc de Lorraine, Stanislas Leszczyński. C'est vers 1750 qu'il publia ses *Mémoires sur les eaux minérales de Contrexéville*, attestant de spectaculaires résultats sur les malades traités avec l'eau de cette source. Après que le médecin de Louis XVI eut confirmé le prodige, celui-ci ordonna la construction du premier établissement thermal, en 1774.

À proximité Carte de microrégion

Bulgnéville B1

7,5 km à l'ouest par la D 164.

Bulgnéville se dresse à la lisière de la forêt autour de quatre fontaines, dont celle des Curtilles, de 1750.

De l'ancienne **église**, reconstruite au 18e s., subsiste une chapelle du 15e s. qui renferme une Mise au tombeau de la même époque et un magnifique haut-relief du 16e s. représentant la lignée de sainte Anne : la sainte, ses trois filles dont la Vierge, ses trois gendres et ses sept petits-enfants dont Jésus. Boiseries et chaire du 18e s.

NOS ADRESSES À CONTREXÉVILLE

HÉBERGEMENT

PREMIER PRIX

Souveraine Hôtel – *Parc thermal - ☏ 03 29 08 09 59 - ouv. de déb. nov. à fin mars - P - 31 ch. 40 € - ☕ 7 €.* On retrouve tout le charme d'antan dans cet hôtel, installé dans l'ancienne résidence de la grande-duchesse Wladimir, tante du tsar Nicolas II : hauts plafonds, moulures, lits en cuivre. Les chambres sont plus calmes côté parc.

POUR SE FAIRE PLAISIR

Chambre d'hôte Benoit Breton – *74 r. des Récollets - 88140 Bulgnéville - ☏ 03 29 09 21 72 - benoitbreton.chambresdhotes@wanadoo.fr - P - ⊄ - 4 ch. 75 € ☕.* Antiquaire de son métier, M. Breton a posé sa patte dans le décor : chambres spacieuses aux meubles et bibelots raffinés. Poules, canards, chèvre… s'ébattent au jardin.

RESTAURATION

PREMIER PRIX

Brasserie du Casino – *Parc thermal - ☏ 03 29 08 01 14 - P - 10/29 €.* Si les machines à sous vous ont creusé l'appétit, vous serez ravi d'apprendre que le casino dispose d'un restaurant. Dans son cadre « terrasse brasserie », vous dégusterez grillades et salades à prix doux. Bien sûr, si vous avez fait sauter la banque, l'addition vous importera peu… et si ce n'est pas le cas, son coût modéré vous consolera.

ACHATS

La Ruche vosgienne – *3 r. du Château - 88170 Sandaucourt - ☏ 03 29 94 59 99 - tlj sf dim. et lun. 14h-18h - fermé 3 dernières sem. de janv. et j. fériés.*
Cette ferme ressemble à un petit musée de l'apiculture avec sa collection de ruches vitrées vivantes et sa salle d'extraction des miels. La visite se termine par la dégustation de miels et confiseries. Vente de produits dérivés : pollen, bonbons, pain d'épice, gelée royale, propolis…

EN SOIRÉE

Casino de Contrexéville – *R. du Gén.-Hirschauer - Parc thermal - ☏ 03 29 08 01 14 - www.partouche.fr - 11h-3h, sam. 11h-4h.* Principal centre de loisirs de la station, le casino propose de nombreuses activités : machines à sous et boule, cinéma et restaurant. On y organise également des soirées.

ACTIVITÉS

En saison : concerts et spectacles musicaux, en salle ou en plein air, concours hippique, open de tennis, feux d'artifice.

Lac de la Folie – *1,5 km au nord-ouest de Contrexéville.*
Ce lac offre une base de loisirs qui ravira les amoureux de la pêche et des sports nautiques. Sur place, aires de pique-nique, location de pédalos, arboretum et sentier pédestre.

Mirecourt

5 982 Mirecurtiens – Vosges (88)

NOS ADRESSES PAGE 274

S'INFORMER

Office du tourisme de Mirecourt – *22 r. Chazy - 88500 Mirecourt - 03 29 37 01 01 - www.ot-mirecourt.fr - avr.-sept. : 9h30-12h, 14h-18h30, dim. et j. fériés 14h-18h ; reste de l'année : tlj sf dim. et j. fériés 9h30-12h, 14h-17h30 - fermé 1er janv., dim. de Pâques, 1er Mai, 1er et 11 Nov., 25 déc.*

SE REPÉRER

Carte de microrégion C1 (p. 242) – *carte Michelin Départements 314 E3.* À 34 km au nord-ouest d'Épinal par la D 166, 24 km au nord-est de Vittel par la D 429, 48 km au sud de Nancy.

À NE PAS MANQUER

Mirecourt étant la capitale de la lutherie, il serait dommage de ne pas visiter le musée consacré à cet artisanat.

ORGANISER SON TEMPS

Le musée de la Musique mécanique et le musée de la Lutherie sont toujours fermés le mardi.

Sans doute Mirecourt a-t-elle été inspirée, au 16e s., par les fêtes auxquelles les ducs de Lorraine conviaient des artistes italiens. L'Italie venait d'inventer le violon, Mirecourt apprenait à le fabriquer. Loin des grandes routes, au milieu des vergers, au confluent de deux rivières, la petite ville est devenue le symbole du savoir-faire français en matière de lutherie. Ayant plusieurs cordes à son violon, elle a étendu sa réputation à la virtuosité de ses dentellières.

Se promener

Musée de la Lutherie

Cours Stanislas - 03 29 37 81 59 - www.musee-lutherie-mirecourt.fr - - 10h-12h, 14h-18h (avr.-oct. : merc. et sam. seult), dim. 14h-18h - fermé 1re quinz. de janv., 1er mai, 25 déc. - 3,60 € (-12 ans gratuit).

Violons, guitares, mandolines… choisissez votre instrument, à moins que vous ne préfériez le violoncelle géant de 7,50 m qui trône au milieu de la petite exposition. Grâce à une présentation visuelle et sonore régulièrement renouvelée, vous apprendrez ici l'histoire et les secrets de fabrication des instruments à cordes. Saviez-vous par exemple que la sonorité d'un violon dépend en grande partie du bois utilisé ?

Un atelier de lutherie propose quelques démonstrations.

Église Notre-Dame

Construite à partir de 1303 mais achevée au 15e s., elle est surtout remarquable par son clocher-porche, curieusement encastré dans la ligne d'immeubles bordant la rue principale. L'intérieur, aux voûtes gothiques, abrite trois chapelles des 16e et 17e s., ainsi que plusieurs tableaux de peintres lorrains du 17e s., visibles dans le chœur.

Mirecourt est la capitale française de la lutherie et abrite un musée de la Lutherie.
B. Barbier/hemis.fr

Halles

Datant de 1617, c'est un bâtiment petit et massif, à étage sur arcades. Sur sa façade, deux tours carrées.

Chapelle de la Oultre

En traversant le Madon par le pont St-Vincent (jolie vue sur l'étagement de la vieille ville), jeter un coup d'œil sur cette chapelle, au milieu des pelouses et des fleurs, sur sa nef du 11e s., mais dont le transept et le chœur datent seulement du 16e s.

À voir aussi

4

Maison de la musique mécanique

24 r. de Chanzy - ☎ 03 29 37 51 13 - www.ot-mirecourt.fr - visite guidée (1h) mai-sept. : 10h-12h, 14h-18h, dim. et j. fériés 14h-18h ; reste de l'année : seult merc., sam. et dim.- fermé mi-janv., 1er mai, 25 déc. - 4,10 € (-25 ans 2,60 €), gratuit Journées du patrimoine.

La collection comprend plus de 100 instruments (18e-début 20e s.), tous en état de fonctionnement : limonaire, piano mécanique, petit orgue de table

UN SAVOIR-FAIRE RECONNU

La tradition de la lutherie à Mirecourt remonte vraisemblablement à la fin du 16e s. Influencés par leurs collègues italiens, les luthiers de Mirecourt prospèrent au cours des siècles suivants. La production pouvait atteindre à cette époque jusqu'à 40 000 violons par an. Pour préserver ce savoir-faire, une École nationale de lutherie a été créée en 1970 et dispense ses cours à une poignée d'élèves choisis pour leurs talents et leur motivation. Les Mirecurtiens se sont bien exportés : plus de 1 000 luthiers et 100 archetiers originaires de Mirecourt sont dispersés dans le monde entier.

allemand (1889), piano pneumatique reproducteur « Welte Mignon »… L'orgue de danse Decap (1939) est composé de 280 flûtes et 12 registres reproduisant plusieurs instruments d'orchestre. Au 18e s., on fabriquait même des orgues mécaniques pour apprendre à chanter aux oiseaux (entre autres la fameuse serinette) !

Maison de la dentelle

1bis r. Chantaire - ✆ 03 29 37 39 59 - ♿ - mai-sept. : 10h-12h, 14h-18h, w.-end 14h-18h ; reste de l'année : 10h-12h, 14h-17h, fermé w.-end - fermé tous les j. fériés - 3,50 € (-13 ans gratuit).

Exposition de dentelles au fuseau (vêtements, nappes, rideaux) avec démonstrations du savoir-faire ancestral des dentellières et vidéo sur l'histoire de la dentelle.

À proximité Carte de microrégion

Poussay C1

1 km au nord. Ce joli bourg en terrasses dominant la vallée du Madon fut édifié par un évêque de Toul autour d'une abbaye bénédictine. Le village est orné d'un magnifique **puits** abrité du 12e s., profond de 33 m.

Vomécourt-sur-Madon C1

9 km au nord. Prenez la D 413 jusqu'à Poussay puis prenez à droite la D 55. Au niveau de Bettoncourt, prenez la D 55F à gauche.

Sa petite **église** romane du 12e s. est particulièrement bien conservée. Le tympan du portail est une représentation naïve des saintes femmes au Tombeau et le combat de la Vie et de la Mort. À l'intérieur, un maître-autel (18e s.) surmonté d'une prédelle et d'un dais en fer forgé.

NOS ADRESSES À MIRECOURT

HÉBERGEMENT

BUDGET MOYEN

Auberge du Parc – *R. St-Rémi - lieu-dit « La Gare » - 88500 Baudricourt - ✆ 03 29 65 63 43 - www.auberge-du-parc.fr - 17 ch. 45/52 € - ☕ 8 €.* Cet hôtel moderne constitue une étape reposante sur la route des mirabelles. Restaurant gastronomique et brasserie *(fermés le dim. soir).*

RESTAURATION

BUDGET MOYEN

Hôtel-Restaurant Burnel – *22 r. Jeanne-d'Arc - 88500 Rouvres-en-Xaintois - ✆ 03 29 65 64 10 - www.burnel.fr - 14,50/48 €.* Sympathique adresse que ce restaurant familial, qui décline les produits de saison et s'est fait une spécialité des plats de poissons et de gibier. Agréable terrasse en été.

Neufchâteau

7 123 Néocastriens – Vosges (88)

NOS ADRESSES PAGE 277

S'INFORMER

Office du tourisme de Neufchâteau – *3 parking des Grandes-Écuries - 88300 Neufchâteau - ✆ 03 29 94 10 95 - www.neufchateau-tourisme.com - 9h-12h, 14h-18h - fermé dim. et j. fériés.*

SE REPÉRER

Carte de microrégion A1 (p. 242) – *carte Michelin Départements 314 C2.*
Neufchâteau fait encore partie des Vosges, mais le relief s'adoucit au profit de la plaine plus sage, sillonnée par la Meuse et ses affluents. La ville est située au nord-ouest de Vittel, à l'intersection des D 164, D 674 et D 166.

À Neufchâteau, on ne trouve pas de château, neuf ou vieux. Pourtant, il y en a eu un, voici bien longtemps, mais il n'en reste rien. En revanche, autour de la place Jeanne-d'Arc, incontournable dans la région, de très belles vieilles maisons des 17e et 18e s. ont résisté au temps.

Se promener

Hôtel de ville

R. St-Jean. Ce bâtiment de la fin du 16e s. possède un portail Renaissance au décor végétal ainsi qu'un bel **escalier★** intérieur italien, richement orné, de 1594. Visitez aussi les caves voûtées d'ogives du 15e s.

Église St-Christophe

Sa construction remonte à 1100 environ, mais la plus grande partie de l'édifice actuel date du 13e s. : les influences bourguignonnes se manifestent dans la façade aux arcatures reposant sur des colonnettes. La chapelle funéraire de P. Woeriot, orfèvre du duc, a été ajoutée au début du 16e s. et s'ouvre dans le bas-côté droit; admirez sa voûte à douze clés pendantes, véritable dentelle de pierre, unique en France.

Place Jeanne-d'Arc

Cœur historique de la cité, elle présente un remarquable ensemble d'hôtels particuliers des 17e et 18e s. Au n° 2, l'hôtel des Goncourt (propriété de l'oncle des deux frères au 19e s.) offre une belle façade et un portail au linteau timbré d'un mufle de lion.

Église St-Nicolas

✆ 03 29 94 10 95 - possibilité de visite guidée sur demande à l'office de tourisme.
Elle se trouve sur la butte qui portait aussi le château des ducs de Lorraine et, en raison de la dénivellation, deux églises ont été superposées. Le portail et la tour de l'église haute sont modernes, mais la nef date des 12e et 13e s. Les chapelles funéraires des riches bourgeois néocastriens des 15e et 16e s. sont ornées d'un très luxueux mobilier, dont un célèbre **groupe de pierre★** polychrome (fin 15e s.) où se retrouvent les personnages de la Mise au tombeau, réunis pour l'onction du Christ.

À proximité Carte de microrégion

Site archéologique gallo-romain de Grand A1

À 23 km à l'ouest de Neufchâteau par la D 674, la D 427 et la D 71.

4 r. de la Mosaïque - 88350 Grand - ✆ 03 29 06 77 37 - www.vosges.fr - ♿ - avr.-sept. : 10h-12h30, 13h30-18h30 ; reste de l'année : 14h-17h - possibilité de visite guidée (2h) - fermé mar., 15 nov.-28 fév. - 1,50 € (-6 ans gratuit) billet combiné avec le site de la maison natale de Jeanne d'Arc.

Les Romains étaient venus sur ce plateau calcaire, loin des routes, au milieu des forêts, pour construire un immense amphithéâtre, des thermes, un rempart… une vraie grande ville. Des kilomètres de canalisations alimentaient un bassin sacré autour duquel se pressaient les pèlerins. Les premières fouilles effectuées au niveau de l'amphithéâtre, retrouvé au 18ᵉ s., débutèrent dans les années 1820 mais ce n'est qu'en 1963 que les vestiges furent entièrement mis au jour. La mosaïque fut dégagée dès 1883. Quant au marbre, on en a retrouvé à Grand une soixantaine de variétés provenant de multiples parties de l'Empire romain, témoignage de la magnificence de ses aménagements. Les visiteurs d'aujourd'hui peuvent découvrir les vestiges de ces ouvrages et investir, pacifiquement, le camp romain.

Amphithéâtre – Construit vers l'an 80 apr. J.-C., il dessine un demi-ovale, forme adaptée ici au terrain, mais également particulière à la Gaule. D'une dimension imposante, il pouvait accueillir 17 000 spectateurs qui assistaient à des combats de gladiateurs et à des chasses. Abandonné à la fin du 4ᵉ s., il a conservé une partie de ses murs-enveloppes et quelques arcades de son grand corridor axial. Une restauration lui a redonné des gradins en bois exotique résistant aux intempéries et permettant au monument de retrouver sa vocation première d'édifice de spectacle.

★ **Mosaïque** – Datée de la première moitié du 3ᵉ s., cette mosaïque est la plus vaste qui ait été dégagée en France et l'une des mieux conservées du monde romain : 224 m² d'un seul tenant. Elle pavait le sol d'une basilique, édifice public à vocation administrative. Le tableau central, ou *emblema*, a subi une importante mutilation ; on y distingue deux personnages, souvent interprétés comme un pèlerin et un prêtre d'Apollon Grannus. Aux angles figurent des animaux bondissants : ours ou chien, tigre, panthère, sanglier. Enfin, l'abside est décorée de motifs géométriques en *pelta* (petit bouclier).

Rempart – De 1 760 m de périmètre, il était doté de 22 tours circulaires et de portes, dont une monumentale, tous les 80 m. Il délimitait un espace sacré, réservé aux divinités du sanctuaire. Seules trois tours, arasées, ont pu être dégagées.

GRAND AU TEMPS DES ROMAINS

Sous le nom d'Andesina, Grand a été, à l'époque romaine, un sanctuaire des eaux dédié à l'Apollon gaulois, Apollon Grannus, qui, comme son homologue l'Apollon romain, avait le pouvoir de guérir. Grannus s'est tout naturellement abrégé en Grand. Des textes antiques attestent que le site accueillit des hôtes illustres comme l'empereur Caracalla, vers 213, ou l'empereur Constantin, dont on dit qu'il aurait reçu ici en 309 une prédiction, celle de vivre « trente années de bonheur » ! Avec le retour de la persécution des chrétiens sous le règne de Julien l'Apostat, Grand fut, en 362, le théâtre de la décapitation de sainte Libaire, la première martyre de Lorraine.

Coussey A1

7 km au nord par la D 164.
Bâtie au 12e s., l'**église** du bourg possède un superbe clocher roman.

St-Élophe A1

9 km au nord-est par la D 674.
À l'extrémité du village, clocher du 13e s. pour cette **église** remaniée à plusieurs reprises. Du parvis, vue sur la vallée du Vair, la basilique du Bois-Chenu, le château de Bourlémont.
Dans la nef du début du 16e s., éclairée par les hautes fenêtres ogivales de l'abside, est exposé le gisant de saint Élophe, évangélisateur de la Lorraine, martyrisé au 4e s. On raconte que le saint se lava la tête à une fontaine après avoir été décapité ! Sa statue, monumentale (7 m), date de 1886
Saint Élophe est également évoqué dans un petit **Musée archéologique** installé à la mairie. *16 r. de l'Église - ✆ 03 29 06 97 94 - ♿ - visite guidée (1h) mai-oct. : 14h-17h, jeu. 14h - fermé sam., 1er janv., 1er et 11 Nov., 25 déc. - 2,50 € (-12 ans 1,50 €).*

Domrémy-la-Pucelle *(voir p. 120)*

Pompierre A1

12 km au sud par la D 74, puis la D 1 à gauche.
L'**église St-Martin**, rebâtie au 19e s. en bordure de la route, a conservé son **portail★** roman du 12e s. Des voussures remarquablement travaillées encadrent un tympan à trois registres : des scènes du Nouveau Testament y sont sculptées (Massacre des Innocents et Fuite en Égypte, Annonce aux bergers et Adoration des Mages, Entrée de Jésus à Jérusalem). La décoration des chapiteaux ornés de bêtes affrontées et des colonnettes complète cet ensemble.

NOS ADRESSES À NEUFCHÂTEAU

HÉBERGEMENT

POUR SE FAIRE PLAISIR

Hôtel L'Éden – *R. de la 1re-Armée-Française - ✆ 03 29 95 61 30 - www.leden.fr - P - 27 ch. 70/90 € - ☕ 9 € - rest. 25/45 €.* Chambres confortables de différentes tailles, certaines équipées de baignoires à remous. Le bar accueille aussi la clientèle locale. Salle à manger de style néoclassique et cuisine au goût du jour.

Chambre d'hôte La Demeure du Gardien du Temps qui passe – *88630 Coussey - 7 km au nord de Neufchâteau par D 164 - ✆ 03 29 06 99 83 - www.lademeure88.com - 5 ch. 75 € ☕ - repas 20 €.* Cet ancien relais de poste dont la partie la plus ancienne date du 18e s. dégage un charme discret et raffiné. Le salon avec sa cheminée lorraine et la bibliothèque au plafond à la française ont beaucoup de caractère. Les chambres, spacieuses, s'agrémentent de jolis meubles chinés chez les antiquaires. Cuisine traditionnelle des Vosges et beau jardin avec barbecue.

RESTAURATION

BUDGET MOYEN

Le Romain – *Rte de Chaumont - ✆ 03 29 06 18 80 - 12,50/30 €.* Restaurant situé au bord de la route. Salle à manger vaste, claire et actuelle, agréable terrasse à la belle saison. Cuisine traditionnelle rustique, parfois régionale, et fruits de mer. Quelques chambres *(54 € - ☕ 6 €).*

4

+ d'adresses

Vosges du Sud 5

Cartes Michelin Départements 314 et 315 – Vosges (88), Bas-Rhin (67), Haut-Rhin (68), Haute-Saône (70) et Territoire de Belfort (90)

Vue du col de Schlucht.

Y. Levy/age fotostock

VOSGES DU SUD

HOHNECK ★★★ Vaut le voyage
Les Trois-Épis ★★ Mérite un détour
Gérardmer ★ Intéressant
Cernay À voir
Ville de départ du circuit
Le Val d'Argent
Ballon d'Alsace
Cuivre et ballon de Servance
Des sources de la Moselle à la Vée des Charbonniers
La vallée industrielle
La haute vallée
Le vallon d'Urbès
Vallées du Tendon et de la Vologne
Vallée de Munster
STRASBOURG
SÉLESTAT
FRIBOURG-EN-BRISGAU
COL DU DONON
BACCARAT
LUNÉVILLE
ÉPINAL
BAS-RHIN
VOSGES
COLMAR
Champ du Feu
Col de la Charbonnière
Albé
Villé
Val de Villé
Fouchy
Col de Fouchy
Liepvre
Col de Steige
Le Climont
Col d'Urbeis
Provenchères-sur-Fave
Jardins de Callunes
Senones
Moyenmoutier
Camp celtique de la Bure
Étival-Clairefontaine
St-Dié-des-Vosges
Ste-Croix-aux-Mines
Ste-Marie-aux-Mines
St-Pierre-sur-l'Hâte
Roc du Haut de Faite
Col de Ste-Marie
Vée de la Liepvrette
Le Brézouard
Fréland
Lapoutroie
Val d'Orbey
Orbey
Lac Blanc
Lac Noir
Le Linge
Col du Wettstein
Espace des métiers du bois et du patrimoine
Le Galz
Les Trois-Épis
Hohrodberg
Le Bonhomme
Col du Bonhomme
Hte Vée de la Meurthe
Gazon du Faing
Roche du Diable
Vée de la Meurthe
Glacière de Straiture
Saut des Cuves
Champ de roches
Gérardmer
Lac de Longemer
Lac de Gérardmer
Granges-sur-Vologne
Champ-le-Duc
Mont Avison
Bruyères
Grande Cascade de Tendon
Meurthe
Vologne
Liepvrette
Bruche
Fecht

VOSGES DU SUD
4
BASEL
OTTMARSHEIM
PLOMBIÈRES-LES-BAINS
BELFORT
BELFORT
HAUT-RHIN
HAUTE-SAÔNE
TERRITOIRE-DE-BELFORT
MULHOUSE
Parc naturel régional des Ballons des Vosges
ROUTE DES CRÊTES
Vallée de la Thur
HOHNECK
GRAND BALLON
BALLON D'ALSACE
Petit Ballon
Massif du Petit Ballon
Vieil Armand
Grand Ventron
Petit Drumont
Ballon de Servance
Lac de Retournemer
Lac de Fischbœdle
Lac des Corbeaux
Lac d'Alfeld
Cade St-Nicolas
Parc de Wesserling-Écomusée textile
Musée du Textile
Munster
Soultzbach-les-Bains
Luttenbach-près-Munster
Muhlbach
Schnepfenried
Lautenbach
Le Markstein
Husseren-Wesserling
Ranspach
St-Amarin
Moosch
Willer-sur-Thur
Thann
Cernay
Sentheim
Masevaux
Oderen
Wildenstein
Col de Bramont
La Bresse
Bussang
Col du Bussang
Tête du Rouge Gazon
See d'Urbès
St-Maurice-s-Moselle
Le Thillot
Château-Lambert
Col du Ballon
Servance
Saut de l'Ognon
AUTOUR DE GÉRARDMER
Moselle
Thur
Lauch
1362
1267
1424
956
1204
956
1200
1183
727
1247
1216
1178
D 430
D 27
D 43
D 431
D 35
D 13B
D 34A
D 34
N 66
D 90
D 16
D 486
D 466
D 83
A 35
A 36
RF
N 57
10 km
0
A
B
C
3
4
Vallée de la Fecht
Route du Petit Ballon
Val d'Orbey
Route des Crêtes
Le pays des abbayes
Vallées de la Fave et du Giessen
Route du Col de Steige
Route du Col de Fouchy

Parc naturel régional des Ballons des Vosges

★★

Haut-Rhin (68), Vosges (88), Haute-Saône (70) et Territoire de Belfort (90)

NOS ADRESSES PAGE 290

S'INFORMER

Maison du Parc – *1 cours de l'Abbaye - 68140 Munster - ✆ 03 89 77 90 34 - www.parc-ballons-vosges.fr - ♿ - juil.-sept. : tlj sf lun. 10h-12h, 13h30-17h30 ; reste de l'année : tlj sf w.-end et j. fériés 13h30-17h30 - fermé janv., 1er et 11 Nov, 26 et 31 déc. - gratuit.*

Incontournable, la Maison du Parc propose plus de 600 m² d'expositions permanentes ou temporaires sur la montagne vosgienne destinées au grand public tout en restant bien sûr un service d'accueil et d'information.

Le Parc compte une quarantaine d'offices de tourisme et de syndicats d'initiative.

Office du tourisme des Ballons des Hautes-Vosges (bureau de Bussang) – *8bis r. d'Alsace - 88540 Bussang - ✆ 03 29 61 50 37 - www.tourisme-bussang.com - 9h-12h, 15h-17h - fermé dim., 1er janv., dim. et lun. de Pâques, 1er et 8 Mai, 25 déc.*

Office du tourisme des Ballons des Hautes-Vosges (bureau de St-Maurice-sur-Moselle) – *28bis r. de Lorraine - 88560 St-Maurice-sur-Moselle - ✆ 03 29 24 53 48 - www.saint-maurice-vosges.com - 9h30-12h, 15h-17h ; vac. scol. : 9h-12h, 14h-18h, dim. 10h-12h - fermé j. fériés.*

SE REPÉRER

Carte de microrégion A3/B3 (p. 280) – *carte Michelin Départements 314 I/M. 3/4.*

Le Parc s'étend sur près de la moitié sud du massif vosgien, de la vallée de Ste-Marie-aux-Mines au nord jusqu'aux portes de Belfort au sud.

À NE PAS MANQUER

Le panorama au sommet du Brézouard ou du ballon de Servance. Pour mieux profiter du Parc, faites un tour à la Maison du Parc, à Munster.

AVEC LES ENFANTS

L'éventail des promenades est tel qu'il y a forcément une randonnée adaptée à l'âge de vos enfants, la confiserie des Hautes-Vosges, à Plainfaing.

La diversité des paysages fait la renommée du Parc naturel régional des Ballons des Vosges : pâturages d'altitude (hautes chaumes sur les ballons), plateau des Mille-Étangs, tourbières, cirques glaciaires, lacs, rivières et collines couvertes de résineux… Ici vivent chamois, lynx, écrevisses, truites, tritons, et poussent lys martagon, gentianes jaunes, myrtilles… Sur la « ligne bleue des Vosges », les possibilités de découvertes et de plaisir sont infinies.

Cirque du Frankenthal, entre le col de la Schlucht et le massif du Hohneck.
M. Dozier/hemis.fr

Circuits conseillés Carte du Parc naturel

Créé en 1989, le Parc naturel régional des Ballons des Vosges s'est donné trois objectifs : protéger et valoriser son patrimoine naturel, favoriser un développement économique compatible avec l'environnement et assurer la promotion du territoire. Le chamois a été réintroduit avec succès en 1956 et des castors sont revenus dans la vallée de la Doller. Quant au grand tétras et au faucon pèlerin, ils sont désormais protégés.

Le territoire du Parc est un milieu rare et fragile. Il est demandé aux promeneurs de ne pas s'écarter des sentiers, de rester discrets et silencieux, de modérer les cueillettes, de respecter les arbres, de laisser les minéraux en place, de refermer les barrières et de ne pas abandonner de déchets dans la nature.

Pour les sorties hivernales en particulier (mais aussi en été si vous voulez être sûr de bénéficier d'un temps dégagé pour profiter des panoramas), pensez à vous renseigner sur le temps (Météo France ✆ 32 50). Prévoyez un matériel adapté et munissez-vous d'une carte et d'une boussole.

★★ LE BALLON D'ALSACE

▶ *Circuit de 38 km au départ de St-Maurice-sur-Moselle, tracé en bleu foncé sur la carte p. 284. Comptez environ 2h.*

Le ballon d'Alsace constitue l'extrémité sud de la chaîne des Vosges. On y rencontre de belles forêts de sapins et d'épicéas, de charmants sous-bois, des fonds de ravins très frais et, sur les hauteurs, de grands pâturages, émaillés de fleurs alpestres. Du point culminant (1 250 m), le panorama est superbe ; par temps favorable, les Alpes sont visibles.

Cette route du col du ballon d'Alsace, la plus ancienne du massif, a été construite sous le règne de Louis XV.

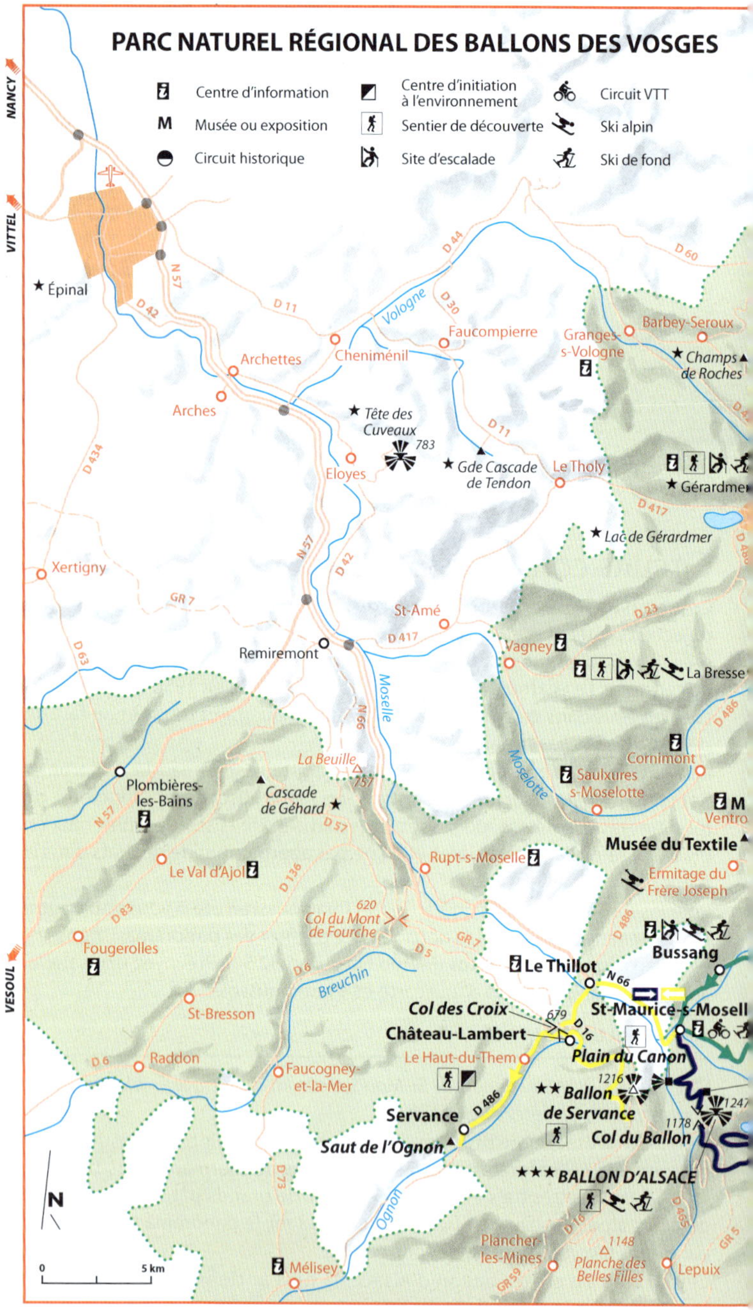
PARC NATUREL RÉGIONAL DES BALLONS DES VOSGES
Centre d'information
Musée ou exposition
Circuit historique
Centre d'initiation à l'environnement
Sentier de découverte
Site d'escalade
Circuit VTT
Ski alpin
Ski de fond
NANCY
VITTEL
VESOUL
Épinal
Archettes
Arches
Cheniménil
Faucompierre
Granges-s-Vologne
Barbey-Seroux
Champs de Roches
Tête des Cuveaux
783
Eloyes
Gde Cascade de Tendon
Le Tholy
Gérardmer
Lac de Gérardmer
Xertigny
St-Amé
Remiremont
Vagney
La Bresse
Moselle
Moselotte
Cornimont
Saulxures-s-Moselotte
Ventron
Musée du Textile
Ermitage du Frère Joseph
La Beuille
757
Plombières-les-Bains
Cascade de Géhard
Le Val d'Ajol
Rupt-s-Moselle
Fougerolles
620
Col du Mont de Fourche
Bussang
Le Thillot
Breuchin
St-Bresson
Col des Croix
679
Château-Lambert
St-Maurice-s-Mosell
Plain du Canon
Raddon
Faucogney-et-la-Mer
Le Haut-du-Them
1216
Ballon de Servance
1247
1178
Col du Ballon
Servance
Saut de l'Ognon
BALLON D'ALSACE
Ognon
Plancher-les-Mines
1148
Planche des Belles Filles
Lepuix
Mélisey
N
0
5 km
Vologne
D 44
D 60
D 30
D 11
D 42
N 57
D 434
GR 7
D 417
D 63
N 66
D 23
D 486
D 136
D 83
D 5
D 6
D 16
D 73
D 465
GR 5
GR 59
N 66

PARC NATUREL RÉGIONAL DES BALLONS DES VOSGES

St-Maurice-sur-Moselle

Proche des stations de ski du Rouge-Gazon et du Ballon d'Alsace, et point de départ pour le ballon de Servance et la vallée des Charbonniers, le village est un incontournable petit carrefour. Bien que cette terre soit de tradition équestre depuis le 17e s., ses habitants sont surnommés… les fourmis – ce qui explique la présence de trois de ces insectes sur le blason de la commune.

Au cours de la montée au col du Ballon, la D 465 offre de jolies vues sur la vallée de la Moselle, puis pénètre dans une superbe forêt de sapins et de hêtres.

Plain du Canon

15mn à pied par un sentier qui part de la D 465, en direction de la maison forestière. Descendez devant la maison, puis prenez le sentier qui monte à gauche.

Le nom de ce lieu-dit est dû à un petit canon dont se servait le garde forestier pour provoquer un écho. Jolie vue sur le vallon boisé de la Presles, dominé par le ballon d'Alsace. On reconnaît aussi le ballon de Servance. Après le lieu-dit **La Jumenterie** qui perpétue le souvenir d'un établissement fondé en 1619 par les ducs de Lorraine pour l'élevage des chevaux, très belle vue à droite sur la vallée de la Moselle et sur le ballon de Servance.

On atteint la région des hauts pâturages.

Col du Ballon

Situé à 1178 m, il sert de « base » à la très courte ascension, vers le ballon. Vous y trouverez une **Maison du tourisme** *(✆ 03 29 25 20 38 - www.ballondalsace.fr)* rénovée qui, outre la mise à disposition de documentation, propose une consigne et un service de guide de moyennes montagnes. Sur le parking, voyez le **Monument à la mémoire des démineurs** élevé en mémoire du dévouement et souvent du sacrifice de ceux qui ont accompli cette tâche éminemment périlleuse. Il figure un homme transpercé par trois flèches de cristal. Un autre monument rappelle l'exploit sportif du coureur cycliste René Pottier.

Belle vue sur le sommet du ballon d'Alsace, et plus à droite, sur la trouée de Belfort, où brillent des étangs, et le Jura du Nord.

★★★ Ballon d'Alsace B4

30mn à pied AR. Départ de la Maison du tourisme ou de l'auberge (plus direct). Une brochure vendue (3,10 €) à la Maison du tourisme permet de découvrir le ballon d'Alsace via un sentier-découverte (1h30 à 2h).

C'est le point culminant du ballon d'Alsace (1 247 m) à l'extrémité sud de la chaîne des Vosges. Le sentier d'accès s'amorce sur la D 465, devant la ferme-restaurant du Ballon d'Alsace. Il se dirige à travers les pâturages, vers la statue de la Vierge : avant le retour de l'Alsace à la France, cette statue se trouvait exactement sur la frontière. Du balcon d'orientation, le **panorama★★** s'étend au nord jusqu'au Donon, à l'est sur la plaine d'Alsace et la Forêt-Noire, au sud jusqu'au Mont Blanc.

De retour sur la D 465, la descente vers le lac d'Alfeld est très belle. Elle permet de découvrir en avant le Grand Ballon, point culminant des Vosges (1 424 m), puis la **vallée de la Doller**, le Jura et les Alpes.

Prenez à gauche la D 466 dir. Masevaux.

Après un parcours en forêt, le lac apparaît au fond d'un cirque d'origine glaciaire.

★ Lac d'Alfeld

Ce beau lac de 10 ha et d'une profondeur de 22 m est réservé à la pêche, il est entouré de hauteurs boisées où perce parfois la roche. Le barrage, un ouvrage de 337 m qui retient ses eaux, s'appuie sur une moraine laissée par les anciens glaciers.

FRONTIÈRE NATURELLE
Après la défaite de 1871, la crête des Vosges était devenue la frontière entre la France et l'Empire allemand. Les contrebandiers de tabac, alcool et allumettes avaient alors pris le contrôle de la montagne.

La petite route en lacets descend vers la **vallée de la Doller**, offrant une vue sur le petit village de Sewen noyé dans la forêt. À partir de là, les bourgades se succèdent, se touchent. Elles sont, pour beaucoup, reliées entre elles par une piste cyclable. La vallée et ses versants boisés sont sillonnés par 325 km de sentiers balisés *(www.ot-masevaux-doller.fr)*.

Lac de Sewen

Petit lac peu à peu envahi par la tourbe. On trouve sur ses bords des plantes alpestres et nordiques.
En aval, la D 466 longe la Doller, qui coule entre de hautes pentes de prairies très vertes, coupées de bois de sapins et de hêtres.
La vallée est dominée par l'église romane de **Kirchberg**, perchée sur une moraine, et à l'entrée de **Niederbruck**, à gauche, par une Vierge à l'Enfant due au sculpteur Antoine Bourdelle.

Masevaux

Cette ville industrielle et commerçante a été créée autour d'une abbaye fondée par Mason, neveu de sainte Odile, en mémoire de son fils qui s'était noyé dans la Doller. Jolies places ornées de fontaines (18e s.) et entourées de demeures des 16e et 17e s. De la charmante bourgade de Masevaux, possibilité de rejoindre Thann par la Route Joffre (D 14 bis).

Sentheim

En face de l'église, la **Maison de la géologie** présente une belle collection de roches, de fossiles et de minéraux. *03 69 77 12 41 - http://sentheim.geologie.free.fr/ - ♿ - juil.-août : dim. 14h-18h ; reste de l'année : 1er dim. du mois 14h-18h - possibilité de visite guidée juil.-août : dim. 14h-15h merc. 9h-13h - fermé nov.-fév. - visite guidée musée 2 €, visite guidée sentier géologique 5 € (-16 ans gratuit).*
Cette plongée dans la géologie peut être complétée par le **sentier géologique de Wolfloch** *(sur la D 466 en direction du ballon d'Alsace, tournez à droite après l'église. 5 km, 12 sites balisés – environ 2h. Rejoignez le départ du sentier en suivant le fléchage. Partez ensuite à gauche du panneau de présentation et suivez le balisage représentant un fossile).*
Le sentier longe des champs et franchit ensuite la « grande faille vosgienne ». Il permet de survoler ainsi la géologie des Vosges depuis l'ère primaire jusqu'à nos jours. *Contact : Maison de la géologie - Sentier géologique : brochure disponible au Musée (1 €) - Sentier minier : possibilité de visite guidée en juil.-août merc. 14h-17h - 5 € (enf. gratuit).*

★★ CUIVRE ET BALLON DE SERVANCE

Circuit de 23 à 40 km au départ de St-Maurice-sur-Moselle, tracé en jaune sur la carte p. 284. Comptez environ 2h (4h avec les visites).
Situé quelques kilomètres à l'ouest du ballon d'Alsace, le ballon de Servance culmine à 1 216 m et donne naissance à l'Ognon, dont le cours prend un départ tumultueux. Pour différencier les deux Ballons, observez les sommets : le Ballon d'Alsace est surmonté d'une Vierge et celui de Servance, d'un fort militaire.

LE DIEU BEL
Le terme « ballon », qui désigne les sommets si caractéristiques des Vosges du Sud, serait dérivé du nom du dieu Bel auquel les Celtes vouaient un culte.

St-Maurice-sur-Moselle *(voir p. 286)*

Par la N 66, dir. Remiremont, vous parvenez au Thillot.

Le Thillot

Cette localité active à proximité des Hautes-Vosges a su depuis longtemps trouver les ressources nécessaires à sa reconversion. Ses anciennes mines de cuivre lui permettent aujourd'hui d'exploiter le filon touristique...
Au centre du village, suivez la direction Lure et Hautes-Mynes.
Les mines de cuivre des ducs de Lorraine – *✆ 03 29 25 03 33 - http://hautes.mynes.free.fr - avr.-sept. : 10h-19h ; reste de l'année : merc., w.-end et j. fériés 13h-19h - possibilité de visite guidée - fermé 1er janv., 25 déc. - 7 € (6-16 ans 4 €) - prévoir de bonnes chaussures.*
Vous achèterez vos tickets sur le site de l'exposition permanente, la **Maison des Hautes-Mynes**. Vous pouvez vous en contenter. Mais nous vous conseillons vivement de suivre le sentier de découverte (comptez 2h30 à 3h pour le musée et le sentier) accompagné d'un guide ou d'un topo-guide. C'est seulement accompagné que vous pourrez effectuer l'intégralité de la visite avec halte dans la mine. Vous remonterez le temps en descendant aux fins fonds des galeries... du 16e s. jusqu'au 18e s., où puits et pompes d'autrefois dévoilent leurs atours.
Quittez Le Thillot par la D 486 en direction de Lure. La route monte vers le col des Croix.

Col des Croix

Alt. 679 m. Dominé par le fort de Château-Lambert, il marque la frontière entre la Lorraine et la Franche-Comté, ainsi que la limite de partage des eaux entre la mer du Nord et la Méditerranée.
Au col, tournez, suivez à gauche la D 16 puis descendez vers le hameau de Château-Lambert.

Château-Lambert

1 km après le col des Croix, on découvre ce charmant village qui accueille le **musée de la nature des Vosges saônoises**, où l'on visite la maison du paysan mineur, un moulin, une forge, un pressoir du 17e s., une scierie, différents métiers de la forêt, une ancienne salle de classe... *✆ 03 84 20 43 09 - www.cg70.fr - avr.-sept. : 9h30-12h, 14h-18h, sam. et dim. 9h30-12h ; oct.-mars : 14h-17h, sam. et dim. 14h-17h - fermé mar., vac. de Noël, 1er Mai, 1er et 11 Nov. - 4 € (16-18 ans 2 €).*
Juste à côté, vous trouverez une petite auberge où déguster un gratin de munster, une salade et une tarte aux myrtilles et, surtout, le nouvel **Espace Nature et Culture** *(avr.-sept. : lun.-vend. 9h30-12h30, 14h-18h et sam.-dim. 14h-18h - oct.-mars : tlj sf mar. 14h-17h)*, un édifice en bois et au toit végétalisé destiné à l'accueil d'expositions sur les Vosges saôniennes. Sur la place du hameau, un panneau décrit les nombreux sentiers qui permettent de parcourir les vallons bucoliques alentour (voir aussi : *www.melisey.com*).
Revenez sur la D 16.
Si vous désirez parvenir au ballon de Servance (comptez plus d'une heure pour l'aller-retour en voiture et le sentier), suivez cette ancienne route stra-

tégique qui s'élève en corniche, offrant de jolies vues sur la vallée de l'Ognon avant de sinuer en forêt.

★★ Panorama du ballon de Servance

Laissez la voiture au départ de la route militaire (interdite) du fort de Servance et prenez, à droite, le sentier jalonné qui conduit (15mn à pied AR) au sommet du ballon (alt. 1 216 m).

On découvre un magnifique panorama : à l'ouest, sur la vallée de l'Ognon, le plateau glaciaire d'Esmoulières, semé d'étangs, et le plateau de Langres ; au nord-ouest, les monts Faucilles ; plus à droite, la vallée de la Moselle ; au nord-est, du Hohneck au Gresson en passant par le Grand Ballon, très lointain, se silhouette la chaîne des Vosges ; à l'est s'arrondit la croupe, toute proche, du ballon d'Alsace ; au sud-est et au sud, vue sur les contreforts vosgiens.

De retour sur la D 486, suivez la direction de Servance/Lure.

Servance

Autrefois, on exploitait les carrières de syénite (belle roche rouge) dans lesquelles on tailla les colonnes de l'Opéra de Paris.

À la sortie du bourg, à droite, un sentier *(15mn AR)* mène au **saut de l'Ognon**, cascade pittoresque s'échappant d'une étroite gorge rocheuse.

DES SOURCES DE LA MOSELLE À LA VALLÉE DES CHARBONNIERS

Circuit de 22 km au départ du col de Bussang, tracé en vert foncé sur la carte p. 284. Comptez environ 1h.

En provenance de Thann par la malheureusement très encombrée N 66 (très nombreux camions), vous franchissez bientôt le col de Bussang.

Col de Bussang

Alt. 727 m. Au col se trouve le monument de la source de la Moselle. Le petit ruisseau encombré de mousses deviendra grand et arrosera bientôt Épinal, Metz, Trèves. Mais, ici, il se grossit du superflu des sources minérales de Bussang. Le torrent ne devient rivière qu'aux environs de Rupt-sur-Moselle. Son cours assagi décrit de beaux méandres entre des collines boisées, puis coule tranquillement vers Remiremont et Épinal.

★★ Petit Drumont

15mn à pied AR. La route forestière d'accès s'embranche sur la D 89 juste après le col de Bussang et à 100 m à peine de la source de la Moselle. Prudence recommandée. Quittez la voiture près de l'auberge et prenez le sentier qui s'élève à travers les chaumes.

Table d'orientation au sommet (1 200 m). Le **panorama**★★ s'étend du Hohneck au ballon d'Alsace.

Reprenez la N 66 en direction de St-Maurice-sur-Moselle.

Bussang

Une voie romaine traversait jadis le joli site dans la vallée de la Moselle naissante. Devenu villégiature estivale, c'est aussi un centre de sports d'hiver. Le **Théâtre du Peuple**, fondé en 1895 par Maurice Pottecher, propose chaque année une programmation très diversifiée, interprétée en majorité par des acteurs amateurs : pièces folkloriques écrites par son fondateur, mais aussi œuvres de Shakespeare, Molière, Labiche, Beaumarchais, Goldoni, etc. Classé monument historique, ce grand vaisseau de bois, dont le fond de scène s'ouvre sur la forêt, rend les acteurs très proches du public. *✆ 03 29 61 50 48 -*

www.theatredupeuple.com - ♿ - visite guidée (1h) juin-août : mar. 11h ; janv.-mai : dim. 10h30 ; reste de l'année sur réserv., se rens. par téléphone - 2 € (-12 ans gratuit).

St-Maurice-sur-Moselle *(voir p. 286)*

À l'est de St-Maurice-sur-Moselle, prenez la route qui longe le ruisseau des Charbonniers (à gauche en passant devant l'église).

Les habitants de la **vallée des Charbonniers** descendraient d'une colonie suédoise et allemande embauchée au 18e s. par les ducs de Lorraine pour l'exploitation de la forêt et le charbonnage.

Au village des Charbonniers, tournez à gauche vers la **Tête du Rouge Gazon**, où l'on trouvera un hôtel-restaurant autour duquel des activités de loisirs sont proposées tout au long de l'année. Vues en direction du ballon de Servance.

NOS ADRESSES DANS LE PNR DES BALLONS

Voir aussi nos adresses sur la route des Crêtes *(p. 324)* et à Ste-Marie-aux-Mines, pour le circuit Val d'Argent *(p. 336)*.

HÉBERGEMENT ET RESTAURATION

Au cœur des ballons des Vosges, on trouve un grand choix de **gîtes Panda** agréés par les Gîtes de France *(www.gites-panda.fr)*. Dans cette catégorie, nous vous recommandons **La Gasse** à Lapoutroie *(✆ 03 89 47 55 27 - www.lapoutroie.net)* et **Les Hirondelles** à La Chapelle *(✆ 03 89 47 22 71)*.

PREMIER PRIX

Camping Lac de la Moselotte – *88290 Saulxures-sur-Moselotte - ✆ 03 29 24 56 56 - www.lac-moselotte.fr - réserv. conseillée - 72 empl. 20 €.*
Ce camping aménagé au bord du lac, à côté de la base de loisirs, propose trois solutions d'hébergement : un terrain doté d'un bloc sanitaire impeccable, des chalets tout confort avec accès direct au plan d'eau et un ensemble de petites huttes en bois.

BUDGET MOYEN

Grand Hôtel du Sommet – *Au sommet du ballon d'Alsace - 90200 Lepuix-Gy - ✆ 03 84 29 30 60 - www.hotelrestaurantdusommet.com - fermé lun. sf vac. scol. et de mi-nov. à mi-déc. - P - 25 ch. 50 € - ☕ 6,50 € - rest. 15/30 €.*
Se réveiller sur les hauteurs… au grand air, entouré de prairies et de vaches, avec vue sur la vallée de Belfort, voire, par beau temps, sur les Alpes suisses.
Repos assuré dans ces chambres simples mais confortables.
Restauration classique.

Chambre d'hôte La Villa du Lac – *2 rte du Ballon - 68290 Sewen - ✆ 03 89 82 98 38 - www.villa-du-lac-alsace.com - fermé janv. - 🚭 - 5 ch. 55/60 € ☕ - table d'hôte 24 €.* Cette villa de style 1930, sise au pied du ballon d'Alsace et face au lac de Sewen, constitue un point de départ idéal pour les randonnées. Au retour, vous dégusterez un bon petit plat alsacien (produits fermiers et bio) avant de vous reposer dans l'une des chambres avec vue sur le plan d'eau ou la forêt. Copieux petits-déjeuners maison.

Hôtel Le Rouge Gazon – *88560 St-Maurice-sur-Moselle - ✆ 03 29 25 12 80 - www.rouge-gazon.fr - fermé en nov. et 2 sem. en mars - P - 39 ch. 63/80 € - ☕ 9 € - rest. 13/38 €.* Ce vaste établissement familial perché à 1 260 m d'altitude, dans un site classé, comprend un hôtel et un restaurant où la cuisine pioche dans les produits locaux, notamment ceux de la ferme voisine. Parcours de randonnées en été, qui se transforme en piste de ski quand revient l'hiver. Nombreuses autres activités sportives et éducatives proposées tout au long de l'année.

ACHATS

Confiserie des Hautes-Vosges (CDHV) – *44 Habeaurupt - 88230 Plainfaing, env. 15 km d'Orbey - ✆ 03 29 50 44 56 - www.cdhv.fr - magasin : tlj sf dim. 9h-12h15, 13h45-18h30 ; visites guidées : tlj sf dim. et j. fériés 10h-12h, 14h-18h.* Du sucre, du miel des Vosges, des arômes naturels, parfois même des huiles essentielles… Tout cela cuit à feu nu dans des chaudrons en cuivre sous vos yeux. Il ne vous reste plus alors qu'à goûter… et acheter ces friandises aux saveurs d'autrefois : bonbons des Vosges (plus de 30 sortes), bergamotes de Nancy, myrtilles, violettes, coquelicots…

ACTIVITÉS

Randonnées – Suivez les sentiers de découverte ou l'un des nombreux circuits historiques balisés. Un petit guide payant (Maison du Parc) donne plus d'informations pour certains d'entre eux. Un calendrier des animations (été ou hiver) est également diffusé par le Parc et disponible dans les O.T.
Il présente différentes sorties organisées par les associations locales (nombreuses balades ou randonnées thématiques : histoire, patrimoine, sport, gastronomie…), les expositions dans les musées ainsi qu'un agenda des manifestations et des rendez-vous culturels.

Ski – Le ballon d'Alsace offre pendant l'hiver une gamme de sports de glisse tout à fait respectable. Fier de ses 12 pistes de ski alpin, il reste avant tout un site de ski de fond : 8 pistes, 50 km. Informations : *www.tourisme-ballon-alsace.fr, www.rando-vosges.com et auprès de l'École de ski français (✆ 03 84 29 06 65).*

Autres activités – Parapente, escalade, VTT, parcours à la cime des arbres… Le ballon d'Alsace et l'aire de Rouge-Gazon sont propices à toutes sortes d'activités de loisirs. Renseignez-vous auprès des offices de tourisme.

Voie verte – En vélo ou en roller, vous pouvez également emprunter une partie de la voie Verte *(www.lavoieverte.com)*, une large piste interdite aux voitures qui court notamment entre Bussang et Le Thillot.

AGENDA

Fête de la Transhumance – Montée des troupeaux *(mi-mai)* et descente *(mi-octobre).*

Fête des foins – Fin juillet à Rouge-Gazon.

Fête des Bucherons – Fin juillet à Bussang.

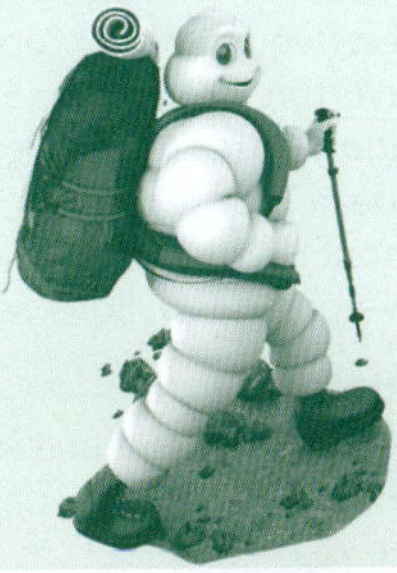

Vallée de la Thur

★

Haut-Rhin (68)

NOS ADRESSES PAGE 295

S'INFORMER
Office du tourisme de St-Amarin – *81 r. Charles-de-Gaulle - 68550 St-Amarin - ✆ 03 89 82 13 90 - www.ot-saint-amarin.com - juil.-août : 9h-12h, 13h30-18h, sam. 9h-12h30, 15h-18h, dim. 10h-12h ; reste de l'année : 9h-12h, 14h-17h, sam. 10h-12h, fermé dim. - fermé j. fériés.*

SE REPÉRER
Carte de microrégion B3/B4 (p. 280) – *carte Michelin Départements 315 F/H 8/10.* Sous le Grand Ballon, les premières vallées sont parallèles à la route des Crêtes. On accède à la vallée de la Thur par Thann, situé à 22 km à l'ouest de Mulhouse, par la N 86-E 512.

À NE PAS MANQUER
Le parc de Wesserling et son Écomusée textile, le circuit de la haute vallée de la Thur pour sa nature et ses panoramas.

AVEC LES ENFANTS
La ferme du parc de Wesserling, le Parc Arbre Aventure à Kruth.

La vallée de la Thur a beau être industrielle, elle a su préserver une partie de ses richesses naturelles. Ses villages, dominés par quelques-uns des plus hauts sommets des Vosges, sont charmants. La vallée supérieure et le vallon d'Urbès, aux versants boisés et couverts de pâturages, abritent une faune et une flore très riches et variées. Quantité d'oiseaux nicheurs et migrateurs les ont choisis ; les randonneurs y trouveront eux aussi le plaisir et l'oxygène qu'ils recherchent.

Circuits conseillés Carte du Parc naturel

LA VALLÉE INDUSTRIELLE

Circuit de 12 km au départ de Thann, tracé en orange sur la carte p. 284. Comptez environ 30mn.
Sortez de Thann à l'ouest, par la N 66.
La vallée est fréquentée dès l'époque romaine. Puis, à partir du début du 13e s., après l'ouverture des cols du St-Gothard et du Simplon, elle devient un axe de circulation entre l'Italie et les Pays-Bas.
La vallée de la Thur se resserre, puis s'élargit. Malgré leurs usines, les villages riverains sont charmants, de même que la campagne environnante avec ses prés, ses vergers, ses vallons, ses ruisseaux et ses cascades.

Willer-sur-Thur

Willer revendique l'honneur d'être le lieu de naissance de Catherine Hubscher, la future maréchale Lefebvre, passée à la postérité sous le surnom de « Madame Sans-Gêne ».

Moosch

Ils sont morts pour que vive la France. Dans un grand cimetière militaire adossé au versant est de la vallée reposent près de 1 000 soldats français fauchés en 1914-1918.

St-Amarin

Cette localité a donné son nom à la vallée entre Moosch et Wildenstein. Le **musée Serret et de la Vallée de St-Amarin** rassemble des souvenirs locaux : gravures et vues anciennes de la région, coiffes alsaciennes, armes, ferronneries, emblèmes de confréries. *7 r. Clemenceau - ✆ 03 89 82 13 90 - mai-sept. : 14h-18h - possibilité de visite guidée (2h) - fermé mar., oct.-avr., 1er janv., dim. et lun. de Pâques, 1er nov., 25 déc. - 3,20 € (6-16 ans gratuit).*

Ranspach

Dans le haut du village, au-delà d'une usine, départ d'un sentier botanique *(2,5 km)* signalé par une feuille de houx. Cette promenade facile et agréable est jalonnée par des panneaux sur lesquels figurent les caractéristiques des arbres et arbustes rencontrés.

★ Parc de Wesserling - écomusée textile

À Husseren-Wesserling. ✆ 03 89 38 28 08 - www.parc-wesserling.fr - ♿ - 15 juin-5 oct. : tlj 10h-18h ; 1er avr.-15 juin : mar.-dim. et j. fériés : 10h-12h, 14h-18h ; 6 oct.-31 mars : mar.-dim. 10h-12h, 14h-17h. Fermé 11 Nov. - 6 €, 7,50 € musée et parc pdt les festivités (-10 ans gratuit).

L'ancienne manufacture royale de tissus imprimés a été entièrement réhabilitée en un ensemble muséographique très complet comprenant un Écomusée textile, quatre jardins, une ferme et un sentier patrimonial. Des artisans se sont installés dans la vallée et autour des anciens bâtiments entièrement rénovés.

L'Écomusée textile présente l'histoire du site, ses différents propriétaires ainsi que l'histoire du coton et de l'indiennage. Les métiers de l'industrie textile sont illustrés par des démonstrations : filage, tissage, impression à la planche et numérique *(démonstrations ts les dim., tlj pdt les vac. scol. et lors du Festival des jardins métissés).*

Le parc compte quatre jardins : le jardin régulier dit « à la française », les terrasses méditerranéennes, le jardin ou parc à l'anglaise et le jardin potager. Malgré de nombreuses transformations depuis le 17e s., leur tracé actuel respecte en partie celui d'origine.

Ces jardins aux essences rares sont en été le théâtre du Festival des jardins métissés. Des artistes créent des jardins éphémères sur un thème imposé, en rapport avec le site. À Noël, à la tombée de la nuit, l'histoire des jardins est mise en scène dans un spectacle à l'occasion de l'opération « Noël aux jardins ».

La ferme fait le bonheur des petits. Elle accueille des animaux qui étaient au service de l'industrie textile (chevaux, ânes, vaches, moutons et chèvres). La découverte du site se poursuit en empruntant le sentier patrimonial (accès libre) doté de panneaux explicatifs.

DE GRANDS INDUSTRIELS

Ici, l'histoire n'a pas retenu des noms de guerriers, de souverains ou de religieux, mais ceux de Jérémie Risler, des Kœchlin, des Kestner, des Stehelin, tous « capitaines » d'industrie, fondateurs d'usines métallurgiques, textiles ou chimiques.

★ LA HAUTE VALLÉE

Circuit de 46 km au départ d'Husseren-Wesserling, tracé en violet sur la carte p. 284. Comptez environ 2h.

La haute vallée de la Thur est curieusement bosselée de buttes granitiques. Ce sont des îlots que l'action destructrice des anciens glaciers a respectés. Trois de ces buttes dominent **Oderen**. En amont, on peut apercevoir une autre butte, boisée, le Schlossberg, qui porte les ruines du **château de Wildenstein**.

À l'entrée d'Oderen, en venant de Fellering, belle vue sur les escarpements pittoresques des bois de Fellering.

Entre Kruth et Wildenstein, la route passe à droite du Schlossberg dans un défilé que, sans doute, la Thur emprunta autrefois.

Une autre route longe, par l'autre versant, le Schlossberg et le **barrage de Kruth-Wildenstein**, digue en terre et argile étanche, un des maîtres ouvrages de l'aménagement hydraulique de la vallée de la Thur.

À Wildenstein commence une superbe montée vers le col de Bramont caractérisée d'abord par une très belle vue en enfilade sur la vallée de la Thur, puis par un magnifique parcours en forêt.

Cette route n'est utilisable que dans le sens Wildenstein-Kruth et elle est fermée en hiver. Si tel est le cas, rejoignez Kurth par la D 13 bis, puis prenez la D 43^C^ pour atteindre le Grand Ventron.

Col de Bramont

Alt. 956 m. Il est situé sur la crête principale des Vosges.

★★ Grand Ventron

La route d'accès s'embranche au col de Bramont. Prenez à gauche la route forestière (8 km) passant par le col de la Vierge et aboutissant à la chaume du Grand Ventron. Du sommet (1 204 m), le **panorama★★** est très étendu sur les Vosges et la vallée de la Thur.

Poursuivez sur la piste forestière jusqu'au carrefour avec la D 43. Tournez à droite en direction de Ventron.

Musée du Textile

03 29 24 23 06 - http://musee.ventron.fr - avr.-sept. et vac. scol. : 10h-12h, 14h-18h ; reste de l'année : 14h-18h - fermé lun., nov. à mi-déc., 1er janv. - 4,50 € (-10 ans gratuit).

Ce musée retrace l'histoire d'un des plus importants pans de l'industrie vosgienne, qui a pris son essor grâce à l'esprit d'entreprise de paysans audacieux. Vous connaîtrez tout de la fabrication traditionnelle des toiles de lin à la filature industrielle du coton. Évolution des métiers à tisser du 18e s. à nos jours, démonstrations, etc.

Reprenez la D 43 en direction du col d'Oderen, cette fois, et rejoignez par la sinueuse D 13^B1^ la cascade St-Nicolas.

★ Cascade St-Nicolas

La cascade, composée de multiples et charmantes cascatelles, tombe au fond d'un joli vallon très encaissé dont les versants sont couverts de sapins.

Rejoignez Kruth et tournez à droite sur la D 13^B^ pour retournez à Husseren-Wesserling.

LE VALLON D'URBÈS

Circuit de 11 km au départ d'Husseren-Wesserling, tracé en bordeaux sur la carte p. 284. Comptez environ 30mn.

La route traverse la vallée de la Thur, puis s'engage dans le vallon d'Urbès barré par une moraine.

See d'Urbès

Parking sur le bord du lac, signalé par un grand panneau.

La dépression dans laquelle est installé le lac (ou *see*) d'Urbès doit son existence au glacier qui sculpta la vallée de la Thur à l'ère quaternaire. L'eau est retenue par une moraine frontale, dépôt rocheux accumulé par le glacier. Depuis la disparition de celui-ci, une végétation de tourbière (sphaignes, laîches, etc.) a colonisé ce lieu, le comblant progressivement.

Un sentier balisé *(1h30)*, complété de panneaux présentant la flore, la faune et les activités traditionnelles propres à ce milieu particulier, facilite la découverte du lac d'Urbès.

Une montée douce, avec de jolies vues sur la vallée de la Thur et les crêtes qui la dominent, amène au col de Bussang.

NOS ADRESSES DANS LA VALLÉE DE LA THUR

HÉBERGEMENT ET RESTAURATION

BUDGET MOYEN

Auberge de France – *20 Grand'Rue - 68820 Kruth - ☏ 03 89 82 28 02 - www.aubergedefrance.fr - fermé 7-31 janv., 15-30 juin et jeu. - P - 16 ch. 59 € - ☕ 8 € - rest. 16,50/39 €.* Dans un village de la haute vallée de la Thur, auberge bien tenue abritant des chambres assez confortables. Billard, boulodrome, accès Internet. Vous passerez par le bar de l'hôtel pour atteindre la salle à manger rustique où l'on sert des plats traditionnels.

Auberge du Mehrbächel – *68550 St-Amarin - 4 km à l'est par rte du Mehrbächel - ☏ 03 89 82 60 68 - www.auberge-mehrbachel.com - fermé 25 oct.-6 nov. - P - 23 ch. 60/70 € - ☕ 9,50 € - rest. 14/38 €.* Ambiance « refuge » et confort actuel pour cette ancienne ferme tenue par la même famille depuis 1886 et bénéficiant d'une situation privilégiée sur le passage d'un GR. Le restaurant propose quelques spécialités alsaciennes à partager avec les randonneurs.

Domaine des Fines Fleurs du Terroir – *R. Rhin-et-Danube - 68820 Wildenstein - ☏ 03 89 82 20 20 - www.domaine-fines-fleurs.eu - fermé merc. - ♿ - P - 9 ch. 48 € - ☕ 8 € - 13/48 €.* Cet hôtel qui partage les lieux avec une ferme avicole ménage une superbe vue sur la vallée de la Thur. Les chambres, magnifiquement décorées, disposent de tout le confort actuel. Le restaurant fonctionne selon le principe d'une ferme-auberge : la majorité des produits proviennent de l'exploitation voisine. En été, un jardin d'aromates permet de découvrir les herbes culinaires. Également, location d'un chalet *(7 pers.)* à la semaine.

Hôtel Les Quatre Saisons – *Au Frentz - 68820 Kruth - 3 km à l'ouest de Kruth par D 13B1 - ☏ 03 89 82 28 61 - www.hotel4saisons.com - fermé 10 j. janv., 10 j. nov., 24-25 déc. - P - 9 ch. 50/65 € - ☕ 9 € - rest. (fermé mar. et merc.) 16/35 €.* Cet hôtel-restaurant qui fut jadis une ferme a conservé le charme rustique de son activité d'origine. Les chambres, agréablement meublées et décorées, offrent une vue magnifique sur les montagnes alentour et la vallée de la Thur. La bonne cuisine du terroir est servie dans de la vaisselle traditionnelle.

ACTIVITÉS

Parc Arbre Aventure – *68820 Kruth - ✆ 03 89 82 25 17 - www.parcarbreaventure.com - avr.-juin et sept.-oct. : merc., sam.-dim. 13h30-18h ; juil.-août 9h30-20h ; j. fériés 13h30-20h - fermé nov.-mars - 22 € 4h dans le parc (-16 ans 17 €).* Retrouvez votre instinct d'aventurier en empruntant l'un de ces parcours, de difficulté croissante, tracés au milieu des arbres, qui vont de la simple découverte au grand frisson du circuit « no limit ». La grande tyrolienne survole le lac (300 m de long). Si le courage vous manque, vous pourrez vous rabattre sur les pédalos ou les kayaks.

AGENDA

Feux de la St-Jean – *✆ 03 89 82 13 90 - www.ot-saint-amarin.com.* La vallée de St-Amarin s'illumine chaque année à l'occasion de la veillée de la St-Jean *(samedi suivant le 20 juin)* de nombreux feux de joie et feux d'artifice ; animation musicale.

Gérardmer

★

8 776 Géromois – Vosges (88)

NOS ADRESSES PAGE 302

S'INFORMER

Office du tourisme de Gérardmer – *4 pl. des Déportés - 88400 Gérardmer - ✆ 03 29 27 27 27 - www.gerardmer.net - juil.-août : 9h-19h, dim. et j. fériés 10h-13h ; vac. de Noël, fév. et Pâques : 9h-18h30, dim. 10h-13h ; reste de l'année : 9h-12h, 14h-18h - fermé 1er janv., 25 déc.*

Office du tourisme de La Bresse – *2a r. des Proyes - 88250 La Bresse - ✆ 03 29 25 41 29 - www.labresse.fr - 9h-12h, 14h-18h30, dim. et j. fériés 9h30-12h30 - fermé 11 Nov.*

SE REPÉRER

Carte de microrégion B2 (p. 280) – *carte Michelin Départements 314 J4.* À 53 km à l'ouest de Colmar, Gérardmer se situe du côté lorrain du massif des Vosges.

À NE PAS MANQUER

Le tour du lac de Gérardmer, une randonnée dans les vallées avoisinantes pour contempler les chutes du saut des Cuves ou celles de Tendon, ou bien encore la coulée morainique de Granges-sur-Vologne.

ORGANISER SON TEMPS

Lieu de séjour, Gérardmer est aussi le point de départ de circuits que vous pourrez parcourir en 2 ou 3h.

Gérardmer et son lac.
S. Nicolas / Iconotec / Photononstop

AVEC LES ENFANTS
Les loisirs ne manquent pas aux abords du lac : sports nautiques, ski, parcs d'aventures. Et pour tout savoir sur les animaux de la région, rendez-vous au musée Faune Lorraine.

En 1875, l'office du tourisme de Gérardmer a été le premier à voir le jour en France, preuve s'il en fallait de la vocation d'hospitalité de cette station de sports d'hiver, reconvertie l'été en station climatique autour de son très beau lac. Même Charlemagne aurait, paraît-il, apprécié son charme et serait venu y séjourner… Dans un tout autre registre, la ville peut également s'enorgueillir d'avoir enlevé à Avoriaz l'organisation, chaque année, du Festival du film fantastique.

Séjourner Carte de microrégion

LES LACS

★ Lac de Gérardmer B2
C'est le plus grand lac des Vosges. Sa longueur est de 2,2 km, et sa largeur de 750 m. Il est assez profond (38 m), on peut y pratiquer la pêche et, bien sûr, s'y baigner ou faire de l'aviron, du canoë-kayak, de la voile… Le **tour du lac★** peut être effectué à pied ou en voiture *(6,5 km)*. Il offre de belles vues variées, selon que l'on se trouve plus ou moins près de la rive. Essayez les vedettes, canots électriques, barques, pédalos…
Plusieurs sociétés proposent des tours du lac commentés en vedette - www.gerardmer.net - de mi-avr. à fin oct. : 9h-19h.

★ Lac de Longemer B2
5 km à l'est par D 417 et D 67.
Autour de ce lac, long de 2 km, large de 550 m, profond de 30 m, on trouve des espaces verts, une plage et des campings.

★ Lac de Retournemer B3

12 km à l'est par D 417 et D 67.

Alimenté par les cascades de la Vologne, ce petit lac privé est remarquable par la pureté et le bleu profond de ses eaux qui reposent au creux d'une conque.

LES STATIONS DE SKI

Gérardmer-La Mauselaine B2

✆ 03 29 60 04 05 - www.ski-gerardmer.com - navette gratuite en hiver au dép. des principales pl. du centre-ville - vac. scol. : tlj - hors vac. : seult w.-end. Nocturne de 17h à 22h mar. et sam. hors vac. ; mar., jeu., sam. pdt les vac. scol.

Quarante km de pistes de ski dont la plus longue des Vosges (4 km) sont balisées sur les hauteurs de Gérardmer. De tous niveaux, certaines sont équipées de canons à neige, d'autres peuvent ouvrir en nocturne jusqu'à 22h.

Le premier espace nordique du massif des Vosges, le domaine des Bas-Rupts, n'est qu'à 2,5 km du centre-ville de Gérardmer. Les 100 km de pistes tracées forment des circuits de tous niveaux sur les communes de Gérardmer, La Bresse et Xonrupt, et s'enfoncent à travers la forêt. Entre 800 et 1 100 m d'altitude, les pistes de fond sont complétées par des itinéraires à emprunter en raquettes.

La Bresse-Hohneck B3

C'est le plus grand domaine skiable vosgien, équipé de 282 canons à neige, avec 37 pistes sur 3 sites principaux, autour du Hohneck en descendant sur La Bresse, près du lac de Retournemer et aux environs du col de la Schlucht. La Bresse est ainsi passée de la taille d'une station familiale à celle d'une véritable station sportive.

Circuits conseillés Carte ci-contre

★ VALLÉE DE LA MEURTHE ET DE LA PETITE MEURTHE

Pour visualiser ce circuit de 55 km au départ de Gérardmer, reportez-vous à la carte ci-contre. Comptez environ 2h.

Quittez Gérardmer par la D 417.

★ Saut des Cuves

Laissez la voiture à proximité de l'hôtel-restaurant du Pont des Fées. Prenez à droite, en amont du pont, le sentier qui mène à la Vologne, que franchissent deux passerelles permettant de faire un petit circuit.

Le torrent tombe en cascade parmi de gros blocs de granit. La plus importante des chutes se nomme le saut des Cuves.

Musée Faune Lorraine

Sur la D 417 à 500 m du carrefour du Saut-des-Cuves. 653 rte de Colmar - 88400 Xonrupt-Longemer - ✆ 03 29 63 39 50 - www.museefaunelorraine.com - juil.-août et vac. de Noël : 10h-12h, 14h-18h30 ; reste de l'année : 14h-18h30 - fermé sam. (hors vac. scol. et ponts), 25 déc. - 5,50 € (4-15 ans 4 €).

Un esprit naturaliste règne ici. Fondée par un taxidermiste, cette exposition présente plusieurs facettes de la nature vosgienne : beaux dioramas, véritables mises en scène dignes d'un « musée Grévin » animalier et quatre aquariums qui plongent le visiteur dans le monde subaquatique des eaux douces des torrents et lacs environnants.

Après 1 km, prenez à gauche la D 23.
Après un parcours en forêt, on atteint près du Valtin la **haute vallée de la Meurthe★**, dont les versants sont couverts de pâturages et de sous-bois. En aval de Rudlin, la vallée s'étrangle et la Meurthe, rapide et claire, vient alimenter plusieurs scieries.
À Plainfaing, prenez à gauche la D 415, puis la D 73 encore à gauche.

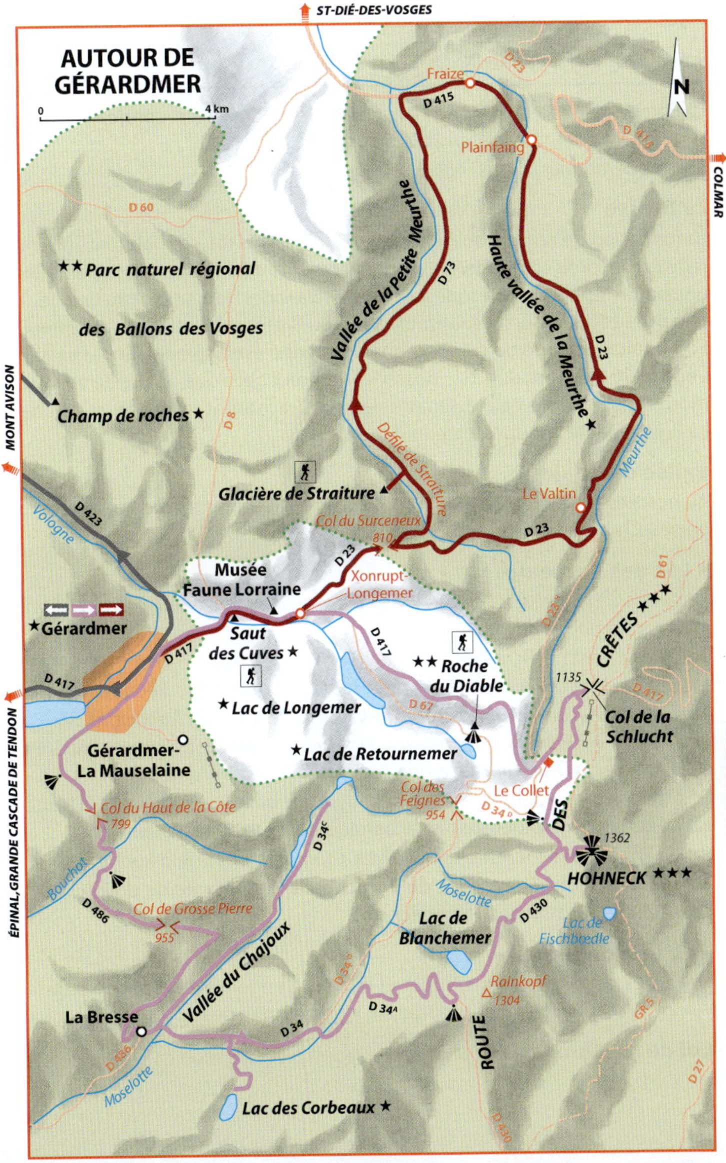

Le retour s'effectue par la **vallée de la Petite Meurthe**, qui, large et cultivée, se resserre. La route pénètre dans le défilé de Straiture aux parois couvertes de sapins.

Glacière de Straiture

À 0,7 km au-delà d'une petite route à droite, un sentier franchit la rivière et permet d'atteindre la glacière. C'est un amas de rocs entre lesquels se conservait la neige transformée en glace.

À l'extrémité du défilé, la route franchit la Petite Meurthe et rejoint le col de Surceneux, d'où l'on regagne Gérardmer.

★★★ LA BRESSE, LE HOHNECK ET LA SCHLUCHT

Pour visualiser ce circuit de 54 km au départ de Gérardmer, reportez-vous à la carte p. 299. Comptez environ 2h30.

Quittez Gérardmer par la D 486.

La Bresse

La fondation de ce gros bourg remonte au 7e s. Très tôt, ses habitants furent régis par un droit coutumier propre, si bien que la ville demeura jusqu'en 1790 une petite république presque autonome vivant des fromages et du tissage. À peu près détruite durant l'automne 1944, La Bresse a été reconstruite à neuf. Son habitat typique de la montagne vosgienne est dispersé dans la vallée. L'**église St-Laurent**, du 18e s., possède un chœur gothique éclairé de **vitraux** modernes en verre éclaté. Quatre verrières racontent les destructions de La Bresse par les troupes allemandes en repli.

Vallée du Chajoux

Au nord-est de La Bresse, elle longe un torrent à truites au pied de versants boisés. Chutes et retenues d'eau.

★ Lac des Corbeaux

À hauteur de l'hôtel du Lac, vous verrez à droite une route bordée de très beaux arbres ; elle conduit au lac.

Sa situation est particulière, au milieu d'un cirque abrupt couvert d'épaisses forêts. Un sentier permet d'en faire le tour (30mn à pied). Pêche autorisée.

Après La Bresse, on remonte le cours de la Moselotte que l'on franchit, laissant à gauche la D 34D vers le col des Feignes. 2 km plus loin, laissez la route de Bramont et empruntez la D 34A, sinueuse, appelée « route des Américains ».

On atteint alors les pâturages et on découvre une belle vue à droite sur la haute vallée de la Thur, Wildenstein et le barrage de Kruth-Wildenstein.

Prenez à gauche la route des Crêtes (D 430) qui contourne le Rainkopf.

À gauche, en contrebas, le **lac de Blanchemer** est entouré de prairies. Puis on atteint les chaumes du Hohneck.

★★★ Le Hohneck *(voir p. 321)*

Peu après, au loin à gauche, apparaît le lac de Longemer dans la vallée de la Vologne. La **vue★** devient superbe sur ce lac et celui de Retournemer.

Col de la Schlucht *(voir p. 319)*

★★ Roche du Diable

15mn à pied AR. Laissez la voiture près du tunnel et prenez un sentier très raide par lequel on arrive aussitôt au belvédère.

De cette Roche du Diable, large **vue**★★ sur la vallée de la Vologne, les prairies qui la tapissent, les lacs de Retournemer et Longemer et les versants alentour.

★ Saut des Cuves *(voir p. 298)*

VALLÉES DU TENDON ET DE LA VOLOGNE Carte de microrégion

Pour visualiser ce circuit de 61 km au départ de Gérardmer, reportez-vous à la carte de microrégion p. 280. Comptez environ 2h.

Quittez Gérardmer par la D 417. À l'entrée du Tholy, prenez à droite la D 11. Parcourez 5 km. 200 m avant l'hôtel Grande Cascade, prenez la route qui descend à gauche. Elle conduit à la cascade (800 m).

★ Grande Cascade de Tendon A2

Près du col de Bonne Fontaine, cette double chute dévale joliment en plusieurs paliers successifs, à travers les sapins de la forêt de Fossard.

Devant Faucompierre, tournez à droite et, par la D 30 et la D 44, gagnez Bruyères ; en prenant la route de Belmont à gauche du cimetière, on arrive au pied du mont Avison. Laissez la voiture.

Tour-belvédère du mont Avison A2

45mn AR à pied. Élevée sur le sommet (601 m) d'une des collines entourant **Bruyères**, cette tour de 15 m de haut (affublée d'un pylône peu esthétique) domine le carrefour des vallées où la ville a pris place. **Panorama**★ depuis la table d'orientation *(82 marches)* jusqu'aux sommets vosgiens de la Tête des Cuveaux, du Hohneck, du Donon. Remarquez au passage les maisons bourgeoises en grès jaune et rose.

Champ-le-Duc A2

La vieille **église** (12e s.) en grès rouge a survécu au raid des Suédois en 1635. La nef avec son alternance de piles fortes et faibles, la voûte avec ses boudins épais et l'abside en cul-de-four percée de trois petites fenêtres sont typiques de l'art roman primitif rhénan. Un chapiteau sculpté à la croisée du transept représente deux cavaliers affrontés (la tradition populaire y voit une entrevue entre Charlemagne et son fils Charles).

Le village fut incendié par les Allemands en 1944, beaucoup d'hommes furent déportés. C'est à la hâte que le village fut reconstruit à la fin de la guerre.

★ Champ de roches de Granges-sur-Vologne A2

Dans Granges-sur-Vologne, bourg industriel lié au textile, prenez la D 31 à gauche. À Barbey-Seroux, empruntez la route forestière à droite (à la deuxième intersection) et traversez la forêt de Vologne. À 2,4 km, à une bifurcation près de laquelle se trouve une maison, prenez à gauche et laissez la voiture à environ 150 m.

Cette extraordinaire coulée morainique, longue d'environ 500 m, scinde la forêt en ligne droite comme un fleuve de pierre figée. La surface de cet amoncellement est constituée de blocs serrés les uns contre les autres.

Revenez à Barbey-Seroux et à Granges, puis, par la D 423, rejoignez Gérardmer.

NOS ADRESSES À GÉRARDMER

HÉBERGEMENT

PREMIER PRIX

Camping municipal Le Haut des Bluches – *5 rte des Planches - 88520 La Bresse - 3,2 km à l'est par D 34, rte du Col-de-la-Schlucht et, à dr., chemin des Planches, bord de la Moselotte - ✆ 03 29 25 64 80 - www.domainehautdesbluches.labresse.fr - ouv. de mi-déc. à déb. nov. - ♿ - réserv. conseillée - 140 empl. 23 €.*
Outre la relative proximité des différentes activités proposées dans la région, ce camping bénéficie d'un bel aménagement en paliers de rochers et de verdure. L'hiver, on séjournera plus volontiers dans l'une des confortables chambres du chalet, au contact des pistes de ski.

BUDGET MOYEN

Chambre d'hôte « Au Pied des Chaumes » – *6 rte du Frère-Joseph - 88310 Ventron - ✆ 03 29 24 46 03 - www.couette.com - P - ⊄ - 5 ch. 65 € ☕ - repas 21 €.*
Calme et détente vous attendent dans cette grande bâtisse de style vosgien abritant des chambres agréablement décorées et équipées de WC et sdb. Petits-déjeuners assortis de confitures et pâtisseries maison, et possibilité de table d'hôte (cuisine traditionnelle et du terroir). Accueil convivial.

POUR SE FAIRE PLAISIR

Auberge du Haut Jardin – *88640 Rehaupal - ✆ 03 29 66 37 06 - www.hautjardin.com - fermé 5 j. en janv., 5 j. en mars et 5 j. en nov.- ♿ - P - 8 ch. 69/79 € - ☕ 9/12,90 € - rest. 18,80/37,50 €.* Charmante petite auberge imprégnée du calme des alentours. Vous serez ravi, après une belle balade, de passer à table pour y faire le plein de saveurs locales. Côté hébergement, on pourrait s'imaginer séjourner en maison d'hôte tant les lieux ont du caractère… Le nombre de chambres est restreint alors… sachez garder le secret.

Hôtel Viry-L'Aubergade – *Pl. des Déportés - ✆ 03 29 63 02 41 - www.hotelviry.com - P - 17 ch. 60/68 € - ☕ 9,50 €.*
Des fresques de style tyrolien agrémentent la façade et les chambres, sobres et bien tenues (6 d'entre elles ont été rénovées), de cet hôtel familial agrémenté de balcons au 1er étage. Plaisant petit salon-cheminée. Le restaurant et sa chaleureuse ambiance évoquent l'Autriche. Recettes traditionnelles et saveurs du terroir.

Les Vallées – *31 r. P.-Claudel - 88520 La Bresse - ✆ 03 29 25 41 39 - www.labellemontagne.com - 56 ch. 56/102 € - ☕ 12 € - rest. 18/46 €.*
Chambres fonctionnelles de taille variée, équipements complets pour séminaires et installations de loisirs : cet imposant complexe hôtelier est fréquenté hiver comme été. Ses atouts ? Une haute charpente en bois blond, de grandes baies vitrées et de bons plats régionaux au restaurant.

RESTAURATION

PREMIER PRIX

La Chaume – *23c bd Kelsch - ✆ 03 29 63 27 55 - www.restaurantlachaume.fr - fermé dim. soir et lun. sf vac. scol. et j. fériés - 13/16 €.* Cette petite adresse dispose de nombreux atouts qui en font un lieu très prisé : cadre rustique à souhait, cuisine inventive (millefeuille de canard et lentilles au raifort, filet mignon pané au miel de sapin, etc.), agréable service assuré par la patronne et prix tout doux. Pensez à réserver !

BUDGET MOYEN

Le Bistrot de la Perle – *32 r. Ch.-de-Gaulle - ✆ 03 29 60 86 24 - fermé 1 sem. en juil., 3 sem. en oct., 1 sem. en mars, mar. soir et merc. - ♿ - formule déj. 10,80 € - 16,60/23,50 €.* Cette perle de bistrot a conservé la jolie devanture « rétro » de la boucherie-charcuterie dans laquelle il s'est installé, mais l'intérieur, complètement réaménagé, s'avère actuel et chaleureux. Aux beaux jours s'y ajoute une agréable terrasse. Côté cuisine, la spécialité de la maison est la moule-frites escortée d'un vaste choix de petits plats « bistrotiers » à prix doux.

POUR SE FAIRE PLAISIR

Cap Sud – *144 rte de la Bresse - ✆ 03 29 63 06 83 - fermé lun. sf j. fériés - P - formule déj. 11 € - 28/52 €.* Escale maritime au cœur des Vosges : hublots et décor « paquebot » en acajou côté salle, vue sur les montagnes côté véranda et cuisine du large d'inspiration méditerranéenne.

ACHATS

Marché – *Pl. du Vieux-Gérardmer - jeu. et sam. 8h-12h : marché traditionnel. Sam. juil.-août : 8h-12h marché artisanal.* Ce RV bihebdomadaire des artisans et producteurs régionaux en fait l'un des marchés les plus populaires de la région.

Au Pain de mon Grand-Père – *1 r. François-Mitterrand - ✆ 03 29 63 03 64 - mar.-sam. 5h30-19h30, dim. 6h-18h30.* Cette boulangerie perpétue le même savoir-faire depuis quatre générations. Produits de qualité, pains façonnés à la main. Pour le petit-déjeuner, vous aurez l'embarras du choix car la maison propose une quarantaine de viennoiseries.

Usine Garnier-Thiébaut – *Kichompré, rte des Granges - ✆ 03 29 60 30 59 - lun.-sam. 10h-12h, 14h-19h - fermé j. fériés - visite guidée des ateliers (45mn - gratuit) sur réservation (min. 10 pers.), tte l'année sf août.* Dotée du label Entreprise du patrimoine vivant, cette entreprise (200 salariés) produit du linge de maison en tissu Jacquard. Au cours de la visite, vous découvrirez la fabrication du tissu Jacquard, de la préparation des fils de couleurs à la confection des pièces.

La Saboterie des Lacs – *25 bd de la Jamagne - ✆ 03 29 60 09 06 - tlj sf dim., lun.-vend. 10h-12h - 14h-17h30, juil.-août sam. inclus - fermé j. fériés - visite gratuite.* Dans cette saboterie artisanale, vous assisterez à la fabrication complète d'une paire de sabots. Vous pourrez également en acheter sous de multiples formes, en frêne ou en érable : utilitaires, décoratifs, en porte-clés, etc.

Les Petits Crus Vosgiens – *10 chemin de la Scierie - Le Beillard - ✆ 03 29 63 11 70 - petitscrusvosgiensvillaume@wanadoo.fr - tlj sf lun. 10h30-12h30, 14h-19h - fermé 5-21 juin et 4-20 sept.* Daniel Villaume, maître des lieux (en l'occurrence une ancienne scierie), vous fera découvrir les produits de sa fabrication et déguster ses boissons fermentées à base de groseilles, cassis, rhubarbe, fleurs de pissenlit et de sureau. Ces boissons de fruits ou de fleurs, très réputées dans les Vosges, se boivent en apéritif ou au dessert.

Linvosges – *6 pl. des Déportés - ✆ 03 29 60 11 00 - www.linvosges.com - tlj 10h-12h, 14h-19h, vac. scol. 10h-19h - fermé 1er Mai,*

25 déc. et 1er janv. Cette entreprise fondée en 1922 perpétue la tradition du beau linge vosgien pour le lit, la table, la cuisine ou la salle de bains. Vente des produits à prix d'usine.

Le Jacquard Français – *35 r. Charles-de-Gaulle - ✆ 03 29 60 82 50 - www.le-jacquard-francais.fr - 10h-12h, 14h-19h - fermé 1er janv., 1er Mai et 25 déc.* Linge de table, de toilette et de plage.

M. Perrin – *9 imp. des Chaies-Gleys - ✆ 03 29 63 00 54 - visite de l'élevage : juin et sept. 16h30, juil.-août 17h30, durée 1h30 ; boutique : mai à sept. 10h-12h, 14h-19h30, reste de l'année se rens. - 3 €.* Production et vente de laine mohair, fils à tricoter, pulls, écharpes, couvertures, etc.

Société des producteurs du terroir vosgien – *5 pl. du Vieux-Gérardmer - ✆ 03 29 63 21 93 - hiver : 10h-12h, 14h30-18h30 - vac. scol. : tlj sf dim. apr.-midi - été : 10h-12h, 15h-19h - fermé 11-30 nov. et 1 sem. fin juin.* Cette association installée dans une belle bâtisse de 1789 réunit 20 producteurs du département des Vosges et commercialise plus de 200 produits : confiseries, miel de sapin, terrines lorraines, munster fermier, charcuteries, farine du moulin de Nomexy, confitures, vins, alcools divers, eaux-de-vie à la mirabelle…

Association des Artisans du village de Liezey – *17 rte de Saucéfaing - 88400 Liézey - ✆ 03 29 63 16 50 - vac. scol. : 14h30-18h30 ; avr.-nov. : dim. 14h30-18h30 - fermé nov.-Pâques.* Dans cette ancienne ferme, plus de 50 artisans et producteurs régionaux exposent et vendent leurs produits : jouets en bois, émaux, broderies, dentelles, miel, confitures, confiseries, eaux-de-vie, crus vosgiens, artisanat de pierre, cuir, bois…

EN SOIRÉE

Les Rives du Lac – *1 av. de la Ville-de-Vichy - ✆ 03 29 63 04 29 - http://rivesdulac.fr - 15 juin-30 sept. : 9h-22h, hors sais. : 9h-17h - fermé de mi-nov. à mi-déc.* C'est l'un des cafés les plus agréables de la ville, ce dont vous conviendrez aisément une fois installé à sa terrasse, bercé par le clapotis des vagues, face à l'onde bleutée du lac et aux montagnes environnantes. Soirées musicales en été.

Casino du Lac – *3 av. de la Ville-de-Vichy - ✆ 03 29 60 05 05 - lun.-vend. 13h-2h, sam.-dim. 13h-3h.* Ce centre de loisirs comprend des machines à sous et des jeux traditionnels (boule, roulette, black jack), un cinéma-théâtre et un restaurant saisonnier dont la terrasse donne sur le lac.

AGENDA

Fête des Jonquilles – Une trentaine de chars pour lesquels des millions de fleurs sont nécessaires. Fanfares, majorettes et groupes folkloriques animent le cortège annonciateur du printemps. Le défilé est exceptionnel *(tous les deux ans, mi-avr.).*

Fantastic'Arts – *Festival du film fantastique - fin janv. - ✆ 03 29 60 98 21 - www.gerardmer-fantasticart.com.*

Munster

5 041 Munstériens – Haut-Rhin (68)

NOS ADRESSES PAGE 309

S'INFORMER

Office du tourisme de Munster – *1 r. du Couvent - 68140 Munster - 03 89 77 31 80 - www.vallee-munster.eu - juil.-août : 9h30-12h30, 13h30-18h30, sam. 9h30-12h30, 13h - 18h, dim. et j. fériés 10h-12h30 ; avr.-juin : 9h30-12h30, 14h-18h, sam. 10h-12h, 14h-16h ; reste de l'année : 10h-12h, 14h-17h, sam. 10h-12h, 14h-18h.*

SE REPÉRER

Carte de microrégion C3 (p. 280) – *carte Michelin Départements 315 G8.*
Munster commande l'accès à la vallée de Munster, qui recouvre deux vallées du massif vosgien se rejoignant à Munster et filant ensuite vers la plaine. Seize communes implantées le long de la Petite et de la Grande Fecht, toutes deux verdoyantes (hêtraies), constituent cette entité traditionnelle parcourue notamment par la D 417.

À NE PAS MANQUER

Le Hohrodberg pour sa vue splendide, le Hohneck bien sûr, mais aussi le petit lac de Fischbœdle.

Des moines irlandais, venus au 7e s. pour achever l'évangélisation de l'Alsace, ont fondé une abbaye dans ce lieu sauvage – Munster signifie d'ailleurs « monastère ». Nichée entre les vignobles et la route des Crêtes, la ville permet, en hiver, d'accéder aux champs de neige et sert, en été, de point de départ de circuits pédestres vers les sommets arrondis des Hautes-Vosges, les versants parfois escarpés, les lacs, et surtout les prairies d'alpage : les hautes chaumes. Ces pelouses des sommets sont le repaire des marcaires, paysans détenteurs de la recette du très odorant fromage de Munster.

Se promener

La Grand'Rue est très animée avec ses jolies boutiques. Les dommages laissés par la Grande Guerre ne sont plus que des souvenirs. La très belle église protestante luthérienne a été construite dans les années 1867-1873, dans le style néoroman. Réintroduites dans la région au moyen d'un enclos, les cigognes sont de retour sur les toits de la ville.

En bordure de la place du Marché, l'aile subsistante de l'ancien palais abbatial est devenue le siège du **Parc naturel régional des Ballons des Vosges**. Une exposition permanente y présente les principales richesses et caractéristiques du Parc. *1 cours de l'Abbaye - 68140 Munster - 03 89 77 90 34 - www.parc-ballons-vosges.fr - ♿ - juil.-sept. : tlj sf lun. 10h-12h, 13h30-17h30 ; reste de l'année : tlj sf w.-end et j. fériés 13h30-17h30 - fermé janv., 1er et 11 Nov, 26 et 31 déc. - gratuit.*

5

LA TERRIBLE BATAILLE DU LINGE

La bataille du Linge se déroule en 1915, lors de la Première Guerre mondiale. Après une offensive allemande en février 1915 et deux offensives françaises en mars et juin 1915 au Reichackerkopf et à Metzeral, les assauts des bataillons français reprennent sur un terrain de plus en plus fortifié et incertain. En quelques mois, entre le 20 juillet et le 16 octobre 1915, le Linge et ses sommets – le Barrenkopf, le Kleinkopf et le Schratzmaennele – se transforment en « **tombeau des chasseurs alpins** », au rythme des assauts et contre-attaques allemandes. L'ultime attaque allemande est repoussée mi-octobre et le front se fige sur le Linge pour se porter sur le massif du Hartmann. 17 000 vies sont englouties dans les deux camps, décimant les bataillons de chasseurs alpins et les régiments de la Landwehr.

Circuits conseillés Carte du Parc naturel

★★ VALLÉE DE MUNSTER

Circuit de 55 km au départ de Munster, tracé en rouge sur la carte p. 280. Comptez environ 3h.
Quittez Munster au nord-ouest par la D 417, puis tournez à droite dans la D 5 bis en montée sinueuse.

Hohrodberg

Le site de cette station estivale très ensoleillée est remarquable. **Vue★★** étendue sur Munster, sa vallée et, de gauche à droite, du Petit Ballon au Hohneck. Au cours de la montée, arrêtez-vous à l'aire de pique-nique et faites quelques pas sur la route, pour admirer les environs.

Le Collet du Linge

À droite de la route s'étend le cimetière militaire allemand de **Baerenstall** créé en 1930 afin de regrouper les sépultures du secteur du Linge après la Première Guerre mondiale.

★ Le Linge

Après de violents combats, les troupes françaises s'établirent définitivement en août 1915 sur les pentes ouest du Linge et du Schratzmaennele, alors que les Allemands occupaient la crête. En prenant à droite, on atteint le sommet du Linge (986 m).

Musée-mémorial du Linge – *Collet du Linge (entre Orbey et Munster) - ✆ 03 89 77 29 97 - www.linge1915.com - de mi-avr. au 11 Nov. : 9h-12h30, 14h-18h - fermé du 11 Nov. à mi-avr. - 3,50 € (-16 ans gratuit).* Il évoque la terrible vie des soldats dans les tranchées et les assauts meurtriers qui coûtèrent la vie à 17 000 combattants français et allemands de juin à octobre 1915. Une vidéo, ainsi que différents objets et documents d'époque (reliques, portraits, photos, uniformes, armes, journaux de tranchée), des cartes et des maquettes permettent de se représenter la dureté des combats, les difficultés du ravitaillement et des soins et de comprendre les raisons stratégiques qui firent du Linge un lieu de si triste mémoire. La visite, axée sur les spécificités de la guerre sur les sommets vosgiens, se révèle passionnante. L'occasion d'apprendre que les combats de montagne engendrèrent l'activité des premiers tireurs d'élite qui utilisaient des fusils de chasse, en 1915. On y apprend également que les Allemands avaient dû monter en toute hâte une compagnie de skieurs qu'ils ne possédaient pas

Le bois de l'Eichwald vu depuis le Hohrodberg.
L. Loiseau/MICHELIN

en 1914. Le ski n'est pas utilisé pour combattre, mais l'occasion de s'adapter à un terrain face à un adversaire aguerri aux déplacements sur les pentes alpines.
Champ de bataille – La découverte du champ de bataille est particulièrement émouvante : à quelques mètres des premières lignes françaises, les tranchées allemandes, maçonnées, sont très bien conservées. Remarquez d'abord le monument commémoratif en forme de **flamme torsadée** dédié aux 10 000 morts français du Linge. Celui-ci a été fondu avec le métal provenant des balles, douilles, anneaux et fusées des obus ramassés sur le champ de bataille. Un **obélisque** à la forme brisée rend hommage aux chasseurs du 5e BCP. La **stèle de l'armistice**, dessinée par Gérard Ambroselli, porte la mention du champ de bataille accolée à celle de la Marne et de Verdun ; en en-tête, des vers d'André Piot, ancien combattant, évoquent l'espérance de la fin des combats.
La D 11 domine bientôt le val d'Orbey.

Col du Wettstein

Cimetière des Chasseurs, où reposent plus de 3 000 soldats français à l'ombre d'une immense croix de granit sur laquelle est inscrit le mot « Pax ». Au pied

LA FABRICATION DU MUNSTER

Dans la vallée, les marcaires vivent depuis toujours en réseau solidaire. Au début du printemps, ils mènent leurs troupeaux de vaches, d'abord près des granges d'altitude (fourrage coupé l'année précédente). Puis l'été venu, ils montent à la marcairie, généralement un bien communal, et fabriquent le fromage. La recette du munster est connue depuis le 9e s. mais l'appellation n'apparaît qu'au 16e s. Pour une livre de fromage, on fait chauffer 5 litres de lait dans un grand chaudron en cuivre. Lorsque la température atteint 38 °C, on ajoute la présure. Le caillé obtenu est découpé en cubes que l'on fait égoutter après les avoir disposés dans des formes en bois.

de la croix, un chasseur agonisant, lâchant son fusil. Un vaste camp français d'arrière-front existait ici. Il fut arasé dans les années 1920. Ne subsiste qu'une reconstitution de baraquement en tôle ondulée mis en place par les bénévoles du mémorial.

Descendez dans la Petite Vallée par la D 48 qui rejoint la D 417 près de Soultzeren. La route grimpe vers le col de la Schlucht, offrant des perspectives de plus en plus belles sur la vallée de la Fecht, puis sur la Petite Vallée. Après un très beau parcours en forêt et de superbes échappées vers la plaine d'Alsace et la Forêt-Noire, on domine de très haut le cirque magnifique où naît la Petite Fecht.

On passe ensuite par le **col de la Schlucht**, le **jardin d'altitude du Haut-Chitelet**, le **Hohneck★★★** et le **Markstein** *(voir p. 321)*. Au passage sous un téléski, vue plongeante sur le lac de la Lauch, la vallée de Guebwiller et la plaine d'Alsace.

Revenez sur vos pas et prenez à droite la D 27. Après une courte montée, on quitte la région des pâturages : belle vue à gauche sur le massif du Hohneck. La descente continue dans les bois où les hêtres prennent le pas sur les sapins.

★ Schnepfenried

Cette station de sports d'hiver possède plusieurs remonte-pentes. Elle offre un beau **panorama★** sur le massif du Hohneck, au flanc duquel on distingue le barrage et le lac de Schiessrothried, et, plus à droite, sur Munster et les hauteurs qui dominent sa vallée.

Du sommet du Schnepfenried (alt. 1 258 m), accessible par un sentier *(1h à pied AR)*, **tour d'horizon★** sur la chaîne du Grand Ballon au Brézouard, la vallée de la Fecht et la Forêt-Noire.

À Metzeral, prenez la D 10^{VI}. 1 km plus loin, tournez à droite pour franchir la Fecht et laissez votre voiture.

★ Lac de Fischbœdle

Alt. 790 m. Ce petit lac presque circulaire d'un diamètre de moins de 100 m est l'un des plus beaux des Vosges. On le doit au manufacturier de Munster, Jacques Hartmann, qui l'a créé vers 1850. Le cadre est boisé, admirable, surtout à la fonte des neiges lorsque le torrent du Wasserfelsen alimente le lac par une jolie cascade.

Lac de Schiessrothried

1h à pied AR par le sentier en lacet qui part à droite lorsqu'on arrive au lac de Fishbœdle. On peut aussi arriver en voiture par la D 310, puis faire 2 km à pied. Ce lac de 5 ha, transformé en réservoir, est situé à 920 m d'altitude, au pied du Hohneck.

Revenez à Metzeral et prenez à gauche la D 10.

Muhlbach-sur-Munster

Le **musée de la Schlitte** est installé en face de la gare. Il propose une reconstitution thématique autour des traîneaux chargés du bois coupé en forêt, qu'on descendait sur des pentes douces. Utilisant des rondins comme les barreaux d'une échelle, le schlitteur, placé à l'avant, freinait le chargement.

03 89 77 61 08 - ♿ - visite guidée (30mn) juil.-août : tlj sf lun. 15h-19h - gratuit.

Luttenbach-près-Munster

Voltaire y séjourna à plusieurs reprises en 1754, en pleine forêt.

Revenez à Munster par la rive gauche de la Fecht, en empruntant la D 10.

VALLÉE DE LA FECHT

Circuit de 20 km à partir de Munster, tracé en marron sur la carte p. 280. Quittez Munster à l'est par la D 10.

Gunsbach

Albert Schweitzer passa son enfance dans ce village où son père était pasteur. Plus tard, installé au Gabon où il poursuivait son œuvre, il fit construire à Gunsbach une maison près de celle de son frère, grâce au prix Goethe qu'il reçut en 1928. Elle est aujourd'hui transformée en **musée**, où l'on retrouve des souvenirs du « French doctor ». *✆ 03 89 77 31 42 - www.schweitzer.org - visite guidée sur demande (7 j. av.) - 9h-11h30, 14h-16h30 - fermé dim., lun. et j. fériés, Vend. saint - 4 € (-10 ans gratuit).*
À Wihr-au-Val, traversez la Fecht et la D 417.

Soultzbach-les-Bains

La **chapelle Ste-Catherine**, du 17e s., abrite deux tableaux intéressants de F.-G. Hermann (1738). À l'écart du bourg, l'**église** paroissiale, très restaurée, contient trois **autels★★** étincelants de dorures, de vrais joyaux de sculpture sur bois. Exécutés entre 1720 et 1740, ils sont dus à l'ébéniste J.-B. Werlé. À gauche dans le chœur, beau tabernacle du 15e s. que supporte un saint Christophe. *✆ 03 89 71 11 16 - de déb. juil. à mi-sept. : apr.-midi - possibilité de visite guidée - en cas de fermeture s'adresser à Rolande Megnouche-Lautrette - 12 r. de Munster - ✆ 03 89 71 17 58.*
Revenez à la D 417 en direction de Colmar.
La vallée de la Fecht tapissée de prairies s'élargit peu à peu et la vigne garnit encore les pentes inférieures exposées au soleil. On aperçoit bientôt les ruines du haut donjon de Pflixbourg.
Tournez à gauche dans la D 10 pour rejoindre Turckheim, puis Colmar.

NOS ADRESSES À MUNSTER

HÉBERGEMENT

PREMIER PRIX

Chambre d'hôte M. et Mme Boehm-Grevet – *139 Hilsenfirst - 68610 Linthal - ✆ 03 89 74 05 23 - 🚭 - 3 ch. 45 € ☕ - repas 22 €.* Cette petite maison fleurie perchée sur les hauteurs du village dispose de trois chambres bien tenues. Deux d'entre elles sont aménagées dans une dépendance. Succulentes confitures maison à savourer au petit-déjeuner. Cuisine régionale et familiale à la table d'hôte, proposée les lun., merc. et vend.

BUDGET MOYEN

Chambre d'hôte Chez Chantal et Dany – *4 Oberer-Geisberg - 68140 Soultzeren - ✆ 03 89 77 02 09 - www.chezchantaletdany.fr - ♿ - P - 4 ch. 52/59 € ☕ - repas 20 €.* Cette ferme laitière qui borde la route du col du Wettstein offre une vue magnifique sur la vallée de Munster. Les chambres, baptisées de noms de fleurs, sont sobres et meublées dans le style contemporain. Petits-déjeuners à la française et cuisine du terroir à la table d'hôte. Également un gîte d'étape sur place.

Hôtel Deybach – *4 r. du Badischhof - 1 km par rte de Colmar (D 417) - ✆ 03 89 77 32 71 - www.hotel-deybach.com - fermé lun. hors sais. et dim. soir - P - 16 ch. 50/60 € - ☕ 8 €.* L'accueil souriant et l'ambiance chaleureuse distinguent cet hôtel familial qui borde la route. Chambres fonctionnelles à la

5

tenue scrupuleuse. Petit bar et jardin (transats).

Hôtel Panorama – *3 rte de Linge - 68140 Hohrodberg - ✆ 03 89 77 36 53 - www.hotel-panorama-alsace.com - fermé 7-24 nov. et 10 janv.-9 fév. - P - 30 ch. 48/75 € - ☕ 12 € - rest. 15/39 €.* Bâtiment ancien et son annexe moderne, face à la vallée de Munster. Chambres confortables – avec ou sans vue sur les Vosges. Superbe panorama au restaurant où l'on sert des spécialités telles que le *presskopf* de la mer.

UNE FOLIE

Hôtel La Verte Vallée – *10 r. A.-Hartmann - ✆ 03 89 77 15 15 - www.vertevallee.com - fermé 3-26 janv. - P - 108 ch. 105/135 € - ☕ 15 € - rest. 34/50 €.* Grand hôtel moderne avec spa et équipements de loisirs. Confortables chambres de style alsacien ou contemporain pour les plus récentes. Agréable jardin bordé par la Fecht. Le restaurant propose une cuisine classique et une séduisante carte des vins.

RESTAURATION

BUDGET MOYEN

Auberge des Cascades – *6 chemin de Saegmatt - 68140 Stosswihr - ✆ 03 89 77 44 74 - www.restaurant-des-cascades.com - fermé 9 janv.-8 fév., mar. sf juil.-août et lun. - P - formule déj. 10 € - 16/25 €.* Sur la route du col de la Schlucht, ce restaurant est niché au bord d'un ruisseau. Ses tartes flambées au feu de bois, servies pendant le week-end et les vacances, attirent les foules. Grand jardin avec des animaux.

POUR SE FAIRE PLAISIR

Nouvelle Auberge – *Rte de Colmar - ✆ 03 89 71 07 70 - www.nauberge.com - fermé 1er-15 juil., vac. de la Toussaint, de fév., dim. soir, lun. et mar. - P - 32,50/70 €.* Dans ce relais de poste, les propriétaires jouent un « double jeu » culinaire. Gastronomie à l'étage, avec une partition classique de qualité et sans sophistication inutile. Bistrot au rdc.

PETITE PAUSE

Gilg – *11 Grand'Rue - ✆ 03 89 77 37 56 - www.patisserie-gilg.com - 7h30-18h30, sam. 7h-18h, dim. 7h30-12h30 - fermé 1er janv., 26 déc. et lun. de Pâques.* En 1945, le général de Lattre de Tassigny, de passage à Munster, commande à la déjà célèbre pâtisserie Paul Gilg des vacherins glacés. Aujourd'hui, le petit-fils du maître, qui accumule les récompenses, vous invite à goûter ses délicieuses créations. Agréable salon de thé.

ACHATS

Dischinger – *2 Grand'Rue - ✆ 03 89 77 36 92 - 9h-12h, 14h30-18h30, dim. 9h-12h - fermé nov.-janv.* Spécialités alsaciennes.

ACTIVITÉS

Ski – Le domaine skiable de la vallée de Munster regroupe 4 sites distincts : le Schnepfenried (ski de piste, ski de fond sur les chaumes et dans la forêt, vues spectaculaires), le Gaschney (ski de piste avec télésiège ouvert durant l'été à la promenade), le Tanet (ski de piste, ski de fond autour des lacs Vert et des Truites) et les Trois-Fours (uniquement ski de fond et raquettes, magnifiques panoramas).

Randonnées – La vallée de Munster propose 350 km de sentiers pédestres balisés et 250 km pour pratiquer le VTT.

Massif du Petit Ballon

★

Haut-Rhin (68)

NOS ADRESSES PAGE 312

SE REPÉRER
Carte de microrégion C3 (p. 280) – *carte Michelin Départements 315 G9.* Un peu au sud de Munster, le massif appartient logiquement au Parc naturel régional des Ballons des Vosges.

À NE PAS MANQUER
Le panorama du sommet du Petit Ballon.

ORGANISER SON TEMPS
L'ascension du Petit Ballon prend 1h15 aller-retour. Prévoir l'équipement adapté et se renseigner sur les conditions météo.

Comme sa silhouette rebondie l'indique, c'est la forme arrondie du massif qui lui a valu ce nom de « ballon ». Les prairies naturelles au sommet des monts chauves sont le lieu des grands pâturages où paissent les troupeaux, auxquels on doit le savoureux munster ! Vous pourrez tester les différents crus à l'occasion d'étapes dans les fermes-auberges qui reçoivent les randonneurs pendant l'été.

Circuit conseillé Carte du Parc naturel

Le **Petit Ballon** se place en troisième parmi les sommets vosgiens, quant à l'altitude. Donon : 1 009 m ; Champ du Feu : 1 100 m ; ballon de Servance : 1 216 m ; ballon d'Alsace : 1 250 m ; Petit Ballon ou Kahlen Wasen : 1 267 m ; Hohneck : 1 362 m ; Grand Ballon ou ballon de Guebwiller : 1 424 m, point culminant.
Plus de 200 000 personnes habitent sur le territoire des Ballons des Vosges. Parmi eux, les « **marcaires** », nom qui vient de l'alsacien *malker* : « celui qui trait ».

5

ROUTE DU PETIT BALLON

Circuit de 40 km au départ de Munster, tracé en vert pâle sur la carte p. 284. Comptez environ 4h30.
Quittez Munster par la D 417 vers Colmar, que l'on abandonne après 5 km pour tourner à droite dans la D 40.
Après Soultzbach-les-Bains *(voir Munster)*, prendre à droite la D 43 qui remonte la vallée verdoyante du Krebsbach, où alternent les pâturages et les forêts.
À **Wasserbourg**, on emprunte une route forestière pour atteindre les prairies où, à hauteur de l'auberge du Ried, on a une vue superbe sur la crête du Hohneck. Après un court passage sous bois, ce sont de nouveau les pâturages, au milieu desquels s'élève la ferme-auberge du Kahlenwasen. La **vue**★ s'étend sur Turckheim, au débouché de la vallée de la Fecht, sur la vallée elle-même et les hauteurs qui la dominent et, au-delà, par temps clair, sur la plaine d'Alsace.

★★ Petit Ballon

Alt. 1 267 m.

De la ferme-auberge Kahlenwasen, 1h15 à pied AR.

Superbe **panorama** à l'est, sur la plaine d'Alsace, les collines du Kaiserstuhl et la Forêt-Noire ; au sud, sur le massif du Grand-Ballon ; à l'ouest et au nord, sur le bassin des deux Fecht.

Descendez par le col et la route forestière du Boenlesgrab.

La route, en forte descente, offre une belle vue à droite sur la vallée de la Lauch. Attention aux deux lacets avant l'arrivée à Lautenbach.

★ Lautenbach

C'est un petit bourg constitué de deux centres, dont l'un s'est développé à partir d'une abbaye bénédictine fondée selon la tradition par des moines irlandais. Le porche roman de l'**église St-Michel★** est l'un des plus beaux et des plus anciens d'Alsace. Il est divisé en trois vaisseaux voûtés d'ogives. À l'intérieur, les stalles du 15e s. sont historiées et surmontées d'un dais du 18e s.

Prenez à droite la D 430 qui, après quelques kilomètres, devient très sinueuse en montée puis change de versant.

Le Markstein *(voir p. 321)*

On peut prendre pour le retour **à partir du Markstein** un tronçon du circuit rattaché à Munster *(voir p. 308)*.

NOS ADRESSES DANS LE PETIT BALLON

HÉBERGEMENT ET RESTAURATION

PREMIER PRIX

Ferme-auberge Kahlenwasen – *Massif du Petit Ballon - 68380 Luttenbach - sortie sud : 14 km par D 10 et rte du Petit-Ballon - ☎ 03 89 77 32 49 - fermé de nov. à Pâques et merc. - ⊠ - 8/17 € - 12 ch. 26 € ☕.* Cette ferme renommée est installée dans une modeste maison des années 1920 dont la salle, décorée d'outils agricoles, est sympathique. L'été, la terrasse offre une belle vue sur la plaine d'Alsace. Spécialité de fromages. Quelques chambres simples.

Val d'Orbey

★★

Haut-Rhin (68)

NOS ADRESSES PAGE 316

S'INFORMER

Office du Tourisme d'Orbey – *48 r. Ch.-de-Gaulle - 68370 Orbey - ℘ 03 89 78 22 78 - www.kayserberg.com, www.lac-blanc.com - mi-sept.-mi-juin. tlj sf dim. 10h-12h, 14h-17h30, mi-juin-mi-sept. lun.-sam. 9h-12h30, 14h-18h, dim. et fêtes 10h-12h30.*

Pour **Trois-Épis** : information auprès de l'office du tourisme de Turckheim *(r. Wickram - 68230 Turckheim - ℘ 03 89 27 38 44 - www.turkheim-alsace.com - sept.-juin : lun.-vend. 9h-12h, 13h30-18h, sam. 9h-12h, 14h-17 ; juil.-août : lun.-vend. 9h-12h, 13h30-18h, sam. 9h-12h, 14h-17h, dim. 10h-12h).*

SE REPÉRER

Carte de microrégion C2 (p. 280) – *carte Michelin Départements 315 G8.* Entre Kaysersberg, Munster et le col du Bonhomme. Accès possible par Colmar, St-Dié-des-Vosges ou Gérardmer. Le circuit proposé part à la découverte de la région d'Orbey (administrativement proche de Kayserberg) et de Trois-Épis, paradis des randonneurs et des amateurs d'artisanat.

À NE PAS MANQUER

Pour les marcheurs, les sentiers au départ des Trois-Épis, du lac Noir et du lac Blanc.

ORGANISER SON TEMPS

Si le circuit peut être parcouru en 4h, ne consacrez pas moins d'une journée à la découverte des sentiers et des jolis villages du val d'Orbey.

AVEC LES ENFANTS

L'Espace des métiers du bois et du patrimoine à Labaroche, la Graine au Lait à Lapoutroie.

Bois et pâturages, lacs d'altitude, forêts de sapins au pied de la ligne bleue des Vosges… Ici, la consonance française des noms des villages et des lieux claque comme une profession de foi. En pays welche, où l'on a toujours ignoré le dialecte alsacien, le parler a une origine romane et non germanique.

LE PAYS WELCHE

Le terme « pays welche » signifie le pays des étrangers de l'Ouest, allusion à l'exception linguistique puisqu'ici, on ne parle pas le dialecte germanique. Certains anciens, nés avant-guerre, parlent encore le welche. Cette langue romane, qui date de l'occupation romaine en Gaule, est issue du latin populaire. Elle a hérité du latin une grammaire rigoureuse et une conjugaison particulière.

Circuit conseillé Carte de microrégion

VAL D'ORBEY

Pour visualiser ce circuit de 57 km au départ des Trois-Épis, reportez-vous à la carte de microrégion p. 280. Comptez environ 4h.

★★ Les Trois-Épis C2

Admirablement située, cette station climatique sans vieilles pierres est le centre d'inépuisables excursions à pied ou en voiture. Les chemins de randonnée sont bien décrits sur le grand panneau de la place principale. Vous pourrez ainsi sélectionner la « marche à suivre » selon votre forme du moment. Labaroche, où se trouve un passionnant musée des métiers du bois et du patrimoine *(voir p. 315)*, peut être atteint en une heure. La randonnée du **Galz★★** *(1h à pied AR)* vous assurera une **vue** sur la plaine d'Alsace, la Forêt-Noire, le Sundgau et le Jura. Au sommet, un gigantesque monument commémore le retour de l'Alsace à la France en 1918.

Pour apprendre à reconnaître la flore qui couvre les versants, suivez plutôt le **sentier de la forêt de St-Wendelin** *(1h30 à pied ; livret-guide à l'office de tourisme. Départ du parking, place des Antonins).*

Au départ des Trois-Épis, la D 11 vers Orbey puis la D 11^{VI} longent la crête qui sépare les vallées d'Orbey et de Munster. Tracée en forêt, la route contourne le Grand Hohneck et atteint bientôt la région du Linge.

★ Le Linge C2 *(voir p. 306)*

Prenez à droite au Collet du Linge. La forêt laisse place à des pâturages bosselés. La vue sur les vallées est saisissante, notamment depuis la ferme-auberge de Glasborn.

Au col du Wettstein (cimetière militaire des Chasseurs), prenez à droite la D 48 en direction des lacs.

★ Lac Noir C2

Indiqué à 1,5 km à l'écart de la D 48^{II}. Alt. 954 m. Il occupe le fond d'un cirque glaciaire assez spectaculaire. Une moraine, à laquelle s'appuie un barrage, retient ses eaux vers l'est ; de hautes falaises granitiques forment, sur le reste du pourtour, un cadre grandiose. Au nord du lac, le **rocher Belmont** (1 272 m) était un observatoire durant la Première Guerre mondiale.

★ Lac Blanc C2

La route qui longe le lac Blanc offre des vues de plus en plus belles sur le cirque rocheux qui enserre le plan d'eau.

Niché entre le col du Calvaire et le rocher-observatoire Belmont, au pied de la route des Crêtes, le lac Blanc se situe à 1 054 m d'altitude. D'une superficie de 28,7 ha et profond de 72 m, il est encastré dans un cirque glaciaire et dominé par un étrange rocher en forme de forteresse, le **château Hans**. De hautes falaises granitiques en partie boisées l'entourent.

Les alentours du lac et le col du Calvaire voisin sont dédiés à toutes sortes d'activités de loisirs (voir *Nos adresses*).

Au col du Calvaire, on atteint la route des Crêtes (D 148) que l'on prend à droite. De la route, jolis points de vue sur la vallée de la Béhine, dominée par la Tête des Faux.

Col du Bonhomme B2

Alt. 949 m. Entre le col de Ste-Marie *(au nord)* et le col de la Schlucht *(au sud)*, il fait communiquer l'Alsace et la Lorraine, de Colmar à Nancy.

En descendant, jolie vue sur la vallée de la Béhine dominée, en avant et au loin, par le Brézouard et, à droite et plus près, par la Tête des Faux. La route passe au pied des rochers qui portent les vestiges du château de Gutenburg.

Le Bonhomme B2

On entre ici en pays welche. Les ruisseaux dévalent pour former la Béhine.

Lapoutroie C2

Ce village possède un petit **musée des Eaux-de-Vie**, installé dans un relais de poste du 18e s. On peut y assister à une démonstration de fabrication des eaux-de-vie et liqueurs. Dégustation et possibilité d'achat. *℘ 03 89 47 50 26 - www.musee-eaux-de-vie.com - ♿ - 9h-12h, 14h-18h - fermé 25 déc. - gratuit.*
Continuez sur la D 415 vers Kaysersberg, puis tout de suite à gauche sur la D 11IV.

Fréland C2

C'est le « pays libre » où les mineurs de Ste-Marie-aux-Mines *(voir p. 332)* bénéficiaient de privilèges locaux. À la **Maison du pays welche** *(2 r. de la Rochette)*, les habitants des environs ont rassemblé des objets qui évoquent les traditions du pays dans un ancien presbytère datant du 18e s. Le cadre et la reconstitution de la vie du pays sont particulièrement soignés. Présentation des métiers d'autrefois, four à pain, roue d'eau, four à lin… *℘ 03 89 71 90 52 - www.maisonwelche.fr - visite guidée (1h30) mai-sept. : 15h30-16h - fermé oct.-avr., 1er janv., dim. et lun. de Pâques, 1er et 11 Nov., 25 déc. - 4 €.*
Revenez à la D 41 puis, au rond-point (où se situe La Graine au Lait - voir « Nos adresses » p. 317), prenez à gauche la D 48 vers Orbey.

Orbey C2

Composé de nombreux hameaux, Orbey s'allonge dans la verdoyante vallée de la Weiss entre des hauteurs sillonnées de sentiers d'une fraîcheur agréable. En haut du village, un petit **musée** privé présente quelques objets et outils de la vie quotidienne dans le val d'Orbey au cours des siècles précédents. Il convient de passer par l'office du tourisme local pour arranger une visite selon la disponibilité des propriétaires.
Après Orbey, la D 11 s'élève dans le vallon de Tannach, puis continue, sinueuse et en corniche, offrant de jolies vues sur la vallée de la Weiss dominée par le piton du Grand Faudé. Plus loin, elle change de versant et offre une belle vue en avant et à gauche sur la vallée du Walbach, le Galz et son monument, la plaine d'Alsace.

★ Espace des métiers du bois et du patrimoine C2

À Labaroche - ℘ 03 89 78 94 18 - www.musee-bois-labaroche.com - ♿ - visite guidée (1h30), avr.-sept. : 9h-12h, 14h-18h - fermé lun., 1er janv., 1er et 11 Nov., 25 déc. - 5 € (6-16 ans 3,30 €).

Annoncé par la belle sculpture d'un cheval tractant des billes de bois, l'**Espace des métiers du bois et du patrimoine** est animé par une équipe de Barotchés (habitants de Labaroche) passionnés et passionnants. On découvre au rez-de-chaussée les techniques de découpe du bois, depuis l'époque des scieurs de long jusqu'à la mécanisation avec une scie à haut-fer, actionnée par une machine à vapeur de 1896 (démonstration). Au sous-sol se trouvent les ateliers du sabotier et du monteur de boîtes de fromages. À l'étage, une collection de jouets en bois rappelle de beaux souvenirs aux plus grands, tandis que les plus petits peuvent manipuler des jeux de construction. Sous les combles, des ateliers de différentes époques ont été reconstitués (menuisier, charron, tourneur sur bois, fermier, vanier). Le parc du musée est agrémenté

5

de sculptures en bois faites par les bénévoles avec lesquelles les enfants peuvent jouer.
Laissant **Labaroche** à gauche, on découvre bientôt en avant le **Grand Hohneck** et, plus à droite, le piton conique du **Petit Hohnack**, avant de rejoindre Les Trois-Épis.

NOS ADRESSES DANS LE VAL D'ORBEY

HÉBERGEMENT

BUDGET MOYEN

Chambre d'hôte Ferme du Busset – *33 lieu-dit Busset - 68370 Orbey - ✆ 03 89 71 22 17 - www.fermedubusset.com - fermé 28 déc.-3 janv. - P - - 5 ch. 52 €* . Air vivifiant, grand calme, agréable environnement campagnard et vue sur Orbey : cette ferme d'élevage a de quoi séduire Elle abrite des chambres d'hôte simples et lambrissées, trois appartements meublés et un gîte d'étape. Vente de fromages et confitures maison.

Hôtel Aux Bruyères – *35 r. Ch.-de-Gaulle - 68370 Orbey - ✆ 03 89 71 20 36 - www.auxbruyeres.com - ouv. 8 avr.-23 oct. et 15-31 déc. - P - 29 ch. 49/100 € - 8,50 € - formule déj. 11 € - 14/38 €.* Cette maison familiale, qui fait aussi salon de thé, propose des chambres pratiques (trois appartements familiaux). Celles du pavillon sont tournées sur le jardin. Sobre salle à manger, terrasse d'été et cuisine aux accents régionaux.

Hôtel du Faudé – *28 r. du Gén.-Dufieux - ✆ 03 89 47 50 35 - www.faude.com - fermé 2 sem. en mars et nov. - P - 32 ch. 61/101 € - 13 € - rest. tlj sf mar.-merc. 22/38 €.* Voici une belle étape villageoise, bien située et disposant de chambres douillettes. Le restaurant, qui propose une cuisine régionale et actuelle, ne saurait vous décevoir. En saison, vous serez aux premières loges pour déguster les spécialités de gibier.

Hôtel Wetterer – *68370 Orbey - ✆ 03 89 71 20 28 - www.hotel-wetterer.com - fermé 8 mars-2 avr., 4-26 nov. et 4 janv.-5 fév. - P - 15 ch. 47/55 € - 8 € - formule déj. 14 € - 16/35 €.* Au cœur d'un superbe paysage de montagnes et de forêts – quiétude garantie ! –, cet hôtel des années 1960 dispose de chambres fonctionnelles et bien tenues. Restaurant au cadre rustico-bourgeois (poutres, cheminée et argenterie) et carte traditionnelle.

Hôtel Au Bon Repos – *235 Pairis - 68370 Orbey - ✆ 03 89 71 21 92 - www.aubonrepos.com - ouv. 8 fév.-19 oct., 19 déc.-3 janv. et fermé merc. - P - 13 ch. 50/55 € - 8,50 €.* Petite auberge familiale avec jardin sur la route des lacs. Chambres simples et pratiques ; celles de l'annexe, plus paisibles, sont orientées vers une forêt de sapins. Salle à manger de style rustique pour une cuisine régionale.

Les Alisiers – *Lieu-dit Faudé - 68650 Lapoutroie - 3 km au sud-ouest de Lapoutroie par rte secondaire - ✆ 03 89 47 52 82 - www.alisiers.com - fermé 2 janv.-2 fév., lun. et mar. de nov. à fin mars - P - 16 ch. 60/130 € - 11 € - rest. (ts les soirs sf lun. et mar. / réserv. conseillée) 35/60 €.* À 700 m d'altitude, auberge pleine de charme, autrefois ferme du pays welche. Chambres chaleureuses, façon chalet, et belle vue sur le vallon. Recettes alsaciennes et actuelles au restaurant.

RESTAURATION

PREMIER PRIX

Ferme-auberge du Rain des Chênes – *215 Basses-Huttes - 68370 Orbey - ✆ 03 89 71 30 42 - www.ferme-auberge-alsace.com - fermé lun. soir, mar., merc., dim. soir.* De ce chalet de rondins clairs, la vue sur la vallée d'Orbey ferait presque oublier les assiettes de fromages et charcuteries proposées. Les gourmands choisiront la tartiflette de munster…

Ferme-auberge Glasborn – *D 11VI près du Collet du Linge - 68140 Soultzeren - ✆ 03 89 77 37 78 - tlj sf lun., fermé mi-nov.-mi-déc. et 6 janv.-déb. avril - 10/20 €.* Là-bas, tout en bas, la vallée de Munster. Et dans votre assiette, un copieux menu macaire.

BUDGET MOYEN

Ferme-auberge Pré Bracot – *331 Pré-Bracot - 68370 Orbey - ✆ 03 89 71 25 29 - www.fermeaubergeprebracot.com - tlj sf lun. - 16/22 €.* Sur la route du lac Noir, une institution locale où apprécier une cuisine de brasserie traditionnelle tout en bénéficiant d'un panorama exceptionnel.

ACTIVITÉS

Parc d'Aventures du Lac Blanc – *Lac Blanc - ✆ 03 89 71 28 72 - www.lacblancparcdaventures.com - mai-fin juin et sept. : mer. et sam. 13h-16h, dim. et j. fériés 10h-16h ; juil.-déb. sept. tlj 10h-17h - 20 €.* Vous y trouverez des parcours d'acrobranches et une aire de paintball… Vous pourrez également emprunter le Sentier pieds nus *(www.sentier-pieds-nus-lac-blanc.com - 5 €)* qui, comme son nom l'indique, permet sur 1,2 km une découverte tactile de la flore.

VTT – La région est propice à la pratique du VTT. Les offices de tourisme vous fourniront les cartes détaillées des chemins. Vous pourrez également vivre de vertigineuses descentes sans subir les montées… en prenant un télésiège vers le col du Calvaire avant de redescendre. Informations : *La Blancrupt – Station du Lac Blanc - ✆ 03 89 71 27 11 - www.blancrupt.com - mai-oct. tlj sf merc. et jeu. hors sais., 9h-17h.* Location sur place de VTT et **skis de fond** en hiver - *(déc.-fin mars tlj sf merc. et jeu. hors sais. 9h-17h).*

ACHATS

La Graine au Lait – *333A La Croix-d'Orbey - 68650 Lapoutroie - ✆ 03 89 47 50 76 - www.haxaire.com - tlj sf dim. et lun. 9h-12h, 14h-17h - groupes 12 pers. 1 €, plus complet avec dégustation 3 € - gratuit pour les particuliers.* Venez découvrir tous les secrets d'élaboration du munster dans cette fromagerie de démonstration qui allie savoir-faire traditionnel et procédés de fabrication modernes. Les amateurs de ce fromage typique apprécieront la dégustation en fin de visite. Pour assister à l'intégralité de la production, s'y rendre le mardi matin.

Distillerie Milco – *La Gayire - 68650 Lapoutroie - ✆ 03 89 47 50 16 - www.distillerie-miclo.com - 1er avr.-31 oct. magasin tlj, visites lun.-ven. 10h30, 14h30 et 16h30.* On assiste à la production des eaux-de-vie de fruits, herbes des montagnes ou sapin, avant de déguster et éventuellement acheter.

Route des Crêtes

★★★

Haut-Rhin (68), Vosges (88)

NOS ADRESSES PAGE 324

S'INFORMER

Office du tourisme de Cernay et de la région du Vieil-Armand – *1 r. Latouche - 68700 Cernay - ☎ 03 89 75 50 35 - www.cernay.net - juil.-août : 9h-12h30, 14h-18h30, sam. 9h-12h, 14h-17h, dim. 10h-12h30 ; reste de l'année : tlj sf dim. et j. fériés 9h-12h, 14h-18h - fermé j. fériés.*

SE REPÉRER

Carte de microrégion B2/3 et C3/4 (p. 280) – *carte Michelin Départements 315 G8/10.* Le circuit commence à 30 km à l'ouest de Colmar et descend vers le sud jusqu'à Thann, en passant par les hauteurs du Hohneck et du Grand Ballon. Accès au col du Bonhomme par la D 415, après Kaysersberg.

À NE PAS MANQUER

Par temps clair, les panoramas du Grand Ballon et du Hohneck.

ORGANISER SON TEMPS

En été, empruntez la route si possible en semaine quand elle est moins fréquentée. Profitez, si vous le pouvez, de la navette des Crêtes, qui dessert 15 stations tout au long du circuit (ou de ce qui la remplacera car des modifications sont prévues concernant ce transport en commun). Attention, en hiver, la route des Crêtes est fermée et transformée en piste de ski de fond entre la Schlucht et le Grand Ballon. Dates de fermeture communiquées par l'office du tourisme de Thann.

AVEC LES ENFANTS

Le train à vapeur qui relie Cernay à Sentheim.

La création de cette route stratégique remonte à la guerre de 1914-1918 : le Haut Commandement français voulait assurer, sur le front des Vosges, les communications nord-sud entre les différentes vallées. Tracée en forêt sur la moitié de son parcours, la route des Crêtes est aujourd'hui le royaume des grands espaces, dont le décor et les attraits changent avec les saisons. Au printemps, les vaches quittent l'étable pour paître dans les chaumes. En été, gentianes jaunes et pensées des Vosges égayent les paysages. L'automne offre de délicieuses myrtilles, et l'hiver, des kilomètres de randonnées à skis…

Circuit conseillé Carte de la route des Crêtes

Pour visualiser ce circuit de 83 km, au départ du col du Bonhomme, reportez-vous à la carte p. 320. Comptez environ une demi-journée.

Col du Bonhomme *(voir p. 314)*

Suivez « route des crêtes » par la D 148.

Au départ du col, belles échappées à gauche sur la vallée de la Béhine dominée par la Tête des Faux et le Brézouard. Du col du Louchbach, jolie vue au

La route des Crêtes traverse la réserve naturelle de Tanet-Gazon-du-Faing.
B. Rieger/hemis.fr

sud sur la vallée de la Meurthe. La route traverse de belles forêts d'épineux bien droits qui créent comme de longs codes-barres d'ombre et de lumière. *Au col du Calvaire, tournez à droite en direction du col de la Schlucht. En route, accès possible au lac Blanc (voir p. 314).*

★ Gazon du Faing

45mn à pied AR.

La réserve naturelle de Tnet-Gazon du Faing est située entre 1 160 m et 1 306 m d'altitude. Elle se compose de tourbières et de hêtraies. Les fleurs y forment de beaux tapis dans des paysages qui évoquent la Scandinavie. À partir de l'auberge, montez, en passant par le sommet du Gazon du Faing (1 303 m), jusqu'à un gros rocher. De cet endroit, la **vue** est superbe. Au fond du cirque de Lenzwasen, le petit étang des Truites a été transformé en réservoir par un barrage. Au-delà, on distingue de gauche à droite le Linge, le Schratzmaennele, le Barrenkopf; plus à droite, au-delà de la vallée de la Fecht, on devine Munster; à droite de celui-ci, à l'horizon, la silhouette du Grand Ballon (1 424 m); plus à droite encore, on aperçoit le Petit Hohneck (1 288 m) et le Hohneck (1 362 m). *Possibilité de rejoindre le lac Vert (voir ci-dessous) en 1h30 par un chemin bien balisé.*

Lac Vert

À 5 km avant la Schlucht, un panneau indique un sentier conduisant au lac Vert, appelé également lac de Soultzeren. Des lichens en suspension donnent leur teinte aux eaux du lac.

Col de la Schlucht

Le col de la Schlucht est situé à 1 135 m d'altitude. Au croisement de la route des Crêtes et de la route de Gérardmer, ce passage, l'un des plus fréquentés des Vosges, fait communiquer la vallée de la Meurthe, qui prend sa source à 1 km de là, avec celle de la Fecht.

Suivez la D 430 dir. Markstein.

VOSGES DU SUD

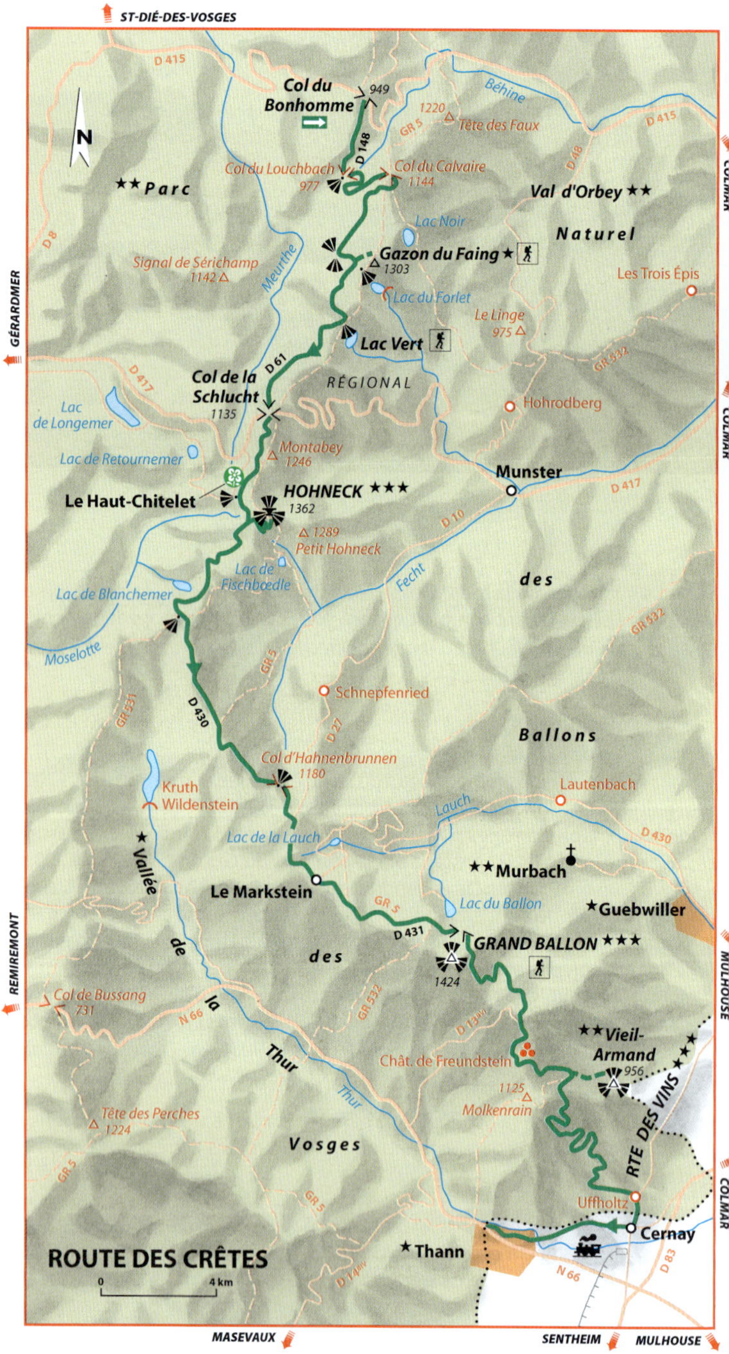

Jardin d'altitude du Haut-Chitelet

À 2 km du col de la Schlucht, vers le Markstein, sur le côté droit de la D 430.
☎ 03 29 63 31 46 - www.jardinbotaniquedenancy.eu - juil.-août : 10h-18h ; sept. : 10h-12h, 13h30-17h ; juin : 10h-12h, 14h-18h - 4 € (-12 ans 2 €).
À 1 228 m d'altitude, sur 11 ha, ce jardin conserve une belle hêtraie et une tourbière en réserve intégrale. Des rocailles sur plus de 1 ha présentent 2 700 espèces de plantes originaires des principaux massifs montagneux du monde. À visiter en priorité au printemps et au début de l'été.
Plus loin, jolie **vue★** sur la vallée de la Vologne au fond de laquelle dorment les lacs de Longemer et de Retournemer (belvédère aménagé).

★★★ Le Hohneck

Le chemin d'accès en forte montée s'embranche sur la route des Crêtes à 4 km de la Schlucht (ne prenez pas le chemin privé qui précède – à 3 km – en mauvais état). Attention au vent glacial dans les derniers mètres qui mènent au sommet.
Ce sommet herbeux, l'un des plus célèbres des Vosges et l'un des plus élevés (1 362 m), est le point culminant de la crête qui constituait, avant la guerre de 1914-1918, la frontière franco-allemande. Une stèle aux tirailleurs tunisiens rappelle l'effroyable bataille hivernale (5-14 décembre 1944) qui y a eu lieu.
Panorama★★★ exceptionnel *(table d'orientation)* sur les Vosges, du Donon au Grand Ballon, sur la plaine d'Alsace et la Forêt-Noire. À l'ouest, on remarque le longiligne lac de Longemer. Par temps clair, on aperçoit les sommets des Alpes au sud.
La route parcourt les **chaumes**. Domaine estival des troupeaux, les chaumes alsaciennes sont de vastes prairies aux herbes courtes, situées au-dessus de la limite des forêts. La route traverse les prairies herbeuses et fleuries que le vent coiffe et décoiffe. Sur la droite, le lac de Blanchemer, tout rond, dans un très beau site boisé. Plus loin, vue magnifique sur la grande vallée de la Fecht.

Le Markstein

Dans cette station de sports d'hiver et d'été, des promenades à pied ou à dos de poney permettent de mieux connaître les environs, à travers hêtraies et sapinières. De la route, en corniche, vues sur la vallée de la Thur (voyez le village de Wildenstein étiré dans la vallée) et le ballon d'Alsace, et sur la vallée de la Lauch et le Petit Ballon. Au fond d'un entonnoir boisé se trouve le petit **lac du Ballon**.
Suivez la route 431 dir. Cernay.

★★★ Grand Ballon

Quittez la voiture à hauteur de l'hôtel et empruntez le sentier à gauche (30mn à pied AR). Le voilà, le point culminant des Vosges (1 424 m) ! le Grand Ballon ou ballon de Guebwiller. Le **panorama★★★** est prodigieux sur les Vosges méridionales, la Forêt-Noire et, par temps clair, le Jura et les Alpes. N'oubliez pas vos jumelles ! Un peu en contrebas du sommet s'élève le monument des « Diables bleus », à la mémoire des bataillons de chasseurs.
En descendant du Grand Ballon en direction du Vieil-Armand, on passe près des ruines du château de Freundstein.

★★ Vieil-Armand

Le nom de Vieil-Armand a été donné par les poilus de 1914-1918 au **Hartmannswillerkopf** (HWK dans le jargon militaire), contrefort des Vosges qui s'élance à 956 m d'altitude. C'est sur cet éperon rocheux pyramidal que s'est déroulée la bataille la plus emblématique des Vosges lors de la Première Guerre mondiale. Les terribles combats pour le conquérir lui ont valu le sur-

RENCONTRES INSOLITES
Sentiers balisés, verts pâturages, fleurs sauvages, chants d'oiseaux, murmures de ruisseaux, sapins, hêtres et épicéas entremêlés… une nature émouvante et fragile à préserver avant tout. Il n'est pas impossible de rencontrer des troupeaux de chamois et des oiseaux rares, comme le pipit sponcielle ou le tarier des prés.

nom effrayant de « mangeur d'hommes ». Classé Monument historique en 1921, le Vieil-Armand bénéficie, en vue du Centenaire de la Grande Guerre, d'importants aménagements et équipements, dont un nouveau centre d'interprétation intitulé « **Historial franco-allemand** ».
Sur les pentes dévastées pas les obus, les gaz, les lance-flammes, attaques et contre-attaques se succéderont pendant toute la durée de la guerre. Au terme de cette violence inouïe, on ne saura même pas compter les morts d'une telle boucherie, Français et Allemands : 30 000 ? 40 000 ? 60 000 ? Pendant la seule année 1915, le sommet, enjeu stratégique, va changer 4 fois de camp. Et les combats continueront inexorablement jusqu'en 1918.
La visite du Vieil-Armand commence toujours au col du Silberloch.
Garez-vous sur le parking situé à côté du monument national qui précède la nécropole.
Bon à savoir – Des travaux se déroulent jusqu'en 2015 avec la création de l'Historial, la rénovation du Monument national mais les monuments restent accessibles. La visite sera rendue plus aisée par le projet d'un nouveau parcours scénographié de la crête sommitale.
Pour plus de renseignements : **Les Amis du Hartmannswillerkopf, une association du Club Vosgien** – *Abris-Mémoire, 1 r. du Ballon - 68700 Uffholtz - 06 81 91 45 64 - www.ahwk.fr.*
Monument national – Édifié au tout début des années 1930 grâce à une souscription nationale, il a été inauguré le 9 octobre 1932 par le président Albert Lebrun, et le général de Pouydraguin, ancien commandant de division dans les Vosges en 1915. **L'autel de la Patrie** se dresse sur l'esplanade de l'ancien camp français et du poste de secours souterrain. Les quatre côtés sont ornés des blasons des villes les plus généreuses. Remarquez les deux victoires qui flanquent l'architrave d'entrée de la crypte : on reconnaît le style du sculpteur **Antoine Bourdelle**. Le **péristyle** orné de ses quatre colonnes en granito s'achève par une grille en fer forgé s'ouvrant sur le vestibule d'honneur, salle rectangulaire à la face arrondie. Aux murs, six plaques commémoratives en bronze rappellent tous les corps et unités mobilisés au Hartmannswillerkopf pendant la guerre, sans oublier celles appartenant aux divisions des États-Unis. Suivez ensuite la **crypte**, la galerie souterraine qui mène à la **statue de la Vierge à l'enfant**, autre œuvre de Bourdelle. Au centre, un bouclier en bronze de plus de 6 m de diamètre recouvre l'ossuaire où furent recueillis les restes de 12 000 soldats inconnus. À droite de la crypte, le **monument Scheurer** rend hommage au jeune Alsacien né à Thann, porte-drapeau du mythique 15-2, blessé le 26 avril 1915 et mort plusieurs jours plus tard à Bitschwiller-les-Thann.
Cimetière national du Silberloch – Il abrite plus de 1 200 tombes individuelles de soldats français et près de 400 dans 6 fosses communes. La nécropole regroupe les trente cimetières qui parsemaient les collines du Vieil-Armand. D'autres soldats ont été inhumés dans les cimetières de la vallée de Thann. Quant aux Allemands, ils ont été enterrés à Cernay et à Guebwiller. Au total,

Monument du 152e RI sur la crête sommitale du Hartmannswillerkopf.
A. de Valroger/MICHELIN

la montagne aurait englouti 25 000 soldats des deux camps, et fait trois fois plus de blessés.

Un portillon sur le chemin de terre permet de quitter le cimetière par le bas et débuter la randonnée vers le sommet. Le champ de bataille se visite grâce à une multitude de sentiers aménagés et balisés par le Club Vosgien.

Champ de bataille – *Comptez environ 3h pour explorer la crête sommitale.* Vous sillonnez les tranchées de pierre en allant à l'ouest, jusqu'à la Roche Mégard, et à l'est, jusqu'à la crête surplombant la plaine d'Alsace sur laquelle est installé le monument du 152e RI. Dirigez-vous vers le sommet du Vieil-Armand (956 m) surmonté d'une croix de 22 m de haut, borne-limite du front français. Tournez à droite en direction de la croix en fer des engagés volontaires alsaciens-lorrains érigée sur un promontoire rocheux. De là, **panorama★★** sur la plaine d'Alsace, la chaîne des Vosges, la Forêt-Noire et les Alpes par temps clair.

★ **Monument du 152e RI** – Le monument en hommage aux « Diables Rouges » du « 15-2 » surgit de la montagne sur la plaine d'Alsace. Inauguré en 1921 au rocher Panorama, il commémore les combats qui ont littéralement décimé le régiment en mars, avril et décembre 1915. Il est l'œuvre du sculpteur Antoine, également soldat dans cette unité mythique. Celui-ci l'a reconstruit à l'identique en 1954 après son dynamitage par les Allemands, en 1940.

La route traverse ensuite le lieu-dit du Molkenrain où, dans le chalet du ski club, furent tournées il y a plus de 50 ans plusieurs scènes du fameux *Jules et Jim* de François Truffaut. Lors de la descente vers Cernay, à Uffholtz, la forêt laisse place aux vignes.

Au rond-point du cimetière militaire de cette localité, suivez Vieux-Thann jusqu'au parking du musée de Cernay.

Cernay

Cette ville industrielle située au pied de Vieil-Armand conserve encore des restes de son enceinte fortifiée du Moyen Âge, dont la porte de Thann, frappée du blason de la ville. Un petit **musée** d'expositions temporaires y est aménagé *(r. de Thann - ✆ 03 89 75 88 80 - mai-sept. vend.-sam. 14h-17h, dim. 18h - 2 €),* voisinant avec l'office de tourisme. *Face à l'église, prenez la rue Poincaré et suivez les panneaux « Espace Grun ».*

Un **parc de réintroduction des cigognes** ouvert librement a vu le jour en 1978. Les cigognes sont en liberté et nourries tous les jours *(9h30 et 15h, w.-end 10h et 15h - rens. à l'office du tourisme de Cernay ✆ 03 89 75 50 35).* Certaines restent toute l'année tandis que d'autres migrent de mi-août à mi-février. Si vous assistez au repas, n'hésitez pas à poser des questions à leur nourricier qui connaît ses oiseaux et vous montrera les petits. De retour chez vous, vous pourrez continuer à observer les nids grâce à une webcam *(http://194.250.20.130/home/homeJ.html).* À proximité, sur la même rive, le parc de la Thur offre un agréable espace de promenade et de détente.
Rejoignez Thann via Vieux Thann.

★ Thann

Admirez une des plus belles églises gothiques d'Alsace, la **collégiale St-Thiébaut★★**, ainsi que le très renommé vignoble de Rangen qui strie les collines qui, au-delà de la Thur, dominent la ville (voir Guide Vert *Alsace Vosges).*

NOS ADRESSES SUR LA ROUTE DES CRÊTES

Voir aussi nos adresses dans le Parc naturel régional des Ballons des Vosges *(p. 290).*

VISITES

Navette des Crêtes – Après la « navette des Crêtes » qui proposait une alternative à la voiture entre le Grand Ballon et le col des Bagenelles, un nouveau projet est à l'étude. Pour visiter les crêtes, sans prendre votre véhicule, renseignez-vous auprès des offices de tourisme du PNR.

Trains à vapeur – *✆ 03 89 82 88 48 - www.train-doller.org - 3h - circule de juin à sept. ; voir le site pour les jours et horaires - 10 € AR (-14 ans 8,50 €).* Depuis St-André *(au sud de Cernay, accès par la N 66 dir. Thann)* file le chemin de fer à vapeur de la vallée de la Doller, qui mène, en 14 km, à Sentheim *(voir p. 287).* Trajets simples ou à thème.

HÉBERGEMENT

BUDGET MOYEN

Wolf Hôtel-Restaurant – *Rte des Crêtes - 68610 Le Markstein - ✆ 03 89 82 64 36 - www.hotelwolf.info - fermé nov. - P - 27 ch. 63/65 € - ☕ 10 € - rest. 12/32 €.* Cet hôtel-restaurant ne s'encombre pas de fantaisies mais s'avère fonctionnel et bien situé. On appréciera donc la simplicité de sa cuisine servie dans la grande salle à manger ou, l'été, sur la terrasse.

POUR SE FAIRE PLAISIR

Hôtel Le Collet – *Au Collet, 2 km du col de la Schlucht sur la rte de Gérardmer - 88400 Xonrupt-Longemer - ✆ 03 29 60 09 57 - www.chalethotel-lecollet.com - 25 ch. 82 € - ☕ 15 € - rest. 16/52 €.* La façade de ce chalet-hôtel entouré d'une forêt de sapins dissimule l'essentiel : un coquet décor montagnard, une délicieuse cuisine du terroir et un état d'esprit, car on cultive ici l'art de recevoir. Mille détails font ainsi la différence : les brioches et confitures maison du petit-déjeuner, les spectacles de magie pour les enfants… Une très bonne adresse sur la route des Crêtes.

UNE FOLIE

Les Jardins de Sophie – *Rte du Valtin - 88400 Xonrupt-Longemer - ☏ 03 29 63 37 11 - www.hotel-lesjardinsdesophie.com. - P - 32 ch. 155/255 € - ☕ 16 € - rest. 28/74 €.* Situé au cœur de la forêt, à 820 m d'altitude, cet hôtel-restaurant séduit avec son décor moderne inspiré par les traditions montagnardes. Le bois, clair, chaleureux, a la vedette dans les chambres et les parties communes. Hiver comme été, on appréciera le vaste parc, le salon où crépite un feu de cheminée et la cuisine du terroir allégée par le chef. S'il vous reste du temps, vous profiterez du sauna et de la piscine intérieure.

RESTAURATION

Votre périple sur la route des Crêtes vous fera sûrement passer devant l'une des fermes-auberges qui proposent, de juin à octobre, outre le menu « marcaire », une sélection de plats régionaux à base de produits de la ferme. Réservation conseillée les dimanches et jours de fête. Pour éviter l'affluence (et les cars de touristes), ne venez pas en été.

PREMIER PRIX

Ferme-auberge du Molkenrain – *Rte des Crêtes - 68700 Wattwiller - 4 km au sud de Vieil-Armand par D 431, puis rte secondaire - ☏ 03 89 81 17 66 - fermé 11 Nov.-Pâques et lun. sf j. fériés - réserv. obligatoire - 14/18 €.* Dans un site fantastique, au-dessus de la route des Crêtes, cette ferme construite en 1926 domine le Vieil-Armand et la plaine d'Alsace. Sur sa terrasse avec vue ou dans une salle chaleureuse, vous dégusterez plats « marcaires » (17 €), à base de pommes de terre et d'oignons, et fromages locaux. Mais aussi de la viande de Salers (les vaches paissent non loin) et divers desserts aux myrtilles. Les randonneurs y trouveront quelques chambres.

BUDGET MOYEN

Ferme-auberge Freundstein – *Avant le Vieil-Armand - 68760 Willer-sur-Thur - ☏ 03 89 82 31 63 - tlj sf mar. - fermé 24 déc.-fin janv. - 16/32 €.* Dans un bel environnement, vous y dégusterez d'excellentes spécialités fermières alsaciennes.

Ferme-auberge du Treh – *Près du Markstein, en descendant vers Kruth - 68610 Le Markstein - ☏ 03 89 39 16 79 - tlj sf lun. - fermé 2 sem. en nov. - 18 €.* On oublie vite les murs gris un peu austères de la vaste ferme en s'attablant dans la salle chaleureuse devant de belles portions de spécialités régionales.

ACTIVITÉS

Sports de glisse – Certaines stations (Lac Blanc, Schlucht, Hohneck, Markstein) proposent ski alpin, ski de fond, balades en raquettes ou luge. Certaines sont équipées pour le ski nocturne.

Domaine skiable du Markstein – *☏ 03 89 82 13 90 - www.ot-saint-amarin.com.* Alt. 1030-1 267 m, 10 pistes de ski alpin, un stade de slalom ; ces pistes, éclairées la nuit, bénéficient d'un enneigement artificiel.

Saint-Dié-des-Vosges

★

21 642 Déodatiens – Vosges (88)

NOS ADRESSES PAGE 330

S'INFORMER

Office du tourisme de St-Dié-des-Vosges – *6 quai du Mar.-Leclerc - 88100 St-Dié-des-Vosges - ☏ 03 29 42 22 22 - www.saint-die.eu - juil.-août : 9h-19h, dim. et j. fériés 10h-18h ; reste de l'année : 9h-12h, 14h-18h - fermé dim. et j. fériés.*
Office du tourisme du Pays des Abbayes – *18 pl. Dom-Calmet - 88210 Senones - ☏ 03 29 57 91 03 - www.paysdesabbayes.com - juil.-août : 9h-12h, 14h-18h, dim. et j. fériés 10h-12h ; reste de l'année : tlj sf dim. 9h-12h, 14h-17h, sam. 10h-12h, 14h-17h - fermé 1er janv., 1er mai, dim. de Pentecôte, 1er nov., 25 déc.*

SE REPÉRER

Carte de microrégion B1 (p. 280) – *carte Michelin Départements 314 J3.*
St-Dié est distant d'une trentaine de kilomètres au nord de Gérardmer, la ville est desservie par la N 59.

SE GARER

Parkings au centre-ville : quai Jeanne-d'Arc, r. d'Alsace et r. du 11-Novembre.

À NE PAS MANQUER

Les chapiteaux et les vitraux de la cathédrale de St-Dié, la papeterie Clairefontaine et les trois abbayes (Étival-Clairefontaine, Moyenmoutier, Senones).

ORGANISER SON TEMPS

La visite du musée Pierre-Noël suivra celle de la cathédrale : vous percevrez ainsi les correspondances entre la verrière moderne de la cathédrale et la collection d'œuvres de Bazaine, Manessier, etc. au musée.

Ravagée en 1944, St-Dié-des-Vosges offre un bel exemple de ville reconstruite. À portée de voix ou presque de son imposante cathédrale ou de sa tour de la Liberté en forme de vaisseau spatial, on trouve un camp celtique vieux de plus de 4 000 ans, au milieu des calmes montagnes de grès rouge couvertes de sapins. La ville et ses environs recèlent également l'unique usine au monde signée Le Corbusier (Bonneterie Claude et Duval - 1951) sur l'avenue Robache et un beau jardin botanique planté de superbes tapis de bruyères. De cette diversité alliée à un sérieux dynamisme est né le très intéressant et original Festival international de géographie.

Se promener

★ Cathédrale St-Dié

Se rens. à l'office de tourisme au ☏ 03 29 42 22 22 - gratuit.

Saint Dieudonné ou Déodat, évêque de Nevers selon la légende, moine irlandais en réalité, a fondé ici au 7e s. un monastère bénédictin. Dieudonné fut abrégé en Dié.

Deux tours carrées solennelles (18e s.) contrastent, sur le flanc sud, avec un beau portail roman. Dynamitées en novembre 1944, les voûtes et les parties orientales de la cathédrale ont été reconstruites à l'identique. La nef romane montre une alternance de piles fortes et faibles couronnées de **chapiteaux★** sculptés, du 12e s. Les doubleaux et voûtes de la nef sont du 13e s. Sur la colonne à droite de la croisée du transept, Vierge à l'Enfant, en pierre, du 14e s. Des vitraux de la fin du 13e s., dans la deuxième chapelle à gauche, racontent des épisodes de la vie de saint Déodat. La cathédrale s'est enrichie en 1987 d'un bel ensemble de **vitraux★** non figuratifs, réalisés par une équipe d'artistes animée par Jean Bazaine.

★ Cloître gothique

Se rens. à l'office de tourisme au ☏ 03 29 42 22 22 - gratuit.

Entre la cathédrale et l'église N.-D.-de-Galilée, et faisant communiquer ces deux édifices, cet ancien cloître de chanoines est demeuré inachevé depuis les 15e et 16e s. Admirez les baies flamboyantes donnant sur la cour et les voûtes en croisées d'ogives. À un contrefort de la galerie s'adosse une chaire extérieure du 15e s.

★ Église N.-D.-de-Galilée

Se rens. à l'office de tourisme au ☏ 03 29 42 22 22 - gratuit.

Très bel exemple de l'architecture romane de la Lorraine Sud : la façade est précédée d'un clocher-porche aux frustes chapiteaux. Dans la nef, les voûtes d'arêtes du 17e s. remplacent les croisées d'ogives du 12e s., dont on voit encore les départs en pointe.

Musée Pierre-Noël - Musée de la Vie dans les Hautes-Vosges

11 r. St-Charles - ☏ 03 29 51 60 35 - ♿ - mai-sept. : 10h-12h, 14h-19h ; reste de l'année : 14h-18h, merc. 10h-12h, 14h-18h - fermé lun. et j. fériés - 1,50 € (-8 ans gratuit).

Construit à l'emplacement de l'ancien palais épiscopal dont subsiste la porte d'entrée monumentale, il comprend des sections consacrées à l'archéologie (fouilles du site de la Bure), à l'ornithologie, à la forêt vosgienne, aux métiers du bois et du textile, à l'agriculture et à l'élevage, à la faïence de l'Est et à la verrerie. Une vaste salle est consacrée à Jules Ferry et à sa famille : manuscrits, photographies, mobilier, peintures, armes d'Afrique et d'Asie. Collection militaire franco-allemande : vitrine évoquant René Fonck, as de l'aviation militaire pendant la guerre de 1914-1918, né près de St-Dié. Collection Goll (art moderne).

Bibliothèque

11 r. St-Charles - ☏ 03 29 51 60 40 - www.mediatheque.saint-die.eu - mar., merc. et vend. 10h-12h, 14h-18h30, jeu. 14h-18h30, sam. 10h-12h, 14h-18h - fermé dim., j. fériés et lun. - gratuit.

Elle possède 230 000 ouvrages (!) dont 600 manuscrits et 140 incunables (premiers livres imprimés). Dans la salle du Trésor est présenté un exemplaire de

LA VILLE NATALE DE JULES FERRY

Jules Ferry (1832-1893) est né ici. Cet avocat et journaliste fut élu député des Vosges, puis occupa à plusieurs reprises le poste de ministre de l'Instruction publique. C'est pour cette fonction qu'il est passé à la postérité ; c'est lui, en effet, qui a rendu l'école primaire laïque, gratuite et obligatoire. Il s'est préoccupé ensuite de promouvoir l'expansion coloniale française, ce qui lui valut sa chute politique.

la rarissime Cosmographiae Introductio. Cet ouvrage a été imprimé à St-Dié dans l'une des plus vieilles imprimeries du monde par le Gymnase vosgien (assemblée de savants). En 1507, le continent découvert par Christophe Colomb y fut, pour la première fois, dénommé America, en hommage au navigateur Amerigo Vespucci. Dans la bibliothèque, on trouve également un graduel enluminé (début 16e s.) comprenant des miniatures qui évoquent le travail dans les mines au Moyen Âge.

Tour de la Liberté

03 29 42 22 22 - www.ville-saintdie.fr - avr.-oct. : 14h-18h ; reste de l'année : 14h-18h, fermé w.-end et j. fériés - possibilité de visite guidée (45mn) sur réserv. (7 j. à l'avance) - fermé 1er janv., 1er et 11 Nov., 25 déc. - 2,30 € (-12 ans gratuit).

Érigé au jardin des Tuileries, à Paris, en 1989, cet édifice d'acier, de câbles et de verre a été rebâti ici l'année suivante. Il abrite une **collection de 52 bijoux** créés par Heger de Lœwenfeld d'après l'œuvre du peintre Georges Braque, un des inventeurs du cubisme. Un escalier en hélice conduit à un belvédère d'où la **vue** sur la ville et la ligne bleue des Vosges est magnifique.

À proximité Carte de microrégion

Camp celtique de la Bure B1

7,5 km, puis 45mn à pied AR. Quittez St-Dié au nord-ouest par la N 59. À 4 km, prenez à droite vers la Pêcherie puis, encore à droite, la route forestière de la Bure, et enfin, à gauche, la route forestière de la Crénée. Au col de la Crénée, laissez la voiture et gagnez par le sentier de crête l'entrée principale du camp.

Le site archéologique de la Bure a conservé les traces d'une occupation humaine remontant à quelque 2000 ans av. J.-C. et n'ayant pris fin qu'au 4e s. de notre ère. Établi sur l'extrémité ouest (582 m) de la crête de la Bure, le camp celtique révèle une terrasse d'enceinte émergeant de 40 à 60 cm par endroits, épaisse de 2,25 m (3 pas gaulois). Dans le camp, on distingue trois bassins dont deux consacrés à des divinités gauloises (Taranis et déesses mères), à côté d'un grand atelier sidérurgique. Deux enclumes de 11 kg et de 23,5 kg ont été découvertes ainsi que 450 kg de scories de fer. Le matériel archéologique mis au jour est exposé au musée de St-Dié-des-Vosges. Belles **vues★** *(table d'orientation)* à l'ouest sur la vallée de la Meurthe, au sud sur le bassin de St-Dié-des-Vosges.

UN « FIG » POUR VOUS FAIRE AIMER LA GÉOGRAPHIE

St-Dié accueille chaque mois d'octobre un festival international attirant un public de plus en plus nombreux. Pas question ici de musique, de danse ou de cinéma mais… de **géographie**. En mettant à l'honneur depuis plus de 20 ans cette discipline ouverte sur le monde et aussi éclectique que passionnante (mais si injustement mal-aimée), Christian Perret a permis à sa petite ville de se faire un nom. Le temps d'un week-end, des spécialistes de renommée mondiale, des aventuriers, des scientifiques, des chefs étoilés ou non, des artistes et le public se rencontrent, s'écoutent et débattent autour de thèmes forcement d'actualité : l'eau, les réseaux, l'Afrique, les villes, les religions, etc. Chaque année, un pays est invité à investir la petite cité (Sénégal, Japon, Russie…) via des installations et manifestations variées. St-Dié au centre du monde ? Non, mais en tout cas inscrit en caractères gras sur la carte de ceux qui s'intéressent à la planète.

Festival international de géographie (FIG) - www.fig.saint-die-des-vosges.fr

Tour de la Liberté.
TH-Foto/Lithium/age fotostock

Les jardins de Callunes B1

✆ 03 29 58 94 94 - www.jardins-callunes.com - ♿ - de mi-avr. à fin oct. : 10h-12h, 14h-18h - possibilité de visite guidée (1h) - fermé de fin oct. à fin déc. - 7 € (-12 ans 3 €). Bien indiqué à partir de St-Dié, de la N 59 et de la D 424.

Ce parc paysager et botanique étale, sur 4 ha, 230 variétés de bruyères, des collections de rhododendrons, d'azalées, de plantes vivaces, d'érables. Son nom rend hommage à la vedette du lieu, *Calluna Vulgaris*, la bruyère dont le nom grec signifie balayer, nettoyer. On découvre les 8 zones paysagères non pas en suivant des chemins mais en foulant librement du gazon doux et souple. Les insectes et les oiseaux s'en donnent à cœur joie tandis que vous prenez place sur un banc pour respirer milles et uns parfums et contempler le paysage de montagnes rurales alentours. À voir en particulier au printemps et à l'automne.

Circuit conseillé Carte de microrégion

LE PAYS DES ABBAYES

Pour visualiser ce circuit de 43 km au départ de St-Dié, reportez-vous à la carte de microrégion p. 280. Comptez environ 2h30.
Quittez St-Dié au nord-ouest par la N 59.

Étival-Clairefontaine B1

Cette petite ville de la vallée de la Meurthe est située sur la Valdange, affluent de la Meurthe. Son nom est célèbre, au moins chez les écoliers… grâce aux papeteries qui y sont installées. Sur les bords de la rivière, on peut voir les restes du moulin à papier de Pajaille, qui date de 1512. Des éléments en grès des Vosges de l'ancienne abbaye, détruite par les révolutionnaires, forment l'architecture de plusieurs maisons d'habitation. Dans l'**église**★, la nef centrale et les bas-côtés sont de l'époque de transition du roman au gothique.

☎ 03 29 57 91 03 - www.paysdesabbayes.com - 10h-12h, 14h-17h - possibilité de visite guidée (1h30) sur réserv. (7 j. à l'avance) - gratuit.

Moyenmoutier B1

Le « monastère du milieu » est situé entre les abbayes d'Étival, de Senones et de St-Dié. De très vastes dimensions, l'**église** baroque, rebâtie au 18e s., est un des plus beaux monuments religieux de cette époque dans les Vosges. Malheureusement, les façades de l'église et des immenses bâtiments conventuels sont défigurées et rendues invisibles, en partie, par une usine.

Senones B1

Un amphithéâtre de montagnes boisées sert de cadre à cette petite ville qui fut, à partir de 1751, la capitale de la principauté de Salm, État souverain de 100 km^2 rattaché à la France en 1793. Elle possède encore quelques constructions princières : châteaux et hôtels particuliers du 18e s. L'escalier de pierre (18e s.) de l'**ancienne abbaye**, orné d'une rampe de fer ouvré, menait à l'appartement que Voltaire habita lors de son séjour en 1754. Ce dernier se rendit en effet par deux fois à Senones pour visiter l'abbé Augustin Calmet (1672-1757), considéré comme le premier historien de la Lorraine, qui possédait ici 15 000 volumes. *☎ 03 29 57 91 03 - www.paysdesabbayes.com - ♿ - 10h-12h, 14h-17h - possibilité de visite guidée (1h30) sur demande - 3 € (-16 ans 1,50 €).*

Quittez Senones par la D 424 au nord. Dans la Petite-Raon, à 2 km, prenez à gauche la D 49 qui s'engage dans le val de Senones, puis traversez Moussey.

La route forestière qui succède à la D 49 suit la vallée encaissée et déserte du Rabodeau. Le **col de Prayé**, situé sur la crête des Vosges, marquait l'ancienne frontière allemande. On atteint le **col du Donon** *(voir massif du Donon, p. 236)*.

NOS ADRESSES À SAINT-DIÉ-DES-VOSGES

HÉBERGEMENT

PREMIER PRIX

Camping Vanne de Pierre – *À l'est de la ville par le quai du Stade, près de la Meurthe - ☎ 03 29 56 23 56 - www.vosgescampings.com/vanne/ - ouv. tte l'année - ♿ - réserv. conseillée - 120 empl. 27 €.*
Ce camping aménagé au bord de la Moselle bénéficie d'un bel environnement verdoyant, en plein cœur du massif vosgien, qui ravira les amateurs de randonnées et de nature. Blocs sanitaires entièrement modernisés et emplacements bien entretenus. Location de chalets et animations estivales.

BUDGET MOYEN

Chambre d'hôte Le Bout du Chemin – *6 r. d'Hadremont - 88580 Saulcy-sur-Meurthe - ☎ 03 29 50 90 13 - bourg.jean-claude@wanadoo.fr - P - 🚭 - 5 ch. 50 € ☕.*
Les chambres de cette maison d'hôte, située tout près de St-Dié, possèdent une terrasse privative

d'où vous pourrez observer les chevreuils et les écureuils. Le salon, avec cheminée et piano, et la véranda ouverte sur le parc sont deux atouts supplémentaires. Plusieurs restaurants dans le village.

Le Régal – *189 r. d'Épinal - ✆ 03 29 56 83 33 - www.leregal.fr - P - 33 ch. 60 € - ☕ 7,50 € - rest. 16/52 € (fermé sam. et lun. midi, dim. soir et 1er-15 août, 20-31 déc.).* À l'écart de la ville, entre forêts et odorantes scieries, voici une très agréable étape, alliant accueil chaleureux et service impeccable. Les chambres (classiques ou très « tendance » dans la nouvelle aile) offrent tout le confort souhaité et le restaurant jouit d'une bonne réputation *(intéressante soirée étape à 68 €)*. Les enfants apprécieront le parc et ses jeux, les cygnes et les… wallabies.

POUR SE FAIRE PLAISIR

Ibis – *5 quai Jeanne-d'Arc - ✆ 03 29 42 24 22 - www.ibishotel.com - 58 ch. 79 € - ☕ 8 €.* Sur les berges de la Meurthe, hôtel aux chambres petites mais optimisées, rénovées dans le style contemporain de la chaîne. Préférez celles côté rivière. Au restaurant, atmosphère de bistrot (bois dominant, esprit bar à bières) et petite carte ad hoc.

RESTAURATION

BUDGET MOYEN

Voyageurs – *22 r. Hellieule - ✆ 03 29 56 21 56 - lesvoyageurs88@wanadoo.fr - fermé dim. soir et lun. - formule déj. 16,50 € - 21/32 €.* Dans un cadre égayé de jaune, on se régale de plats traditionnels (desserts maison, produits frais scrupuleusement choisis). Courte carte de vins où l'Alsace figure en tête.

Pisciculture Ste-Odile – *27 r. Ste-Odile - 88480 Étival-Clairefontaine - ✆ 03 29 41 40 83 - tlj sf lun. 8h-13h, 15h-19h - fermé de mi-janv. à fin fév.* Élevage de truites arc-en-ciel et truites Fario, ombles chevaliers, brochets, anguilles, écrevisses, etc., ensuite déclinés en une infinité de recettes : terrine de truite royale aux mirabelles, mousse de truite aux herbes, filets de truite et d'anguille fumée… Prêt de matériel pour pêcher soi-même son poisson.

ACHATS

Papeteries de Clairefontaine – *19 r. de l'Abbaye - 88480 Étival-Clairefontaine - ✆ 03 29 42 42 42 - www.clairefontaine.com - se rens. sur horaires d'ouverture - fermé 15 juil.-1er sept.* Retrouvez l'odeur des cahiers d'écolier et découvrez les mille et une étapes de leur fabrication en suivant la visite guidée de cette papeterie réputée.

Agenda

Festival international de géographie – *1er w.-end d'oct. - ✆ 03 29 42 22 22 - www.fig.saint-die-des-vosges.fr.*

Relève de la garde des princes de Salm – *Certains dim. mat. en juil.-août, à Senones - ✆ 03 29 57 91 03 - www.paysdesabbayes.com.*

Foire aux écrevisses – *Mi-juin, à Étival-Clairefontaine.*

Sainte-Marie-aux-Mines

5 604 Sainte-Mariens – Haut-Rhin (68)

NOS ADRESSES PAGE 336

S'INFORMER

Office du tourisme du val d'Argent – *5 r. Kroeber-Imlin - 68160 Ste-Marie-aux-Mines - ℘ 03 89 58 33 10 - www.initiativesevenements.com - 8h30-17h30, fermé w.-end et j. fériés. Vous y trouverez une très riche documentation thématique : les fermes, le textile, les mines, les églises.*

Visite guidée de la ville – *℘ 03 89 58 80 32 - Toute l'année, visites découvertes (1h30) organisées dans le cadre du label Pays d'art et d'histoire du Val d'Argent, boutique ouverte tte l'année, vente de tissus au mètre, mercerie, matériel patchwork... Programme disponible auprès de l'Office du tourisme du Val d'Argent - www.valdargent.com - 3 € (-18 ans gratuit).*

SE REPÉRER

Carte de microrégion C1 (p. 280) – *carte Michelin Départements 315 H7.*
À 22 km à l'ouest de Sélestat, 32 km au nord-ouest de Colmar, 29 km à l'est de St-Dié-des-Vosges.

À NE PAS MANQUER

L'Espace des musées pour découvrir les industries qui ont fait la prospérité de la ville.

ORGANISER SON TEMPS

Si vous souhaitez visiter une mine (compter une demi-journée), téléphonez quelques jours à l'avance pour connaître les horaires de visite et vous inscrire.

AVEC LES ENFANTS

La visite d'une mine, casqués, les pieds dans l'eau.

La petite ville-carrefour, dominée par le bulbe de l'église Ste-Madeleine (18e s.), s'étend de part et d'autre de la Liepvrette. Façades Renaissance et tissus colorés vous accueillent dans cette petite ville située au milieu des sapins : ni charbon ni corons dans le paysage ! Les mines exploitées du 9e au 18e s. étaient d'argent, de plomb et de cuivre. Les manufactures de fil se sont reconverties en filatures de coton, puis la ville s'est spécialisée dans le tissage des lainages légers, du cachemire. Il y a vingt-cinq ans, Ste-Marie-aux-Mines vivait encore au rythme des métiers à tisser. La ville n'a rien effacé de son passé : fête des tissus, carrefour européen du patchwork et visites de mines sont là pour le rappeler.

Découvrir les mines

Ce sont des moines, dépendant du monastère de Moyenmoutier, qui auraient découvert les premiers filons d'argent au 9e s. et contribué ainsi au développement de la ville. Au Moyen Âge, le val d'Argent était un véritable eldorado européen où étaient exploitées plus de 300 mines, avec 300 km de galeries, entretenant une ruée vers l'argent dont la valeur était alors huit fois supérieure à celle d'aujourd'hui.

Espace des Musées

Pl. du Prensureux - ✆ 03 89 58 56 67 - www.musees-valdargent.fr - juin-sept. : tlj 10h-19h, oct.-mai : lun.-vend. 10h-12h et 14h-18h - fermé janv., 25 déc. - 5,50 € (-18 ans 3 €).

Dans le **Musée minéralogique**, riche collection de minéraux d'origine vosgienne et d'ailleurs. La présentation est basique mais on découvre avec plaisir quelques-unes des 150 espèces minérales répertoriées dans la vallée. Dans le **musée du Textile**, atelier où l'on peut suivre les étapes de la fabrication du tissu avec différents métiers à bras et mécaniques (ourdissoirs, bobinoirs, dévidoirs…). Enfin, le **musée du Patrimoine minier** est consacré à l'histoire des mines et des techniques minières : reconstitution d'une galerie du 16e s.

Visite des Mines

Pour les visites, prévoir des chaussures de marche et des vêtements chauds (bottes, imperméable et casque sont fournis). Pour St-Louis et Gabe-Gottes : visite sur réservation auprès de l'ASEPAM, centre du patrimoine minier, 4 r. Weisgerber, 68160 Ste-Marie-aux-Mines - ✆ 03 89 58 62 11 ou 03 89 58 56 67 - www.asepam.org ou à l'office de tourisme - ✆ 03 89 58 80 50.

St-Barthélemy – *R. St-Louis - ✆ 03 89 58 72 28 - 10h-12h, 14h-18h.* La seule mine située en ville. Après un commentaire sur l'historique des mines, on visite différentes galeries taillées au marteau et à la pointerolle par les mineurs au 16e s.

Mine St-Louis-Eisenthür – *Visite guidée (3h) sur demande préalable à l'ASEPAM - centre du patrimoine minier - 4 r. Weisgerber - 68160 Ste-Marie-aux-Mines - ✆ 03 89 58 62 11 - www.asepam.org ou à l'office de tourisme - ✆ 03 89 58 80 50 - prévoir des chaussures de marche et des vêtements chauds (bottes, imperméable et casque sont fournis) - 10 € (5-12 ans 5 €).* Panorama complet des sites miniers et des techniques utilisées au 16e s. dans une mine ouverte en 1549.

Mine Gabe-Gottes – *Visite guidée (1h30) sur demande à l'ASEPAM - centre du patrimoine minier - 4 r. Weisgerber - 68160 Ste-Marie-aux-Mines - ✆ 03 89 58 62 11 - www.asepam.org ou à l'office de tourisme - ✆ 03 89 58 80 50 - 8 € (5-12 ans 4 €). Prévoir des chaussures de marche et des vêtements chauds (bottes, imperméable et casque sont fournis).* La visite de la mine Gabe-Gottes (« don de Dieu ») met en évidence l'évolution des techniques d'exploitation du 16e s. au 20e s. (argent mais aussi arsenic pour fabriquer du raticide). On distingue bien les galeries du 16e s., tout juste taillées pour le passage d'un homme à la pointerolle, à raison de 5 cm par jour, des galeries élargies à l'explosif au 18e s., puis au marteau-piqueur au 20e s. Au bout du parcours, on parvient au cœur de la mine : la salle du puits, qui suit la trajectoire verticale du filon de cuivre argentifère.

LE BERCEAU DES AMISH

En 1693, Jakob Amman, un anabaptiste expulsé de Suisse pour puritanisme excessif, se réfugie dans la vallée de Ste-Marie-aux-Mines et y fonde le mouvement amish, connu pour son austérité et son opposition à la civilisation moderne. Expulsés de France au début du 18e s., les amish se réfugièrent alors en Pennsylvanie, où la communauté prospère toujours. La présence des amish à Ste-Marie ne fut pas étrangère à la naissance du patchwork. Les femmes fabriquaient des couvertures (quilts) avec des bouts de tissu qu'elles découpaient et assemblaient. Certains quilts sont de véritables œuvres d'art.

Centre d'exploration des mondes souterrains de Tellure

Tellure - à 5 km de Ste-Marie par la D 48 dir. col du Bonhomme - 03 29 58 94 94 - www.jardins-callunes.com - - de mi-avr. à fin oct. : 10h-12h, 14h-18h - possibilité de visite guidée (1h) - fermé de fin oct. à fin déc. - 7 € (-12 ans 3 €). Mais aussi des visites sportives avec échelle et tyrolienne.

Ouvert en 2009 dans la vallée de la Liepvrette, le Centre d'exploration des mondes souterrains invite à la découverte d'une mine d'argent alsacienne. Une muséographie résolument moderne raconte, à travers des stations muséographiques, l'histoire des mineurs du 16e s. et les conséquences à la fois humaines, politiques et économiques de l'activité minière. La visite se poursuit par l'exploration d'une mine préservée depuis cinq siècles. On descend à la découverte des exploitations des anciens filons verticaux et parcourt brièvement une galerie du 16e s.

Non loin, le sentier forestier **Forestum** (deux parcours d'1h) parcourt une forêt du val d'Argent, en présentant 43 essences. Départ 1500 m après Tellure, sur la droite.

D'autres curiosités de la **vallée de la Liepvrette** (sentier du patrimoine de Neuenberg, église de St-Pierre-sur-l'Hâte) sont décrites dans le circuit Val d'Argent *(voir ci-dessous)*.

Ste-Croix-aux-Mines

La commune voisine compte quelques curiosités à visiter si l'on s'attarde dans la région. Les amateurs d'artisanat se rendront à la **Scierie Musée** *(2b r. Maurice Burrus - mai-sept. 10h-19h - 5,50 €)* qui présente des machines classées. Dans le **Parc de la Villa Burrus**, aménagé en 1935 par le riche industriel André Burrus, vous lèverez les yeux vers des arbres du monde entier et déambulerez entre des jardins thématiques passionnants (plantes médicinales, potagers, « patchwork »). En été, un marché paysan s'y tient tous les mardis de 16h30 à 21h.

Les marcheurs suivront eux le **Sentier minier et botanique** de Ste-Croix-aux-Mines *(à la sortie de Ste-Marie, 100 m avant le panneau « Les halles », départ du circuit sur la gauche de la route)*, dans le bois de St-Pierremont qui recelait de riches filons argentifères exploités au 16e s. Tout au long du parcours, des panneaux sur les arbres indiquent les essences de la forêt.

Circuit conseillé Carte du Parc naturel

LE VAL D'ARGENT

Circuit de 70 km au départ de Ste-Marie-aux-Mines, tracé en vert clair sur la carte p. 280. Comptez environ 2h.

Quittez Ste-Marie à l'ouest par la D 459.

Argent, cuivre et autres métaux des Vosges ont été exploités depuis le Moyen Âge. À leur apogée aux 16e et 17e s., les mines déclinèrent au milieu du 19e s. Depuis, plusieurs sites sont protégés et réaménagés, pour un public curieux de patrimoine minier.

Col de Ste-Marie

Alt. 772 m. Du col, belle vue d'un côté sur le vallon de la Cude, de l'autre sur le bassin de la Liepvrette, la plaine d'Alsace et le château du Haut-Kœnigsbourg.

Un tableau sur le parking de l'autre côté de la route précise les circuits suivants :
Du col, à partir de la pierre tombale située à droite de la route, vous pouvez emprunter un intéressant chemin menant au **Roc du Haut de Faite** *(30mn à pied à partir du col de Ste-Marie)*. Prenez à droite de la stèle pour atteindre au

plus vite le sommet et bénéficier d'un **beau panorama** sur la crête des Vosges et les versants alsacien et lorrain ; ou à gauche pour rejoindre le même but tout en passant par la Roche des Chèvres et la Tombe de Richter.

Revenez sur la D 459 et poursuivez en direction de St-Dié-des-Vosges.

Dans une vallée bucolique se love le village de fermes de **Wisembach**.

Au Giron, tournez à gauche et prenez la D 23.

Vous suivez alors la route qui s'élève doucement dans la vallée de la Morte, ses fermes, ses pâturages et ses points de vue. N'hésitez pas à quitter la route principale pour découvrir la campagne alentour.

Circuit minier de la Croix-aux-Mines

Au lieu-dit Le Chipal. 8,5 km – environ 2h45.

Au niveau de la chapelle du Chipal, un hameau minier qui compta jadis 234 habitants, suivez ce chemin balisé par des panneaux, cercle noir sur fond jaune avec l'emblème du sentier : un marteau et un pic. Sur ce site, des mineurs extrayaient (du 10e au 20e s.) le sulfure de plomb argentifère, communément appelé galène, pour en retirer l'argent.

Poursuivez sur la D 23 et à Fraize, prenez à gauche la D 415 (dir. Colmar).

À Plainfaing, offrez-vous un détour *(6 km AR)* vers la célèbre **Confiserie des Hautes-Vosges** (voir *Nos adresses, p. 291*) en tournant à droite au premier feu en direction de Gérardmer.

Revenez sur la D 415 que vous suivez jusqu'au Col du Bonhomme.

Col du Bonhomme *(voir p. 314)*

Au col, poursuivez par la D 415.

Le Bonhomme *(voir p. 315)*

Prenez à gauche la D 48 pour rejoindre le col des Bagenelles et le Brézouard.

★★ Le Brézouard

45mn à pied AR. Laissez votre véhicule sur l'aire de stationnement près du refuge des Amis de la nature.

La plus grande partie de l'excursion du Brézouard peut être effectuée en voiture depuis le **col des Bagenelles** *(4 km - monter sur la droite direction Haycot puis laisser la voiture au refuge)*, d'où la vue est très belle sur la vallée de la Liepvrette. Au sommet du Brézouard, qui a donné son nom au type de granit qui le compose, le **panorama★★** est très étendu. Au nord, on découvre le Champ du Feu, le Climont et au loin le Donon.

Au nord-est, Strasbourg est visible. Au sud, vous verrez le Hohneck et le Grand Ballon. Le Mont Blanc se révèle dans le lointain, par temps clair. Le Brézouard et la région environnante furent de hauts lieux de la guerre de 1914-1918 (tranchées et abris).

Revenez vers Ste-Marie-aux-Mines par la D 48. Après quelques kilomètres dans la forêt, la route sinueuse rejoint la vallée de la Liepvrette où les vergers succèdent aux pâturages d'altitude.

★ Vallée de la Liepvrette

Le Rombach, qui jaillit de la terre au-dessus de La Hingrie, vient y alimenter la Liepvrette, charmant ruisseau courant entre les deux routes avant de traverser Ste-Croix-aux-Mines.

En route vers Ste-Marie, 300 m après l'auberge de la Canardière, vous passez devant le sentier forestier Forestum puis l'intéressant **Centre d'exploration des mondes souterrains de Tellure** *(voir ci-contre)*.

Sentier patrimoine de Neuenberg

À Échery, 2 km avant Ste-Marie, deux circuits sont possibles : court (2h30) ou long (4h).

Au cours de la promenade, on aperçoit notamment la tour des Mineurs et la maison du Receveur des dîmes caractéristique de la Renaissance avec sa tourelle, ainsi qu'une galerie de recherche de la mine Énigme.

Dans Échery, prenez à droite.

St-Pierre-sur-l'Hâte

Ce hameau joliment situé dans un espace boisé accueillait jadis un prieuré bénédictin. Il possède encore une **église** œcuménique dite « des mineurs » qui sert de cadre en été aux concerts du Festival aux chandelles (voir *Nos adresses, page suivante*).

Revenez à Ste-Marie-aux-Mines par la D 48.

NOS ADRESSES À STE-MARIE-AUX-MINES

HÉBERGEMENT ET RESTAURATION

BUDGET MOYEN

Auberge de Lorraine – *5 r. du 8-Mai - 88520 Ban-de-Laveline - ✆ 03 29 51 78 17 - 7 ch. 59/69 € - ☕ 9/11 € - rest. 14/45 €.* Dans un calme village agricole, cette auberge aux murs jaunes est une étape très appréciable à mi-chemin entre Ste-Marie et Fraize (sur le circuit du Val d'Argent, *voir p. 334*), pour se restaurer ou passer une nuit au calme.

Hôtel de la Poste – *Au village - 68650 Le Bonhomme - ✆ 03 89 47 51 10 - www.hotel-la-poste.com - fermé 3 sem. en nov. et 20-26 déc. - ♿ - 31 ch. 62/85 € - ☕ 9 € - rest. 12/45 €.* Imposante bâtisse régionale bordant un axe animé. Les chambres, sobres et fonctionnelles, sont plus calmes côté jardin. Sympathique petit bar alsacien. Lambris, mobilier rustique et cuivres donnent du cachet au restaurant tourné vers le ruisseau et la colline. Après une longue randonnée, vous apprécierez la piscine couverte et le sauna.

Aux Mines d'Argent – *8 r. du Dr-Weisgerber - ✆ 03 89 58 55 75 - 10/32 € - 9 ch. 55 € - ☕ 6 €.* Près de l'hôtel de ville, cette bâtisse du 16e s. attire par sa coquette façade fleurie. Une fois attablé dans la salle aménagée façon *winstub*, demandez la petite brochure qui vous contera

l'histoire de la maison, avant de découvrir la cuisine du cru.

Les Bagenelles – *15, La Petite-Liepvre - ✆ 03 89 58 70 77 - www.bagenelles.com - 10/28 € - 12 ch. 88 € - ☕ 10 €.* Entre Ste-Marie et le col des Bagenelles, un hôtel agréable, offrant beaucoup d'espace et un accueil familial. L'étape est appréciée des randonneurs et cyclistes. Au restaurant *(tlj sf mar.-merc. de nov. à mars)*, on appréciera les flambées, viandes grillées et le buffet dominical.

À proximité

BUDGET MOYEN

Auberge du Sobach – *40 Sobache - 68160 Ste-Croix-aux-Mines - ✆ 03 89 58 83 01 - www.auberge-sobache.info - 7 ch. 46 € - rest. tlj sf merc. 20/26 €.* Cuisine locale, produits du marché, plats savoureux (comme une palette fumée au munster…) et chambres simples mais douillettes : que demander de plus ?

ACHATS

Savonnerie du Val d'Argent – *Le Chauffour - ✆ 03 89 58 83 43 - www.argasol.fr - lun.-vend. 8h-12h.* Fabrique artisanale de savons bio aux parfums parfois étonnants.

AGENDA

Carrefour européen du patchwork – *✆ 03 89 58 33 10 - www.patchwork-europe.com.* Chaque année a lieu, en septembre, une exposition artistique consacrée au patchwork. Cours d'initiation et de perfectionnement au patchwork, conférences sur l'histoire amish et les techniques de patchwork, présentation de quilts anciens ou contemporains se déroulent dans 18 sites de la vallée : églises, villa Burrus, théâtre…

Mode et Tissus – *✆ 03 89 58 33 10 - www.modetissus.com.* En mars et en octobre, cette fête présente des collections et met en vente des étoffes tissées en partie à Ste-Marie et des textiles plus variés, surtout destinés à la haute couture. Les artisans, créateurs et commerçants proposent des accessoires de mode. Plusieurs présentations de mode par jour dans le hall d'exposition « Val d'Argent expo ».

Bourse internationale des minéraux, gemmes et fossiles – *✆ 03 89 50 51 51 - www.sainte-marie-mineral.com.* Cette Bourse pas comme les autres, la troisième au monde derrière Tucson et Munich, attire les passionnés du monde entier.

Festival aux chandelles – *✆ 03 89 58 80 50 - www.festivalauxchandelles.fr.* À l'Ascension et en août, concerts dans l'église de St-Pierre-sur-l'Hâte.

Festival C'est dans la vallée – *✆ 03 89 58 80 50 - www.festivalauxchandelles.fr.* Ce festival, dirigé par Rodolphe Burger (Kat Onoma), mêle musique, cinéma et arts plastiques. Pour connaître les dates et les programmes, consultez le site Internet.

Col d'Urbeis et val de Villé

★

Vosges (88) et Bas-Rhin (67)

NOS ADRESSES PAGE 340

S'INFORMER

Office du tourisme du val de Villé – *5 pl. du Marché - 67220 Villé - 03 88 57 11 69 - juil.-août : 9h-19h, dim. et j. fériés 10h-12h30 ; reste de l'année : 10h-12h, 14h-17h, fermé dim. et j. fériés.*

SE REPÉRER

Carte de microrégion C1 (p. 280) – *carte Michelin Départements 315 H7.* Par le col passe la limite départementale. Le col se situe entre St-Dié-des-Vosges et Sélestat.

À NE PAS MANQUER

La Maison du val de Villé à Albé.

Paradis absolu des randonneurs, entre Sélestat et St-Dié-des-Vosges, le col d'Urbeis tient lieu de carrefour entre les vallées de la Fave et du Giessen. Le Club vosgien balise et entretient des centaines de kilomètres de circuits pédestres le long des crêtes et au plus profond des vallées encaissées. C'est l'occasion de se régaler de toutes sortes de baies sauvages, myrtilles et framboises, sans oublier de goûter les cerises et de rendre visite aux bouilleurs de kirsch du val de Villé.

Circuits conseillés Carte de microrégion

★ VALLÉES DE LA FAVE ET DU GIESSEN

Pour visualiser ce circuit de 22 km au départ de Provenchères-sur-Fave, reportez-vous à la carte de microrégion p. 280. Comptez environ 45mn.

Provenchères-sur-Fave B1

Cité au pied de l'Ormont, de part et d'autre de la rivière.

De Provenchères, la route suit la vallée de la Fave, serpente et bientôt pénètre sous bois pour atteindre le **col d'Urbeis** (602 m) qui s'ouvre dans la section affaissée de la chaîne vosgienne. Peu après, à droite, en contrebas, on peut voir une ancienne mine de cuivre gris argentifère.

À l'entrée d'Urbeis, ancien village minier où de grosses fermes se répartissent sur 2 km, se dressent les ruines du château de Bilstein.

On descend la vallée du Giessen, la rivière d'Urbeis. Dans l'agglomération de Fouchy, laissez à droite la route du col de Fouchy (voir p. 340), à moins que vous ne désiriez rejoindre Ste-Marie ou le Haut-Kœnigsbourg.

Villé C1

Durement éprouvé en 1944, Villé n'a pu conserver que quelques jolies maisons des 16e et 18e s. Elles forment un bel ensemble autour de la place du Marché, animée par une petite foire chaque mercredi matin. En été, un marché artisanal *(jeu. 17h-20h)* permet aux touristes de découvrir les spécialités locales.

Maison du val de Villé, musée d'Arts et Traditions Populaires, la salle de classe.
Christophe Dumoulin/Maison du val de Villé

★ Albé C1

Cet adorable village cerné par les vignes porte le nom du ruisseau qui le traverse. Il doit sa célébrité à ses maisons de vignerons dites « à galeries », dans lesquelles l'étable et le cellier sont contigus. L'intéressant petit complexe de la **Maison musée du val de Villé** est aménagé de chaque côté d'un gros tilleul. Chaque pièce de l'ancienne ferme vosgienne (1709) a été meublée et décorée de façon à présenter la vie des habitants du val de Villé du 18e s. au début du 20e s. La visite se poursuit dans le musée (1878), de l'autre côté de la place ; il abrite des expositions temporaires.

À Albé. ✆ 03 88 57 08 42 - http://maisonduvaldeville.com - juil.-août : mar.-vend. 10h-12h, 14h-18h, w.-end et j. fériés 14h-18h ; avr.-juin et sept.-oct. : jeu.-dim. et j. fériés 14h-18h ; reste de l'année : gpes sur rés. - 1er nov. dim. de Pâques et 25 déc. - 3,35 € (-12 ans gratuit).

ROUTE DU COL DE STEIGE

Pour visualiser ce circuit de 19 km qui relie le col d'Urbeis à la région du Hohwald, reportez-vous à la carte de microrégion p. 280. Comptez environ 2h.

Au **col d'Urbeis** *(voir ci-contre)*, prendre la route 214.

★ Le Climont C1

1h30 à pied AR. Le sommet du Climont (966 m) offre un beau point de vue. La tour d'observation a été construite en 1897 par le Club vosgien de Strasbourg. En médaillon, au-dessus de l'entrée, le président de l'époque, Jules Euting.

À la sortie nord du Climont, 300 m après l'église, un discret petit panneau en bois (en hauteur) signale le sentier d'accès, qui s'amorce sur un carrefour, à gauche de la D 214.

Ce sentier, abrupt et étroit, souvent encombré par la végétation *(suivre le balisage : croix jaunes)* aboutit à un chemin forestier transversal que l'on prend à gauche.

Au carrefour proche du sommet, prenez le chemin en montée à droite.
On atteint le pied de la tour Euting qui se trouve sur le sommet boisé du Climont. Du haut de la tour *(78 marches)*, **point de vue★** sur les Vosges : à gauche, la vallée de la Bruche ; au nord, le Donon ; à droite, le Champ du Feu avec sa tour.
De retour sur la D 214 poursuivre vers le **col de Steige** qui, à 534 m offre une belle vue au sud-ouest sur le Climont. La route continue ensuite vers le **col de la Charbonnière** puis le **Champ du Feu★★**, Andlau, le Mont Ste-Odile et la région d'Obernai.

★ ROUTE DU COL DE FOUCHY

Pour visualiser ce circuit de 13 km au départ de Fouchy, reportez-vous à la carte de microrégion p. 280. Comptez environ 30mn.
À Fouchy, prenez à droite la D 155.
La route du col de Fouchy fait communiquer les vallées de la rivière d'Urbeis et de la Liepvrette. Elle remonte le vallon de Noirceux et celui de Froide-Fontaine et vous permet de rejoindre Ste-Marie-aux-Mines ou le Haut-Kœnigsbourg. Elle débute au niveau du village *welche* de Fouchy, jadis connu pour ses artisants. L'asphalte serpente entre les fermes doublées d'auberges et chambres d'hôtes. Nombre de chemins de randonnée partent d'ici. De petites prairies trouent la forêt, servant de pâturages aux moutons, chèvres et ânes. Du **col de Fouchy**, belle vue sur le Champ du Feu, reconnaissable à sa tour, et sur les montagnes du Hohwald. La route suit le ravin de Pierreuse-Goutte et descend vers la vallée de la Liepvrette qu'elle atteint à Lièpvre, sur la route du col de Ste-Marie.

NOS ADRESSES AUTOUR DU COL D'URBEIS

Voir aussi nos adresses à Ste-Marie-aux-Mines *(p. 336)*.

HÉBERGEMENT

BUDGET MOYEN

Hôtel La Bonne Franquette – *6 pl. du Marché - 67220 Villé - ☎ 03 88 57 14 25 - www.hotel-bonne-franquette.com - fermé 1re sem. de juil. et vac. de fév. et de la Toussaint - 9 ch. 55/60 € ☕ - rest. 20/39 €.* Sur une placette du centre-ville, avenante auberge familiale abritant des chambres bien tenues. La clientèle locale apprécie le restaurant pour ses petits plats traditionnels servis « à la bonne franquette »… Une adresse toute simple à prix raisonnables.

RESTAURATION

PREMIER PRIX

Auberge La Canardière – *24 chemin de Bourgogne - 88490 Provenchères-sur-Fave - ☎ 03 29 51 27 81 - aubergelacanardiere@wanadoo.fr - fermé dernière sem. d'août, lun. soir, mar. soir, merc. - formule déj. 13 € - 21/32 €.*
Cette ancienne ferme vosgienne typique, judicieusement rénovée, vous fera découvrir les mille et une façons d'accommoder un canard : confits, filets, magrets poêlés, etc.
Pfister – *9 pl. Ch.-de-Gaulle - 67220 Villé - ☎ 03 88 57 17 56 - tlj sf lun. 7h30- 18h30.*
Une institution locale sur la place principale où déguster

en terrasse ou dans le patio de belles pâtisseries, des tourtes, des bouchées à la reine ou l'une des nombreuses salades. Et peut-être repartirez-vous avec une belle boîte de biscuits ou de pâtes de fruits.

ACTIVITÉS

Le val de Villé (Villé et alentour) est parcouru par 350 km de chemins balisés par le club vosgien. Des randonnées et sorties thématiques sont proposées les 1ers dim. et jeu., mais aussi diverses activités : VTT (7 circuits thématiques), balade à dos de cheval ou avec un âne… Informations auprès de l'office du tourisme de Villé et de la Compagnie des accompagnateurs de montagne *(www.rando-emotion-vosges.com)*. L'OT fournit aussi une carte des sentiers de découverte « chemins du patrimoine » : Albé et son vignoble, Fouchy et le pays *welche*, Urbeis à l'époque minière…

ACHATS

G.E. Massenez – *67220 Dieffenbach-au-Val - ✆ 03 88 85 62 86 - tlj sf w.-end 8h15-12h, 13h30-17h15 - fermé j. fériés.* Les eaux-de-vie Massenez symbolisent l'art de la distillation à la française, et dans la famille, cet art s'enseigne de père en fils depuis 1870.
Outre les incontournables eaux-de-vie de framboise et de poire Williams, les vieilles liqueurs et fruits à l'eau-de-vie confortent la réputation de la maison, plusieurs fois primée.

Distillerie artisanale Nusbaumer – *23 Grand'Rue - 67220 Steige - ✆ 03 88 57 16 53 - www.jos-nusbaumer.com - tlj 9h-12h, 14h-18h30, sam. 10h-12h, 14h-18h ; nov.-Pâques : lun.-sam. 10h-12h, 14h-18h - fermé dernière sem. de janv. et le dim. de janv. à Pâques.* Les produits Nusbaumer sont présentés dans un véritable musée de l'art alsacien et lorrain renfermant notamment une collection d'objets de bouilleurs de cru et un superbe comptoir de vente. Eaux-de-vie de kirsch, poire et framboise, médaillées d'or au Concours général agricole.

Ferme Humbert – *67 Urbeis - ✆ 03 88 57 06 00 - www.biofermehumbert.com - tlj 17h-19h et jeu.-vend. 8h-12h.* Ferme bio où acheter laitages, œufs, charcuterie, fruits et légumes.

Confitures du Climont – *La Salcée - 14 rte de Climont - ✆ 03 88 97 72 01 - www.confituresduclimont.com - tlj sf lun.* Un atelier boutique qui sent bon la cuisson du jour : confitures, sirops, gelées…

+ d'adresses

Région de Saverne et Vosges du Nord

6

Cartes Michelin Départements 307, 314 et 315 – Moselle (57), Bas-Rhin (67)

L'art du verre, par Lalique.

RÉGION DE SAVERNE ET VOSGES DU NORD

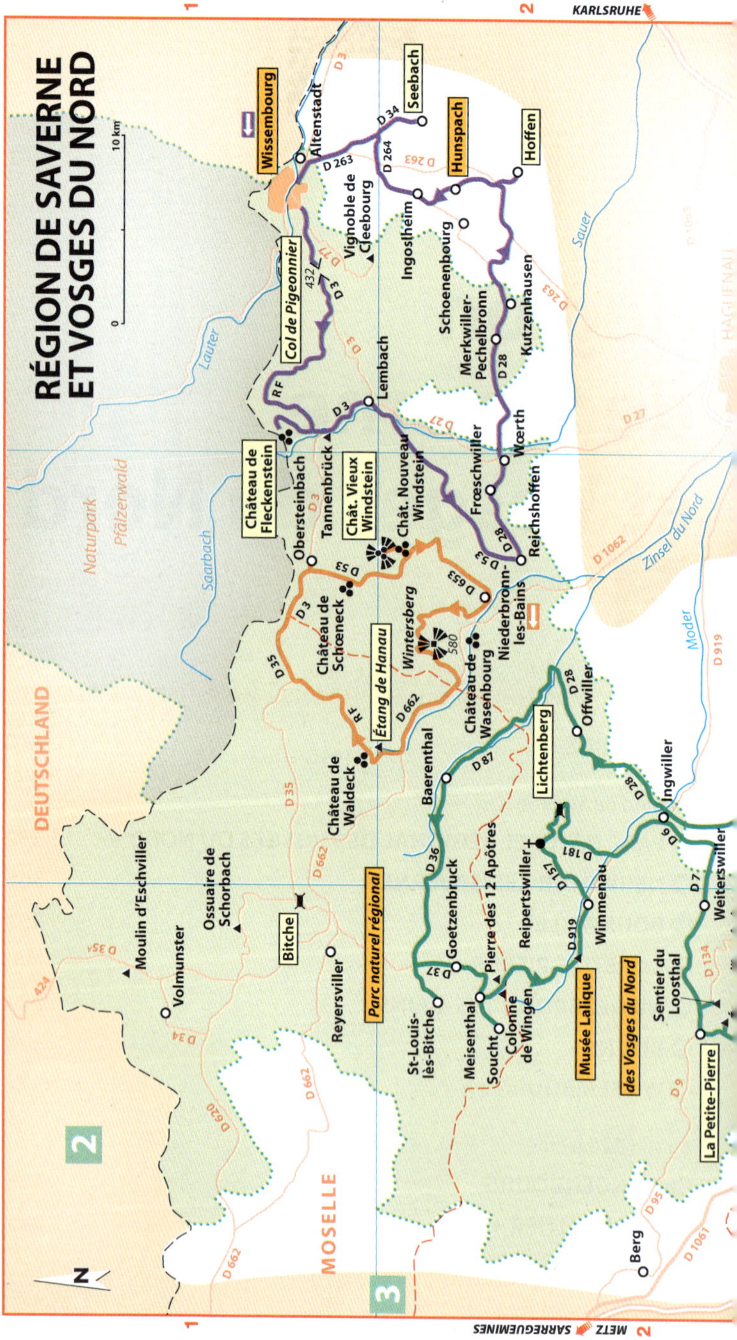

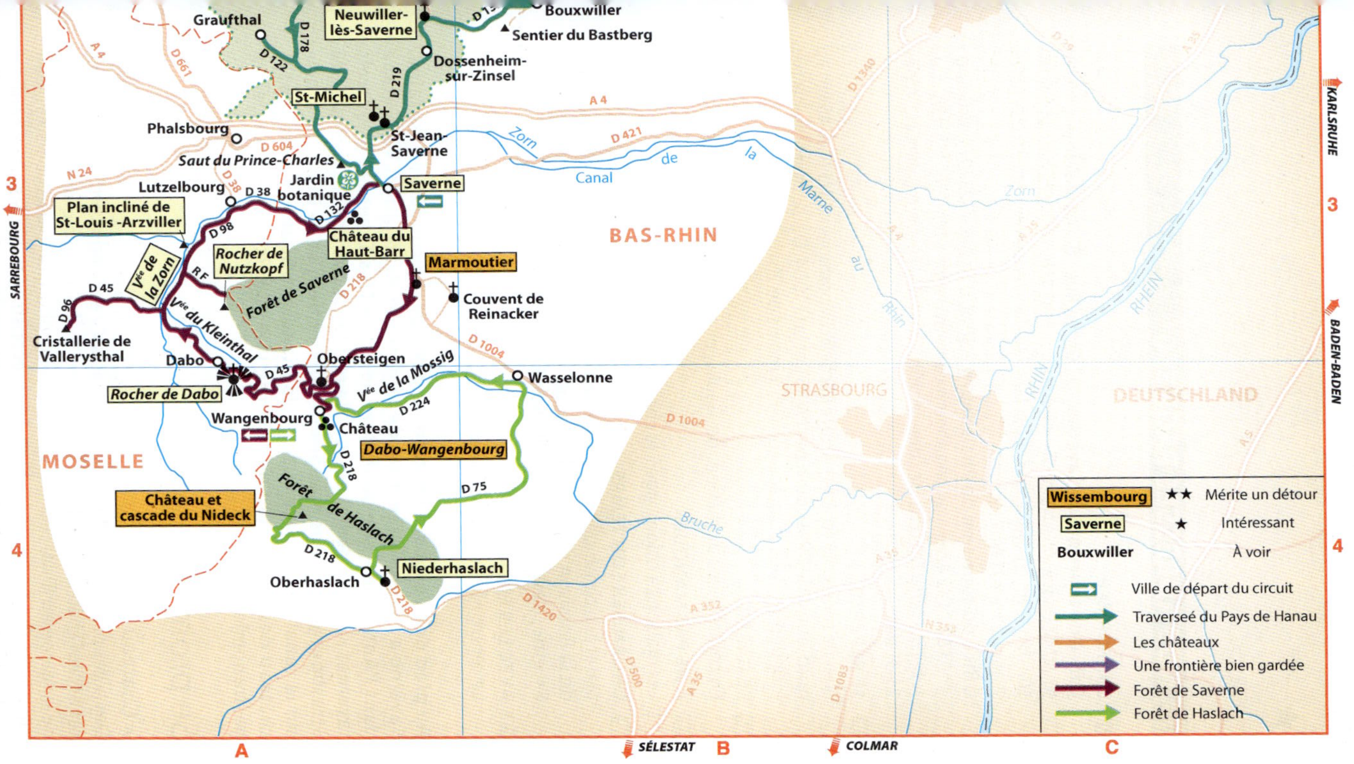

Graufthal
Neuwiller-lès-Saverne
Bouxwiller
Sentier du Bastberg
Dossenheim-sur-Zinsel
St-Michel
Phalsbourg
St-Jean-Saverne
Saut du Prince-Charles
Jardin botanique
Saverne
Lutzelbourg
Plan incliné de St-Louis -Arzviller
Château du Haut-Barr
Rocher de Nutzkopf
Forêt de Saverne
Marmoutier
Couvent de Reinacker
Vée de la Zorn
Vée du Kleinthal
Cristallerie de Vallerysthal
Dabo
Rocher de Dabo
Obersteigen
Vée de la Mossig
Wasselonne
Wangenbourg
Château
Dabo-Wangenbourg
MOSELLE
BAS-RHIN
Château et cascade du Nideck
Forêt de Haslach
Niederhaslach
Oberhaslach
STRASBOURG
DEUTSCHLAND
RHIN
Canal de la Marne au Rhin
Zorn
Bruche
SARREBOURG
KARLSRUHE
BADEN-BADEN
SÉLESTAT
COLMAR
Wissembourg ★★ Mérite un détour
Saverne ★ Intéressant
Bouxwiller À voir
Ville de départ du circuit
Traverseé du Pays de Hanau
Les châteaux
Une frontière bien gardée
Forêt de Saverne
Forêt de Haslach

Saverne

★

11 907 Savernois – Bas-Rhin (67)

NOS ADRESSES PAGE 350

S'INFORMER

Office du tourisme de Saverne – *37 Grand'Rue - 67700 Saverne - 03 88 91 80 47 - www.ot-saverne.fr - mai-sept. : 9h30-12h, 14h-18h, dim. et j. fériés 10h-12h, 14h-17h ; janv.-avr. : 10h-12h, 14h-18h, fermé dim. et j. fériés - fermé 1er janv., 1er et 11 Nov., 25 déc.*

Office du tourisme de Phalsbourg – *30 pl. d'Armes - 57370 Phalsbourg - 03 87 24 42 42 - www.phalsbourg.com - avr.-sept. : 10h-12h, 14h-18h, sam. 10h-12h, 14h-17h ; reste de l'année : 10h-12h, 14h-17h - fermé dim. et j. fériés, 25-31 déc.*

SE REPÉRER

Plan de région A3 (p. 344) – *carte Michelin Départements 315 I4*. À 45 km au nord-ouest de Strasbourg par l'A 351 et la D 1004. Deux trains directs par jour depuis Paris et, grâce au TGV, à moins de 2h de la capitale.

SE GARER

En centre-ville : pl. du Gén.-de-Gaulle, pl. du Château et pl. des Dragons.

À NE PAS MANQUER

Les maisons à colombages, le château des Rohan et la roseraie en saison.

ORGANISER SON TEMPS

Mai et juin constituent la période idéale pour visiter Saverne : c'est l'époque de la floraison des orchidées sauvages au jardin botanique du col de Saverne ; c'est aussi la période de la Fête des roses.

AVEC LES ENFANTS

Le centre nautique L'Océanide (*Nos adresses, p. 351*).

Au pied des Vosges, à l'entrée du passage qui conduit en Lorraine, Saverne a toujours bénéficié de sa position stratégique. Ville-étape dans l'Antiquité – elle était alors nommée Tres Tabernae (« les trois tavernes ») –, elle devint au 14e s. la résidence des princes-évêques de Strasbourg, issus des maisons de Fürstenberg et de Rohan. L'écluse sur le canal de la Marne au Rhin, la friandise « Bouton de rose » et le château des Rohan font de Saverne une cité riche en culture et en gastronomie.

Se promener

★ Château

Des hôtes prestigieux, dont Louis XIV, Louis XV et Goethe, ont séjourné dans cet ancien château fort du 12e s. Entouré d'un beau parc, que limite le canal de la Marne au Rhin, l'édifice s'est métamorphosé en palais Louis XVI, bâti en grès rouge. Incendié en 1779, il fut reconstruit par le fastueux cardinal Louis de Rohan qui ne put jamais en profiter puisqu'il fut contraint à l'exil à

L'AFFAIRE DU COLLIER DE LA REINE (1785)

Cette escroquerie qui fit grand bruit, quatre ans avant la chute de la royauté, cristallisa l'hostilité de l'opinion publique envers la reine **Marie-Antoinette** perçue comme légère et dispendieuse.
Le cardinal **Louis de Rohan** (1734-1803), archevêque de Strasbourg, grand-aumônier de France et académicien, avait acquis une position très en vue sous le règne de Louis XV. Mais, en froid avec la reine Marie-Antoinette pour avoir émis des critiques à l'encontre de sa mère, l'impératrice Marie-Thérèse, il était mal en cour depuis l'avènement de Louis XVI. Prêt à tout pour retrouver la faveur des monarques, il fut approché par une prétendue **comtesse de La Motte-Valois**. Celle-ci, se faisant passer pour une amie intime de Marie-Antoinette, fausses correspondances à l'appui, fit miroiter à Rohan la possibilité de se réconcilier avec la jeune reine. À la suite d'une brève entrevue nocturne à Versailles, mise en scène par la comtesse de La Motte-Valois, le cardinal accepta de se porter caution de Marie-Antoinette pour l'achat d'un collier de 800 diamants. Ayant remis le collier à la comtesse et ses complices, qui dépecèrent aussitôt le fabuleux bijou pour en écouler les pierres dans toute l'Europe, le cardinal s'étonna de n'avoir aucune nouvelle de la reine. Pendant ce temps, les bijoutiers s'inquiétant du paiement donnèrent l'alarme à Versailles. Louis XVI fit alors arrêter, en pleine galerie des Glaces, le cardinal de Rohan qui s'apprêtait à célébrer la messe en grande pompe devant la Cour, et confia le jugement de l'affaire au Parlement de Paris. Ce dernier, traditionnellement hostile à l'autorité royale, acquitta l'accusé, laissant ainsi entendre que la reine n'était pas innocente dans cette affaire. Le cardinal de Rohan, déchu de sa charge de grand-aumônier, fut exilé à l'abbaye de la Chaise-Dieu, en Auvergne.

la suite de l'affaire du collier de la reine *(voir ci-dessus)*. La Révolution interrompit les travaux d'aménagement intérieur. De 1870 à 1944, le château fut transformé en caserne.
De la place du Général-de-Gaulle, vue sur la façade sud du château. Pour voir la **façade★★** nord, la plus belle, passer à droite du château après avoir franchi la grille.
Musée – *✆ 03 88 91 06 28 - de mi-sept. à mi-juin : 14h-18h, w.-end et 15 juin-15 sept. 10h-12h, 14h-18h - fermé mar., 1er janv., 1er mai, 1er nov., 25 déc. - gratuit.*
Dans l'aile droite du château, le sous-sol abrite les collections archéologiques, surtout gallo-romaines. Le 2e étage est consacré à l'art et à l'histoire de Saverne : sculptures religieuses médiévales ; vestiges lapidaires et objets provenant des fouilles des châteaux forts environnants (Haut-Barr, Geroldseck, Wangenbourg) ; souvenirs des Rohan. À voir aussi : la donation Louise Weiss.
Prenez à gauche dans la Grand-Rue et traversez le canal. Remontez la rue du Griffon jusqu'à la Roseraie.

6

Roseraie

✆ 03 88 71 21 33 - www.roseraie-saverne.fr - 21 mai-4 sept. : 10h-19h ; sept. : 14h-18h - 2,50 € (-16 ans gratuit).
8 500 rosiers de plus de 550 variétés y sont cultivés, en bordure de la Zorn. Le Concours international de roses nouvelles s'y déroule depuis 1923.
Revenez sur vos pas, remontez la Grand-Rue et engagez-vous à droite dans la rue Poincaré.

ROSE À CROQUER !
Pour célébrer la roseraie de la ville, Christian Boistelle, maître chocolatier a eu l'idée en 1995 de créer le **Bouton de rose de Saverne**. Ce bonbon au chocolat en forme de losange, au sublime parfum de rose, se compose d'une gelée de rose surmontée d'un massepain, enrobé d'un chocolat noir, au goût amer et fruité. La gelée est obtenue à partir du pétale de la rose Luberon, choisie pour son parfum et sa résistance. Le **sablé à la rose**, délicieux petit biscuit au beurre parsemé de pétales de roses, a été créé spécialement pour le centenaire de la roseraie.

Ancien cloître des Récollets
Il s'ouvre à gauche de l'église des Récollets (franciscains réformés), édifiée par les frères d'Obersteigen en 1303. De style gothique, le cloître présente de belles arcades ogivales en grès rouge et, dans la 1re galerie à droite de l'entrée, une série de neuf peintures murales ajoutées en 1618 (restaurées). Le retable date de 1736.
Revenez dans la Grand-Rue.

★ Maisons anciennes
Les deux plus jolies maisons du 17e s. encadrent l'hôtel de ville. Remarquez la **maison Katz** à colombages, construite par Nicolas et Hans Faber pour Henri Katz, receveur général de l'évêché. Au n° 96 (à l'angle de la Grand-Rue et de la rue des Églises), la maison Mitterspach, du nom de son premier propriétaire, date de 1569.
Prenez à gauche la rue du Tribunal.

Vieux château
Ancienne résidence des évêques aux 16e et 17e s., il abrite aujourd'hui la sous-préfecture. Une belle porte de style Renaissance orne la tour d'escalier.
Vous arrivez place de l'Église.

Église N.-D.-de-la-Nativité
On y entre par un clocher-porche roman du 12e s. À l'intérieur, dans la nef du 16e s., trône une chaire de 1495, œuvre de Hans Hammer, maître d'œuvre de la cathédrale de Strasbourg. À gauche, dans un enfeu, on remarque un Christ au tombeau du 15e s. En haut du collatéral gauche, dans la chapelle du St-Sacrement, se trouvent une pietà du 16e s. et un grand bas-relief en bois peint et doré du 16e s. également, représentant l'Assomption. Les vitraux de la chapelle, datant des 14e, 15e et 16e s., illustrent l'Adoration des Mages, ainsi que des scènes de la Passion.
Dans le jardin attenant à l'église ont été rassemblés des vestiges de monuments funéraires gallo-romains et francs.
Poursuivez rue Dagobert-Fischer. Vous arrivez de nouveau Grand-Rue. Prenez à droite le quai du Château pour rejoindre le canal de la Marne au Rhin.
Prenez le temps de flâner sur les quais du port de plaisance jusqu'à la capitainerie (de l'autre côté du canal) pour admirer toute la façade du château.

À proximité Carte de microrégion

Jardin botanique du col de Saverne A3
3 km, puis 15mn à pied AR. Quittez Saverne par la D 1004. À 2,5 km, parking à droite de la route. Traversez la D 1004 et suivez le panneau indicateur. ✆ 03 88

91 80 47 - www.jardin-botanique-saverne.org - avr. : w.-end et j. fériés 14h-18h ; mai-août : 10h-18h - fermé 1er janv., 1er et 11 Nov., 25 déc. - 2,50 €.
Situé à 335 m d'altitude, dans une boucle formée par la route nationale, ce jardin de 2,5 ha réunit entre autres un arboretum, un alpinum, une petite tourbière avec des plantes insectivores et de nombreuses espèces de fougères. Aux mois de mai et de juin, floraison de 16 espèces d'orchidées poussant à l'état sauvage.

Saut du Prince-Charles A3

En sortant du parc botanique, continuez tout droit en forêt.
D'après la légende, un cavalier aurait sauté avec son cheval de ce rocher d'une dizaine de mètres de haut pour échapper à ses poursuivants. Le prince Charles qui a donné son nom à ce rocher pourrait être Charles IV, duc de Lorraine, qui a participé à la guerre de Trente Ans dans la région. De cette falaise de grès rouge, on a une jolie vue sur les contreforts des Vosges et la plaine d'Alsace.

★ Château du Haut-Barr A3

5 km au sud de Saverne.
Son panorama exceptionnel valut à la forteresse le surnom d'« Œil de l'Alsace ». Par temps clair, il est en effet possible d'apercevoir la flèche de la cathédrale de Strasbourg. Bâti au 12e s. sur trois gros rochers, ce château de grès rouge domine la vallée de la Zorn et la plaine d'Alsace. Il fut entièrement transformé au 16e s. par Jean de Manderscheidt, évêque de Strasbourg, qui y établit sa résidence. Il y fonda la « confrérie de la Corne », dont le rituel consistait à vider d'un trait une énorme corne d'aurochs remplie de vin d'Alsace !
Du portail d'entrée, une rampe pavée conduit à une porte derrière laquelle se trouvent à droite une chapelle romane restaurée et à gauche le restaurant du Haut-Barr. Au-delà de la chapelle, on accède à une plate-forme *(table d'orientation)*, d'où la **vue★** s'étend sur Saverne, les coteaux du Kochersberg et, au loin, sur la Forêt-Noire. Par un escalier métallique *(64 marches)*, appliqué contre la paroi de grès, on peut atteindre un premier rocher. On revient devant le restaurant et, aussitôt après, on monte un escalier de 81 marches, cette fois pour atteindre un deuxième rocher relié par une passerelle, le « pont du Diable », à un troisième rocher. Là, la **vue★★** est encore plus incroyable.

Télégraphe Claude-Chappe A3

À 200 m du château, au sud.
Il s'agit de la reconstitution d'une tour-relais du fameux télégraphe optique inventé en 1794 par le Sarthois Claude Chappe. Grâce à son procédé de « sémaphore mécanique », les informations ont circulé entre Paris et Strasbourg de 1798 à 1852. Un petit **musée** y est installé. *Rte du Haut-Barr - ✆ 03 88 52 98 99 - www.shpta.com - fin mai à mi-sept. : tlj sf lun., 10h-18h - possibilité de visite guidée (30mn) - fermé j. fériés, mi-sept. à fin déc. - 2 € (-14 ans 1,50 €).*

St-Jean-Saverne A3

5 km au nord de Saverne.
L'**église St-Jean-Baptiste** est le dernier vestige d'une abbaye bénédictine de femmes fondée au début du 12e s. par le comte Pierre de Lutzelbourg et dévastée successivement par les Armagnacs et les Suédois. À l'extérieur, elle est dominée par une tour ne datant que du 18e s., mais sous laquelle une porte romane offre des pentures en fer forgé remarquables. Remarquez à l'entrée du chœur les très beaux chapiteaux cubiques à feuillages stylisés.

★ Chapelle St-Michel A3

2 km, puis 30mn à pied AR au départ de l'église St-Jean. Prenez la route du Mont-St-Michel qui s'élève en sous-bois puis, 1,5 km plus loin, un chemin à gauche à angle aigu.

03 88 91 80 11 - www.cvstjeansav.com - ♿ - ouvert toute l'année.

La chapelle est contemporaine de l'abbaye de St-Jean-Saverne. Elle fut remaniée au 17e s. et restaurée en 1984 par le Club vosgien.

En prenant à droite de la chapelle, on atteint, à 50 m, l'extrémité du rocher, constituant une plate-forme d'où la **vue★** *(table d'orientation)* est très étendue sur les coteaux d'Alsace et, au loin, sur la Forêt-Noire. La surface de cette plate-forme est évidée circulairement et le trou ainsi formé est appelé « **École des Sorcières** ». La légende dit que des sorcières s'y rassemblaient la nuit pour se communiquer leurs maléfices.

Revenez à la chapelle.

Sur son flanc droit, descendez un escalier de 57 marches, puis suivez à gauche le chemin longeant le pied de la falaise. Il permet d'atteindre une grotte dont la paroi du fond communique avec l'extérieur par une étroite ouverture, le Trou des Sorcières.

Phalsbourg A3

11 km à l'ouest de Saverne.

Les **porte de France** et **porte d'Allemagne** sont deux témoins des fortifications que Vauban a apportées à la ville au 17e s.

Installé au 1er étage de l'hôtel de ville, ancien corps de garde de la forteresse (17e s.), le **Musée historique et Erckmann-Chatrian** consacre à l'histoire militaire de la cité une bonne partie de ses collections : uniformes français et étrangers, armes blanches et à feu. Des œuvres d'artistes locaux, des costumes traditionnels et des objets usuels font revivre les arts et traditions populaires de la contrée. D'intéressants documents retracent le cheminement littéraire d'**Émile Erckmann** (1822-1899), né à Phalsbourg, et d'**Alexandre Chatrian** (1826-1890) qui ont écrit à quatre mains nombre de contes, de romans et d'œuvres dramatiques *(L'Ami Fritz, Histoire d'un conscrit de 1813…).*

03 87 24 40 00 - juil.-août : 10h-12h, 14h-17h ; reste de l'année : tlj sf w.-end et j. fériés 9h-12h, 14h-17h - fermé j. fériés - 2 € (-16 ans 1 €), gratuit Journées du patrimoine.

NOS ADRESSES À SAVERNE

HÉBERGEMENT

POUR SE FAIRE PLAISIR

Hôtel Chez Jean – *3 r. de la Gare - 03 88 91 10 19 - www.chez-jean.com - 40 ch. 82/129 € - ☕ 9,80 € - rest. formule déj. 14,50 € - 33/40 €.*

À deux pas du centre, un établissement aux chambres claires, bien agencées, décorées dans l'esprit alsacien (bois patiné, couettes et linge de qualité). Cuisine régionale servie dans une salle à manger habillée de boiseries.

Hôtel-restaurant Erckmann-Chatrian – *Pl. d'Armes - 57230 Phalsbourg - ✆ 03 87 24 31 33 - www.erckmann-chatrian.com - 16 ch. 64 / 82 € - ☕ 12 € - rest. 22,60/45 €.* Cette maison ancienne à la façade fleurie ne manque pas de cachet. Les chambres, de bonnes dimensions, sont pourvues de meubles de style. Cuisine traditionnelle.

RESTAURATION

PREMIER PRIX

Caveau de l'Escale – *10 quai du Canal - ✆ 03 88 91 12 23 - www.escale-saverne.fr - fermé 1re quinz. juil., entre Noël et Nouvel An, 1 sem. fin oct., sam. midi, mar. soir, merc. - formule déj. 9,20 € - 16/27,70 €.* Cette maison discrète, proche du canal, abrite un restaurant. Sous sa cave voûtée, attablez-vous autour de plats régionaux, complétés le soir par un large choix de tartes flambées. Accueil cordial.

BUDGET MOYEN

Au Château du Haut Barr – *✆ 03 88 91 17 61 - www.notrealsace.com/chateau-du-haut-barr - fermé 4 sem. en fév., 1 sem. fin nov., lun. et jeu. soir - ♿ - P - formule déj. 10 € - 20/44 €.* Cette construction de 1901, située dans l'enceinte même du château, s'apparente à un petit manoir dans lequel les gourmets sont à la noce. Grande salle de style médiéval agrémentée de fresques et généreux plats traditionnels à prix serrés.

POUR SE FAIRE PLAISIR

Zum Staeffele – *1 r. Poincaré - ✆ 03 88 91 63 94 - www.strasnet.com/staeffele.htm - fermé 27 juil.-17 août, 22 déc.-3 janv., dim. soir, merc. et jeu. - 23/56 €.* Une cuisine au goût du jour, dans une maison en pierre (18e-19e s.) à deux pas du château des Rohan. Décoration classique et bons produits.

Kasbür – *8 r. de Dettwiller - 67700 Monswiller - ✆ 03 88 02 14 20 - www.restaurant-kasbur.fr - fermé 16 août-5 sept., vac. de fév., dim. soir, merc. soir et lun. - P - 34/45 €.* En pleine campagne, cette table de tradition familiale (1932) vous accueille dans une salle à manger ouverte sur le jardin. Au charme de l'adresse s'ajoutent ceux d'une cuisine vraiment inventive.

PETITE PAUSE ET ACHATS

Boulangerie-Pâtisserie Boistelle – *92 Grand-Rue - ✆ 03 88 91 10 55 - www.boistelle.com - fermé lun.* Voir l'encadré « Rose à croquer ! », p. 348.

ACTIVITÉS

L'Océanide – *10 r. du Centre-Nautique - ✆ 03 88 02 52 80 - http://oceanide.cc-saverne.fr - vac. scol. : 10h-20h, vend. 10h-21h, dim. juin 9h-19h - fermé j. fériés - 5 €.* Bien plus qu'une simple piscine, ce centre nautique compte plusieurs bassins, couverts ou non, avec toboggan en extérieur. Jacuzzi, sauna et hammam.

Randonnées – 200 km de sentiers balisés par le Club vosgien ainsi que deux circuits thématiques (« circuit des 3 chapelles » et « circuit archéologique »).

VTT – Plusieurs circuits de longueurs variées (de 12 à 30 km).

AGENDA

Fête des roses – Depuis 1923, chaque année ont lieu le Concours international des roses nouvelles et la très populaire Fête des roses *(3e dim. de juin). ✆ 03 88 71 21 33 - www.roseraie-saverne.fr.*

Festival de théâtre – *À Phalsbourg, fin juil. ✆ 03 87 24 42 42 - www.phalsbourg.com.*

Parc naturel régional des Vosges du Nord

★★

Moselle (57) et Bas-Rhin (67)

NOS ADRESSES PAGE 364

S'INFORMER

Maison du Parc naturel régional des Vosges du Nord – *R. du Château - 67290 La Petite-Pierre - ☎ 03 88 01 49 59 - www.parc-vosges-nord.fr et www.ot-paysdelapetitepierre.com - fév.-déc. : tlj 10h-12h, 14h-18h - fermé janv., 24-25 et 31 déc.*

SE REPÉRER

Plan de région A1-2/3 B1/2 C1/2 (p. 344) – *carte Michelin Départements 307 P/Q 4/5 et 315 I/J 2/3.* Le Parc s'inscrit dans un triangle Wissembourg-Saverne-Volmunster délimité au nord par la frontière franco-allemande, au-delà de laquelle se situe le Parc naturel allemand du Palatinat, et au sud par l'A 4 Paris-Metz-Strasbourg. Sorties d'autoroute à Sarreguemines, Sarre-Union, Phalsbourg, Saverne et Hochfelden. Le GR 53 traverse le Parc.

À NE PAS MANQUER

Les maisons troglodytiques de Graufthal, les charmants villages de Hunspach et de Seebach, les ruines majestueuses des châteaux de Lichtenberg et Fleckenstein, le musée Lalique à Wingen-sur-Moder.

AVEC LES ENFANTS

Le château des énigmes et le P'tit Fleck, au Fleckenstein ; les amuse-musées (un week-end sur deux en saison, découverte ludique proposée dans chaque musée du parc. ☉ Maison du Parc, ci-dessus), les démonstrations des verriers au Centre international verrier de Meisenthal.

Les Gaulois appelaient les Vosges « la montagne des taureaux sauvages » (Vasagus). Aujourd'hui encore, dans le Parc naturel régional des Vosges du Nord, la faune est si dense qu'il n'est pas rare d'apercevoir cerfs, chevreuils, sangliers et gélinottes des bois. Côté paysage, vallées boisées, prairies, étangs, forêts de hêtres, de sapins, d'épicéas et d'érables seront le théâtre de vos plus belles randonnées. Dans cette nature préservée, l'homme a laissé sa trace, à travers des châteaux perchés, auréolés de mystère, et de beaux villages discrets.

Circuits conseillés Carte du Parc naturel

TRAVERSÉE DU PAYS DE HANAU

Circuit de 125 km au départ de Saverne, tracé en vert sur la carte p. 354. Comptez environ 4h30.

Peu après la sortie de Saverne par Ottersthal, la D 115, dans un virage à droite, traverse le vallon très frais de Muhlbach, puis passe sous l'autoroute.

Fabrication d'une boule de Noël, centre international d'art verrier de Meisenthal.
G. Guittot/Photononstop

St-Jean-Saverne *(voir p. 349)*
Peu après St-Jean-Saverne, on distingue à droite, sur une hauteur boisée dominant Saverne, les **ruines du Haut-Barr★** *(voir p. 349)*; plus à droite, au sommet du versant opposé de la vallée de la Zorn, les ruines du château du Griffon.
Prenez à gauche en direction de Dossenheim-sur-Zinsel.

Dossenheim-sur-Zinsel
Le **site d'interprétation du refuge fortifié** permet de comprendre pourquoi et comment, au Moyen Âge, les paysans construisirent autour de l'église un épais mur d'enceinte auquel ils adossèrent des habitations. Les pièces trapézoïdales du sous-sol leur servaient de réserve ou de refuge lors des guerres féodales. *03 88 70 00 04 - www.dossenheim-sur-zinsel.fr - de mi-juil. à mi-août : tlj sf mar. 14h-18h ; de déb. avr. à mi-juil. et de mi-août à fin oct. : dim. et j. fériés 14h-18h - possibilité de visite guidée sur demande - 1,50 € (-16 ans gratuit).*

★ **Neuwiller-lès-Saverne** *(voir p. 365)*

Bouxwiller *(voir p. 367)*
On peut couper par Niedersoultzbach pour atteindre Ingwiller.

Ingwiller
03 88 89 23 45 - www.tourisme-hanau-moder.fr.
Ne manquez pas le sentier botanique et poétique du Seelberg (2h).
En prenant la D 28 à la sortie d'Ingwiller, on traverse Rothbach, Offwiller et Zinswiller.

Offwiller
Arrêtez-vous au **musée d'Arts et Traditions populaires** pour découvrir le charme rural et culturel de la région. *03 88 89 31 31 - visite guidée (1h) sur demande préalable à la mairie juin-sept. : dim. 14h-18h - 2 € (enf. 1 €).*
Prenez la D 141 qui longe la Zinsel du Nord entre la forêt d'Offwiller et celle de Niederbronn. À droite en forêt, près du GR 53, ruines du château d'Arnsbourg.

RÉGION DE SAVERNE ET VOSGES DU NORD

PARC NATUREL RÉGIONAL
DES VOSGES DU NORD
DEUTSCHLAND
0
5 km
516
Naturpark
Pfälzerwald
Saarbach
Wegelnburg
Hohenburg
Loewenstein
Fleckenstein
Col de Litschhof
Wissembourg ★★
M
Lutzelhardt
Obersteinbach
337
Gimbelhof
GR 53
Weiler
D 3
432
D 263
Château de
Schœneck
D 53
Niedersteinbach
Tannenbrück
Climbach
Col du Pigeonnier ★
Wineck
478
Lembach
529
D 34
Vieux Windstein ★
Wineckerthal
Four à Chaux
Nouveau
Windstein
514
Ingolsheim
Seebach ★
Wintersberg
580
M
Langensoultzbach M
Hunspach ★★
Niederbronn-
les Bains
Sentier des
Turcos
M
Merkwiller-
Pechelbronn
Wasenbourg
Oberbronn
Wœrth
D 28
Kutzenhausen
M
Hoffen ★
Reichshoffen
M
Frœschwiller
Inswiller
Sauer
Zinsel
D 1062
Forêt
de
Haguenau
D 263
D 1063
du
Nord
Moder
Pfaffenhoffen
D 919
HAGUENAU
55
KARLSRUHE
54
Sessenheim
D 1063
D 29
A 35
46
D 1340
47
53
Marne
au
Rhin
Zorn
52
D 2
Ill
RHIN
RHEIN
STRASBOURG
STRASBOURG

Baerenthal

Charmant village, sur la rive gauche de la **Zinsel**. Sur la rive nord, un mirador permet d'observer l'avifaune (au printemps ou en automne pour les oiseaux migrateurs).

On peut faire le tour de l'étang de Baerenthal, réserve naturelle dont la flore est très riche.

La route de Baerenthal à Mouterhouse était jalonnée de nombreuses usines métallurgiques, aujourd'hui presque entièrement disparues, installées au début du 19e s. par la famille de Dietrich. La Zinsel s'élargit souvent en nappes d'eau, fleuries de nénuphars. Belle vue sur des monts séparés par de jolies trouées.

Continuez sur la D 36 jusqu'à Lemberg.

À droite, vue sur les hauteurs de la forêt de Mouterhouse. On côtoie le ruisseau Breitenbach, qui s'élargit fréquemment en étangs bordés de scieries.

St-Louis-lès-Bitche

Rien ne laisse imaginer, quand on arrive à St-Louis-lès-Bitche, que ce petit village isolé dans une vallée boisée est la patrie des célèbres **cristalleries** de St-Louis fondées en 1767. Ces anciennes verreries royales ont acquis une renommée internationale dans la production d'articles de table et d'ornementation.

★ **Musée du Cristal St-Louis** – *R. Coëtlosquet - 57620 St-Louis-les-Bitche - ✆ 03 87 06 40 04 - www.saint-louis.com - ♿ - 10h-18h - possibilité de visite guidée (1h30) - fermé mar., 1er janv., 25 déc. - 6 € (-18 ans 3 €).*

Très discret à l'extérieur, le musée créé par les architectes **Lipsky et Rollet** séduit d'emblée grâce au jeu subtil des transparences et de la lumière. Organisé autour d'un vaste espace central ouvert sur les vestiges d'un four, éclairé par de superbes lustres de cristal, un parcours thématique et chronologique s'élève en pente douce sur quatre niveaux. Il fait revivre grâce à une magnifique collection d'objets et à de petites vidéos didactiques **les grandes heures et les exploits techniques de la cristallerie** : maîtrise de la technique du cristal en 1781, puis de la couleur dans la masse, les opalines de cristal, les boules à millefiori (presse-papiers à décor floral), la gravure, la taille, etc. Après l'âge d'or du 19e s., l'activité et la créativité sont toujours au rendez-vous, comme vous pourrez le constater de la passerelle qui surplombe l'atelier ou au dernier niveau consacré aux œuvres contemporaines. Boutique.

Revenez sur la D 37.

Goetzenbruck

On trouve à Goetzenbruck, spécialiste de l'industrie du verre, une importante fabrique de verres de lunettes.

Meisenthal

Haut lieu de la verrerie, Meisenthal a connu des heures de gloire avec Émile Gallé à la fin du 19e s. L'activité aurait pu disparaître avec la fermeture du site en 1969, mais des passionnés l'ont relancée en créant en 1993 le **Centre international d'Art verrier**. Ce lieu de recherche a repris la fabrication des fameuses boules de Noël de Goetzenbruck et propose au public des démonstrations de travail du verre. L'ancienne verrerie accueille aussi un spectaculaire hall d'expositions temporaires et un musée, la **Maison du verre et du cristal**, qui explique la fabrication (fours, film) et présente des produits de la verrerie depuis le 18e s. *✆ 03 87 96 91 51 - avr.-oct. : 14h-18h ; reste de l'année : 14h-17h - possibilité de visite guidée (1h30) sur demande - fermé janv.-fév., 1er janv., 1er et 11 Nov., 25 déc. - 6 € (-16 ans 3 €).*

RÉSERVE MONDIALE DE LA BIOSPHÈRE

Le Parc national des Vosges du Nord a été créé le 30 décembre 1975, à l'initiative des régions Alsace et Lorraine. En 1989, l'Unesco lui a décerné le titre prestigieux de « Réserve mondiale de la biosphère ». Le Parc s'est donné quatre grands objectifs : aménager son territoire et maîtriser l'évolution du paysage ; protéger et mettre en valeur les patrimoines naturel et culturel ; assurer un développement respectueux de l'environnement ; informer et éduquer le public.

Soucht

À 2 km au-delà de Meisenthal, le **musée du Sabot** a été installé dans un ancien atelier qui fonctionnait encore en 1978. On assiste à la fabrication des pièces.
☏ 03 87 96 25 58 - ♿ - du 8 avr. à fin oct. : 14h-18h - possibilité de visite guidée (45mn) - fermé mar. 1er janv., 25 déc. - 3 € (enf. 2 €).

Colonne de Wingen

De cette ancienne borne routière, vue dégagée à gauche sur la vallée de Meisenthal et, au loin, Rohrbach.

Pierre des Douze Apôtres

Appelée également Breitenstein, cette « pierre levée » ne fut sculptée qu'à la fin du 18e s., en exécution d'un vœu : sous la croix, on reconnaît les 12 apôtres, répartis, trois par trois, sur les faces du menhir.

★★ Musée Lalique

Rue du Hochberg - 67290 Wingen-sur-Moder (à la sortie du village par la D 919 dir. Sarre-Union) - ☏ 03 88 89 08 14 - www.musee-lalique.com - juil.-sept. 10h-19h ; reste de l'année : mar.-dim. (et lun. si férié) 10h-18h, vac. scol. 10h-19h - fermé 25 déc. et mois de janv. - 6 € (-18 ans 3 €), visioguide 2,50 €.

Installé à quelques kilomètres de la manufacture Lalique, ce musée inauguré en juillet 2011 présente le travail de l'un des plus célèbres ambassadeurs du luxe et de l'élégance *made in France*. L'exposition a pris place dans une ancienne verrerie doublée d'un bel édifice moderne tout en baies vitrées et granite noir signé **J.-M. Wilmotte**. Le complexe, en partie dissimulé par un toit végétalisé, se love dans un doux vallon du parc régional où paissent de sympathiques vaches Highland.

Dès le hall d'entrée, un énorme lustre (1951) « explosif » composé de 339 pièces et pesant 1,7 tonne hypnotise. Passé la boutique et l'espace dédié aux expositions temporaires, commence la visite proprement dite. Quelque 650 œuvres fort bien scénarisées (espace, lumières, interactivité) racontent chronologiquement la carrière de **René Lalique** (1860 Aÿ -1945 Paris) que Paul Morand résume par « *le passage de décorateur de chignons à celui de paquebots de luxe* ». Celle d'un génial précurseur qui se mua en industriel entrepreneur et commerçant hors pair.

En créant des bijoux modernes mariant la faune et la flore à l'image du corps féminin, Lalique participe au succès de l'Art nouveau. Le grand public devine son talent lors de l'Exposition universelle de 1900. Puis sa réputation grandit lorsqu'il dessine les flacons des plus grands parfumeurs. La vitrine centrale de l'espace qui leur est consacré met en avant les nouvelles techniques inventées par Lalique, celles qui l'amènent à passer au verre industriel.

Lalique prend une dimension internationale en signant la porte monumentale et la fontaine de l'Exposition de 1925 où un pavillon entier lui est consacré.

Trop à l'étroit dans ses ateliers successifs en Île-de-France (Paris, Clairefontaine, Combs-la-Ville), il installe sa manufacture à Wingen-sur-Moder, dans une région où la tradition verrière remonte au 15e s. Le « **pays verrier** » offre en effet les matières premières nécessaires, dont la silice, et de vastes forêts permettant l'approvisionnement en combustible. Lalique y trouvera également nombre d'ouvriers qualifiés.
Le poète du verre surfe sur la vague Art déco et diversifie sa production en dessinant aussi bien des verrières d'églises que des carafes, des vases, de luxueux bouchons de radiateurs d'automobiles et les intérieurs de navires ou trains de luxe. Au-delà de l'étonnante fontaine aux poissons créée pour le musée, l'exposition raconte le **passage au cristal**. L'utilisation de nouvelles techniques (injection, soufflé-moulé, coloration) est illustrée par la présentation des différentes étapes de fabrication du célèbre vase Bacchantes. Ces techniques permettent des créations de plus en plus « vivantes » : banc de poissons colorés, animaux et figures humaines. Cet héritage est aujourd'hui entretenu, perfectionné, à travers un large éventail de créations, des médailles des JO d'Albertville aux bijoux des grands de ce monde.
Le parcours s'achève le long d'un jardin minéral et végétal, coloré par quelques-unes des fleurs qui inspirèrent l'artiste. Puis divers ateliers et activités sont proposés pour faire vivre les lieux : photo, œnologie, ikebana…
Tout au long de la visite, on est subjugué par l'imagination débordante de ce génie du verre et du cristal, frappé par la modernité des objets exposés, leur capacité à traverser les décennies et les modes. Seule frustration : ne pas avoir pu assister au travail des ouvriers-artisans qui matérialisent l'imaginaire Lalique.

Wimmenau
À l'instar d'autres villages de la vallée de la Moder, Wimmenau fut peuplé d'immigrants suisses après la guerre de Trente Ans, comme en témoigne la **Maison de l'histoire et des traditions de Haute-Moder**.
Tournez à gauche pour prendre la D 157.

Reiperstwiller
Clocher carré du 12e s. pour l'**église St-Jacques**. Le chœur de style gothique de 1480 est dû au dernier des Lichtenberg, Jacques le Barbu.

★ Château de Lichtenberg
Suivez le prolongement de la rue principale de Lichtenberg (D 257) jusqu'au sentier d'accès au château, où laisser la voiture. ✆ 03 88 89 98 72 - www.chateaudelichtenberg.com - mars-oct. : 10h-17h ; avr.-sept. : 10h-18h, lun. 14h-18h - 4 € (6-16 ans 3 €).
Ce château, attesté dès le début du 13e s., a beaucoup changé au cours de l'histoire. Bâti sur un promontoire rocheux (414 m), il est d'abord la résidence des sires de Lichtenberg, puis, à la fin du 16e s., Philippe IV de Hanau-Lichtenberg passe commande auprès de l'architecte Daniel Specklin pour faire du château une forteresse de défense adaptée aux progrès de l'artillerie, sans pour autant lésiner sur la décoration Renaissance. Le corps de garde et la demi-lune de l'entrée témoignent de ce passé militaire. Pris par les troupes du maréchal de Créqui, sous les ordres de Louis XIV, lors de la guerre de Hollande en 1678, le château est alors intégré au dispositif de défense des nouvelles frontières du royaume de France. Légèrement remanié par Vauban et habité par une garnison, il tient le choc jusqu'au 9 août 1870, où il est violemment bombardé. Les travaux de restauration entrepris en 1993 ont dépassé la simple restitution historique : on reconnaît bien la griffe du 20e s. dans l'auditorium en porte-à-faux qui complète l'arsenal du 17e s.

Rendez-vous à Ingwiller par la D 919, puis empruntez la D 6 en direction de Bouxwiller. Après Obersoultzbach, tournez à droite sur la D 7 vers La Petite-Pierre.

Weiterswiller

Le petit village possède deux églises. La plus ancienne, du 14e s., devint protestante dès le 16e s. Les belles **fresques★** du 15e s., couvertes d'un badigeon, ne furent retrouvées qu'en 1906. Sur la gauche, on distingue à peine la Création, avec une main tendue vers le fruit défendu. À droite, les scènes de la Passion sont reconnaissables. *✆ 03 88 89 47 50 - visite guidée mai-sept. : dim. et j. fériés 14h30-18h ; reste de l'année : sur demande au ✆ 03 88 89 52 34 (M. Léon Fernbach) ou au ✆ 03 88 89 27 45 (M. André Dorschner).*

★ La Petite-Pierre *(voir p. 370)*

Étang d'Imsthal

Le chemin qui y mène s'embranche sur la D 178 à 2,5 km de La Petite-Pierre.
But de promenade reposant, au fond d'un bassin de prairies entourées de forêts.

Graufthal

Dans ce hameau de la vallée de la Zinsel, on visite des **maisons troglodytiques** creusées dans de belles falaises de grès rouge (70 m), habitées jusqu'en 1958. *✆ 03 88 70 19 16 - lun.-mar. 14h-18h, merc.-sam. 10h-12h, dim. et j. fériés 10h-12h30, 14h-18h30 - 2 € (enf. gratuit).*

LES CHÂTEAUX DU PAYS DES TROIS FRONTIÈRES

Circuit de 54 km au départ de Niederbronn-les-Bains (voir p. 373), tracé en orange sur la carte p. 354. Comptez environ 2h.
Aux confins des zones d'influence du Palatinat, de l'Alsace et de la Lorraine, dans le « pays des Trois Frontières », presque chaque piton rocheux porte la ruine d'un vieux château médiéval. Construits au 12e s. et dans la première moitié du 13e s. par les très puissants Hohenstaufen, ducs d'Alsace, ou par les familles nobles qui contestaient leur pouvoir (ducs de Lorraine, comtes des Deux-Ponts, évêques de Spire ou de Strasbourg…), ces châteaux ont été détruits et abandonnés avant le 18e s.
Quittez la ville en direction de Philippsbourg. En face des ruines du château de Wasenbourg, sur la D 1062, prenez à droite, puis à gauche par la route forestière.

Le Wintersberg

C'est le point culminant des Vosges du Nord (580 m). Du haut de la tour-signal *(112 marches)*, très beau **panorama★★** sur les Basses-Vosges et la plaine.
La boucle forestière de 6,5 km revient sur la D 1062. Atteignez l'étang de Hanau par l'embranchement à droite à 3 km.

★ Étang de Hanau

Au cœur d'une région de tourbières, ce lac de 18 ha est aménagé pour les loisirs nautiques (baignade surveillée, barques, pédalos). De l'autre côté de l'étang, **château de Waldeck**.
Deux parcours pédestres fléchés partent à la hauteur de l'étang de Hanau : le **sentier botanique de la tourbière** *(accès à 300 m à gauche du parking du restaurant sur la D 162, départ depuis l'aire de pique-nique située au-delà des terrains de tennis, durée 45mn)* et la **promenade de l'arche naturelle d'Erbsenfelsen** *(accès à partir du parking du restaurant, suivre le balisage n° 3 bleu, en passant derrière les courts de tennis, durée 1h30).*

Suivez la route forestière entre l'étang et le château jusqu'à la D 35 qui mène à Obersteinbach. Au passage, ruines du Lutzelhardt sur la gauche.

Obersteinbach

Joli village aux maisons à colombages sur base de grès rouge. À la **Maison des châteaux forts**, explications sur l'histoire des châteaux, leurs accès, leurs maîtres. *✆ 03 88 09 55 06 - www.musees-alsace.org - ♿ - visite guidée (1h) sur réserv. (7 j. à l'avance) avr.-oct. : sam. 14h-18h, dim. et j. fériés 10h-12h, 14h-18h - fermé 1er janv., 1er et 11 Nov., 25 déc. - gratuit.*

Peu avant l'entrée du village, la D 53, sur la droite, reprend le chemin de ce qui fut l'une des principales routes de la région durant le haut Moyen Âge. Plusieurs des ruines qui la surplombent ont appartenu vraisemblablement à la couronne de forteresses mise en place pour protéger le palais impérial de Haguenau, à la fin du 12e s.

Château de Schœneck

Érigé sur une barre rocheuse, le château fut donné en fief à un Lichtenberg en 1301, par son récent acquéreur, l'évêque de Strasbourg ; la même famille tenait également Wineck, qui lui fait face au fond de la vallée.

À Wineckerthal, prenez à gauche.

Châteaux de Windstein

Parc de stationnement au terminus de la branche gauche de la route, devant l'hôtel-restaurant Aux Châteaux.

Les deux châteaux de Windstein, distants de 500 m l'un de l'autre, auraient été bâtis le premier à la fin du 12e s., le second en 1340. Tous deux ont été détruits en 1676 par les troupes françaises du baron de Montclar.

Les ruines du **Vieux Windstein★** *(45mn à pied AR)*, incorporées à deux hautes piles gréseuses, se réduisent à quelques vestiges. Les parties du château creusées à même la roche sont les mieux conservées : escaliers, chambres, cachots, puits (profond de 41 m). **Panorama★** sur les sommets environnants. Sur sa propre butte, le **Nouveau Windstein** *(30mn à pied AR)*, de style gothique, a gardé une partie de ses fortifications et de belles fenêtres ogivales.

Retour à Niederbronn par la D 653.

UNE FRONTIÈRE BIEN GARDÉE

Circuit de 42 km au départ de Wissembourg (voir p. 378), tracé en violet sur la carte p. 354. Comptez une demi-journée.

★ Col du Pigeonnier

30mn à pied AR. Accès à droite de la route. Empruntez le sentier de la Schérol (balisage « rond rouge ») à travers la forêt, au-dessus du refuge du Club vosgien.

Un belvédère permet de découvrir une **vue★** superbe sur la plaine d'Alsace et la Forêt-Noire.

Retour par le même chemin ou possibilité de faire le tour de la Schérol par la forêt pour revenir au col (compter 15mn de plus).

Au cours de la descente, au sortir de la forêt, à gauche, jolie vue sur Weiler et la vallée verdoyante de la Lauter. Après avoir passé un carrefour, vue en avant sur Wissembourg et, derrière, sur le vignoble ; dans le lointain, on distingue le Palatinat.

Reprenez la D 3 jusqu'à Climbach, tournez à droite dans le village. On franchit le col de Litschhof.

★ Château de Fleckenstein

03 88 94 28 52 - www.fleckenstein.fr - juil.-août : 10h-18h ; du 17 mars au 4 nov. : 10h-17h30 - possibilité de visite guidée (1h) sur réserv. (2 j. à l'avance) - fermé mi-nov. au 25 déc., 1er janv., 11 Nov. - 2,50 €(-18 ans 2,25 €), billet combiné avec la Ligne Maginot Lembach - Citadelle de Bitche.

À sa fondation au 12e s., ce château s'inscrivait dans le dispositif défensif des frontières nord du duché d'Alsace, contrôlant la vallée de la Sauer. Des murs d'enceinte cernent la basse-cour, où l'on pénètre par une porte fortifiée. En approchant du rocher principal, on aperçoit l'impressionnante tour carrée qui lui fut accolée à la fin de l'époque gothique. Des escaliers intérieurs *(attention aux marches)* conduisent à plusieurs chambres taillées dans le roc, dont l'étonnante salle des Chevaliers et son pilier central monolithe, puis à la plate-forme, large de 8 m, où se trouvait le logis seigneurial ; jolie **vue** sur la haute vallée de la Sauer et son confluent avec le Steinbach.

En face de l'accueil, chez le **P'tit Fleck** (espace ludique grès et forêt), les enfants de 4 à 12 ans sont invités à découvrir la nature et le patrimoine vosgiens. On peut se suspendre à l'envers comme les chauves-souris, construire un puits à l'aide d'un treuil ou reconnaître des arbres… Dans le château, le parcours « **Le château des énigmes** » est ponctué d'une vingtaine de jeux à travers la forêt et dans les « pièces secrètes » du château. Qui parviendra à consoler Edwige ? *05 46 91 09 19 - www.chateau-enigmes.com - du 9 avr. au 6 nov. : 10h-19h - 13 € (4-12 ans 10 €).*

Tour des quatre châteaux forts – *Départ du parking au pied du Fleckenstein. 4 km. Comptez environ 2h. Engagez-vous sur le chemin balisé d'un rectangle rouge, puis après quelques mètres à droite dans le sentier des Rochers (triangle rouge) qui conduit à la fontaine de la Jeune Fille.* Selon la légende, cette fontaine fut le théâtre d'un amour malheureux entre un chevalier du Wegelnburg et une demoiselle du Hohenburg.

Tournez à gauche (rectangle bleu). Après avoir franchi la frontière avec l'Allemagne, on atteint le **Wegelnburg**, forteresse impériale qui, devenue repaire de brigands, fut en grande partie détruite vers la fin du 13e s. Vue remarquable sur le Palatinat. Revenez vers la fontaine de la Jeune Fille, continuez tout droit (rectangle rouge) vers le **Hohenburg**, fief des Fleckenstein détruit en 1680, dont la partie basse Renaissance a conservé un puissant bastion d'artillerie et le logis seigneurial. Par le même chemin poursuivi vers le sud, on accède au **Loewenstein**, détruit en 1386 après avoir lui aussi servi de repaire à des chevaliers-brigands. Le même sentier balisé d'un rectangle rouge passe devant un curieux chicot de grès rouge (le Krappenfels) et mène à la ferme de Gimbel *(ferme-auberge, restauration en saison).* Superbe **point de vue** sur le château du Fleckenstein.

À l'emplacement de l'ancien château de **Gimbelhof**, aire de jeux médiévale. *Retour au parking par le chemin à droite (rectangle rouge-blanc-rouge).*

Tannenbrück

Là, on franchit la Sauer. Le pont fut rendu célèbre par les combats livrés en 1793 par l'armée de la Moselle, que commandait Hoche.

Lembach

Petite ville ornée de bâtisses anciennes : maisons bourgeoises, lavoirs, auberges. Un circuit panoramique *(dép. de la mairie ; durée 1h)* permet de découvrir les alentours et de s'initier au paysage, à la géologie et aux milieux vivants comme les vergers et les haies. À 1 km de Lembach, sur la route de Wœrth, à gauche, se trouve l'accès à l'ouvrage du **Four à Chaux** *(voir ligne Maginot, p. 401).*

À Lembach, prenez à droite la petite route longeant la Sauer, direction Reichshoffen. On traverse des villages que la guerre de 1870 a rendus célèbres : Reichshoffen, Frœschwiller et Wœrth. Au bord de la route, de nombreux monuments commémorent le sacrifice des combattants français et allemands.

Reichshoffen

À cause de la dépêche envoyée par Mac-Mahon pour annoncer la défaite, Reichshoffen a eu le triste et glorieux privilège de donner son nom à l'héroïque charge de cuirassiers venue se briser dans le village de Morsbronn le 6 août 1870.

Le **musée du Fer** retrace l'histoire des mines et forges du Jaegerthal depuis le 14e s. Le château De Dietrich, fin 18e s., est un des souvenirs de son essor industriel précoce. *03 88 80 34 49 - www.lacastine.com - mai-oct. tlj sf mar., 14h-18h.*

Frœschwiller

Charmant village alsacien où eut lieu l'assaut définitif de la bataille. Si le nom de « bataille de Reichshoffen » est passé dans l'histoire de France, l'armée française s'en souvient comme de la bataille de Frœschwiller, tandis que les Allemands l'associent à Wœrth.

Wœrth

Au château est installé le **musée de la Bataille du 6 août 1870** : uniformes, armes, équipements, documents et tableaux relatifs aux deux armées en présence lors de la bataille de Wœrth-Frœschwiller. Un grand diaporama évoque la bataille à l'aide de 4 000 figurines d'étain. *03 88 09 40 96 - www.cheminsdememoire.gouv.fr - ♿ - de déb. juil. à mi-sept. : 10h-12h, 14h-18h ; de déb. avr. à fin mai : 14h-17h - fermé mar., janv., 25 déc. - 3,50 € (-16 ans 2,70 €).*

Sentier des Turcos – *Départ quelques mètres après l'usine Star-Auto, sur la gauche, à la sortie de Wœrth vers Lembach.*

Ce circuit pédestre de 2 km *(assez difficile)*, jalonné de panneaux explicatifs, évoque les faits marquants de la bataille du 6 août 1870. En prenant la direction d'Elsasshausen, on peut aussi suivre, en voiture, le circuit du champ de bataille principal. À noter, les divers monuments construits après 1870 par les régiments provenant de différents États allemands.

Merkwiller-Pechelbronn

C'est le centre du bassin pétrolifère du nord de l'Alsace dont l'exploitation s'est arrêtée en 1970. L'activité de Merkwiller-Pechelbronn s'est alors orientée vers le thermalisme. Le **musée français du Pétrole** raconte l'histoire de l'or noir en Alsace depuis 1498 et propose une visite guidée de sites en extérieur *(circuit pédestre ; 2h). 03 88 80 91 08 - www. musee-du-petrole.com - avr.-oct. : jeu., dim. et j. fériés 14h30-18h - 4 € (-10 ans gratuit).*

Kutzenhausen

La **Maison rurale de l'Outre-Forêt** raconte, à l'aide de mannequins de cire, la vie quotidienne des paysans d'Alsace du Nord au début du 20e s. La ferme est caractéristique du 18e s. Un parcours fléché traverse l'espace apicole, l'espace boulangerie, la forge, différents ateliers (charron, tonnelier, cordonnier, sabotier), le hangar aux machines, la basse-cour et le petit potager. La visite se termine par la reconstitution d'une salle de classe d'antan. Expositions tem-

Maisons à colombages d'Hunspach.
H. Hughes/hemis.fr

poraires, conférences et animations font régulièrement revivre cette maison-musée. *1 pl. de l'Église - ✆ 03 88 80 53 00 - www.maison-rurale.fr - avr.-sept. : tlj sf lun. et sam. 10h-12h, 14h-18h, dim. et j. fériés 14h-18h ; reste de l'année : merc., dim. et j. fériés 14h-18h - fermé 1er janv.-15 fév., 25 et 26 déc. - 4,50 € (-16 ans 2,50 €).*

★ Hoffen

Maisons fleuries, certaines à triple auvent, autour de l'église et de la curieuse petite mairie soutenue par trois piliers de bois. Près du vieux puits communal, un tilleul planté sous la Révolution.

★★ Hunspach

Hunspach est classé parmi « les plus beaux villages de France ». Des maisons blanches au poutrage apparent et aux auvents débordant sur la façade dont quelques-unes ont conservé leurs vitres bombées – mode remontant à l'époque baroque – se disposent harmonieusement le long des rues de ce village purement alsacien et de caractère exclusivement rural, comme l'attestent ses cours fermières, ses vergers et ses fontaines à balanciers.

Ingolsheim

Gros hameau agricole, sa rue principale est perpendiculaire à la grande route. Il est environné de vergers et entrecoupé de jardins et de cours de fermes.

★ Seebach

Ce bourg fleuri est resté le village alsacien type avec ses maisons à poutres apparentes et à auvents qu'encadrent souvent des jardins, même si quelques constructions sans style rompent l'harmonie de l'ensemble.

Revenez sur vos pas et regagnez Wissembourg par la D 34 puis la D 263.

NOS ADRESSES DANS LE PNR VOSGES DU NORD

Voir aussi nos adresses à Neuwiller-lès-Saverne *(p. 366)*, Bouxwiller *(p. 369)*, La Petite-Pierre *(p. 372)*, Niederbronn-les-Bains *(p. 374)* et Wissembourg *(p. 383)*.

HÉBERGEMENT

À Graufthal

BUDGET MOYEN

Hôtel Au Vieux Moulin – *7 r. du Vieux-Moulin - 67320 Graufthal - ☎ 03 88 70 17 28 - www.auvieuxmoulin.eu - fermé 15 fév.-2 mars et 27 juin-12 juil. - P -14 ch. 54/70 € - ☕ 8,50 €.* Dans ce hameau dont Erckmann et Chatrian ont vanté la sérénité, ce petit hôtel vous réserve un accueil chaleureux. Chambres modestes. Plan d'eau privé (pêche). Cuisine familiale à l'accent alsacien.

À Windstein

BUDGET MOYEN

Auberge des Deux Châteaux – *Windstein - ☎ 03 88 09 24 41 - fermé env. 10 j. déb. sept. et les 2 premières sem. de déc. - 8 ch. 43/53 € - ☕ 8 € - menu du jour 10/15 €.* Située dans une vallée isolée au fond des bois, l'Auberge des Deux Châteaux est une étape agréable pour les promeneurs. Au menu : spécialités alsaciennes.

À Meisenthal

BUDGET MOYEN

Auberge des Mésanges – *2 r. du Tiseur - 57960 Meisenthal - ☎ 03 87 96 92 28 - www.aubergedesmesanges.com - fermé 11-28 fév. et 23 déc.-3 janv. - P - 20 ch. 53/58 € - ☕ 8 € - rest. 10,50/30 €.* Après une visite à la Maison du verre et du cristal, cette maison constitue une bonne halte, pour une nuit ou un repas. Chambres bien tenues, cuisine sans prétention. Le week-end, *flammekueches* et pizzas jouent les vedettes.

À Reipertswiller

BUDGET MOYEN

La Couronne – *13 r. Wimmeneau - 67340 Reipertswiller - ☎ 03 88 89 96 21 - www.hotel-la-couronne-67.com - fermé déb. fév. et fin juin-déb. juil. et déb. nov. - P - 16 ch. 50/64 € - ☕ 13 € - rest. 25/48 €.* Dans un paisible village, hôtel confortable aménagé dans un esprit contemporain. Chambres spacieuses, accueil familial. Côté restaurant, savoureuse cuisine classique dans un décor cossu, ouvert sur la nature.

RESTAURATION

À Graufthal

POUR SE FAIRE PLAISIR

Le Cheval Blanc – *19 r. Principale - 67320 Graufthal - ☎ 03 88 70 17 11 - www.auchevalblanc.net - fermé 3-25 janv., 1re quinz. de sept., lun. soir, merc. soir et mar. - 27 €.* Cette engageante auberge décorée dans un esprit rustique concocte des recettes fidèles à la région. Joli poêle en faïence dans l'une des salles de restaurant.

ACTIVITÉS

Spectacles, expositions – Le parc s'anime toute l'année d'expositions et de spectacles variés : musique, pièces de théâtre ou festival littéraire. Marchés de Noël en décembre. Un carnet gratuit sur le Parc informe, de mai à octobre, des événements ponctuant la vie des Vosges du Nord. Maison du Parc, p. 352.

Baignade – Sur le plan d'eau du Fleckenstein.

Neuwiller-lès-Saverne

★

1 145 Neuwillerois – Bas-Rhin (67)

NOS ADRESSES PAGE 366

S'INFORMER

Office du tourisme du pays de Hanau et du val de Moder – *68 r. du Gén.-Goureau - 67340 Ingwiller - ☏ 03 88 89 23 45 - tte l'année lun.-vend. 10h-12h, 14h-18h, sam. 10h-12h (mi-juil.-mi-sept. : sam. 14h-17h et dim. 10h-12h).*

SE REPÉRER

Carte de microrégion A3 (p. 344) – *carte Michelin Départements 315 I4.*
Sur la D 14 à 13 km au nord de Saverne.

ORGANISER SON TEMPS

Si vous pouvez prévoir votre visite, demandez à l'avance de voir les tapisseries de la chapelle haute de l'église St-Pierre-et-St-Paul.

Au 8e s., les évêques de Metz, qui savaient vivre, n'avaient pas choisi ce lieu au hasard pour construire une abbaye. Au milieu des collines et des forêts, l'endroit était protégé des vents. Aujourd'hui, si les miracles de saint Adelphe sont quelque peu oubliés, la remarquable église St-Pierre-et-St-Paul, où reposent ses reliques, attire toujours des visiteurs.

Visiter

★ Église St-Pierre-et-St-Paul

Visite : 30mn - ☏ 03 88 70 00 51 - possibilité de visite guidée de la crypte et de la basilique supérieure (avec les tapisseries de St-Adelphe) sur demande (2 j. av.) de déb. mars à mi-déc. : se rens. pour les horaires.

L'évêque Siegebald de Metz aurait fondé au 8e s. une abbaye dans laquelle les reliques de saint Adelphe furent transférées en 826 ou 836. Les pèlerins affluèrent, espérant la guérison sur le tombeau du saint.

La partie la plus ancienne de cette abbatiale renommée est la crypte. Le chœur, le transept et une travée de la nef sont du 12e s. Le flanc gauche, donnant sur une grande place entourée des maisons des chanoines, est percé de deux portes : à droite, une porte du 13e s., de chaque côté de laquelle se dressent les statues de saint Pierre et de saint Paul ; à gauche, une porte du 12e s. dont le tympan représente un Christ bénissant. Au fond de la nef, tribune et orgue de 1773-1777.

Au bas du collatéral droit, tombeau de saint Adelphe (13e s.) sur huit colonnes élevées, disposition permettant autrefois aux fidèles de passer sous le tombeau du saint. En remontant le bas-côté droit jusqu'au croisillon, on verra une **Vierge★** assise du 15e s. Dans le bras gauche du transept, saint-sépulcre polychrome de 1478. Au-dessus du groupe formé par les trois saintes femmes portant des vases de parfums, autour du corps de Jésus, une niche abrite une Vierge du 14e s.

Les **chapelles superposées★** sont toutes les deux du 11e s. et de même plan. Les chapiteaux cubiques, complètement nus dans la chapelle inférieure, sont décorés de beaux motifs dans la chapelle supérieure. La chapelle haute contient quatre panneaux de remarquables **tapisseries★★** de la fin du 15e s. représentant la vie et les miracles de saint Adelphe.

Les divers remaniements du 11e au 19e s. donnent à cette abbatiale une physionomie très particulière et en font une des plus intéressantes églises de Basse-Alsace.

Église St-Adelphe

Église de transition romano-gothique (12e-13e s.). Au moment de la Réforme, en 1562, la collégiale St-Adelphe a été la première en Alsace à pratiquer le *simultaneum*, c'est-à-dire un partage du lieu de culte entre les catholiques et les protestants, en l'occurrence le chœur aux catholiques et la nef aux protestants. Aujourd'hui, seul le culte protestant y est célébré.

NOS ADRESSES À NEUWILLER-LÈS-SAVERNE

Voir aussi nos adresses à Bouxwiller *(p. 369)* et La Petite-Pierre *(p. 372).*

HÉBERGEMENT ET RESTAURATION

BUDGET MOYEN

Hôtel Au Herrenstein – *20 r. du Gén.-Kœnig - ✆ 03 88 70 00 53 - www.herrenstein.fr - fermé merc. soir et jeu. (sf juil.-août), fin déc.-déb. janv. - P - 13 ch. 67/70 € - ☕ 6 € - rest. 25/50 €.* Cette belle demeure datant du 18e s. a été reprise par la jeune génération familiale, mais la qualité de l'accueil reste la même. Les chambres, sobrement contemporaines, sont tout simplement superbes. Au restaurant, on dégustera, entre autres, des tartes flambées (servies dans le caveau le w.-end).

ACHATS

Ferme-fromagerie Herrenstein – *7 r. de la Gare - ✆ 03 88 70 31 07 - tlj sf dim. et lun. 10h-12h, 14h-18h (sam. 17h) - fermé j. fériés.* Élevage de vaches laitières et production fromagère. Vous y découvrirez, outre le munster, quelques spécialités originales comme les fromages aux orties.

Maison à oriel, à Bouxwiller.
R. Mattes/hemis.fr

Bouxwiller

4 009 Bouxwillerois – Bas-Rhin (67)

NOS ADRESSES PAGE 369

S'INFORMER

Office du tourisme de Bouxwiller – *2 pl. du Château - 67330 Bouxwiller - ☎ 03 88 03 30 15 - www.tourisme-hanau-moder.fr - de déb. juil. à mi-sept. : 10h-12h, 14h-18h, sam. 10h-12h ; reste de l'année : 10h-12h, 14h-18h, sam. 10h-12h, 14h-17h, dim. 10h-12h - fermé j. fériés.*

SE REPÉRER

Carte de microrégion B3 (p. 344) – *carte Michelin Départements 315 I4.*
Bouxwiller se situe à 15 km au nord-est de Saverne par la D 16 et la D 6 et à 25 km à l'ouest d'Haguenau par la D 919 et la D 24.

À NE PAS MANQUER

Le centre historique avec ses maisons à pans de bois et la vue sur la ville depuis le sommet du Bastberg.

ORGANISER SON TEMPS

En mai et juin, allez contempler les orchidées qui bordent le sentier géologique du Bastberg.

6

Blottie au pied du Bastberg, que la légende désigne comme un repaire de sorcières, Bouxwiller a fait du bretzel sa spécialité. Le château des Lichtenberg n'a pas survécu à la Révolution, mais de nombreuses maisons à pans de bois et torchis, des 16e et 17e s., subsistent, s'imbriquant avec art les unes dans les autres.

Se promener

Bon à savoir – La ville de Bouxwiller propose un « circuit de découverte historique » *(livret-guide en vente à la mairie)* pour découvrir les rues typiques du centre, bordées de « cours nobles » ou de maisons de style Renaissance alsacienne. Les pans de bois des maisons de Bouxwiller sont ornés de motifs qui sont autant de recommandations pour leurs habitants. Ici une forme d'œil rappelle à la vigilance ; associé à un bec, il protège du mal ; ailleurs, la croix de St-André veille à la fécondité...

Hôtel de ville

C'est l'ancienne chancellerie du château de Hanau-Lichtenberg dont le portail arrière de 1659, restauré en 1909, s'orne des armoiries comtales.

Allez vers la place du Marché-aux-Grains, à droite en sortant.

Place du Marché-aux-Grains

Les façades à colombages de ses maisons du 17e s. sont parfois en léger encorbellement. Beau bâtiment de l'ancienne balance publique. La déclivité de la jolie place est rattrapée par des petits perrons de pierre devant chaque habitation.

Prenez la rue des Seigneurs, puis la rue de l'Église.

Église protestante

Juil.-août : w.-end mat. et apr.-midi, vend. apr.-midi.

Cette église fut transformée en temple protestant en 1542 quand Philippe IV de Hanau-Lichtenberg introduisit la Réforme à Bouxwiller. Sa **chaire★** est en pierre sculptée et en bois peint, elle possède un orgue Silbermann et une loge seigneuriale au décor délicat de stucs.

UN « PETIT VERSAILLES »

Après la guerre de Trente Ans, **Caroline de Hesse**, la Grande Landgravine, est venue s'installer à Bouxwiller. Elle a fait aménager de beaux jardins qui ont valu à Bouxwiller le surnom de « Petit Versailles ». Surnom aussi flatteur qu'éphémère puisque tout disparut à la Révolution. Bouxwiller était par ailleurs connue pour son **bleu de Prusse**, vendu comme colorant aux usines textiles de Mulhouse. Les usines chimiques de Bouxwiller le produisaient à partir du lignite trouvé à proximité de la bourgade. Enfin, c'est ici qu'est née **la fameuse coiffe alsacienne** au grand nœud noir, portée sur les cheveux nattés et relevés.

À voir aussi

Musée du Pays de Hanau

03 88 70 99 15 - juil.-sept. : 14h-18h, sam. 14h-17h ; reste de l'année : 14h-17h - fermé janv., lun., Vend. Saint, 1er mai, 8 mai, 25 et 26 déc. - 2 € (-16 ans : gratuit).

Il présente un bel ensemble de **meubles polychromes★**, un intérieur paysan, ainsi qu'une salle de séjour bourgeoise, des costumes et des objets traditionnels.

Musée judéo-alsacien

03 88 70 97 17 - www.musees-alsace.org - du 6 mars au 4 nov. : 10h-12h, 13h-18h - fermé lun. et sam. - 6 € (8-15 ans 3 €).

Situé dans l'ancienne synagogue (1842), lieu de culte abandonné en 1963 et sauvé de la démolition, il retrace l'histoire et la culture des juifs d'Alsace, de la fin du 14e siècle et jusqu'après la Révolution, selon un parcours aménagé de rampes et de plateaux où la scénographie est très soignée (mannequins, maquettes en céramique…).

Randonnée Carte de microrégion

Sentier géologique du Bastberg B3

Document disponible à la mairie, au Point information touristique.
Première réalisation de ce genre en Alsace, ce sentier suit un parcours de 6 km pour mettre en évidence son histoire géologique. Il conduit au sommet du Bastberg, également appelé « colline des Sorcières », d'où l'on domine la ville *(tables d'orientation)*. En mai et juin, de petites orchidées (dont la cueillette est interdite) poussent sur ce sol calcaire. Les nombreux fossiles que l'on trouve le long du sentier géologique contribuent à la renommée internationale du site de Bouxwiller, qui fut étudié par le grand paléontologue Georges Cuvier (1769-1832).
On peut aussi accéder au sommet du Bastberg en voiture par la D 6. Depuis Bouxwiller, tournez à droite juste avant Imbsheim.

NOS ADRESSES À BOUXWILLER

Voir aussi nos adresses à Neuwiller-lès-Saverne *(p. 366)*.

HÉBERGEMENT ET RESTAURATION

POUR SE FAIRE PLAISIR

Hôtel La Cour du Tonnelier – *84a Grand'Rue - ✆ 03 88 70 72 57 - www.courdutonnelier.com - restaurant fermé 3 sem. en août, 2 sem. en période de Noël, sam. et dim. - P -16 ch. 68 € - ☕ 7 € - rest. 24/31 €.* Cette maison traditionnelle, proche du centre-ville, abrite un petit hôtel parfaitement entretenu. Dans les chambres : couleurs chaudes et belles moquettes, mobilier en bois cérusé et salles de bains modernes et fonctionnelles. Bar et agréable petit jardin avec piscine.

À Ingwiller

POUR SE FAIRE PLAISIR

Hôtel Aux Comtes de Hanau – *139 r. du Gén.-de-Gaulle - ✆ 03 88 89 42 27 - www.aux-comtes-de-hanau.com - P - 11 ch. 66/77 € - ☕ 8,50 € - rest. 12/54 €.* Cette maison alsacienne du 19e s. abrite un hôtel très correct en dépit de son mobilier quelque peu vieillot. La moitié des chambres dispose d'une terrasse ouvrant sur la campagne alentour. Cuisine traditionnelle servie dans la salle à manger rustique ou plat du jour proposé à la brasserie.

ACHATS

Marché de Noël – 2e w.-end de décembre.

Brasserie Météor – *6 r. du Gén.-Lebocq - 67270 Hochfelden - 14 km au sud-est de Bouxwiller - ✆ 03 88 02 22 22 - www.brasserie-meteor.fr - juil.-août : lun.-jeu. 14h sur RV.* Pour découvrir les différentes étapes de fabrication de la bière. En fin de visite, dégustation des diverses boissons élaborées dans cette brasserie réputée.

La Petite-Pierre

★

605 Parva-Pétriciens – Bas-Rhin (67)

NOS ADRESSES PAGE 372

S'INFORMER

Office du tourisme de La Petite-Pierre – *BP 24 - 67290 La Petite-Pierre - ✆ 03 88 01 49 59 - www.parc-vosges-nord.fr - fév.-déc. : tlj sf lun. et mar., 10h-12h, 14h-18h - fermé janv. et 25 déc.* Vous pourrez vous y procurer des fiches thématiques (système défensif de la vieille ville, approvisionnement en eau).

Maison du Parc régional des Vosges du Nord – *Pl. du Château - 67290 La Petite-Pierre - ✆ 03 88 01 49 59 - www.parc-vosges-nord.fr - fév.-déc. : tlj sf lun. et mar., 10h-12h, 14h-18h - fermé janv. et 25 déc.*

SE REPÉRER

Carte de microrégion A2 (p. 344) – *carte Michelin Départements 315 H3.*
À 55 km au nord-ouest de Strasbourg, 22 km au nord de Saverne.

À NE PAS MANQUER

Le musée du Sceau alsacien.

ORGANISER SON TEMPS

Avant d'entamer l'exploration du Parc naturel régional des Vosges du Nord, rendez visite au château qui abrite la Maison du Parc.

Les origines de La Petite-Pierre remontent au Moyen Âge. Situé au carrefour de routes importantes, le bourg est fortifié par Vauban – on peut encore voir les vestiges de remparts –, puis abandonné en 1870. L'agréable station estivale, par sa position dominante au cœur du massif forestier des Vosges, est le point de départ de plus de 100 km de sentiers balisés.

Se promener

On accède à la ville ancienne par un chemin en forte montée, puis en suivant la rue du Château.

Le bourg doit son nom au comte Hugues de Parva Petra, premier propriétaire, en 1180, du château fort. En version alsacienne, on l'appelle « Lützelstein ». Quant aux habitants, ils portent le nom peu commun de Parva-Pétriciens.

Église

La voûte du chœur est décorée de **peintures à la détrempe** du 15e s. représentant, entre autres, le Couronnement de la Vierge, la Tentation d'Adam et Ève, le Jugement dernier. La tour et la nef ont été rebâties au 19e s., mais le chœur gothique remonte au 15e s. L'église sert depuis 1737 aux cultes catholique et protestant.

Maison des Païens

Dans les jardins de la mairie, cette maison Renaissance (1534) a été construite sur les fondations d'une ancienne tour de garde romaine.

À voir aussi

Musée du Sceau alsacien

✆ 03 88 70 48 65 - http://musee.sceaualsacien.pagesperso-orange.fr - ♿ - juin-sept. : 10h-12h, 14h-18h ; mai : sam. 14h-17h, dim. et j. fériés 10h-12h, 14h-17h - possibilité de visite guidée (1h) sur demande préalable (2 sem.) - fermé janv. - 2,50 € (enf. gratuit).

Construite en 1684 et jadis réservée à la garnison (monuments funéraires de gouverneurs ou commandants d'armes), la **chapelle St-Louis** abrite désormais le curieux musée du Sceau alsacien. Ce musée retrace l'histoire de l'Alsace par la présentation de nombreuses reproductions de sceaux de villes ou de seigneuries, de grands personnages ou de vieilles familles, de métiers ou de corporations, d'ordres religieux ou de chapitres.

Château et Maison du Parc

Ce château du 12e s. a subi de nombreuses transformations, notamment sous l'impulsion du comte palatin du Rhin, George Jean de Veldenz, au 16e s. Aujourd'hui, la Maison du Parc a investi les lieux. Grâce à une présentation astucieuse (reconstitutions, jeux, diaporamas…), l'exposition permanente **« L'aventure des Vosges du Nord »** permet, en six salles thématiques et multimédias, de découvrir les richesses historiques, culturelles et techniques de la région, ainsi que l'important patrimoine naturel du Parc naturel régional des Vosges du Nord (végétation, faune). *✆ 03 88 01 49 60 - www.parc-vosges-nord.fr - fév.-déc. : 10h-12h, 14h-18h - fermé janv., 24, 25 et 31 déc. - 2,50 € (-12 ans gratuit).*

Revenez par la rue des Remparts.

Points de vue sur la campagne et les sommets boisés.

Musée des Arts et Traditions populaires

✆ 03 88 70 48 65 - ♿ - www.ot-paysdelapetitepierre.com - visite guidée (1h) sur demande préalable (2 sem.), juin-sept. : 10h-12h, 14h-18h - gratuit.

Dans un ancien entrepôt du 16e s. (le « magasin »), situé sur les remparts, curieuse collection de positifs de moules à gâteaux, dits *springerle* (« gâteaux à l'anis ») et *lebkuche* (« pains d'épice »).

Continuez à suivre la rue des Remparts qui rejoint la rue du Château.

À proximité Carte de microrégion

Sentier botanique du Loosthal A2

Accès sur la D 134, au niveau de la maison forestière de Loosthal, entre La Petite-Pierre et Neuwiller. Ce sentier botanique fait découvrir la diversité du milieu forestier des Vosges du Nord (arbres, écologie forestière, géologie, traces d'animaux…).

Berg A2

13,5 km à l'ouest par D 9 et D 95. Dans le village, suivez les flèches « Kirchberg ».

Depuis la **chapelle du Kirchberg**, point de vue intéressant sur Berg et, vers l'est, sur les premiers reliefs boisés des Vosges du Nord. Du parking, on peut emprunter un sentier botanique (*1h*) présentant les arbres les plus communs de la région.

NOS ADRESSES À LA PETITE-PIERRE

Voir aussi nos adresses dans le Parc naturel régional des Vosges du Nord *(p. 364)*.

HÉBERGEMENT

PREMIER PRIX

Chambre d'hôte Chez Jeanne Brehm – *32 r. Principale - 03 88 70 46 80 - - 38/45 €.* Au cœur du village, cette maison contemporaine alsacienne abrite sur l'arrière deux chambres dont une avec kitchenette, et un appartement. Chaque pièce est meublée dans la pure tradition locale. Jardin avec terrasse. Accueil aimable et prix attractifs (notez néanmoins qu'on n'y sert pas de petit-déjeuner).

POUR SE FAIRE PLAISIR

Hôtel des Vosges – *30 r. Principale - 03 88 70 45 05 - www.hotel-des-vosges.com - fermé 18-29 juil. et 16 fév.-11 mars - 30 ch. 61/86,50 € - 10 € - rest. 24/57 €.* Chambres douillettes, variées (certaines typiquement alsaciennes) et bien tenues, complétées par un agréable espace bien-être. Salle à manger ouverte sur la vallée, spécialités régionales et traditionnelles accompagnées de vins bien choisis (vieux millésimes).

Auberge d'Imsthal – *À l'étang d'Imsthal - 3,5 km au sud-est de La Petite-Pierre par D 178 - 03 88 01 49 00 - www.petite-pierre.com - fermé 2 dernières sem. de nov. - 23 ch. 59/92 € - 10 € - rest. 10,50/45 €.* Avec la forêt, la campagne tout autour et l'étang à ses pieds, cette maison à colombages comblera les amoureux de nature et de tranquillité. Préférez les chambres récentes, plus spacieuses et agréables. Sympathique salle à manger rustique ; sauna, hammam et salle de jeux.

ACTIVITÉS

La Petite-Pierre est le point de départ de très nombreux sentiers balisés de 1,8 km à 12 km et de plusieurs circuits VTT (140 km au total). Superbes points de vue sur la région. Tableau indicateur dans le village et à l'office de tourisme.

AGENDA

Au grès du jazz – *W.-end du 15 août.*

Niederbronn-les-Bains

4 387 Niederbronnois – Bas-Rhin (67)

NOS ADRESSES PAGE 374

S'INFORMER

Office du tourisme de Niederbronn-les-Bains – *6 pl. de l'Hôtel-de-Ville - 67110 Niederbronn-les-Bains - ✆ 03 88 80 89 70 - www.niederbronn.com - mai-sept. : 10h-12h, 14h-18h, dim. et j. fériés 15h-18h ; oct. : 10h-12h, 14h-17h, sam. 10h-12h ; avr. : 10h-12h, 14h-18h, sam. 14h-18h*

SE REPÉRER

Carte de microrégion B2 (p. 344) – *carte Michelin Départements 315 J3.*
À 17 km au nord-ouest de Haguenau. Situé dans le Parc naturel régional des Vosges du Nord, Nierderbronn est le point de départ d'un circuit des Châteaux *(voir p. 359).*

À NE PAS MANQUER

La spécialité locale, le *keschtewurscht* (entraînez-vous pour le prononcer !), est un boudin aux châtaignes très apprécié. À l'automne, vous en trouverez sur la carte de la plupart des restaurants de la région.

Vers 48 av. J.-C., les Romains exploitaient déjà la source thermale qui jaillit au cœur de Niederbronn-les-Bains. Aujourd'hui, la Celtic est mise en bouteilles et dispense ses bienfaits aux quatre coins de la France. Mais rien ne vaut un grand verre d'eau tirée dans l'établissement thermal, suivi d'une incontournable séance de remise en forme.

Visiter

Établissement thermal

Pl. des Thermes - ✆ 03 88 80 30 70 - visite guidée (20mn), du 27 fév. à déb. déc. : 8h-17h, sam. 8h-12h - fermé dim. et j. fériés.

Au 18e s., les barons de Dietrich, premiers de la fameuse dynastie d'industriels métallurgiste dont l'entreprise reste aujourd'hui encore le principal employeur de la ville, s'employèrent à faire connaître la station thermale. Ses eaux proviennent de deux sources : la source romaine, qui jaillit depuis 2 000 ans en plein cœur de la ville devant le casino municipal (rhumatologie, séquelles de traumatisme), et la source Celtic, une des moins minéralisées en France, commercialisée depuis 1989. L'établissement propose des stages de balnéothérapie et de remise en forme.

6

Maison de l'archéologie des Vosges du Nord

✆ 03 88 80 36 37 - www.niederbronn.com - ♿ - mars-oct. : tlj sf mar. et sam. 14h-18h ; reste de l'année : dim. 14h-17h - possibilité de visite guidée (1h) sur demande préalable - fermé 1er janv., 25 déc. - 2,50 € (-16 ans 1,70 €), gratuit Journées du patrimoine.

Collection archéologique provenant des fouilles effectuées dans la proche région. Une salle est consacrée aux poêles de fonte, spécialité de Niederbronn depuis plus de trois siècles.

Château de Wasenbourg

À l'ouest. 15mn à pied AR.

Partez de la gare SNCF et suivez l'allée des Tilleuls. Après être passé sous la voie de contournement, à hauteur du lieu-dit « Roi-de-Rome », tournez à gauche dans le sentier « promenade et découvertes » qui mène aux ruines d'un château gothique du 15e s. détruit par les Français en 1677. La vue depuis ce promontoire qui semblait imprenable est très belle sur le vallon du Falkensteinbach.

Au nord-est, vestiges d'un camp celtique, **le Ziegenberg** : mur de 1 à 2 mètres de haut construit de blocs de pierre à l'état brut qui présente quelque analogie avec le mur païen du mont Ste-Odile.

NOS ADRESSES À NIEDERBRONN-LES-BAINS

Voir aussi nos adresses dans le Parc naturel régional des Vosges du Nord *(p. 364)*.

HÉBERGEMENT

BUDGET MOYEN

Hôtel Le Bristol – *4 pl. de l'Hôtel-de-Ville - 03 88 09 61 44 - www.lebristol.com - P - 29 ch. 60/70 € - 8,50 € - rest. formule déj. 10 € - 15/43 €.* Hôtel familial situé au centre de la station thermale. Les chambres refaites se révèlent chaleureuses et coquettes avec leur mobilier artisanal et leurs couleurs gaies. Salle cossue, agrandie d'une véranda utilisée les jours d'affluence. Carte traditionnelle.

POUR SE FAIRE PLAISIR

À Niedersteinbach

Hôtel du Cheval Blanc – *11 r. Principale - 03 88 09 55 31 - www.hotel-cheval-blanc.fr - fermé fév., fin juin-déb. juil. et fin nov.-déb. déc. - P - 28 ch. 68/77 € - 12 € - rest. 27/57 €.* Dans un paisible village, cette maison à colombages allie chambres coquettes et accueil sympathique. Le restaurant (fermé le jeudi) propose une cuisine régionale et généreuse, servie dans des « stubes » typiques, tout en boiseries.

Hôtel Mercure – *14-16 av. Foch - 03 88 80 84 48 - www.mercure.com - P - 59 ch. 68/89 € - 12 €.* Cet établissement abrite de grandes chambres standardisées et des suites. Décoration épurée (tons pastel, esprit Belle Époque). Bar-salon design. Agréable jardin arboré.

Hôtel du Parc – *33 r. de la République - 03 88 09 01 42 - www.parchotel.net - P - 40 ch. 70/85 € - 9 € - rest. formule déj. 12 € - 20/55 €.* Dans une rue passante, hôtel composé de deux bâtiments. Chambres régulièrement rénovées, coquettes et très bien tenues. Cuisine traditionnelle servie dans une salle de style alsacien ou sous la tonnelle en été.

RESTAURATION

BUDGET MOYEN

À Obersteinbach

Anthon – *40 r. Principale - 03 88 09 55 01 - www.restaurant-anthon.fr - fermé mar. et merc. et en janv. - P - 25/65 € - 12 ch. 70/98 € - 10 € - rest. 24/48 €.* Maison à colombages (1860) abritant une élégante salle à manger en rotonde tournée vers le jardin. Cuisine du terroir.

Chambres rafraîchies, dont deux conservent une boiserie d'alcôve intégrant les lits.

À Niedersteinbach

Au Wasigenstein – *32 r. Principale - 67510 Niedersteinbach - ✆ 03 88 09 55 01 - www. wasigenstein-wengelsbach.com - fermé merc. et jeu. de nov. à fév. et lun. et mar. tte l'année - P -menu 12 € (en semaine), 21/30 €.* Dans un vallon de la forêt vosgienne, une auberge de montagne tout simple. Gibier et trophées de chasse, terrasse… un lieu prisé des randonneurs.

EN SOIRÉE

Casino Barrière de Niederbronn-les-Bains – *10 pl. des Thermes - ✆ 03 88 80 84 88 - www.lucienbarriere.com - ouv. 10h30-2h en sem. - vend.-sam. et j. fériés 4h.* Le plus grand casino d'Alsace compte 185 machines à sous et une salle de jeux traditionnels. Trois restaurants dont une brasserie alsacienne, un lounge bar et une salle de cinéma.

La Villa du Parc (au casino de Niederbronn) – *10 pl. des Thermes - ✆ 03 88 80 84 88 - www.lucienbarriere.com - Brasserie alsacienne ouv. tlj.* Restaurant agrandi et entièrement rénové dans un style contemporain d'inspiration coloniale. Tous les 15 jours, dîner spectacle ou dîner dansant.

AGENDA

Nuit artisanale – *En juillet.*

Bitche

★

5 607 Bitchois – Moselle (57)

NOS ADRESSES PAGE 377

S'INFORMER

Office du tourisme de Bitche – *31 r. Maréchal-Foch - 57230 Bitche - ✆ 03 87 06 16 16 - www.pays-de-bitche.com - mai-sept. : 9h-12h, 13h30-17h30, w.-end 9h-12h, 14h30-16h30 (fermé le dim. oct.-avr.).*

SE REPÉRER

Carte de microrégion A1 (p. 344) – *carte Michelin Départements 307 P4.* Bitche est située à 21 km de la frontière allemande. Voies de circulation les plus importantes à proximité de la ville, la D 35^{A} en direction de l'Allemagne et à l'ouest la D 662 qui conduit à Sarreguemines.

À NE PAS MANQUER

La citadelle Vauban (la visite guidée dure 2h), pour le jardin de la Paix.

AVEC LES ENFANTS

Le moulin d'Eschviller à Volmunster.

Perchée sur l'énorme socle rocheux autour duquel Bitche s'est construite, la citadelle de Vauban en grès rose à l'admirable architecture plante le décor. Longtemps marquée par son statut de ville de garnison, la cité a cependant réussi à renouveler son image. Entourée de magnifiques forêts, elle mise aujourd'hui avec succès sur le tourisme vert, grâce à son golf au paysage champêtre et à son village de vacances au bord d'un étang.

Visiter

★★ Citadelle

✆ 03 87 96 18 82 - juin-août : 10h-18h, dim. 10h-18h ; reste de l'année 10h-18h - fermé nov.-mars, 1er janv., 25 déc. - 9 € (7-18 ans 7 €), billet combiné avec le jardin de la paix (9 €).

La citadelle est construite par Vauban en 1681. Reconstruite par Cormontaigne, la forteresse réputée imprenable est caractéristique de l'architecture militaire du 18e s. Après avoir gravi la rampe et franchi la porte monumentale, on atteint le tertre central, d'où la **vue★** est remarquable : à l'ouest se détachent les cloches cuirassées du Simserhof et au sud le Parc naturel régional des Vosges. Cette vue circulaire sur la région a fait de Bitche un point militaire stratégique. Seul vestige du château construit sous Vauban, la chapelle semble résister aux épreuves du temps, notamment les bombardements de 1945. Restaurée conformément aux plans du 18e s., elle abrite un plan-relief de la ville de 1794. Prenez une bouffée d'air frais avant de pénétrer au cœur de la citadelle et de son vaste complexe souterrain *(la température est fraîche, prévoyez un pull)*.
Un parcours audiovisuel permet de comprendre le long et difficile siège de Bitche : revivez, des dortoirs aux cuisines, l'histoire quotidienne de ces hommes et leurs doutes face aux horreurs de la guerre.
Au pied de la citadelle, le **jardin pour la Paix** propose une approche végétale du thème « Guerre et Paix » à travers les rapports harmonieux et conflictuels entre les plantes. Cet espace permet par ailleurs d'avoir des perspectives nouvelles sur la forteresse.

LE SIÈGE DE BITCHE

17 juillet 1870. La France répond à une provocation de Bismarck (dépêche d'Ems) en déclarant la guerre à la Prusse. La désillusion est brutale. Les Prussiens, rejoints par les États allemands, infligent de lourdes défaites aux troupes françaises. Le 6 août, la terrible bataille de cavalerie à Reischoffen montre les limites de l'héroïsme face à une armée supérieure en nombre et très organisée. La garnison de Bitche qui vient d'être confiée au **colonel Teyssier** avec un bataillon du 86e d'infanterie de ligne, voit arriver des soldats de nombreuses unités en déroute. Quelque 2 400 hommes, avec seulement 17 canons en état, vont tenir plusieurs mois de siège avec l'aide de la population.
D'intenses bombardements, dont un de plus de 10 jours et 10 nuits, détruisent les bâtiments du fort, à l'exception de la chapelle, avant de toucher la ville. La défaite de Sedan avec la capture de Napoléon III le 2 septembre, la capitulation de Paris et même l'armistice du 28 janvier 1871 ne font pas renoncer le colonel Teyssier. Il attend un ordre écrit du gouvernement français. Ce n'est que le 25 mars que les défenseurs quittent la ville en héros. La signature du traité de Francfort le 10 mai 1871 confirme l'annexion ; Bitche devient allemande.

À proximité Carte de microrégion

Reyersviller A1

5 km au sud-ouest par la D 662.

Après le village, sur la droite de la route, le **chêne des Suédois**, impressionnant par son âge (450 ans) et sa taille, aurait servi de potence aux Suédois pour pendre les paysans du village disparu de Kirscheid pendant la guerre de Trente Ans.

★ Le Simserhof A1 *(voir ligne Maginot, p. 400)*

Ossuaire de Schorbach A1

6 km au nord-ouest par les D 962 et D 162ᴮ à gauche.

Près de l'église reconstruite en 1774 et dédiée à saint Remi, un petit bâtiment percé d'arcatures romanes s'ouvre sur un ossuaire né de l'exiguïté du cimetière.

Volmunster A1

11 km au nord-ouest par les D 35ᴬ et D 34.

L'**église St-Pierre**, détruite lors de la dernière guerre, a été reconstruite en 1957. Une mosaïque de 70 m^2 représentant saint Pierre en marin-pêcheur figure au « tympan » du portail. Vous n'êtes pas loin du **moulin d'Eschviller** *(à 4 km, suivre les indications).* Vous pourrez y découvrir le fonctionnement d'un moulin à grain et d'un moulin à scier. Le cadre est bucolique, une auberge permet de faire une pause. *http://www.moulindeschviller.fr/*

NOS ADRESSES À BITCHE

Voir aussi nos adresses dans le Parc naturel régional des Vosges du Nord *(p. 364).*

HÉBERGEMENT

BUDGET MOYEN

Hôtel Le Strasbourg – *24 r. Col.-Teyssier - ☎ 03 87 96 00 44 - www.le-strasbourg.fr - fermé lun., mar. midi et dim. soir - 10 ch. 60/100 € - ☕ 10 € - rest. 30/55 €.* Cuisine au goût du jour dans une spacieuse salle à manger épurée. Chambres bien rénovées et personnalisées : Afrique, Asie, Provence, etc.

RESTAURATION

BUDGET MOYEN

Restaurant de la Tour – *3 r. de la Gare - ☎ 03 87 96 29 25 - fermé mar. soir et lun. - 16/52 €.* Le style Belle Époque des salles à manger donne un charme certain à ce restaurant installé dans une maison flanquée d'une tourelle. Cuisine traditionnelle enrichie de quelques plats régionaux.

ACTIVITÉS

Golf de Bitche – *R. des Prés - ☎ 03 87 96 15 30 - www.golf-bitche.com - hiver : 9h-16h ; été : 8h30-18h - fermé 22 déc.-5 janv.* Situé au cœur du Parc naturel régional des Vosges du Nord, ce parcours de 27 trous offre de beaux panoramas.

Tépacap – *Étang de Hasselfurth - ☎ 03 87 06 40 00 - www.tepacap-bitche.fr.* Village d'aventures.

Wissembourg

★★

8 008 Wissembourgeois – Bas-Rhin (67)

NOS ADRESSES PAGE 383

S'INFORMER

Office du tourisme de Wissembourg – *11 pl. de la République - 67160 Wissembourg - ☎ 03 88 94 10 11 - www.ot-wissembourg.fr - avr.-oct. : 10h-12h, 14h-18h, dim. et j. fériés 14h-18h ; reste de l'année : tlj sf dim., 10h-12h, 14h-17h30, j. fériés 14h-18h.*

Visites guidées – L'office du tourisme de Wissembourg organise tout au long de l'année de multiples promenades en ville et dans ses environs. Des visites guidées d'une journée dans la région, avec guide, aux visites à thème de la ville, en passant par la découverte du pays de Wissembourg (route des Villages pittoresques, route des Châteaux forts, du Parc naturel du Palatinat et du « Pays de Bade » avec la route de la Forêt-Noire) - *☎ 03 88 94 10 11 - www.ot-wissembourg.fr.*

Office du tourisme de Hunspach – *3 rte de Hoffen - 67250 Hunspach - ☎ 03 88 80 59 39 - www.hunspach.com - 9h-11h30, 14h-17h - fermé dim. et j. fériés.*

SE REPÉRER

Carte de microrégion C1 (p. 344) – *carte Michelin Départements 315 L2.*
Wissembourg est une ville frontalière, dominée à l'ouest par le Hochwald et au nord par le Mundatwald.

SE GARER

Parkings : r. Bannacker, pl. de la Foire et r. de la République.

À NE PAS MANQUER

L'église St-Pierre-et-St-Paul et sa fresque de saint Christophe, le quartier de la Petite Venise, le vignoble de Cleebourg.

ORGANISER SON TEMPS

Consacrez une demi-journée au tour de la ville, puis partez explorer la campagne environnante, à pied de préférence. Nombreuses animations à la Pentecôte.

Wissembourg est sortie miraculeusement préservée d'une histoire parsemée de sièges, de désastres et de faits de guerre – une bataille de 1870 porte d'ailleurs son nom. Une promenade sur les remparts, dans les quartiers anciens ou dans celui de la « Petite Venise » vous fera découvrir plus de 70 maisons bâties avant 1700 et l'imposante église St-Pierre-et-St-Paul, la deuxième en taille des églises gothiques d'Alsace, après la cathédrale de Strasbourg.

LA VILLE DU PÈRE FOUETTARD

Le légendaire Hans Trapp, le père Fouettard alsacien, est né ici. À la fin du Moyen Âge, Hans von Drodt terrorisait les Wissembourgeois depuis son nid d'aigle du Berwarstein voisin. Les parents se mirent donc, à leur tour, à menacer les enfants pas très sages des foudres du terrible Hans.

Se promener Plan de ville

★ LA VIEILLE VILLE

Comptez 1h30. Départ : place de la République.

Hôtel de ville B (H)

Construit de 1741 à 1752, en grès rose, avec fronton, petite tour et horloge, selon les plans de Massol, il remplace l'ancien Rathaus disparu dans l'incendie de la ville du 25 janvier 1677.

Prendre la rue du Marché-aux-Poissons qui mène à la Lauter et offre, à son extrémité, une **vue** agréable sur de beaux massifs fleuris, au premier plan, et sur le chevet de l'église St-Pierre-et-St-Paul, à l'arrière.

Maison du Sel A

Reconnaissable à sa toiture divisée en auvents sous lesquels les lucarnes ouvrent en balcons, ce fut d'abord un hôpital (1448) avant de devenir un dépôt de sel et un abattoir.

Suivez le quai Anselman.

À l'Ancienne Couronne A

Cette très ancienne maison de patriciens (1491) servit d'auberge jusqu'en 1603, puis appartint aux Bartholdi à la fin du 18e s. C'est aujourd'hui un bar : Les Vignes de la Couronne.

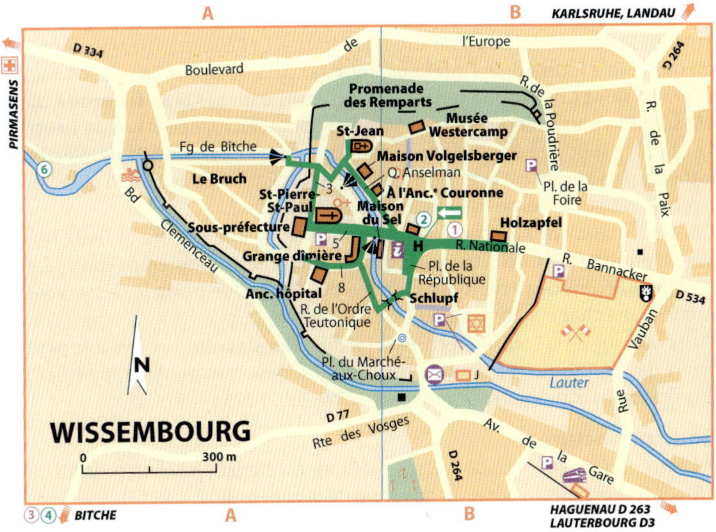

SE LOGER
Cygne (Hostellerie du) .... ②
M. et Mme Klein (Chambre d'hôte). ④
Moulin de la Walk (Au) .... ⑥
Pfaffenschlick (Auberge du) .... ③

SE RESTAURER
Carrousel Bleu (Le) .... ①

INDEX DES RUES
Chapitre (R. du) 3
Sous-Préfecture (Av. de la) 5
Stanislas (R.) 8

Maison Vogelsberger A

Avec son riche portail Renaissance et son blason peint, elle date de 1540. L'un de ses propriétaires, Sébastien Vogelsberger, fut décapité en 1548 sur l'ordre de Charles Quint pour avoir assisté au sacre d'Henri II. Le bienheureux Charles de Foucauld passa dans cette maison les deux premières années de sa vie.

Tournez à droite dans la rue du Presbytère.

Église St-Jean A

Cette église protestante restaurée remonte au 15e s., sauf le clocher, roman (13e s.). **Martin Bucer** (ou Butzer) (1491-1551), réformateur alsacien né à Sélestat, y a prêché la Réforme, en 1522, avant de partir pour l'Angleterre. Dans la cour, sur le côté gauche de l'église, anciennes pierres tombales en grès rouge des Vosges.

Du haut des remparts, vue d'ensemble de l'église St-Jean et St-Pierre-et-St-Paul.

Revenez sur vos pas, traversez la Lauter et prenez à droite le quai du 24-Novembre.

Quartier du Bruch A

Du pont sur la Lauter, on a une belle vue sur ce vieux quartier. La première maison à droite, dont le pan coupé est orné d'une petite loggia ou oriel (1550), servit de décor au tournage du film *L'Ami Fritz*, en 1933. En face, sur l'autre rive, maison patricienne des 16e et 17e s.

Revenez sur l'autre rive et prenez à droite la rue du Chapitre.

★ Église St-Pierre-et-St-Paul A

Bâtie en grès, c'est l'ancienne église gothique, élevée au 13e s., d'un monastère bénédictin fondé au 7e s. Un clocher carré, vestige de l'église romane antérieure, reste accolé au flanc droit de l'édifice. La Révolution le transforma en magasin à fourrage. À l'intérieur, entre la chapelle de droite et le chœur, le grand **saint Christophe** tenant l'Enfant Jésus dans ses bras, **fresque★** du 15e s., est le plus grand personnage peint connu en France (11 m de haut). Le chœur est éclairé par des vitraux du 13e s., restaurés au siècle dernier. Le vitrail le plus ancien est la petite rose placée au pignon du croisillon gauche ; il représente une Vierge à l'Enfant (2e moitié du 12e s.).

Contre le flanc nord de l'église subsistent une galerie entière et deux travées d'un somptueux **cloître gothique** resté inachevé, longtemps considéré comme « le plus beau de toute la vallée du Rhin ». Une porte le desservant mène à une chapelle romane du 11e s.

Dans l'avenue de la Sous-Préfecture, le **jardin Stanislas** offre un agréable petit havre de verdure au milieu de buis centenaires. Ouvert au public, il appartient à un magasin d'antiquités. *R. Stanislas - ✆ 03 88 54 29 54 - gratuit.*

Sous-préfecture A

À l'extrémité de l'avenue de la Sous-Préfecture, l'élégant pavillon de la fin du 18e s. occupe l'ancien hôtel du doyenné de la collégiale.

Prenez à gauche l'avenue de la Sous-Préfecture. Place du Saumon, prenez à droite la rue Stanislas.

Grange dîmière A

La grange dîmière de l'ancienne abbaye jouxte la maison des Chevaliers Teutoniques, de 1606. L'ordre Teutonique, fondé en Terre sainte au 12e s., a disparu à la Révolution. Sur le mur qui fait face à l'abbatiale se trouve sculpté le moine Otfried, qui, au 9e s., soucieux de transmettre le message évangélique

Wissembourg, quartier du Bruch au bord de la Lauter et remparts.
R. Mattes/hemis.fr

aux peuples de langue allemande, en fit pour la première fois une adaptation à partir du texte latin.

Ancien hôpital (Palais Stanislas) A
C'était la résidence du roi Stanislas Leszczyński de 1719 à 1725, dont la fille, Marie, épousa Louis XV en 1725.
Faites demi-tour, tournez à droite dans la rue de l'Ordre-Teutonique puis à gauche dans le passage dit « rue pittoresque ».
Empruntez la petite passerelle au-dessus de la Lauter, dans le quartier appelé le **Schlupf**, « Petite Venise » de Wissembourg.
Rejoignez par la gauche la rue de la République, puis tournez à droite dans la rue Nationale.

Holzapfel B
La maison gothique avec tourelles d'angle fut d'abord, dès 1506, une maison des corporations, puis un relais de poste de 1793 à 1854; Napoléon s'y arrêta en 1806.
Faites demi-tour pour revenir place de la République.

Un mariage inespéré
Roi détrôné de Pologne, Stanislas Leszczyński vivait un exil bien mélancolique dans une maison de Wissembourg. L'ancien roi ne regrettait son royaume et sa fortune que pour sa fille, Marie, qu'il n'imaginait pas un jour voir convoler, faute de dot et de fortune. Or, en 1725, le duc d'Antin apporte une nouvelle inespérée : Louis XV, roi de France, le Bien-Aimé, a jeté son dévolu sur la modeste héritière. Marie sera reine de France… Stanislas emprunte argent et carrosses, dégage ses bijoux et peut offrir un mariage décent à sa fille qui, à 22 ans, devient reine d'un roi de 15 ans.

LES REMPARTS AB

La balade le long du talus des anciens remparts, planté d'ormes et de frênes, permet de découvrir les toits patinés du quartier ancien, les tours majestueuses de l'église St-Pierre-et-St-Paul et, dans le lointain, le moutonnement des Vosges. Un premier mur longe en pleine ville un bras de la Lauter. Non loin de la maison Stanislas s'élève le **Schartenturm**, vestige de l'enceinte du monastère construite sous la direction de l'abbé Samuel au 11e s. Une deuxième enceinte part de l'extrémité du faubourg de Bitche, où l'on découvre une belle maison patricienne des 16e et 17e s. et la tour des Husgenossen (de 1420), et se poursuit jusqu'au sud de la ville. Au nord, la promenade des Remparts permet d'admirer les fortifications du 13e s.

À voir aussi Plan de ville

Musée Westercamp B

Fermé pour rénovation. Réouverture prévue en 2013.
Au début du 20e s., un musée s'est installé dans cette maison viticole du 16e s., qui a gardé son authenticité. La visite commence par la cuisine, atmosphère intimiste assurée. Même ambiance dans les autres pièces, qui renferment des meubles anciens (superbes armoires), des costumes paysans et des souvenirs du champ de bataille de 1870. Antiquités préhistoriques et romaines, salle d'armes.
Le musée conserve même une maquette en bois de cerisier du lustre-couronne de l'abbatiale représentant la Jérusalem céleste, détruit par les révolutionnaires. L'original de 1070 en métal argenté, célèbre dans tout l'Occident, faisait 6 m de diamètre ! On parlait alors de Wissembourg-la-Couronne.

À proximité Carte de microrégion

Vignoble de Cleebourg C1

Sur les contreforts des Vosges du Nord, cette section septentrionale de la route des Vins parcourt des vignobles d'ancienne tradition qui se sont fait notamment une spécialité du pinot gris et du pinot blanc auxerrois. On peut traverser les terroirs de Steinseltz et Oberhoffen pour gagner Cleebourg.
Trois sentiers d'interprétation au départ de Cleebourg, à côté de la cave viticole (de 3h à une journée complète) pour découvrir vignoble, vergers et forêts. Renseignements : ✆ 03 88 94 10 11 - www.ot-wissembourg.fr.

Altenstadt C1

2 km à l'est. Intéressante église romane des 11e et 12e s. Nef et bas-côtés sont plafonnés. En pénétrant dans l'église, on passe sous un curieux porche de près de 7 m de profondeur. Le clocher du 11e s., décoré de bandes lombardes, a été surélevé d'un 3e étage au 12e s.

Ouvrage d'artillerie de Schœnenbourg C2

12 km au sud, par la D 264, puis la D 65, fléchage.
Voir ligne Maginot, p. 401.

NOS ADRESSES À WISSEMBOURG

VISITES

Mini-train touristique – Circuit commenté *(45mn)* en français, anglais ou allemand. *✆ 03 88 94 10 11 - www.ot-wissembourg.fr - 3 juin-3 oct. : 14h-17h ; 2 avr.-2 juin : vend.-dim. et j. fériés 14h-17h - fermé dim. et lun. de Pentecôte - 5 € (-14 ans 2,50 €).*

HÉBERGEMENT

POUR SE FAIRE PLAISIR

Hostellerie du Cygne – *3 r. Sel - ✆ 03 88 94 00 16 - www.hostellerie-cygne.com - fermé 16 fév.-2 mars, 4-17 juil., 7-20 nov. et merc. - 23 ch. - 75/200 € - ☕ 10 €.* Au cœur du pittoresque Wissembourg, hostellerie aménagée dans plusieurs maisons anciennes. Cuisine traditionnelle servie à la *winstub* ou dans une salle de style alsacien Renaissance. Chambres agréables et confortables.

Au Moulin de la Walk – *2 r. Walk - ✆ 03 88 94 06 44 - www.moulin-walk.com - fermé en janv. (se rens.) - P - 25 ch. 67/72 € - ☕ 9 € - rest. 34/50 €.*
Au bord d'une rivière, bâtiments aménagés sur les vestiges d'un moulin dont la roue tourne encore. Décor chaleureux et épuré avec du bois brut pour rappeler le style local. Carte classique et régionale (spécialité de foie gras), vins choisis. Jolie terrasse d'été.

À Cleebourg

Chambre d'hôte M. et Mme Klein – *59 r. Principale - ✆ 03 88 94 50 95 - www.chez.com/cleebourg - P - 🚭 - 4 ch. 79 € par pers., 1/2 P seult.* Cette maison alsacienne des 18e et 19e s. nichée au cœur du village de Cleebourg dont le vin est justement renommé réjouira les amateurs de calme et d'authenticité. Les chambres, toutes situées au rdc, sont garnies de beaux meubles anciens. Cuisine régionale.

RESTAURATION

POUR SE FAIRE PLAISIR

Le Carrousel Bleu – *17 r. Nationale - ✆ 03 88 54 33 10 - www.le-carrousel-bleu.fr - fermé dim. et le soir en sem. - formule déj. 18 € - 28/50 €.* Ce sympathique et intimiste restaurant, situé dans une maison du 18e s., propose des recettes actuelles, originales et dépaysantes, à mille lieues de la « Petite Venise ».

Aux alentours de Wissembourg

BUDGET MOYEN

Auberge du Pfaffenschlick – *Col de Pfaffenschlick - 67510 Climbach - ✆ 03 88 54 28 84 - www.pfaffenschlick.com - fermé 18 janv.-9 fév., lun. et mar. - ♿ - P - formule déj. 12 € - 22/38 €.*
En pleine forêt, juste en face d'une cabane qui servit de cantine pendant la construction de la ligne Maginot, ce restaurant longtemps fréquenté par les seuls randonneurs continue de servir une cuisine ménagère du cru, solide et abondante. Agréable terrasse.

PETITE PAUSE

Pâtisserie Daniel Rebert – *7 pl. du Marché-aux-Choux - ✆ 03 88 94 01 66 - www.rebert.fr - mar.-sam. 7h-18h30 (dim. 8h) ; avr.-oct. : salon de thé - fermé lun.* La spécialité de ce chocolatier, ce sont les pavés de Wissembourg, petits chocolats fourrés. Derrière la boutique, une ravissante cour fleurie fait office de salon de thé durant tout l'été.

ACHATS

Au P'tit Kougelhopf – *20 r. Nationale - ✆ 03 88 94 00 56 - tlj sf lun.-mar. 7h-18h - fermé 3 sem. sept.* Cette accueillante boulangerie-pâtisserie, fort respectueuse des traditions, fabrique chaque jour 10 variétés de pains spéciaux, tous plus croustillants les uns que les autres. Mais on vient ici avant tout pour les fabuleux kouglofs (ou *kugelhopfs*) : sucrés ou salés, mini ou géants, vendus à l'unité ou au poids, ils sont divinement bons.

Cave vinicole de Cleebourg – *Rte du Vin - 67160 Cleebourg - ✆ 03 88 94 50 33 - www.cave-cleebourg.com - caveau ouvert 8h-12h, 14h-18h, dim. et j. fériés à partir de 10h - fermé 1er janv., Pâques et 25 déc.* Ce domaine viticole reconstitué en 1946 sous une forme coopérative dans le cadre du premier programme de remembrement cultive les 7 cépages alsaciens traditionnels. Ses deux valeurs sûres sont le pinot gris et le pinot blanc. Chaque année, une « cuvée de la confrérie » est sélectionnée parmi les vins de Cleebourg. La cave de Cleebourg propose également une large gamme de vins issus de lieux-dits et 4 crémants d'Alsace.

ACTIVITÉS

Espace Cycles – *Allée des Peupliers - ✆ 03 88 54 33 77 - www.espace-cycles.com - mar.-vend. 9h-12h, 14h30-18h30 ; sam. 9h-12h, 14h-17h - fermé dim. et lun.* Location de vélos.

AGENDA

Avent – Animations à l'occasion de l'avent (tous les w.-end de l'avent : cortège du Hans Trapp, concerts, veillées de Noël, célébrations religieuses, crèches vivantes, spectacles, contes et légendes, venue de saint Nicolas, café de Noël, marché de Noël, marche et cross). *Rens. à l'office de tourisme - ✆ 03 88 94 10 11 - www.ot-wissembourg.fr.*

Pentecôte – Depuis 1864, Wissembourg célèbre la Pentecôte avec gaieté et bonne humeur : somptueux cortège de costumes traditionnels, folklore, gastronomie, courses hippiques, feu d'artifice.

Festival international de musique – *Déb. sept. - ✆ 03 88 94 10 11 - www.wissembourg-festival.com.*

Carte de circuit à vélo – Plusieurs cartes de circuit à vélo sont à disposition à l'office de tourisme - *✆ 03 88 94 10 11 - www.ot-wissembourg.fr.*

Streisselhochzeit à Seebach – *www.uas.fr.* Le premier w.-end qui suit le 14 Juillet fait revivre des scènes de la vie quotidienne d'antan.

Wangenbourg

1 182 Wangenbourgeois et Engenthalois – Bas-Rhin (67)

NOS ADRESSES PAGE 388

S'INFORMER

Office du tourisme de Wangenbourg – *32a r. du Gén.-de-Gaulle - 67710 Wangenbourg-Engenthal - ℘ 03 88 87 33 50 - www.suisse-alsace.com - 9h-12h, 15h-17h, sam. 9h-12h, fermé dim. et j. fériés sf mai-sept. : 15h-17h (et 9h-12h juil-août) - fermé 1er janv., dim. et lun. de Pâques.*

Office de tourisme du Pays-de-Nideck – *22 r. du Nideck - 67280 Oberhaslach - ℘ 03 88 48 75 24 - 8h-12h, sam. 11h-12h.*

SE REPÉRER

Carte de microrégion A4 (p. 344) – *carte Michelin Départements 315 H5.* À 20 km au sud de Saverne par la D 218, 41 km à l'ouest de Strasbourg par la D 1004, puis la D 224.

À NE PAS MANQUER

Le château et la cascade du Nideck, le plan incliné de St-Louis-Arzwiller, les rochers de Dabo et du Nutzkopf pour leur panorama.

ORGANISER SON TEMPS

Comptez une demi-journée pour découvrir Wangenbourg et son château ; prévoyez une journée complète pour les deux circuits proposés.

Avec ses paysages de montagne, ses immenses forêts, ses prairies qu'on croirait d'altitude et ses chalets qui rappellent ceux des Alpes, la région de Wangenbourg mérite bien son surnom de « Suisse d'Alsace ».

Se promener

Château

Pour y accéder (15mn à pied AR), laissez la voiture sur le parking de l'office de tourisme. 200 m après l'église, passez près d'un énorme tilleul et suivez un chemin dans le prolongement de la rue principale.

Du château, des 13e et 14e s., qui appartenait à l'abbaye d'Andlau, il reste un donjon pentagonal et d'importants vestiges de murs. Par le donjon (24 m de haut), on accède à une plate-forme. Très belle vue sur la région. Un sentier, en partie tracé dans les fossés du château, permet de faire le tour de l'énorme rocher de grès qui porte les ruines. Par un pont, on accède à l'ancienne cour.

6

Circuits conseillés Carte de microrégion

La région de **Dago-Wangenbourg**★★ appartient aux Petites Vosges. Ses massifs gréseux, d'apparence farouche et tourmentée, sont séparés par des vallées fraîches et calmes dont les eaux coulent sur des lits de sable fin. L'ancienne et puissante maison de Dabo, ou Dagsbourg, descend du duc d'Alsace Étichon, père de sainte Odile. C'est dans le château de Dagsbourg que certains historiens situent, en 1002, la naissance de Bruno de Dabo, qui deviendra le pape Léon IX, puis saint Léon. D'autres affirment que cette illustre naissance a eu lieu à Eguisheim. Le débat reste ouvert…

FORÊT DE SAVERNE

Pour visualiser ce circuit de 78 km au nord de Wangenbourg, reportez-vous à la carte p. 344. Comptez environ 3h30.

Obersteigen A4

La petite église de grès rose a été construite au 13e s. par les chanoines de St-Augustin qui, trouvant le climat de la montagne un peu rude, déménagèrent vers Saverne au 16e s. Son architecture, d'un style homogène, marque la transition du roman au gothique : arcs en plein cintre, chapiteaux à crochets. Des colonnettes annelées ornent le portail.

Prenez la D 45 vers Dabo.

La route sinueuse pénètre dans une superbe forêt. Belles échappées sur le rocher et le pays de Dabo, le plateau fertile du Kochersberg et la plaine d'Alsace.

★ Rocher de Dabo A4

Signalisation « Rocher St-Léon ». Rte du Rocher - ✆ 03 87 07 47 51 - www.ot-dabo.fr - de fin avr. au déb. oct. : lun. 10h-12h, 12h-18h - 2 € (-16 ans 0,50 €).

Le rocher de grès de Dabo porte deux tables d'orientation. Dans la tour de la chapelle est encastrée la statue du pape Léon IX. À gauche du portail percé sous la tour et permettant d'entrer dans la chapelle, une petite porte s'ouvre sur l'escalier *(92 marches)*. Beau **panorama★** du haut de la tour, d'où il est possible de repérer les principaux sommets des Vosges gréseuses (Schneeberg, Grossmann, Donon, etc.). De là, le village de Dabo a la forme d'un X.

Dabo A4

Le **site★** de Dabo est très agréable et les belles forêts environnantes en font une station estivale fréquentée.

Un peu plus loin, la route descend dans la pittoresque **vallée du Kleinthal**.

Après Schaeferhof, suivez la D 45 à gauche. À 5 km, prenez à gauche la D 96.

Aux approches de Schaeferhof, on aperçoit, en avant, le village de Haselbourg perché au sommet d'une colline.

Cristallerie de Vallerysthal A3

✆ 03 87 25 62 04 - ♿ - mat. et apr.-midi - fermé 1er janv., 25 déc. - gratuit.

C'est le baron de Klinglin (nom prédestiné !) qui transporta en 1838 la très ancienne verrerie de Plaine-de-Walsch au val de Valléry. Entreprise prospère dont les produits étaient très demandés durant la seconde moitié du 19e s., notamment en Allemagne, la verrerie comptait 1 300 salariés en 1914. Du temps de sa splendeur, l'antique maison a conservé sa « salle des trésors » qui recèle près de 40 000 modèles du 18e s. à nos jours.

Revenez sur la D 98C.

★ Rocher du Nutzkopf A3

45mn à pied AR. Prenez la D 98D à partir de Sparsbrod, puis une route forestière à gauche, enfin un sentier signalé à gauche.

Au sommet (515 m) de ce curieux rocher tabulaire, **vue★** sur le rocher du Dabo, le village de La Hoube, la verdoyante vallée du Grossthal. *Revenez sur la D 98C, puis prenez la D 98 à droite, le long de la Zorn.*

★ Plan incliné de St-Louis-Arzviller A3

On peut l'observer depuis la D 98. ✆ 03 87 25 30 69 - www.plan-incline.com - ♿ - visite guidée (30 mn) juil.-août : 10h-17h45 ; mai-juin et sept. : tlj sf lun. 9h45-11h45, 14h-17h30 ; avr. et oct. : 10h-11h45, 13h30-16h45 - 4 € (-15 ans 3 €). Luge d'été de déb. avr. à fin oct. - ✆ 03 87 03 74 87.

Long de 108,65 m dans sa partie inclinée, pour une dénivellation de 44,55 m, cet ouvrage spectaculaire a remplacé en 1969 l'ancien escalier de 17 écluses, étagées sur moins de 4 km, le long de la voie ferrée, dont le franchissement nécessitait une journée entière. Un **chariot-bac**, d'une longueur de 43 m, se déplaçant sur les rails d'une rampe de béton par un système de contrepoids reliés au chariot-bac par des câbles, permet de faire passer d'un bief à l'autre, en 20mn, une péniche automotrice de 350 t. Petit musée dans une péniche.

★ Vallée de la Zorn A3

Cette vallée, aux versants couverts de hêtres et de sapins, a toujours été le passage le plus fréquenté des Vosges du Nord. Le canal de la Marne au Rhin et le chemin de fer de Paris à Strasbourg ont aussi choisi de l'emprunter. La Zorn y coule, abondante et claire, sur un lit de sable et de cailloux.
À **Lutzelbourg**, sur la D 38-D 132, sur un promontoire, ruines féodales du château du même nom.

★ Château du Haut-Barr A3 *(voir p. 349)*

★ Saverne A3 *(voir p. 346)*

★ Marmoutier A3 *(voir p. 389)*

FORÊT DE HASLACH

Pour visualiser ce circuit au sud de Wangenbourg, reportez-vous à la carte p. 344. Comptez environ 2h30.

Forêt de Haslach A4

Après Wolfsthal, la D 218 monte dans la belle forêt de Haslach. Un parcours agréable conduit à la maison forestière. À 500 m commence une descente parfois sinueuse qui se poursuivra jusqu'à Oberhaslach. On aperçoit en avant et à gauche, toute proche, la tour ruinée du château du Nideck.

★★ Château et cascade du Nideck A4

1h15 à pied AR. Laissez la voiture sur le parking situé en contrebas de la maison forestière du Nideck et prenez le sentier signalé par des panneaux.
Une tour du 13e s. et un donjon du 14e s., dans un **site★★** romantique, sont les restes de deux châteaux incendiés en 1636. D'en haut, belle vue sur la forêt, la vallée de la Bruche, le château de Guirbaden et les hauteurs du Champ du Feu.
Passant ensuite à droite du donjon, suivez à gauche le sentier de la cascade. Après un abri en bois, puis un petit pont, prenez à droite jusqu'au belvédère (très dangereux, bien que muni d'un garde-fou).
Du belvédère, la **vue★★** est superbe sur la vallée glaciaire et le gouffre boisé, dans lequel la cascade du Nideck se jette du haut d'une muraille de porphyre. Pour voir la cascade, continuer, au-delà du belvédère, par un sentier aménagé *(30mn AR)*.
Revenez à la D 218 et faites 1,2 km.

Belvédère A4

À 20 m de la route, à hauteur d'une borne commémorant sa construction.
Belle **vue★** sur le château du Nideck et la vallée. Ensuite, la vue se dégage à gauche sur les ravins boisés de la Hasel et de ses affluents et, au loin, sur la vallée de la Bruche et les hauteurs qui la dominent au sud.

Oberhaslach A4

C'est un lieu de pèlerinage assez fréquenté, en l'honneur de saint Florent. Au 7e s., on le disait capable d'adoucir les animaux les plus sauvages ; il est resté le protecteur des animaux domestiques. La chapelle, construite en 1750, de style baroque, rappelle l'endroit où le saint vécut en ermite avant de devenir le 7e évêque de Strasbourg.

★ Église de Niederhaslach A4

Visite environ 30mn. Elle se dresse à l'emplacement d'une abbaye fondée par saint Florent. Style gothique avec un portail encadré de statuettes et orné d'un tympan qui illustre l'histoire de saint Florent, guérissant la fille du roi Dagobert. Dans les bas-côtés et l'abside se trouvent de **beaux vitraux★** des 14e et 15e s. Une chapelle, à droite du chœur, abrite sous ses voûtes aux clés sculptées le tombeau de Gerlac et un saint-sépulcre du 14e s.
Suivez la D 75.

Wasselonne B4

C'est une ancienne place forte dominée par un château fort réduit à une vieille tour. Ses maisons s'étagent sur les pentes d'une colline, les contreforts du Kochersberg. Elle garde de ses fortifications une porte de ville, ancien donjon. L'**église protestante** date du 18e s. (orgue de Silbermann).

Vallée de la Mossig A4

Les blocs de grès en saillie donnent aux hauteurs qui encadrent la Mossig une physionomie très particulière. Le grès des environs de Wasselonne servit à la construction de la cathédrale de Strasbourg.

NOS ADRESSES À WANGENBOURG

HÉBERGEMENT ET RESTAURATION

POUR SE FAIRE PLAISIR

Parc Hôtel – *39 r. du Gén-de-Gaulle - ✆ 03 88 87 31 72 - www.parchotelalsace.com - ouv. 25 mars-5 nov. - fermé dim. soir et lun. hors sais. sf fériés - 29 ch. 69/109 € - ☕ 10 € - rest. (fermé à midi en sem.) 20/43 €.* Cette grande maison vosgienne se dresse dans un parc peuplé d'arbres centenaires, propice à la sérénité… Accueil chaleureux, chambres spacieuses et confortables (modernes ou de style). Cuisine traditionnelle.

À Obersteigen

Hostellerie Belle Vue – *16 rte de Dabo - 67710 Obersteigen - ✆ 03 88 87 32 39 - www.hostellerie-belle-vue.com - ouv. 4 avr.-1er janv. - fermé dim. soir et lun. hors sais. sf fériés - 25 ch. 80/95 € - ☕ 10 € - ½ P 85 € - rest. formule déj. 18 € - 25/40 €.* Au cœur de la forêt de Saverne, cette auberge offre une vue magnifique sur la vallée. Chambres confortables au mobilier de style, espace bien-être, jardin, belle piscine. Grande salle à manger de style régional et terrasse d'été fleurie ; cuisine traditionnelle.

AGENDA

Foire de Wasselonne – *dernier w.-end d'août ts les 2 ans, années impaires - ✆ 03 88 59 12 00 - www.wasselonne.fr ou www.suisse-alsace.com.* Avec son marché gourmand et artisanal *(sam. soir et dim.)*, son corso fleuri *(dim.)* et son marché annuel *(lun. suivant la foire)*, c'est un événement régional.

Église de Marmoutier, ancienne abbatiale à façade romane.
S. Nicolas/Iconotec/Photononstop

Marmoutier

★

2 657 Maurimonastériens Bas-Rhin (67)

NOS ADRESSES PAGE 391

S'INFORMER
Office du tourisme de Marmoutier – *1 r. du Gén.-Leclerc - 67440 Marmoutier - ✆ 03 88 71 46 84 - www.marmoutier.net - mai-oct. : 10h-12h30, 14h-18h, sam. 10h-12h30, 14h-17h, dim. et j. fériés 10h-12h30, 14h-17h30 ; janv.-avr. : tlj sf dim. et j. fériés 10h-12h30, 14h-18h, lun. 14h-17h, sam. 9h-12h30 - fermé 1er janv., dim. et lun. de Pâques, 1er mai, 1er et 11 Nov., 25 déc.*

SE REPÉRER
Carte de microrégion A3 (p. 344) – *carte Michelin Départements 315 I4.*
À 6 km au sud de Saverne par la D 1004. Accès par l'A4-E25 Paris-Metz-Strasbourg : sortie à Saverne. Des abords du Sindelsberg (1,5 km au nord-ouest par l'ancienne route de Saverne, puis une petite route goudronnée, à gauche), jolie vue plongeante sur Marmoutier.

AVEC LES ENFANTS
Le Centre européen de l'orgue.

L'église abbatiale de Marmoutier constitue un véritable joyau de l'art roman alsacien. En outre, elle abrite un orgue Silbermann prestigieux, sur lequel Albert Schweitzer aimait jouer. Le Centre européen de l'orgue s'est implanté juste à côté, dans la vaste salle de l'ancienne grange dîmière du monastère.

Visiter

★★ Église abbatiale

☏ 03 88 71 46 84 - www.paysdemarmoutier.eu - mai-oct. : 9h-12h, 14h-18h ; reste de l'année : 9h-12h, 14h-16h30.

La **façade occidentale★★** est construite en grès rouge des Vosges. Le clocher est carré et les deux tours d'angle octogonales. Le porche comporte une voûte d'ogives centrale, entre deux voûtes en berceau.

Le narthex, surmonté de coupoles, est la seule partie intérieure romane. Dans les bras du transept, monuments funéraires élevés en 1621 et très abîmés pendant la Révolution. De belles boiseries dans le chœur : stalles Louis XV et quatre dais surmontés de feuillages et de branches d'arbres ; au couronnement des stalles, petits anges charmants. Les **orgues** authentiques de Silbermann, construites en 1710, comptent parmi les plus belles d'Alsace.

Des vestiges d'une **église précarolingienne** ont été découverts sous le transept *(accès par la crypte ; entrée dans le bras sud du transept).*

L'ÂGE D'OR DE L'ABBAYE

Au 14e s., les abbés de Marmoutier imposent sur la région une influence considérable, tant spirituelle que temporelle. Nombre d'artisans et d'agriculteurs gravitent autour de l'abbaye. Une communauté juive s'installe, chargée, par les abbés, du négoce. En 1792, la Révolution disperse tout ce petit monde.

Musée d'Arts et Traditions populaires

☏ 03 88 71 46 84 - www.marmoutier.net - visite guidée (1h) du 8 mai à fin oct. : dim. et j. fériés 10h-12h, 14h-18h - fermé 1er janv., dim. et lun. de Pâques, 1er mai, 1er et 11 Nov. - 4 € (-18 ans 2 €).

Installé dans une maison à colombages de style Renaissance, le musée propose des reconstitutions de la vie rurale alsacienne d'autrefois : pièces aménagées (*stube*, cuisine…), ateliers d'artisans (forgeron, tonnelier, tailleur de pierre…). Importante collection de moules à pâtisserie en terre cuite. Nombreux témoins de la communauté juive alsacienne : objets du culte synagogal et domestique, ainsi que le bain rituel du 18e s.

Centre européen de l'orgue

☏ 03 88 03 21 34 - 14h-17h (w.-end seult déb. oct.-mi-nov.) - possibilité de visite guidée (1h30) - fermé 1er janv., dim. de Pâques, 25 déc. - 4 € (12-18 ans 2 €).

Pédaliers et tuyaux Silbermann, table de jeux, orgue de Barbarie et orgue électropneumatique illustrent l'histoire du vénérable instrument, ainsi que celle de ses plus célèbres facteurs. Le centre présente aussi un pianoforte « organisé » des années 1820 dont il ne reste que trois exemplaires au monde. Plusieurs mannequins d'orgue (dont deux ont été offerts par l'école de facture d'orgues d'Eschau, unique en France), des bornes vidéo et quelques manipulations permettent de comprendre le fonctionnement d'un orgue, des touches aux tuyaux en passant par le sommier et les registres. Dans la cave du bâtiment, l'exposition **« Flûtes du monde »** a été réalisée grâce à la collection de Charles Tripp, chercheur de flûtes sur les cinq continents.

À proximité Carte de microrégion

Couvent de Reinacker A3

2 km à l'est de Marmoutier, au sud de Reutenbourg.

Lieu de pèlerinage marial depuis le Moyen Âge, le sanctuaire de Reinacker est aujourd'hui tenu par des religieuses franciscaines. L'église gothique de grès rose reconstruite au début du 15e s. sur des vestiges plus anciens se reconnaît de loin grâce à son clocher (fin 17e s.) couvert de tuiles vertes vernissées et à la Vierge monumentale qui orne sa façade depuis 1827. En faisant le tour de l'église par le jardin, on aperçoit de curieuses gargouilles, dont un diable prêt à lancer une pierre. À l'intérieur, voyez les sculptures qui décorent les niches du chœur (soleil et lune à tête humaine, rosace sculptée, scène de chasse) et la console supportée par un atlante. L'autel latéral de droite abrite une Vierge miraculeuse de la fin du 15e s. Sur celui de gauche, la pietà de bois est datée de 1443.

NOS ADRESSES À MARMOUTIER

HÉBERGEMENT ET RESTAURATION

PREMIER PRIX

Hôtel Aux Deux Clefs – *30 r. du Gén.-Leclerc - ✆ 03 88 70 61 08 - fermé oct. ou nov. : se rens. -15 ch. 42/45 € - ☕ 7,50 € - rest. 16/28 €.* Cet établissement du centre-ville propose un hébergement très correct, chaque chambre étant équipée d'une bonne literie et d'une petite salle d'eau. Au restaurant, on a affaire à un chef qui aime son métier : *baeckeofe* traditionnel, foie gras et charcuterie fumée… tout est fait maison.

À proximité de Marmoutier

PREMIER PRIX

Ferme-auberge du Tannenwald – *1 r. de Hengwiller - 67440 Dimbsthal - ✆ 03 88 70 60 34 - ⊠ - 4 ch. 40 € ☕ - repas 8,50/26 €.* Cette exploitation agricole met à votre disposition des chambres simples et bien tenues, toutes équipées de douche et WC, ainsi qu'un gîte (52,50 € la nuit pour deux). Table d'hôte (sur réservation) et auberge en fin de semaine pour déguster une bonne cuisine préparée avec les produits de la ferme. Accueil chaleureux.

POUR SE FAIRE PLAISIR

Au Chasseur – *7 r. de l'Église - 67440 Birkenwald - ✆ 03 88 70 61 32 - fermé fin déc.-déb. janv. (se rens.) - 19 ch. 90/95 € - ☕ 15 € - rest. 15 € (en sem.), 28/65 €.* Dans un charmant village, une auberge chaleureuse, proposant de belles chambres contemporaines (certaines ont vue sur les Vosges). Élégant restaurant, cuisine savoureuse (foie gras au gewutztraminer, spaetzele maison…).

L'Écluse 16 – *67260 Bonnefontaine (à 3,5 km au sud-est d'Altwiller) - ✆ 03 88 00 90 42 - www.ecluse16.com - fermé lun., mar., 2 sem. en mars et 2 sem. en sept. - 18 (en sem.)/29/44 €.* Truite des Vosges et chips au cumin, crumble de mirabelle… belles saveurs et agréable atmosphère dans cet ancien relais de chevaux de halage qui borde le canal des houillères de la Sarre.

LIGNE MAGINOT

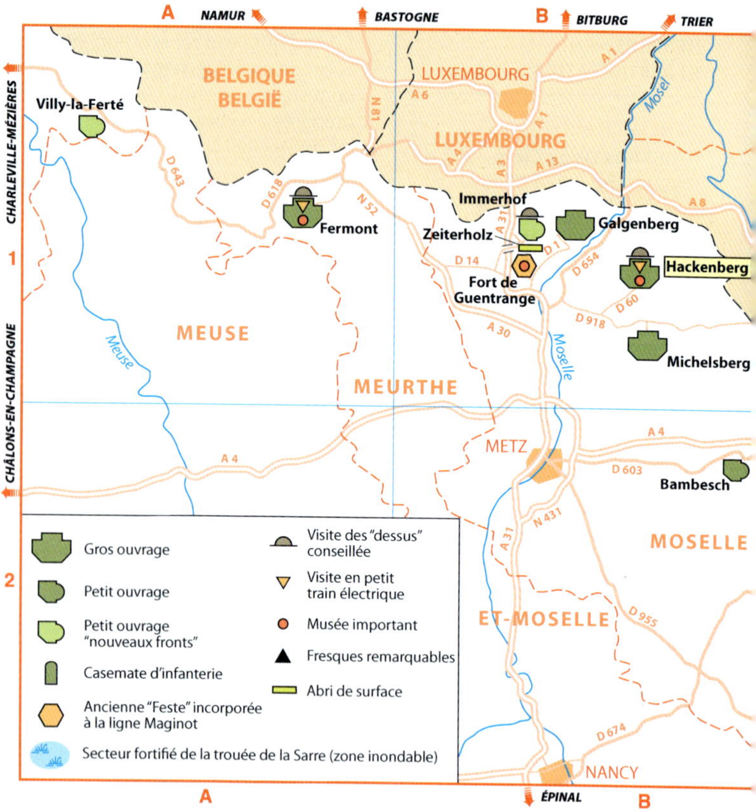

+ d'adresses

Ligne Maginot 7

Cartes Michelin Départements 307 et 315 –
Meuse (55), Meurthe-et-Moselle (54), Moselle (57), Bas-Rhin (67)

Ligne Maginot

★

Meuse (55), Meurthe-et-Moselle (54), Moselle (57), Bas-Rhin (67)

SE REPÉRER

Carte de microrégion p. 392 – *carte Michelin Départements 307 A/R 1/5, 315 G/M 1/3*. Les ouvrages ouverts au public, indépendants les uns des autres, forment une suite discontinue s'étirant sur plusieurs centaines de kilo-mètres, plus ou moins près des frontières avec la Belgique, le Luxembourg et l'Allemagne.

Pour l'hébergement et la restauration, voir nos adresses à Stenay (p. 93), Montmédy (p. 97), Thionville (p. 156), Longwy (p. 159), Sierck-les-Bains (p. 163), Saint-Avold (p. 168), Sarreguemines (p. 171), Bitche (p. 377), Niederbronn-les-Bains (p. 374), Wissembourg (p. 383).

À NE PAS MANQUER

Les gros ouvrages du Hackenberg et du Simserhof.

Dans les années 1920, les leçons de la Grande Guerre poussent la France à se doter d'une « muraille » infranchissable sur son flanc Est. Prévu à l'origine pour aller de la mer du Nord jusqu'à la Méditerranée, l'ambitieux projet des ministres Painlevé et Maginot ne sera véritablement réalisé qu'en Alsace et en Lorraine et laisse la frontière belge sans protection. Durant les combats de 1940, la « cuirasse du Nord-Est » ne tient pas ses promesses. Sortie presque intacte de la guerre, elle offre aujourd'hui au visiteur l'un des plus beaux exemples de fortifications contemporaines, soigneusement entretenues par une poignée de passionnés.

Visiter Carte de microrégion

La température à l'intérieur des galeries souterraines est fraîche (13 °C en moyenne) : se munir d'un bon pull. Prévoir aussi des chaussures confortables.

Petit ouvrage de Villy-la-Ferté A1

18 km au nord-ouest de Montmédy par la D 643 et la D 44. ✆ 03 24 22 65 36 - www.ouvragelaferte.fr - visite guidée (1h30) sur demande préalable, juil.-août : 14h-17h - 4 € (-12 ans 2 €).

Il fait partie des ouvrages « nouveaux fronts » construits à partir de 1935 avec des améliorations techniques que la visite permettra de découvrir : entrée en chicane, créneaux de tir à rotule plus protecteurs, cloches d'armes mixtes associant mitrailleuses et canon antichar…

CONTRE L'OUBLI

Un coup de chapeau aux militaires, bénévoles, retraités et associations qui raniment ces vestiges rouillés et abandonnés, les remettent en état et les entretiennent encore, innovant chaque année pour inciter de plus en plus de touristes du monde entier à venir les voir et, ainsi, à ne pas oublier !

L'histoire de la ligne Maginot

UNE NOUVELLE STRATÉGIE

Pour défendre au mieux la France au lendemain de la guerre de 1914-1918, le concept de régions et de secteurs fortifiés offrant des fronts continus de 20 à plus de 60 km s'impose, en même temps que celui de fortification permanente enterrée, adaptée au combat moderne. Les différents blocs (gros ouvrages mixtes, petits ouvrages d'infanterie ou d'artillerie, chapelets de casemates protégées par des cuvettes inondables, champs de mines, fossés antichars), équipés de tourelles et de créneaux de tir, interdiront tout passage à l'ennemi par des tirs croisés. Dans les intervalles manœuvreront les troupes de soutien.

LES GRANDS TRAVAUX… ET LES FAILLES DE L'OUVRAGE

Les travaux débutent en 1930. En moins de dix ans, 58 ouvrages sont édifiés sur la frontière du Nord et du Nord-Est dont 22 gros ouvrages, 50 dans les Alpes, dispositif complété par 410 casemates et abris pour l'infanterie. 152 tourelles à éclipse, 1 536 cloches fixes hérissent les superstructures en béton armé, les « dessus » qui seuls s'exposent au regard. À cela s'ajoutent 339 pièces d'artillerie et plus de 100 km de galeries souterraines. Pourtant, le nombre des constructions est nettement diminué. Et très souvent, des armes d'infanterie remplacent les organisations d'artillerie initialement prévues. La dispersion de l'effort achève de dénaturer les choix originels. Les blocs de surface sont en béton armé ; l'épaisseur des murs arrière se révélera notoirement insuffisante lorsque l'ennemi prendra certains ouvrages à revers en 1940. Les parties souterraines, au-delà de 20 m de profondeur, sont construites en maçonnerie de pierres de taille, moins coûteuse.

LES HOMMES

Les gros ouvrages étaient reliés à des dépôts de munitions par des voies ferrées électrifiées, empruntées aujourd'hui par les visiteurs pour parcourir de longues distances en galerie. L'importance de la garnison était fonction de celle de l'élément fortifié : elle pouvait aller d'une quinzaine d'hommes dans la casemate de Dambach-Neunhoffen à près de 1 200 au Hackenberg. Ces soldats appartenaient à des unités d'élite créées à partir de 1933, les troupes de forteresse. Les menus servis désignent, comme incontestable vainqueur sur la ligne Maginot, la conserve de bœuf, stockée en quantités astronomiques dans les réserves souterraines des ouvrages…

DANS LA TOURMENTE

Le fait que la ligne Maginot ne couvre pas le nord du pays par suite de considérations politiques et financières, qu'elle ne serve pratiquement pas de base offensive durant la « drôle de guerre », qu'elle ait été privée au moment crucial de ses troupes d'intervalle tenues de se replier, et réduite à sa seule garnison (qui n'excédera jamais 30 000 hommes), rendra vaine la pathétique et glorieuse résistance de mai-juin 1940. Les équipages invaincus devront se plier aux clauses de l'armistice et prendre le chemin de la captivité.

Villy devait être le « pilier ouest » de la ligne Maginot sur la vallée de la Chiers. Mais l'ouvrage se réduisit finalement à deux blocs d'infanterie, réunis par une galerie creusée à plus de 30 m de profondeur et flanqués de deux casemates d'artillerie (l'une d'elles borde la route en face du chemin d'accès).
Le 18 mai 1940, le fort, qui n'était plus défendu par les troupes d'intervalle, fut « couronné » par les sapeurs allemands. La totalité de l'équipage (plus de 100 hommes), réfugiée dans la galerie souterraine mal ventilée, périt asphyxiée. À l'extérieur, adossé au champ de rails antichars, un monument rappelle ce sacrifice. Sur les « dessus », les dégâts aux cloches et la tourelle basculée par une charge explosive témoignent des épreuves subies.

Gros ouvrage de Fermont A1

13 km au sud-ouest de Longwy par la D 18. À la sortie de Cutry, prenez la D 17A, puis à gauche la D 174. ✆ 03 82 39 35 34 - visite guidée (2h) juil.-août : 14h et 16h30 ; mai-juin : 15h, w.-end et j. fériés 14h et 15h30 - 8 € (-12 ans 5 €).
Le plus occidental des gros ouvrages de la ligne Maginot comporte deux blocs d'entrée et sept blocs de combat, dont trois à armement d'artillerie. Devant le fort, monument dédié aux troupes de forteresse et, sous un hangar, musée du Matériel lourd exposant des écorchés de tourelles et divers types d'observatoires de campagne affectés aux troupes d'intervalle. Resté pratiquement dans l'état de 1940, l'ouvrage de Fermont forme un ensemble complet avec cuisines, boulangerie, chambre froide, infirmerie, dortoirs, chambres de sous-officiers et officiers, foyer du soldat, etc.
On gagne le bloc 4 en monte-charge à munitions et en petit train électrique. On découvre une imposante casemate d'artillerie couverte d'une dalle de béton épaisse de 3,50 m (protection maximale sur la ligne Maginot) et équipée de canons obusiers de 75 mm. Celle des « dessus » présente les principaux types de superstructures : tourelles à éclipse, cloches GFM (guetteur-fusil-mitrailleur) à vision périscopique, cloches lance-grenades, casemates. Les dégâts causés par les combats de 1940 sont bien visibles : soumis à d'intenses bombardements, puis cible de troupes d'assaut à partir du 21 juin, Fermont, invaincu, dut se livrer six jours plus tard sur ordre supérieur.

Fort de Guentrange A1

2 km au nord-ouest de Thionville. Quittez la ville par l'allée de la Libération, puis tournez à droite vers Guentrange. Chemin du fort - ✆ 03 82 88 12 15 - www.fort-guentrange.com - mai-sept. : merc. et w.-end 15h - 2,50 €.
Ancienne *Feste* (groupe fortifié) allemande construite de 1899 à 1906 et occupée par l'armée française en 1918, le fort de Guentrange fut incorporé à

Le fort de Schœnenbourg.
B. Rieger/hemis.fr

la ligne comme ouvrage de soutien du secteur fortifié de Thionville en 1939-1940. Certaines des solutions techniques dont il avait bénéficié se retrouveront sur la ligne Maginot : machinerie électrique, transmissions téléphoniques, etc. Outre la centrale électrique et ses huit moteurs Diesel en état de marche, l'élément spectaculaire est le casernement central de 140 m de long, réparti sur quatre niveaux, en mesure d'accueillir 1 100 hommes. Particularité de l'armement : les tourelles pour canons de 105 mm sont pivotantes mais non escamotables. Plusieurs salles présentent une documentation sur le fort.

Abri du Zeiterholz A1

14 km au nord de Thionville. Prenez la direction de Longwy, puis tournez à droite sur la D 57. Traversez Entrange ; panneaux indicateurs à partir de la chapelle. ✆ 06 37 06 22 98 - visite guidée (1h30) mai-sept. : dim. 14h30-17h - fermé j. fériés - 3 € (-12 ans 2 €).

Le Zeiterholz, construit en béton armé sur deux niveaux, est un abri de surface, à distinguer de l'abri-caverne hébergeant les hommes dans des locaux souterrains. Ses occupants avaient la garde des blockhaus égrenés entre les ouvrages et casemates. Bien conservés, les locaux du casernement sont progressivement rééquipés et animés de scènes reconstituées avec des mannequins.

Petit ouvrage de l'Immerhof B1

À partir du Zeiterholz, gagnez Hettange-Grande par Entrange-Cité. La D 15 prise à gauche (panneau indicateur) conduit à l'Immerhof. ✆ 03 82 53 09 61 - visite guidée (1h30) avr.-sept. : 2e et 4e dim. du mois et j. fériés 14h-17h - 3,50 € (8-15 ans 1,50 €).

C'est l'un des deux ouvrages de la ligne Maginot – et le seul visitable – qui furent construits à ciel ouvert, à cause de la configuration du terrain, et entièrement bétonnés. Chambres, infirmerie, lavabos, etc. sont en très bon état car l'Immerhof a longtemps compté parmi les postes de commandement de l'Otan. La tourelle à éclipse du bloc d'artillerie, pour mortiers de 81 mm, est actionnée devant les visiteurs, qui verront aussi une tourelle lance-grenades et des tourelles pour jumelages de mitrailleuses. Au cours de la visite des « dessus », remarquez une fausse cloche servant de leurre.

Gros ouvrage du Galgenberg B1

De Thionville, empruntez la D 1 vers Mondorf-les-Bains. Au niveau de Cattenom, tournez à gauche dans la D 56, puis à droite peu après l'usine EDF. ✆ 03 82 55 34 69 - www.forticat.com - visite guidée (45mn-1h30) avr.-oct. : 2e et 4e dim. du mois sur RV - 4 € (enf. gratuit).

Au cœur du bois de Cattenom, l'ouvrage fut surnommé le « gardien de la Moselle ». Défendu par deux tourelles d'artillerie et les ouvrages voisins, le

Galgenberg ne subit aucune attaque massive. On visite les galeries (1 400 m), dont les pierres de taille n'ont – chose rare – pas été enduites, qui conduisent de bloc en bloc jusqu'à l'abri du bois de Cattenom. À voir également : l'usine électrique remise en état de fonctionnement, le central téléphonique, les cuisines, la monumentale porte parasouffle. Un sentier fléché dans les bois permet de parcourir l'ensemble du site.

★ Gros ouvrage du Hackenberg B1

20 km à l'est de Thionville. Quittez la ville par la D 918. Panneaux indicateurs à partir de Metzervisse. 61 bis Grand'Rue - 57920 Veckring - ✆ 03 82 82 30 08 - http://maginot-hackenberg.com - ♿ - visite guidée (2h30) de mi-juin à mi-sept. : 14h45 et 15h, w.-end et j. fériés 14h et 15h30 ; de déb. avr. au 11 Nov. : seult merc., w.-end et j. fériés - fermé 1er janv., 1er nov., 25 déc. - 9 € (-16 ans 4 €).

À proximité du village de Veckring, sous 160 ha de forêts, est tapi le plus gros des ouvrages de la Ligne, avec ses 2 blocs d'entrée et ses 17 blocs de combat. Ses installations pouvaient abriter 1 200 hommes, sa centrale électrique était capable d'alimenter en courant une ville de 10 000 habitants et son artillerie de tirer plus de 4 t d'obus à la minute ! Le 4 juillet 1940, l'équipage de l'ouvrage dut se rendre, sur ordre apporté par l'officier de liaison du Gouvernement replié à Bordeaux.

Tout ici est colossal : l'écrasante porte « parasouffle », la gare centrale avec ses hautes voûtes, les kilomètres de galeries vides, la monumentale usine électrique évoquent une Métropolis vaine et délaissée. Après un parcours en petit train électrique et en monte-charge, on découvre le bloc d'artillerie n° 9, équipé de canons lance-bombes de 135 mm.

L'animation qui régnait dans les cuisines, dans l'infirmerie ou dans le PC de

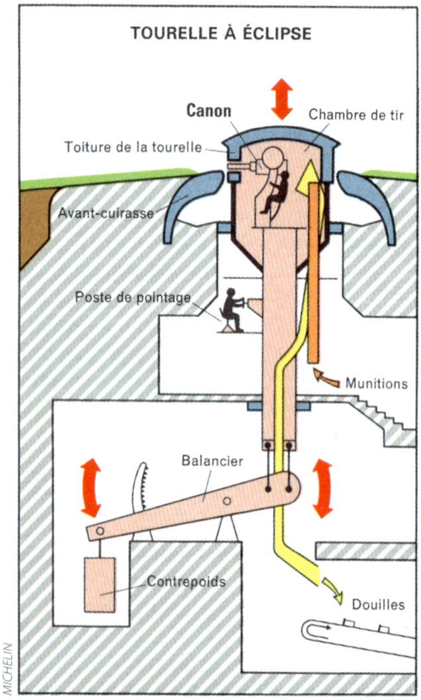

tir est reconstituée avec des mannequins. Le **musée** expose toutes sortes d'armes, dont une riche collection de mitrailleuses et fusils-mitrailleurs des deux guerres mondiales, et des uniformes d'unités alignées dans la bataille de France.

Pour comprendre la valeur stratégique du fort, dont les éléments de défense regardaient à la fois la vallée de la Nied et celle de la Moselle, montez en voiture *(ou à pied par beau temps)* jusqu'à la chapelle du Hackenberg, entourée de pierres tombales anciennes *(2,5 km par la route débutant au fond du parking ; devant l'entrée des hommes, prenez à gauche le chemin revêtu de macadam).* De ce site très calme de la forêt de Sierck émergent les cloches de tir ou pour périscopes d'artillerie des deux observatoires du Hackenberg. Derrière la chapelle, un sentier conduit à un escarpement maçonné de 700 m de long, dispositif unique défendu par cinq blocs de combat.

Gros ouvrage du Michelsberg B1

22 km à l'est de Thionville par la D 918 (accès à partir du village de Dalstein). Du Hackenberg, dirigez-vous vers Dalstein par la D 60, la D 60^B^, puis la D 118^N^.
✆ 03 82 34 66 67 - prévoir des vêtements chauds - visite guidée (1h30) avr.-sept. : dim. 14h-18h - fermé 1er janv., 25 déc - 4 € (enf. 2 €).

Attaqué le 22 juin 1940, le Michelsberg résista grâce à la puissance de son feu et au tir croisé des forts voisins, notamment le Hackenberg, distant de 6 km. L'équipage ne quittera le « Michel » que le 4 juillet, sur ordre du haut commandement français et en recevant les honneurs militaires. Ouvrage de taille intermédiaire, le Michelsberg se décompose en un bloc d'entrée, deux blocs d'infanterie et trois blocs d'artillerie.

Le bloc d'artillerie n° 6 abrite la fameuse tourelle de 135 mm qui brisa l'assaut allemand du 22 juin 1940 ; demeurée en bon état, cette pièce d'un poids de 163,5 t représente le plus gros modèle de canon en service de la ligne Maginot.

Petit ouvrage du Bambesch B2

9 km à l'ouest de St-Avold par la D 603. ✆ 03 87 90 31 95 - http://maginotmoselle.free.fr - visite guidée (1h30) avr.-sept. : 2e et 4e dim. du mois 14h30, 15h30 et 16h30 - prévoir des vêtements chauds - 5 € (6-15 ans 2 €).

Il fournit un bon exemple d'ouvrage que les restrictions de crédits ont progressivement dénaturé : diminution du nombre de blocs, suppression des organisations d'artillerie… Ainsi réduit à trois blocs d'infanterie, le fort est attaqué sur ses arrières à l'arme lourde le 20 juin 1940 ; les cloches sont percées ou descellées. L'équipage, instruit du drame de Villy-la-Ferté, préféra se rendre. Le niveau des galeries, à 30 m sous terre, est atteint par un escalier. On visite le petit casernement et les blocs de combat. Le bloc 2 porte les pathétiques marques de l'assaut de juin 1940.

Zone inondable de la trouée de la Sarre C2

Placé entre les deux grandes régions fortifiées de la ligne Maginot, celle de Metz et celle de la Lauter, le domaine qui s'étend de Barst à Wittring, couvert au nord par le territoire de la Sarre administré par la France, n'était pas défendu par des ouvrages, mais par une zone inondable à partir d'un système d'étangs-réservoirs endigués. Lorsque la Sarre redevint allemande en 1935, ce système fut renforcé par un réseau serré de blockhaus et d'obstacles antichars.

Quittez St-Avold par la D 656. À Barst (8 km), prenez à droite après l'église et deux fois à gauche, dans la rue de la Croix, puis dans le premier chemin.

Celui-ci est bordé d'une douzaine de blockhaus représentatifs, dans leur diversité, du type de fortification en faveur après 1935.

Sortez du chemin et tournez dans le suivant à droite ; garez votre voiture.

À 50 m en contrebas de l'étang, le wagon bétonné est le dernier en place des obstacles antichars de la trouée de la Sarre.
Quittez Barst en direction de l'est.
De la sortie de Cappel à Puttelange-aux-Lacs, la route domine quelques-uns de ces étangs-réservoirs qui servirent à inonder la zone.

Fort Casso C2

À Rohrbach-lès-Bitche, 18 km à l'est de Sarreguemines par la D 662. 1 km avant Rohrbach, prenez à gauche la D 84.
RD 84 - ✆ 03 87 02 70 41 - http://casso.fortiff.be - visite guidée (2h), se rens. pour les horaires - 6 € (-14 ans 3 €), gratuit Journées du patrimoine.
Après le Simserhof, une visite s'impose dans cette forteresse plus « intime » qui présente des particularités intéressantes : locaux crépis, dortoirs à hamacs, tourelle pour armes mixtes et tourelle pour mitrailleuses en état de fonctionnement. Bien conservés, les locaux sont progressivement rééquipés : PC de tir, central téléphonique, etc. Fort Casso fut attaqué le 20 juin 1940 mais, couvert par les canons de l'ouvrage du Simserhof, il ne subit pas le sort de Villy-la-Ferté et dut à un ordre supérieur de se rendre.

★ Gros ouvrage du Simserhof C-D2

4 km à l'ouest de Bitche par la D 35, puis la route militaire en face de l'ancien casernement du Légeret. Stationnez ici et empruntez une navette conduisant au site, ou marchez (10mn). ✆ 03 87 96 39 40 - www.simserhof.fr - ♿ - de mi-mars à mi-nov. : tlj sf lun., 10h-18h - 12 € (6-16 ans 8 €).
De l'extérieur, on ne voit que le bloc d'accès des munitions (et les aménagements touristiques), orienté au sud, avec sa porte blindée de 7 t, ses créneaux de flanquement précédés de fossés « Diamant ». Les cloches de tir ou d'observation qui surmontent les blocs de combat sont disséminées dans un espace de plusieurs kilomètres de façon à dominer la plaine en contrebas *(on voit quelques-unes de ces émergences depuis la D 35^{A}, route de Hottwiller, 1 km au départ de la D 35).*
La partie enterrée du fort se compose de deux secteurs : l'un « arrière », de service, l'autre « avant », de combat, distribués sur un même niveau et reliés par 5 000 m de galeries dont 1 700 m de réseau ferré.
La visite débute par la projection d'un film d'archives qui retrace l'histoire de la ligne Maginot. Elle se poursuit dans un véhicule automatisé par un passionnant voyage à 30 m sous terre. Le récit d'un sous-officier imaginaire reprend plusieurs témoignages très émouvants d'anciens combattants de la ligne Maginot. Les visiteurs revivent à l'aide d'une scénographie bien adaptée l'ambiance de la drôle de guerre, celle des combats et de la défaite à laquelle les équipages des forteresses ont dû se plier. Du 10 mai au 30 juin 1940, le Simserhof s'est illustré par une résistance héroïque mais devenue inutile.
Vous terminerez à pied pour visiter les casernements (chambres, cuisine, infirmerie…), l'occasion d'apercevoir les fresques murales peintes en 1939 qui reprennent le dessin animé *Blanche-Neige et les sept nains* sorti dans les salles en 1937.

Casemate de Dambach-Neunhoffen D2

Entre Neunhoffen et Dambach, 20 km à l'est de Bitche par la D 35, la D 87 et la D 853. ✆ 03 88 09 21 46 - visite guidée (2h) de mi-juin à mi-sept. : 10h, 14h et 16h ; de mi-mars à mi-juin : 15h ; de mi-sept. à fin nov. : w.-end et j. fériés 15h - 2 € (-12 ans 1 €).
Cette casemate du modèle le plus élémentaire, un petit bloc bétonné à un seul niveau, gardait l'un des 12 barrages du système d'inondation de la vallée

de la Schwarzbach. Ce type de fortification ne disposant pas de l'électricité, le système de ventilation fonctionnait… à bras (ou à pédales !).

Le Four à Chaux de Lembach D2

15 km à l'ouest de Wissembourg par la D 3, puis la D 27 à la sortie de Lembach. ☏ 03 88 94 48 62 - www.lignemaginot.fr - visite guidée (1h30) du 27 mars au 30 avr. : 14h et 15h ; mai-sept. : 10h30, 14h, 16h - fermé de déb. nov. au 25 mars - 6,50 € (12-18 ans 4,50 €), billet combiné avec le château du Fleckenstein (7,75 €).

Le bombardement massif du Four à Chaux et du petit ouvrage de Lembach, le 19 juin 1940 par 27 stukas, aboutit au cessez-le-feu le 25 juin. Les troupes se rendirent le 1er juillet, l'armistice étant signé. Cet ouvrage d'artillerie de taille intermédiaire (6 blocs de combat et 2 entrées, effectif théorique de 580 hommes) a conservé des locaux en bon état, équipés de leur matériel d'origine : casernement, poste de commandement, central téléphonique, usine électrique, système de chauffage central et d'alimentation en eau chaude, puits artésien, cuisines, dortoir… Originalité : un plan incliné muni d'une crémaillère relie l'entrée des munitions, construite en contrebas, au reste de l'ouvrage. Il servait au transit des wagonnets. À l'extérieur, un fragment de réseau de rails antichars est resté en place. Un musée est installé dans l'ancienne gare de triage de l'entrée des munitions ; il rassemble des vestiges de la dernière guerre.

Ouvrage d'artillerie de Schœnenbourg D2

12 km au sud de Wissembourg par la D 263. Suivez les panneaux indicateurs. ☏ 03 88 80 96 19 - www.lignemaginot.com - ♿ - avr.-oct. : 14h-16h, dim. 9h30-11h, 14h-16h, j. fériés 14h-16h - 7 € (-18 ans 5 €).

Élément important du secteur fortifié de Haguenau, cet ouvrage de la ligne Maginot fut conçu en tenant compte des enseignements acquis à Verdun de 1916 à 1918. À l'époque de l'achèvement du Schœnenbourg en 1935, on considérait qu'aucune arme connue ne pouvait venir à bout d'un tel fort. Après avoir repoussé le 20 juin 1940 l'assaut d'une division allemande, le Schœnenbourg fut pilonné par les bombardiers et les mortiers lourds. Aucun autre ouvrage ne sera soumis à un tel déluge de feu, mais la qualité de ses protections permettra à celui-ci de tenir jusqu'à l'armistice.

La visite fait découvrir une bonne partie des installations souterraines : galeries de liaison (plus de 3 km au total, de 18 à 30 m sous la surface du sol), cuisine, usine électrique, centrale de filtrage de l'air, casernement et poste de commandement. On peut voir aussi un des trois blocs d'artillerie avec sa tourelle à éclipse.

Abri de Hatten D2

22 km au nord-est de Haguenau par la D 263 et la D 28. Depuis le Schœnenbourg (14 km), allez jusqu'à Soultz-sous-Forêts (D 263), puis prenez la D 28. ☏ 03 88 80 14 90 - www.maginot-hatten.com - de mi-juin au 11 Nov. : 10h-18h ; de déb. mars à mi-juin : jeu., vend. et w.-end 10h-18h - possibilité de visite guidée (2h) - fermé du 12 nov. à déb. mars - 3 € (-12 ans 2,50 €).

L'**abri semi-enterré** hébergeait les troupes d'intervalle de la ligne Maginot. Il est resté dans sa configuration d'origine : chambre des hommes de troupe et d'officiers, salle des réserves alimentaires, cuisine ou centrale de filtrage de l'air. Le **musée de l'Abri** retrace quant à lui l'histoire de la Seconde Guerre mondiale. Le grand hall est consacré au souvenir de la bataille de Hatten-Rittershoffen, qui se déroula du 9 au 20 janvier 1945. La salle des « Malgré-Nous » évoque le sort des incorporés de force, et une reconstitution des différents checkpoint à l'intérieur de Berlin aborde le thème de la guerre froide. En plein air sont exposés des engins, dont un char russe T34, un char d'appui américain Sherman, des Jeep et des camions. Dans la salle des maquettes, la ligne Maginot apparaît sous vos yeux en modèle réduit.

Casemate d'infanterie Esch D2

1 km à l'est de Hatten. ✆ 03 88 80 96 19 - www.lignemaginot.com - visite guidée (30mn), mai-sept. : dim. 10h-12h, 13h-18h - 2 € (6-18 ans 1 €).

Elle se trouva, en janvier 1945, au cœur de la bataille de chars qui opposa Allemands et Américains, dévastant Hatten et les villages alentour. La reconstitution d'une chambre de troupe et d'une chambre de tir, l'aménagement de deux autres salles et un petit musée (uniformes, armes, équipements divers...) constituent une évocation très parlante du monde défensif de la Ligne. Une maquette d'un bloc d'artillerie avec tourelle à éclipse permet de comprendre l'économie des grands ouvrages souterrains.

Mémorial-musée de la ligne Maginot du Rhin (au sud-est de Sélestat)

À Marckolsheim, 15 km de Sélestat par la D 424 ; sortez de Marckolsheim par la D 10. ✆ 03 88 92 56 98 - www.grandried.fr - ♿ - de mi-juin à mi-sept. : 9h-12h, 14h-18h ; de mi-mars à mi-juin et de mi-sept. à mi-nov. : dim. et j. fériés 9h-12h, 14h-18h - possibilité de visite guidée (1h) sur demande (7 j. av.) - 2,50 € (-15 ans 1,50 €).

Un canon soviétique, un char Sherman, une automitrailleuse et un half-track sont exposés sur l'esplanade. À l'intérieur des huit compartiments *(attention aux seuils métalliques)* de la casemate, armes et objets se rapportant à la lutte du 15 au 17 juin 1940 : la casemate fut défendue par 30 hommes pendant trois jours. Hitler la visita après la bataille.

Casemate de l'Aschenbach (entre Mulhouse et Bâle)

3 km au sud-ouest de Sierentz, traversez le village d'Uffheim.

✆ 03 89 07 44 32 - www.maginot68.com - ♿ - mai-sept. : dim. 10h-18h - possibilité de visite guidée (1h30) sur demande - 2 € (-12 ans 1 €), gratuit Journées du patrimoine.

Cette petite casemate d'infanterie est la seule du Haut-Rhin à avoir été réhabilitée et ouverte à la visite ; l'armement et l'ambiance de 1940 ont été reconstitués. Comme les 32 autres ouvrages du secteur fortifié d'Altkirch, elle était destinée à écarter tout risque d'invasion par le territoire suisse. Dotée de deux mitrailleuses et de deux canons antichars, elle est couverte d'une cloche d'observation de 17 tonnes. Une noria permettait d'y monter les munitions. Une telle casemate n'abritait pas plus de 20 hommes. À l'extérieur, on peut voir un char allemand de la fin de la guerre type Hetzer. Les rails verticaux dressés devant la casemate servaient à arrêter les chars.

Galerie de circulation dans le fort de Simserhof.
D. Caviglia/hemis.fr

+ d'adresses

Escapade au Luxembourg

Carte Michelin National n° 717

Vue de la ville de Luxembourg.

J. Arnold/hemis.fr

Luxembourg

★★

99 852 habitants (ville) – 157 397 habitants (canton de Luxembourg)

NOS ADRESSES PAGE 425

S'INFORMER

Luxembourg City Tourist Office (LCTO) – Plan II D - *Pl. Guillaume-II 30 - ☎ 22 28 09 - www.lcto.lu - avr.-sept. : lun.-sam. 9h-19h, dim. et j. fériés 10h-18h ; reste de l'année : lun.-sam. 9h-18h, dim. et j. fériés 10h-18h.* Vous pouvez y réserver des places de spectacle, des visites et des excursions.

LuxembourgCard – La LuxembourgCard permet d'entrer dans plus de 50 sites participants (dans tout le Grand-Duché) et d'utiliser les bus et les trains du réseau public national gratuitement. Elle coûte 27 €, est valable 3 j., non consécutifs, pendant un an, et n'est pas nominative.

Il existe également une LuxembourgCard pour 1 j. (11 €), 2 j. (19 €), ainsi qu'une carte pour les familles à 22 €, 38 € ou 54 €, pour 1, 2 ou 3 j. Vous pouvez l'acheter au guichet d'un musée participant ou au Luxembourg City Tourist Office. Rens. : *www.luxembourgcard.lu.*

Muséeskaart – Ce pass, ou carte inter-musées, est un laissez-passer valable 3 j. consécutifs dans les musées et centres d'art de Luxembourg-ville. Elle s'achète (7/9 €) au guichet des lieux participants (liste sur *www.museumsmile.lu*) ou au Luxembourg City Tourist Office. Elle est très vite amortie.

SE REPÉRER

Carte Michelin National 717 V25. On arrive à Luxembourg-ville par l'E 25 depuis Thionville, par l'A 6 (l'A 4/E 25/E 411 en Belgique) depuis Arlon.

À NE PAS MANQUER

Le chemin de la Corniche, les casemates, le musée national d'Histoire et d'Art, les réussites architecturales du Kirchberg.

ORGANISER SON TEMPS

Une visite approfondie de la ville demande deux jours pleins.

AVEC LES ENFANTS

Les casemates, le City Safari, le City Labo Tour à Luxembourg ; le Parc Merveilleux à Bettembourg.

Établie sur un plateau entrecoupé de ravins franchis par une multitude de ponts, Luxembourg suscite une curieuse impression : la ville apparaît tantôt citadine, tantôt campagnarde ou militaire selon l'angle d'où on la découvre. Cette ville où les places ressemblent à des décors de théâtre, où l'on a sans cesse des points de vue sur des vallées verdoyantes, cache sous son air tranquille les activités et l'animation qui vont de pair avec son rôle de capitale, de place financière et sa fonction de siège d'institutions européennes. Depuis une dizaine d'années, le visage de la ville évolue : des musées aux formes et aux collections étonnantes ont fait leur apparition ou ont été rénovés et le quartier du Kirchberg est devenu un terrain de jeu pour les grands noms de l'architecture mondiale.

Luxembourg dans l'histoire

L'histoire de la ville se confond avec celle du pays. À l'époque romaine, Luxembourg est situé à l'intersection de deux voies, l'une allant de Trèves à Reims par Arlon (actuelle Grand-Rue), l'autre reliant Metz à Aix-la-Chapelle. Le rocher du Bock est déjà fortifié. Au 10e s., un château est édifié près de la ville haute, sur le Bock, par le comte Sigefroi qui s'intitule comte de Luxembourg. La ville haute reçoit sa première enceinte qui sera doublée au siècle suivant.

Au 12e s., la ville passe avec le comté de Luxembourg sous la domination de Henri V l'Aveugle, comte de Namur. Son petit-fils **Henri VII** devient **empereur germanique** en 1308. La maison de Luxembourg occupe le trône impérial jusqu'en 1437. Au 14e s., une troisième enceinte est construite autour de la ville haute tandis que les villes basses sont fortifiées.

UN TERRITOIRE CONVOITÉ

Au 15e s., le Luxembourg passe à la maison de Bourgogne. Il échoit ensuite à Charles Quint (1555) qui fortifie la ville, puis à Philippe II.

La ville devient française en 1684, après le siège conduit par **Vauban** qui en consolide les fortifications. Retombée en 1698 aux mains des Espagnols, elle est occupée de nouveau en 1701 par les Français, à leur tour remplacés par les Autrichiens de 1714 à 1795. Malgré le renforcement des fortifications et le creusement des casemates, la ville se rend à Carnot en 1795 et fait partie du département des Forêts jusqu'en 1814. Après la défaite napoléonienne, le traité de Vienne érige le duché en **grand-duché**, relevant de la Confédération germanique, mais appartenant à la maison d'Orange-Nassau et gouverné par Guillaume Ier, roi des Pays-Bas. La ville est alors occupée par une garnison prussienne qui quitte Luxembourg en 1867 : le traité de Londres ayant proclamé la neutralité du pays, les trois ceintures de fortifications sont démantelées.

En 1914 et 1940, le Luxembourg, neutre, fut envahi par les armées allemandes, puis libéré le 10 septembre 1944 par l'armée américaine du général Patton.

LES INSTITUTIONS EUROPÉENNES

Luxembourg devient en 1952 le siège de la CECA, Communauté européenne du charbon et de l'acier, premier organisme devant ouvrir la voie à une fédération européenne, regroupant six nations : Belgique, Luxembourg, Pays-Bas, Allemagne, Italie, France. L'homme d'État français **Robert Schuman** (1886-1963), né à Luxembourg *(voir p. 48)*, en est le promoteur, **Jean Monnet** (1888-1979) l'animateur.

Depuis la signature du traité de Rome en 1957, Luxembourg héberge le **Secrétariat du Parlement européen** dont les sessions se tiennent à Strasbourg et à Luxembourg. En 1966 est inauguré le Centre européen, destiné à réunir les divers services du secrétariat du Parlement européen.

Depuis 1967, date de la fusion des exécutifs des trois communautés – CECA, Euratom, U.E. – en une Commission siégeant à Bruxelles, des institutions se sont installées sur le Kirchberg : Banque européenne d'investissement, services de la Commission de l'Union européenne, École européenne, Cour de justice (créée en 1952) et Cour des comptes de l'Union Européenne. L'Office des publications officielles de l'Union européenne est quant à lui implanté à Luxembourg-Gare. Depuis 1965, le Conseil des ministres, organe suprême de décision de l'Union européenne, tient ses sessions à Luxembourg trois mois par an (avril, juin, octobre).

LUXEMBOURG
plan I
0
400 m
ETTELBRUCK
ECHTERNACH
WILTZ
ARLON
LONGWY
ESCH-SUR-ALZETTE
E 25
E 25, THIONVILLE
THIONVILLE
MONDORF-LES-BAINS
LIMPERTSBERG
Square Édouard André
CIMETIÈRE ISRAÉLITE
Grand Théâtre de la ville de Luxembourg
Bd Robert-Schuman
Mont R. Schuman
Rd-Pt R.-Schuman
CHAMP DES GLACIS
Pont Vauban
Pont Grande-Duchesse-Charlotte
Banque européenne d'Investissement
Cour de justice européenne
Commission européenne
La Chaise
Safe & Sorry
Philharmonie
Centre R. Schuman
MUDAM
Pl. de l'Europe
Fort Thüngen
TOUR MALAKOFF
CLAUSEN
Villa Vauban
PALAIS Gd-DUCAL
CATHÉDRALE N.-DAME
voir plan II
Pl. W. Churchill
Pl. des Martyrs
Av. de la Gare
Av. du Gal de Gaulle
Pl. de Nancy
Pl. de la Gare
HOLLERICH
Alzette
Pétrusse
POL.

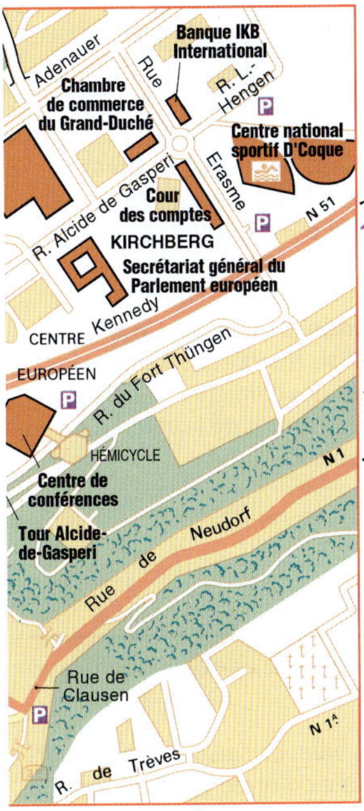

SE LOGER

Le Châtelet 2

Les Jardins du Président 4

SE RESTAURER

Mansfeld 1

Clé de Sol 3

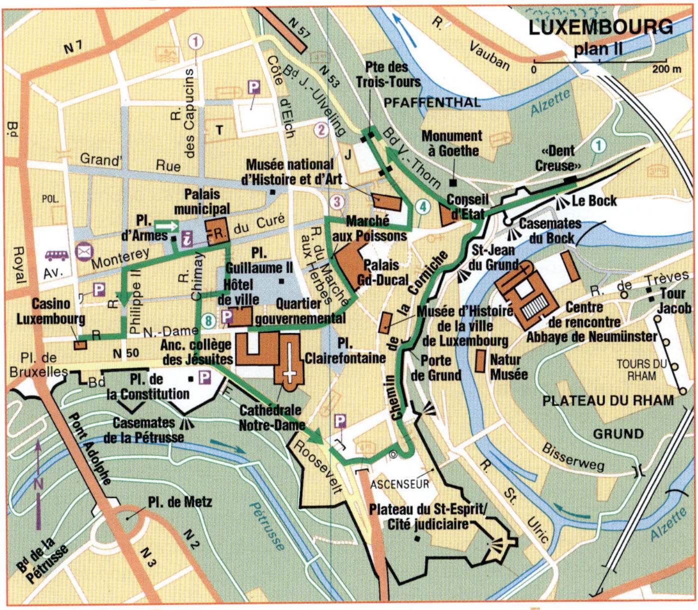

SE LOGER

Luxembourg City Hostel 1

Hôtel Parc Beaux-Arts 4

Simoncini 8

SE RESTAURER

Apoteca 3

Art Café 1

Chiggeri 2

Musée d'Histoire de la Ville de Luxembourg M1

UN SITE EXCEPTIONNEL
La ville et les fortifications occupent le sommet d'un rocher de grès aux bords escarpés, que contournent deux rivières, l'Alzette et la Pétrusse. La vieille ville est séparée de la nouvelle au sud par la profonde entaille du ravin de la Pétrusse que franchissent des ponts, tel le fameux **pont Adolphe** (1899-1903), d'une hardiesse impressionnante. Au nord, elle est reliée au plateau de Kirchberg par le pont **Grande-Duchesse-Charlotte** (1964), peint en rouge, qui enjambe l'Alzette. Trois quartiers occupent les vallées : Grund, Clausen et Pfaffenthal. Au détour des corniches se révèlent de magnifiques **points de vue** sur les différents aspects de la ville. En saison, le site est mis en valeur par les illuminations nocturnes.

Se promener Plans de ville

★★ VERS LA VIEILLE VILLE Plan II

Circuit tracé en vert sur le plan de ville (p. 409). Comptez une demi-journée.

Place d'Armes D
Carrée et ombragée, c'est le centre animé de la ville. En saison, elle est garnie de terrasses de café. À l'arrière du kiosque, une colonne en l'honneur de Michel Lentz, auteur du texte de l'hymne national, et d'Edmond de la Fontaine, auteur et compositeur luxembourgeois. La place est dominée par le **palais municipal**, élevé en 1907, qui appartient au complexe du Cité-Cercle (centre de conférences, bibliothèque municipale…).
Prenez l'avenue Monterey puis tournez à gauche pour rejoindre la rue N.-D.

Casino Luxembourg (Forum d'art contemporain) D
41 r. Notre-Dame - ✆ 22 50 45 - www.casino-luxembourg.lu - tlj sf mar. 11h-19h (jeu. 20h, w.-end 18h) - 4 € (entrée gratuite le jeu. à partir de 18h) - visite guidée en français : w.-end à 15h.
Reconnaissable à son pavillon de verre et d'acier adjoint au bâtiment historique, le casino a été construit entre 1880 et 1882 sous influence baroque. Ancien lieu phare de la vie culturelle et mondaine de la ville de Luxembourg, il accueille aujourd'hui des expositions temporaires d'art contemporain, quelques pièces permanentes et des artistes en résidence.
Revenez à la place d'Armes puis empruntez la rue du Curé, où un passage donne accès à la place Guillaume-II.

Place Guillaume-II D
Ici se dresse la statue équestre de Guillaume II des Pays-Bas (1792-1849), grand-duc de Luxembourg. Côté sud, l'**hôtel de ville** édifié à partir de 1830 dans le style néo-Renaissance. Les deux lions qui en gardent l'entrée depuis 1939 sont l'œuvre d'Auguste Trémont (voir aussi les lions sur les armoiries du Luxembourg). À leur gauche, une **fontaine** en l'honneur du poète luxembourgeois Michel Rodange ; le renard trônant sur la fontaine rappelle le personnage de son livre le plus connu *De Renert*, inspiré par le *Roman de Renart*. Côté est, on aperçoit le palais Grand-Ducal.
Prenez la rue Chimay qui mène à la place de la Constitution.

Place de la Constitution D
Sur cet ancien bastion Beck s'élève l'obélisque du monument du souvenir, rehaussé d'une statue, la « Gëlle Fra » (femme dorée). Symbole de la liberté et de la résistance du peuple luxembourgeois, le monument du souvenir fut érigé

Une allée dans la ville haute de Luxembourg.
H.-D. Falkenst/age fotostock

en 1923 à la mémoire des soldats morts lors de la Première Guerre mondiale. En 2010, la « Gëlle Fra » s'est envolée pour Shanghai où elle est restée pendant six mois, dans le cadre de l'Exposition universelle, trônant fièrement devant le pavillon luxembourgeois, avant de retrouver sa place sur l'obélisque.
De la place, **vues★★** remarquables sur le ravin de la Pétrusse, aménagé en jardins, et sur le pont Adolphe. C'est là que se situe l'entrée des casemates de la Pétrusse.

Casemates de la Pétrusse – *Pl. de la Constitution - ✆ 22 28 09 - visites guidées (50mn) : vac. de Pâques, de Pentecôte, d'été 11h-16h - 3 €.* Initiées par les Espagnols qui creusèrent la roche au 17e s., puis utilisées en 1746 par les Autrichiens pour améliorer les défenses sur le flanc sud du plateau, elles forment un réseau souterrain ouvrant sur la vallée de la Pétrusse.
Par le boulevard Roosevelt, gagnez le plateau St-Esprit.
Sur le boulevard Roosevelt, on longe les bâtiments de l'**ancien collège des jésuites** comprenant la nouvelle partie de la cathédrale N.-D.

Plateau du St-Esprit / Cité judiciaire E

Sur cette formidable citadelle dessinée par Vauban se trouve le monument de la Solidarité nationale. De la crête de la citadelle, **vues★★** sur les vallées de la Pétrusse et de l'Alzette ainsi que sur le plateau de Rham et la ville basse de Grund avec l'église St-Jean. Une grande partie du plateau est occupée par la Cité judiciaire (la succession de bâtiments s'est achevée en 2008), qui regroupe entre autres le tribunal et la Cour constitutionnelle. En face du Parquet (repérez, devant la façade, de hauts vases colorés), après des portes vitrées, un **ascenseur** emmène touristes et Luxembourgeois vers la ville basse.
Du plateau, devant la tour octogonale, tournez à droite dans la rue du Saint-Esprit. Suivez la direction des Archives nationales pour rejoindre la Corniche.

★★ Chemin de la Corniche E

Appelée « le plus beau balcon d'Europe » pour ses **vues★★**, cette promenade passe d'abord devant la vieille bâtisse abritant les Archives nationales, puis

atteint le chemin qui suit les anciens remparts, en bordure de l'escarpement de l'Alzette, et parvient à l'immense **porte de Grund** (1632).
Ce chemin est bordé d'élégantes façades de maisons nobiliaires faisant face à la vallée où se situe la ville basse du Grund avec la flèche de l'église St-Jean.

★ Musée d'Histoire de la ville de Luxembourg (MHVL) E

14 r. du Saint-Esprit - ✆ 47 96 45 00 - www.mhvl.lu - tlj sf lun. 10h-18h (jeu. 20h) - fermé 1er janv., 1er nov. et 25 déc. - 5 €, gratuit le jeu. à partir de 18h - visite guidée « Histoire du Luxembourg pour les nuls » le dim. à 15h (en français). L'ascenseur panoramique du musée permet de sortir côté chemin de la Corniche.

Ce musée est installé dans quatre maisons restaurées depuis peu, datant des 17e, 18e et 19e s. Les origines des bâtiments remontent au Moyen Âge; au 18e s., ils abritèrent un refuge de l'abbaye d'Orval. Les concepteurs ont eu l'ingénieuse idée de mêler les expositions sur l'histoire de Luxembourg avec ce qui fait l'intérêt premier de la ville, son site géographique. Ainsi, le musée semble littéralement incrusté dans la roche, entre ville haute et ville basse, et prendre l'ascenseur hydraulique qui permet de rejoindre le début de l'exposition procure au visiteur une impression saisissante.
Bornes interactives, présentations audiovisuelles, documents anciens, plans manuscrits, sceaux, armes, heaumes, dont un magnifique morion gravé (16e s.), et peintures retracent l'évolution de la ville depuis ses origines à nos jours. Six jolies maquettes en érable (1/666) illustrent le développement de la cité. Remarquez également la belle reconstitution, en 360°, de la place aux Herbes telle qu'elle apparaissait au 17e s., réalisée par le Français Antoine Fontaine.
L'accent est mis sur la ville-forteresse que se disputent les puissances européennes. Le parcours insiste également sur les aspects économique, politique, religieux et culturel de la capitale du Grand-Duché.
Les étages supérieurs sont consacrés aux expositions temporaires, et notamment aux changements remarquables qu'a subis la société depuis le siècle dernier (naissance de la bourgeoisie moderne, vie quotidienne dans la capitale, loisirs et scolarité).

Le Bock E

Cet éperon rocheux relié jadis à la ville par un pont-levis (actuel pont du Château) a été aplani par la création de la montée de Clausen. Il supporte les ruines du château de Luxembourg *(la plate-forme panoramique est en accès libre)*, édifié au 10e s., démoli en 1555 et transformé en fortin au 17e s. Détruit en 1684, lors du siège de la ville par les Français, il fut reconstruit par Vauban. En 1745, les Autrichiens entreprirent l'aménagement des fortifications et creusèrent des casemates. Le Bock a été rasé en 1875 : il ne subsiste en surface que la tour nommée « **Dent Creuse** ». Du sommet des ruines, **vues★★** sur le plateau du Rham où était située une villa gallo-romaine. À gauche, la massive porte carrée est la **tour Jacob** ou Dinselpuert, ancienne porte de Trèves, qui faisait partie de l'enceinte du 14e s. Les bâtiments à droite sont des casernes construites par Vauban (hospices). Au pied du Bock, côté nord, s'étend l'ancien couvent du St-Esprit (17e s.).

★★ Casemates du Bock E

✆ 22 28 09 - mars-oct. : 10h-17h - 3 €. Comptez 20 min pour la visite. Attention : escaliers parfois très raides.

On peut parcourir une section de ce labyrinthe défensif creusé par les Autrichiens en 1745 dans le grès constituant le sol de la ville. C'est l'infime partie d'un réseau de 23 km qui permettait la communication entre les dif-

férents ouvrages de la forteresse. Ces couloirs servirent aussi d'abri pendant la Seconde Guerre mondiale. Dans la crypte archéologique, des vestiges relatent l'histoire du site. Certaines ouvertures offrent des vues sur le ravin et sur le quartier du Rham.
À l'entrée de la ville haute, à droite, un **monument** a été érigé en l'honneur de plusieurs célébrités qui séjournèrent à Luxembourg, notamment Goethe en 1792. À proximité se trouve le bâtiment à portique du **Conseil d'État**.

Boulevard Victor-Thorn E

Il offre des **vues★** sur la vallée de l'Alzette où se blottit le faubourg de Pfaffenthal et que franchit le **pont Vauban**. Au-dessus, le pont Grande-Duchesse-Charlotte relie la ville au plateau de Kirchberg où se dresse le Centre européen.

Porte des Trois Tours E

Située à l'emplacement de la deuxième enceinte de la ville, elle est composée en fait d'une porte flanquée de deux tours.
On entre ensuite en ville par la première **porte de Pfaffenthal** (17e s.).

★★ Musée national d'Histoire et d'Art (MNHA) E

Pl. du Marché-aux-Poissons - ✆ 47 93 30-1 - www.mnha.lu - tlj sf lun. 10h-18h (jeu. 20h) - fermé 1er janv., 1er nov. et 25 déc. - 5 € (gratuit le jeu. à partir de 17h).
Ce remarquable musée offre un riche condensé de l'histoire du pays. L'excavation monumentale réalisée par Christian Bauer en 2002 a permis la naissance d'un nouvel espace s'ajoutant à l'existant, comparable à un bloc monolithique renfermant notamment une cafétéria, une bibliothèque et une salle pour les expositions temporaires. La visite chronologique se déroule sur dix niveaux depuis les entrailles du musée jusqu'aux espaces lumineux de la section des beaux-arts. Vous remarquerez au passage un magnifique escalier tournant à décor Renaissance de 1580.
Section préhistoire et protohistoire – Elle présente des vestiges préhistoriques originaux, des reconstitutions d'habitats (une tente paléolithique et une maison néolithique) et des objets en bronze et en fer. La muséographie est réussie puisque l'ensemble est fondu dans la roche, renforçant l'immersion du visiteur dans la réalité de « l'homme des cavernes ».
★ **Section gallo-romaine** – Installée principalement au rez-de-chaussée, elle est très riche. Les fouilles effectuées dans le sud du pays (Dalheim, Titelberg) ont révélé une intense occupation à l'époque romaine. Les objets sont bien mis en valeur : bronzes, terres cuites, verreries délicates. De nombreux monuments funéraires sont à comparer avec ceux de Trèves et d'Arlon. Les petites stèles en forme de maison, qui abritaient peut-être des urnes et les pierres sculptées de quatre divinités, étaient très répandues au sud du Luxembourg. L'époque mérovingienne a laissé en particulier des armes et de beaux bijoux. Le **cabinet des médailles** ou trésor présente des pièces rares de toutes les époques et le remarquable **masque en bronze de Hellange** datant du 1er s. Remarquez la superbe **mosaïque** représentant Homère et ses muses (61,3 m^2), réalisée autour de 240 apr. J-C. et attardez-vous sur la riche partie consacrée à la numismatie.
Section des beaux-arts – Une série de sculptures religieuses (11e-18e s.) se trouvent réparties dans diverses salles de cette section, ainsi que dans la section gallo-romaine et dans la section de la vie luxembourgeoise.
L'**art ancien** *(3e étage)* est représenté essentiellement par les œuvres provenant de trois collections : la collection Edmond Reiffers (peintures italiennes

du 13e au 16e s.), la collection Wilhelmy-Hoffmann (écoles du nord et œuvres flamandes des 16e et 17e s. ; remarquez une *Charité* de Cranach l'Ancien et une copie du retable de Hachiville. L'une des œuvres phares de la partie consacrée à l'art ancien est *Bacchus, Vénus et l'Amour* (vers 1531) de Rosso Fiorentino, l'un des premiers maniéristes florentins avec le Pontormo.

L'**art moderne** *(1er et 2e étages)* comprend, outre quelques sculptures (Rodin, Maillol, Lobo, Hadju), des toiles, des tapisseries figuratives ou abstraites de l'école de Paris (Bertholle, Bissière, Borès, Chastel, Estève, Fautrier, Gilioli, Lurçat, Pignon, Soulages, Tàpies, Vieira da Silva) et des œuvres du peintre expressionniste luxembourgeois Joseph Kutter (1894-1941).

Arts et traditions populaires – *Accès par le 1er étage du musée d'Histoire et d'Art. Actuellement en travaux, sa réouverture au public n'est pas prévue avant fin 2013-début 2014.* Cette section, aménagée dans quatre anciennes maisons bourgeoises, évoque la vie au Luxembourg du 17e au 19e s.

Marché aux Poissons E

Jadis carrefour de voies romaines, cette place, ancien Marché-aux-Poissons, est entourée de demeures anciennes. La maison dite « sous les piliers » présente, au-dessus d'un portique Renaissance, des baies de style gothique flamboyant et une niche de même style abritant une statue de sainte Anne, la Vierge à l'Enfant. Plus à gauche se trouve une pittoresque maison à tourelle en encorbellement, avec une inscription reprenant la devise nationale, *Mir wölle bleiwe wat mir sin* (« Nous voulons rester ce que nous sommes »).

★ Palais Grand-Ducal E

17 r. du Marché-aux-Herbes - ✆ 22 28 09 - visites guidées (45mn) : de mi-juil. à fin août tlj sf merc. - tour en français à 14h30 et 15h30 - pour plus d'informations, renseignez-vous auprès du Tourist Office. Le visiteur individuel doit acheter son ticket d'entrée au Luxembourg City Tourist Office, pl. Guillaume-II 30 - 7 €.

L'aile gauche, ancien hôtel de ville, remonte au 16e s. Sa façade flanquée de gracieuses tourelles est décorée de bas-reliefs aux motifs géométriques.

L'aile droite, ou « la Balance », a été ajoutée en 1741 et l'aile arrière, donnant sur le jardin, en 1891. L'édifice situé à droite de la Balance (1859) abrite la Chambre des députés.

Depuis 1895, une grande partie des activités officielles se déroulent dans ce palais. Dans la salle des gardes sont conservées de belles armes. L'escalier d'honneur, dont l'élégante balustrade s'orne du monogramme d'Adélaïde-Marie, épouse du grand-duc Adolphe, mène aux appartements.

L'ancienne salle des Nobles, ou **salon des Rois**, où sont exposés les portraits des grands-ducs du passé, est utilisée pour les audiences officielles.

Dans la salle à manger, quatre tapisseries, offertes par Napoléon, illustrent l'histoire de Télémaque, fils d'Ulysse et de Pénélope.

Place Clairefontaine DE

Sur cette jolie place inclinée s'élève le monument dédié à la grande-duchesse Charlotte, qui régna sur le Luxembourg de 1919 à 1964. La grande-duchesse est, depuis la Seconde Guerre mondiale, un symbole national : en 1943, de Londres, elle participe à la Résistance et soutient le pays occupé par les Allemands. Remarquez son drapé comme une flamme et, au sol, un tracé à la Vauban.

★ Cathédrale Notre-Dame D

Deux accès à la cathédrale : par la r. Notre-Dame ou par le bd Roosevelt - lun.-sam. 8h-19h, dim. et j. fériés 13h-19h - entrée libre - messe en italien le dim. à 11h dans la crypte.

Avec ses fines flèches du 20e s., cette ancienne église des jésuites date du 17e s. et a été agrandie dans le courant du 20e s. Le portail ouest de la nouvelle partie de la cathédrale a été décoré par le sculpteur luxembourgeois Auguste Trémont, qui y a gravé des figures humaines, de nombreuses représentations animales et un décor végétal. Trémont a également réalisé les battants en bronze des portes.

Les trois nefs de la même hauteur sont un bon exemple d'église-halle. L'ensemble reste gothique, mais les piliers sont ornés d'originales arabesques en relief et la tribune au-dessus de l'entrée est finement travaillée dans un style mi-Renaissance mi-baroque.

À gauche de la nef, on remarque la tribune réservée à la famille grand-ducale, au-dessus de laquelle figurent des vitraux réalisés par Oberberger, représentant des personnages de la maison comtale médiévale. Le chœur, de style néogothique, a été ajouté au 20e s. et embelli par les très beaux vitraux réalisés par Louis Barillet. Remarquez également ceux d'Émile Probst, représentant des scènes bibliques.

La statue miraculeuse de la Consolatrice des Affligés (patronne nationale depuis 1678) fait l'objet d'une dévotion toute particulière, et un grand pèlerinage a lieu pendant les troisième et quatrième semaines après Pâques.

En sortant par la porte à droite du chœur, on accède à la chapelle du Trésor et à la crypte. La première contient le cénotaphe de Jean l'Aveugle, mort à Crécy en 1346. Ce tombeau réalisé en 1688 représente une Mise au tombeau. La crypte, gardée par deux lions en bronze réalisés par Auguste Trémont, abrite d'intéressantes œuvres d'art moderne.

Côté rue Notre-Dame, le **portail principal**, d'abord restauré dans les années 1980 puis encore en 2005, présente un beau tympan de bois sculpté par Andris Newbecker. À gauche et à droite, les statues de saint Ignace, fondateur de la Compagnie de Jésus, et saint François-Xavier. Le collège des Jésuites, contigu à la cathédrale, est devenu Bibliothèque nationale (mais celle-ci doit déménager au Kirchberg, au lieu dit « Bricherhaff ». *Début des travaux fin 2013/début 2014*).

De la cathédrale, on rejoint la place d'Armes.

LE KIRCHBERG Plan I

Comptez 2h. Sur le plateau de Kirchberg, traversé par une route nationale, se sont installées les institutions européennes, ce qui a entraîné une importante urbanisation. En pleine mutation, le quartier a vu s'édifier des ouvrages audacieux réalisés par les grands noms de l'architecture mondiale, dont le MUDAM et la superbe Philharmonie sont les exemples les plus marquants. Les prouesses urbanistiques devant s'insérer dans une identité de quartier, il est prévu de doter le Kirchberg de logements et de lieux de vie (bars, restaurants).

Bon à savoir – Si l'architecture vous intéresse, l'office de tourisme met à disposition une brochure *Architecture et Art dans l'espace public au Kirchberg*, qui propose des circuits de visite.

★ Pont Grande-Duchesse-Charlotte B1

En acier, symbole de la Communauté européenne du charbon et de l'acier (CECA), hardiment peint en rouge, il a été inauguré en 1966. Il franchit l'Alzette sur 300 m.

Avant d'emprunter le pont conduisant au Kirchberg, remarquez à gauche le **Grand Théâtre de la ville de Luxembourg**. Construit en 1964, il présente une longue façade dont les baies forment une composition géométrique.

À l'entrée du pont, à droite, le monument érigé en l'honneur de Robert Schuman a été réalisé par l'architecte Robert Lentz (1966).

Les artistes du Kirchberg

La partie orientale du plateau du Kirchberg, séparée du quartier européen par un parc, accueille de nombreuses banques étrangères et luxembourgeoises, ainsi que LuxExpo, le parc des expositions du Grand-Duché. Le secteur est très international. Le matin et l'après-midi, les avenues du Kirchberg sont désertes, offrant des visions surréelles entre terrains vagues, charmant arboretum, superbes édifices signés Gottfried Böhm ou Richard Meier et, en plein air, des œuvres d'artistes internationaux.

Conseil – Pour ce circuit, circulez à vélo ! Le parc, les pistes cyclables et les artères (plates) se prêtent très volontiers à ce genre de balade. Comptez 1h30.

PARC CENTRAL

Point de départ : le complexe sportif.

Le **Centre national sportif D'Coque** (1982) accueille des athlètes de toutes les disciplines et des compétitions de haut niveau. Il est doté de deux piscines olympiques, d'un hôtel et de plusieurs centres d'entraînement. Une sculpture de **Marta Pan** est visible dans le lac artificiel voisin. Un peu plus loin, le gros bloc de béton peint en vert, dit **Kyosk** (architecte Polaris), propose en été pique-nique, boissons et pétanque. Ce poumon vert est fréquenté le week-end par les familles du quartier et, en semaine, par les fonctionnaires des institutions européennes, les employés des banques et les étudiants de l'École européenne et des facultés du Kirchberg. Il est traversé par une **ancienne voie romaine★**, dont une agréable voie cyclable, toute droite, suit le tracé sur plus d'1 km. La piste parcourt, dans sa première partie, l'**arboretum★** du Kirchberg.

Traversez le parc via la piste cyclable, vers l'est. Au bout, prenez à droite, empruntez la r. Jean-Monnet à gauche.

★★ DEUTSCHE BANK

R. Jean-Monnet.

Sur la droite, « sertie » par des cheminées d'usine à l'ancienne, la spectaculaire Deutsche Bank a, sous d'autres angles (faites le tour), des airs de vaisseau spatial au décollage. La « DB » est la première banque à s'être installée sur le plateau en 1991 ; c'est l'architecte allemand **Gottfried Böhm** qui lui a donné ce cachet, à la fois futuriste et industriel. À l'entrée, sur la rampe d'accès, une sculpture de **Markus Lüpertz** (*Clitunno*, 1990).

Au bout de la rue Jean-Monnet (côté ouest) s'anime l'autre visage du quartier, avec une galerie commerciale, le complexe de cinémas et de loisirs Utopolis et, derrière, LuxExpo, le parc des expositions du Grand-Duché.

Tournez à droite, r. Alphonse-Weicker. Descendez quelques mètres et arrêtez-vous près de la sculpture.

★★ SARREGUEMINES (sculpture de Frank Stella)

L'atmosphère du parvis, où se pose cette sculpture pour le moins échevelée, est le fruit d'une collaboration (1993) : celle de Frank Stella et **Richard Meier**, deux amis et, surtout, deux stars. Le peintre et sculpteur américain Frank Stella a dynamité réservoirs de récupération et éléments de ferraille. S'ensuit un mouvement en spirale, assez doux (l'artiste en parle comme d'une « fumée de cigare »), qui vient en contrepoint aux deux formidables édifices minimalistes, l'un rond, l'autre rectangulaire, de l'Américain Richard Meier. C'est le siège de la HypoVereinsBank.

Descendez jusqu'à l'av. Kennedy, traversez, puis remontez-la vers l'ouest.

La Deutsche Bank.
S. Kiefer/imagebroker/age fotostock

★ **GRANDE FLEUR QUI MARCHE** (sculpture d'après Fernand Léger)

Sur l'av. Kennedy, entre les nos 40 et 42.
Le Français Fernand Léger est le peintre de la vie moderne, de la beauté urbaine, de l'accélération des villes. Il réalise une *Fleur qui marche* en 1952. Celle-ci (2003), fortement agrandie, mais toujours joyeuse et volontaire, s'inspire de l'original.
Rejoignez le 50 av. Kennedy. Descendez les marches et prenez à droite après la première allée.

ÉLÉMENT D'ARCHITECTURE CONTORSIONNISTE IV (sculpture de Jean Dubuffet)

Dans les jardins de la Banque du Luxembourg, cette sculpture (1969, 7 m de haut) du Français Jean Dubuffet est issue de la série « L'Hourloupe » (1962-1974). En l'observant lentement, elle apparaît comme une « prolifération cellulaire ».

★★★ **EXCHANGE** (sculpture de Richard Serra)

Au bout de l'av. Kennedy, sur le rond-point.
Le « clou » du Kirchberg, de 35 t et 20 m de haut. L'œuvre (1996) de l'Américain Richard Serra est brutale, puissante mais elle paraît aussi en équilibre. De l'intérieur, sentiment d'insécurité, en tout cas d'une perte de repères intéressante.
Reprenez l'av. Kennedy en sens inverse, sur la piste cyclable de droite.

★★ **BIRD CAGE** (installation de Su-Mei Tse)

Sur l'av. Kennedy, après la r. Albert-Borschette, perpendiculaire. L'installation est entre deux immeubles du complexe K2.
L'artiste luxembourgeoise Su-Mei Tse, lauréate en 2003 du Lion d'Or à la Biennale de Venise, a réalisé cette cage à oiseaux géante (2008), dont la structure en néons s'éclaire la nuit parce que les bureaux sont vides et que tout le monde... s'est envolé.
Revenez vers le centre historique.
Plus loin, sur la droite, voyez les quatre cheminées de la **centrale de cogénération** (Paul Bretz, 2001) qui permet d'alimenter une partie du plateau en chauffage.

Prenez à la sortie du pont la 2e route à droite vers le Centre européen. Deux tours élancées composent la « porte de l'Europe », au débouché du pont Grande-Duchesse-Charlotte.

Place de l'Europe B1

Centre névralgique du quartier, la place de l'Europe, triangulaire, a été réalisée par le Catalan Ricardo Bofill. Malgré un aspect un peu froid, c'est en y déambulant que l'on saisit mieux l'évolution et la modernité du Kirchberg.

★★ Philharmonie B1

✆ 26 32 26 32 - www.philharmonie.lu - ♿ - visites guidées pour des groupes de 5-6 pers. - 40 €/groupe - renseignements sur place ou au ✆ 26 02 27 510 - la caisse du soir est ouverte 1h avant le début des concerts. Voir aussi « Nos adresses » p. 428.

Réalisée par le Français Christian de Portzamparc et inaugurée en 2005, la Philharmonie est un ouvrage majestueux, orné de 823 colonnes de 30 cm de diamètre chacune. Le joyau de la place de l'Europe, conçu comme « un lieu de repos quand on vient de l'extérieur », présente à l'intérieur des tubes de néons colorés, coincés entre des tours, qui réchauffent un ensemble blanc épuré.

Deux salles de concert proposent au public un programme riche, axé sur la diversité (concerts pour enfants, orchestres, solistes, musiques du monde) : le Grand Auditorium de 1 300 places présente une acoustique remarquable et la salle de musique de chambre (308 places) est pensée comme une allégorie d'un théâtre grec avec des panneaux en bois qui favorisent la réverbération.

Bon à savoir – En sortant de la Philharmonie, vous pouvez faire une pause au bar de l'hôtel Meliá, sorte de bloc de granit posé sur la place de l'Europe. Atmosphère tranquille lounge et vue sur les bâtiments du Kirchberg.

Centre européen du Kirchberg BC1

À droite de la Philharmonie quand on arrive sur la place de l'Europe, la **tour Alcide-de-Gasperi** de 22 étages (1965) est occupée par le secrétariat du Parlement européen ; le Conseil des ministres y siège trois mois par an. Il a été complété par un bâtiment de trois étages, long de 300 m, entièrement vitré et surmonté d'un grand auvent métallique, le **Centre de congrès et de conférences**.

À gauche de la Philharmonie quand on arrive sur la place de l'Europe, le massif **Centre Robert-Schuman** a été érigé entre 1970 et 1973.

★★★ Musée d'Art moderne Grand-Duc-Jean (MUDAM) B1

Parc Dräi Eechelen 3 - ✆ 453 78 51 - www.mudam.lu - sam.-lun. 11h-18h, merc.-vend. 11h-20h - fermé 1er janv., 1er nov. et 25 déc. - 5 €, gratuit le merc. à partir de 18h.

À deux pas de l'époustouflante Philharmonie, le MUDAM est un lieu d'art contemporain ouvert à tous les domaines de la création actuelle. Entièrement conçu par des artistes, dont la vocation est d'être à l'écoute de la création internationale et de l'évolution des pratiques artistiques.

Le bâtiment est l'œuvre de Ieoh Ming Pei. La difficulté principale de l'architecte sino-américain fut d'aménager un espace contemporain au milieu d'anciennes fortifications construites par Vauban au 17e s., dont le fort grandiose d'Obergrünewald. Si Ieoh Ming Pei a dû réduire l'espace initialement prévu, il a pu disposer de tous les matériaux qui font du MUDAM une réussite architecturale : pierres de Bourgogne, bois du Canada, béton et verre. Le musée est complété par un jardin paysager aménagé par **Michel Desvigne**, qui concourt à créer une ambiance zen. Le MUDAM présente des expositions temporaires et quelques pièces permanentes, parmi lesquelles une étonnante **chapelle gothique**★★★ ornée d'images subversives, réalisée par l'artiste belge **Wim Delvoye** ou la captivante fontaine d'encre de l'artiste luxembourgeoise **Su-Mei Tse**. Faites aussi un tour à la cafétéria, dessinée comme une forêt minimaliste et monochrome, avec une grange ultracontemporaine signée des frères Bouroullec.

Derrière le musée, le **fort Thüngen** du 18e s., avec ses tours surmontées de pierres en forme de gland abritera à terme le musée de la Forteresse. Il est installé dans le **parc des Trois-Glands** qui relie la place de l'Europe et ouvre à l'ouest sur un panorama de la ville.

Un petit belvédère domine Clausen et son église : sur la gauche, une **maison à tourelle** est celle où naquit Robert Schuman. À droite, **vue**★ sur la ville de Luxembourg, le Bock et le quartier du Rham avec ses tours.

Revenez vers le Centre européen et passez sous l'autoroute.

★★ Cour de justice de l'Union européenne B1

45 bd Konrad-Adenauer. Aucun bâtiment des institutions européennes n'ouvre ses portes au grand public, excepté celui-ci au moment de la Fête de l'Europe.

Le bâtiment à quatre étages de la CJCE, construit en 1970, étale ses structures d'acier peint en marron foncé sur une vaste terrasse où se remarquent deux sculptures de Henry Moore et Lucien Wercollier.

Les élargissements des Communautés puis de l'Union européenne nécessitant toujours plus d'espace pour son personnel, la Cour de justice a été construite en plusieurs étapes. La dernière (1994-2008) est l'œuvre de l'architecte français Dominique Perrault. Il a donné une nouvelle structure toute de verre au vieux palais et ajouté deux tours dorées, reliant l'ensemble par une longue galerie au toit également en verre. Le but de ces constructions est de donner au bâtiment une forme permettant des évolutions harmonieuses plutôt que d'y accoler une nouvelle annexe.

À proximité, le **bâtiment Jean Monnet**, aux parois de verre fumé, abrite des services administratifs de la Commission européenne.

★★ Banque européenne d'investissement B1

98-100 bd Konrad-Adenauer.

Créée en 1957 lors du traité de Rome, la Banque européenne d'investissement (BEI) s'installe sur le plateau de Kirchberg en 1973. Le tout premier bâtiment, conçu par l'architecte anglais Denys Lasdun, a été agrandi dans les années 1990. En 2008, la « banque de l'Europe » passe à la vitesse supérieure et se dote d'une seconde extension. Celle-ci, gigantesque coque spectaculaire, paraît au premier regard entièrement transparente, sans arêtes. Sa structure répond aux critères les plus exigeants en matière de réduction de consommation énergétique : elle a d'ailleurs obtenu la certification « Breeam » (équivalent du concept français de « haute qualité environnementale »). Son concepteur, le cabinet d'architecture allemand Ingenhoven, l'un des leaders du design écologique, est largement reconnu pour la qualité de ses architectures « vertes ».

★ La Chaise (sculpture de Magdalena Jetelová) B1

Sur le boulevard, l'œuvre monumentale (2000) de Magdalena Jetelová. Cette artiste d'origine tchèque a posé plusieurs de ses *Stuhl* (« chaise », en allemand) démesurées dans l'espace urbain. La question se pose : liberté ou pouvoir ? La chaise s'est-elle échappée ou la bureaucratie a-t-elle triomphé ?

LES VILLES BASSES

Une promenade en voiture en longeant la rive droite de l'Alzette, à travers les villes basses du bas Grund, Pfaffenthal et Clausen, permet de découvrir un tout autre aspect de la ville avec ses quartiers les plus populaires, ses maisonnettes, ses brasseries où sont encore confectionnées les bières locales. De ces quartiers installés au fond des ravins, des points de vue très différents s'offrent sur la ville ancienne et ses fortifications.

★ **Natur Musée** (Musée national d'Histoire naturelle) Plan II E

25 r. Münster - ✆ 46 22 33 1 - www.mnhn.lu - ♿ - tlj sf lun. 10h-18h - fermé 1er janv., 1er Mai, 1er nov. et 25 déc. - 4,50 € (famille 9 €).

Superbement situé dans le quartier ancien du Grund inscrit sur la liste du Patrimoine mondial de l'Unesco, l'hospice St-Jean (14e s.) abrite le musée national d'Histoire naturelle, l'une des plus anciennes institutions culturelles du pays. Fondé en 1850, c'est en 1996 qu'il investit le Grund, avec son Centre de recherche scientifique. Le MNHN est également chargé de la gestion scientifique de l'arboretum du Kirchberg *(voir p. 416)*. Servant à l'origine d'asile et d'orphelinat, l'hospice fut transformé en prison de femmes au 19e s. Au rez-de-chaussée, des bornes interactives et des vitrines didactiques fournissent des informations sur le corps humain dans toute sa complexité, l'évolution de l'homme de la cellule œuf à la naissance, la position que l'homme occupe dans le monde. Des dioramas aux animaux naturalisés et des écrans interactifs présentent les différentes régions luxembourgeoises. Le 1er étage est consacré aux planètes de notre système solaire, au big bang, ainsi qu'à la parenté entre homme et animal. Pièces majeures du musée : les minéraux et les fossiles, dont un ichthyosaure, et l'« homme de Loschbour » (plus ancien squelette humain trouvé sur le territoire).

Sur l'Alzette, le délicat **jardin du musée** permet d'observer, outre la rivière, les plantes des grandes régions luxembourgeoises – Gutland, Moselle, Oesling ou Terres rouges.

Église St-Jean-du-Grund Plan II E

R. Münster. L'église faisait partie de l'abbaye de Neumünster. Aujourd'hui, l'entrée (sur la gauche) est indépendante. Visite interdite lors des offices.

Cette église appartint jusqu'à la Révolution française à l'abbaye bénédictine de Munster. L'édifice actuel date de 1705. L'intérieur est rehaussé par les trois retables du chœur, de style baroque flamand. Sont à signaler également : un chemin de croix en émail de Limoges du 16e s., signé Léonard Limosin, des orgues du 18e s., des fonts baptismaux gothiques, et, dans une chapelle à gauche de la nef, une gracieuse Vierge noire à l'Enfant, de l'école de Cologne, sculptée vers 1360 et objet d'une grande vénération.

★ **Centre de rencontre Abbaye de Neumünster** Plan II E

28 r. Münster - ✆ 26 20 52 1 - www.ccrn.lu - ♿ - lun.-vend. 11h-19h, w.-end et j. fériés 11h-18h - entrée libre.

Depuis 2004, Neumünster est un centre culturel programmant des cycles de concerts, dont une session de jazz le dimanche matin *(gratuit)*, des rencontres diverses et des expositions temporaires.

Histoire du lieu – Cette abbaye du 17e s., établissement public aujourd'hui, se fait aussi l'écho d'une histoire douloureuse. L'administration française y installe au 18e s. une prison et une caserne militaire. L'abbaye devient ensuite un orphelinat puis un hôpital militaire, redevient un centre pénitenciaire pour hommes (désormais le bâtiment Robert-Bruch), puis une prison nazie. Neumünster reste une maison d'arrêt jusque dans les années 1980. La salle Robert-Krieps (maintenant un théâtre de près de 300 places) est l'ancien atelier des détenus, qui fabriquaient sièges, reliures… Le cloître abrite les sculptures de l'artiste luxembourgeois **Lucien Wercollier** (1908-2002). *Le Prisonnier poli-*

L'abbaye de Neumünster.
Eiben/Sime/Photononstop

tique est l'une de ses œuvres les plus emblématiques. L'artiste fut non seulement emprisonné ici, mais déporté dans plusieurs camps de concentration. Son travail de recherche sur la forme épurée, sensuelle, est influencé par Constantin Brancusi. Cette exposition permanente est agrémentée de jolies vues sur les bâtiments conventuels, restaurés.
Longez l'Alzette (10mn).

★ Clausen Plan I B1
Au Moyen Âge, Clausen était un quartier modeste d'artisans et, surtout, de brasseurs. Aujourd'hui, la promenade est devenue chic. Les rives sont entretenues, de petits ponts enjambent la rivière, le charme est indéniable. Faites une pause et repérez la haute cheminée : c'est un ancien site brassicole industriel, reconverti en quadrilatère pour noctambules, les **Rives de Clausen**.

Villa Vauban (Musée d'Art de la ville de Luxembourg) Plan I A2
Av. Emile-Reuter 18 - ✆ 47 96 45 70 - www.villavauban.lu - ♿ - tlj sf mar. 10h-18h, vend. 10h-21h - 5 €, gratuit le vend. à partir de 18h - visite guidée en français le vend. à 18h - audioguide pour enfants.
L'intérieur raffiné du 19e s. de la villa Vauban abrite des expositions (permanentes et temporaires) qui puisent en partie dans les collections léguées à la ville de Luxembourg par trois notables du 19e s. (les banquiers franco-luxembourgeois J.-P. Pescatore et Leo Lippmann, et Eugénie Dutreux-Pescatore) concernant la peinture belge, hollandaise et française du 17e s. et du 19e s.
Après quelques tableaux attribués à Canaletto (salle 3), on remarque parmi les toiles flamandes des œuvres de David Teniers le Jeune, du 17e s. *(Scène d'intérieur, Un fumeur devant une cheminée).*
La riche collection hollandaise du 17e s. comprend plusieurs scènes de genre (*L'Empirique* de Gérard Dou, *La Fête des Rois* de Jan Steen) et une marine de van de Capelle. La peinture française du 19e s. est représentée notamment par Delacroix *(Jeune Turc caressant son cheval)*, Courbet *(Marine)* et Jules Dupré *(Marine)*.

Depuis mai 2010, une extension a été ajoutée à la villa sous forme de « galeries » composées de plaques de cuivre. Le contraste est ainsi saisissant entre le classicisme bourgeois de la villa et la modernité de l'extension. À l'intérieur, le mariage est réussi entre les différents matériaux (bois et pierre) et l'épure des salles. L'impression laissée aux visiteurs est celle de la générosité des espaces, avec des enfilades de couloirs qui donnent de la profondeur à l'ensemble.
Des ateliers pédagogiques sont ponctuellement organisés autour de la restauration d'œuvres et des métiers d'art.

À proximité

Cimetières militaires

5 km à l'est. Sortez par le bd du Général-Patton.

Parmi les 13 cimetières américains de la Seconde Guerre mondiale aménagés outre-Atlantique, celui de **Hamm** (Luxembourg American Cemetery), aux portes de la capitale, rappelle la gratitude du Grand-Duché pour ses libérateurs. Au milieu des bois, cet ensemble impressionnant de 20 ha, dominé par une chapelle-mémorial érigée en 1960, groupe 5 076 tombes. Face aux croix blanches alignées en arc de cercle, celle du général Patton, mort en décembre 1945, se dresse identique aux autres.

Plus à l'est *(accès par la route de Contern)*, le **cimetière allemand de Sandweiler**, inauguré en 1955, se découvre au détour d'une allée forestière. Sur 4 ha s'ouvrent de vastes pelouses plantées d'arbres où des groupes de cinq croix trapues, en granit sombre de la Forêt-Noire, sont disséminés. Une croix monumentale surmonte la fosse commune où reposent 4 829 soldats sur les 10 885 inhumés dans cette nécropole.

De Luxembourg à Bettembourg

15 km au sud, direction Thionville.

Hespérange (Hesper) est un pittoresque bourg situé au bord de l'Alzette et dominé par les ruines de son château des 13e et 14e s. entre lesquelles se sont édifiées de petites habitations précédées de jardinets.

Bettembourg possède un important parc récréatif, le **Parc Merveilleux** *(51 10 48-1 - www.parc-merveilleux.lu - - de déb. avr. à mi-oct. : 9h30-18h - 8 €, enf. 5 €)*. Des animaux, de nombreuses attractions pour enfants, en particulier des reconstitutions de contes de fées, animent ce vaste jardin de 30 ha.

De Luxembourg à Junglinster

13 km au nord, direction Echternach.

Par une belle route tracée au cœur d'une épaisse forêt, on atteint Eisenborn, sur l'Ernz Blanche, et à droite **Bourglinster**, pittoresque village au pied d'un vieux château restauré.

Junglinster possède une charmante **église** du 18e s. en pierre crépie de beige, rehaussée de peintures aux tons pastel. Elle est entourée d'un ancien **cimetière** dont les croix, pour la plupart du 19e s., conservent un aspect archaïque.

Esch-sur-Alzette

19 km au sud-ouest par l'A 4.

Esch City Tourist Office – *Pl. de l'Hôtel-de-ville - 54 16 37 - www.esch.lu/tourisme - lun.-vend. 9h-17h, sam. (de la Pentecôte au 1er w.-end de sept.) 13h-17h.*

Deuxième ville du Grand-Duché, Esch-sur-Alzette est la capitale des « Terres rouges », région qui doit son nom à la présence de minerais de fer en son sous-sol. Jadis grand centre sidérurgique du pays, cette ville cosmopolite – plus de 53 % des 30 000 habitants sont des étrangers – connaît une importante activité commerciale. La rue de l'Alzette dans le centre-ville est bordée de demeures de style Art nouveau et Art déco. Un parcours « Promenade architecturale » *(5,4 km)* permet de les découvrir *(brochure disponible au Esch City Tourist Office).*

Parc de la ville – *Par la route de Dudelange, puis prenez la 1re rue à droite après le tunnel.* Ce vaste parc fleuri de 57 ha est étagé sur la colline qui domine la ville à l'est de la gare. Au sommet (alt. 402 m), dans le centre de plein air **Galgenberg**, petit parc à gibier.

Musée de la Résistance – *Pl. de la Résistance - ✆ 54 84 72 - jeu., w.-end et j. fériés 15h-18h - gratuit.* Ce petit musée a été édifié en 1956, au cœur de la ville, pour commémorer l'héroïsme des Luxembourgeois face à l'occupant (1940-1944) : le travail dans les mines et les usines, la grève générale de 1942, la lutte des maquisards, les déportations sont évoqués par des bas-reliefs, des fresques, des statues et des documents.

Rumelange

6 km au sud-est de Esch-sur-Alzette par la N 33.

Près de la frontière, cette cité minière possède un intéressant musée **national des Mines★** *(R. de la Bruyère - ✆ 56 56 88 - www.mnm.lu - visites guidées : avr.-juin et sept. : jeu.-dim. 14h-16h30 ; juil.-août : tlj sf lun. mêmes heures - 8,50 €, enf. 5 €)*, récemment rénové. Une partie des mines de fer exploitées jusqu'en 1958 dans la colline traversée par la frontière est accessible au public. La visite de 900 m de galeries (par 10-12 °C de température), qui se fait partiellement en petit train, documente sur les différentes opérations d'extraction et sur l'évolution des techniques et du matériel utilisés depuis l'origine de la mine.

Rodange

12 km au nord-ouest de Esch-sur-Alzette. Prenez la N 31, la route de Differdange, puis la N 5.

Située au point de rencontre des frontières belge, luxembourgeoise et française, cette petite localité industrielle est dominée par le **Tëtelbierg**, colline d'où un sentier pédestre descend vers le site d'archéologie industrielle de **Fond-de-Gras**. Dans un très joli cadre naturel sont disséminées plusieurs vieilles machines et anciens trains de mine. Là se situe aussi l'entrée de la mine abandonnée de Gras. À Fond-de-Gras, deux trains touristiques circulent encore sur les vieilles voies de marchandises : le **Train 1900** part de la gare de Rodange, tandis que le **Minièresbunn** roule de Dhoil à Rodange via Fond-de-Gras *(✆ 26 50 41 24 - www.fond-de-gras.lu - mai-sept. : dim. apr.-midi et j. fériés, trains suppl. certains j. en juil.-août).*

Bascharage

14 km au nord-ouest de Esch-sur-Alzette par l'A 13 ou la CR 110.

La **Brasserie nationale Bofferding**, installée dans cette localité, fabrique de la bière blonde, distribuée principalement dans le Grand-Duché *(visite sur RV, 10 pers. mini - ✆ 23 63 641 - www.bofferding.lu - 4 € - prévoyez 2h).*

★ Mondorf-les-Bains

29 km au sud-est de Luxembourg par la E 29 puis la N 16.

Syndicat d'initiative – *Av. des Bains 26 - ✆ 23 66 75 75 - www.mondorf.info - mar.-sam. 9h-12h, 13h-18h, dim. 14h30-18h30.*

Près de la frontière française, Mondorf-les-Bains est une ville d'eaux fréquentée dont les sources, sortant à 24 °C, conviennent surtout aux affections hépatiques, intestinales et rhumatismales. Édifié à l'est de l'ancien village, son établissement thermal est équipé d'installations modernes. L'avenue des Bains qui mène au domaine thermal présente de belles façades de style Art nouveau.

Domaine thermal★ – *www.mondorf.lu.* Un parc de 50 ha, libre d'accès, a été aménagé sur le flanc d'une colline et agrémenté d'espaces ouverts, de parterres de fleurs et de beaux arbres. Dans ce parc se dresse l'établissement, réparti en quatre sections, dont un luxueux hôtel (*✆ 23 66 65 55*). Au centre du parc se trouve le pavillon de la source Kind (1963).
Église St-Michel – Sur une colline dominant le vieux bourg, cette église au crépi rose, élevée en 1764 et entourée d'un cimetière, possède un riche **mobilier★** Louis XV. Orgues sur tribune sculptée d'emblèmes musicaux, confessionnaux, autels, chaire étonnante sont en harmonie avec les stucs et fresques peints en trompe-l'œil par Weiser (1766), originaire de Bohême.

Circuit conseillé

★ VALLÉE DE L'EISCH

Circuit de 46 km – Comptez 2h.
La rivière déroule ses replis sinueux au milieu des prairies, des forêts et de hautes murailles rocheuses boisées. La route longe la rivière, permettant de découvrir les six châteaux qui subsistent dans cette vallée appelée aussi vallée des Sept Châteaux. Un sentier pédestre et un itinéraire cycliste la parcourent aussi de Koerich à Mersch.

Koerich

19 km au nord-ouest par la N 6.
Perchée sur la colline, l'**église** possède un beau mobilier baroque, en particulier dans le chœur. Près de la rivière se dressent les ruines du **château** féodal remanié à la Renaissance (remarquer la cheminée).
Prenez la CR 110, puis à la bifurcation, prenez à droite la CR 105.

Septfontaines

Pittoresque localité accrochée aux pentes qui dégringolent vers l'Eisch et dominée par les ruines de son **château** (13e-15e s.). L'**église** abrite une intéressante Mise au tombeau. Dans le **cimetière** autour de l'église ont été placées plusieurs stèles d'un chemin de croix baroque élégamment sculpté. Au pied du château coulent les sept fontaines qui ont donné leur nom au village.
Poursuivez par la CR 105.

Ansembourg

Le bourg possède deux **châteaux** : sur la colline, celui du 12e s. a été remanié aux 16e et 18e s. ; dans la vallée, le château du 17e s., ancienne demeure d'un maître de forges, est précédé d'un portail à tourelles et entouré de beaux jardins à la française du 18e s., accessibles au public. On aperçoit ensuite, au sommet d'une crête, le **château de Hollenfels**, agrandi au 18e s. autour d'un donjon du 13e s. Il est occupé par une auberge de jeunesse.
Après le pont sur l'Eisch, prenez un chemin à droite.

Hunebour

Au pied d'un haut rebord rocheux, le Hunebour est une source située dans un **cadre★** ombragé reposant.
Continuez sur la CR 105.

Mersch

Son château féodal, très restauré, est un haut édifice carré précédé d'un portail flanqué de petites tourelles. À proximité se dresse la **tour St-Michel**, à bulbe, vestige d'une église disparue.

NOS ADRESSES À LUXEMBOURG

TRANSPORTS

Réseau

Les bus permettent de relier la gare, la ville haute et le plateau de Kirchberg.

Tarifs et forfaits

Ticket « courte durée » – Acheté 1,50 € à bord, il est valable 2h à partir de son oblitération et ce, quels que soient les bus et le nombre de trajets effectués.

Ticket « longue durée » – Acheté 4 € à bord, il est valable depuis le moment de son oblitération jusqu'au lendemain matin 8h et ce, quels que soient la durée du parcours et le nombre de trajets.

Ticket « week-end » – Ce billet, valable pour 5 pers. maximum, s'achète 6 € à bord. Il est valable soit un sam., soit un dim., soit un j. férié légal à partir de son oblitération jusqu'au lendemain 3h et ce, quel que soit le nombre de voyages.

Infos – Pour acheter carnets ou abonnements, rendez-vous à la gare centrale (Centrale de la mobilité) ou dans la galerie marchande du centre Hamilius, place Hamilius, dans la ville haute. Rens. : *✆ 24 65 24 65 - www.mobiliteit.lu ou www.vdl.lu.*

Vélo

À la borne – Un système très pratique de vélos à location courte durée a été mis en place dans toute la ville. Le prix est imbattable : 1 € la location de 1 à 7 j. Les 30 premières minutes sont gratuites, chaque heure commencée est ensuite facturée 1 €. Informations sur les bornes Vel'Oh ou sur *www.veloh.lu.* Carte de crédit indispensable. Conseils : veillez toujours à bien entendre le « bip » sonore à chaque remise du vélo et passez prendre le plan des stations Vel'Oh au Luxembourg City Tourist Office.

VTT et MTB – Un seul point de location en ville : *8 r. Bisserwee (✆ 47 96 23 83 - avr.-sept. : lun.-vend. 8h-12h, 13h-20h, w.-end et j. fériés 10h-12h, 13h-20h ; oct.-mars : lun.-vend. 7h-15h).* La boutique se trouve juste après le petit pont du Grund, sur la droite. Comptez 20 €/j. D'autres tarifs et forfaits sont disponibles. Au choix : VTT, MTB, vélo de ville, tandem, vélo enfant. Les sièges enfants et les casques sont payants.

Circuits balisés – Deux plans (gratuits) des circuits VTT du Grand-Duché et des pistes cyclables en ville sont disponibles au Luxembourg City Tourist Office *(voir p. 406).*

Taxi

La moindre course vous coûtera une dizaine d'euros.

VISITES GUIDÉES

City Promenade – Un tour à pied d'env. 2h pour découvrir la ville, avec un guide. Billets disponibles au Luxembourg City Tourist Office *(Pâques-6 nov. : tlj à 12h (français/allemand) et 14h (anglais/allemand) ; hors saison : lun., merc. et w.-end à 13h (français/anglais/allemand) - 9 €, enf. 4,50 €).*

City Labo Tour – Un parcours scientifique qui amusera les enfants et leur fera découvrir de manière ludique l'histoire de la ville. Rens. à l'office de tourisme *(mi-juil.-mi-sept. : mar., jeu. et w.-end départ à 14h30 pl. Guillaume-II - 6 €).*

Petit train touristique – Le Pétrusse Express effectue un circuit d'1h à travers la ville basse et la vallée de la Pétrusse *(avr.-oct. : 10h-18h - vente des billets et départ pl. de la Constitution - 8,50 € (-15 ans 5 €) - www.sightseeing.lu).*

HÉBERGEMENT

Plans de la ville p. 408-409.

Luxembourg

PREMIER PRIX

Luxembourg City-Hostel – Plan II E - *2 r. du Fort-Olisy - ✆ 22 68 89 20 - www.youthhostels.lu - 50 ch. 22,90 €/pers. avec suppl. pour ch. individuelle ou double.* Reconnaissable à sa grande façade rouge, cette auberge de jeunesse est sans conteste l'établissement le plus économique de la ville. Blotti contre les ruines du château du « Bock », il est situé à quelques minutes à pied du centre.

POUR SE FAIRE PLAISIR

Le Châtelet – Plan I A2 - *2 bd de la Pétrusse - ✆ 40 21 01 - www.chatelet.lu - P - 48 ch. 105-175 € ☕.* Hôtel familial à 10mn de marche du centre et de la gare. Il se distingue par la tourelle d'angle typique de sa façade. Chambres modernes et confortables. Sauna.

Simoncini – Plan II D - *6 r. Notre-Dame - ✆ 22 28 44 - www.hotelsimoncini.lu - 35 ch. 120/170 € ☕.* Près de la place Guillaume-II, cet hôtel neuf conjugue confort moderne et ambiance arty minimaliste. Chambres compactes, plus tranquilles aux étages supérieurs. Quelques chambres avec miniterrasse.

UNE FOLIE

Hôtel Parc Beaux-Arts – Plan II E - *1 r. Sigefroi - ✆ 26 86 76 1 - www.parcbeauxarts.lu - P - 10 suites 425/490 € ☕.* Hôtel de charme aménagé dans un bel immeuble du 19e s. situé près du palais Grand-Ducal. Vastes chambres avec salon et équipement moderne. Un lunch à prix abordable est servi à midi.

Clausen

UNE FOLIE

Les Jardins du Président – Plan I B1 - *2 pl. Ste-Cunégonde - ✆ 26 09 07 1 - www.jardinspresident.lu - P - 7 ch. 350/400 € - ☕ 15 € - rest. (mar.-sam. à partir de 19h) menu 50 €.* Situé au calme, dans la ville basse, cet hôtel donne l'impression d'être à la campagne. Doté d'un restaurant gastronomique, il est ceinturé d'un beau jardin. Les chambres cosy sont décorées à l'anglaise ou à la française et dégagent un confort raffiné.

RESTAURATION

Luxembourg

BUDGET MOYEN

Art Café – Plan II D - *1a r. Beaumont - ✆ 26 27 06 52 - 16/30 €.* Brasserie entièrement placée sous le signe du théâtre. Les sièges eux-mêmes ont été recouverts de l'ancien rideau du Théâtre municipal. On peut y commander une salade, un plat au wok ou une quiche.

Clé de Sol – Plan I B1 - *1 pl. de l'Europe - ✆ 26 68 73 94 - www.cle-de-sol.lu - lun.-vend. 11h30-14h30, 18h-23h (les soirs de concerts) - 16/30 €.* Le restaurant de la Philharmonie propose une cuisine inventive dans un intérieur design original. Plats constamment renouvelés flattant les papilles.

POUR SE FAIRE PLAISIR

Chiggeri – Plan II D - *15 r. du Nord - ✆ 22 99 36/82 36 - www.chiggeri.lu - resto-café : 10h-1h, service continu (11h le w.-end) ; rest. : 12h-14h, 18h-22h - 30/50 €.* Dans une magnifique maison de maître, un restaurant gastronomique doublé d'un café-restaurant où l'on peut s'attarder pour prendre un verre le soir. Terrasse très ensoleillée. Remarquable carte des vins.

Apoteca – Plan II E - *12 r. de la Boucherie - ✆ 26 73 771 - www.apoteca.lu - rest. : tlj sf sam. midi et dim. 12h-14h, 19h30-22h30 ; bar : mar.-sam. 17h-1h (6h vend.-sam.) - 30/50 €.* Ce restaurant est rempli chaque soir d'un public jeune appréciant la bonne chère. Cuisine fusion. Les murs sont couverts de graffitis et un DJ assure l'ambiance pendant le week-end. Également petite restauration au bar.

Clausen

POUR SE FAIRE PLAISIR

Mansfeld – Plan I B1 - *3 r. de la Tour-Jacob - ✆ 43 90 11 - tlj sf sam. midi et dim. 12h-14h, 19h-22h30 - 30/50 €.* Ce restaurant populaire au décor accueillant propose des plats luxembourgeois et internationaux très goûteux. La qualité de la cuisine et du service contribue à l'ambiance sympathique des lieux. Terrasse l'été.

Esch-sur-Alzette

POUR SE FAIRE PLAISIR

Postkutsch – *8 r. Xavier-Brasseur - ✆ 54 51 69 - www.postkutsch.lu - fermé lun., sam. midi et dim. soir - menus 26/137 €.* Tant la décoration que la carte sont d'inspiration classique, mais les menus sont régulièrement adaptés à la saison. Un cadre agréable pour un excellent repas. Mémorable chariot de fromages affinés.

Frisange

UNE FOLIE

Léa Linster – *17 rte de Luxembourg - ✆ 26 66 84 11 - www.lealinster.lu - dîner seult sf w.-end, fermé lun.-mar., 2 sem. en août, 24 déc.-10 janv. et 1 sem. fin fév.-début mars - menus 95/125 €.* Une cuisinière médiatique règne avec bienveillance sur cette institution locale (1 étoile) pétrie de caractère et de savoir-faire. Le long menu baptisé « Bocuse d'Or » est un pur plaisir pour la plupart des gastronomes (avec notamment : foie gras maison ; homard cuit au court-bouillon, sauce à l'estragon ; selle d'agneau en croûte de pommes de terre cuites au four, sauce au romarin…).

PETITE PAUSE

Kaempff-Kohler, Espace Fromages & Vins – Plan II D - *Pl. Guillaume-II 18 - ✆ 26 86 861 - www.kaempff-kohler.lu - tlj sf dim. 8h-18h30, sam. jusqu'à 18h - menu dégustation comprenant une assiette d'excellents fromages et du vin de qualité.* Terrasse dans la rue piétonne. Dans les établissements voisins appartenant au même propriétaire, on peut acheter ou consommer des plats de poisson, des pâtisseries, des vins…

La Table du Pain – Plan II D - *Av. Monterey 19 - ✆ 24 16 08 - www.tabledupain.lu - 7h-19h.* Excellentes tartes et quiches servies dans un intérieur chaleureux. Vente à emporter.

Esch-sur-Alzette

Namur – *R. de l'Alzette 64 - ✆ 54 17 78 - fermé dim.* Large choix de tartes, gâteaux, glaces et salades, le tout de première qualité. Terrasse dans la rue piétonne. Service aimable.

EN SOIRÉE

Vinoteca – Plan II E - *6 r. Wiltheim - ✆ 22 68 38 43 - www.vinoteca.lu - mar.-vend. 10h30-15h et 17h30-1h, sam. 10h30-1h.* Que ce soit l'hiver dans le sous-sol voûté ou l'été sur la terrasse avec l'une des plus jolies vues sur la vallée, le cadre est idéal pour une dégustation de vins autour de tapas. Un magasin y est attenant.

Le Café des Artistes – Plan II E - *Montée du Grund 22 - ✆ 46 13 27 - merc.-sam. soir.* Idéalement situé dans le quartier du Grund tout éclairé à la nuit tombée et particulièrement animé en fin de semaine, ce café attire un mélange étonnant d'âges et de nationalités. Un pianiste et une chanteuse assurent le fond musical vers 22h30.

Les Rives de Clausen – Plan I B1 - Soirées jeunes, étudiantes et hétéroclites. Le lieu se trouve sur un ancien site industriel (la brasserie Mousel et Clausen), complètement réaménagé en 2008 autour d'une cour intérieure en restaurants et bars de nuit *(jusqu'à 3h les vend. et sam.)*.

ACHATS

Commerces – Les rues pietonnes et commerçantes autour de la place d'Armes (Grand-Rue, rue des Capucins, rue Chimay…) incitent à la flânerie. Le quartier de la gare se prête également au shopping. De nombreux magasins sont fermés le dimanche et le lundi matin.

Scarabaeus – Plan II E - *R. de la Boucherie 11 - ✆ 26 26 22 01 - www.scarabaeus.lu - mar.-sam. 10h-18h30, lun. 12h-19h*. Librairie spécialisée dans la spiritualité, mais on y trouve aussi des accessoires et des cadeaux variés.

Esch-sur-Alzette

Cado & Déco – *R. de l'Alzette 103 - ✆ 54 73 39 - lun.-sam. 9h-12h, 14h-18h*. Boutique intéressante de cadeaux, notamment des objets en pierre, en bois et en verre.

La Cave « Rommes » – *R. des Jardins 54 - ✆ 54 05 91 - www.rommes.lu - mar.-sam. 9h-18h, lun. 14h-19h*. Large choix de vins luxembourgeois, bourgognes, champagnes, mousseux et cigares.

ACTIVITÉS

www.agendalux.lu – Propose une sélection de concerts, spectacles et manifestations, dont certains dans des cadres magnifiques.

Utopolis – Plan I C1 en dir. - *Av. J.-F.-Kennedy 45 - ✆ 22 46 11 - www.utopolis.lu*. Au Kirchberg, vaste complexe voué au 7e art et aux loisirs. Boutiques, restaurants et bars à thème, dont le Bistropolis et le Coyote Café (où vous croiserez Alien et Predator), se regroupent autour d'un cinéma « high tech ».

Philharmonie – Plan I B1 - *Pl. de l'Europe - billetterie : ✆ 26 32 26 32 - www.philharmonie.lu*. La Philharmonie de Luxembourg vaut le détour, grâce à un programme de haut niveau (Riccardo Muti, Chucho Valdès, Souad Massi…).

Cinémathèque – Plan II D - *Pl. du Théâtre 17 - ✆ 47 96 30 46 - www.cinematheque.lu*. Programmation variée dans un cinéma un brin rétro.

AGENDA

Festivals et festivités – La fête populaire ancestrale de l'**Emais'chen**, où les jeunes amoureux s'échangent des objets en terre cuite, se déroule le lundi de Pâques sur la place du Musée. À partir de la fin août a lieu, sur la place du Glacis, la grande kermesse du Luxembourg ou **Schueberfouer** *(www.fouer.lu)* qui remonte à l'an 1340.

Printemps Musical – *www.printempsmusical.lu*. Festival annuel se déroulant les premières semaines de mai et qui jette un pont entre la musique « sérieuse » et la musique « légère », avec une attention spéciale pour le jazz.

Esch-sur-Alzette

Festival Terres rouges – *www.festival-terresrouges.lu - fin août-début sept*. Festival de rue international (théâtre de rue, clowns, danse acrobatique…).

Vallée de la Moselle luxembourgeoise

★

NOS ADRESSES PAGE 433

S'INFORMER
Entente touristique de la Moselle luxembourgeoise – *115 rte du Vin, 5416 Ehnen - ✆ 75 84 12 - www.visitmoselle.lu.* Toutes les informations concernant sports et loisirs, culture, caves, vins et visites guidées.

SE REPÉRER
Carte Michelin National n° 717 X25-26. Accès depuis Mondorf-les-Bains par la CR 152, depuis Luxembourg par l'E 29 et la N 2.

À NE PAS MANQUER
Les vignobles et des dégustations dans les caves à vin.

ORGANISER SON TEMPS
Prévoyez une demi-journée pour parcourir la route du Vin.

AVEC LES ENFANTS
Les jouets anciens au musée de Bech-Kleinmacher.

Depuis la frontière française jusqu'à Wasserbillig, la Moselle (du romain Mosella, petite Meuse), dont la largeur atteint une centaine de mètres, sépare le Luxembourg de l'Allemagne. Un paysage lumineux, de nombreux coteaux plantés de vignes et de pittoresques villages viticoles sont les principaux attraits du parcours. Dans les principales caves coopératives, on peut déguster les bons crus de la Moselle luxembourgeoise : vins blancs (rivaner, auxerrois, pinot blanc, pinot gris, riesling, gewürztraminer, elbling), crémants, vins mousseux et quelques vins rosés (pinot noir).

Circuit conseillé

LA ROUTE DU VIN

Circuit de 46 km – Comptez une demi-journée. Vous pouvez aussi passer par les petites routes légèrement en retrait, moins rapides mais plus agréables.

Schengen

C'est dans ce village-frontière, première localité viticole de la Moselle luxembourgeoise (caves), que, le 14 juin 1985, se réunirent à bord du bateau de plaisance *Marie-Astrid* les représentants des gouvernements luxembourgeois, allemand, français, belge et néerlandais. Ils signèrent alors les **accords de Schengen** reconnaissant l'abolition progressive des frontières intérieures entre ces États.
Au début des années 1990, l'Italie, l'Espagne, le Portugal et la Grèce se sont joints à cette convention, entrée en vigueur en 1995.

Centre européen Schengen – *R. Robert-Goebbels - ✆ 26 66 58 10 - www.schengen-tourist.lu - Pâques-sept. : mar.-vend. 10h-18h, w.-end et j. fériés 11h-18h ; hors saison : mar.-vend. 10h-17h, w.- end et j. fériés 14h-17h - gratuit.* Ce musée relate la naissance et l'élargissement de l'espace Schengen. Il pose une définition de la notion de frontière et amorce une réflexion sur la libre circulation des personnes. À côté du musée, la silhouette de l'ancien château de Schengen est connue : **Victor Hugo** en a peint la tourelle lors de son séjour, le 13 septembre 1871.

Des jeux interactifs pour les enfants complètent l'exposition.

Remerschen

Un peu à l'écart de la rivière, ce bourg est situé au pied des coteaux du Kreitzbierg, couverts de vignes sur échalas, dont un calvaire, desservi par un escalier raide, escalade la pente.

Schwebsange

À droite de la route, dans un jardin, a été installé un pressoir du 15e s. et un broyeur à fruits. Quelques pressoirs sont également à signaler, face à l'église, ainsi qu'une charmante fontaine des Enfants aux raisins où se déroule chaque année début septembre la Fête du vin. Schwebsange possède l'unique port de plaisance du Grand-Duché.

Bech-Kleinmacher

Les anciennes maisons de vignerons « A Possen » (1617) et « Muedelshaus » ont été transformées en **Musée folklorique et viticole** *(2 r. Keeseschgassel - ✆ 23 69 73 53 - www.musee-possen.lu - Pâques-oct. : tlj sf lun. 11h-19h ; nov.-avr. : vend.-dim. et j. fériés 14h-19h - dernière entrée 18h - fermé en janv.-fév. - 4 €)*. De petites pièces au mobilier rustique (cuisine à feu ouvert) y évoquent la vie d'antan. Les activités traditionnelles sont présentées dans des ateliers, une laiterie, un musée viticole et une cave conservant une cuve à fouler le raisin.

Prenez la route du Vin qui passe devant le musée.

Wellenstein

À l'entrée de ce beau village, entouré de 70 ha de vignobles, se trouvent les plus grandes **caves coopératives** du Grand-Duché *(13 r. des Caves - ✆ 26 66 14 1 - www.vinsmoselle.lu - ♿ - visites guidées et dégustation (1h) : mai-oct. 10h-18h ; reste de l'année : sur RV - 3,50 €).*

La route gravit le **Scheuerberg** (vues sur les vignobles), puis descend sur Remich (vues sur la Moselle).

À Remich, regagnez la Moselle.

Remich

Les rives de la Moselle ont été aménagées en une longue promenade ombragée de plusieurs kilomètres réservée aux piétons. La ville possède égale-

LA MOSELLE NAVIGABLE

Faisant suite à une convention internationale signée par la France, l'Allemagne fédérale et le Grand-Duché de Luxembourg, des travaux de canalisation, achevés en 1964, ont considérablement amélioré la navigabilité de la rivière. Elle est ainsi devenue accessible aux bateaux de 3 200 t entre Thionville et Coblence. Les deux barrages de Grevenmacher et de Stadtbredimus, équipés chacun d'une écluse et d'une centrale hydro-électrique, interrompent le cours de la rivière. Afin de ne pas défigurer les sites, ils ont été construits au ras de l'eau.

Au milieu des vignes, le village de Machtum est situé au bord de la Moselle.
Hans-Peter Merten/Robert Harding Picture Library/age fotostock

ment plusieurs caves. À la sortie nord de la ville, les **caves St-Martin** *(53 rte de Stadtbredimus - ✆ 23 69 97 74 - www.cavesstmartin.lu - ♿ - avr.-oct. : tlj sf lun. 10h-11h30, 12h30-17h ; reste de l'année : sur RV - 4 € (45mn, visite et dégustation)* creusées dans le roc sont consacrées à l'élaboration d'un vin champagnisé. Ici, la rive de la Moselle, aménagée, constitue une longue promenade pour piétons.

Stadtbredimus

Importantes caves coopératives.

Peu après Stadtbredimus, prenez à gauche la route de Greiveldange.

Elle offre, à la montée, de belles **vues★** sur le méandre de la Moselle, le coteau luxembourgeois abrupt couvert d'échalas, et la rive allemande, vers Palzem, plus adoucie mais également plantée de vignobles. Après **Greiveldange** qui possède une grande cave coopérative fondée en 1929, revenez dans la vallée.

Ehnen

Ce village de vignerons cerné par les échalas conserve un quartier ancien aux rues pavées, au centre duquel se dresse l'église Saint-Roch, de plan circulaire, construite en 1826 et flanquée d'une tour romane fortifiée. Sur la route principale une maison vigneronne a été aménagée en **musée du Vin** *(✆ 76 00 26 - tlj sf lun. 9h30-11h30, 14h-17h ; nov.-mars : sur RV - 3,50 €, enf. 1,50 €)*. Des outils, en usage jusqu'aux années 1960, et des photos illustrent agréablement les travaux de la vigne et du vin mosellans d'autrefois. Les métiers annexes (tonnelier) sont également évoqués et la visite se termine par une dégustation.

Wormeldange

C'est la capitale du riesling luxembourgeois. À la sortie à gauche se situent ses grandes **caves coopératives** *(115 rte du Vin - ✆ 76 82 11 - www.vinsmoselle.lu - visites guidées (1h) : mai-oct. tlj sf dim. et j. fériés 13h-18h ; reste de l'année : sur RV - 2 €).*

Au sommet du plateau, au lieu-dit **Koeppchen**, à l'emplacement d'un ancien burg, se dresse la chapelle St-Donat. Belle **vue** sur le fleuve et Wormeldange.

Machtum
Petite localité située dans un coude de la rivière. Sur une pelouse sont disposés un pressoir et un broyeur à fruits. À la fin du méandre se trouve le grand **barrage-écluse** de Grevenmacher, doté d'une centrale électrique.

Grevenmacher
Entourée de vignobles et de vergers, cette petite ville est un important centre viticole doté de caves coopératives et d'une cave privée.
Les **caves coopératives** sont situées au nord de la localité *(R. des Caves 12 - ☏ 75 01 75 - www.vinsmoselle.lu - ♿ - mai-oct. : tlj sf lun., dim. et j. fériés 10h-12h, 13h-17h ; reste de l'année : sur RV - 1,75 €).*
Au sud du pont, les **caves Bernard Massard** *(☏ 750 54 51 - www.bernard-massard-lu - ♿ - visites guidées (1h) : avr.-oct. : tlj sf lun. 9h30-18h ; reste de l'année : sur RV - à partir de 4 €)*, fondées en 1921, produisent du vin mousseux méthode champenoise. La visite des caves inférieures est complétée par la projection d'un film documentaire sur le Grand-Duché, la Moselle, le travail de la vigne et l'élaboration du vin mousseux.
Le **centre culturel Kulturhuef** abrite un petit musée de l'Imprimerie et un musée du Jeu de cartes *(54 rte de Trèves - ☏ 26 74 64 1 - www.kulturhuef.lu - mar.-dim. 14h-18h - gratuit).*
Dans le **jardin des Papillons** *(☏ 75 85 39 - www.papillons.lu - avr.-mi-sept. : 9h30-17h - 6,50 €, enf. 3,50 €)*, au climat tropical, se trouvent des centaines de papillons exotiques, ainsi que des caméléons, des tortues et des oiseaux.

Mertert
Port fluvial actif, relié à Wasserbillig par un sentier pour piétons bien aménagé au bord de la Moselle.

Wasserbillig
Au confluent de la Moselle et de la Sûre, ce nœud routier international est aussi un centre touristique. C'est le point de départ des promenades en bateau.

NOS ADRESSES DANS LA VALLÉE

VISITES

Promenades à pied – Le sentier de la Moselle longe, sur 40 km, le cours de la rivière, du Stromberg à Wasserbillig.

Promenades en bateau – Descente de la Moselle entre Wasserbillig et Schengen pour admirer le paysage viticole.

Bureau Bateau M.S. « Princesse Marie-Astrid » – *10 rte du Vin, 6701 Grevenmacher - ✆ 75 82 75 - www.marie-astrid.lu.*

Promenades en vélo – Pratique, convivial et écologique…

Rentabike Miselerland est le nouveau service régional de location de vélos. Rens. : *✆ 621 21 78 08 - www.rentabike-miselerland.lu - 7 €/j.*

HÉBERGEMENT

Stadtbredimus

BUDGET MOYEN

Hôtel Restaurant de l'Écluse – *29 rte du Vin - ✆ 23 61 91 1 - www.hotel-ecluse.lu - P - 18 ch. 90/105 €* ☕. Cet hôtel familial reçoit depuis deux générations ses clients près de l'écluse de la Moselle. Chambres petites et fonctionnelles, certaines avec balcon. L'hôtel possède aussi un restaurant et un jardin.

Remich

BUDGET MOYEN

Hôtel Restaurant de l'Esplanade – *5 Esplanade - ✆ 23 66 91 71 - www.esplanade.lu - P - 18 ch. 80/95 € ☕ - rest. fermé lun.-mar. (27/42 €).* À quelques minutes du centre, un hôtel aux chambres sobrement aménagées, dont certaines donnent sur la rivière. Salle à manger à la décoration classique. Cuisine luxembourgeoise et française.

Hôtel des Vignes – *29 r. de Mondorf - ✆ 23 69 91 49 - www.hotel-vignes.lu - P - fermé de mi-déc. à mi-janv. - 24 ch. 112 € ☕ - rest. 35/68 €.* Implanté au milieu des vignes, cet hôtel est synonyme de charme, de qualité et d'hospitalité. Depuis le restaurant et la plupart des chambres, luxueuses, on jouit d'une vue superbe sur la vallée de la Moselle.

RESTAURATION

Stadtbredimus

BUDGET MOYEN

Auberge du Château – *11 rte du Vin - ✆ 26 66 41 49 - www.auberge-chateau.lu - fermé lun. - déj. 12/15 €, menus 32/42,50 €.* Une halte agréable pour déguster une cuisine française et luxembourgeoise bien maîtrisée.

Remich

BUDGET MOYEN

Pro Arte – *55 r. de Macher - ✆ 26 66 07 80 - www.proarte.lu - 11h30-14h, 18h-23h (fermé lun. oct.-avr.) - menu 20 €.* Situé le long de la Moselle, ce restaurant italien dispose en été d'une belle terrasse. L'établissement est réputé dans les environs pour ses pizzas fraîches, mais les pâtes et les plats de poisson sont également préparés avec grand soin.

PETITE PAUSE

Boulanger Fischer – *Grand-Rue 50, Wasserbillig - ✆ 74 82 90 - lun.-vend. 7h-17h, w.-end jusqu'à 11h30.* Boulangerie disposant d'un petit salon. Petites pizzas et sandwichs.

VOUS CONNAISSEZ LE GUIDE VERT,
DÉCOUVREZ LE GROUPE MICHELIN
MICHELIN

L'Aventure Michelin

Tout commence avec des balles en caoutchouc ! C'est ce que produit, vers 1880, la petite entreprise clermontoise dont héritent André et Édouard Michelin. Les deux frères saisissent vite le potentiel des nouveaux moyens de transport. L'invention du pneumatique démontable pour la bicyclette est leur première réussite. Mais c'est avec l'automobile qu'ils donnent la pleine mesure de leur créativité. Tout au long du 20e s., Michelin n'a cessé d'innover pour créer des pneumatiques plus fiables et plus performants, du poids lourd à la F 1, en passant par le métro et l'avion.

Très tôt, Michelin propose à ses clients des outils et des services destinés à faciliter leurs déplacements, à les rendre plus agréables... et plus fréquents. Dès 1900, le Guide Michelin fournit aux chauffeurs tous les renseignements utiles pour entretenir leur automobile, trouver où se loger et se restaurer. Il deviendra la référence en matière de gastronomie. Parallèlement, le Bureau des itinéraires offre aux voyageurs conseils et itinéraires personnalisés.

En 1910, la première collection de cartes routières remporte un succès immédiat ! En 1926, un premier guide régional invite à découvrir les plus beaux sites de Bretagne. Bientôt, chaque région de France a son Guide Vert. La collection s'ouvre ensuite à des destinations plus lointaines de New York en 1968... à Taïwan en 2011.

Au 21e s., avec l'essor du numérique, le défi se poursuit pour les cartes et guides Michelin qui continuent d'accompagner le pneumatique. Aujourd'hui comme hier, la mission de Michelin reste l'aide à la mobilité, au service des voyageurs.

MICHELIN AUJOURD'HUI

N°1 MONDIAL DES PNEUMATIQUES

- 69 sites de production dans 18 pays
- 115 000 employés de toutes cultures, sur tous les continents
- 6 000 personnes dans les centres de Recherche & Développement

Avancer
monde où la

Mieux avancer, c'est d'abord innover pour mettre au point des pneus qui freinent plus court et offrent une meilleure adhérence, quel que soit l'état de la route.

LA JUSTE PRESSION

BONNE PRESSION

- Sécurité
- Longévité
- Consommation de carburant optimale

-0,5 bar

- Durée de vie des pneus réduite de 20% (- 8 000 km)

-1 bar

- Risque d'éclatement
- Hausse de la consommation de carburant
- Distance de freinage augmentée sur sol mouillé

ensemble vers un mobilité est plus sûre

C'est aussi aider les automobilistes à prendre soin de leur sécurité et de leurs pneus. Pour cela, Michelin organise partout dans le monde des opérations **"Faites le plein d'air"** pour rappeler à tous que la juste pression est vitale.

L'USURE

COMMENT DETECTER L'USURE ?

Vos pneus MICHELIN sont munis d'indicateurs d'usure : ce sont de petits pains de gomme moulés au fond des sculptures et d'une hauteur de 1,6mm.

Lorsque la profondeur des sculptures est au même niveau que les indicateurs, les pneus sont usés et doivent être remplacés.

Les pneus constituent le seul point de contact entre le véhicule et la route, un pneu usé peut être dangereux sur chaussée mouillée.

PNEU NEUF

PNEU USÉ (1,6 mm de sculpture)

Ci-contre, la zone de contact réelle photographiée sur chaussée mouillée.

Mieux avancer, c'est développer une mobilité durable.

INNOVATION ET ENVIRONNEMENT

Chaque jour, Michelin innove pour réduire la quantité de matières premières utilisée dans la fabrication des pneumatiques, et développe dans ses usines les énergies renouvelables. La conception des pneus MICHELIN permet déjà d'économiser des milliards de litres de carburant, et donc des milliards de tonnes de CO2.

De même, Michelin choisit d'imprimer ses cartes et guides sur des « papiers issus de forêts gérées durablement ». L'obtention de la certification ISO14001 atteste de son plein engagement dans une éco-conception au quotidien.

Un engagement que Michelin confirme en diversifiant ses supports de publication et en proposant des solutions numériques pour trouver plus facilement son chemin, dépenser moins de carburant.... et profiter de ses voyages !

Comme vous, Michelin s'engage dans la préservation de notre planète.

Chattez avec Bibendum

Rendez-vous sur:
www.michelin.com/corporate/fr
Découvrez l'actualité et
l'histoire de Michelin.

QUIZZ

Michelin développe des pneumatiques pour tous les types de véhicules. Amusez-vous à identifier le bon pneu...

Résultat : A-6 / B-4 / C-2 / D-1 / E-3 / F-7 / G-5

Notes

Notes

Notes

INDEX GÉNÉRAL

Metz : villes, curiosités et régions touristiques.
Majorelle, Louis : noms historiques ou termes faisant l'objet d'une explication.
Les **sites isolés** (châteaux, abbayes, grottes…) sont répertoriés à leur propre nom.
Nous indiquons par son numéro, entre parenthèses, le département auquel appartient chaque ville ou site. Pour rappel :
08 : Ardennes
54 : Meurthe-et-Moselle
55 : Meuse
57 : Moselle
67 : Bas-Rhin
68 : Haut-Rhin
88 : Vosges
LUX : Grand-Duché de Luxembourg

A

B

L

M

N

S

W

X

Z

CARTES ET PLANS

CARTE GÉNÉRALE

Premier rabat de couverture

CARTE DES MICRORÉGIONS

PLANS DE VILLE

CIRCUITS

CARTES THÉMATIQUES

SITES

LÉGENDE DES CARTES ET PLANS

Curiosités et repères

- Itinéraire décrit, départ de la visite
- Église
- Mosquée
- Synagogue
- Monastère - Phare
- Fontaine
- Point de vue
- Château - Ruine ou site archéologique
- Barrage - Grotte
- Monument mégalithique
- Tour génoise - Moulin
- Temple - Vestiges gréco - romains
- Temple : bouddhique - hindou
- Autre lieu d'intérêt, sommet
- Distillerie
- Palais, villa, habitation
- Cimetière : chrétien - musulman - israélite
- Oliveraie - Orangeraie
- Mangrove
- Auberge de jeunesse
- Gravure rupestre
- Pierre runique
- Église en bois
- Église en bois debout
- Parc ou réserve national
- Bastide

Sports et loisirs

- Piscine : de plein air - couverte
- Plage - Stade
- Port de plaisance - Voile
- Plongée - Surf
- Refuge - Promenade à pied
- Randonnée équestre
- Golf - Base de loisirs
- Parc d'attractions
- Parc animalier, zoo
- Parc floral, arboretum
- Parc ornithologique, réserve d'oiseaux
- Planche à voile, kitesurf
- Pêche en mer ou sportive
- Canyoning, rafting
- Aire de camping - Auberge
- Arènes
- Base de loisirs, base nautique ou canoë-kayak
- Canoë-kayak
- Promenade en bateau

Informations pratiques

- Information touristique
- Parking - Parking - relais
- Gare : ferroviaire - routière
- Voie ferrée
- 1 Ligne de tramway
- Départ de fiacre
- Métro - RER
- Station de métro (Calgary, ...) (Montréal)
- Téléphérique, télécabine
- Funiculaire, voie à crémaillère
- Chemin de fer touristique
- Transport de voitures et passagers
- Transport de passagers
- File d'attente
- Observatoire
- Station service - Magasin
- Poste - Téléphone
- Internet
- H *H* *B* Hôtel de ville - Banque, bureau de change
- J *J* POL Palais de justice - Police
- GNR Gendarmerie
- T *T* *U* U M Théâtre - Université - Musée
- Musée de plein air
- Hôpital
- Marché couvert
- Aéroport
- Parador, Pousada (Établissement hôtelier géré par l'État)
- A Chambre d'agriculture
- D Conseil provincial
- G Gouvernement du district, Délégation du Gouvernement Police cantonale
- L Gouvernement provincial (Landhaus)
- P Chef lieu de province
- Station thermale
- Source thermale

Axes routiers, voirie

- Autoroute ou assimilée
- 1 1 Échangeur : complet - partiel
- Route
- Rue piétonne
- Escalier - Sentier, piste

Topographie, limites

- Volcan actif - Récif corallien
- Marais - Désert
- Frontière - Parc naturel

omprendre les symboles utilisés dans le guide

LES ÉTOILES

★★★ **Vaut le voyage** ★★ **Mérite un détour** ★ **Intéressant**

HÔTELS ET RESTAURANTS

9 ch.	Nombre de chambres
7,5 €	Prix du petit-déjeuner en sus
50 €	Prix de la chambre double, petit-déjeuner compris
bc	Menu boisson comprise
	Air conditionné dans les chambres
	Restaurant dans l'hôtel
	Établissement servant de l'alcool (à l'étranger)
	Piscine
CC	Paiement par cartes de crédit
	Carte de crédit non acceptée
P	Parking réservé à la clientèle
Tram	Station de tramway la plus proche
M	Station de métro la plus proche

SYMBOLES DANS LE TEXTE

	À faire en famille
	Pour aller au-delà
	Promenade à pied
	Randonnée à vélo
	Facilité d'accès pour les handicapés
A2 B	Repère sur le plan

Note au lecteur

Michelin a apporté le plus grand soin à la rédaction de ce guide et à sa vérification. Toutefois, les informations pratiques (formalités administratives, prix, adresses, numéros de téléphone, adresses Internet...) doivent être considérées comme des indications du fait de l'évolution constante de ces données.

Il n'est pas totalement exclu que certaines d'entre elles ne soient plus, à la date de parution du guide, tout à fait exactes ou exhaustives. N'hésitez pas à nous signaler toute omission ou inexactitude que vous pourriez constater, ainsi qu'à nous faire part de vos avis et suggestions sur les adresses contenues dans ce guide.

Avant d'entamer toute démarche, formalités administratives ou douanières notamment, vous êtes invité à vous renseigner auprès des organismes officiels. Ces informations ne sauraient, de ce fait, engager notre responsabilité.

Collection Le Guide Vert sous la responsabilité d'Anne Teffo

Édition
Amaury de Valroger, Camille Bouvet, Archipel studio

Rédaction
Mélanie Cornière, Laurent Gontier, Anath Klipper, Annabelle Lebarbé, Sophie Pothier, François Sichet, Julie Wood

Cartographie
Stéphane Anton, Michèle Cana, Marie-Christine Defait

Relecture
Capucine Jahan

Remerciements
Didier Broussard, Maria Gaspar, Philippe Orain

Conception graphique
Christelle Le Déan

Régie publicitaire et partenariats
business-solutions@tp.michelin.com
Le contenu des pages de publicité insérées dans ce guide n'engage que la responsabilité des annonceurs.

Contacts
Michelin
Guides Touristiques
27 cours de l'Île Seguin, 92100 Boulogne-Billancourt
Service consommateurs : tourisme@tp.michelin.com
Boutique en ligne : www.michelin-boutique.com

Écrivez-nous

Parution 2013

Michelin Travel Partner
Société par actions simplifiées au capital de 11 629 590 EUR
27 Cours de l'Ile Seguin - 92100 Boulogne Billancourt (France)
R.C.S. Nanterre 433 677 721

Dépôt légal : 01-2013 – ISSN 0293-9436
Imprimeur : Deux-Ponts
Imprimé en France : 12-2012

Usine certifiée 14001
Sur du papier issu de forêts gérées durablement (100% PEFC)